# लोकतंत्र का नया लोक

## *चुनावी राजनीति में राज्यों का उभार*

***भाग–2***

# लोकतंत्र का नया लोक

## चुनावी राजनीति में राज्यों का उभार

### भाग-2

संपादक
अरविंद मोहन

वाणी प्रकाशन

लोकनीति
CSDS

वाणी प्रकाशन का 'लोगो'
विख्यात चित्रकार मक़बूल फ़िदा हुसेन की
कूची से



ISBN : 978-93-5000-028-1

वाणी प्रकाशन
21-ए, दरियागंज, नयी दिल्ली-110002
द्वारा प्रकाशित

फोन : 0091#11#23273167, 23275710
फैक्स : 0091#11#23275710
ई-मेल : vaniprakashan@gmail.com
vani_prakashan@yahoo.com

प्रथम संस्करण : अप्रैल, 2009

दो खण्ड
आवरण : वाणी प्रकाशन
मूल्य : 3000.00
आर. टेक ऑफसेट प्रिंटर्स, दिलशाद गार्डन
दिल्ली-95, द्वारा मुद्रित

LOKTANTRA KA NAYA LOK : Chunavi Rajneeti Mein Rajyon Ka Ubhar-2
*Edited by* : Arvind Mohan

# अनुक्रम

# भूमिका

पंडित नेहरू के भक्त इतिहासकार रामचंद्र गुहा ने इधर एक नया काम किया है—उन्होंने आजादी के बाद लंबे समय तक दिल्ली में ऑस्ट्रेलिया के राजदूत (उच्चायुक्त) रहे वाल्टर क्रोकर द्वारा लिखी पंडित जी की जीवनी को अपनी नई भूमिका के साथ प्रकाशित कर दिया है। क्रोकर भी नेहरू भक्त थे ओर उनके द्वारा लिखित यह किताब तब काफी चर्चित हुई थी, पर इधर काफी समय से यह अप्राप्य थी। 1952 से 1955 और 1958 से 1962 तक उच्चायुक्त रहे क्रोकर ने खुद ही लिखा है कि मैं कभी-कभार ही उनसे निराश हुआ, वरना सदा उनका प्रशंसक था। पर वे भी चीन के सवाल पर और कृष्ण मेनन की नेहरू से कथित नजदीकी पर काफी खफा थे। उन्होंने नेहरू के गुणों, भारत की जनता द्वारा उन्हें प्यार करने, शीर्ष पर उनके अकेलेपन और कुछ कमजोरियों की बेबाक चर्चा की है। रामचंद्र गुहा नेहरू को आधुनिक भारत का मुख्य निर्माता मानते हैं और इसी बात को क्रोकर की किताब के माध्यम से कहलवाने के लिए उन्होंने यह काम किया है।

पर संभवतः उन्होंने क्रोकर के केन्द्रीय मूल्यांकन पर गौर नहीं किया है, जो तब तो काफी विवादास्पद बना था पर आज काफी हद तक ठीक लगता है। क्रोकर की इसी स्थापना को लेकर तब हिन्दुस्तान टाइम्स ने इस किताब को काफी भला-बुरा भी कहा था। क्रोकर का मानना था कि जब पंडित जी का निधन हुआ तो कुल मिलाकर भारतीय लोगों के तन पर न ज्यादा कपड़ा आया, न पेट में ज्यादा अनाज, न रहने को बेहतर मकान। अगर अंग्रेजों के जमाने के बाद किसी चीज में वृद्धि हुई थी तो सरकारी भ्रष्टाचार में। पर क्रोकर का यह भी मानना था कि दुनिया में शायद ही कुछ लोग होंगे जो सत्ता में रहकर नेहरू की तरह भ्रष्टाचार से एकदम मुक्त रहे हों।

अब राम या क्रोकर इस विरोधाभास को कैसे समझते-समझाते हैं, इस चर्चा को ज्यादा आगे ले जाने की जरूरत नहीं है, पर आज के राजनीति शास्त्री यह मानते हैं कि यह आंतरिक विरोधाभास दरअसल उस कांग्रेसी शासन प्रणाली में अंतर्निहित था जो पंडित जी के नेतृत्व में विकसित हुआ और मुल्क में लगभग तीन दशकों तक

प्रभावी था। बल्कि यह अस्सी के दशक तक भी कारगर रहा है। पर 1977 के बाद से शासन के इस मॉडल को चुनौतियां मिलने लगी थीं और आज तो यह इतिहास की चीज ही नजर आती है। पर इसकी चर्चा से पहले यह स्पष्ट करना जरूरी है कि शासन की इस कांग्रेसी पद्धति और आजादी की लड़ाई के दौरान के कांग्रेसी आंदोलन में जमीन-आसमान का फर्क था। 1938 के बाद से यह अंतर दिखने लगा था और संभवत: इसे देखकर ही महात्मा गांधी ने कांग्रेस को समाप्त कर देने का चर्चित सुझाव दिया था।

राष्ट्रीय आंदोलन क्या था, अंग्रेजी हुकूमत हटाने के साथ-साथ उसने राष्ट्र निर्माण का काम कैसे किया, भविष्य के भारत की कैसी रूपरेखा बनाई, इन सबकी चर्चा करने की जगह यहां नहीं है पर अंग्रेजों की इस स्थापना को उसने कभी नहीं माना कि मुल्क को एक करने का काम अंग्रेजों ने ही किया है वरना उनसे पहले भारत कभी एक न था। अपने खुशवंत सिंह जैसे लोग भले ही आज भी मानें और कहें कि अंग्रेजों ने ही ऐसा किया पर आज इस दावे को कोई नहीं मानता। आजादी की लड़ाई के दौरान कांग्रेस ने न सिर्फ अंग्रेजी दावे का खंडन किया बल्कि आगे बढ़कर देश और समाज में बंटवारे वाली प्रवृत्तियों के खिलाफ काम किया। स्वयं कांग्रेस ने अपनी कोई ऐसी राष्ट्रीय कमेटी नहीं बनाई जिसमें क्षेत्रीय, भाषाई, जातीय, धार्मिक और लैंगिक संतुलन बनाए रखने का प्रयास न किया हो। इस संतुलन को साधने में कई बार कमजोर लोगों या विशेष समूह के एक ही व्यक्ति को जरूरत से ज्यादा वजन मिलने का उदाहरण भी दिखेगा पर संगठन में असंतुलन नहीं दिखेगा।

आजादी के बाद की कांग्रेस पार्टी ने राष्ट्रीय आंदोलन वाले सारे गुण छोड़ दिए, यह कहना गलत होगा पर उसने इन चीजों को एक कर्मकांड में बदल दिया। सभी जाति-धर्म और क्षेत्र को साथ लेकर चलना घोषित नीति नहीं- पर प्रतिनिधित्व के मामले में एक छोटा और न्यस्त स्वार्थ वाला समूह बना दिया गया। लोकतांत्रिक फैसलों की परंपरा को जारी रखा गया पर वास्तविक लोकतंत्र की जगह नेतृत्व (केन्द्रीय) की मर्जी चलती रही जो धीरे-धीरे एक व्यक्ति, एक परिवार की मर्जी में बदल गई। क्रांतिकारी बातें की गईं पर पार्टी और सरकार यथास्थिति की पोषक बन गई। राष्ट्रीय आंदोलन के दौरान गांधी ने वैकल्पिक सभ्यता और विकास का मॉडल पेश किया और उसकी भी लड़ाई लड़ी गई, इस बात को भुला दिया गया। जमींदारी उन्मूलन जैसा कार्यक्रम भी ढंग से लागू नहीं हो पाया, बल्कि पुराने रजवाड़ों-सामंतों-जमींदारों को शासक जमात में जगह बनाने में ज्यादा वक्त नहीं लगा। नेहरू की पहली सरकार में ही ऐसे लोग मंत्री बन गए जिन्हें सरदार पटेल भी नहीं जानते थे। खैर।

पर उसी दौर में तमिलनाडु में, पंजाब में, जम्मू-कश्मीर में, केरल में और पूर्वोत्तर में अलग राजनीति शुरू हो गई थी। तब इस अकाली राजनीति को,

कम्युनिस्ट राजनीति को, द्रविड़ राजनीति को शक की निगाह से देखा जाता था, थोड़ा कम राष्ट्रीय ही नहीं राष्ट्र के लिए खतरा माना जाता था। पर धीरे-धीरे उत्तर प्रदेश-बिहार समेत मुख्य भूमि में भी गैर-कांग्रेसी राजनीति जोर पकड़ने लगी और 1967 में तो संविद सरकारों का छोटा दौर भी आया। स्पष्ट राजनैतिक एजेंडे के अभाव में यह राजनीति तत्काल कुछ खास न कर पाई पर मध्य जातियों वाले आधार और भिन्न राजनैतिक सोच या बेचैनी जरूर इसके पीछे काम कर रही थी।

कांग्रेस की अगुवाई वाली एक कथित राष्ट्रीय राजनीति और स्थानीय भावनाओं, छूटे समूहों और अलग विचारधाराओं की अपेक्षा छोटे दायरे वाली राजनीति के बीच अपने-अपने स्तर पर अगले दो दशकों तक जोर आजमाइश चलती रही। इस बीच कभी आंध्र में 'तेलुगु बिड्डा' का नारा आया तो कभी पश्चिम बंगाल में अभिजात मार्क्सवाद का, कहीं कर्पूरी मार्का समाजवाद आया तो कहीं देवीलाल ब्रांड का लोकदल, पर मंडल और मंदिर के शोर ने कांग्रेसी राष्ट्रीय राजनीति का अंत कर दिया और राम मंदिर, धारा 370 की समाप्ति तथा समान नागरिक संहिता जैसे अपने घोषणापत्र के पहले तीन मुद्दे छोड़कर भाजपा ने राष्ट्रीय जनतांत्रिक गठबंधन बनाकर दो दफा राज कर लिया तब तक कांग्रेस अकेले राज करने का राग अलापती रही। इसे काफी बाद में यह एहसास हुआ कि अब गठबंधन की राजनीति का युग आ गया है और आज राष्ट्रीय राजनीति का मतलब प्रांतीय राजनीति का कुल योगफल रह गया है। दो-दो, चार-चार सीटें जीतने वाले दलों को समेटे बगैर केन्द्र की गद्दी किसी को नहीं मिलने वाली है। और मात्र एक क्षेत्र, एक धार्मिक या जातीय समूह का नेतृत्व वाले लोग भी मोल-तोल में काफी कुछ पाने लगे हैं।

पर मामला सिर्फ सत्ता में बंटवारे का नहीं है। आज प्रभाव में, संसाधनों में हिस्सेदारी जरूरी है। आज किसी समूह की उपेक्षा संभव नहीं है। तब जिस दलित को सबसे कमजोर और बेचारा माना जाता था और जिसे कांग्रेस ने हरिजन कहकर कर्मकांड की चीज बना दिया था, आज उसी दलित की बेटी सबसे बड़े प्रदेश की मुखिया और घोषित रूप से प्रधानमंत्री पद की दावेदार है। महाराष्ट्र में 'लुंपेन' नेता राज ठाकरे सबसे कमजोर-गरीब माने जाने वाले पुरबियों-बिहारियों को निशाना बनाते हैं और केन्द्र की सरकार बेचैन हो जाती है। मुसलमानों के सवाल पर आज भाजपा भी मुंह फेरने की स्थिति में नहीं है- भले ही वह खुद को हिंदुओं की पार्टी मानती हो। लालू-मुलायम-नीतीश-शिवराज सिंह चौहान-अशोक गहलोत किसी की दया से या कोटे के आधार पर राजनीति नहीं करते-बल्कि पिछड़ी जातियों का कोटा तय करने वाले आज खुद ही एक-एक सीट के लिए तरस रहे हैं। आज न द्रविड़ राजनीति मुल्क के लिए खतरा लगती है, न अकाली। आज न कम्युनिस्ट मुल्क के दुश्मन हैं न राष्ट्रीय स्वयंसेवक संघ राष्ट्रवाद की ठेकेदार और जब प्रसिद्ध समाजवादी चिंतक सच्चिदानंद सिन्हा ने कांग्रेस के सबसे ज्यादा सीटों वाले राजीव

राज में ही 'कोएलिशन इन पॉलिटिक्स' लिखकर यह कहा कि भारत में गठबंधनों की राजनीति का दौर आ गया है तब अनेक लोगों को हैरानी हुई थी। सच्चिदा जी का कहना था कि भारत में जितनी जातीय, क्षेत्रीय, भाषायी और धार्मिक विविधता है उसमें गठबंधन की राजनीति ही बेहतर काम करेगी। और जिस दौर में ये सारी पहचानें अपनी ताकत का एहसास कर लेंगी, लोकतांत्रिक व्यवस्था में उनको दबाना असंभव है, अगर लोकतंत्र ठीक से काम करता रहा तो छोटे से छोटे समूह की भी उपेक्षा मुश्किल है।

और इस स्थिति को भारत की, लोकतंत्र की जीत तथा मजबूती मानना चाहिए, कमजोरी नहीं। अब इसमें कुछ कमियां हैं-कुछ स्पष्ट गलत प्रवृत्तियां भी हैं पर उनका निदान कहीं और से नहीं होगा। आज बिहार की राजनीति में विकास मुख्य मुद्दा किसी एक आदमी ने नहीं बनाया है, पंजाब की, कश्मीर की अलगाववादी प्रवृत्तियों को लोकतंत्र ने ही सबसे मजबूत जवाब दिया है। मुसलमानों ने (जिनका मध्य वर्ग बंटवारे के समय पाकिस्तान चला गया), दलितों ने (जिनका उच्च वर्ग और मध्य वर्ग पूरे इतिहास में कभी बना नहीं), आदिवासियों ने अगर अपनी पहचान और राजनैतिक वजूद कायम रखा है तो यह किसी की दया से नहीं हुआ है। अगर वोट की ताकत न होती, तो इनकी और बुरी गत बन गई होती क्योंकि जितने 'वाद' आए-गए उन सबमें इनकी खास चिंता कहीं नहीं थी।

इस लेखक जैसे कम लोग नहीं हैं जो मानते हैं कि मुल्क के दबे-कुचले-पिछड़े समूहों की ऊर्जा का विस्फोट हुआ है तभी जाकर भारत तेज विकास के दौर में आया है। जो द्विज नेतृत्व आजादी की लड़ाई और उसके बाद तीन-चार दशकों तक राज करता रहा वह गरीबी हटाओ, समाजवाद लाओ जैसे अनेक नारे देता रहा पर विकास की रफ्तार एक ही रही। और इस बीच इस नेता समूह के बाल-बच्चे पढ़-लिखकर परदेश बसते रहे, वहां की सेवा को लाभकर मानते रहे। उनके नालायक बच्चे ही यहां रहे। पर जबसे राजनीति बदली है, समाज में उथल-पुथल हुआ है आर्थिक विकास को जैसे पंख लग गए हैं। हैरानी नहीं है कि आज आर्थिक सक्रियता और उन्नति के केन्द्र भी बदल गए हैं। कलकत्ता, कानपुर, चेन्नई सचमुच हाय-हाय कर रहे हैं- नोएडा-दादरी, गुजरात, हैदराबाद, बंगलौर और अहमदाबाद नए केन्द्र बनते जा रहे हैं।

इन चीजों और प्रवृत्तियों को देखते हुए यह भविष्यवाणी करने में हर्ज नहीं है कि बदलाव की बयार ज्यों-ज्यों तेज होगी और छूटे हुए समूहों तक पहुंचेगी मुल्क और भी उन्नत होगा, खुशहाल होगा। केरल-हिमाचल की साक्षरता और सामाजिक विकास के मानक यही बताते हैं। कल पूरे मुल्क में यही होना है।

पुस्तक के दूसरे खंड के कामों में अपने वरिष्ठ साथी राजेन्द्र बिंदल और राजेश यादव ने मदद की विनीत उप्पल और कई अन्य दोस्तों ने बहुत कम समय में

अनुवाद उपलब्ध कराए। भाई शंकर सिंह रावत और शशि मोहन रावत ने इन आलेखों को पुस्तक रूप में पहुंचाने का काम किया। वाणी प्रकाशन के अरुण माहेश्वरी जी ने बहुत कम समय में इस खंड को आम तक पहुंचाने का जिम्मा निभाया। इन सबका हार्दिक आभार। संभव है हड़बड़ी के चलते कुछ गलतियां रह गई होंगी उनकी जिम्मेदारी मेरी है।

# जम्मू-कश्मीर

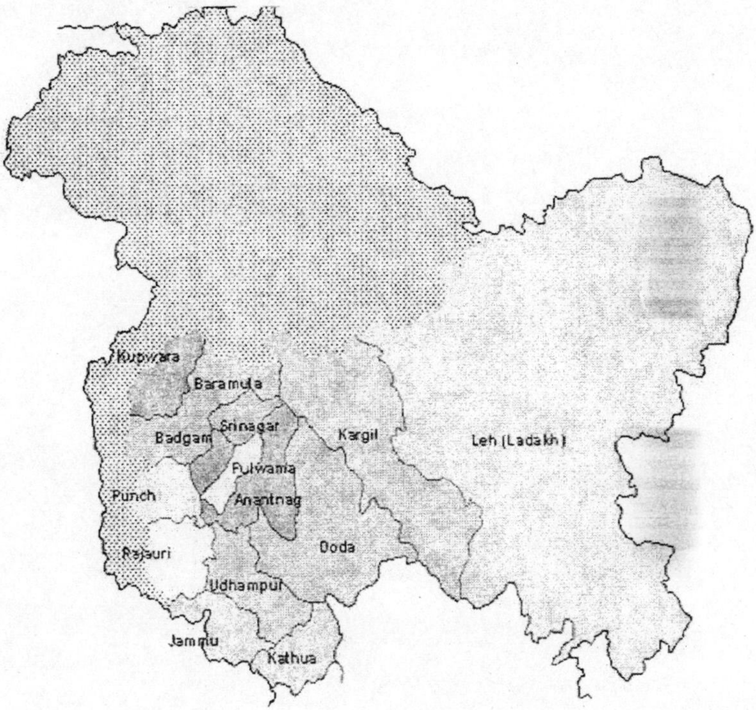

Kupwara
Baramula
Srinagar
Badgam
Kargil
Leh (Ladakh)
Pulwama
Punch
Anantnag
Doda
Rajauri
Udhampur
Jammu
Kathua

# जम्मू और कश्मीर : परायापन और लोकतांत्रिक सहभागिता

– रेखा चौधरी और वी. नागेंद्र राव

भारतीय राजनीति के विश्लेषकों के लिए जम्मू-कश्मीर एक पहेली की तरह रहा है। 2007 में हुए विधानसभा चुनाव में विलक्षण मतदान के बाद भी इस पहेली का सीधा हल कोई नहीं बता सकता। अक्सर पूछा जाता है कि क्या जम्मू-कश्मीर दलीय राजनीति के मामले में अपने किस्म का एक अनूठा उदाहरण है, या इसकी दूसरे राज्यों के साथ कुल तुलना की जा सकती है ? असल में कश्मीर की चुनावी राजनीति को दलीय राजनीतिक होड़ के प्रसंग में ही देखना ठीक नहीं होगा। हमें कई और पहलुओं पर ध्यान देना पड़ेगा। इस राज्य की संवैधानिक हैसियत दूसरे राज्यों से भिन्न रही है। इसके अलावा पिछली आधी सदी के उसके अनुभव भी दूसरे राज्यों के मुकाबले काफी अलग रहे हैं। केन्द्र के साथ उसके संबंधों की ऐतिहासिक दिशा भी भिन्न रही है। दूसरे, देश के किसी भी दूसरे राज्य में इतने लंबे समय तक इतना प्रबल आंदोलन नहीं चला। इस आंदोलन, जिसमें भारतीय राष्ट्र-राज्य की वैधता पर ही सवालिया निशान खड़ा कर दिया। तीसरा पहलू हिंसा का है, यह राज्य आतंकवादियों और राज्य की मशीनरी, दोनों के हाथों लगातार हिंसा का शिकार होता रहा है। कश्मीर की राजनीति ने हिंसा के साये में आकार लिया है। इस हकीकत ने यहां की दलीय होड़ की दशा-दिशा में विकृतियां पैदा की हैं।

यह कहना मुश्किल है कि यदि केन्द्र के हस्तक्षेप और आतंकवाद की समस्या न होती, तो इस राज्य की दलीय प्रणाली का स्वरूप कैसा होता। एक स्थिति यह हो सकती थी कि राज्य की स्थिति में किसी एक पार्टी का दबदबा रहता। उस सूरत में यहां की राजनीति में नेशनल कांफ्रेंस (नेकां) मुख्य शक्ति होती। दूसरी संभावना यह दिखाई देती है कि राज्य में एक बहुदलीय होड़ चलती और उसमें छोटी-छोटी पार्टियां वर्चस्व के लिए एक-दूसरे से मुकाबला करतीं। मगर ये सब काल्पनिक बातें हैं। दरअसल, यह हमारे सामने इस राज्य की दलीय होड़ की दिशा तय करने वाला

एक और महत्त्वपूर्ण कारक मौजूद है, जिसका हमें विश्लेषण करना होगा। यह है चुनावों में काफी समय तक होती धांधली और पक्षपात की समस्या। राज्य की दलीय प्रणाली को निर्धारित करने में चुनावी धांधलेबाजी ने काफी अहम भूमिका निभाई है। दूसरे, ज्यादातर अन्य राज्यों के मुकाबले यहां की इलाकाई विविधताओं का स्वरूप भी थोड़ा अलग किस्म का है। जम्मू-कश्मीर की राजनीति पर इस क्षेत्रीय भिन्नता की भी गहरी छाप दिखाई देती है। न केवल राज्य के तीन प्रमुख इलाकों (कश्मीर घाटी, जम्मू और लद्दाख) में दलीय प्रणाली की शक्ल-सूरत एक-दूसरे से बिल्कुल अलग है, बल्कि इन तीनों इलाकों में चलने वाली चुनावी होड़ भी बिल्कुल अलग-अलग आधारों पर चलती है।

जाहिर है कि यहां की चुनावी राजनीति के विश्लेषण के लिए हमें एक बिल्कुल अलग पद्धति अपनानी होगी। इसीलिए हमने राज्य के राजनीतिक इतिहास पर केन्द्रित इस निबंध में राज्य को इलाकाई स्तर पर बांट कर देखने की कोशिश की है। इस राज्य की स्थिति औरों से अलग होने का फ़ौरी मतलब यह होता है कि राज्य की चुनावी राजनीति के बारे में चर्चा करते हुए कभी-कभी हमें यहां के गैर-चुनावी और अक्सर गैर-राजनीतिक घटनाक्रमों पर भी ध्यान देना होगा।

जम्मू-कश्मीर की पिछले दो दशकों की राजनीति के विश्लेषण के लिए यहां अस्सी के दशक के अंतिम सालों में पैदा हुए उग्रवाद का जायजा लेना जरूरी है। इसके साथ ही हमें उग्रवाद के फौरी प्रसंग को भी समझना होगा। उग्रवाद यहां जनमानस में घर कर चुकी पराएपन की गहरी भावना का परिणाम था। यह भावना नब्बे के दशक के शुरुआती सालों में कश्मीर घाटी में पैदा हुए स्वतःस्फूर्त जनउभार में व्यक्त होती थी। हालांकि राजनीतिक व्यवस्था के छिन्न-भिन्न हो जाने का फौरी संदर्भ तो 1987 के विधानसभा चुनावों ने ही मुहैया कराया, मगर इसकी जड़ में मौजूद राजनीतिक असंतोष की भावना 1984 से ही खदबदाने लगी थी। राज्य की मौजूदा राजनीतिक स्थिति को पूरी तरह समझने और उसे सही संदर्भ में रखने के लिए आवश्यक है कि राज्य की राजनीति के 1980 के दशक के शुरुआती वर्षों (खासतौर से 1983 के विधानसभा चुनाव) से लेकर अब तक के अनुभवों का विश्लेषण किया जाए।

इस विश्लेषण में हमें उन महत्त्वपूर्ण तत्वों को भी चिह्नित करना होगा जो पिछले पांच दशक से राज्य की राजनीति पर हावी रहे हैं, और जिन्होंने इस राज्य के राजनीतिक हालात को गहराई से प्रभावित किया है। इनमें सबसे पहली बात भारतीय गणराज्य में जम्मू-कश्मीर के विलय को लेकर उठा विवाद है। इसने यहां की राजनीति में काफी जटिलता पैदा की है, जो बाहर की राजनीतिक शक्तियों, यानी पाकिस्तान, के दखल से और मुश्किल होती गई। राजनीतिक रूप से संवेदनशील राज्य होने के कारण केन्द्र की तरफ से यहां के लोकतांत्रिक शासन और जीवन में दखलंदाजी की गुंजाइश हमेशा बनी रही। केन्द्र में सत्तारूढ़ पार्टी को 'राष्ट्रहित' के

नाम पर यहां की राजनीति में सीधे दखल देने और स्थानीय राजनीतिक अभिजन की मिलीभगत के सहारे राज्य के लोकतांत्रिक राजनीतिक संस्थाओं के साथ छेड़छाड़ की पूरी छूट मिलती रही। इस दखलंदाजी का एक नतीजा यह हुआ कि जम्मू-कश्मीर की राजनीति, खासतौर से कश्मीर घाटी में एक सतही किस्म की समरूपता पैदा हो गई, जो लगभग पचास साल से भी ज्यादा समय तक (2002 के विधानसभा चुनावों तक) कायम रही। यह सतही समरूपता शासक पार्टी के दबदबे, और दूसरे, विपक्ष की राजनीति के अभाव की वजह से पैदा हुई थी। इसने कश्मीर के लोगों में एक व्यापक असंतोष पैदा कर दिया।

यदि राज्य के बहुलतावादी और विशिष्ट चरित्र को सामने रखकर बात की जाए, तो यहां की राजनीति को ज्यादा अच्छी तरह समझा जा सकता है। जम्मू-कश्मीर संस्कृति, धर्म, और भाषायी विविधता का एक सटीक उदाहरण है। इस विविधता ने यहां के लोगों की राजनीतिक समझ और आकांक्षाओं पर गहरा प्रभाव डाला है। विविध राजनीतिक आकांक्षाओं से अलग-अलग स्तर की राजनीति निकली है। यह क्षेत्रों और उपक्षेत्रों के स्तर पर काम करती है। कहने का मतलब यह है कि क्षेत्रीय और उपक्षेत्रीय स्तर पर यहां बिल्कुल भिन्न राजनीतिक परिदृश्य देता है। जम्मू और लद्दाख में इस तरह की राजनीति सबसे ज्यादा साफ देखी जा सकती है। इसकी बुनियाद में विभिन्न पहचानों का राजनीतिकरण कश्मीरी के अलावा यहां डोगरी, लद्दाखी, पहाड़ी आदि कई और पहचानों के इर्द-गिर्द भी राजनीति होती है। पिछले दसेक वर्षों के दौरान इन पहचानों के उभार ने क्षेत्रीय और उपक्षेत्रीय स्तर पर काफी संकीर्ण राजनीति को जन्म दिया है। इस नई स्थिति का गंभीरतापूर्वक विश्लेषण जरूरी है।

इस आलेख में जम्मू-कश्मीर राज्य की पिछले तीस वर्षों की राजनीति का इन्हीं पहलुओं के संदर्भ में विश्लेषण किया गया है। यह पर्चा तीन भागों में विभाजित है। पहले भाग में कश्मीर की राजनीति के विश्लेषण के तहत घाटी में मौजूद उग्रवाद और पराएपन की भावना के प्रसंग को समझने की कोशिश है। यह तीन चरणों में विभाजित है : पहले चरण में 1983 से 1987 के बीच की राजनीति (इसी दौरान यहां की राजनीति में पराएपन की भावना, राजनीतिक उभार और उग्रवाद के बीज पड़े) का विश्लेषण किया गया है, दूसरा चरण 1987 से 1996 का है (जो राजनीतिक संकट का काल था) और तीसरे चरण में 1996 से 2009 तक की बात की गई है (जो राजनीतिक प्रक्रियाओं की बहाली का काल रहा है)।

दूसरे भाग में जम्मू और लद्दाख की राजनीति का विश्लेषण है। इसमें व्यापक अंतर्क्षेत्रीय और उपक्षेत्रीय असंतोष का जायजा लेने की कोशिश की गई है। क्षेत्रीय और उपक्षेत्रीय, दोनों स्तरों पर विविध पहचानों के उभार के सिलसिले में चुनावी राजनीति का विश्लेषण किया गया है। तीसरे खंड में 2002 और 2009 के विधानसभा चुनावों के जरिए राज्य की राजनीति में उल्लेखनीय बदलावों का

विश्लेषण है। इस भाग में यह समझने की कोशिश भी की गई है कि इन चुनावों के कारण राज्य की राजनीति पर क्या-क्या प्रभाव पड़ सकते हैं।

# I

## घाटी की राजनीति

कश्मीर के राजनीतिक हालात को अच्छी तरह समझने के लिए, और खासतौर से नब्बे के दशक के हुए बदलावों की पड़ताल करने के लिए, जरूरी है कि उग्रवाद से ठीक पहले के दौर में घाटी में आए बदलाव पर ध्यान दिया जाए। इस दौर को 1983 के विधानभा चुनावों से शुरू हुआ माना जा सकता है इन चुनावों का महत्त्व कम करके आंकना भारी भूल होगी। इन चुनावों के कई महत्त्वपूर्ण प्रभाव पड़े। राजनीति में कई ऐसे महत्त्वपूर्ण कारक सक्रिय हो उठे जिन्होंने बाद में कई राजनीतिक अभिव्यक्तियों का स्वरूप निर्धारित कर दिया। शेख अब्दुल्ला उस विरासत का प्रतिनिधित्व करते थे जिसकी शुरुआत कश्मीर के स्वतंत्रता आंदोलन के दौरान 1930 के दशक से हुई थी। यह विरासत 'इस्लामी पहचान' की राजनीति से भिन्न एक 'कश्मीरी पहचान' की राजनीति पर केन्द्रित थी। कश्मीरियों के राजनीतिक असंतोष को मुसलमानों के लिए शैक्षणिक अवसरों और रोजी-रोटी की मांगों से खींचकर उसे कश्मीर की एक क्षेत्रीय पहचान की व्यापक राजनीति से जोड़ने के पीछे शेख अब्दुल्ला का सबसे बड़ा हाथ था। इस पहचान की राजनीति में उन्होंने 'खेत पर हल जोतने वाले का' का नारा दिया और राजसत्ता पर लोकतांत्रिक नियंत्रण की मांग उठाई। इसी आधार पर 1938 में ऑल जम्मू एंड कश्मीर मुस्लिम कांफ्रेंस का नाम बदल कर उसे नेशनल कांफ्रेंस का नया नाम दिया गया। शेख अब्दुल्ला की मौत से इस विरासत को एक बड़ा झटका लगा। उनकी मौत से कश्मीर की राजनीति में एक गहरा शून्य पैदा हो गया। राज्य की राजनीति में पैदा हुए इस शून्य को भरने वाली कई ताकतें हालांकि पहले से मौजूद थीं, परंतु शेख अब्दुल्ला के जीवित रहते ये धाराएं कभी मुख्यधारा का हिस्सा नहीं बन पाईं। इनमें कई ऐसी ताकतें भी शामिल थीं जो कश्मीर की राजनीति को धार्मिक आधार पर परिभाषित करना चाहती थीं।

## कांग्रेस का हस्तक्षेप

केन्द्र सरकार में बैठी कांग्रेस पार्टी ने 1950 के दशक से ही राज्य की राजनीति पर पूरा नियंत्रण बनाया हुआ था। उसने 1953 में शेख अब्दुल्ला को सत्ता से हटा कर नजरबंद भी कर दिया था। इसके बाद से कांग्रेस यहां की राजनीति में लगातार दखल देती रही। उसने न केवल शेख अब्दुल्ला को लंबे समय तक नजरबंदी में रहने दिया, बल्कि बख्शी गुलाम मुहम्मद की सरकार को संरक्षण भी देती रही।

बख्शी के कार्यकाल में तो नेशनल कांफ्रेंस कांग्रेस का ही एक हिस्सा बनकर रह गई थी। नेशनल कांफ्रेंस की आंतरिक राजनीति पर कांग्रेस का असर इतना ज्यादा था कि जब कांग्रेस के सांगठनिक ढांचे में सुधार के लिए कामराज प्लान लागू किया गया, तो बख्शी ने इस्तीफा देने में जरा सी भी हिचकिचाहट नहीं दिखाई। कांग्रेस के इस दबदबे के कारण अंततः नेशनल कांफ्रेंस का कांग्रेस में विलय हो गया। इस तरह राज्य की राजनीतिक सत्ता पर बेरोकटोक या बिना किसी चुनौती के अपना नियंत्रण कायम करने का कांग्रेसी सपना पूरा हो गया।

मगर, इंदिरा गांधी और शेख अब्दुल्ला के बीच हुए समझौते के फलस्वरूप 1975 में कांग्रेस को शेख अब्दुल्ला और नेशनल कांफ्रेंस के लिए जगह बनानी पड़ी। शेख ने नेशनल कांफ्रेंस को दोबारा अपने पैरों पर खड़ा कर दिया। उस समय कांग्रेस ने शेख के नेतृत्व में नेशनल कांफ्रेंस सरकार को बाहर से समर्थन देने का प्रस्ताव भी रखा था। मगर उनका यह तालमेल ज्यादा नहीं चल पाया। कांग्रेस ने कुछ समय बाद समर्थन वापस ले लिया। 1977 के विधानसभा चुनावों (जिन्हें सबसे निष्पक्ष चुनाव माना जाता है) में अब्दुल्ला के नेतृत्व में नेशनल कांफ्रेंस ने पूरे राज्य में अपने झंडे गाड़ दिए और कांग्रेस हाशिए पर सिमट गई। लेकिन, कांग्रेस येन-केन-प्रकारेण राज्य की सत्ता पर नियंत्रण पाने की कोशिश करती रही। 1975 में जब कांग्रेस ने नेशनल कांफ्रेंस के हक में सत्ता छोड़ी, तभी से वह राजनीतिक नियंत्रण पाने की इच्छा संजोए हुए थी। परंतु शेख अब्दुल्ला के विराट व्यक्तित्व की मौजूदगी में वह ऐसा नहीं कर सकती थी। वह गठबंधन करने के लिए नेशनल कांफ्रेंस पर लगातार दबाव डालती रही। अपने जीवनकाल में शेख इस तरह के दबावों का आसानी से सामना कर सकते थे। मगर उनके बेटे फारूक अब्दुल्ला के लिए ऐसा करना आसान नहीं था। फारूक अब्दुल्ला 1983 में अपने पिता के स्थान पर नेशनल कांफ्रेंस के नेता बने। हालांकि नेशनल कांफ्रेंस शेख की मौत के बाद भी कुछ समय तक कश्मीरी पहचान की अपनी राजनीति पर कायम रही, मगर कश्मीरी पहचान की इस राजनीति के पीछे विचारधारा का नहीं बल्कि नेशनल कांफ्रेंस और कांग्रेस के बीच राजनीतिक प्रतिद्वंद्विता का हाथ ज्यादा था।

डॉ. अब्दुल्ला ने शुरुआती दौर में कांग्रेस के दबाव का मुकाबला करने की भरसक कोशिश की। उन्होंने गठबंधन के लिए आए कांग्रेसी प्रस्ताव को भी ठुकरा दिया। उनका यह कदम एक तरह से जनभावनाओं के प्रति उनके सम्मान की अभिव्यक्ति थी। इस प्रक्रिया में उन्होंने कांग्रेस और केन्द्र सरकार के विरोध की मुद्रा इख्तियार कर ली। (असल में घाटी में कांग्रेस के प्रति विरोध की भावना बहुत गहरी थी। घाटी में कांग्रेस को कश्मीरियों की राजनीतिक इच्छाओं को दबाने, उन पर अलोकप्रिय सरकारें थोंपने और उनकी राजनीतिक प्रतिष्ठा को चोट पहुंचाने का जिम्मेदार माना जाता था।) 1983 के विधानसभा चुनावों में नेशनल कांफ्रेंस ने अपने

प्रचार अभियान को कश्मीरी पहचान के सवाल पर केन्द्रित किया। फारूक अब्दुल्ला ने कश्मीरी राष्ट्रवाद की अवधारणा पेश की और कहा कि जम्मू-कश्मीर को वह स्वायत्तता वापस दी जाए जो 1953-1975 के दौरान उससे छीन ली गई थी। उनकी पार्टी ने पहचान की जिस राजनीति का सहारा लिया था, उसके नतीजे चुनाव परिणामों में साफ देखे जा सकते थे। नेशनल कांफ्रेंस ने घाटी की 3 सीटों को छोड़कर सारी सीटों पर कब्जा कर लिया। 1983 के चुनावों में कश्मीरी पहचान की जिस राजनीति का सहारा लिया गया था, उसका बुनियादी मकसद पार्टी के भीतर के लोगों के बीच फारूक अबदुल्ला ने नेतृत्व को मान्यता दिलाना था। मगर, इसने साथ-साथ कश्मीर में अलगाववादी ताकतों को हाशिए पर धकेलने का काम भी कर दिया। शेख के बेटे ने जनता के असंतोष को चुनावी रास्ते से वाणी दी और इस तरह असंतोष की राजनीति को मुख्यधारा में ला दिया। इस प्रक्रिया को तब और मजबूती मिली जब नेशनल कांफ्रेंस राष्ट्रीय राजनीति में दाखिल हुई और उसने दूसरी क्षेत्रीय और राष्ट्रीय स्तर की विपक्षी पार्टियों के साथ मिलकर कदम उठाए। नेशनल कांफ्रेंस कांग्रेस विरोधी पार्टियों के अखिल भारतीय गठजोड़ का हिस्सा बनी और उसके सम्मेलनों में सक्रिय रूप से शामिल होने लगी। यह कश्मीरी असंतोष की अभिव्यक्ति को एक नया स्वरूप प्रदान करने का अच्छा अवसर था। यह एक ऐसा मौका था जब कश्मीरी असंतोष की विशिष्टता को एक तरफ रख कर उसे व्यापक राष्ट्रीय असंतोष का हिस्सा बनाया जा सकता था।

दुर्भाग्यवश, नेशनल कांफ्रेंस लंबे समय तक कांग्रेस विरोधी राजनीति के मोर्चे पर कायम नहीं रह सकी। 1986 में उसे विवश होकर कांग्रेस के साथ गठजोड़ करना पड़ा। पार्टी के इस निर्णय के पीछे एक महत्त्वपूर्ण कारण यह भी था कि केन्द्र में बैठी कांग्रेस सरकार ने राजनीतिक उठा-पटक के जरिए 1984 में उसे सत्ता से बाहर कर दिया। जब फारूक की पार्टी के 12 सदस्य गुल मुहम्मद शाह के नेतृत्व वाली अवामी नेशनल कांफ्रेंस में चले गए तो नेकां सरकार बर्खास्त कर दी गई। कांग्रेस ने शाह की अल्पमत सरकार को समर्थन दिया। राजनीतिक बियाबान में चले जाने पर फारूक अब्दुल्ला को अंततः कांग्रेस के साथ गठजोड़ के 'प्रस्ताव' को मानना ही पड़ा। बहरहाल, दूसरी तरफ गुल मुहम्मद शाह कश्मीर के लोगों की नजर में अपनी सरकार की साख कायम नहीं रख सके। राज्य प्रशासन ने विभिन्न इलाकों में इतनी जल्दी-जल्दी कर्फ्यू लगाए कि शाह को 'कर्फ्यू मुख्यमंत्री' कहा जाने लगा। छोटे से कार्यकाल के बाद उन्हें बर्खास्त करके राष्ट्रपति शासन लागू कर दिया गया।

कश्मीर के राजनीतिक इतिहास में ये दोनों घटनाएं- 1984 में फारूक अब्दुल्ला की बर्खास्तगी और 1986 में कांग्रेस के साथ उनका गठबंधन- काफी अहमियत रखती हैं। अस्सी के दशक में यहां जो राजनीतिक उठा-पटक शुरू हुई उसके तात्कालिक कारण इन दोनों घटनाओं (और 1987 के चुनावों की पराजय) में ही ढूंढे जा सकते हैं।

1984 में फारूक अब्दुल्ला की बर्खास्तगी ने 1953 में शेख अब्दुल्ला की बर्खास्तगी और उसके बाद केन्द्र सरकार की दखलंदाजी की यादें ताजा करादीं। इस घटना के बाद लोगों ने यह मान लिया कि कश्मीर में तब तक कोई निर्वाचित सरकार कायम नहीं रह सकती, जब तक उसे दिल्ली का समर्थन हासिल न हो। लोकप्रिय जनादेश के बावजूद केन्द्र सरकार जब चाहे किसी सरकार को उलट सकती है।

1986 में नेशनल कांफ्रेंस और कांग्रेस के बीच हुए गठजोड़ ने नेशनल कांफ्रेंस–कांग्रेस की गठबंधन सरकार के मुखिया के तौर पर फारूक अब्दुल्ला के मुख्यमंत्री बनने का रास्ता दोबारा साफ कर दिया। इस घटना ने राज्य की लोकतांत्रिक और संस्थागत राजनीति पर दीर्घकालिक प्रभाव डाला। इसका एक फौरी असर नेशनल कांफ्रेंस की राजनीतिक छवि पर पड़ा। अब तक लोग उसे कश्मीरियों को राजनीतिक हैसियत दिलाने के लिए संघर्षरत पार्टी के रूप में देखते थे, परंतु अब यही पार्टी उनकी राजनीतिक प्रतिष्ठा को चोट पहुंचाती हुई दिखाई देने लगी। जनता में व्याप्त इस सोच से न केवल पार्टी की राजनीतिक संभावनाएं खटाई में पड़ गईं, बल्कि घाटी में एक राजनीतिक शून्य भी पैदा होने लगा। तमाम किस्म के उग्रवादी संगठन इस शून्य को भरने की कोशिश करने लगे। जमाते इस्लामी जैसी राजनीतिक ताकतें अब तक राजनीति के हाशिए पर थीं, परंतु अब वे राज्य की राजनीति में वर्चस्व कायम करने की कोशिश करने लगीं।

## विधानसभा चुनाव : 1987

हालांकि जमात की स्थापना तो 1942 में की गई थी, मगर राज्य की चुनावी राजनीति में उसकी पहचान कभी नहीं बन पाई। उसे सत्तर के दशक की शुरुआत में एक बार अपनी दावेदारी पेश करने का मौका मिला था, क्योंकि उस समय घाटी में असंतोष बहुत गहरा था। 1952 के विधानसभा चुनावों में उसे 7.18 प्रतिशत वोट और पांच विधानसभा सीटें मिली थीं। लेकिन 1975 में कश्मीर की राजनीति में शेख अब्दुल्ला और नेशनल कांफ्रेंस की वापसी के बाद जमात फिर अंधेरे में चली गई। 1977 के विधानसभा चुनावों में उसका प्रदर्शन पिछली बार जैसा नहीं रहा। उसको केवल 3.59 प्रतिशत वोट मिले और वह केवल एक सीट ही जीत पाई। 1983 के चुनावों में उसे एक भी सीट नहीं मिली। फारूक अब्दुल्ला की बर्खास्तगी के बाद जमात ने धार्मिक और राजनीतिक संगठनों का एक मोर्चा कायम करने में बढ़–चढ़ कर हिस्सा लिया। 1986 में यूनाइटेड मुस्लिम फ्रंट (यूएमएफ) का गठन किया गया। इस फ्रंट में जमाते इस्लामी, जमाते तुलबा, जमाते–अहले–हदीस, अंजुमन तहाफिज–उल–इस्लाम, मुस्लिम एम्प्लॉईज फ्रंट और वर्ल्ड मुस्लिम ऑर्गनाइजेशन आदि संगठन शामिल थे। जब तक नेशनल कांफ्रेंस विरोध की राजनीति करती रही, तब तक इस फ्रंट को कोई खास राजनीतिक पहचान नहीं मिल

पाई मगर जब नेशनल कांफ्रेंस और कांग्रेस का गठजोड़ हो गया, तो जनता के बीच उसे जगह मिलने लगी। अब यह फ्रंट इस गठजोड़ के कारण पैदा हुए राजनीतिक शून्य को भरने का दावा कर सकता था। यह शून्य कांग्रेस विरोधी और केन्द्र सरकार विरोधी राजनीतिक आकांक्षाएं रखने वाले लोगों के भीतर ज्यादा साफ दिखाई देता था। 1975 से 1986 के बीच कश्मीरी पहचान की राजनीति के तहत इन भावनाओं को नेशनल कांफ्रेंस के जरिए नुमाइंदगी मिलती थी। लेकिन, यह नया गठबंधन इन भावनाओं को बिल्कुल भिन्न किस्म की पहचान के लिए भुनाना चाहता था। फ्रंट एक ऐसी कश्मीरी पहचान को हवा दे रहा था जो अनिवार्यतः इस्लामी थी।

सितम्बर 1986 में फ्रंट पर पाबंदी लगा दी गई। इस कदम के फलस्वरूप चुनावी मैदान में नेशनल कांफ्रेंस से दो-दो हाथ करने के लिए मुस्लिम यूनाइटेड फ्रंट (एमयूएफ) बनाया गया। एमयूएफ ने अपनी स्थापना के पहले दिन से ही कश्मीर की चुनावी राजनीति के केन्द्र में धर्म का सवाल ला खड़ा किया। उसके नेताओं ने इस्लामिक एकता की जरूरत पर जोर दिया और मतदाताओं से आग्रह किया कि वे इस्लाम के नाम पर वोट दें। उसने जम्मू क्षेत्र के मुसलमानों की हमदर्दी हासिल करने की कोशिश भी की। एमयूएफ ने कहा कि जम्मू में मुसलमान अल्पसंख्यक हैं, इसलिए वहां उन्हें पिछड़े का दर्जा दिया जाए। उसने विश्वविद्यालयों और प्रोफेशनल कॉलेजों में उनके लिए आरक्षण का आश्वासन भी दिया। 1947 के जम्मू के मुसलमान शरणार्थियों के पुनर्वास का मुद्दा भी उसके एजेंडे में शामिल था।

कश्मीर में गहराते राजनीतिक असंतोष को निशाना बनाते हुए उसने मुसलमान युवकों की दुर्दशा, स्कूल-कॉलेजों के दाखिलों और व्यावसायिक पाठ्यक्रम वाले संस्थानों में दाखिले में उनके साथ होने वाले भेदभाव से जुड़े मुद्दे उठाए। उसकी राजनीति में उग्र तेवर साफ दिखाई देते थे। उसने नेशनल कांफ्रेंस, केन्द्र सरकार की राजनीति और भारतीय राज्य के खिलाफ जनभावनाओं को उकसाने के लिए हर मुमकिन रास्ता अपनाया और कश्मीरियों को आत्मनिर्णय के अधिकार के हक में एकजुट होने का आह्वान किया। चुनाव अभियान में जिन राजनीतिक भावनाओं को उकसाया गया था, उनका नतीजा यह हुआ कि 1987 के विधानसभा चुनावों में मतदान का प्रतिशत काफी ऊंचा रहा। जम्मू क्षेत्र में तो मतदान 69.66 प्रतिशत के ऊपर नहीं गया, मगर घाटी में 74.16 प्रतिशत तक जा पहुंचा। 22 विधानसभा क्षेत्रों में तो 80 प्रतिशत वोट मिले एमयूएल और नेशनल कांफ्रेंस के बीच उम्मीद के मुताबिक तीखा मुकाबला हुआ। नेशनल कांफ्रेंस को 45.11 प्रतिशत वोट मिले। (1983 के चुनावों के मुकाबले यह काफी कम था। उस समय घाटी में नेशनल कांफ्रेंस को लगभग 60 प्रतिशत वोट मिले थे)। इसके मुकाबले एमयूएफ को 31.84 प्रतिशत वोट मिले। इन दोनों के अलावा अब्दुल गनी लोन की पीपुल्स कांफ्रेंस को भी 6.36 प्रतिशत वोट मिले। पीपुल्स कांफ्रेंस ने स्वतंत्र रूप से चुनाव

लड़ा था। बहरहाल, नेशनल कांफ्रेंस-कांग्रेस गठबंधन को भारी सफलता मिली। घाटी की 42 में से 38 सीटें उसकी झोली में गईं। इन 38 सीटों में से भी 32 अकेले नेशनल कांफ्रेंस को और 6 कांग्रेस को मिलीं। एमयूएफ को सिर्फ चार सीटें हाथ लगीं। पीपुल्स कांफ्रेंस का खाता ही नहीं खुल पाया।

कश्मीर घाटी में इन चुनावों के नतीजों को लेकर काफी विवाद रहा, क्योंकि नेशनल कांफ्रेंस को ज्यादातर सीटों पर बहुत मामूली अंतर से जीत मिली थी। घाटी की 11 विधानसभा सीटों पर नेशनल कांफ्रेंस-कांग्रेस गठबंधन के उम्मीदवार बहुत मामूली अंतर से जीते थे। इनमें से तीन सीटों की स्थिति सबसे ज्यादा ध्यान देने वाली थी। इन तीन सीटों पर नेशनल कांफ्रेंस के उम्मीदवारों को केवल 100 वोट (बिजबेहड़ा), 122 वोट (वाची) और 336 वोट (शोपियां) के अंतर से सफलता मिली थी, जबकि इन सभी सीटों पर रद्द किए गए वोटों की संख्या (क्रमशः 1177, 1806 और 1122) बहुत ज्यादा थी। दिलचस्प बात यह थी कि कश्मीर घाटी की ज्यादातर सीटों पर रद्द किए गए मतों का प्रतिशत काफी ऊंचा था। मिसाल के तौर पर, दोरू में 6.71 प्रतिशत, चरार-ए-शरीफ में 5.6 प्रतिशत, हुमशालीबाग में 4.62 प्रतिशत, वाची में 4.8 प्रतिशत, संगरामा में 4.76 प्रतिशत, अमीरकदल में 4.54 प्रतिशत और हंदवाड़ा में 4.19 प्रतिशत मतपत्र रद्द किए गए थे।

## विधानसभा चुनाव, 1978, में नजदीकी टक्कर, कश्मीर घाटी

| विस सीट | विजयी पार्टी | प्राप्त मतों का % | हारने वाली पार्टी | प्राप्त मतों का % | अंतर |
|---|---|---|---|---|---|
| हंदवाड़ा | नेकां | 46.03 | जेकेपीसी | 43.67 | 1330 |
| लांगेट | नेकां | 39.56 | निर्दलीय (एमयूएफ) | 34.7 | 1305 |
| कुपवाड़ा | नेकां | 37.08 | नर्दलीय (एमयूएफ) | 31.82 | 1779 |
| बारामूला | नेकां | 48.06 | जेकेपीसी | 43.81 | 1436 |
| हबाकदल | नेकां | 48.51 | नर्दलीय (एमयूएफ) | 44.89 | 1289 |
| नागिन | नेकां | 48.24 | नर्दलीय (एमयूएफ) | 42.82 | 1583 |
| त्राल | कांग्रेस | 35.17 | नर्दलीय (एमयूएफ) | 31.67 | 1355 |
| वाची | नेकां | 49.67 | नर्दलीय (एमयूएफ) | 49.33 | 122 |
| शोपियां | नेकां | 48.00 | नर्दलीय (एमयूएफ) | 47.11 | 336 |
| बिजवेहड़ा | नेकां | 47.72 | नर्दलीय (एमयूएफ) | 47.44 | 100 |
| दोरू | नेकां | 49.62 | नर्दलीय (एमयूएफ) | 45.19 | 1232 |

***स्रोत :*** *निर्वाचन विभाग, जम्मू एवं कश्मीर*

1987 के विधानसभा चुनावों के बारे में यह धारणा काफी बड़े पैमाने पर व्याप्त थी कि चुनावों में धांधली हुई है। इस धारणा ने कश्मीरियों की इस सोच को और पुख्ता कर दिया कि उन्हें लोकतांत्रिक ढंग से भी न्याय नहीं मिल सकता। नतीजतन, यहां न केवल चुनावी राजनीति, बल्कि पूरी लोकतांत्रिक प्रणाली से लोगों का मोहभंग होने लगा। चुनाव के बाद घाटी का राजनीतिक जीवन विरोध-प्रदर्शनों और जुलूसों से अस्त-व्यस्त हो उठा। असंतोष इतना गहरा था कि 'जब फारूक ने 1987 के बाद अपना शासन शुरू किया तो समाज बंट चुका था और हालात बेहद हिंसक हो चुके थे। अब इस समाज को पुराने नारों से नहीं बहलाया जा सकता था।' चुनावी जनादेश को अस्वीकार करते हुए एमयूएफ और दूसरी विपक्षी पार्टियों ने मुख्यधारा की राजनीति से पैर खींच लिए और अलगाववादी-उग्रवादी धारा में शामिल हो गईं। उग्रवाद और अस्थिरता के लिए जमीन तैयार हो चुकी थी। सीमा पार करके पाकिस्तान जाने वाले उग्रवादियों का पहला दस्ता एमयूएफ के ऐसे समर्थकों का था जिन्होंने 1987 के विधानसभा चुनावों में बढ़-चढ़ कर हिस्सा लिया था।

## राजनीति की जगह उग्रवाद

1987 के चुनावों से निकले संकट ने घाटी में एक राजनीतिक गतिरोध पैदा कर दिया। जैसे-जैसे उग्रवाद तेज हुआ और घाटी हिंसा की चपेट में आई, शासन चलाना मुश्किल होने लगा। बंदूक का साया गहराने लगा और राजनीति की महत्ता घटने लगी। उग्रवादियों द्वारा चुन-चुन कर की जा रही हत्याओं से राजनीतिक नेताओं और पार्टियों को मजबूरन राजनीतिक परिदृश्य से हटना पड़ा।

उग्रवादी संगठन हड़तालों का आह्वान करने लगे। घाटी का सामान्य जनजीवन अस्त-व्यस्त हो गया। उग्रवादी सरकारी अधिकारियों, और खासतौर से नेशनल कांफ्रेंस के राजनीतिक कार्यकर्त्ताओं तथा ऐसे लोगों की चुन-चुन कर हत्या करने लगे, जिन्हें पुलिस का मुखबिर या गुप्तचर एजेंसियों से जुड़ा हुआ माना जाता था। इस घटनाक्रम ने भी घाटी के सामान्य जीवन को छिन्न-भिन्न कर दिया। 1988 में जनता का असंतोष सार्वजनिक प्रदर्शनों की शक्ल में अभिव्यक्त होने लगा। मामूली कारणों को लेकर किया जाने वाला विरोध भी भारत-विरोधी स्वरूप लेने लगा। जनरल जिया की मौत और कराची में हथियारों के जखीरे में हुए विस्फोट की घटनाओं की प्रतिक्रिया में भी यहां कई विरोध प्रदर्शन हुए।

इन विरोध प्रदर्शनों में शामिल होने वालों की संख्या लगातार बढ़ती जा रही थी। 1989 तक आते-आते ये प्रदर्शन 'आजादी' की मांग पर केन्द्रित होने लगे। जल्दी से जल्दी आजादी हासिल कर लेने की इच्छा बलवती होने लगी। लगभग हर रोज हजारों कश्मीरी सड़कों पर उतरने लगे। इन जुलूसों में पुरुषों के साथ-साथ महिलाएं भी शामिल होती थीं। व्यापक असंतोष के इस वातावरण में पहली बार

उग्रवाद का असर साफ-साफ महसूस होने लगा। अगस्त 1989 तक आते-आते हत्या और अपहरण की वारदातों में काफी तेजी आ गई। उग्रवादी सत्ताधारी राजनीतिक नेताओं, खासतौर से नेशनल कांफ्रेंस के लोगों को निशाना बनाने लगे। उग्रवादियों का दबाव इतना ज्यादा था कि 1990 की शुरुआत में राजनीतिक प्रक्रिया स्थगित कर दी गई। न केवल फारूक अब्दुल्ला की सरकार ने इस्तीफा दे दिया, बल्कि विधानसभा भी बर्खास्त कर दी गई। राजनीतिक दलों ने घाटी में अपनी सरगर्मियां बंद कर दीं। अगले छः वर्षों तक वहां कोई राजनीतिक गतिविधि नहीं हुई।

जैसे-जैसे समय बीतता गया उग्रवाद का स्वरूप भी बदलता रहा। शुरुआत में इसकी जड़ें पूरी तरह स्थानीय समाज में थीं और बहुत से कश्मीरी लोग विचारधारात्मक आधार पर उसमें हिस्सा ले रहे थे। उस समय जम्मू-कश्मीर लिबरेशन फ्रंट (जेकेएलएफ) सबसे प्रमुख उग्रवादी संगठन था और उसी ने युवाओं के बीच उग्रवादी प्रतिक्रिया की सोच को लोकप्रियता दी थी। उसका स्पष्ट सांगठनिक आधार था। जेकेएलएफ की बागडोर कश्मीर में यासीन मलिक और मुजफ्फराबाद में अमानुल्ला खान के हाथों में थी। उनकी नजर में बहुधार्मिक स्वरूप बनाए रखते हुए राज्य को उसी प्रकार एकजुट करना जरूरी था जैसा वह डोगरा शासनकाल के दौरान हुआ करता था। जेकेएलएफ का राजनीतिक उद्देश्य पूरे राज्य को एकजुट करना था। परंतु 1990 के दशक के मध्य तक आते-आते दूसरे उग्रवादी संगठन जेकेएलएफ को चुनौती देने लगे। इन संगठनों में हिजबुल मुजाहिदीन सबसे आगे था। जमाते इस्लामी के राजनीतिक ढांचे से पैदा हुए और 1989 में गठित किए गए इस संगठन का जोर कश्मीर की इस्लामी पहचान और पाकिस्तान के साथ कश्मीर के विलय पर था। इस बदलाव के साथ-साथ कई दूसरे पाकिस्तान समर्थक संगठनों के भी सामने आ जाने से कश्मीर में चल रहे राजनीतिक आंदोलन का बहुधार्मिक आधार कमजोर पड़ गया। कश्मीर के राजनीतिक आंदोलन को मजहबी दिशा देने की कोशिश की जा रही थी। बाद में पश्चिमी प्रभाव के तमाम प्रतीकों पर हमला होने लगा। विभिन्न उग्रवादी संगठनों ने शराब घरों, वीडियो पार्लरों, सिनेमा घरों आदि पर हमले किए और महिलाओं को बुर्का पहनने का फतवा जारी कर दिया। भारी उग्रवादी सरगर्मियों और कट्टरवाद के इन हालात ने कश्मीरी पंडितों के भीतर भय की भावना पैदा कर दी। घाटी में पंडितों की संख्या बहुत थोड़ी थी, इसलिए वे जम्मू तथा देश के दूसरे हिस्सों की तरफ बड़े पैमाने पर पलायन करने लगे।

इन तमाम घटनाओं के फलस्वरूप 1990 के बाद घाटी में एक गहरा राजनीतिक शून्य पैदा हो गया। तमाम राजनीतिक गतिविधियां हाशिए पर थीं और राजनीतिक अभिव्यक्ति बंदूक के साये में खामोश थी। मार्च 1993 में ऑल पार्टी हुर्रियत कांफ्रेंस (एपीएचसी) के गठन ने उग्रवाद को एक राजनीतिक चेहरा दिया। इस संगठन में सैयद अली शाह जिलानी (जमाते इसलामी), अब्दुल गनी लोन (पीपुल्स कांफ्रेंस), मौलवी अब्बास अंसारी (लिबरेशन काउंसिल), प्रोफेसर अब्दुल गनी बट (मुस्लिम

कांफ्रेंस) और यासीन मलिक (जेकेएलएफ) जैसे कई महत्त्वपूर्ण नेता शामिल हुए। हुर्रियत की अध्यक्षता मीरवाइज उमर फारूक के हाथों में सौंपी गई। बाद में बारी-बारी से सभी संगठनों को अध्यक्षता दी गई। यह संगठन उस समय कश्मीर में मौजूद लगभग सभी उग्रवादी और अलगाववादी संगठनों को लेकर बनाया गया था और इसमें तमाम विचारधाराओं के लोग शामिल थे। इसके बावजूद कुल मिलाकर इस संगठन का झुकाव कश्मीर की इस्लामी पहचान की तरफ स्पष्ट रूप से दिखाई देता था।

कश्मीर घाटी में दहशत और हिंसा की स्थितियां राजनीतिक प्रक्रिया को किस कदर कमजोर कर सकती हैं, यह बात 1989 के संसदीय चुनावों में साफ दिखाई दी। किसी भी तरह की राजनीतिक गतिविधियों के अभाव में पूरी चुनावी कवायद एक राजनीतिक प्रहसन साबित होकर रह गई। उग्रवादियों के डर से ज्यादातर विपक्षी पार्टियों ने अपने उम्मीदवारों के नामांकन दर्ज कराने की भी हिम्मत नहीं दिखाई। नेशनल कांफ्रेंस को खाली मैदान मिला और उसने तीनों सीटें जीत लीं। न केवल श्रीनगर की संसदीय सीट पर उसका उम्मीदवार निर्विरोध जीत गया, बल्कि बारामूला और अनंतनाग की बाकी दोनों सीटों पर भी उसे निर्दलीय उम्मीदवारों की तरफ से किसी खास चुनौती का सामना नहीं करना पड़ा। इन दोनों सीटों पर बहुत कम ही लोग वोट डालने के लिए निकले और बारामूला तथा अनंतनाग में क्रमशः केवल 5.03 और 5.07 प्रतिशत ही मतदान हुआ। दोनों सीटों पर केवल कुछ मतदान केन्द्रों पर ही लोगों ने थोड़ा-बहुत मतदान किया।

राजनीतिक सहभागिता के इस स्वांग के कारण 1991 के अगले संसदीय चुनावों का तो राज्य आयोजन ही नहीं किया गया। कुल मिलाकर तमाम औपचारिक लोकतांत्रिक प्रक्रियाएं निस्पंद पड़ी थीं और पूरा राज्य राष्ट्रपति शासन के अंतर्गत था। बहरहाल, 1996 में हुए अगले संसदीय चुनावों तक हालात में कुछ बदलाव दिखाई देने लगे। उग्रवादियों और उनके आंदोलन, दोनों के प्रति लोगों के रवैए में एक परिवर्तन दिखाई देता था। बढ़ते अपराधीकरण के कारण उग्रवाद को जनता के बीच मिलने वाले समर्थन में कमी आने लगी थी। राजनीतिक आंदोलन की दिशा को लेकर भी लोग मोहभंग का शिकार होते जा रहे थे। अब वह आजादी की उम्मीद और उसके सोच से बहुत संतुष्ट नहीं थे। 1995 तक कश्मीरी समाज में एक किस्म की ऊब दिखाई देने लगी। सामान्य हालात और अमन-चैन की चाहत जगने लगी। घाटी में शेख नूरुद्दीन वली की दरगाह, चरार-ए-शरीफ का ध्वंस उग्रवाद के प्रति आम लोगों के राजनीतिक समर्थन में बदलाव की दिशा में एक निर्णायक घटना थी। चरार-ए-शरीफ धार्मिक पहचान का प्रतीक था। इस दरगाह पर भाड़े के पाकिस्तानी उग्रवादी मस्त गुल ने कब्जा कर लिया था।

शांति की चाहत के बावजूद चुनावी प्रक्रिया की शुरुआत आसान नहीं थी। सबसे पहली समस्या तो यह थी कि घाटी की सबसे प्रमुख क्षेत्रीय पार्टी नेशनल

कांफ्रेंस इन संसदीय चुनावों के बहिष्कार की घोषणा कर चुकी थी। कश्मीर में अपनी राजनीतिक पहचान वापस पाने की उम्मीद से उसने दोबारा स्वायत्तता का मुद्दा उठाया और केन्द्र सरकार से इस बारे में एक निश्चित आश्वासन की मांग की कि राज्य को 1953 से पहले वाली संवैधानिक हैसियत प्रदान की जाए। केन्द्र सरकार ने इस तरह का कोई आश्वासन नहीं दिया। इसके अलावा पिछले छः सालों में हुई व्यापक हिंसा और दहशत भी एक बड़ी समस्या थी। ऐसे हालात में चुनावों में व्यापक जनता की हिस्सेदारी सुनिश्चित कर पाना कठिन काम था। वैसे भी पिछले छः सालों के दौरान पैदा हुए राजनीतिक शून्य को एक झटके में नहीं भरा जा सकता था। राजनीतिक शक्तियां पूरी तरह मंच से गायब हो चुकी थीं, नागरिक समाज की संस्थाएं कमजोर पड़ चुकी थीं और औपचारिक राजनीतिक संरचना ढह चुकी थी। पूरा समाज उग्रवाद की गिरफ्त में था, इसलिए राजनीतिक प्रक्रिया की सर्वोच्चता को पुनर्स्थापित करना अपने आप में एक मुश्किल काम था। कुल मिलाकर संसद और विधानसभा के लिए काफी कठिन हालात में चुनाव सम्पन्न हुए। इन चुनावों पर एक तरफ तो उग्रवादियों की दहशत और धमकियों का साया मंडरा रहा था और दूसरी तरफ पूरे राज्य में सुरक्षा बल भी बड़ी संख्या में मौजूद थे।

बहरहाल, इन तमाम समस्याओं के बावजूद मई 1996 में कराए गए संसदीय चुनावों के दौरान राजनीतिक हिस्सेदारी बेहतर रही। 1989 के संसदीय चुनावों में घाटी के पांच प्रतिशत से भी कम मतदाताओं ने मतदान किया था। परंतु इस बार 46.41 प्रतिशत मतदान हुआ। इस भारी मतदान को देखकर बहुत सारे लोगों ने यह आरोप भी लगाया कि सुरक्षा बलों के जवान मतदान के लिए लोगों को जबरन घरों से ठेल-ठेल कर ला रहे थे। इन आरोपों में कुछ सच्चाई भी थी, क्योंकि इन चुनावों में रद्द किए गए मत पत्रों की संख्या काफी ज्यादा थी।

## तालिका 2 : मतदान और रद्द होने वाले मतों का प्रतिशत, संसदीय चुनाव, 1996

| सीट | मतदान का प्रतिशत | रद्द किए गए मतों का प्रतिशत |
|---|---|---|
| बारामूला | 46.83 | 6.98 |
| श्रीनगर | 41.00 | 7.37 |
| अनंतनाग | 50.13 | 6.78 |
| लद्दाख | 80.93 | 1.48 |
| उधमपुर | 53.43 | 3.73 |
| जम्मू | 48.28 | 2.41 |

***स्रोत** : सूचना एवं जनसंपर्क विभाग, जम्मू-कश्मीर सरकार।*

नेशनल कांफ्रेंस के मैदान से हट जाने के बाद घाटी में चुनावी होड़ मुख्य रूप से कांग्रेस और जनता दल के बीच सीमित होकर रह गई। हालांकि मुख्य टक्कर तो इन दोनों के बीच ही थी, मगर भाजपा, पैंथर्स पार्टी, अवामी लीग और कांग्रेस (तिवारी) ने भी अपने उम्मीदवार खड़े किए थे। कांग्रेस को 27.39 प्रतिशत वोटों के साथ 2 और जनता दल को 20.45 प्रतिशत वोटों के साथ एक सीट मिली। इन संसदीय चुनावों ने विधानसभा चुनावों के लिए माहौल बनाने का काम किया। हालांकि बड़े पैमाने पर आरोप लगाए जा रहे थे कि मतदान करवाने के लिए सुरक्षा बलों के जवान लोगों को जबरन घरों से लाते थे, फिर भी राजनीतिक प्रक्रिया की शुरुआत के लिहाज से राज्य में बेहतर संकेत मिलने लगे थे। विधानसभा चुनावों से पहले एक महत्त्वपूर्ण बदलाव यह आया कि अब नेशनल कांफ्रेंस विधानसभा चुनावों में हिस्सेदारी के लिए तैयार थी। स्वायत्तता का राजनीतिक पैकेज हासिल कर लेने के बाद ही चुनावों में जाने की शर्त पर जोर देने की बजाए उसने तय किया कि अगर उसकी सरकार बनी तो इस बात के लिए केन्द्र सरकार पर दबाव डाला जाएगा। सितम्बर 1996 में हुए विधानसभा चुनावों में आम जनता की हिस्सेदारी में और इजाफा हुआ। इस बार के चुनावों में बड़ी संख्या में उम्मीदवार सामने आए। पूरे राज्य में कुल 546 उम्मीदवारों ने चुनाव लड़ा। इनमें से 234 कश्मीर घाटी में थे। इस चुनाव में मतदान का प्रतिशत भी कुछ माह पहले हुए संसदीय चुनावों के मुकाबले काफी बेहतर रहा। विधानसभा चुनावों के दौरान पूरे राज्य में 54.04 प्रतिशत वोट पड़े। कश्मीर घाटी में भी मतदान 46.17 प्रतिशत रहा। संसदीय चुनावों की तरह इस चुनाव में भी रद्द होने वाले मतपत्रों की संख्या काफी ज्यादा रही। जम्मू क्षेत्र में 2 प्रतिशत वोट रद्द हुए थे इसलिए घाटी में इतनी बड़ी संख्या में मत पत्रों के रद्द होने का एक खास मतलब निकाला जा सकता है। इसका मतलब है कि यहां बहुत सारे लोग चुनावी प्रक्रिया को जानबूझकर नामंजूर कर रहे थे।

## तालिका 3 : मतदान और रद्द मतों का प्रतिशत : विधानसभा चुनाव, 1996

| जिला | मतदान का प्रतिशत | रद्द किए गए मतों का प्रतिशत |
|---|---|---|
| कुपवाड़ा | 39.50 | 6.99 |
| बारामूला | 56.36 | 4.62 |
| श्रीनगर | 25.06 | 5.40 |
| बड़गाम | 65.96 | 4.62 |
| पुलवामा | 53.77 | 7.14 |
| अनंतनाग | 48.12 | 5.68 |
| लेह | 58.45 | 1.42 |

| | | |
|---|---|---|
| कारगिल | 80.38 | 1.96 |
| डोडा | 63.06 | 1.96 |
| उधमपुर | 57.36 | 0.87 |
| कठुआ | 63.00 | 1.42 |
| जम्मू | 60.23 | 1.63 |
| राजौरी | 60.00 | 1.32 |
| पुंछ | 69.21 | 1.21 |

*स्रोत : सूचना एवं जनसंपर्क विभाग, जम्मू-कश्मीर सरकार।*

नेशनल काफ्रेंस ने इन चुनावों में बढ़-चढ़ कर हिस्सा लिया और घाटी की 46 में से 44 पर अपने उम्मीदवार खड़े किए। उसे सबसे ज्यादा वोट और सबसे ज्यादा सीटें मिलीं। 48.16 प्रतिशत वोट और 40 सीटें मिली। कांग्रेस को 16.89 फीसदी वोट और केवल दो सीटें मिलीं। जनता दल को 15.92 प्रतिशत वोट और एक सीट मिली। माकपा और अवामी लीग को एक-एक सीट मिली जबकि एक सीट निर्दलीय उम्मीदवार ने जीती।

हालांकि 1996 के विधानसभा चुनावों के वैधता पर अक्सर सवाल खड़े किए जाते हैं, लेकिन यह घटना कश्मीर के ताजा इतिहास में एक महत्त्वपूर्ण मोड़ थी। इन चुनावों से न केवल राज्य में थोड़ी-बहुत राजनीतिक सरगर्मियां दिखाई देने लगीं, बल्कि राजनीतिक प्रक्रिया की बहाली का एक मौका भी मिला। नेशनल कांफ्रेंस को घाटी में अपने परंपरागत प्रभाव क्षेत्र को दोबारा अपने कब्जे में लेने का यह एक अच्छा मौका था। पार्टी ने स्वायत्तता के नारे पर चुनाव लड़ा था। चुनावी राजनीति में दाखिल होते हुए नेशनल कांफ्रेंस ने 1953 वाली संवैधानिक स्थिति की बहाली के लिए काम करने बल्कि लोगों की बुनियादी समस्याओं को संबोधित करने का भी वादा किया था। पार्टी द्वारा किए गए बहुत सारे आश्वासनों में से कई वादे प्रशासन को जवाबदेह बनाने, भ्रष्टाचार का उन्मूलन करने और विकास की प्रक्रिया में तेजी लाने से संबंधित थे। पार्टी का एक सबसे महत्त्वपूर्ण आश्वासन लंबे समय से हिंसा झेल रहे लोगों को मदद पहुंचाने के बारे में था। इसके लिए उसने आश्वासन दिया कि लोगों के मानवाधिकारों की रक्षा की जाएगी और शिक्षित बेरोजगार युवकों को सरकारी नौकरियां दी जाएंगी।

लोगों को उम्मीद थी कि नेशनल कांफ्रेंस की सरकार बनने के बाद कश्मीर घाटी में मौजूद राजनीतिक शून्य समाप्त हो जाएगा। लोकतांत्रिक प्रक्रिया दोबारा शुरू होगी तथा लोगों का अलगाव कम होने लगेगा। परंतु सरकार के छः वर्षीय कार्यकाल के समाप्त होने तक यह साफ हो गया कि पार्टी इन उम्मीदों पर खरी नहीं उतर पाई। हथियारबंद-उग्रवाद और हिंसा के बने रहने के कारण मुख्यधारा की

राजनीतिक प्रक्रिया पूरी तरह जड़ नहीं जमा सकी। राजनीतिक गतिरोध के बने रहने के पीछे एक प्रमुख कारण यह था कि नेशनल कांफ्रेंस अपने भारी जनसमर्थन के बावजूद घाटी में अपने लिए वैधता हासिल नहीं कर पाई। उसने अपने कई आश्वासन पूरे नहीं किए। पढ़े-लिखे युवकों को सरकारी नौकरियां नहीं मिलीं। कुशल प्रशासन नहीं मिला। भ्रष्टाचार समाप्त नहीं हुआ। हिंसा के स्तर में कमी लाने, मानवाधिकार का संकट भी और गहरा दिया। असल में सत्ता में आते ही उसने ऐलान कर दिया कि वह केन्द्र में सरकार बनाने वाली किसी भी पार्टी को समर्थन देगी। लेकिन ऐसा लगता है कि भाजपा के नेतृत्व में बनने वाली राजग की सरकार से उसे कुछ खास ही लगाव था (जिसमें उमर अब्दुल्ला खुद मंत्री बन गए)। यही बात कश्मीरियों के गले नहीं उतर पाई। भाजपा की विचारधारात्मक समझ, खासतौर से जम्मू-कश्मीर को विशेष स्थिति प्रदान करने वाली धारा 370 के प्रति भाजपा के विरोध को देखते हुए नेशनल कांफ्रेंस लोगों के सामने भाजपा के साथ अपने रिश्तों का औचित्य साबित नहीं कर पाई। यही कारण है कि जब उसने स्वायत्तता का राजनीतिक विमर्श खड़ा करने की कोशिश की तो उससे घाटी प्रभावित नहीं हुई।

सत्ता में आने के कुछ ही समय बाद नेशनल कांफ्रेंस सरकार ने स्टेट ऑटोनॉमी कमेटी का गठन किया और उसे 'विलय संधि, संवैधानिक क्रियान्वयन आदेश, 1950 तथा दिल्ली समझौता, 1952 के अनुरूप जम्मू-कश्मीर राज्य के लिए स्वायत्तता की बहाली के विषय में आवश्यक उपायों की जांच करने तथा सुझाव देने' का काम सौंपा गया। अप्रैल 1999 में इस कमेटी की रपट सार्वजनिक कर दी गई। इस कमेटी ने अपनी रपट के जरिए केन्द्र-राज्य संबंधों में दूरगामी बदलावों, खासतौर से 1953 के पहली वाली स्थिति की बहाली का सुझाव दिया। इस रपट की सिफारिशों पर पूरे देश के साथ-साथ जम्मू और लद्दाख में भी गंभीर बहस खड़ी हो गई। रपट के कश्मीर केन्द्रित स्वरूप के कारण जम्मू और लद्दाख में काफी बवाल मचा। कश्मीरियों की राजनीतिक भावनाओं को स्पर्श देते हुए रिपोर्ट में उनके इतिहास और राजनीतिक आकांक्षाओं का भी जिक्र किया गया। रपट कश्मीर के इलाकों के लोगों में निहित इस आशय की आशंकाओं को दूर नहीं कर पाई कि अगर राज्य को और अधिक स्वायत्तता मिली तो कश्मीर की ताकत में और इजाफा हो जाएगा। इस रपट की एक बड़ी विफलता यह थी कि उसमें सत्ता के आंतरिक विकेंद्रीकरण की जरूरत को शामिल नहीं किया गया था, और इस प्रकार क्षेत्रीय स्वायत्तता की अवधारणा को राज्य की स्वायत्तता के साथ जोड़कर नहीं देखा गया। कश्मीर घाटी में इस मुद्दे पर लगभग पूरी खामोशी रही।

कश्मीर की राजनीति में पैर जमाना न केवल नेशनल कांफ्रेंस के लिए, बल्कि दूसरी राजनीतिक पार्टियों के लिए भी काफी मुश्किल साबित हुआ। चूंकि, 1996 के चुनावों के बाद भी कश्मीर में दहशत और हिंसा यथावत जारी थी इसलिए

राजनीति पूरी तरह अपना वर्चस्व स्थापित नहीं कर सकी। 1996 के बाद हुए दो संसदीय चुनावों और एक पंचायत चुनाव से मुख्यधारा की राजनीति में मौजूद जमीनी समस्याएं उभर कर सामने आ गईं। ऐसे हर चुनाव में हिंसा की समस्या के साथ-साथ एक समस्या अलगाववादी संगठनों द्वारा दी जाने वाली बहिष्कार की अपीलों के रूप में सामने आई। मुख्य रूप से हुर्रियत की तरफ से दी जाने वाली बहिष्कार की इस अपील को अलगाववादी संगठन काफी सख्ती से लागू करते थे। नतीजा यह हुआ कि चुनावों में लोगों की हिस्सेदारी बहुत कम हो गई। जिससे पूरी चुनावी कवायद एक छलावा बनकर रह गई। ये चुनावी प्रयोग किस हद तक बनावटी रहे, इसका कुछ अंदाजा इस बात से लग जाता है कि 1999 में घाटी से चुन कर आए तीनों संसद सदस्यों को श्रीनगर, अनंतनाग और बारामूला की सीटों पर क्रमशः केवल 4.89 प्रतिशत, 6.89 प्रतिशत और 11.05 प्रतिशत वोट ही मिले थे। हुर्रियत के घटक दलों द्वारा चलाए गए चुनाव विरोधी अभियान के फलस्वरूप इस चुनाव में अनापेक्षित रूप से कम मतदान हुआ। अनंतनाग में केवल 14 प्रतिशत मतदान दर्ज किया गया, जबकि श्रीनगर संसदीय सीट पर तो मतदान 12 प्रतिशत को भी नहीं छू पाया। यहां के कुछ विधानसभा क्षेत्रों में तो मतदान 0.5 प्रतिशत, खनियार में 4 प्रतिशत और हजरत बल में 5.5 प्रतिशत मतदान हुआ। यही हालत सन 2000 में हुए पंचायत चुनावों के दौरान रही। हालांकि जम्मू में तो फिर भी चुनाव सामान्य ढंग से सम्पन्न हुए, मगर घाटी में तो बहुत सारे उम्मीदवार निर्विरोध जीत कर आए। हद तो यह थी कि कई सीटों पर कोई उम्मीदवार खड़ा नहीं हुआ और जहां चुनाव हुए भी वहां भी नाममात्र के लिए ही मतदान हो पाया।

बहरहाल, मुख्यधारा की चुनावी तथा अन्य राजनीतिक प्रक्रियाओं की आधी-अधूरी वैधता के बावजूद 1996 से बाद के वर्षों में धीरे-धीरे एक राजनीतिक माहौल पैदा होने लगा। अस्सी के दशक के अंतिम सालों में पूरी तरह नष्ट हो चुकी राजनीतिक व्यवस्था की बहाली के अलावा इस दौरान सामान्य राजनीतिक प्रक्रियाओं की बहाली की दिशा में भी प्रगति दिखाई देने लगी। सबसे अहम बात यह थी कि लोकतांत्रिक राजनीति को प्रासंगिकता मिलने लगी। जहां एक तरफ 90 के दशक के मध्य तक केवल हथियारबंद उग्रवादियों का फरमान ही मायने रखता था, वहीं दूसरी तरफ 2002 तक ऐसे हालत बन गए कि राजनीतिक दल और राजनीतिक नेता भी कश्मीर की सियासत में अपने लिए एक संजीदा भूमिका की तलाश करने लगे। हिंसा के बने रहने और अनगिनत पार्टी कार्यकर्त्ताओं की हत्या के बावजूद सामान्य राजनीतिक प्रक्रियाओं के लिए गुंजाइश पैदा होती रही। मारे जाने वालों में नेशनल कांफ्रेंस के कार्यकर्त्ता सबसे ज्यादा थे। जब वाजपेयी सरकार ने 2002 में 'साफ और निष्पक्ष चुनाव' का आश्वासन देते हुए निर्वाचन प्रक्रिया की विश्वसनीयता बहाल करने के लिए कदम उठाना शुरू किया, तब तक 1996 के बाद आए बदलाव साफ

दिखाई देने लगे थे। 2002 के चुनावों तथा राज्य की राजनीति में उसके निहितार्थों का विस्तृत नीचे भाग तीन में दिया गया है।

II

## जम्मू और लद्दाख

जहां एक तरफ कश्मीर की राजनीति भारतीय राज्य के प्रति निरंतर अलगाव और अविश्वास की भावना से परिभाषित होती रही, वहीं दूसरी तरफ जम्मू और लद्दाख की राजनीति को आकार देने में गहरे क्षेत्रीय असंतोष ने सबसे बड़ी भूमिका निभाई है। यह क्षेत्रीय असंतोष राज्य के भीतर सत्ता के असमान बंटवारे और बेडौल सत्ता संरचना की देन रहा है। असल में राज्य की राजनीति का रंग-ढंग कुछ ऐसा है कि कश्मीर को तो सत्ता संरचना में काफी महत्त्वपूर्ण जगह मिल जाती है, मगर जम्मू और लद्दाख की मौजूदगी बहुत मामूली रहती है।

इस गैर-आनुपातिक सत्ता संरचना के पीछे संरचनागत और राजनीतिक, दोनों तरफ के कारण मौजूद हैं। हालांकि अगर विधानसभा में ज्यादातर सीटों पर किसी एक राजनीतिक पार्टी को ही सफलता मिलती है तो ऐसा लगने लगता है मानो पूरे राज्य में कहीं खास असंतोष नहीं है। मगर, केवल जम्मू के चुनाव परिणामों को ही देखा जाए तो उसकी प्रतिक्रिया काफी भिन्न और खंडित सी दिखाई देती है। इसी कारण यहां की राजनीतिक सत्ता अभी भी कश्मीर-केन्द्रित बनी हुई है। संरचनागत रूप से राजनीतिक व्यवस्था एकल किस्म की है। उसमें राजनीतिक सत्ता के विकेन्द्रीकरण का कोई आधार नहीं है। इसके अलावा राज्य विधायिका में नुमाइंदगी के लिहाज से भी जम्मू तथा कश्मीर के बीच कोई मुकाबला नहीं है। न केवल उसमें कश्मीर के प्रतिनिधियों की संख्या बहुत ज्यादा रहती है, बल्कि निर्वाचन क्षेत्रों के आकार में भी काफी असमानता है। जम्मू में औसत विधानसभा क्षेत्र का आकार कश्मीर के मुकाबले ज्यादा बड़ा है।

राजनीतिक सत्ता से लगातार दूरी की मनोदशा विकास, शिक्षा और व्यावसायिक अवसरों से जुड़े दूसरे मुद्दों में भी दिखाई देती है। यहां इस आशय की भावना बड़े पैमाने पर है कि राज्य की निर्णयकारी प्रक्रिया कश्मीर-केन्द्रित राजनीति से तय होती है और उसमें जम्मू तथा लद्दाख की उपेक्षा हो रही है। इन इलाकों में असंतोष के कारणों की पड़ताल करने के लिए गठित किए गए गजेन्द्र गडकर जांच आयोग ने भी यहां इस तरह की भावनाओं की मौजूदगी का उल्लेख किया था। इस जांच आयोग की रिपोर्ट के अनुसार, 'जम्मू और लद्दाख के ज्यादातर प्रतिनिधियों की शिकायत थी कि उनकी स्वाभाविक क्षेत्रीय आकांक्षाओं की उपेक्षा की जा रही है और राज्य की

राजनीतिक सत्ता में उन्हें उचित हिस्सा नहीं मिल रहा है। उनका कहना था कि ज्यादातर मामलों में उनके इलाकों के साथ भेदभाव हो रहा है। विकास के लिए आने वाले धन, शैक्षणिक सुविधाओं की व्यवस्था, सरकारी नौकरियों में भर्ती आदि मामलों में उनके साथ हमेशा भेदभाव होता है।'

## असंतोष की राजनीति

यह क्षेत्रीय असंतोष जम्मू और लद्दाख की आंदोलनात्मक और चुनावी, दोनों किस्म की राजनीति में प्रतिबिंबित होता है। विकास, शिक्षा और रोजगार के मुद्दों को लेकर पचास के दशक के शुरुआती वर्षों से ही इन इलाकों में आंदोलन होने लगे थे। जम्मू के राजनीतिक असंतोष की पहली खुली अभिव्यक्ति प्रजा परिषद के नेतृत्व में 1953 में चले आंदोलन के रूप में हुई थी। प्रजा परिषद एक स्थानीय पार्टी थी और वह भारतीय जनसंघ के साथ जुड़ी हुई थी। प्रतिक्रियावादी किस्म के इस आंदोलन के जरिए स्थानीय असंतोष को कश्मीरी प्रभु वर्ग के हाथों में शक्तियों के संकेन्द्रण के खिलाफ गोलबंद करने की कोशिश की गई थी। इस आंदोलन में राज्य की विशेष स्थिति को समाप्त करने की मांग भी जोर-शोर से उठाई गई। आने वाले दशकों में भी संघ परिवार की विचारधारा को मानने वाले राजनीतिक संगठन धारा 370 को हटाने की मांग करते रहे। इन संगठनों की मांग थी कि राज्य को संवैधानिक रूप से भारत के साथ और अधिक एकीकृत किया जाए। उनकी नजर में क्षेत्रीय भेदभाव की समस्या का सबसे असरदार हल यही था। सत्ता के आंतरिक विकेन्द्रीकरण और क्षेत्रीय स्वायत्तता की मांग इस क्षेत्र की एक और महत्त्वपूर्ण प्रतिक्रिया थी। 1978 में इन्हीं आकांक्षाओं के आधार पर इस क्षेत्र में एक बड़ा आंदोलन भी हुआ। पुंछ कस्बे में शिक्षकों की नियुक्ति में धांधलेबाजी के खिलाफ पैदा हुए इस आंदोलन ने पूरे क्षेत्र को अपनी चपेट में ले लिया था। क्षेत्रीय असंतुलन के मुद्दे को इस आंदोलन में सबसे ज्यादा उछाला गया।

यह एक स्वतःस्फूर्त आंदोलन था, जिसे बाद में इस क्षेत्र की लगभग सभी पार्टियों के राजनीतिक नेताओं ने अपना समर्थन दिया। आंदोलन के नेताओं ने क्षेत्रीय भेदभाव को उजागर करते हुए दलील दी कि राज्य सचिवालय में घाटी के लोगों का दबदबा है, विकास संबंधी संसाधनों और दूसरे लाभों का एक बड़ा हिस्सा कश्मीर को ही मिलता है और कश्मीर तथा जम्मू क्षेत्र के बीच सत्ता के बंटवारे का कोई समतापरक आधार नहीं है। जम्मू क्षेत्र के सशक्तीकरण के प्रसंग में गजेन्द्र गडकर आयोग की सिफारिशों को लागू न करने की बात भी आंदोलन में उठाई गई। इस आंदोलन के बाद भारत सरकार की तरफ से नियुक्त किए गए सीकरी जांच आयोग ने इस बात पर अपनी सहमति व्यक्त की कि 'विभिन्न इलाकों के बीच विकास,

रोजगार और शिक्षा के मामले में भेदभाव और पक्षपात मौजूद है, जिससे राज्य के लोगों के बीच कुंठा पैदा हो रही हैं।'

जम्मू की तरह लद्दाख की राजनीति में भी कश्मीरी अभिजनों के वर्चस्व के खिलाफ शुरू से ही आंदोलनकारी राजनीति के रास्ते पर चलता रहा है। उसकी मांगों में लद्दाख के लिए ज्यादा संसाधनों और अधिकारों की मांग से लेकर लद्दाख को कश्मीर से अलग करने तक की मांग शामिल रही है। लद्दाख बुद्धिस्ट एसोसिएशन (एलबीए) के ताजा आंदोलनों में से एक 1989 में हुआ था। यह आंदोलन मुख्य रूप से लद्दाख में व्यापक पैमाने पर मौजूद उपेक्षा, पिछड़ेपन और विकास कार्यों की कमी की भावना पर आधारित था। इस आंदोलन में राजनीतिक प्रतिनिधित्व की अपर्याप्तता, क्षेत्र के लिए कम आबंटन तथा संचार, शिक्षा सुविधाओं, पर्यटन, सिंचाई तथा विद्युत परियोजनाओं आदि के विकास पर पर्याप्त ध्यान न दिए जाने जैसे प्रमुख मुद्दे उठाए गए। इनके अलावा आंदोलन में कश्मीरी मुस्लिम नेतृत्व की इस साजिश के मुद्दे को भी उठाया गया कि वह लद्दाख की आबादी के चरित्र को बदलना चाहता है। उनका आरोप था कि कश्मीर का मुसलमान नेतृत्व बौद्धों को धर्मांतरण के जरिए मुसलमान बनाने, लद्दाखियों की जातीय और सांस्कृतिक पहचान को ठेस पहुंचाने और बोधि भाषा की उपेक्षा की कोशिश कर रहा है।

इस आंदोलन ने 1980 के दशक के शुरुआती सालों में लेह में कश्मीर के खिलाफ पनप रहे असंतोष की तरफ इशारा करने के अलावा बढ़ती हुई सांप्रदायिक प्रवृत्तियों को भी रेखांकित किया। आंदोलन में कश्मीरी मुसलमानों के सामाजिक बहिष्कार का आह्वान किया गया। बाद में लद्दाखी मुसलमानों को भी इस बहिष्कार के दायरे में घसीट लिया गया। इस पूरे घटनाक्रम से बौद्ध वर्चस्व वाले लेह और शियाओं के दबदबे वाले कारगिल के बीच दूरी बढ़ती गई। इसके कारण लद्दाखी पहचान अब बौद्ध (लेह) और मुस्लिम (कारगिल) पहचानों में बंट चुकी है। लेह की बौद्ध पहचान कश्मीर से स्वायत्तता की मांग करती है, जबकि कारगिल के मुसलमान खुद को कश्मीरी राजनीति के साथ ही जोड़ कर देखते हैं। कारगिल के मुसलमानों ने कश्मीरियों के खिलाफ एलबीए की भावनाओं को स्वीकार नहीं किया। इसके अलावा उन्होंने लद्दाख को केन्द्र शासित प्रदेश बनाने की मांग का समर्थन भी नहीं किया।

कुल मिलाकर अलग-अलग राजनीतिक नजरियों तथा विविध राजनीतिक आकांक्षाओं की तरफ संकेत करने वाली क्षेत्रीय प्रतिक्रियाओं से राज्य की राजनीति में भारी जटिलता पैदा हो जाती है। यह जटिलता चुनाव में भी दिखाई देती है। एक तरफ कश्मीर और दूसरी तरफ जम्मू और लद्दाख के बीच राज्य का चुनावी ध्रुवीकरण

हो चुका है। 80 के दशक में यह ध्रुवीकरण स्पष्ट रूप से सांप्रदायिक स्वरूप ग्रहण करने लगा था। 1983 के विधानसभा चुनावों में यह बात सबसे साफ दिखाई दी। यह चुनाव नेशनल कांफ्रेंस और कांग्रेस की राजनीतिक प्रतिद्वंद्विता के साये में लड़ा गया था, इसलिए पहली बार कांग्रेस ने जम्मू क्षेत्र के हिंदुओं को उनकी सांप्रदायिक पहचान के आधार पर एकजुट करने की कोशिश की। कांग्रेस घाटी में नेशनल कांफ्रेंस का आसानी से मुकाबला नहीं कर सकती थी, इसलिए उसने जम्मू के हिंदुओं का समर्थन हासिल करने की कोशिश की। इससे पहले भारतीय जनसंघ ने भी जम्मू में हिंदुओं को राजनीतिक स्तर पर एकजुट करने की कोशिश की थी, मगर इसमें उसे कभी भी बहुत सफलता नहीं मिल पाई थी। अपनी ठीक-ठाक मौजूदगी के बावजूद यह पार्टी अपने चुनावी आधार को बहुत नहीं फैला पाई। किसी भी विधानसभा चुनाव में उसे 3 से ज्यादा सीटें नहीं मिलीं। मगर 1983 के चुनावों में कांग्रेस यहां हिंदुओं को धार्मिक आधार पर गोलबंद करने में कामयाब रही। उसने नेशनल कांफ्रेंस के कथित रूप से 'सांप्रदायिक' और 'राष्ट्र-विरोधी' रवैए के कारण क्षेत्र की हिंदू आबादी के लिए पैदा हो रहे खतरे को लोगों के बीच खूब भुनाया। जब श्रीमती इंदिरा गांधी इस इलाके में चुनाव प्रचार के लिए आईं तो उन्होंने भी कश्मीरी नेताओं को कट्टरपंथी और अलगाववादी ताकतों का हिमायत बताते हुए कश्मीरी वर्चस्व की क्षेत्रीय आशंकाओं को और हवा दी।

## सांप्रदायिक राजनीति

कांग्रेस की चाल कामयाब रही। यह बात इस क्षेत्र से उसे मिली सीटों की संख्या को देखकर ही समझी जा सकती है। इस बार कांग्रेस को जम्मू से जितनी सीटें मिलीं, उतनी यहां किसी विपक्षी पार्टी को अब तक कभी नहीं मिली थीं। उसे 45.30 प्रतिशत वोट मिले और इस इलाके की 74 प्रतिशत विधानसभा सीटों पर उसका कब्जा हुआ। उसे ज्यादातर ऐसी सीटों पर सफलता मिली, जहां हिंदुओं की आबादी काफी ज्यादा थी। मुसलमानों के वर्चस्व वाली बहुत सारी सीटों पर नेशनल कांफ्रेंस के उम्मीदवार जीते। हवेली और मेंढ़र (जिला पुंछ), राजौरी (जिला राजौरी), इंदरबल, बनिहाल (जिला डोडा) और गुलाबगढ़ (जिला उधमपुर) आदि सीटों पर नेशनल कांफ्रेंस के उम्मीदवार जीते। कांग्रेस की तरह नेशनल कांफ्रेंस ने भी सांप्रदायिक राजनीति का सहारा लेने में कोई कसर नहीं छोड़ी। पूरे राज्य में उसने मुसलमान मतदाताओं को अपने पीछे गोलबंद करने की कोशिश की। उसने अवामी एक्शन कमेटी के साथ गठजोड़ किया हुआ था। धार्मिक तेवर वाली अवामी एक्शन कमेटी का नेतृत्व शेख अब्दुल्ला के पुराने प्रतिद्वंद्वी मीरवाइज मौलवी फारूक के हाथों में था।

## तालिका 4 : राजनीतिक दलों का प्रदर्शन : विधानसभा चुनाव, 1983, जम्मू और लद्दाख क्षेत्र

| पार्टी | जम्मू | | लद्दाख | |
|---|---|---|---|---|
| | वोटों का प्रतिशत | सीट | वोटों का प्रतिशत | सीट |
| नेकां | 29.51 | 07 | 44.16 | 01 |
| कांग्रेस | 45.30 | 23 | 55.37 | 01 |
| भाजपा | 8.11 | – | – | – |
| भाकपा | 0.40 | – | – | – |
| जनता पार्टी | 0.72 | – | – | – |
| लोक दल | 0.37 | – | – | – |
| जेकेपीसी* | 0.83 | – | – | – |
| जेकेजेआई | 0.05 | – | – | – |
| निर्दलीय | 14.67 | 01 | – | – |

*स्रोत : निर्वाचन आयोग, जम्मू-कश्मीर।*

हालांकि इस बार हालात कुछअलग थे, मगर सांप्रदायिक मुद्दों पर चुनावों का यह रुझान 1987 में भी बना रहा। 1983 के चुनावों में दोनों पार्टियां एक दूसरे के सामने खड़ी थीं, जबकि इस बार नेशनल कांफ्रेंस के बीच गठजोड़ था। फलस्वरूप, दोनों पार्टियां इस क्षेत्र की 32 में से 24 सीटें जीतने में कामयाब रहीं। इनमें से 20 पर कांग्रेस ने और 7 पर नेशनल कांफ्रेंस ने चुनाव लड़ा था।

जम्मू क्षेत्र में सांप्रदायिक ध्रुवीकरण का असर भाजपा के प्रदर्शन पर भी दिखाई दिया। 1983 में उसे 3.19 प्रतिशत वोट मिले थे, जबकि 1987 में उसे 5.10 प्रतिशत वोट मिले। हालांकि 1987 के विधानसभा चुनावों में उसे केवल 2 सीटें ही मिलीं मगर उसके वोटों का हिस्सा, खासतौर से हिंदु बहुल जिलों में उसके वोटों में इजाफा हुआ। जम्मू क्षेत्र में उसे 12.37 प्रतिशत वोट मिले। 1983 में जम्मू जिले के भीतर उसे 9.85 प्रतिशत वोट मिले थे। 1987 में यह प्रतिशत बढ़कर 16.07 हो गया। 1983 में कठुवा जिले में उसे 17.20 प्रतिशत वोट मिले थे। 1987 में उसे 29.15 प्रतिशत वोट मिले। यहां तक कि उधमपुर जिले में भी उसको मिले मतों की संख्या 1983 के 10.86 प्रतिशत से बढ़कर 13.97 प्रतिशत हो गई।

## तालिका 5 : राजनीतिक दलों का प्रदर्शन : विधानसभा चुनाव, 1987 जम्मू एवं लद्दाख

| पार्टी | जम्मू | | लद्दाख | |
|---|---|---|---|---|
| | वोटों का प्रतिशत | सीट | वोटों का प्रतिशत | सीट |
| नेकां | 14.78 | 07 | 51.82 | 01 |
| कांग्रेस | 37.24 | 20 | 23.52 | 01 |
| भाजपा | 12.37 | 02 | – | – |
| जनता पार्टी | 1.07 | – | – | – |
| लोकदल | 1.35 | – | – | – |
| भाकपा | 0.32 | – | – | – |
| माकपा | 0.06 | – | – | – |
| कांग्रेस (एस) | 6.05 | – | – | – |
| जेकेपीसी | 0.02 | – | – | – |
| जेकेपीपी | 4.66 | – | – | – |
| बसपा | 5.42 | – | – | – |
| एमयूएफ | 0.28 | – | – | – |
| निर्दलीय | 22.50 | 03 | – | – |

**स्रोत :** *निर्वाचन विभाग, जम्मू-कश्मीर।*

हालांकि सांप्रदायिक ध्रुवीकरण से कांग्रेस को कुछ फायदा जरूर हुआ, मगर जम्मू क्षेत्र में वह लंबे समय तक अपनी पकड़ बनाकर नहीं रख पाई। 80 का दशक समाप्त होते-होते उसकी स्थिति में गिरावट साफ दिखाई देने लगी थी। 1989 में हुए संसदीय चुनावों के दौरान उसे दूसरी पार्टियों, खासतौर से जनता दल की तरफ से कड़ी टक्कर झेलनी पड़ी। हालांकि उसे इस क्षेत्र की दोनों सीटों पर कामयाबी मिली मगर इस बार उसकी जीत का फासला बहुत बड़ा नहीं रहा। उधमपुर में उसे 10 प्रतिशत के फासले से जीत मिली, जबकि जम्मू में तो यह फासला और भी कम रहा। उधमपुर में कांग्रेस को 40.65 प्रतिशत और जनता दल को 30.8 प्रतिशत वोट मिले जबकि जम्मू में कांग्रेस को 41.86 प्रतिशत और जनता दल को 38.08 प्रतिशत वोट मिले। यह कुछ सालों पहले के मुकाबले काफी अलग स्थिति थी। पहले के

चुनावों में कांग्रेस को इन सीटों पर भारी अंतर से जीत मिलती थी। 1984 के संसदीय चुनावों में कांग्रेस को उधमपुर में 30 प्रतिशत (पैंथर्स पार्टी के उम्मीदवार को मिले 25.75 प्रतिशत के मुकाबले 55.55 प्रतिशत वोट) और जम्मू में 21 प्रतिशत (नेशनल कांफ्रेंस के उम्मीदवार को मिले 24.74 प्रतिशत के मुकाबले 45.59 प्रतिशत वोट) के अंतर से जीत मिली थी। 1989 में कांग्रेस के पक्ष में मतदान कम हुआ। यह इस बात का संकेत था कि जम्मू में कांग्रेस की परंपरागत चौधराहट कमजोर पड़ती जा रही थी। मुसलमान 1983 के विधानसभा चुनावों के बाद से ही कांग्रेस के प्रति एक अलगाव महसूस करने लगे थे, क्योंकि उस समय कांग्रेस खुद को हिंदुओं की पार्टी के रूप में पेश करने की कोशिश कर रही थी। 80 के दशक के मध्य तक आते-आते ज्यादातर गुज्जर भी उससे कट गए। पुंछ-राजौरी इलाके के गुज्जर कांग्रेस के परंपरागत समर्थक रहे हैं, परंतु धीरे-धीरे वह भी उससे दूर छिटकने लगे। केन्द्र की कांग्रेस सरकार उन्हें अनुसूचित जनजाति के श्रेणी में रखने के अपने आश्वासन को पूरा नहीं कर रही थी। उनकी यह काफी पुरानी मांग थी और इसे पूरा करने का कांग्रेस का आश्वासन भी बहुत पुराना था। इसी कारण 1989 के संसदीय चुनाव में उन इलाकों में जनता दल को भारी समर्थन मिला, जहां गुज्जरों की संख्या काफी ज्यादा थी। दरहल, सुरन, मेंढ़र, राजौरी, नौशेरा, छंब और हवेली में जनता दल को काफी वोट मिले। इन चुनावों में जनता दल को दरहल विधानसभा क्षेत्र में 55 प्रतिशत, सूरन में 50 प्रतिशत, मेंढ़र से 46 प्रतिशत, राजौरी से 40 प्रतिशत, नौशेरा से 37 प्रतिशत और छंब तथा हवेली से 34-34 प्रतिशत वोट मिले थे। ऐसा लगता था कि कांग्रेस दलितों के बीच भी अपना प्रभाव खो चुकी थी। 1989 में दलितों के वोटों का एक बड़ा हिस्सा भी या तो जनता दल के पास गया या वह बसपा को मिला।

सांप्रदायिक ध्रुवीकरण का रुझान केवल जम्मू की चुनावी राजनीति तक ही समिति नहीं रहा। लद्दाख की राजनीति में भी सांप्रदायिक ध्रुवीकरण की समस्या बहुत विकट रही है। एलबीए की आंदोलनकारी राजनीति के फलस्वरूप यहां के बौद्ध और मुसलमानों के बीच मौजूद गहरा सांप्रदायिक विभाजन इस इलाके की चुनावी राजनीति में भी साफ दिखाई देता है। इन दोनों समुदायों के बीच तनाव नेशनल कांफ्रेंस और कांग्रेस के बीच चलने वाली होड़ में भी दिखाई देता है। नेशनल कांफ्रेंस मुसलमानों के समर्थन पर आंख गड़ाए रहती है, जबकि कांग्रेस बौद्धों को लुभाने की कोशिश करती है। इसी राजनीति के परिणामस्वरूप कांग्रेस 1983 और 1987 में बौद्ध बहुल लेह संसदीय सीट पर जीतने में कामयाब हुई जबकि इन्हीं चुनावों में मुसलमान बहुल कारगिल सीट पर नेशनल कांफ्रेंस के उम्मीदवार जीते।

अस्सी के दशक में राज्य की राजनीति पर क्षेत्रीय और सांप्रदायिक ध्रुवीकरण

की गहरी छाप रही। कश्मीर में उग्रवाद और राजनीतिक उभार के साए तले 90 के दशक में यह ध्रुवीकरण और मजबूत हुआ। कश्मीर में मौजूदा राजनीतिक हालात, खासतौर से भारतीय राज्य से कश्मीरियों के अलगाव के फलस्वरूप कश्मीर और जम्मू–लद्दाख के बीच राजनीतिक आकांक्षाओं की भिन्नता केन्द्र में आ गई। 1990 से 1996 के बीच जिस समय घाटी में सामान्य राजनीतिक प्रक्रिया ठप्प पड़ी थी, उस दौरान इन दोनों क्षेत्रों में यह विविधता एक गहरा राजनीतिक रूप लेती जा रही थी। इस दौरान दोनों स्थानों पर क्षेत्रीय आकांक्षाओं के इर्द–गिर्द चले राजनीतिक विमर्श में भी और तीखापन आया। स्थिति यह थी कि 1996 में जब राजनीतिक प्रक्रिया दोबारा शुरू हुई तो 'क्षेत्रीय स्वायत्तता' का मुद्दा इस इलाके का सबसे बड़ा मुद्दा बन चुका था। जम्मू की ज्यादातर राजनीतिक पार्टियों ने क्षेत्रीय स्वायत्तता की इस मांग का समर्थन किया। इन पार्टियों में ऐसी पार्टियां भी शामिल थीं जिन्होंने अब तक क्षेत्रीय स्वायत्तता की मांग का कभी समर्थन नहीं किया था। हालांकि बहुत सारी पार्टियों ने जम्मू, कश्मीर और लद्दाख के बीच समान आधार पर सत्ता में साझेदारी का प्रस्ताव रखा मगर भाजपा ने वैधानिक क्षेत्रीय परिषदों और विकास बोर्डों के गठन का सुझाव दिया। लद्दाख में एक स्वायत्त पर्वतीय परिषद के गठन को केन्द्र सरकार 1989 के आंदोलन के बाद अपनी मंजूरी दे चुकी थी। 1995 में लद्दाख स्वायत्त पर्वतीय परिषद अधिनियम भी पारित कर दिया गया। इसमें विधायी तथा कार्यकारी संरचना और समिति आर्थिक एवं विकास संबंधी शक्तियों से लैस दो स्वायत्त पर्वतीय परिषद (एक लेह और एक कारगिल के लिए) का सुझाव रखा गया। लद्दाख बुद्धिस्ट एसोसिएशन ने इस प्रस्ताव को स्वीकार कर लिया, जिससे लेह स्वायत्त पर्वतीय विकास परिषद (एलएएचडीसी) अस्तित्व में आया। परंतु कारगिल में पर्वतीय परिषद का गठन नहीं किया जा सका क्योंकि कारगिल के मुसलमान कश्मीर से स्वायत्तता पाने के प्रति बहुत इच्छुक नहीं थे।

1996 में जम्मू और लद्दाख के संसदीय और विधानसभा, दोनों चुनाव क्षेत्रीय मुद्दों के गहन गतिविधि का केंद्र रहे। इन चुनावों में लद्दाख के क्षेत्र में 80.93 प्रतिशत मतदान दर्ज किया गया। जबकि जम्मू क्षेत्र में 50.42 प्रतिशत (उधमपुर में 53.43 प्रतिशत और जम्मू में 48.28 प्रतिशत) मतदान दर्ज किया गया। परंतु डोडा जिले में उग्रवाद का असर साफ महसूस किया जा सकता था। यहां मतदान तो 54.47 प्रतिशत रहा परंतु रद्द किए मतों की संख्या भी बहुत ज्यादा थी। कांग्रेस को 52.10 प्रतिशत वोट मिले और वह लद्दाख की सीट पर विजयी रही। जम्मू क्षेत्र में एक सीट कांग्रेस को मिली और एक भाजपा को मिली। इस इलाके में वैध मतों में से 28.85 प्रतिशत कांग्रेस को जबकि 31.07 प्रतिशत भाजपा को मिले। जनता दल और बसपा को ठीक–ठाक वोट (क्रमशः 16.75 और 12.23 प्रतिशत) मिले। संसदीय चुनावों के कुछ समय बाद हुए विधानसभा चुनावों में जम्मू और लद्दाख के भीतर कांटे की

टक्कर दिखाई दी। जम्मू डिवीजन की 37 सीटों के लिए 199 और लद्दाख डिवीजन की चार सीटों के लिए 13 उम्मीदवार मैदान में उतरे। जम्मू क्षेत्र में मतदान 61.32 प्रतिशत जबकि लद्दाख में 67.73 प्रतिशत रहा।

विधानसभा चुनावों के दौरान जम्मू क्षेत्र में एक विविध तथा विखंडित प्रतिक्रिया दिखाई दी। चुनाव ने नेशनल कांफ्रेंस, भाजपा, कांग्रेस, जनता दल और बसपा, सभी को सफलता मिली। जम्मू डिवीजन की 37 सीटों में से 14 पर नेशनल कांफ्रेंस, 8 पर भाजपा, 4 पर कांग्रेस, 4 पर जनता दल और 4 पर बसपा के उम्मीदवारों को सफलता मिली। एक-एक सीट पैंथर्स पार्टी और कांग्रेस (तिवारी) को मिली। एक सीट निर्दलीय उम्मीदवार ने जीती।

## तालिका 6 : राजनीतिक दलों का प्रदर्शन : विधानसभा चुनाव, 1996 जम्मू एवं लद्दाख

| पार्टी | जम्मू | | लद्दाख | |
|---|---|---|---|---|
| | वोटों का प्रतिशत | सीट | वोटों का प्रतिशत | सीट |
| नेकां | 23.72 | 14 | 46.63 | 03 |
| कांग्रेस | 20.02 | 04 | 39.31 | 01 |
| भाजपा | 22.00 | 08 | 5.84 | – |
| जनता दल | 7.84 | 04 | – | – |
| माकपा | 0.08 | – | – | – |
| बसपा | 11.23 | 04 | – | – |
| कांग्रेस (तिवारी) | 1.63 | 01 | – | – |
| भाकपा | 0.15 | – | – | – |
| निर्दलीय | 12.17 | 01 | – | – |

**स्रोत :** *सूचना एवं जनसंपर्क विभाग, जम्मू-कश्मीर सरकार।*

1996 में हुए संसदीय और विधानसभा, दोनों चुनावों में सामने आए चुनावी रुझानों से पता चलता है कि जम्मू क्षेत्र में सांप्रदायिक ध्रुवीकरण की प्रक्रिया अभी भी जारी थी। इस क्षेत्र में भाजपा का दायरा और फैल चुका था। सांप्रदायिक ध्रुवीकरण का सबसे ज्यादा फायदा उसे ही हुआ। हालांकि संसदीय चुनावों में तो उसे महज एक सीट मिल पाई मगर इस पूरे क्षेत्र में सबसे ज्यादा वोट मिले (1989 के संसदीय चुनावों में 73.09 प्रतिशत के मुकाबले इस बार 31.07 प्रतिशत)।

1989 के बाद जैसे-जैसे घाटी में अलगाववाद मजबूत होने लगा, राष्ट्रीय सुरक्षा और राष्ट्रीय एकीकरण के सवाल पर भाजपा के आक्रामक रवैए ने इन सवालों को जम्मू के हिंदू बहुल इलाकों में नए सिरे से अहम बना दिया। कश्मीर में राजनीतिक आंदोलन के इस्लामीकरण कश्मीर से कश्मीरी हिंदुओं के सामूहिक पलायन और डोडा जिले में भी उग्रवाद के फैलाव- इन सब चीजों ने भाजपा के राजनीतिक प्रभाव में इजाफा किया। इन क्षेत्रों में भाजपा की मजबूत स्थिति के पीछे एक कारण यह था कि उग्रवाद के दौर में भी वह राजनीतिक स्तर पर थोड़ी-बहुत सक्रिय जरूर रही थी। दूसरी राजनीतिक पार्टियों की स्थिति ऐसी नहीं थी। उग्रवादियों के हमलों से परेशान नेशनल कांफ्रेंस सक्रिय राजनीति से अलग हो चुकी थी। कांग्रेस इस क्षेत्र में एक प्रभावशाली भूमिका निभा सकती थी, मगर स्थाई स्तर पर भारी सांगठनिक बिखराव के कारण वह भी ऐसा नहीं कर पाई।

विधानसभा चुनावों के दौरान भी भाजपा का प्रदर्शन भी शानदार रहा। पूरे क्षेत्र में मिले वोटों (21.66 प्रतिशत) के आधार पर न केवल वह नेशनल कांफ्रेंस (23.35) की टक्कर में आ गई, बल्कि वह कांग्रेस (19.71) से आगे भी निकल गई। जम्मू क्षेत्र में उसका प्रदर्शन जबर्दस्त रहा। उसने रामवन, उधमपुर, चनानी, हीरानगर, गांधी नगर, जम्मू पूर्व, जम्मू पश्चिम, सुचितगढ़- इन आठ सीटों पर कामयाबी पाई। चार सीटों पर उसे बहुत कम फासले से हार का सामना करना पड़ा (भाजपा के उम्मीदवार अखनूर में 252, छंब में 660, बिलावर में 632 और मारह में मात्र 813 वोटों से हारे थे)। इनके अलावा रायपुर दोमाना, रियासी, भद्रवाह और किश्तवाड़, इन चारों सीटों पर भी भाजपा का उम्मीदवार दूसरे नंबर पर रहा।

कटरा, जम्मू और उधमपुर के तीन हिंदु बहुल जिलों में अपनी मौजूदगी दर्ज कराने के अलावा उसने डोडा जिले में भी अच्छी ताकत दिखाई। यहां उसे 30 प्रतिशत वोट मिले। जम्मू क्षेत्र के इस उग्रवाद प्रभावित जिले में हिंदुओं और मुसलमानों के बीच दूरी बढ़ती जा रही थी। संभवतः यही विभाजन यहां की चुनावी राजनीति में भी प्रतिबिंबित हो रहा था। भाजपा ने 1996 के बाद भी राजनीतिक सफलता का अपना सफर जारी रखा। 1998 और 1999 के संसदीय चुनावों में उसने न केवल उधमपुर और जम्मू की दोनों सीटें जीत लीं बल्कि उसको मिले वोटों के प्रतिशत में भी इजाफा हुआ। 1996 के संसदीय चुनावों में पार्टी को 37.57 प्रतिशत वोट मिले थे जबकि 1998 में उसे 48.67 प्रतिशत और 1999 में 49.01 प्रतिशत वोट मिले। इसी तरह जम्मू सीट पर भी 1996 में उसे केवल 26 प्रतिशत वोट मिले थे जबकि 1998 और 1999 में उसे क्रमश 43.26 प्रतिशत और 43.46 प्रतिशत वोट मिले।

जम्मू क्षेत्र में हुए सांप्रदायिक ध्रुवीकरण से केवल भाजपा को ही नहीं बल्कि

नेशनल कांफ्रेंस को भी फायदा हुआ। 1996 के संसदीय चुनावों में तो उसने हिस्सेदारी नहीं की थी मगर विधानसभा चुनावों में उसका प्रदर्शन शानदार रहा। 1983 और 1987 के विधानसभा चुनावों में उसे केवल 7-7 सीटें मिली थीं मगर इस बार विधानसभा में वह इस क्षेत्र की सबसे बड़ी पार्टी बन गई। उसे 14 सीटें मिलीं। जहां एक तरफ भाजपा का समर्थन मुख्य रूप से हिंदू बहुल क्षेत्रों में केन्द्रित था वहीं दूसरी तरफ नेशनल कांफ्रेंस को मुसलमान बहुल सीटों पर भारी समर्थन मिला। जम्मू जिले में पड़ने वाली चार सीटों को छोड़कर बाकी सभी जगह उसने उन सीटों पर जीत प्राप्त की जहां मुसलमान आबादी अधिक थी। पुंछ और डोडा, इन दोनों मुस्लिम बहुल जिलों में उसे सबसे ज्यादा वोट मिले। तीसरे मुसलमान बहुल जिले राजौरी में उसे लगभग कांग्रेस के बराबर ही वोट मिले।

हिंदुओं और मुसलमानों के बीच ध्रुवीकरण के इस प्रसंग में दलित मतदाता एक नई राह पकड़ते दिखाई दिए। इस क्षेत्र से बसपा को मिलने वाले वोटों में लगातार इजाफा हुआ। 1987 के विधानसभा चुनावों में बसपा को जम्मू क्षेत्र से केवल 5.42 प्रतिशत वोट मिले थे परंतु 1996 के विधानसभा चुनावों में उसे 11.23 प्रतिशत वोट मिले। अपने प्रभाव वाले इलाकों में उसके वोटों का प्रतिशत और भी ज्यादा था। बसपा के अलावा जनता दल को मिले मतों से भी विधानसभा चुनावों में दलितों की राजनीतिक मौजूदगी का पता चलता था।

1996 के चुनावों से यह पता चला कि अब लद्दाख के क्षेत्र में भी सांप्रदायिक ध्रुवीकरण शुरू हो चुका है। संसदीय चुनाव में कांग्रेस समर्थित बौद्ध उम्मीदवार तथा एक निर्दलीय मुसलमान उम्मीदवार के बीच कांटे की टक्कर रही। कांग्रेस समर्थित उम्मीदवार ने 52.10 प्रतिशत मतों के साथ जीत तो दर्ज की, परंतु मुसलमान उम्मीदवार को भी 42.53 प्रतिशत मत मिले। विधानसभा के लिए हुए चुनावों में इस इलाके की चार में से तीन सीटें नेशनल कांफ्रेंस ने जीत लीं। कांग्रेस को एक सीट मिली। दोनों पार्टियों के बीच मुकाबला काफी तीखा था। लेह जिले में कांग्रेस ने बौद्ध मतदाताओं पर निशाना साधा। 51.17 प्रतिशत वोटों के सहारे यहां उसे एक सीट जीतने में सफलता मिल गई। परंतु बाकी तीनों सीटों पर मुसलमान मतदाताओं को लुभाने में नेशनल कांफ्रेंस को कामयाबी मिली। उसे 34.62 प्रतिशत वोट और तीनों सीटें मिलीं। कारगिल के मुसलमान बहुल जिले में नेशनल कांफ्रेंस को 54.85 प्रतिशत वोट मिले। उसने दोनों सीटों पर अपना झंडा गाड़ दिया। कांग्रेस को यहां केवल 31.21 प्रतिशत वोट मिले। लद्दाख के चुनावी समीकरणों में भाजपा की मौजूदगी 1996 के चुनावों का एक महत्त्वपूर्ण पहलू थी। संसदीय चुनावों में उसे 5.47 प्रतिशत और विधानसभा चुनावों में 5.84 प्रतिशत वोट मिले। जांस्कार सीट पर उसका प्रदर्शन खासतौर से काफी बढ़िया रहा। यहां उसे 15.07 प्रतिशत वोट

मिले। लेह सीट पर उसे 7.63 प्रतिशत वोट मिले।

1996 के चुनावों में जिस सांप्रदायिक ध्रुवीकरण का संकेत मिलना शुरू हुए थे वह चुनावों के बाद भी जारी रहा। इसके पीछे मुख्य रूप से क्षेत्रीय असंतोष का हाथ था जिसमें पिछले कुछ सालों के दौरान काफी इजाफा हुआ था। इस असंतोष का सांप्रदायिक संगठनों ने खूब फायदा उठाया। विधानसभा चुनावों में दोनों क्षेत्रों में भारी समर्थन पाने के बावजूद नेशनल कांफ्रेंस सरकार ने क्षेत्रीय शिकायतों पर ध्यान नहीं दिया। पार्टी ने अपने चुनाव अभियान में क्षेत्रीय स्वायत्तता के मुद्दे को काफी प्रमुखता दी थी और अपने घोषणापत्र में आश्वासन भी दिया था कि 'जम्मू, कश्मीर और लद्दाख के बीच समान आधार पर सत्ता का बंटवारा किया जाएगा जिससे तीनों क्षेत्रों को स्वायत्तता का बराबर लाभ मिले सके।' स्वायत्तता और संसाधनों का वितरण इस प्रकार किया जाएगा जिससे सभी क्षेत्र पूरी तरह संतुष्ट महसूस करें और उन्हें एक दूसरे की चौधराहट में न रहना पड़े। सत्ता पाने के बाद नेशनल कांफ्रेंस ने 'राज्य के तीन प्रमुख क्षेत्रों और उनके उपक्षेत्रों के बीच अधिकारों के विकेन्द्रीकरण' की अपनी प्रतिबद्धता को दोबारा दोहराया। उसने तीनों क्षेत्रों के लोगों को आश्वासन दिया कि सरकार 'विभिन्न क्षेत्रों और उपक्षेत्रों के बीच मौजूद तनावों को दूर करेगी और सभी को राजनीतिक उत्तरदायित्व, आर्थिक प्रगति और सामाजिक समन्वय का अधिकार एवं सांस्कृतिक पहचान को पूरा सम्मान दिया जाएगा।' सत्ता में आने के कुछ ही समय बाद नेशनल कांफ्रेंस इन गठित क्षेत्रीय स्वायत्तता समिति (की रपट) का गठन किया। इस कमेटी ने जम्मू और लद्दाख के लोगों के भीतर मौजूद भेदभाव की भावना को दूर करने की बजाए उसे और गहरा कर दिया। अप्रैल 1999 में इस कमेटी की रिपोर्ट सार्वजनिक रूप से जारी की गई। रिपोर्ट पर कुछ ही समय में भारी विवाद खड़ा हो गया क्योंकि उसमें जम्मू और लद्दाख को क्षेत्रों के रूप में मानने से ही इंकार कर दिया गया था। राज्य के आंतरिक पुनर्गठन का सुझाव देते हुए इस कमेटी ने नए क्षेत्रीय सीमांकन का सुझाव दिया। इस नई योजना में सुझाव दिया गया था कि मौजूदा जम्मू क्षेत्र को चिनाब घाटी, जम्मू और पीर पंजाल, इन तीन क्षेत्रों में बांट दिया जाए। इसी तरह लद्दाख को भी लद्दाख और कारगिल, इन दो क्षेत्रों में बांटने का प्रस्ताव रखा गया।

रपट के जरिए नेशनल कांफ्रेंस असल में क्षेत्रीय स्वायत्तता की मांग को दबा कर उपक्षेत्रीय स्तर पर मौजूद राजनीतिक असंतोष को भुनाना चाहती थी। यह असंतोष मुख्यतः जम्मू और लद्दाख के पिछड़े और बाहरी इलाकों के लोगों के बीच व्याप्त इस गहरे अहसास से पैदा हुआ था कि क्षेत्रीय राजनीति में उनकी सोच, उनकी आकांक्षाओं और उनकी मांगों को पूरी अभिव्यक्ति नहीं मिल रही है। पिछले एक दशक के दौरान यह अहसास और गहराया है। इसकी मुख्य

वजह यह है कि इस क्षेत्रीय प्रतिक्रिया को दक्षिणपंथी ताकतें हवा दे रही हैं। फलस्वरूप यहां एक अजीब किस्म की अलगाववादी और विभाजक राजनीति पैदा हुई है। मसलन, जम्मू क्षेत्र का उपक्षेत्रीय नेतृत्व इस क्षेत्र से अलग होने की मांग उठा रहा है। हालांकि इस मांग को अभी बहुत परिष्कृत ढंग से नहीं रखा जा रहा है, परंतु पुंछ, राजौरी और डोडा के मुसलमान बहुल इलाकों में यह मांग बीच-बीच में उठती रहती है। पुंछ और राजौरी जिलों के लिए एक 'क्षेत्रीय परिषद' की मांग की जा रही है जबकि डोडा जिले के लिए भी एक स्वायत्त पर्वतीय परिषद बनाने की मांग की जा रही है। कुल मिलाकर जम्मू और लद्दाख, दोनों इलाकों की क्षेत्रीय और उपक्षेत्रीय राजनीति ने राज्य में पहले से मौजूद सांप्रदायिक ध्रुवीकरण को और गहरा कर दिया। लद्दाख में सांप्रदायिक विभाजन साफ दिखाई देता है। यहां की राजनीति को भी 'बौद्ध' या 'मुसलमान' राजनीति के रूप में बांट कर देखा जाता है। और, दोनों की राजनीति में गहरा फर्क भी है। उदाहरण के लिए, लद्दाख को केन्द्र शासित प्रदेश का दर्जा देने की मांग लद्दाख के सारे लोगों की नहीं बल्कि सिर्फ लद्दाख के बौद्धों की मांग है। जम्मू में भी 'हिन्दुओं' बनाम 'मुसलमानों' की राजनीति धीरे-धीरे जोर पकड़ रही है। 1996 के बाद जम्मू शहर में बहुत सारे ऐसे समूह और संगठन सामने आए हैं जो राज्य के तीन हिस्सों में बँटवारे की मांग करते हैं। इस मांग को उठाने वाले ज्यादातर संगठन हिंदू दक्षिणपंथी ताकतों से जुड़े हुए थे। राष्ट्रीय स्वयंसेवक संघ ने न केवल इस मांग का समर्थन किया है, बल्कि उसने अलग राज्य की राजनीति करने के लिए जम्मू-कश्मीर नेशनलिस्ट फ्रंट (जेकेएनएफ) नाम का एक संगठन भी बनाया। बहरहाल, घाटी से मजबूरन पलायन कर चुके कश्मीरी हिंदुओं का नेतृत्व भी अलगाववादी और विभाजक किस्म की राजनीति से ही जुड़ा हुआ दिखाई देता है। एक मिली-जुली संस्कृति के तहत कश्मीर में पुनर्वास की संभावना को खारिज करते हुए यह नेतृत्व अब कश्मीर के उत्तर में हिंदुओं के लिए एक अलग वतन की मांग उठा रहा है। उनकी नजर में यह वतन कश्मीर के भीतर एक ऐसी सुरक्षित पट्टी होगी जिसमें सिर्फ कश्मीरी हिंदू ही रहेंगे। विभाजक प्रवृत्तियों वाली इस किस्म की राजनीति न केवल राज्य की बहुधार्मिक राजनीति की जड़ों पर चोट कर रही है, बल्कि एक बहुलतावादी समाज के रूप में जम्मू-कश्मीर के भविष्य को भी खतरे में डाल देती है। गौरतलब है कि राज्य के विभाजन के हक में सिर्फ जम्मू के कुछ हिंदू समर्थक राजनीतिक नेता या लद्दाख के बौद्ध नेता ही नहीं हैं। इस मांग को हवा देने में बहुत सारे कश्मीरी भी शामिल हैं। स्वयं कश्मीरी आंदोलन के भीतर भी राज्य को धार्मिक आधार पर बांटने के हक में कई तरह की आवाजें उठ रही हैं। बहुत सारे लोगों की नजर में

जम्मू-कश्मीर की विविधता और सामाजिक जटिलताओं का यही सबसे आसान उत्तर है। कम से कम इस बिंदु पर कश्मीर के दक्षिणपंथी मुस्लिम नेतृत्व और जम्मू के दक्षिणपंथी हिंदू नेताओं के बीच सहमति दिखाई देती है। संघ की नजर में जम्मू और लद्दाख को इंसाफ दिलाने के लिए राज्य का बंटवारा जरूरी है। उसकी नजर में जम्मू और लद्दाख के लोगों को उग्रवादियों के अत्याचारों से बचाने, कश्मीर को अलग-थलग करने और घाटी की समस्या को घाटी के स्तर पर ही निपटाने के लिए राज्य का धार्मिक विभाजन जरूरी है। जमात और ऐसे ही दूसरे कश्मीरी कट्टरतावादी राजनीतिक संगठनों को भी इस बात से कोई दिक्कत नहीं है कि हिंदू बहुल इलाके घाटी से अलग कर दिए जाएं। उनकी नजर में भी कश्मीर समस्या के समाधान के लिए एक अच्छा सुझाव है।

### III

## विधानसभा चुनाव : 2002

सितम्बर-अक्टूबर 2002 में जम्मू-कश्मीर विधानसभा के लिए कराए गए चुनाव और उनके परिणाम, दोनों बातें पिछले चुनावों के मुकाबले काफी अलग रहे। इन चुनावों पर पूरी दुनिया की नजर थी। दुनिया भर के लोग यह जानने के लिए उत्सुक थे कि जम्मू और कश्मीर के लोग अपने सामने आए इस अवसर का किस तरह लाभ उठाते हैं। चुनावों की यह प्रक्रिया अपने-आप में काफी दिलचस्प रही, क्योंकि केन्द्र सरकार ने आश्वासन दिया था कि इस बार निष्पक्ष और स्वतंत्र चुनाव कराए जाएंगे। यहां तक कि चुनावों से पहले केन्द्र सरकार ने कश्मीर कमेटी के जरिए हुर्रियत कांफ्रेंस को भी चुनावी मैदान में खींचने की नाकाम कोशिश की। हालांकि राम जेठमलानी की अध्यक्षता में बनाई गई यह कमेटी एक स्वतंत्र कमेटी थी, परंतु उसका दावा था कि उसे केन्द्र सरकार का समर्थन हासिल है। मुख्य चुनाव आयुक्त जे. एम. लिंगदोह ने चुनावों से काफी पहले ही इस बात की घोषणा कर दी थी कि इस बार मतदाताओं को वोट डालने के लिए विवश करने के लिए सुरक्षा बलों को जोर-जबरदस्ती करने की छूट नहीं दी जाएगी। उन्होंने यह भी कहा कि मतदाताओं की सुरक्षा सुनिश्चित करने के लिए पूरे इंतजाम किए जाएंगे। नतीजतन, पिछले चुनावों के विपरीत इस बार के चुनाव सचमुच अलग किस्म के साबित हुए। इस बार के चुनावों पर धांधली, जोर-जबर्दस्ती या थोपे जाने का कोई आरोप नहीं लगा। पहली बार ऐसा हुआ कि जम्मू-कश्मीर के मतदाताओं को मतदाता पहचान पत्रों या किसी दूसरे प्रकार के पहचान पत्रों के जरिए अपनी पहचान साबित करने का मौका मिला। उत्तर प्रदेश

और पंजाब से बहुत सारे निर्वाचन अधिकारी चुनावों के लिए नियुक्त किए गए। निर्वाचन आयोग ने चुनाव के दौरान घाटी का दौरा करने के लिए 28 राजदूतों को विशेष पास भी जारी किए। बहरहाल, इसके बावजूद उग्रवाद से संबंधित हिंसा की बहुत सारी घटनाएं घटीं और कुछ चुनाव क्षेत्रों में सुरक्षा बलों द्वारा जोर-जबर्दस्ती की बात भी सुनने में आई। हालांकि हुर्रियत ने चुनावों के बहिष्कार का आह्वान किया था, लेकिन इस बार उसने लोगों को मतदान करने से रोकने के लिए अभियान नहीं चलाया।

## चुनावों की निष्पक्षता

विकासशील समाज अध्ययन पीठ और जम्मू विश्वविद्यालय के राजनीति शास्त्र विभाग द्वारा किए गए एक सर्वेक्षण का निष्कर्ष है कि यदि 1996 के विधानसभा चुनावों के साथ 1998 और 1999 के संसदीय चुनावों से तुलना की जाए तो 2002 के विधानसभा चुनावों को निष्पक्ष चुनाव माना जा सकता है। यह पूरे देश में अपने किस्म का पहला सर्वेक्षण था। सर्वेक्षण के दौरान चुनावों पर नजर रखने के लिए मुख्य रूप से दूरदराज के ऐसे गांवों को ही चुना गया था जो मीडिया या विदेशी प्रेक्षकों की नजर से प्रायः दूर रहते हैं। सर्वेक्षण में कुल 77 चुनाव क्षेत्रों का अध्ययन किया गया।

मतदान ठीक-ठीक तथा विश्वसनीय रहा। लोगों की हिस्सेदारी का स्तर काफी ऊंचा था। यह राज्य जिस किस्म की चुनावी गड़बड़ियों के लिए बदनाम रहा है, या तो इस बार वैसी गड़बड़ियां नहीं थीं या उनमें काफी कमी आईं। फिर भी इन चुनावों को पूरी तरह स्वतंत्र नहीं कहा जा सकता। उग्रवादी संगठनों की मौजूदगी से तो राज्य में दहशत का माहौल था, मगर सुरक्षा बलों की मौजूदगी भी लोगों की पसंद-नापसंद को किसी न किसी रूप में प्रभावित जरूर कर रही थी। इसके बावजूद, यह चुनाव पिछले चुनावों के मुकाबले निश्चय ही बेहतर था। सर्वेक्षण के जांचकर्त्ताओं ने मौके पर जाकर अपनी मत पेटियों में जो मत डलवाए उनसे पता चला कि चुनाव के लिए आधिकारिक मतदान स्तर का दावा काफी हद तक सही था। छः ऐसे मामले थे जहां ज्यादा मतदान दर्शाने के लिए आंकड़ों के साथ छेड़खानी की गई थी। इनमें से चार मामले घाटी के थे। अब तक के चुनावों में मतदान के स्तर को लेकर सरकार की तरफ से जारी किए जाने वाले आंकड़े हमेशा संदिग्ध रहते थे। चुनाव के पहले तीन चरणों में सरकारी आंकड़ों के अनुसार 43.1 प्रतिशत मतदान हुआ जबकि वास्तविक आंकड़ा 41.3 प्रतिशत था। यानी सरकारी दावे और वास्तविक स्थिति के बीच केवल 1.8 प्रतिशत का फर्क था। अब तक की मान्यताओं के हिसाब से यह बहुत बड़ा फर्क नहीं है।

इतना ही नहीं, मतदान के अलावा राजनीतिक हिस्सेदारी के दूसरे संकेतकों से भी यही साबित होता है कि इस बार के चुनावों में लोगों का उत्साह और हिस्सेदारी का स्तर बाकी देश के मुकाबले कई लिहाज से बेहतर था। पिछले दो संसदीय चुनावों के दौरान देश के औसत नागरिकों ने चुनावों में जितनी दिलचस्पी दिखाई, उसके मुकाबले इन चुनावों में जम्मू-कश्मीर के लोगों ने कहीं ज्यादा दिलचस्पी दिखाई। चुनाव प्रचार और चुनावी सभाओं में मौजूदगी काफी ज्यादा थी। यह स्थिति तब थी जब लोगों को पता था कि उन पर कभी भी हमला हो सकता है।

## जम्मू-कश्मीर और शेष भारत में चुनावी हिस्सेदारी का स्तर

| सहभागिता की श्रेणी | कश्मीर घाटी | जम्मू क्षेत्र | जम्मू-कश्मीर | भारत |
|---|---|---|---|---|
| बहुत गहरी दिलचस्पी ली | 10 | 39 | 23 | 10 |
| कार्यकर्त्ता घर-घर गए | 25 | 71 | 42 | 49 |
| चुनावी सभा में शिरकत की | 19 | 50 | 32 | 25 |
| प्रचार में हिस्सा लिया | 3 | 21 | 11 | 13 |

इसके बावजूद, ऐसा नहीं कहा जा सकता कि आमतौर पर यहां जैसी गड़बड़ियां होती थीं इस बार बिल्कुल ही नहीं हुईं। लेकिन इस बार इनका स्तर पिछले चुनावों के मुकाबले कुछ भी नहीं था। शासक पार्टी इन गड़बड़ियों से फायदा उठाने वाली एक प्रमुख पार्टी रही। मतदाता सूचियों में कुछ लोगों के नामों को जानबूझकर निकाल देने या कुछ फर्जी नाम शामिल कर देने के कई आरोप सही पाए गए। परंतु केवल 3 मामलों में मतदाता सूचियां किसी खास पार्टी को लाभ पहुंचाने के हिसाब से गड़बड़ी का शिकार पाई गईं। जिन 76 मतदान केन्द्रों का अध्ययन किया गया, वहां सिर्फ चार मतदान केन्द्र ऐसे थे जहां केवल एक पार्टी का ही पोलिंग एजेंट मौजूद था। इनमें से दो मतदान केन्द्रों पर नेशनल कांफ्रेंस और दो पर पीडीपी के पोलिंग एजेंट थे। मतदान अधिकारियों के पक्षपातपूर्ण रवैए की सात शिकायतें मिलीं। इनमें से एक को छोड़कर बाकी सब मामलों में नेशनल कांफ्रेंस को फायदा होता दिखाई दिया। कुल मिलाकर दूसरे राज्यों से कर्मचारियों को बुलाने का यह प्रयोग एक अच्छा कदम ही साबित हुआ। सात जगहों पर ऐसा भी पता चला कि कुछ लोग बार-बार वोट डाल रहे हैं। इनमें से छः शिकायतें घाटी की थीं। इनमें से केवल एक मामला ऐसा था जहां विपक्षी दलों के समर्थकों को जानबूझकर वोट डालने से रोका जा रहा था क्योंकि उनका वोट पहले ही पड़ चुका था। 63 प्रतिशत लोगों ने कहा कि इस बार कोई धांधली नहीं हुई जबकि 60 प्रतिशत ने कहा कि धांधली काफी कम हुई है।

बहुत सारी घटनाओं में सुरक्षा बलों ने मतदाताओं की उंगलियों पर मतदान के

बाद लगाए जाने वाले निशान दिखाने के लिए कहा। बहुत सारे लोगों को उन्होंने मतदान के लिए मजबूर भी किया। कई जगह सुरक्षा बलों के जवान मतदान केन्द्रों के भीतर आते-जाते भी दिखाई दिए, जबकि उनसे ऐसी अपेक्षा नहीं की जाती थी। परंतु, ऐसी एक भी घटना दिखाई नहीं दी जिसमें सुरक्षा बलों के जवान मतदाताओं को किसी खास पार्टी के पक्ष में मतदान के लिए विवश कर रहे हों। उग्रवादियों के प्रभाव को आंकना तो मुश्किल है परंतु कुल मिलाकर ऐसा लगता था कि उनका तथा 'आत्मसमर्पण कर चुके हथियारबंद उग्रवादियों' का असर घट रहा है। परंतु इस निष्पक्षता और स्वतंत्रता के उत्साह में कई उल्लेखनीय क्षेत्रीय विविधताएं भी छिपी हुई हैं। जम्मू में 77 प्रतिशत लोगों का जवाब था कि उन्हें कोई डर नहीं है जबकि घाटी में 63 प्रतिशत लोगों ने आंशिक या भारी भय की शिकायत की। जहां मतदान में भारी गड़बड़ी और धांधली की बात कही गई थी, सभी छः क्षेत्र घाटी के थे। 40 स्थानों पर डर का माहौल था। इनमें से भी 31 क्षेत्र घाटी के थे।

### धांधली के बारे में राय ( प्रतिशत में )

| विकल्प | कश्मीर | लद्दाख | जम्मू | हिंदू विस्थापित | कुल |
|---|---|---|---|---|---|
| बड़े पैमाने पर धांधली | 10 | 0 | 3 | 1.6 | 6.4 |
| थोड़ी-बहुत धांधली | 22.8 | 1.9 | 18.5 | 20.6 | 19.9 |
| बिल्कुल धांधली नहीं | 24.9 | 42.5 | 59 | 63.5 | 41 |
| पता नहीं/कोई प्रतिक्रिया नहीं | 42.3 | 55.7 | 19.5 | 14.3 | 32.7 |
| **कुल** | **100** | **100** | **100** | **100** | **100** |

### 'पता नहीं/कोई प्रतिक्रिया नहीं' को हटाने के बाद दोबारा की गई गणनाएं

| विकल्प | कश्मीर | लद्दाख | जम्मू | हिंदू विस्थापित | कुल |
|---|---|---|---|---|---|
| बड़े पैमाने पर धांधली | 17.33 | 0 | 3.73 | 2 | 9.52 |
| थोड़ी-बहुत धांधली | 39.52 | 4.27 | 22.98 | 24 | 29.56 |
| बिल्कुल धांधली नहीं | 43.15 | 95.73 | 73.29 | 74 | 60.19 |
| **कुल** | **100** | **100** | **100** | **100** | **100** |

## धांधली के स्तर में आए बदलाव के बारे में यह ( प्रतिशत में )

| विकल्प | कश्मीर | लद्दाख | जम्मू | हिंदू विस्थापित | कुल |
|---|---|---|---|---|---|
| पिछले चुनावों के मुकाबले कम | 35.2 | 35.8 | 40.5 | 62.5 | 38.2 |
| पिछले चुनावों से ज्यादा | 7.4 | 0.9 | 7 | 1.6 | 6.7 |
| पिछले चुनावों के बराबर | 12.9 | 2.8 | 29.5 | 7.8 | 19.8 |
| पता नहीं/कोई प्रतिक्रिया नहीं | 44.5 | 60.4 | 2311 | 28.1 | 35.9 |
| **कुल** | **100** | **100** | **100** | **100** | **100** |

## 'पता नहीं/कोई प्रतिक्रिया नहीं' विकल्प को हटाने के बाद स्थिति

| विकल्प | कश्मीर | लद्दाख | जम्मू | हिंदू विस्थापित | कुल |
|---|---|---|---|---|---|
| पिछले चुनावों के मुकाबले कम | 63.43 | 90.65 | 52.59 | 86.93 | 59.68 |
| पिछले चुनावों से ज्यादा | 13.33 | 2.27 | 9.09 | 2.23 | 10.46 |
| पिछले चुनावों के बराबर | 23.24 | 7.08 | 38.32 | 10.84 | 29.86 |
| **कुल** | **100** | **100** | **100** | **100** | **100** |

2002 के विधानसभा चुनाव एक और प्रसंग में भी ऐतिहासिक थे। इस बार की चुनावी होड़ पिछले किसी भी चुनाव के मुकाबले ज्यादा तीखी रही। राज्य के चुनावी इतिहास में पहली बार राज्य के तीनों क्षेत्रों में वास्तविक और सघन दलीय होड़ दिखाई दी। यदि और स्पष्ट रूप से कहा जाए तो इसका आशय यह है कि इस बार कश्मीर घाटी में नेशनल कांफ्रेंस और 1998 में गठित की गई पीपुल्स डेमोक्रेटिक पार्टी (पीडीपी) के बीच कांटे का मुकाबला हुआ।

मुफ्ती मोहम्मद सईद और महबूबा मुफ्ती द्वारा कांग्रेस छोड़ देने के बाद पीडीपी का गठन अपने आप में इस बात का संकेत है कि इस इलाके में चुनावी और प्रतिस्पर्धी राजनीति में कितनी परिपक्वता आ चुकी है। जब इन नेताओं को इस बात का एहसास हो गया कि घाटी में किसी राष्ट्रीय पार्टी का बहुत वजूद नहीं हो सकता है और वह नेशनल कांफ्रेंस जैसी क्षेत्रीय पार्टी के साथ होड़ नहीं कर सकती है, तो उन्होंने अपने बूते पर एक नई क्षेत्रीय पार्टी खड़ी कर दी। इसी एहसास के

चलते पीडीपी ने कांग्रेस और माकपा की तरफ से गठबंधन नहीं किया। पीडीपी का मानना था कि दूसरी पार्टियों के साथ सीटों के बंटवारे से नेशनल कांफ्रेंस के साथ उसकी होड़ उभर कर सामने नहीं आ पाएगी और उससे चुनावी परिणामों पर गहरा प्रभाव पड़ेगा। इसलिए उसने अकेले अपने दम पर ही मैदान में उतरने का फैसला लिया। पीडीपी के इस फैसले से उसे न केवल चुनावों में फायदा हुआ, बल्कि इससे घाटी की चुनावी राजनीति का स्वरूप भी बदल गया। पीडीपी के इस फैसले ने घाटी की राजनीति को चौधराहट के बजाए होड़ की राजनीति बना दिया।

चुनाव अभियान के दौरान पीडीपी ने नकारात्मक और सकारात्मक, दोनों तरह के राजनीतिक दांव खेले। दोषपूर्ण शासन, अलगाव, स्पेशल ऑपरेशन ग्रुप (एसओजी) सहित विभिन्न सुरक्षा एजेंसियों द्वारा की गई ज्यादतियों जैसे मुद्दों को लेकर नेशनल कांफ्रेंस पर हमला बोलने के साथ-साथ पीडीपी ने 'बुलेट की जगह बैलेट', जनता के घावों पर मरहम लगाने, संवाद की प्रक्रिया शुरू करने, विकास, शिक्षा, रोजगार, आर्थिक सुदृढ़ीकरण, बुनियादी ढांचे के विकास, राज्य के तीनों क्षेत्रों के समान विकास जैसे सकारात्मक मुद्दों पर भी लोगों के सामने अपनी बात रखी। पूरे अभियान की रूपरेखा इस तरह निर्धारित की गई थी कि उसमें घाटी के लोगों की भावनाओं को पूरी अभिव्यक्ति मिली। इस अभियान में एक तरफ तो घाटी में मौजूद हिंसक और तनावपूर्ण परिस्थितियों के स्थान पर सामान्य हालात की बहाली की चाह और दूसरी तरफ रोज-ब-रोज की समस्याओं से निपटने के लिए शासन तंत्र की कम से कम न्यूनतम मौजूदगी की इच्छा प्रतिबिंबित होती थी।

यह चुनाव एक और लिहाज से भी महत्त्वपूर्ण साबित हुआ। इस चुनाव ने राज्य के भीतर राजनीति के अलग-अलग संदर्भों को सामने ला दिया। हालांकि पूरे राज्य में तो मतदान 44.02 प्रतिशत रहा लेकिन घाटी में केवल 29.61 प्रतिशत लोगों ने मतदान किया। इस कम मतदान के लिए कई कारणों को जिम्मेदार ठहराया जा सकता है। कम से कम चार कारण स्पष्ट रूप से गिनाए जा सकते हैं। पहली बात तो यह है कि चुनावों की सीमित विश्वसनीयता और पिछले चुनावों के दौरान हुई भारी जालसाजी के कारण इस बार भी लोगों ने मतदान में बहुत दिलचस्पी नहीं दिखाई। दूसरी, राजनीतिक प्रक्रिया की बहाली के बावजूद बहुत सारे लोगों में अभी भी अलगाववादी भावनाएं मौजूद हैं। तीसरे, वहां हिंसा और उग्रवादियों की धमकियों का डर भी मौजूद था। और अंतिम परंतु महत्त्वपूर्ण कारण यह था कि देश के किसी भी दूसरे हिस्से की तरह यहां भी शहरी मतदाताओं ने चुनावों के प्रति उदासीनता का रवैया अपनाया। इनमें से कौन सा कारण ज्यादा महत्त्वपूर्ण है, इस बात का फैसला करना मुश्किल है। पहले चरण में मतदान ठीक-ठाक (50 प्रतिशत

से भी अधिक) रहा। इसके बाद उग्रवादी हिंसा में इजाफा हुआ जिससे घाटी में हुए दूसरे और तीसरे चरण के मतदान के स्तर पर निश्चय ही नकारात्मक असर पड़ा होगा। पहले चरण में उत्तरी कश्मीर में मतदान हुआ जहां सबसे भारी मतदान (46.58 प्रतिशत) दर्ज किया गया। पुलवामा और अनंतनाग के दोनों दक्षिणी जिलों में तीसरे चरण में मतदान हुआ। यहां क्रमशः 23.68 प्रतिशत और 24.06 प्रतिशत का सामान्य मतदान दर्ज किया गया। सबसे कम मतदान (11.18 प्रतिशत) श्रीनगर जिले में रहा। जम्मू क्षेत्र में मतदान 55 प्रतिशत के आसपास और कमोबेश एक जैसा रहा। जहां एक तरफ कठुआ में 66.58 प्रतिशत के साथ सबसे भारी मतदान दर्ज किया गया वहीं दूसरी तरफ डोडा में 40.56 प्रतिशत के साथ सबसे कम मतदान हुआ। लद्दाख क्षेत्र के कारगिल इलाकों में पड़ने वाली दो सीटों पर सबसे भारी मतदान हुआ। यहां 75.97 प्रतिशत मतदान दर्ज किया गया।

जैसा कि तालिका 9 में दिखाया गया है, राष्ट्रीय जनतांत्रिक गठबंधन (राजग) के सभी सहयोगियों (नेशनल कांफ्रेंस, भाजपा और बसपा) का प्रदर्शन खराब रहा। नेशनल कांफ्रेंस की सीटें घटकर आधी (57 के मुकाबले केवल 28) रह गईं। भाजपा को 1996 में 6 सीटें मिली थीं मगर इस बार उसे सिर्फ 4 सीटें मिलीं। बसपा को पिछली बार 4 सीटें मिली थीं मगर इस बार उसका एक भी उम्मीदवार नहीं जीत पाया। सबसे ज्यादा फायदा कांग्रेस, पीडीपी और पैंथर्स पार्टी को हुआ। कांग्रेस 20 सीटें जीतकर वापस अपनी पुरानी (1980 के दशक वाली) स्थिति में पहुंच गई जबकि पीडीपी को 16 सीटें मिलीं। पीडीपी की ये सारी सीटें घाटी की थीं। इनके अलावा पैंथर्स पार्टी के भी 4 उम्मीदवार जीते जबकि पिछली विधानसभा में उसका सिर्फ एक विधायक था।

वोटों के लिहाज से नेशनल कांफ्रेंस अभी भी घाटी में अपनी बढ़त बनाए रखने में कामयाब रहा। हालांकि विधानसभा में उसे बहुमत नहीं मिल पाया, मगर पूरे राज्य में उसे औरों से ज्यादा ही वोट मिले। पूरे राज्य और कश्मीर घाटी में उसे क्रमशः 28.23 और 35.68 प्रतिशत वोट मिले। हालांकि वोटों के लिहाज से पीडीपी घाटी में 24.52 प्रतिशत के साथ दूसरे स्थान पर रही मगर जम्मू क्षेत्र में उसका प्रदर्शन बहुत अच्छा नहीं रहा। वहां उसे मात्र 9.04 प्रतिशत वोट मिले। कांग्रेस को पूरे राज्य में 24.25 प्रतिशत वोट मिले और उसका प्रदर्शन जम्मू तथा घाटी, दोनों क्षेत्रों में संतोषजनक रहा। सीटों और मतदान के प्रतिशत, दोनों लिहाज में कांग्रेस राज्य में दूसरे नंबर पर रही। इन चुनावों का एक दिलचस्प पहलू यह भी रहा कि इस बार कई निर्दलीय उम्मीदवार भी जीते। कुल 15 निर्दलीय उम्मीदवार जीतकर विधानसभा पहुंचे और उन्हें 21.03 प्रतिशत वोट मिले।

## तालिका – 7 : विधानसभा चुनाव, 2002 में पार्टियों का प्रदर्शन

| पार्टी | मतदान का प्रतिशत | प्राप्त सीटें |
|---|---|---|
| कांग्रेस | 24.25 | 20 |
| नेकां | 28.33 | 28 |
| पीडीपी | 9.04 | 16 |
| पीपी | 3.83 | 4 |
| भाजपा | 8.57 | 1 |
| बसपा | 4.50 | 1 |
| माकपा | 0.54 | 2 |
| निर्दलीय | 21.03 | 15 |
| **कुल** | **100.00** | **87** |

*स्रोत : सूचना विभाग, जम्मू–कश्मीर सरकार।*

जैसा कि तालिका–10 में दर्शाया गया है, कश्मीर घाटी के लोगों का जनादेश पिछले चुनावों के मुकाबले काफी अलग तो है मगर यह कोई आश्चर्यजनक और अनपेक्षित घटना नहीं थी। नेशनल कांफ्रेंस और पीडीपी को इस इलाके में लगभग बराबर (क्रमशः 18 और 16) सीटें मिलीं। यह एक बिल्कुल नई परिघटना है क्योंकि अब तक यहां के चुनावी फलक पर केवल एक पार्टी की ही चौधराहट रहती थी। शासक पार्टी यहां से कई बार 90 प्रतिशत या उससे भी ज्यादा सीटें जीत लेती थी क्योंकि यहां उसका कोई प्रतिद्वंद्वी होता ही नहीं था। इसलिए कुल मिलाकर घाटी की राजनीति एक अकेली पार्टी की चौधराहट से ही निर्धारित होती थी क्योंकि असल में लोगों के सामने कोई ठोस विकल्प नहीं होता था। परंतु इस बार नेशनल कांफ्रेंस के मुकाबले पीडीपी मैदान में थी जिससे हालात पूरी तरह बदले हुए थे। जब लोगों को दो ठोस विकल्पों को चुनने का मौका मिला तो इस बार यहां का चुनावी माहौल काफी प्रतिस्पर्धी हो गया।

.पीडीपी के अलावा पीपुल्स कांफ्रेंस (पीसी) के उम्मीदवारों ने भी नेशनल कांफ्रेंस को कुछ सीटों पर अच्छी टक्कर दी। पीपुल्स कांफ्रेंस सज्जाद और बिलाल लोन (अब्दुल गनी लोन के बेटे) की पार्टी है। यह पार्टी हुर्रियत कांफ्रेंस का घटक भी है। पीपुल्स कांफ्रेंस ने कुपवाड़ा जिले में नेशनल कांफ्रेंस को काफी परेशानी में डाला। यह जिला पीपुल्स कांफ्रेंस का पुराना गढ़ रहा है। हालांकि यहां उसे सीट तो एक ही मिली मगर चुनावों में उसकी हिस्सेदारी से कश्मीर की राजनीति पर दूरगामी प्रभाव पड़ेंगे। चुनावी मैदान में उसकी मौजूदगी के कारण मतदान के स्तर में सुधार हुआ क्योंकि इसके उम्मीदवारों को देखने के लिए लोग बड़ी संख्या में सभाओं में आते थे। इन चुनावों के दौरान कुछ सबसे बड़ी चुनावी सभाएं इसी पार्टी

के उम्मीदवारों ने आयोजित की थीं। चुनावों में उसकी हिस्सेदारी ने हुर्रियत कांफ्रेंस में दरार डालने का काम भी किया। हुर्रियत कांफ्रेंस के उग्रपंथी खुलकर उसके विरोध में सामने आए। घाटी में 2 सीटें जीतने वाली माकपा ने प्रोग्रेसिव फ्रंट (पीडीएफ) के नाम से दूसरे निर्दलीय विधायकों को लेकर एक नया मोर्चा गठित किया।

## तालिका-8 : विधानसभा चुनाव, 2002 में पार्टियों का प्रदर्शन (कश्मीर)

| पार्टी | मतदान का प्रतिशत | प्राप्त सीटें |
|---|---|---|
| कांग्रेस | 14.44 | 5 |
| नेकां | 35.68 | 18 |
| पीडीपी | 24.52 | 16 |
| पीपी | 0.43 | 0 |
| भाजपा | 1.60 | 0 |
| बसपा | 0.11 | 0 |
| माकपा | 1.64 | 2 |
| निर्दलीय* | 21.58 | 5 |

* उत्तरी कश्मीर के चुनाव मैदान में उतरी पीपुल्स कांफ्रेंस के उम्मीदवार भी निर्दलियों की सूची में ही शामिल हैं।

*स्रोत : सूचना विभाग, जम्मू-कश्मीर सरकार।*

हालांकि जम्मू और लद्दाख के चुनाव परिणाम कमोबेश अपेक्षित रहे फिर भी इन चुनावों ने यहां के राजनीतिक दलों के अंकगणित को पूरी तरह बदल डाला। जैसा कि तालिका-8 से पता चलता है, हालांकि जम्मू क्षेत्र में नेशनल कांफ्रेंस के सफल उम्मीदवारों की संख्या 1996 के 15 की बजाए 2002 में केवल 9 ही रह गई मगर सबसे ज्यादा नुकसान भाजपा को हुआ। 1996 में उसे 8 सीटें मिली थीं मगर इन चुनावों में उसे सिर्फ 1 सीट ही मिल पाई। पिछली बार 4 सीटें जीतने वाली बसपा की हालत भी इस बार काफी खराब रही। उसे भी केवल एक ही सीट मिली। यहां सबसे ज्यादा फायदा कांग्रेस और पैंथर्स पार्टी को हुआ। पिछली विधानसभा में यहां से कांग्रेस के सिर्फ 4 विधायक थे जबकि इस बार उनकी संख्या बढ़कर 15 तक जा पहुंची। भीम सिंह की पैंथर्स पार्टी को 1996 के चुनाव में 1 सीट मिली थी जबकि इस बार उसके 4 विधायक विधानसभा में पहुंच गए।

1996 के चुनावों के बाद भाजपा के सामने जिस तरह के हालात रहे उनसे

उसके चुनावी प्रदर्शन पर काफी बुरा असर पड़ा। भाजपा को राज्य के विभाजन के सवाल पर अपनी दोमुंही नीति के कारण भी नुकसान उठाना पड़ा। हालांकि भाजपा राज्य के विभाजन के हक में रही है मगर उसकी राज्य इकाई जम्मू क्षेत्र के लिए अलग राज्य के दर्जे की मांग नहीं उठा पाई क्योंकि पार्टी की राष्ट्रीय इकाई ने इस प्रस्ताव के खिलाफ निर्णय लिया था। आरएसएस समर्थित जम्मू स्टेट मोर्चा ने जम्मू के लिए अलग राज्य की मांग पर चुनाव लड़ा। इससे भाजपा के लिए हालात और कठिन हो गए।

दूसरी तरफ कांग्रेस ने नेशनल कांफ्रेंस और भाजपा के बीच हुए अवसरवादी गठबंधन का पूरा फायदा उठाया। नतीजतन, जम्मू क्षेत्र में उसे अपनी खोई हुई जमीन वापस मिलने लगी। नेशनल कांफ्रेंस और भाजपा, दोनों का विरोध करते हुए वह एक बार फिर जम्मू क्षेत्र की एक प्रमुख पार्टी के रूप में सामने आई। न केवल उसे जम्मू क्षेत्र के तीनों हिंदू बहुल जिलों और उसके आसपास की ज्यादातर सीटों पर कामयाबी मिली बल्कि इस क्षेत्र की दूसरी सीटों पर भी उसके कई उम्मीदवार कामयाब हुए।

## तालिका-9 : जम्मू और लद्दाख में पार्टियों का प्रदर्शन, विधानसभा चुनाव, 2002

| पार्टी | जम्मू क्षेत्र | | लद्दाख क्षेत्र | |
|---|---|---|---|---|
| | वोटों का प्रतिशत | सीटोंकी संख्या | वोटों का प्रतिशत | सीटों की संख्या |
| कांग्रेस | 29.79 | 15 | 5.63 | – |
| नेकां | 23.94 | 9 | 44.55 | 1 |
| पीडीपी | 1.77 | 0 | 0.00 | – |
| पीपी | 5.65 | 4 | 0.00 | – |
| भाजपा | 12.31 | 1 | 0.44 | 0 |
| बसपा | 6.83 | 1 | 0.00 | – |
| माकपा | 0.00 | 0 | 0.00 | – |
| निर्दलीय | 19.68 | 7 | 49.39* | 3 |

**लद्दाख क्षेत्र में एलयूटीएफ के उम्मीदवारों ने निर्दलीयों के रूप में चुनाव लड़ा था।*

***स्रोत :** सूचना विभाग, जम्मू-कश्मीर सरकार।*

2002 के विधानसभा चुनावों में लद्दाख क्षेत्र के लिए भी कई रोचक समीकरण सामने आए। चुनावों की पृष्ठभूमि में कांग्रेस, नेशनल कांफ्रेंस और भाजपा, तीनों प्रमुख राजनीतिक दलों की लद्दाख इकाइयों ने अपनी मूल पार्टी को भंग करके लद्दाख यूनियन

टेरिटरी फ्रंट (एलयूटीएफ) के नाम से एक संयुक्त संगठन बना लिया। यह निर्णय लद्दाख को केन्द्र शासित प्रदेश का दर्जा दिलाने के उद्देश्य से एक साझा मोर्चा बनाने के लिए किया गया था। इस दिशा में सबसे पहले लद्दाख बुद्धिस्ट एसोसिएशन ने सुझाव रखा था। इस घटनाक्रम की तार्किक परिणति यह हुई कि लेह जिले में दो विधानसभा सीटों पर एलयूटीएफ के उम्मीदवार निर्विरोध निर्वाचित हो गए।

लेकिन कारगिल जिले में तीखा मुकाबला रहा। यहां नेशनल कांफ्रेंस और एक स्वतंत्र उम्मीदवार के बीच कांटे की टक्कर रही। इस निर्दलीय उम्मीदवार को कांग्रेस और भाजपा के अलावा इमाम खुमैनी मेमोरियल ट्रस्ट (आईकेएमटी) और इस्लामिया स्कूल, कारगिल नामक दो महत्त्वपूर्ण धार्मिक संगठनों का समर्थन भी प्राप्त था। इन दोनों सीटों पर हुई तीखी टक्कर से यहां मतदान काफी ऊंचा रहा (75.97 प्रतिशत)। एक सीट पर नेशनल कांफ्रेंस को जीत मिली जबकि दूसरी सीट पर निर्दलीय उम्मीदवार विजयी रहा। हालांकि नेशनल कांफ्रेंस को विधानसभा में बहुमत नहीं मिल पाया लेकिन फिर भी वह घाटी में सबसे बड़ी और जम्मू क्षेत्र में दूसरी सबसे बड़ी पार्टी रही। हालांकि पार्टी की चुनावी हार के पीछे आमतौर पर सरकार विरोधी मनोदशा का हाथ बताया जाता है मगर पार्टी की इस दुर्गति के लिए तीन कारण चिह्नित किए जा सकते हैं : राजनीति, विचारधारात्मक और आम लोगों की सोच। राजनीतिक स्तर पर उसे सबसे ज्यादा नुकसान केन्द्र सरकार के साथ उसके गठबंधन के कारण हुआ। इस गठबंधन के कारण उसकी क्षेत्रीय पार्टी वाली छवि धुंधली पड़ गई। विचारधारात्मक स्तर पर उसे भाजपा के नेतृत्व वाले राजग के साथ अपने अवसरवादी गठबंधन का खामियाजा भुगतना पड़ा। भाजपा एक हिंदू दक्षिणपंथी पार्टी है और वह राज्य की स्वायत्तता का विरोध करती आई है। उसे इसलिए भी नुकसान उठाना पड़ा क्योंकि लोगों के बीच उसकी छवि अच्छी नहीं रही थी। सरकार के खराब प्रदर्शन और लोगों की रोज-ब-रोज समस्याओं पर राजनेताओं तथा सरकारी अमले का उदासीन रवैया लोगों की नजर में सरकार और पार्टी की छवि को भारी नुकसान पहुंचा रहा था। आम लोगों के बीच सरकार को लेकर भ्रष्टाचार और भाई-भतीजावाद की छवि व्याप्त थी।

नेशनल कांफ्रेंस के खराब प्रदर्शन को चुनावी राजनीति के बदले हुए माहौल के साथ भी जोड़कर देखा जा सकता है। पहले के मौकों पर पार्टी कोई असरदार प्रतिद्वंद्वी न होने के कारण आमतौर पर पूरे राज्य में एकतरफा सफलता प्राप्त कर लेती थी मगर अबकी बार पीडीपी की तरफ से कड़े मुकाबले के कारण वह ऐसा नहीं कर पाई। हालांकि उसके पास जम्मू क्षेत्र की चुनावी होड़ और बहुदलीय राजनीति में टिके रहने का ज्यादा तजुर्बा था फिर भी घाटी में वह ऐसा नहीं कर पाई। ऐसा इसलिए हुआ था क्योंकि इससे पहले उसे कभी इतनी तीखी होड़ का सामना नहीं करना पड़ा था। चुनावों के ऐन पहले फारूख अब्दुल्ला ने पार्टी की बागडोर अपने बेटे उमर अब्दुल्ला

को सौंप दी। इस नए घटनाक्रम से हालात और भी जटिल हो गए। इससे न केवल पार्टी कार्यकर्त्ताओं के बीच भ्रम की स्थिति पैदा हुई बल्कि बहुत सारे नेताओं ने इस बदलाव को स्वीकार भी नहीं किया। जिन लोगों को पार्टी के टिकट नहीं मिल पाए उनमें से बहुत सारे लोग निर्दलीय उम्मीदवारों के रूप में मैदान में कूद पड़े। इन निर्दलीय उम्मीदवारों से भी पार्टी को कुछ नुकसान जरूर हुआ।

## फारूख अब्दुल्ला के बारे में लोगों की राय ( प्रतिशत में )

| राय | कश्मीर | | जम्मू | | लद्दाख | | |
|---|---|---|---|---|---|---|---|
| | मुसलमान | अल्पसंख्यक | हिंदू | मुसलमान | मुसलमान | बौद्ध | कुल |
| खराब | 75.6 | 68.0 | 63.8 | 36.1 | 3.0 | 50.6 | 66.2 |
| ठीक-ठाक | 13 | 20.0 | 24.4 | 15.0 | 33.3 | 24.1 | 17.6 |
| अच्छा | 6.2 | 8.0 | 7.8 | 33.5 | – | 13.9 | 9.9 |
| बहुत अच्छा | 2.5 | 4.0 | 2.0 | 13.17 | 3.7 | 8.9 | 4.0 |
| सुना ही नहीं | – | – | 0.3 | – | – | – | 0.1 |
| पता नहीं/कोई प्रतिक्रिया नहीं | 2.7 | – | 1.7 | 1.7 | – | 2.5 | 2.2 |
| कुल | 100 | 100 | 100 | 100 | 100 | 100 | 100 |

**आपकी राय में जम्मू-कश्मीर का कौन सा राजनीतिक दल या संगठन राज्य के लोगों की समस्याओं को सबसे अच्छी तरह सुलझा सकता है ?**

(लोगों से इस बारे में कोई सीधा सवाल नहीं पूछा गया कि वे किसको वोट देना चाहते हैं।)

| पार्टी | कश्मीर | | जम्मू | | लद्दाख | | |
|---|---|---|---|---|---|---|---|
| | मुसलमान | अल्पसंख्यक | हिंदू | मुसलमान | मुसलमान | बौद्ध | कुल |
| कांग्रेस | 3.6 | 24.67 | 31.1 | 28.9 | 81.5 | 73.4 | 18.9 |
| भाजपा | – | 15.58 | 22.5 | 0.9 | – | 7.6 | 7.7 |
| नेकां | 7.4 | 6.49 | 3.8 | 22.8 | 3.7 | 11.4 | 8.3 |
| पीडीपी | 6.5 | 2.49 | 2.0 | 7.8 | – | – | 4.8 |
| हुर्रियत कांफ्रेंस | 33.6 | 5.19 | – | 2.2 | – | – | 17.3 |
| सभी पार्टियां | | | | | | | |
| कोई पार्टी नहीं/अन्य/पता नहीं | 48.9 | 45.84 | 40.6 | 37.4 | 14.8 | 7.6 | 43 |
| कुल | 100 (1104) | 100 (77) | 100 (640) | 100 (232) | 100 (27) | 100 (79) | 100 (2159) |

पार्टी को उग्रवादी हिंसा का भी सबसे ज्यादा सामना करना पड़ा, क्योंकि उग्रवादियों ने सबसे ज्यादा नेशनल कांफ्रेंस के नेताओं और कार्यकर्त्ताओं को ही अपना निशाना बनाया। इसलिए उसे शांत ढंग से अपना अभियान चलाना पड़ा। चुनाव अभियान के दौरान मारे गए राजनीतिक कार्यकर्त्ताओं में से सबसे ज्यादा नेशनल कांफ्रेंस के कार्यकर्त्ता थे।

कुल मिलाकर 2002 के चुनावों को एक महत्त्वपूर्ण घटनाक्रम माना जा सकता है। न केवल इन चुनावों को कश्मीर के पूरे इतिहास में अब तक का सबसे निष्पक्ष चुनाव माना गया बल्कि इस चुनाव की महत्ता इस बात में भी निहित है कि उससे राज्य की राजनीति पर क्या प्रभाव पड़ेंगे।

## लोकसभा चुनाव 2004

लंबे समय बाद 2004 लोकसभा चुनाव के दौरान इस प्रदेश में वास्तविक चुनावी गहमागहमी दिखाई दी। और सभी छहों सीटों पर बहुत ही नजदीकी मुकाबला हुआ। इस चुनाव का इस बात से और महत्त्व बढ़ गया कि केन्द्र सरकार ने अलगाववादी गुटों को बातचीत के लिए बुलाया था। तब तक हुर्रियत कांफ्रेंस भी दो गुटों में बंट गई थी। एक का नेतृत्व अब्बास अंसारी कर रहे थे तो दूसरे का सैयद अली गिलानी। यासिन मलिक और कई अन्य नेता इन दोनों से भी अलग हो गए थे। इन बदलावों से चुनाव ज्यादा महत्त्वपूर्ण हुए। मुकाबलों में सबकी दिलचस्पी बढ़ गई। अंसारी गुट ने बातचीत में हिस्सा लिया तो गिलानी, यासिन मलिक और शब्बीर शाह जैसे नेता घूम-घूम कर चुनाव बहिष्कार की अपील करते फिरे। उधर केन्द्र सरकार ने भी कुछ पुरानी मांगों को पूरा करने की दिशा में कदम भी उठाए थे।

पर बॉयकाट वालों के प्रचार, साथ ही बंदूक की धमकी का चुनाव पर प्रभाव पड़ा- खासकर घाटी में। अनेक उग्रवादी संगठनों ने वोटरों के लिए सीधी धमकी दी। चुनाव प्रचार तेज होने के साथ हिंसा में भी तेजी आती गई। चुनावी सभाओं, रैलियों, पार्टियों के चुनाव दफ्तरों और प्रमुख नेताओं को निशाना बनाया गया। लेकिन इन चीजों से बॉयकॉट और चुनाव में बाधा डालने के मंसूबे कामयाब नहीं हुए। हां, मतदान पर जरूर असर हुआ। जम्मू क्षेत्र में 45 फीसदी और लद्दाख में 74 फीसदी मतदान हुआ जबकि कश्मीर घाटी में सिर्फ 23 फीसदी वोट पड़े। श्रीनगर और अनंतनाग सर्वाधिक प्रभावित संसदीय क्षेत्र थे। इन दोनों के 31 विधानसभा क्षेत्रों में से 14 में 10 फीसदी से भी कम मतदान हुआ। नौ क्षेत्रों में तो 5 फीसदी से कम मतदान हुआ (देखें चार्ट)। घाटी के तीसरे क्षेत्र बारामूला क्षेत्र में 36 फीसदी वोट हुए थे।

अगर इतना कम मतदान आतंकवादी जमातों और अग्रवादी नेताओं के मिले जुले प्रभाव को बताता है तो उनके प्रभाव क्षेत्र रहे इलाकों में दूसरी लहर भी दिखी।

बॉयकाट का असर शहरी इलाकों में ज्यादा था। आतंकी प्रभाव में रह चुके ग्रामीण इलाकों में मतदान ऊंचा हुआ। श्रीनगर संसदीय क्षेत्र में जहां शहरी इलाके हवाकदल में एक फीसदी से कम और अमीरकदल, जादीबल, ईदगाह और बटमालू में उसे 5 फीसदी वोट हुआ वहीं इसी क्षेत्र ग्रामीण चरारे शरीफ में 61 फीसदी, कंगन में 45.38 फीसदी, गंदरबल में 43.91 और चदुरा में 39.63 फीसदी लोगों ने वोट डाला। सीमावर्ती और पहाड़ी इलाकों में भी ज्यादा मतदान हुआ। उड़ी में पीडीपी प्रमुख महबूबा मुफ्ती की रैली पर हमला हुआ और आठ लोग मारे गए थे, पर वहां 57.62 फीसदी मतदान हुआ।

एक ओर चुनाव के पक्ष और विपक्ष की जद्दोजहद थी तो दूसरी ओर चार बड़ी पार्टियां चुनाव में जी-जान लगाए हुई थीं। कांग्रेस, नेशनल कांफ्रेंस, भाजपा और पीडीपी की यह लड़ाई इतनी दिलचस्प और सघन थी कि इसने राज्य की राजनीति में एक बड़ा निर्णायक मोड़ ला दिया। यहां पहली बार गठबंधन की राजनीति का दौर शुरू हुआ जिसे हम आगे और मजबूत होते देखते हैं। गठबंधन राज्य की राजनीति से एक दल के दबदबे का अंत भी हो गया। गठबंधन न सिर्फ दलों के हिसाब के माकूल बना बल्कि तीन क्षेत्रों में बंटी राजनीति के हिसाब से भी ठीक बैठ गई। कश्मीर घाटी में अगर नेशनल कांफ्रेंस और पीडीपी मुख्य मुकाबले में थे और कांग्रेस मुकाबले को तिकोना बनाने में लगी तो जम्मू क्षेत्र में भाजपा और कांग्रेस का मुख्य मुकाबला था तथा नेशनल कांफ्रेंस-पैंथर्स पार्टी वगैरह इसे तिकोना-चौकोना बनाने में जुटी थीं। सो नतीजे भी ऐसे ही आए। घाटी की तीन सीटों में से दो नेशनल कांफ्रेंस को मिलीं तो तीसरी पीडीपी को। जम्मू क्षेत्र की दोनों सीटें और लद्दाख की सीट कांग्रेस को मिली।

## विधानसभा चुनाव 2008

राज्य में पिछली विधानसभा त्रिशंकु थी। पर उसमें कांग्रेस और पीडीपी को गठजोड़ के सहारे सरकार बनाने में ज्यादा मुश्किल नहीं हुई। सबसे बड़े दल-नेकां ने सरकार बनाने का दावा नहीं किया और कांग्रेस भी पीडीपी की इस मांग के आगे झुकी कि पहले उसे ही मुख्यमंत्री की गद्दी मिलनी चाहिए। पीडीपी प्रमुख महबूबा मुफ्ती मुख्यमंत्री बनीं और आराम से तीन साल राज किया। वे उग्रवादियों के प्रति थोड़ी नरमी वाला भाव रखती रहीं और भाजपा जैसे धुर विरोधी को छोड़कर बाकी किसी ने इस पर ज्यादा आपत्ति नहीं की। फिर तीन साल का कार्यकाल पूरा होने के बाद उन्होंने आराम से कांग्रेस के गुलाम नबी आजाद को सत्ता सौंप दी। आजाद थोड़ी सख्ती वाले थे। पर चुनी हुई सरकार की वैधता के चलते दुनिया भर से इस साझा सरकार के काम पर उंगली नहीं उठी। सरकार का काम-काज बहुत अच्छा न भी हो तो धीरे-धीरे स्थितियां सामान्य होती लग रही थीं। इस अवधि में कोई बहुत बड़ी

आतंकी वारदात भी नहीं हुई–हालांकि न तो आतंकियों ने हार मानी थी, न उग्रवादी तत्त्वों ने अपना काम बंद किया था।

पर शासन के अंतिम दिनों में आजाद सरकार ने अमरनाथ जाने वाले लाखों हिन्दू श्रद्धालुओं की सुविधा के लिए अस्थायी आवास बनाने वास्ते सरकारी जमीन उपलब्ध कराने का फैसला किया। यह मांग काफी पुरानी थी और इस पर सभी प्रमुख दल लगभग एकमत थे। कैबिनेट के फैसले के समय भी उसमें मौजूद पीडीपी के मंत्रियों ने उस पर सहमति दी थी। पर बाहर आकर वे इसका विरोध करने लगे। घाटी में विरोध प्रदर्शनों का सिलसिला शुरू हुआ तो शुरू में सरकार ने उसे रोकने का प्रयास नहीं किया। जब बात बढ़ी तो सरकार ने फैसला बदल दिया। इसी सवाल पर सरकार गई। उधर जम्मू में भाजपा और संघ परिवार के लोगों को मौका मिल गया। वहां और प्रबल विरोध हुआ। पूरा जून तूफानी रहा। जम्मू–कश्मीर के इतिहास में इन दोनों क्षेत्रों के बीच इतना प्रबल बैर भाव कभी नहीं विकसित हुआ था। बल्कि जब भाजपा और संघ परिवार द्वारा कश्मीर के रास्तों को रोकने की कोशिश हुई या इस अफवाह के चलते ही रास्ते रुके तो सचमुच लगा कि जम्मू–कश्मीर को साथ रखना मुश्किल हो जाएगा। भाजपा और पीडीपी जहां इन आंदोलनों के बहाने अपनी–अपनी राजनीति चमका रहे थे वहीं कांग्रेस और नेशनल कांफ्रेंस हाथ पर हाथ धरे बैठे थे। पर इस लड़ाई में उग्रवादियों की बन आई और पूरी घाटी एक बार फिर से खदबदाने लगी। और जब राज्यपाल शासन के अधीन ही नवम्बर में चुनाव कराने का फैसला हुआ तो हुर्रियत कांफ्रेंस ने एक बार फिर से चुनाव बहिष्कार का आह्वान किया।

चुनाव कई चरणों में और पूरी सख्त व्यवस्था के साथ कराने के चुनाव आयोग के फैसले ने भी लोगों में उत्साह नहीं भरा। पिछले विधानसभा चुनावों में भी आयोग के निष्पक्ष और सख्त रवैए ने काफी फर्क डाला था, पर छह साल बाद भी हवा बदलती नहीं लगी। नेता रैलियां और जनसभाएं करने से डरते थे और लगभग पूरा प्रचार घर–घर जाकर ही हुआ। उम्मीदवार और प्रचारकों के लिए सुरक्षा गार्ड जरूरी थे। कई बार उम्मीदवारों पर हमले भी हुए। पर जैसे–जैसे मतदान होने लगा, सारी फिजा बदल गई। यह पचासों जगहों पर हुआ कि जो लड़के सुबह लोगों को मतदान केन्द्र पर जाने से रोक रहे थे, नारे लगा रहे थे वही शाम तक खुद मतदान की लाइन में लगकर मतदान कर रहे थे। पहले लगा कि ये घटनाएं अपवाद हैं, पर जम्मू–कश्मीर के सारे इलाकों में ऐसा हुआ और इससे न सिर्फ राजनैतिक पंडित हैरान हुए बल्कि बहिष्कार का आह्वान करने वालों को स्वयं अपने फैसले के औचित्य पर सवाल उठाने की जरूरत लगने लगी। इस बार के शांतिपूर्ण और पर्याप्त मतदान ने स्वयं काफी सारे सवालों का जवाब दे दिया।

पर जितने सवालों का जवाब मिला उससे कहीं ज्यादा सवाल खड़े भी हो

गए कि आखिर इस मतदान और चुनाव को कैसे समझा जाए! 61.23 फीसदी मतदान तो राज्य में पिछले बीस वर्षों में कभी नहीं हुआ था। फिर यह सवाल उठने लगा कि क्या आंदोलन और चुनाव दो तरह की गतिविधियां हैं? क्या इनमें समाज के अलग-अलग वर्गों ने हिस्सा लिया था? क्या इस चुनाव ने कश्मीरियों के मन में वर्षों से दबी अलगाववादी भावनाओं को समाप्त कर दिया? पर, इससे भी बड़ा सवाल यह उठा कि क्या वोट से नियमित काम-काज वाली सरकार चुननी होती है और बड़े सवालों के लिए आंदोलन करना होता है? इन चुनावों से उन्हीं दो पार्टियों को लाभ हुआ जो कश्मीर घाटी और जम्मू में आंदोलनों की अगुवाई कर रही थीं। फिर उनको मिली जीत की क्या व्याख्या की जाए? साथ ही यह सवाल भी था कि सारा लाभ लेकर भी दोनों पार्टियां सत्ता की होड़ में आ नहीं सकीं और नुकसान सहकर कांग्रेस और नेकां ने मजे से गठबंधन सरकार बना ली। तो क्या यह शासन गठबंधन जनादेश की भावना के विपरीत है?

यह चुनाव कई मायनों में विशिष्ट था और राज्य के इतिहास में ही नहीं संसदीय लोकतांत्रिक व्यवस्था का अध्ययन करने वालों के लिए दिलचस्पी का विषय बना रहेगा। इतना ज्यादा मतदान और निष्पक्ष चुनाव इसकी वैधता पर कभी सवाल नहीं उठने देंगे। सारे हंगामे और हिंसा के बावजूद 67 महिलाओं समेत रिकॉर्ड 1354 उम्मीदवार मैदान में आए। भाजपा ने पहली बार घाटी में उम्मीदवार उतारे तो बसपा ने राज्य की 87 में से 83 सीटों पर अपने उम्मीदवार दिए। जम्मू में सर्वाधिक मत (71.6 फीसदी) पड़े तो घाटी भी कम न थी (51.5 फीसदी)। 2002 की तुलना में अगर जम्मू में 15.7 फीसदी ज्यादा वोट पड़े तो घाटी में 21.9 फीसदी ज्यादा।

भीषण सर्दी और उग्रवादी जमातों के डर के बावजूद घाटी में इतना मतदान सबको चौंकाने वाला था। श्रीनगर जिले में सबसे कम मतदान हुआ तो कुपवाड़ा में सबसे ज्यादा। श्रीनगर में 21.7 फीसदी मतदान वैसे तो कम है पर जब हम 2002 के 5.1 फीसदी से तुलना करते हैं तो यह उसके चार गुना ठहरता है। अनंतनाग में तो मतदान में 41 फीसदी (2002 के 22.2 फीसदी की जगह 63.2 फीसदी) तक की वृद्धि हुई। श्रीनगर में अलगाववादियों का जोर सर्वाधिक रहा है। और भारत के किसी भी अन्य क्षेत्र की तरह यहां भी शहरी इलाकों में कम मतदान होता रहा है। सारे अलगाववादियों का अड्डा श्रीनगर में ही है और सबके अपने-अपने प्रभाव क्षेत्र हैं।

सीएसडीएस चुनाव बाद सर्वेक्षण से यह भी स्पष्ट होता है कि जम्मू क्षेत्र में मतदान करने वालों में सभी उग्र समूहों और शिक्षा वर्गों के बीच ज्यादा अंतर नहीं था। पर कश्मीर घाटी में मतदान करने वालों में शिक्षितों और नौजवानों का

अनुपात शेष लोगों से ऊपर था। सर्वेक्षण से यह भी स्पष्ट हुआ कि अधिक मतदान राजनैतिक प्रक्रिया में लोगों की सीधी भागीदारी से हुआ। इसमें डराने-धमकाने की कोई भूमिका नहीं थी। दूसरी ओर चुनाव का विरोध करने वालों की धमकी और आतंक जगजाहिर था। मतदान में गड़बड़ी का अंदेशा भी बहुत ही कम लोगों ने जाहिर किया।

सर्वेक्षण से अधिक मतदान की किसी एक वजह का अंदाज नहीं लगता। सो हमें चुनाव प्रक्रिया पर ज्यादा भरोसा, चुनाव में ज्यादा तीखी प्रतिद्वंद्विता और नतीजों को लेकर ज्यादा उत्सुकता जैसे कारणों को भी इसके लिए जिम्मेदार मानना होगा। पर जिस असली सवाल का जवाब इन आंकड़ों भर से नहीं मिलता वह है कि क्या अधिक मतदान का मतलब लोगों के मन में से राजनैतिक अलगाव की भावना का समाप्त या कम होना है? सर्वेक्षण से इस निष्कर्ष की पुष्टि नहीं होती। वोट न डालने वाले लगभग आधे लोगों ने चुनाव प्रक्रिया पर भरोसा न होना या बहिष्कार का समर्थन करना कारण बताया। स्पष्ट है कि कश्मीर में अभी राजनैतिक प्रक्रिया को काफी कुछ करना पड़ेगा। जिन लोगों ने वोट नहीं दिया, सिर्फ वे भी अलगाव महसूस नहीं करते। जिन्होंने वोट दिया उनमें भी यह भावना थी। भले ही लोगों ने हुर्रियत के बहिष्कार को नहीं माना, पर वोट देने वालों में 54 फीसदी का मानना था कि हुर्रियत का यह आह्वान ठीक था।

सो लगता है कि कश्मीरी आवाम सामान्य शासन और विकास तथा कश्मीर समस्या के समाधान को अलग-अलग स्तर की चीज मानती है। जब सर्वेक्षण के दौरान उनसे पूछा गया कि वे राज्य के विकास के लिए किस दल को सबसे ज्यादा पसंद करते हैं तो अधिकांश ने किसी न किसी मुख्य धारा पार्टी का नाम लिया। हुर्रियत का नाम सिर्फ 17 फीसदी ने लिया। पर जब यह पूछा गया कि कश्मीर समस्या को सुलझाने में कौन सबसे ज्यादा सक्षम है तो 63 फीसदी ने हुर्रियत का नाम लिया जबकि मात्र 20 फीसदी ने मुख्य राजनैतिक दलों का नाम लिया।

सो कश्मीर क्षेत्र की जटिल राजनीति को समझने के लिए जरूरी है कि पहले हम अपने दो भ्रमों से मुक्त हों। 2008 के विधानसभा चुनाव की सफलता का मतलब यह नहीं है कि राजनैतिक दूरी का भाव तथा अलगावादी भावनाएं समाप्त हो गई हैं। इसी प्रकार 'आजादी' को भारत-विरोधी मान लेना भी भ्रामक होगा। इस पद से लोगों में अलग-अलग भावना आती है। और संदर्भ के हिसाब से इसकी परिभाषा भी बदलती है। मोटे तौर पर यह लोगों द्वारा अपना भविष्य तय करने की इच्छा को बताता है। 2002 हो या 2008 का चुनाव, इनमें मुद्दा कश्मीर समस्या का

समाधान न था। इनमें मुख्यतः सरकार चलाना और विकास ही मुद्दा था। स्वयं नए मुख्यमंत्री उमर अब्दुल्ला ने कहा कि वे लोग कश्मीर समस्या के समाधान की जगह लोगों की रोजी-रोटी की समस्या का समाधान करने की लड़ाई लड़ रहे थे। दूसरी ओर अलगाववादी नेताओं ने भी अपनी अपील अनसुनी होने पर आत्मपरीक्षण की जरूरत बताई।

चुनाव से उभरे दूसरे विरोधाभास की भी थोड़ी चर्चा जरूरी है। पीडीपी और भाजपा को चुनाव में सर्वाधिक लाभ हुआ पर वे सरकार से दूर रहे। अमरनाथ यात्रा विवाद से पैदा नाराजगी ने उन्हें लाभ दिया तो यह नुकसान भी कराया। पीडीपी ने घाटी में तीन ज्यादा सीटें जीतीं तो जम्मू क्षेत्र के मुसलमान बहुल पुंछ और रजौरी में भी अपना आधार बढ़ाया। जम्मू क्षेत्र में भाजपा पिछली बार कांग्रेस से हारी थी। इस बार उसने न सिर्फ रिकार्ड जीत हासिल की बल्कि 11 फीसदी ज्यादा वोट पाए। सीएसडीएस सर्वेक्षण बताता है कि पीडीपी और भाजपा, दोनों को नौजवानों और ज्यादा पढ़े-लिखे लोगों का अधिक वोट मिला। नेकां की सीटें तो पिछली बार जितनी रहीं पर उसके वोट 5.2 फीसदी कम हो गए। इसे जम्मू क्षेत्र में तीन सीटों का नुकसान हुआ लेकिन इसने उत्तरी और मध्य कश्मीर के अपने पारंपरिक गढ़ पर अपनी पकड़ बनाए रखी। कांग्रेस को पिछली बार की 20 सीटों की जगह 17 सीटें मिलीं।

तो क्या कांग्रेस-नेकां का गठबंधन बनाकर सत्ता में आना इस चुनाव के वास्तविक जनादेश के खिलाफ था? संभवतः नहीं। अगर हम सीएसडीएस सर्वेक्षण के आंकड़ों पर गौर करें तो पाएंगे कि लोगों ने कांग्रेस और नेशनल कांफ्रेंस को विकास के लिए सबसे उपयुक्त (क्रमशः 24 फीसदी और 17 फीसदी) बताया था। भाजपा और पीडीपी का नंबर उससे काफी बाद में था। सो अगर चुनाव विकास के मुद्दे पर ही हुआ तो कांग्रेस-नेकां को उनकी सीटों के मुकाबले ज्यादा प्रतिशत लोगों का समर्थन हासिल था। जब जम्मू और कश्मीर के रिश्तों के बारे में पूछा गया तब भी लोगों ने नेकां और कांग्रेस को ही इस मामले को संभालने के ज्यादा काबिल माना था। इतना ही नहीं यही दो दल हैं जिनका कम या ज्यादा, पूरे प्रदेश में आधार है। इसी प्रकार मानवाधिकार की रक्षा के मामले में भी नेकां और कांग्रेस को बेहतर माना गया। दिलचस्प तथ्य यहां भी सर्वेक्षण में लोगों ने मुख्यधारा की पार्टियों में कांग्रेस (15 फीसदी) और नेकां (11 फीसदी) को ही कश्मीर समस्या का समाधान करने में सबसे सक्षम माना था। भाजपा और पीडीपी की लोकप्रियता एक-एक इलाके में थी, पर उनके प्रति दूसरे इलाके में रंजिश भी बहुत थी। सो सरकार बनाने का मसला हो या जनादेश का, नेकां और कांग्रेस ही औरों से बेहतर ठहरते हैं।

## जम्मू कश्मीर के विकास के लिए सबसे उपयुक्त राजनैतिक संगठन

| | कांग्रेस | पीडीपी | नेकां | हुर्रियत | भाजपा |
|---|---|---|---|---|---|
| सभी | 24 | 15 | 17 | 6 | 0 |
| कश्मीर क्षेत्र | 13 | 36 | 17 | 17 | – |
| जम्मू क्षेत्र | 30 | 3 | 17 | – | 14 |
| सभी आंकड़े प्रतिशत में | | | | | |

*स्रोत : जम्मू और कश्मीर विधानसभा चुनाव 2008 अध्ययन, सीएसडीएस, दिल्ली।*

## जम्मू-कश्मीर मुद्दे को सुलझाने में सबसे उपयुक्त पार्टी

| | कांग्रेस | पीडीपी | नेकां | हुर्रियत | भाजपा |
|---|---|---|---|---|---|
| सभी | 14 | 5 | 11 | 23 | 9 |
| कश्मीर क्षेत्र | 2 | 10 | 8 | 63 | – |
| जम्मू क्षेत्र | 22 | 2 | 13 | 1 | 13 |
| ग्रामीण | 15 | 5 | 12 | 22 | 8 |
| शहरी | 12 | 7 | 8 | 29 | 10 |
| पुरुष | 14 | 5 | 12 | 26 | 10 |
| महिलाएं | 15 | 5 | 10 | 20 | 7 |
| निरक्षर | 9 | 6 | 13 | 19 | 5 |
| मैट्रिक पास | 15 | 5 | 12 | 20 | 11 |
| कॉलेज पास | 15 | 6 | 10 | 30 | 11 |

*स्रोत : जम्मू और कश्मीर विधानसभा चुनाव 2008 अध्ययन, सीएसडीएस, दिल्ली।*

## जीती सीटों और वोट प्रतिशत का 2002 और 2008 विधानसभा चुनावों की तुलना

| | राज्य/क्षेत्र | | | |
|---|---|---|---|---|
| | जम्मू और कश्मीर | कश्मीर | लद्दाख | जम्मू |
| कुल सीटें | 85 | 46 | 2 | 37 |
| कांग्रेस सीटें जीती | 16 | 3 | 0 | 13 |
| सीटों का अंतर | −4 | −2 | 0 | −2 |
| वोट प्रतिशत | 17.4 | 10.5 | 9.8 | 23 |
| वोटों का अंतर | −6.9 | −3.9 | 4.2 | −6.8 |

| | | | | |
|---|---|---|---|---|
| भाजपा सीटें जीती | 11 | 0 | 0 | 11 |
| सीटों का अंतर | 10 | 0 | 0 | 10 |
| वोट प्रतिशत | 12.6 | 1.0 | 1.2 | 22.0 |
| वोटों का अंतर | 4 | −0.7 | 0.8 | 9.7 |
| जेकेएनसी सीटें जीती | 28 | 20 | 2 | 6 |
| सीटों का अंतर | 0 | 2 | 1 | −3 |
| वोट प्रतिशत | 23.3 | 27.5 | 51.4 | 19.3 |
| वोटों का अंतर | −4.9 | −8.1 | 6.8 | −4.6 |
| पीडीपी सीटें जीती | 21 | 19 | 0 | 2 |
| सीटों का अंतर | 5 | 3 | 0 | 2 |
| वोट प्रतिशत | 15.5 | 27.6 | 0.5 | 6.5 |
| वोटों का अंतर | 6.2 | 2.3 | 0.5 | 4.7 |
| निर्दलियों ने सीटें जीती | 3 | 1 | 0 | 2 |
| सीटों का अंतर | −8 | −3 | −1 | −4 |
| वोट प्रतिशत | 16.3 | 17.2 | 34.2 | 15.1 |
| वोटों का अंतर | 0.2 | 1.7 | −15.2 | −0.6 |
| अन्य पार्टियों ने सीटें जीती | 6 | 3 | 0 | 3 |
| सीटों का अंतर | −3 | 0 | 0 | −3 |
| वोट प्रतिशत | 14.9 | 16.3 | 2.9 | 14.1 |
| वोटों का अंतर | 1.7 | 8.7 | 2.9 | −2.3 |

***स्रोत :*** *सीएसडीएस डाटा यूनिट (चुनाव आयोग भारत द्वारा प्रसारित आंकड़ों के आधार पर)*

## जम्मू और कश्मीर क्षेत्रों के बीच शांतिपूर्ण संबंध बनाने के लिए सबसे उपयुक्त राजनैतिक संगठन

| | कांग्रेस | पीडीपी | नेकां | हुर्रियत | भाजपा |
|---|---|---|---|---|---|
| सभी | 19 | 15 | 18 | 7 | 9 |
| कश्मीर | 7 | 35 | 20 | 19 | – |
| जम्मू | 27 | 3 | 17 | – | 14 |
| | | | | | सारे आंकड़े प्रतिशत में |

***स्रोत :*** *जम्मू और कश्मीर विधानसभा चुनाव 2008 अध्ययन, सीएसडीएस, दिल्ली।*

## विधानसभा चुनाव 2002 और 2008 में क्षेत्र और जिलेवार मतदान

| क्षेत्र/जिला | मतदान 2008 | (प्रतिशत) 2002 | बदलाव 2002-08 (प्रतिशत प्वाइंट) |
|---|---|---|---|
| कश्मीर | 51.5 | 29.6 | 21.9 |
| कुपवाड़ा | 68.0 | 53.2 | 14.8 |
| बारामुला | 48.1 | 37.6 | 10.5 |
| बांदीपुर | 59.8 | 47.3 | 12.5 |
| गंदरबल | 55.1 | 42.3 | 12.8 |
| श्रीनगर | 21.7 | 5.1 | 16.6 |
| बडगाम | 62.4 | 46.0 | 16.4 |
| पुलवामा | 46.1 | 21.9 | 24.2 |
| शोपियां | 50.6 | 27.6 | 23.1 |
| कुलगाम | 64.4 | 29.9 | 37.5 |
| अनंतनाग | 63.2 | 22.2 | 41.0 |
| लद्दाख | 67.9 | 72.9* | * |
| लेह | 62.7 | na* | * |
| कारगिल | 72.9 | 75.9 | -3.0 |
| जम्मू | 71.6 | 55.9 | 15.7 |
| किश्तवाड़ | 73.2 | 55.9 | 17.5 |
| डोडा | 68.3 | 54.8 | 13.4 |
| रामबन | 65.4 | 50.0 | 15.4 |
| रियासी | 75.0 | 59.9 | 15.2 |
| उधमपुर | 63.4 | 60.1 | 3.4 |
| कठुआ | 69.8 | 61.2 | 8.6 |
| सांबा | 78.0 | 61.8 | 16.3 |
| जम्मू | 72.8 | 56.6 | 16.3 |
| रजौरी | 72.8 | 44.0 | 28.6 |
| पुंछ | 74.9 | 53.9 | 20.9 |
| जम्मू-कश्मीर | 61.3 | 43.1* | 18.3 |

लेह जिले की दो सीटों पर 2002 में निर्विरोध चुनाव हो गया था। इसलिए 2002 के आंकड़ों में उनका हिसाब नहीं है जबकि 2008 में उनका हिसाब भी है।

**स्रोत :** चुनाव आयोग और सीएसडीएस डाटा इकाई।

## कश्मीर और जम्मू क्षेत्र में मतदान करने और न करने वालों की सामाजिक पृष्ठभूमि

| आयु | जम्मू | | कश्मीर | |
|---|---|---|---|---|
| – | मतदान करने वाले | मतदान न करने वाले | मतदान करने वाले | मतदान न करने वाले |
| 25 वर्ष तक | 71 | 29 | 36 | 62 |
| 26–45 वर्ष | 80 | 20 | 37 | 64 |
| 46–55 वर्ष | 82 | 18 | 31 | 69 |
| 56 वर्ष से ऊपर | 78 | 22 | 29 | 71 |
| निरक्षर | 77 | 23 | 28 | 72 |
| प्राथमिक | 81 | 19 | 39 | 61 |
| माध्यमिक | 78 | 22 | 38 | 62 |
| स्नातक | 87 | 23 | 41 | 59 |

*आंकड़े प्रतिशत में हैं। सर्वेक्षण के प्राथमिक आंकड़ों का मेल चुनाव आयोग के मतदान संबंधी आंकड़ों से भी कराया गया है।*

***स्रोत :*** *जम्मू कश्मीर विधानसभा चुनाव 2008, चुनाव बाद सर्वेक्षण, सीएसडीएस।*

## लोकसभा चुनाव 2004 में पार्टियों का प्रदर्शन

| राजनैतिक दल | सीटें जीतीं | वोट प्रतिशत |
|---|---|---|
| कांग्रेस | 02 | 27.83 |
| नेकां | 02 | 22.02 |
| पीडीपी | 01 | 11.94 |
| भाजपा | – | 23.04 |
| पीपुल्स पार्टी | – | 3.02 |

***स्रोत :*** *सीएसडीएस डाटा यूनिट।*

## लोकसभा चुनाव 2004 में मतदान-क्षेत्रवार

| क्षेत्र | मतदान का प्रतिशत |
|---|---|
| जम्मू | 44.67 |
| कश्मीर | 22.73 |
| लद्दाख | 73.27 |
| राज्य में कुल | 35.15 |

***स्रोत :*** *सीएसडीएस डाटा यूनिट।*

## संसदीय क्षेत्रों में 2004 का मतदान ( प्रतिशत )

| संसदीय क्षेत्र | मतदान प्रतिशत |
|---|---|
| अनंतनाग | 15.12 |
| श्रीनगर | 18.57 |
| बारामुला | 36.07 |
| लद्दाख | 73.52 |
| जम्मू | 44.49 |
| उधमपुर | 45.09 |

*स्रोत : सीएसडीएस डाटा यूनिट।*

## 10 फीसदी से कम मतदान वाले विधान क्षेत्र

| विधान सभा | संसदीय क्षेत्र | वोट प्रतिशत |
|---|---|---|
| हब्बाकदल | श्रीनगर | 0.80 |
| पामपोर | अनंतनाग | 3.09 |
| जादीबल | श्रीनगर | 3.20 |
| खानयार | श्रीनगर | 4.50 |
| हुमशालीबग | अनंतनाग | 4.81 |
| पुलवामा | अनंतनाग | 5.63 |
| सोनवार | श्रीनगर | 8.85 |
| त्राल | अनंतनाग | 2.09 |
| अमीरकदल | श्रीनगर | 3.20 |
| बिजबेहड़ा | अनंतनाग | 3.36 |
| ईदगाह | श्रीनगर | 4.79 |
| बलमालू | श्रीनगर | 5.22 |
| अनंतनाग | अनंतनाग | 6.48 |
| कुलगाम | अनंतनाग | 9.37 |

*स्रोत : सीएसडीएस डाटा यूनिट।*

## टिप्पणियां

1. शेख अब्दुल्ला द्वारा अपने बेटे को वारिस चुनने के फैसले को पार्टी के लोगों ने पूरी तरह स्वीकार नहीं किया था। पार्टी के भीतर असंतोष था। शेख अब्दुल्ला के दामाद गुल मुहम्मद शाह नेशनल कांफ्रेंस के वरिष्ठ नेता थे और पार्टी की बागडोर संभालना चाहते थे। पार्टी में भावी घटनाक्रम ने स्पष्ट कर दिया कि वे फारूक के नेतृत्व को मानने के लिए तैयार नहीं थे।

2. इस सोच की व्यापकता के कारणों को कश्मीर की चुनावी प्रक्रिया के इतिहास में ढूंढा जाना चाहिए। यहां चुनावी प्रक्रिया शुरू से ही धांधलियों की शिकार रही है। पहले चार विधानसभा चुनावों के दौरान कुछ विशेष उम्मीदवारों को निर्विरोध जितवाने के लिए दूसरे उम्मीदवारों के नामांकन पत्रों को किसी न किसी तरह खारिज करने का तरीका अपनाया गया था। इन चुनावों में घाटी की बहुत सारी सीटों पर लोग निर्विरोध चुने गए थे। बाद में फर्जी मतदान, बूथ कब्जा और सरकारी तंत्र के दुरुपयोग जैसे दूसरे तरीकों का भी खुलकर इस्तेमाल किया गया। यह सब कुछ केन्द्र में बैठी शासक पार्टी के साथ मिलकर किया जाता था जो 'राष्ट्रीय हित' के नाम पर निर्वाचन प्रक्रिया में धांधली को न केवल देखती रहती थी बल्कि उसे बढ़ावा भी देती थी।
3. 1989 तक आते-आते घाटी के विभिन्न कस्बों से कई उग्रवादी संगठन काम करने लगे थे। इनमें जेकेएलएफ, अल बरक, अल फतह, अल जिहाद, अल्लाह टाइगर्स, हिजबुल्ला, अल-उमर मुजाहिदीन, लश्करे-तैयबा, इख्वान अल मुजाहिदीन, हिजबुल मुजाहिदीन, तहरीकुल मुजाहिदीन आदि संगठन प्रमुख थे।
4. 1990 की शुरुआत की लोगों की राजनीतिक मनोदशा को डेसमंड ने निम्नलिखित शब्दों में व्यक्त किया है : '1990 के दौरान आंदोलन का एक सबसे अनूठा गुण यह था कि उसने लोगों में एक बेमिसाल आशावाद भर दिया था। युवा लड़ाके और जेकेएलएफ व अन्य संगठनों के नेता बार-बार यह कहते थे कि भारत जल्दी ही-केवल कुछ माह के भीतर-घाटी पर अपना नियंत्रण छोड़ देगा। बाल्टिक गणराज्यों, जर्मनी और अफगानिस्तान (सोवियत संघ की वापसी) में हुई शानदार राजनीतिक घटनाओं में कश्मीर के गुरिल्ला नेता और आम कश्मीरी, दोनों अपने संघर्षों का प्रतिबिंब देखते थे। वहां कुछ इस तरह का भाव व्याप्त था कि स्वतंत्रता का स्वाद रखने की अगली बारी संभवतः कश्मीर के लोगों की ही होगी...।' (डेसमंड, 1995 : 7)।
5. आंदोलन कितना स्वतःस्फूर्त था और इसका स्वरूप कितना व्यापक था इस बात को अकबर एस. अहमद के इस उद्धरण से समझा जा सकता है : 'वहां लोगों को गोलबंद करने वाला इमाम खुमैनी कोई नहीं है। वहां कोई शेख अब्दुल्ला भी नहीं है...। बगावत की अभिव्यक्ति अनजाने नामों, बेचेहरा प्रवक्ताओं और आम लोगों के जरिए हो रही है। यह पूरे समुदाय की अभिव्यक्ति हैं। इस बार छात्र, व्यापारी, घरेलू औरतें, किसान और राजनेता, सब एक तरफ हैं। यह एक लोकप्रिय आंदोलन है, एक ऐसा आंदोलन जो अनियंत्रित अराजकता को जन्म दे सकता है...।' (अहमद, 1990 : 20)।
6. हुर्रियत ने अपने लिए जो मकसद तय किए थे उनमें से एक यह था कि संगठन 'राज्य के मुस्लिम बहुल चरित्र को देखते हुए इस्लामिक मूल्यों पर आधारित समाज की

रचना के लिए प्रयास करेगा। इस समाज में गैर-मुसलमानों के हितों की रक्षा का प्रावधान किया जाएगा।' हुर्रियत का एक और उद्देश्य यह था कि 'आत्मनिर्णय के अधिकार को मनवाने के लिए जम्मू-कश्मीर राज्य के लोगों को लेकर एक शांतिपूर्ण संघर्ष चलाया जाए।' उसने कश्मीर विवाद के हल के लिए बातचीत पर जोर दिया और इस विवाद में भारत, पाकिस्तान और राज्य की जनता, तीनों पक्षों के एक साथ बैठकर बात करने की जरूरत पर जोर दिया।

7. बारामूला क्षेत्र में पड़े कुल वोटों में से लगभग 60 प्रतिशत वोट पड़े और हंडुवाड़ा के दो गैर-कश्मीरी भाषी पहाड़ी विधानसभा क्षेत्रों में पड़े थे। इन दोनों सीटों पर बहुत सारे विधानसभा क्षेत्र ऐसे भी थे जहां नाममात्र का मतदान हुआ। मिसाल के तौर पर, पाटन विधानसभा क्षेत्र में केवल एक वोट पड़ा, गुलमर्ग में 15, अनंतनाग में 47, संग्राम में 60, हुमशालीबाग में 81, त्राल में 111, गुलमर्ग में 150 और सोपोर में 180 वोट पड़े। (अब तक के चुनावों में इन विधानसभा क्षेत्रों में औसतन लगभग 25,000 वोट पड़ते थे)।

8. घाटी की तीन सीटों का अलग-अलग ब्यौरा इस तरह है : अनंतनाग सीट पर 50.13 प्रतिशत, बारामूला सीट पर 46 प्रतिशत और श्रीनगर सीट पर 41 प्रतिशत। परंतु वहां प्रत्येक सीट पर कुछ पॉकेट ऐसे थे, खासतौर से श्रीनगर में, जहां मतदान का स्तर बहुत कम था। मिसाल के तौर पर, हब्बाकदल विधानसभा क्षेत्र में केवल 14.27 प्रतिशत, ईदगाह में 17.33 प्रतिशत, जादीबल में 18.02 प्रतिशत, खनियार में 18.75 प्रतिशत और अमीरकदल में 20.47 प्रतिशत मतदान हुआ। राज्य में कुल मतदान 49.02 प्रतिशत हुआ था।

9. श्रीनगर सीट पर लगभग 7.47 प्रतिशत, बारामूला सीट पर 7 प्रतिशत और अनंतनाग सीट पर 6.78 प्रतिशत वोट रद्द कर दिए गए। कुछ विधानसभा क्षेत्रों में तो रद्द होने वाले मतों का प्रतिशत और भी अधिक था- बारामूला संसदीय सीट के अंतर्गत आने वाले सोपोर में 17.47, संग्राम में 11.8, रफियाबाद में 11.29, बारामूला में 11.11, करणाह में 9.11 और हंडुवाड़ा में 8.9 प्रतिशत, हाशबुग में 10.20 प्रतिशत, बटमालू में 10 प्रतिशत, चंदुरा में 9 प्रतिशत, खानसाहिब में 8.45 प्रतिशत और चरारे-शरीफ में 8.2 प्रतिशत वोट रद्द कर दिए गए।

10. बारामूला सीट पर कांग्रेस को 38.08 प्रतिशत वोट मिले और वह अच्छे-खासे अंतर से जीत गई। परंतु श्रीनगर में उसे जनता दल से कांटे की टक्कर का सामना करना पड़ा। कांग्रेस को 18.63 प्रतिशत जबकि जनता दल को 18.10 प्रतिशत वोट मिले थे। अनंतनाग सीट पर जनता दल का उम्मीदवार जीता जिसे 32.75 प्रतिशत वोट मिले थे।

11. कुपवाड़ा जिले में 5 सीटों के लिए 24, बारामूला जिले की 10 सीटों के लिए 55, श्रीनगर जिले की 10 सीटों के लिए 45, बड़गाम ज़िले की पांच सीटों के लिए 29,

पुलवामा जिले की 6 सीटों के लिए 26 और अनंतनाग जिले की 10 सीटों के लिए 55 उम्मीदवार मैदान में थे।

12. जैसा कि टेबल V में स्पष्ट पता चलता है, बड़गाम, बारामूला, पुलवामा और अनंतनाग सहित 6 में से 4 जिलों में मतदान का प्रतिशत काफी ऊंचा रहा। सबसे कम मतदान श्रीनगर में दर्ज किया गया जहां केवल 25.06 प्रतिशत वोट पड़े। इस जिले की कुछ सीटों पर और भी कम मतदान हुआ। अमीरकदल, जादीबल और खनियार में 13 प्रतिशत से भी कम, खनिआर और अब्बाकदल में 20 प्रतिशत से कम, और ईदगाह में केवल 20 प्रतिशत मतदान हुआ।

13. पुलवामा जिले मे 7.14 प्रतिशत, कुपवाड़ा जिले में 6.99 प्रतिशत, अनंतनाग में 5.68 प्रतिशत, श्रीनगर में 5.40 प्रतिशत, बारामूला में 4.62 प्रतिशत तथा बड़गाम में 4.62 प्रतिशत मत रद्द कर दिए गए। कुछ विधानसभा क्षेत्रों में तो रद्द किए गए मतों का प्रतिशत और भी ऊंचा था- हंडुवाड़ा सीट पर 12.45 प्रतिशत, लागेट में 10.68 प्रतिशत (दोनों कुपवाड़ा जिले में), सोपोर सीट पर 9.46 प्रतिशत (बारामूला जिला), पुलवामा में 9.30 प्रतिशत (पुलवामा जिला,), होमशाली बाग में 8.73 प्रतिशत (अनंतनाग जिला) कुपवाड़ा में 8.41 प्रतिशत (जिला कुपवाड़ा) और रफियाबाद में 8.41 प्रतिशत (जिला बारामूला), राजपुरा में 8.02 प्रतिशत (जिला पुलवामा) मत रद्द कर दिए गए।

14. हालांकि जनता दल को कई जिलों में काफी वोट मिले थे लेकिन उसका केवल एक उम्मीदवार ही जीत कर विधानसभा में पहुंच पाया। जनता दल को बड़गाम जिले में 17.49 प्रतिशत और कुपवाड़ा जिले में 17.04 प्रतिशत वोट मिले। हालांकि वोटों के लिहाज से वह नेशनल कांफ्रेंस का मुकाबला नहीं कर सकता था मगर कम से कम 16 सीटों पर वह दूसरे स्थान पर रहा। इन 16 सीटों में उसे संगुश में 40.42 प्रतिशत, बीरवाह में 40.87 प्रतिशत, शोपियां में 33.42 प्रतिशत, पुलवामा में 32.26 प्रतिशत, नूरबाद में 32.14 प्रतिशत, लोलाब में 28.73 प्रतिशत, पट्टन में 25.67 प्रतिशत, करनाह में 24.96 प्रतिशत, जादीबल में 24.16 प्रतिशत, राजपुरा में 24.09 प्रतिशत, शानसाहिब में 19.89 प्रतिशत चरारे-शरीफ में 19.69 प्रतिशत, सोनवर में 18.72 प्रतिशत, कुलगाम में 18.09 प्रतिशत, अमीरकदल में 14.52 प्रतिशत और खनिआर में 8.58 प्रतिशत वोट मिले।

15. 1998 के चुनावों में भी इन दोनों सीटों पर मतदान कम ही रहा। श्रीनगर में 30.6 प्रतिशत और अनंतनाग में 8.15 प्रतिशत मतदान हुआ। 1998 और 1999, दोनों संसदीय चुनावों में बारामूला सीट पर क्रमश: 41.94 प्रतिशत और 27.79 प्रतिशत मतदान हुआ। इस सीट के अंतर्गत आने वाले बहुत सारे गैर-कश्मीरी भाषी लोग कश्मीर की अलगाववादी राजनीति के प्रभाव से बाहर रहे।

16. श्रीनगर में पंचों में 63 प्रतिशत पद और बारामूला जिले में 60 प्रतिशत पद खाली

घोषित कर दिए गए थे।

17. घाटी के विपरीत जम्मू और लद्दाख में 1989 के संसदीय चुनावों के दौरान सामान्य चुनावी सरगर्मियां दिखाई दीं। जम्मू क्षेत्र की दो सीटों पर तीखा मुकाबला रहा क्योंकि उधमपुर सीट पर 6 पार्टियों और 24 उम्मीदवारों के बीच तथा जम्मू सीट पर 5 पार्टियों तथा 21 उम्मीदवारों के बीच टक्कर हुई। उधमपुर सीट के अंतर्गत आने वाले डोडा और बनिहाल, इन दो विधानसभा क्षेत्रों के अलावा उधमपुर और जम्मू, दोनों में क्रमशः लगभग 40 प्रतिशत और 57 प्रतिशत मतदान हुआ।

18. 1981 की जनगणना के अनुसार, राज्य की कुल जनसंख्या में 8.30 प्रतिशत लोग अनुसूचित जातियों के थे। परंतु उनकी आबादी मुख्य रूप से जम्मू क्षेत्र, खासतौर से जम्मू और कठुवा जिलों में सिमटी हुई है। इस इलाके में केवल 4 विधानसभा सीटें आरक्षित थीं जिन्हें 1972 में 6 और 1996 में 7 कर दिया गया। इन आरक्षित सीटों पर परंपरागत रूप से कांग्रेस के उम्मीदवार ही जीतते रहे हैं। 1967 से 1972 के बीच इन सभी सीटों पर केवल कांग्रेस जीती थी।

19. दलित मतदाताओं की घनी आबादी वाले इलाकों में जनता दल को ठीक-ठाक वोट पड़े। ऐसे इलाकों में से जम्मू केन्टोनमेंट में उसे 44 प्रतिशत, आरएसपुरा में 42 प्रतिशत, सांबा में 40 प्रतिशत, जंदराह घरोटा में 38 प्रतिशत, बारी ब्राह्मण में 38 प्रतिशत, मारह में 35 प्रतिशत, भद्रवाह में 33 प्रतिशत, बिशना में 32 प्रतिशत, कठुवा में 29 प्रतिशत और रामनगर विधानसभा क्षेत्र में 20 प्रतिशत वोट मिले। बसपा को सांबा में लगभग 14 प्रतिशत, बारी ब्राह्मण में 18 प्रतिशत, बिशना में 17 प्रतिशत, आरएसपुरा में 17 प्रतिशत, छंब में 10 प्रतिशत और जम्मू केन्टोनमेंट, जंदराह घरोटा व अखनूर में 9-9 प्रतिशत वोट मिले।

20. डोडा विधानसभा क्षेत्र में 13 प्रतिशत, किश्तवाड़ में 8 प्रतिशत, इंदरवाल में 5.4 प्रतिशत और भद्रवाह में 4.23 प्रतिशत मत रद्द कर दिए गए। जम्मू क्षेत्र में औसतन 2.99 प्रतिशत मत रद्द किए गए। इस हिसाब से इन सीटों पर रद्द किए गए वोटों का प्रतिशत निश्चित ही काफी अधिक रहा।

21. कारगिल जिले में सबसे अधिक 80.38 प्रतिशत वोट पड़े। यहां कारगिल सीट पर 80.54 प्रतिशत जबकि जंस्कर सीट पर 79.92 प्रतिशत। जम्मू क्षेत्र में भी मतदान का प्रतिशत काफी ऊंचा रहा। यहां पुंछ जिले में 69.21 प्रतिशत, डोडा जिले में 63.06 प्रतिशत, कठुवा जिले में 63 प्रतिशत, जम्मू जिले में 60.23 प्रतिशत, रजौरी में 60.09 प्रतिशत और उधमपुर जिले में 57.75 प्रतिशत वोट पड़े।

22. उधमपुर और जम्मू के दोनों हिंदू बहुल इलाकों को क्रमशः 28.14 प्रतिशत और 24.64 प्रतिशत वोट मिले और वह सबसे बड़ी पार्टी रही (कांग्रेस को क्रमशः 18.74 प्रतिशत और 19.31 प्रतिशत वोट मिले जबकि नेशनल कांफ्रेंस को क्रमशः 18.74 और 19.23 प्रतिशत वोट मिले)। तीसरे हिंदू बहुल जिले, कठुवा में कांग्रेस के बाद

उसका दूसरा स्थान रहा (यहां भाजपा को 22.62 प्रतिशत और कांग्रेस को 24.64 प्रतिशत वोट मिले)।

23. ये सीटें थीं : डोडा जिले के किश्तवाड़, इंदरवाल व डोडा, पुंछ जिले में मेंधन व पुंछ, उधमपुर जिले में गुल अरनास, रजौरी में दरहल व रजौरी तथा कठुआ जिले में बाणी।

24. तुलनात्मक स्तर पर चुनाव परिणामों में कांग्रेस पार्टी की स्थिति में गिरावट दिखाई दी। 1983 और 1987 में विधानसभा में उसके पास एक तिहाई सीटें थीं। 1983 में उसे 30.32 प्रतिशत वोट मिले और उसके 76 में से 25 उम्मीदवार जीत कर आए। 1987 में उसे केवल 20.20 प्रतिशत वोट मिले परंतु फिर उसके 76 में से सिर्फ 26 उम्मीदवार जीते। 1996 में उसे 20 प्रतिशत वोट मिले लेकिन उसकी सीटें घटकर केवल 8 प्रतिशत ही रह गईं। 87 में से केवल 7 सीटों पर ही उसके उम्मीदवार जीत पाए। जम्मू के क्षेत्र में यह गिरावट और ज्यादा साफ दिखाई देती थी। 1983 में उसने यहां की 70 प्रतिशत और 1987 में 60 प्रतिशत सीटें जीती थीं। परंतु 1996 में इस क्षेत्र की सीटों में उसका हिस्सा केवल 11 प्रतिशत रह गया। कांग्रेस की स्थिति में इस गिरावट के पीछे यहां के वोटों के बीच बिखराव को जिम्मेदार माना जा सकता है।

25. कश्मीर घाटी में बसपा केवल एक सीट पर अपने उम्मीदवार को जिता पाई जबकि कुछ जिलों में उसे ठीक-ठाक वोट मिले थे (बडगाम जिले में 23.98 प्रतिशत, अनंतनाग जिले में 17.90 प्रतिशत, पुलवामा जिले में 17.49 प्रतिशत और कुपवाड़ा जिले में 17.04 प्रतिशत)। हालांकि वोटों के मामले में वह नेशनल कांफ्रेंस का मुकाबला नहीं कर सकती थी परंतु फिर भी 16 सीटों पर उसके उम्मीदवार दूसरे स्थान पर रहे। इन 16 सीटों में से उसे शांगुस में 40.42 प्रतिशत, बीरवाह में 40.87 प्रतिशत, शोपियां में 33.42 प्रतिशत, पुलवामा में 32.26 प्रतिशत, नूरबाग में 32.14 प्रतिशत, लोलाब में 28.73 प्रतिशत, पट्टन में 25.67 प्रतिशत, करनाह में 24.96 प्रतिशत, जादीबल में 24.16 प्रतिशत, राजपुरा में 24.09 प्रतिशत, खानसाहिब में 19.89 प्रतिशत, चरारे-शरीफ में 19.69 प्रतिशत, सोनवर में 18.72 प्रतिशत, गुलगाम में 18.09 प्रतिशत, अमीकदल में 14.42 प्रतिशत और खनियार में 8.58 प्रतिशत वोट मिले। जम्मू क्षेत्र में उसे डोडा जिले में 18.96, जम्मू जिले में 12.88 प्रतिशत और कठुआ जिले में 11.97 प्रतिशत वोट मिले। जिन चुनाव खेत्रों में दलितों की संख्या ठीक-ठाक है वहां उसे और भी अच्छे वोट मिले- मसलन, भद्रवाह में उसे 51.23 प्रतिशत, सांबा में 42.08 प्रतिशत, आरएसपुरा में 38.07 प्रतिशत, विजयपुर में 35.30 प्रतिशत, रामनगर में 22.93 प्रतिशत, बिशना में 21.89 प्रतिशत, अखनूर में 18.24 प्रतिशत, सुचेतगढ़ में 16.47 प्रतिशत, राजपुर दोमाना में 16.17 प्रतिशत, मारह में 15.24 प्रतिशत, जम्मू पश्चिम में 13.73 प्रतिशत, हीरानगर में 12.74 प्रतिशत और चेनानी में 12.05 प्रतिशत वोट मिले। उसके पक्ष में हुए बेहतर मतदान

का तथ्य उसकी चुनावी सफलताओं में भी परिलक्षित होता था।

26. इस पार्टी को जम्मू क्षेत्र में 4 सीटें मिल पाईं। ये सीटें थीं: गुलाबगढ़ (40.87 प्रतिशत वोट), रियासी (27.97 प्रतिशत वोट), रायपुर (27.85 प्रतिशत वोट) और बिशना (26.45 प्रतिशत वोट)। डोडा, पुंछ हवेली, बाणी और नगरोता में भी उसका प्रदर्शन काफी प्रभावशाली रहा और इन सीटों पर उसे क्रमश: 26.66 प्रतिशत, 22.45 प्रतिशत, 20.68 प्रतिशत और 20.68 प्रतिशत वोट मिले। इनमें से ज्यादातर सीटों पर दलितों या गुज्जरों की बहुतायत है।

27. दरअसल कश्मीर स्टडी ग्रुप द्वारा दिए गए इस समाधान को सबसे स्वीकार्य समाधान माना जा रहा है। इसमें सुझाव दिया गया है कि समस्या को खत्म करने के लिए जम्मू-कश्मीर का क्षेत्रीय आधार पर पुनर्गठन किया जाए और कश्मीरी पहचान के मुताबिक कश्मीर को जम्मू और कठुआ के हिंदू बहुल तथा लेह के बौद्ध बहुल जिलों से अलग कर दिया जाए। परंतु कश्मीरियत की उसकी परीभाषा में घाटी से लेकर डोडा तक की सांस्कृतिक कश्मीरियत और धार्मिक कश्मीरियत में पुंछ और रजौरी के इलाके शामिल हैं।

28. मतदाताओं से सीधे आह्वान करते हुए लिंगदोह ने कहा कि, 'आप में से जो लोग वोट नहीं डालना चाहते उनमें से किसी को भी वोट डालने के लिए मजबूर नहीं किया जाएगा। परंतु चुनावी उत्सव की मीडिया कवरेज को देखकर ऐसा लगता है कि आप में से बहुत सारे लोग जिस बेवजह के रक्तपात और संकटों से गुजरे हैं, उसके बावजूद वोट डालना चाहते हैं।' (इंडियन एक्सप्रेस, 16.09.2002)।

29. लेह स्थित लद्दाख मुस्लिम कोऑर्डिनेशन कमेटी ने भी 'लद्दाखियों के बीच बेवजह बंटवारे' से बचने के लिए संयुक्त मोर्चा को समर्थन देने का फैसला किया है। परंतु लद्दाख को केन्द्र शासित प्रदेश का दर्जा देने की मांग पर उसने अपनी राय नहीं दी। इसके बैनर तले लड़ने वाले दोनों उम्मीदवार, नवंग रिग्जीन जोरा और पिंटू नारबू निर्विरोध निर्वाचित किए गए (कश्मीर टाइम्स, 26.08.2003, 30.08.2003 और 03.09.2003)।

30. नेशनल कांफ्रेंस के अध्यक्ष उमर अब्दुल्ला इस बात को बेबाक ढंग से रखते हैं : 'कश्मीर में मिलने वाले समर्थन की कीमत पर दिल्ली समर्थक नजरिया अपनाने का फैसला सही नहीं था। नतीजा ये हुआ कि दिल्ली में कश्मीर की आवाज की बजाए हम कश्मीर में दिल्ली की आवाज जैसे दिखाई देने लगे।' उमर ने स्वीकार किया कि राज्य की स्वायत्तता के राजनीतिक एजेंडा से भटकने की उनकी पार्टी को भारी कीमत चुकानी पड़ी। नेशनल कांफ्रेंस ने 1996 में इस नारे पर चुनाव जीता था। उनके मुताबिक, 'हम अपनी जड़ों से कट चुके हैं, हमें अपनी जड़ें फिर से तलाशनी होंगी' (इंडियन एक्सप्रेस, 02.11.2002)।

## संदर्भ

अकबर अहमद, 'इस्लामिक रिवोल्ट और कश्मीरी नेशनलिज्म', गुल मोहम्मद वानी (सं.), कश्मीर : नीड फॉर सबकॉन्टीनेंटल पॉलिटिकल इनीशिएटिव, दिल्ली, आशीष पब्लिशिंग हाउस, 1990।

रेखा चौधरी, मुस्लिम आईडेंटिटी एवं पॉलिटिक्स ऑफ फंडामेंटलिज्म इन कश्मीर, वर्किंग पेपर, क्वीन एलिजाबेथ हाउस, ऑक्सफोर्ड विश्वविद्यालय, 1992।

एडवर्ड डेसमंड, 'दि इन्सर्जेंसी इन कश्मीर-1989-1999', कन्टेम्प्ररी साउथ एशिया, 4 (1), 5-16, 1995।

वरनॉन हैविट, रीक्लेमिंग दि पास्ट ? दि सर्च फॉर पॉलिटिकल एंड कल्चरल यूनिटी इन कन्टेम्प्ररी जम्मू एंड कश्मीर, लंदन, पोर्टलैंड बुक्स, 1995।

एहिस्टंयर लैब्म, कश्मीर : ए डिप्यूटेड टेरेटरी, कराची, ऑक्सफोर्ड यूनिवर्सिटी प्रेस, 1992।

आदित्य सिन्हा, फारूक अब्दुल्ला : कश्मीर्स प्रोडिगल सन - ए बायोग्राफी, नई दिल्ली, यूबीएसपीडी, 1996।

तवलीन सिंह, कश्मीर : ए ट्रेजेडी ऑफ ऐरर्स, दिल्ली, वाइकिंग, 1995।

पी. एस. वर्मा, जम्मू एंड कश्मीर एट दि पॉलिटिकल क्रॉसरोड्स, दिल्ली, विकास, 1994।

# मध्य प्रदेश

Morena
Bhind
Gwalior
Sheopur
Datia
Shivpuri
Tikamgarh
Chhatarpur
Rewa
Neemuch
Guna
Satna
Sidhi
Panna
Mandsaur
Sagar
Rajgarh
Vidisha
Damoh
Katni
Shajapur
Umaria
Bhopal
Ratlam
Ujjain
Shahdol
Raisen
Jabalpur
Dindori
Sehore
Narsimhapur
Indore
Jhabua
Dewas
Seoni
Mandla
Dhar
Hoshangabad
Harda
Chhindwara
Balaghat
West Nimar
Betul
East Nimar
Barwani

# मध्य प्रदेश : स्थायी बनती दो ध्रुवीय राजनीति

- डॉ. यतीन्द्र सिंह सिसौदिया और डॉ. आशीष भट्ट

भारतीय लोकतन्त्र में 1990 का दशक कई परिवर्तनों का साक्षी है। लोकतान्त्रिक शासन प्रणाली में चुनावी प्रक्रिया का अपना विशिष्ट एवं महत्त्वपूर्ण स्थान है। चुनावों के सम्बन्ध में परम्परागत रणनीतियों और शैलियों में निरन्तरता के साथ-साथ व्यापक परिवर्तन भी दृष्टिगोचर हो रहे हैं। चुनाव परिणामों के पिछले कुछ विश्लेषण यह प्रमाण प्रस्तुत करते हैं कि मतदाताओं का राजनीतिकरण हुआ है और इसके सकारात्मक एवं नकारात्मक आयाम हैं। जहाँ चुनावी राजनीति में प्रतिस्पर्धा स्वस्थ लोकतान्त्रिक प्रक्रिया का परिचायक है वहीं उत्तेजक एवं कठोर दलीय प्रतिबद्धता स्वतन्त्र एवं निष्पक्ष चुनाव के लिए अवरोधकारी प्रतीत होती है।

मध्य प्रदेश, भारतवर्ष के बीच में स्थित है जहाँ राजनीतिक दृष्टि से अतिसक्रिय नेतृत्व की उपस्थिति आरम्भ के वर्षों से ही रही है। विकास संकेतकों में अपेक्षाकृत पीछे होते हुए भी राजनीतिक दृष्टि से मध्य प्रदेश एक जाग्रत एवं सक्रिय प्रदेश रहा है। राष्ट्रीय राजनीति के लगभग सभी परिवर्तनों से राज्य की राजनीति प्रत्यक्ष अथवा परोक्ष तौर पर प्रभावित होती रही है। तमाम बदलावों एवं नवीनताओं के बावजूद मध्य प्रदेश की राजनीति का चरित्र द्विदलीय ही रहा है। जब हिन्दी भाषी क्षेत्रों में जयप्रकाश आन्दोलन के पश्चात् एक तीसरा मोर्चा शक्तिशाली ढंग से उभरा और कई बड़े हिन्दी भाषी राज्यों में अन्य पिछड़े वर्गों के नेतृत्व ने प्रमुख राजनीतिक दलों को हाशिये पर करते हुए सत्ता पर अपने आधिपत्य को स्थापित किया, तब भी मध्य प्रदेश इससे लगभग अछूता ही रहा। आरम्भ में यह तर्क दिया गया कि मध्य प्रदेश में उत्तर प्रदेश और बिहार की तरह के राजनीतिक एवं सामाजिक आन्दोलनों की पृष्ठभूमि नहीं है अतः यहाँ राजनीति के द्विदलीय चरित्र के परिवर्तन में थोड़ा समय लगेगा। लेकिन यथार्थ में मध्य प्रदेश की राजनीति मे छोटे अपवादों को छोड़कर ऐसी स्थिति की निर्मिति कभी भी सम्भव नहीं हो पायी। यद्यपि मध्य प्रदेश की राजनीति में परम्परागत अगड़ी जातियों का प्रभुत्व लगातार बना रहा है (यादव एवं पल्सीकर 2008)।

मध्य प्रदेश कई महत्त्वपूर्ण क्षेत्रों से मिलाकर बना हुआ प्रदेश है जिनकी अपनी सामाजिक सांस्कृतिक परम्पराएँ, लोकशैली, भाषाएँ एवं लोकाचार हैं जो समय-समय पर राजनीति के चरित्र को प्रभावित करती हैं। इसी के साथ इस प्रदेश में दलित एवं आदिवासी जनसंख्या का प्रतिशत भी उल्लेखनीय है। जाति की राजनीति में शक्तिशाली उपस्थिति के बावजूद, मध्यप्रदेश में तीसरे मोर्चे अथवा अन्य दलों के निर्णयकारी स्थिति में न आ पाने के पीछे एक बड़ा कारण यहाँ संसाधनों का अपेक्षाकृत बेहतर समताकारी वितरण तथा दमन एवं शोषण की सामाजिक परिस्थितियों की न्यूनता रही है।

1980 के दौर में, तत्कालीन मुख्यमन्त्री अर्जुन सिंह भारतीय संघ के अकेले ऐसे राज्य स्तरीय नेतृत्व थे जिन्होंने पिछड़ों एवं वंचित लोगों की आकांक्षाओं को दृष्टिगत रखते हुए राज्य प्रायोजित सामाजिक सुधार के कार्य किये (गुप्ता 2005)। उनके इस प्रयास की महत्ता इस दृष्टि से भी है कि कालान्तर में भारतीय राजनीति में पिछड़े वर्ग की स्व-चलित लहर इसके बाद दिखायी देती है। ऐसे उदाहरण अन्य राज्यों में भी दिखायी देते हैं लेकिन मण्डल आयोग के प्रतिवेदन के क्रियान्वयन के पश्चात् जिसमें नीचे से आ रहे दबाव प्रमुख कारण रहे। अर्जुन सिंह के पश्चात् दिग्विजय सिंह भी नीचे से आने वाले किसी भी राजनीतिक दबाव के बगैर सामाजिक अभियान्त्रिकी के सूत्र पर कार्य करते रहे।

यद्यपि इन स्थितियों के बावजूद बघेलखण्ड, बुन्देलखण्ड एवं चम्बल क्षेत्र में बसपा ने अपनी उपस्थिति 1993 के विधानसभा में प्रभावशाली ढंग से दर्ज की। आरम्भ में ऐसा प्रतीत हुआ कि बसपा आने वाले समय में मध्यप्रदेश की द्विदलीय राजनीति के मिथक को तोड़कर निर्णायक भूमिका में आ जायेगी, लेकिन 1993 के पश्चात् के तीन विधानसभा चुनावों में ऐसा सम्भव नहीं हो पाया हालांकि बसपा अपनी उपस्थिति को लगातार बनाये हुए है।

राज्य राजनीति में मध्य प्रदेश कांग्रेस के सशक्त जनाधार वाला प्रान्त रहा है। 1957 से लेकर 1990 तक के आठ विधानसभा चुनावों में छह बार कांग्रेस ही सत्तासीन रही। इस समय में केवल दो बार 1977 में जनता दल एवं 1990 में भाजपा को सत्तासीन होने का अवसर प्राप्त हुआ लेकिन दोनों गैर कांग्रेसी सरकारें केवल दो-दो वर्ष ही कार्य कर पायीं तथा अपने समय से पूर्व ही सत्ता से बाहर हो गयीं (जैफ्रेले 2008)। जनसंघ के रूप में भाजपा की मध्यप्रदेश की राजनीति में शुरुआत बहुत ही छोटे स्तर पर सीमित प्रभाव के साथ आरम्भ हुई। भाजपा की सर्वाधिक प्रभावशाली उपस्थिति मध्यप्रदेश की राजनीति में 1990 एवं उसके पश्चात् के निर्वाचनों में देखी गयी।

उक्त पृष्ठभूमि यह स्पष्ट करती है कि मध्य प्रदेश की राजनीति में 1990 से पूर्व तक कमोबेश केन्द्र एवं राज्य में एक ही दल की सरकारें रहीं एवं इस सम्पूर्ण कालखण्ड

में राज्य की राजनीति का संचालन केन्द्रीय नेतृत्व अथवा हाईकमान के आशीर्वाद से जुड़ा रहा। उक्त पृष्ठभूमि में आगे 1990 के पश्चात् प्रदेश में सम्पन्न विधानसभा एवं लोकसभा चुनावों का पृथक-पृथक विश्लेषण प्रस्तुत किया गया है।

## II

## मध्य प्रदेश के लोकसभा एवं विधानसभा चुनावों में मतदान प्रतिशत

प्रदेश में लोकसभा एवं विधानसभा निर्वाचनों के दौरान मतदान प्रतिशत को तालिका क्रमांक एक में स्पष्ट किया गया है।

### तालिका क्र. 1 : मध्य प्रदेश के लोकसभा एवं विधानसभा चुनावों में मतदान प्रतिशत

| लोकसभा | | विधानसभा | |
|---|---|---|---|
| वर्ष | प्रतिशत | वर्ष | प्रतिशत |
| 1957 | 36.77 | 1957 | 37.17 |
| 1962 | 44.79 | 1962 | 44.52 |
| 1967 | 53.46 | 1967 | 53.49 |
| 1971 | 48.00 | 1972 | 55.26 |
| 1977 | 54.92 | 1977 | 52.73 |
| 1980 | 51.85 | 1980 | 49.03 |
| 1984 | 57.53 | 1885 | 49.85 |
| 1989 | 55.21 | 1990 | 54.19 |
| 1991 | 44.36 | 1993 | 60.52 |
| 1996 | 54.06 | 1998 | 60.22 |
| 1998 | 61.74 | 2003 | 67.25 |
| 1999 | 54.88 | 2008 | 69.78 |
| 2004 | 48.09 | | |

**स्रोत :** *भारत का निर्वाचन आयोग, भारत सरकार, नई दिल्ली*

मध्य प्रदेश में मतदान के प्रतिशत को लोकसभा एवं विधानसभा चुनावों के सन्दर्भ में देखा जाये तो 14वीं लोकसभा के चुनावों में मतदान का प्रतिशत अलग-अलग रहा है। जहाँ 1952 के प्रथम लोकसभा चुनाव से लगाकर 2004 के 14वीं लोकसभा तक के चुनावों में मध्य प्रदेश में 1957 में सबसे कम 36.77 प्रतिशत मतदान दर्ज किया गया। इसके पश्चात् इस प्रतिशत में लगातार बढ़ोत्तरी हुई तथा

1977 में यह 54.92 प्रतिशत तक पहुँचा। वास्तविकता में यह तत्कालीन सरकार के खिलाफ जनादेश था एवं मत प्रतिशत की बढ़ोत्तरी भी इसकी पुष्टि करती है। इसके पश्चात 1984 में इन्दिरा गांधी की हत्या के पश्चात् कांग्रेस के लिये अभूतपूर्व लहर का चुनाव था इसमें मध्य प्रदेश से मतदान का प्रतिशत 57.53 रहा। बाद के लोकसभा चुनावों में इसमें लगातार कमी देखी गयी। 1998 के चुनावों में एक जबर्दस्त बदलाव मत प्रतिशत में देखा गया जब लोगों ने दो वर्षों में गठबंधन सरकार के कई स्वरूप देखे तथा इन चुनावों में परिवर्तन के लिये मत दिया। इसके पश्चात् लगातार दो चुनावों में यह प्रतिशत गिरा। 2004 के लोकसभा चुनावों में यह मत प्रतिशत मात्र 48.09 रहा जो पिछले चुनावों की पृष्ठभूमि से अलग रहा। केन्द्र की सरकार को लेकर मतदान में अरूचि का यह अनूठा उदाहरण दिखायी पड़ता है।

मध्य प्रदेश में अब तक बारह विधानसभा चुनाव हो चुके हैं। मध्यप्रदेश के विधानसभा चुनावों में मतदान के प्रतिशत की दृष्टि से एक प्रवृत्ति स्पष्ट दिखाई देती है। यहाँ आरम्भ में मत प्रतिशत कम था। 1957 के प्रथम विधानसभा चुनाव में यह मात्र 37.17 प्रतिशत था। जिसमें 1962, 1967 और 1972 के चुनावों में लगातार वृद्धि देखी गयी तथा 1972 में यह बढ़कर 55.26 प्रतिशत तक पहुँच गया। इसके बाद 1977, 1980 एवं 1985 में एक बार पुनः मत प्रतिशत में कमी देखी गयी तथा 1985 के चुनावों में 50 प्रतिशत से भी नीचे था। इसके पश्चात् से मतदान प्रतिशत में एक बढ़ती हुई प्रवृत्ति को स्पष्ट देखा जा सकता है। 1993 में 60.52 प्रतिशत मतदान हुआ जो अयोध्या की घटना के पश्चात् राष्ट्रपति शासन के पश्चात् चुनाव हुए थे। 1993 में लगभग इतना ही प्रतिशत रहा। उल्लेखनीय रूप से 2003 में मत प्रतिशत बढ़कर 67.25 प्रतिशत हो गया जो बदलाव के लिये स्पष्ट जनादेश का द्योतक था। तमाम स्थापित मान्यताओं के विपरीत 2008 के चुनावों में मत प्रतिशत रिकार्ड 69.78 रहा तथा यह बदलाव के लिये न होकर सत्तासीन दल के लिये अगले कार्यकाल का जनादेश था। इस मत प्रतिशत ने इस मिथक को ध्वस्त कर दिया कि बड़ी संख्या में मतदान केवल बदलाव के लिये ही होता है।

## मध्यप्रदेश में विधानसभा निर्वाचन का परिदृश्य

मध्यप्रदेश राज्य की राजनीति उत्तर भारत के राज्यों अथवा हिन्दीभाषी राज्यों की राजनीति से पृथक एक द्विदलीय राजनीति का प्रतिमान प्रस्तुत करती है। जहाँ अन्य राज्यों में क्षेत्रीय दलों अथवा तीसरे मोर्चे के दलों ने अपनी व्यापक एवं निर्णायक उपस्थिति दर्ज कराकर कांग्रेस एवं भाजपा को गठबंधन के लिये मजबूर किया है वहीं मध्यप्रदेश लगभग ऐसी परिस्थिति से लगभग अलग रहा है। 1990 से लगाकर 2008 तक पाँच विधानसभा चुनावों पर दृष्टि डाले तो स्पष्ट होता है कि 1993 एवं 1998 के चुनावों में कांग्रेस विजयी रही एवं 1990, 2003 एवं 2008 में भाजपा

विजयी रही है। मध्यप्रदेश में 1990 में भाजपा की जीत मतों एवं स्थानों की दृष्टि से बहुत ही स्पष्ट थी लेकिन 1992 के राष्ट्रपति शासन के कारण यह सरकार अपना कार्यकाल पूरा नहीं कर पायी।

1993 के विधानसभा चुनाव बदलाव के लिये जनादेश था। इसमें कांग्रेस ने भाजपा से 57 स्थानों की बढ़त बनाते हुए 174 स्थानों पर विजय प्राप्त की लेकिन यदि प्राप्त मत प्रतिशत के अन्तर को देखा जाये तो यह मात्र 2.39 प्रतिशत था। इस समय कांग्रेस ने अपनी कार्यशैली एवं सामाजिक अभियांत्रिकी के फार्मूले का उपयोग करते हुए अच्छे अभिशासन का उदाहरण प्रस्तुत किया। नतीजतन लोकसभा चुनाव, 1998 में भाजपा को राज्य में 75 प्रतिशत स्थान प्राप्त होने के बावजूद दिग्विजयसिंह के नेतृत्व वाली कांग्रेस सरकार 1998 के विधानसभा चुनाव जीतने में सफल रही। यह चुनाव प्रत्यक्षत: दिग्विजयसिंह सरकार के पाँच वर्षों के कार्यकाल पर जनादेश था। यहाँ पर मत प्रतिशत की दृष्टि से यह अन्तर घटकर मात्र 1.31 प्रतिशत रह गया। इसके पश्चात जब 2003 में चुनाव हुए तब तक सड़क, बिजली एवं पानी का मुद्दा, कर्मचारियों की नाराजगी बड़े कारण के रूप में बदलाव के संकेत प्रदान कर रही थी। भाजपा ने इन्हीं मुद्दों को चुनावी ऐजेण्डा बनाते हुए कांग्रेस को सत्ता से बाहर कर दिया। 2003 में भाजपा ने 75 प्रतिशत से अधिक स्थानों पर विजय प्राप्त करते हुए कांग्रेस से 135 स्थानों की बढ़त प्राप्त की थी। इन प्राप्त मतों के प्रतिशत का अंतर भी लगभग 11 प्रतिशत हो गया जो अपने आप में बहुत बड़ा अन्तर था।

## तालिका क्र. 2.1 : मध्य प्रदेश में विधानसभा निर्वाचन का परिदृश्य

| | | 1980 | | 1993 | | 1998 | |
|---|---|---|---|---|---|---|---|
| क्र. | पार्टी | प्राप्त स्थान | मत प्रतिशत | प्राप्त स्थान | मत प्रतिशत | प्राप्त स्थान | मत प्रतिशत |
| 1 | भारतीय जनता पार्टी | 220 | 39.14 | 117 | 38.82 | 119 | 39.28 |
| 2 | भारतीय राष्ट्रीय कांग्रेस | 56 | 33.38 | 174 | 40.67 | 172 | 40.59 |
| 3 | बहुजन समाज पार्टी | 02 | 3.54 | 11 | 7.05 | 11 | 6.15 |
| 4 | कम्युनिस्ट | 03 | 1.25 | 02 | 0.98 | 00 | 0.71 |

| | | | | | | |
|---|---|---|---|---|---|---|
| | पार्टी ऑफ इंडिया | | | | | |
| 5 | मार्क्सवादी कम्युनिस्ट पार्टी | 00 | 0.24 | 01 | 0.32 | 00 | 0.32 |

| | | 1990 | | 1993 | | 1998 | |
|---|---|---|---|---|---|---|---|
| क्र. | पार्टी | प्राप्त स्थान | मत प्रतिशत | प्राप्त स्थान | मत प्रतिशत | प्राप्त स्थान | मत प्रतिशत |
| 6 | जनता दल | 28 | 7.71 | 04 | 3.90 | 01 | 1.87 |
| 7 | समाजवादी पार्टी | 00 | 00 | 00 | 0.54 | 04 | 1.58 |
| 8 | क्रांतिकारी समाजवादी दल | 01 | 0.40 | 01 | 0.21 | | |
| 9 | गोंडवाना गणतंत्र पार्टी | 00 | 0.01 | 00 | 0.18 | 01 | 0.82 |
| 10 | राष्ट्रवादी कांग्रेस पार्टी | | | | | | |
| 11 | भारतीय जनशक्ति पार्टी | | | | | | |
| 12 | अन्य | 00 | 2.02 | 02 | 1.45 | 03 | 2.19 |
| 13 | निर्दलीय | 10 | 12.31 | 08 | 5.88 | 09 | 6.49 |
| | **कुल** | **320** | **100** | **320** | **100** | **320** | **100** |

**तालिका क्र. 2.2 : मध्य प्रदेश में विधानसभा निर्वाचन का परिदृश्य**

| क्र. | पार्टी | 2003 | | 2008 | |
|---|---|---|---|---|---|
| | | प्राप्त स्थान | मत प्रतिशत | प्राप्त स्थान | मत प्रतिशत |
| 1 | भारतीय जनता पार्टी | 193 | 42.50 | 143 | 37.64 |
| 2 | भारतीय राष्ट्रीय कांग्रेस | 38 | 31.60 | 71 | 32.40 |
| 3 | बहुजन समाज पार्टी | 02 | 7.26 | 07 | 8.97 |
| 4 | कम्युनिस्ट पार्टी ऑफ इंडिया | 00 | 0.31 | | |
| 5 | मार्क्सवादी कम्युनिस्ट पार्टी | 01 | 0.24 | | |
| 6 | जनता दल | 01 | 0.55 | | |
| 7 | समाजवादी पार्टी | 07 | 3.74 | 01 | 1.99 |
| 8 | क्रांतिकारी समाजवादी दल | | | | |
| 9 | गोंडवाना गणतंत्र पार्टी | 03 | 2.01 | | |
| 10 | राष्ट्रवादी कांग्रेस पार्टी | 01 | 1.27 | | |
| 11 | भारतीय जनशक्ति पार्टी | | | 05 | 4.71 |
| 12 | अन्य | 02 | 2.81 | 00 | 6.08 |
| 13 | निर्दलीय | 02 | 7.70 | 03 | 8.23 |
| | *कुल* | *230* | *100* | *230* | *100* |

*स्रोत : भारत का निर्वाचन आयोग, भारत सरकार, नई दिल्ली*

2003 के विधानसभा चुनावों के पश्चात् राज्य में भाजपा की सरकार ने भी कई उलट-फेर देखे तथा ऐसे संकेत प्राप्त होने लगे कि भाजपा अपना इतिहास दोहराएगी और पांच वर्ष पूर्ण होने के पूर्व ही चुनाव का सामना करेगी। लेकिन शिवराजसिंह के सत्ता में आने के पश्चात् उन्होंने नेतृत्व के संकट को समाप्त कर दिया तथा जनता के बीच एक प्रतिबद्ध, कर्मठ एवं दृष्टिवान राजनेता का व्यक्तित्व प्रस्तुत किया। 2008 के विधानसभा चुनाव भाजपा ने शिवराजसिंह के नेतृत्व में लड़े, वहीं कांग्रेस सुरेश पचौरी के नेतृत्व को सहजता से स्वीकार करने को तैयार नहीं थी। भाजपा अपनी कमजोरियों के बावजूद जनता के सम्मुख प्रभावशाली ढंग से अपनी बात पहुँचाने में सफल रही वहीं कांग्रेस गुटबाजी, अप्रबंधकीय चुनाव संचालन, प्रत्याशी चयन में विजयी होने के मापदण्ड को प्राथमिकता न दे पाने के कारण जनादेश को अपने पक्ष में कर पाने में सफल न हो पायी। यद्यपि 2003 के मुकाबले भाजपा को प्राप्त स्थानों एवं मतों के प्रतिशत में कमी आयी लेकिन सरकार बनाने के लिये आवश्यक संख्या से वह अभी भी बहुत ज्यादा आगे निकल गयी।

मध्यप्रदेश के निर्वाचनों के सन्दर्भ में 1990 से लगातार बसपा ही एकमात्र ऐसी राजनीति पार्टी है जिसने दो बड़े राजनीतिक दलों के पश्चात् अपनी उपस्थिति को दर्ज कराया है। 1990 में इसका मत प्रतिशत 3.54 से बढ़ते हुए 2008 में 8.97 तक पहुँच गया। लेकिन एक बात बहुत ही स्पष्ट है कि मध्यप्रदेश में कई अनुसूचित जाति संकेन्द्रण क्षेत्रों के होने के बावजूद बसपा अपनी उपस्थिति उत्तरप्रदेश से लगे मध्यप्रदेश के उत्तरी जिलों से बाहर फैलाव में असमर्थ ही रही।

## मध्य प्रदेश में लोकसभा निर्वाचन का परिदृश्य

मध्य प्रदेश की द्विदलीय राजनीति ने आरम्भ से ही मध्यप्रदेश को केन्द्रीय राजनीति में महत्त्वपूर्ण एवं प्रभावशाली भूमिका प्रदान की है। आरम्भ से केन्द्रीय स्तर पर कांग्रेस की एक दलीय प्रभुत्व की स्थिति एवं प्रकारान्तर में गठबंधन सरकारों के दौर में कांग्रेस अथवा भाजपा के नेतृत्व के गठबंधनों में प्रदेश के प्रतिनिधित्व को भूमिका मिलती रही है। यदि हम पिछले चार लोकसभा चुनावों पर दृष्टि डालें तो स्पष्ट होता है कि लगातार भाजपा को 1996, 1998 एवं 1999 में 40 में से क्रमश: 27, 30 एवं 29 स्थान प्राप्त हुए तथा छत्तीसगढ़ के विभाजन के 2004 में 29 में से 25 स्थान प्राप्त हुए। यहाँ यह भी उल्लेखनीय है कि इन चार चुनावों में से पूर्व के तीन चुनावों के दौरान प्रदेश में कांग्रेस की सरकार थी। यह इस बात का स्पष्ट द्योतक है कि प्रदेश की जनता केन्द्र की सरकार के लिये जब मतदान करती है तो उसकी प्राथमिकताएँ विधानसभा चुनावों की तुलना में बिलकुल अलग होती हैं।

## तालिका क्र. 3 : मध्य प्रदेश में लोकसभा निर्वाचन का परिदृश्य

| पार्टी | 1996 | | 1998 | | 1999 | | 2004 | |
|---|---|---|---|---|---|---|---|---|
| | प्राप्त स्थान | प्राप्त मत % | प्राप्त स्थान | प्राप्त मत % | प्राप्त स्थान | प्राप्त मत % | प्राप्त स्थान | प्राप्त मत % |
| भारतीय जनता पार्टी | 27 | 41.32 | 30 | 45.73 | 29 | 46.58 | 25 | 48.13 |
| भारतीय राष्ट्रीय कांग्रेस | 08 | 31.02 | 10 | 39.40 | 11 | 43.91 | 04 | 34.07 |
| बहुजन समाज पार्टी | 02 | 8.18 | 00 | 8.70 | 00 | 5.23 | 00 | 4.75 |
| समाजवादी पार्टी | 00 | 0.08 | 00 | 0.65 | 00 | 1.37 | 00 | 3.20 |
| गोंडवाना गणतंत्र पार्टी | 00 | 0.04 | 00 | 0.66 | 00 | 0.36 | 00 | 3.05 |
| आल इंडिया इंदिरा कांग्रेस (तिवारी) | 01 | 4.70 | | | | | | |
| मध्य प्रदेश विकास कांग्रेस | 01 | 1.47 | | | | | | |
| अन्य | 00 | 3.60 | 00 | 3.53 | 00 | 1.46 | 00 | 2.78 |
| निर्दलीय | 01 | 9.57 | 00 | 1.32 | 00 | 1.08 | 00 | 4.02 |

***स्रोत :** भारत का निर्वाचन आयोग, भारत सरकार, नई दिल्ली*

एक अन्य रोचक तथ्य यह भी उभरकर आया है कि 1996 के पश्चात् के सभी लोकसभा चुनावों में भाजपा के मत प्रतिशत में लगातार बढ़ोत्तरी दर्ज हुई है। मत प्रतिशत में बढ़ोत्तरी का यह परिदृश्य कांग्रेस के साथ भी 1996 से 1999 के मध्य दिखायी देता है लेकिन 2004 में इसमें जबर्दस्त बदलाव आया और यह 34.07 प्रतिशत रह गया। लोकसभा के पिछले चार चुनावों में किसी भी अन्य दल को मध्यप्रदेश में कोई सफलता नहीं मिली। बसपा जहाँ विधानसभा में अपनी उपस्थिति दर्ज कराने एवं मत प्रतिशत बढ़ाने में सफल रही है वहीं लोकसभा में इसके ठीक विपरीत इसके मत प्रतिशत में 1996 के पश्चात् से लगातार गिरावट देखी गयी है। यहाँ यह उल्लेखनीय है कि 1996 के चुनाव में बसपा ने दो स्थानों पर

विजय प्राप्त करने में सफल रही थी जिसकी पुनरावृत्ति वह बाद के चुनावों में नहीं कर पायी। समाजवादी पार्टी एवं गोंडवाना गणतन्त्र पार्टी ने पिछले चार लोकसभा चुनावों में अपनी उपस्थिति बहुत ही थोड़े से मतों को अर्जित कर दर्ज करवायी है। पिछले चार लोकसभा चुनावों के परिणाम एवं मतदान के प्रतिशत यह स्पष्ट संकेत प्रदान करते हैं कि लोकसभा में प्रतिनिधित्व की दृष्टि से भाजपा की प्रदेश में बड़ी प्रभावशाली स्थिति रही है।

## मध्यप्रदेश के विधायकों की जाति एवं समुदाय – 1957 से 2003 तक

मध्यप्रदेश के नेतृत्व को जातिगत आधार पर देखने के लिये निर्वाचित विधायक के जाति एवं समुदाय 1957 से लगाकर 2003 तक तालिका क्रमांक 4 में दर्शाया गया है।

## तालिका क्र. 4.1 : मध्य प्रदेश के विधायकों की जाति एवं समुदाय 1957 से 1977 तक

| क्र. | जाति एवं समुदाय | 1957 | 1962 | 1967 | 1972 | 1977 |
|---|---|---|---|---|---|---|
| 1 | उच्च जातियां | 41.2 | 48.4 | 44.9 | 49.6 | 46.6 |
| 2 | मध्यम जातियां | 1.1 | 0.6 | 0.6 | 0.3 | 0.9 |
| 3 | अन्य पिछड़ा वर्ग | 4.7 | 9.1 | 9.4 | 9.5 | 14.3 |
| 4 | अनुसूचित जाति | 15.9 | 14.4 | 12.8 | 13 | 13.4 |
| 5 | अनुसूचित जनजाति | 18.3 | 20.1 | 20.4 | 22.2 | 20.4 |
| 6 | मुस्लिम | 1.8 | 4.3 | 1 | 2.1 | 0.9 |
| 7 | अन्य अल्पसंख्यक | 0.8 | | | 0.35 | 0.3 |
| 8 | अचिह्नित | 16.5 | 4.2 | 10.6 | 2.7 | 3.1 |
| | | कुल | 100 | 100 | 100 | 100 |

## 100तालिका क्र. 4.2 : मध्य प्रदेश के विधायकों की जाति एवं समुदाय 1980 से 2003 तक

| क्र. | जाति एवं समुदाय | 1980 | 1985 | 1990 | 1993 | 1998 | 2003 |
|---|---|---|---|---|---|---|---|
| 1 | उच्च जातियां | 40.3 | 40.7 | 40.9 | 37.1 | 35.6 | 37.7 |
| 2 | मध्यम जातियां | 0.9 | 0.3 | 0.3 | 0.4 | 0.9 | 2.6 |
| 3 | अन्य पिछड़ा वर्ग | 16.1 | 18.6 | 18.7 | 22.7 | 22 | 19.5 |
| 4 | अनुसूचित जाति | 14 | 13.3 | 13.7 | 14.3 | 14.7 | 14.7 |
| 5 | अनुसूचित जनजाति | 24.4 | 24.4 | 23.7 | 23.4 | 23.4 | 19.5 |
| 6 | मुस्लिम | 1.9 | 1.6 | 0.9 | | 1.6 | 0.6 |
| 7 | अन्य अल्पसंख्यक | 0.6 | 0.3 | 0.6 | 1.2 | 1.2 | 0.9 |
| 8 | अचिह्नित | 1.6 | 0.6 | 0.3 | 0.3 | 0.6 | 4.8 |
| | **कुल** | **100** | **100** | **100** | **100** | **100** | **100** |

*स्रोत : जैफ्रेले, क्रिस्टोफ (2008): 'द अनइवन प्लेबियनाइजेशन ऑफ मध्यप्रदेश पालिटिक्स' सेमिनार, (591)*

मध्यप्रदेश के निर्वाचित विधायकों में आरम्भिक दौर में उच्च जातियों की नेतृत्व में हिस्सेदारी व्यापक स्तर पर रही है। 1972 के विधानसभा चुनाव के पश्चात् इसमें कमी दिखायी देती है लेकिन फिर भी मध्यप्रदेश में उच्च जातियों की राजनीति में उपस्थिति इनकी अपनी जनसंख्या के अनुपात से कहीं ज्यादा है। 1990 के पश्चात् के चुनावों में इनकी उपस्थिति लगभग 40 प्रतिशत के आस-पास रही है। मध्यप्रदेश के नेतृत्व में सर्वाधिक उल्लेखनीय परिवर्तन अन्य पिछड़े वर्गों की प्रभावशाली उपस्थिति रही है। 1957 के चुनावों में इनका नेतृत्व मात्र 4.7 प्रतिशत था जिसमें लगातार वृद्धि हुई तथा 1993 एवं 1998 के चुनावों में यह बढ़कर 22.7 एवं 22 प्रतिशत हो गया। 2003 के चुनावों में यह प्रतिशत 19.15 प्रतिशत था। अन्य पिछड़े वर्गों के नेतृत्व में प्रदेश से जाट,

यादव, कुर्मी, किरार, लोधी, माली एवं तेली जातियाँ प्रमुख हैं। अनुसूचित जाति एवं जनजाति के नेतृत्व में संख्या की दृष्टि से किसी प्रकार का परिवर्तन नहीं दिखाई देता है। नेतृत्व की दृष्टि से मुस्लिम की संख्या अपवाद स्वरूप 1962 में 4.3 प्रतिशत दिखाई देती है लेकिन इसके पश्चात् यह लगातार एक से दो प्रतिशत के मध्य ही रही है। 1993 में इनका कोई भी प्रतिनिधि नेतृत्व में नहीं था।

मध्य प्रदेश के विधायकों का जाति एवं समुदाय के आधार पर विश्लेषण स्पष्ट करता है कि जहाँ एक ओर उच्च जातियों की प्रभावशाली उपस्थिति लगातार बनी हुई है वहीं राज्य के दोनों दल कांग्रेस एवं भाजपा ने अन्य पिछड़े वर्गों को नेतृत्व में उल्लेखनीय हिस्सेदारी प्रदान की है। यहाँ एक और तथ्य बहुत ही स्पष्ट उभरकर आता है कि उत्तरप्रदेश, बिहार, हरियाणा जैसे राज्यों में पिछड़े वर्ग की राजनीति को आधार बनाते हुए नये दल समाजवादी आन्दोलन के माध्यम से उभरे एवं निर्णायक भूमिका तक पहुँचे जबकि मध्यप्रदेश में अन्य पिछड़े वर्गों को बड़ी राजनीतिक पार्टियों ने नेतृत्व में समाहित करते हुए ऐसे दलों के उदय एवं पृथक राजनीति की सम्भावना को लगभग समाप्त कर दिया। यही तथ्य दलित राजनीति के सन्दर्भ में मध्यप्रदेश के लिये लागू होता है।

## III

## मध्य प्रदेश विधानसभा चुनाव – 1993

मध्य प्रदेश विधानसभा चुनाव, 1993 अत्यधिक महत्त्वपूर्ण प्रतिद्वन्द्विता वाले थे। सभी राजनीतिक दलों का आने वाला भविष्य इससे निर्धारित होना था। इसे लघु आम चुनाव भी कहा गया। भारतीय जनता पार्टी ने इसे 'हिन्दुत्व के लिए जनमत संग्रह' कहते हुए नारा दिया कि 'आज पाँच प्रदेश कल सारा देश'। 1990 की भाजपा की निर्वाचित सरकार को 6 दिसम्बर 1992 की अयोध्या घटना के पश्चात् कानून एवं व्यवस्था की बिगड़ती स्थिति को आधार बनाकर बर्खास्त कर राष्ट्रपति शासन लगाया गया था। 1993 के विधानसभा चुनाव में कांग्रेस का नेतृत्व तमाम विरोधाभासों को छोड़कर पार्टी की राज्य में सरकार को बनाने के लिए प्रतिबद्ध था। 1993 के विधानसभा चुनावों में मतदान का प्रतिशत 60.52 रहा तथा कांग्रेस 40.69 प्रतिशत मतों के साथ 320 में से 174 स्थानों पर विजयी हुई, वहीं 38.75 प्रतिशत मतों के साथ भाजपा 117 स्थानों पर विजयी हुई। सर्वाधिक उल्लेखनीय उपस्थिति 11 स्थानों एवं 7.12 प्रतिशत मतों के साथ बसपा की रही। इस चुनाव में जनता दल, मत प्रतिशत एवं स्थान दोनों दृष्टियों से पिछड़ा।

भाजपा को अपनी 1990 की स्थिति से 105 स्थानों का नुकसान उठाना पड़ा। वहीं कांग्रेस ने अपनी पूर्व स्थिति से 116 स्थानों की बढ़त प्राप्त की। यद्यपि दोनों दलों को प्राप्त मतों के प्रतिशत में लगभग दो प्रतिशत का ही अन्तर था जो इस बात

का स्पष्ट द्योतक है कि हार-जीत में मतों का अन्तर बहुत ही कम रहा। इस चुनाव में कांग्रेस की विजय में पिछड़े, अनुसूचित जाति एवं अनुसूचित जनजाति वर्गों की भूमिका उल्लेखनीय रही। इस चुनाव में मध्यप्रदेश से कोई भी मुस्लिम प्रत्याशी चुनाव नहीं जीत पाया। शहरी क्षेत्रों से इस चुनाव में भाजपा को विजय मिली जिसका प्रमुख कारण साम्प्रदायिक दंगों के कारण मतदाताओं का सम्प्रदाय के आधार पर विभाजन रहा (सिसौदिया, 1995)। मध्यप्रदेश विधानसभा चुनाव 1993 के परिणामों से स्पष्ट होता है कि भाजपा की हार में उसकी सरकार की कार्यप्रणाली, पार्टी में भीतरघात, ग्रामीण क्षेत्रों की उसकी अस्वीकार्यता जैसे कारण प्रमुख रहे। कांग्रेस की विजय में बदलाव के लिए मतदान, पार्टी द्वारा प्रस्तुत व्यापक कार्य योजना, ग्रामीण क्षेत्रों में जबर्दस्त जनसमर्थन, दलित, आदिवासी, पिछड़े एवं अल्पसंख्यक वर्गों में व्यापक जनाधार ने कांग्रेस की जीत में प्रभावशाली भूमिका निभाई।

## मध्यप्रदेश विधानसभा चुनाव - 1998

मध्यप्रदेश विधानसभा के 1998 के चुनाव दिग्विजयसिंह की कांग्रेस सरकार के पाँच साल के अभिशासन के मुद्दे पर लड़े गये चुनाव थे। इस चुनाव में भी मतदान का प्रतिशत 60.22 रहा जो पिछले चुनाव के लगभग बराबर था। विधानसभा चुनाव 1998 की पृष्ठभूमि में फरवरी 1998 के लोकसभा चुनाव हुए थे जिसमें भाजपा ने तीन चौथाई स्थानों पर विजय प्राप्त की थी। भाजपा इस चुनाव में अपने लोकसभा के परिणामों की पुनरावृत्ति की मंशा से मैदान में थी। 1998 के चुनाव में कांग्रेस का नेतृत्व पूर्ण समर्थन के साथ दिग्विजयसिंह के साथ नहीं था एवं यह एक तरह से उनकी अपनी पाँच वर्ष की सरकार के काम-काज पर जनादेश था जिसमें टिकट वितरण से लगाकर सम्पूर्ण प्रचार-प्रसार की महती जिम्मेदारी उनके पास ही थी। इस समय तक उमा भारती एवं कल्याण सिंह की भाजपा में प्रभावशाली उपस्थिति ने हिन्दुत्व के एजेंडे का मण्डलीकरण भी किया। भाजपा ने अपने प्रत्याशियों में से 62 पिछड़े वर्ग, 44 अजा वर्ग एवं 44 अजजा वर्ग के उम्मीदवार मैदान में उतारे। भाजपा ने जनता के सम्मुख दिग्विजयसिंह सरकार की कमजोरियों को रखा। कांग्रेस को इस चुनाव में 40.6 प्रतिशत मतों के साथ 172 स्थान प्राप्त हुए वहीं भाजपा 39.3 प्रतिशत के साथ 119 स्थानों पर विजयी हुई।

यह कमोबेश दोनों ही प्रमुख राजनीतिक दलों के लिए 1993 के विधानसभा परिणामों की पुनरावृत्ति की तरह था। यद्यपि इस चुनाव की पृष्ठभूमि पूर्व चुनाव से एकदम अलग थी। बसपा इस बार भी 11 स्थानों पर सफलता अर्जित करने में सक्षम रही लेकिन इसके मत प्रतिशत में आंशिक गिरावट होते हुए 6.2 प्रतिशत रह गयी। इन परिणामों की एक नयी विशेषता यह रही कि कांग्रेस एवं भाजपा दोनों 1993 के अपने विजित स्थानों के स्थान पर कई मामलों में अन्य स्थानों से विजयी हुए। इसका आशय

यह है कि परिणाम समान रहते हुए भी विधानसभा क्षेत्र के स्थान में परिवर्तन हुए। कांग्रेस ने अपने 172 विजयी स्थानों में से 103 को पुनः प्राप्त किया वहीं 69 नये स्थानों पर विजय प्राप्त की। इसी तरह से भाजपा ने अपने 119 स्थानों में से 59 स्थान कांग्रेस से प्राप्त किये। ऐसा नहीं है कि मध्यप्रदेश की सरकार के काम-काज से जनता पूर्णतः सन्तुष्ट थी लेकिन विकास के कार्यों का आरम्भ जनता के बीच उत्साह का कारण बना। विशेषतः स्थानीय स्तर पर लोकतान्त्रिक विकेन्द्रीकरण को लोगों ने बड़े सकारात्मक ढंग से लिया (कुमार, 1999)। प्राथमिक शिक्षा के राजीव गाँधी मिशन के माध्यम से लोकव्यापीकरण के भी प्रभाव एवं जलग्रहण मिशन जैसे कार्यों को जनता की सराहना मिली। भाजपा में आपसी अन्तर्विरोध एवं बागियों ने पार्टी की सम्भावना को क्षीण किया। बसपा अपने पूर्व के प्रदर्शन को दोहराने में सफल रही लेकिन अभी भी मध्यप्रदेश द्विदलीय व्यवस्था की राजनीति का प्रदेश ही रहा।

## मध्य प्रदेश विधानसभा चुनाव - 2003

मध्य प्रदेश विधानसभा चुनाव - 2003, मध्यप्रदेश एवं छत्तीसगढ़ के पृथक् राज्य बन जाने के पश्चात् का प्रथम चुनाव था। यह चुनाव दिग्विजय सिंह के दस वर्ष के मुख्यमन्त्रित्वकाल पर जनादेश की तरह था। मध्यप्रदेश विधानसभा चुनाव 2003 में अप्रत्याशित ढंग से 67.25 प्रतिशत मतदान हुआ जो अभी तक का रिकार्ड था। इस चुनाव से पूर्व ही बदलाव की एक पूर्वपीठिका तैयार हो चुकी थी। भाजपा ने 42.50 प्रतिशत मतों के साथ 173 स्थानों पर विजय प्राप्त की वहीं कांग्रेस 31.60 प्रतिशत मतों के साथ केवल 38 स्थानों पर सिमट गयी। इस चुनाव में समाजवादी पार्टी ने अपनी उपस्थिति दर्ज कराते हुए 3.74 प्रतिशत मतों के साथ सात स्थानों पर विजय प्राप्त की। एक अन्य उल्लेखनीय उपस्थिति 2.01 प्रतिशत मतों के साथ तीन सीटों पर विजय प्राप्त कर गोंडवाना गणतन्त्र पार्टी की रही। बसपा अपने पिछले प्रदर्शनों से पिछड़ते हुए दो स्थानों तक ही सीमित हो गयी यद्यपि इसका वोट प्रतिशत पूर्ववत् 7.26 प्रतिशत रहा। भाजपा ने कीर्तिमान स्थापित करते हुए इस चुनाव में अब तक का सर्वश्रेष्ठ प्रदर्शन करते हुए 75 प्रतिशत से अधिक स्थानों पर विजय प्राप्त की।

भाजपा ने कांग्रेस को लगभग सभी क्षेत्रों एवं सभी जाति/वर्ग समूहों में पीछे छोड़ दिया। इन चुनावों से पूर्व ही बिजली एवं सड़क दो ज्वलंत मुद्दे जनता के सम्मुख प्रस्तुत किये गये तथा जिनको जनता प्रत्यक्ष अनुभव भी कर रही थी। 2003 के चुनाव के पूर्व के समय में दिग्विजयसिंह सरकार ने इन मुद्दों की अनदेखी की। इस दौर में दिग्विजयसिंह के नीति निर्माण में उनके चयनित नौकरशाहों एवं सलाहकारों की भी बड़ी भूमिका रही। वास्तविकता में इस समय वस्तुस्थिति से अनभिज्ञ बने रहना भी एक बड़ा कारण बना। यद्यपि चुनाव के पूर्व के 22 महीनों में

बिजली एवं सड़क की स्थिति को लेकर वह भी भिज्ञ थे परन्तु असन्तोष के इस चरम का अंदाजा उन्हें भी नहीं लगने दिया गया।

भाजपा ने बिजली, सड़क, पानी के सूत्र वाक्य को पकड़ कर चुनाव अभियान चलाया। बिजली के संकट में छत्तीसगढ़ द्वारा बिजली न दिया जाना भी बड़ा कारण रहा (मॉयनॉर 2004)। इस बार भी पिछली बार की तरह दिग्विजयसिंह ने प्रत्याशी चयन में अपनी पसन्दगी को प्राथमिकता प्रदान की जिसका खुला प्रतिरोध भी हुआ। जहाँ 1998 में 41 प्रतिशत विधायकों को पार्टी प्रत्याशी नहीं बनाया गया था वहीं 2003 के चुनाव में केवल 16 प्रतिशत विधायकों के टिकट ही काटे गये एवं इसका प्रभाव परिणाम पर पड़ा। कांग्रेस सरकार से एक और नाराजगी सरकारी कर्मचारियों की भी रही। भाजपा की तरफ से मैदान में स्टार प्रचारक के रूप में आई उमा भारती ने कर्मचारियों को उनकी सभी लंबित माँगों को पूर्ण करने का आश्वासन प्रदान किया। भाजपा ने इस बार के प्रचार में हिन्दुत्व के मुद्दे को पृष्ठभूमि में रखा तथा विकास पर अपने सम्पूर्ण प्रचार-प्रसार को केन्द्रित किया। दिग्विजयसिंह ने पंचायती राज की अपनी सफलता को मुद्दा बनाया लेकिन जिला सरकार के प्रतिमान द्वारा प्रस्तुत विरोधाभासी स्थितियाँ नकारात्मक प्रभाव छोड़ गई। निश्चित रूप से भ्रष्टाचार भी एक बड़ा मुद्दा था। दलित एजेण्डे के माध्यम से सामाजिक अभियान्त्रिकी का जो प्रयास किया गया उसने सामाजिक स्तर पर विशेषत: ग्रामीण क्षेत्रों में प्रखर विरोधों एवं असहज स्थितियों को निर्मित किया। वस्तुत: यह चुनाव दिग्विजयसिंह के दस वर्ष के काम-काज पर जनता का जनादेश था जिसमें बिजली, सड़क एवं पानी को लेकर आम व्यक्ति की नाराजगी बहुत ही स्पष्ट एवं व्यापक थी।

## मध्यप्रदेश विधानसभा चुनाव - 2008

विधानसभा चुनाव 2008 की पृष्ठभूमि में भाजपा सरकार के पाँच वर्ष का काम-काज था। इस चुनाव से पूर्व मध्यप्रदेश राजनीतिक दृष्टि से कई परिवर्तनों का साक्षी रहा। उमा भारती का मुख्यमन्त्री बनना, उनका न्यायालय के प्रकरण में पद से हटना उसके पश्चात् बाबूलाल गौर का मुख्यमन्त्री बनना। आरम्भ के दो वर्षों के पश्चात् भाजपा नेतृत्व ने शिवराज सिंह को मुख्यमन्त्री पद के लिए नामांकित किया। उमा भारती समूह द्वारा इस निर्णय का प्रखर विरोध किया गया। भाजपा इस निर्णय के पश्चात् लगभग दो भागों में टूट गयी। इन सबके बावजूद शिवराज सिंह को कार्य करने के लिए तीन वर्ष प्राप्त हुए।

2008 के विधानसभा चुनाव में रिकार्ड मतदान हुआ तथा यह 69.7 प्रतिशत रहा। सामान्य तौर पर अधिक मतदान को वर्तमान सरकार के खिलाफ जनादेश के रूप में देखा जाता है। 2008 का परिणाम भाजपा के पक्ष में रहा। 37.64 प्रतिशत मतों के साथ भाजपा को 143 स्थान प्राप्त हुए तथा 32.40 प्रतिशत मतों के साथ कांग्रेस को 71 स्थान प्राप्त हुए। इस चुनाव में यद्यपि बसपा को प्राप्त मत प्रतिशत 8.97 रहा जो अब तक का सर्वाधिक प्राप्त मत प्रतिशत है लेकिन स्थान केवल सात ही प्राप्त हुए। सपा

अपने पुराने सभी सात स्थानों पर हार गयी एवं एक नये स्थान पर ही जीत दर्ज कर पायी। गोंडवाना गणतन्त्र पार्टी जिसने 2003 में अपनी प्रभावशाली उपस्थिति दर्ज करायी थी इस बार के चुनाव में परिदृश्य से ही बाहर हो गयी। उमा भारती ने भारतीय जनशक्ति पार्टी बनाकर भाजपा को मध्यप्रदेश की सत्ता से बाहर करने का संकल्प लिया था लेकिन वह भी 4.71 प्रतिशत मतों के साथ केवल पाँच स्थानों पर सफल हो पायी।

इस चुनाव में जहाँ शिवराज सिंह ने अपनी छवि को जनता के सम्मुख इस तरह से प्रस्तुत किया जैसे वे सभी के लिए सरोकार रखते हैं। कर्मचारियों की सभी माँगों को उन्होंने स्वीकार किया। समाज के विभिन्न वर्गों के लिए महापंचायतें बुलाकर उनके लिए पण्डोरा बॉक्स खोल दिया गया। लाड़ली लक्ष्मी जैसी महिलाओं एवं बालिकाओं के लिए लोकप्रिय योजनाएँ अपना प्रभाव जनमानस तक छोड़ने में सफ़ल रहीं। शिवराज सिंह की विनम्र किसान पुत्र की पृष्ठभूमि ने आम व्यक्ति को उनसे जुड़ा हुआ पाया। यह चुनाव पूर्णत: भाजपा की ओर से शिवराज सिंह के नेतृत्व में लड़ा गया चुनाव था (रामशंकर एवं सिसौदिया 2009)।

## तालिका 5.1 : मध्य प्रदेश विधानसभा चुनाव 2008, क्षेत्रवार

| क्षेत्र | | | कांग्रेस | | भाजपा | |
|---|---|---|---|---|---|---|
| | सीट | मतदान (%) | सीट | वोट (%) | सीट | वोट (%) |
| चंबल | 34 | 64.8 | 13 | 28.7 | 16 | 27.2 |
| बिंध्य प्रदेश | 56 | 67.0 | 10 | 24.3 | 38 | 32.3 |
| महाकोशल | 49 | 73.1 | 18 | 33.3 | 30 | 36.8 |
| उत्तर मालवा | 63 | 72.0 | 19 | 37.1 | 42 | 44.6 |
| आदिवासी मालवा | 28 | 70.4 | 11 | 39.5 | 17 | 45.3 |

## तालिका 5.2 : मध्य प्रदेश विधानसभा चुनाव 2008, क्षेत्रवार

| क्षेत्र | | | बीएसपी | | अन्य | |
|---|---|---|---|---|---|---|
| | सीट | मतदान (%) | सीट | वोट (%) | सीट | वोट (%) |
| चंबल | 34 | 64.8 | 4 | 20.4 | 1 | 23.6 |
| बिंध्य प्रदेश | 56 | 67.0 | 3 | 14.7 | 5 | 28.6 |
| महाकोशल | 49 | 73.1 | 0 | 5.9 | 1 | 24.1 |
| उत्तर मालवा | 63 | 72.0 | 0 | 3.5 | 2 | 14.8 |
| आदिवासी मालवा | 28 | 70.4 | 0 | 3.4 | 0 | 11.7 |

*स्रोत : सीएसडीएस डाटा यूनिट।*

### तालिका 6 : भाजपा सरकार के काम-काज से संतोष

| | पूर्ण संतुष्ट | कुछ संतुष्ट | कुछ असंतुष्ट | पूर्ण असंतुष्ट | कोई राय नहीं | एन |
|---|---|---|---|---|---|---|
| सभी | 50 | 27 | 6 | 9 | 9 | 1334 |
| कांग्रेसी मतदाता | 26 | 37 | 9 | 17 | 11 | 418 |
| भाजपा के मतदाता | 79 | 14 | 2 | 1 | 4 | 485 |
| बसपा के मतदाता | 42 | 26 | 9 | 15 | 9 | 118 |
| अन्य पार्टियों के मतदाता | 46 | 31 | 7 | 5 | 12 | 269 |

*स्रोत : सीएसडीएस मध्य प्रदेश विधानसभा चुनाव अध्ययन, चुनाव-बाद।*

### तालिका 7 : मध्य प्रदेश सरकार के पांच साल के काम का मूल्यांकन

| | सुधार | अंतर नहीं | खराब | कोई राय नहीं |
|---|---|---|---|---|
| सड़कों की हालत | 55 | 27 | 17 | 1 |
| बिजली आपूर्ति | 24 | 42 | 27 | 6 |
| सिंचाई | 22 | 42 | 22 | 14 |
| किसानों की हालत | 27 | 39 | 23 | 11 |
| कानून-व्यवस्था | 22 | 42 | 25 | 11 |
| महंगाई | 79 | 10 | 10 | 1 |
| भ्रष्टाचार | 35 | 37 | 20 | 8 |
| रोजगार | 40 | 32 | 15 | 13 |
| भुखमरी | 40 | 36 | 14 | 10 |

*स्रोत : सीएसडीएस मध्य प्रदेश विधानसभा चुनाव अध्ययन, चुनाव-बाद।*

## तालिका 8 : मध्य प्रदेश विधानसभा चुनाव 2008 : जाति समूहों के हिसाब से वोट

| | कांग्रेस | भाजपा | बीएसपी | अन्य | एन |
|---|---|---|---|---|---|
| ऊंची जाति | 23 | 49 | 9 | 19 | 257 |
| मध्य जाति | 22 | 40 | 4 | 34 | 247 |
| निम्न जाति | 18 | 47 | 10 | 25 | 199 |
| दलित | 34 | 30 | 19 | 17 | 207 |
| गोंड | 38 | 25 | 10 | 27 | 81 |
| भील | 61 | 24 | 10 | 5 | 41 |
| अन्य आदिवासी | 27 | 43 | 13 | 18 | 120 |
| मुसलमान | 83 | 16 | – | 1 | 128 |
| अन्य | 33 | 17 | 0 | 50 | 12 |

*स्रोत : सीएसडीएस मध्य प्रदेश विधानसभा चुनाव अध्ययन, चुनाव-बाद।*

## तालिका 9 : मध्य प्रदेश विधानसभा चुनाव 2008 लिंग के हिसाब से मतदान

| | कांग्रेस | भाजपा | बीएसपी | अन्य | एन |
|---|---|---|---|---|---|
| पुरुष | 33 | 39 | 10 | 19 | 776 |
| महिला | 32 | 35 | 8 | 25 | 516 |

*स्रोत : सीएसडीएस मध्य प्रदेश विधानसभा चुनाव अध्ययन, चुनाव-बाद।*

कांग्रेस के सम्मुख भाजपा के पाँच वर्ष के काम-काज के खिलाफ जनादेश माँगने का अवसर था। मध्यप्रदेश कांग्रेस में राष्ट्रीय स्तर के नेताओं की संख्या बहुत ज्यादा है तथा ऐसी परिस्थिति में नेतृत्व का एकजुट होकर कार्य करना कई बार चुनौतीपूर्ण रहा है। इस बार भी टिकट वितरण में गुटबाजी जबरदस्त तरीके से हावी रही। जहाँ भाजपा ने अपने एक तिहाई विधायकों को टिकट नहीं दिया वहीं कांग्रेस के अधिकृत प्रत्याशियों के खिलाफ लगभग 50 बागियों ने चुनाव लड़ा। ऐसे बागियों की संख्या भाजपा में लगभग न के बराबर रही। इस चुनाव में भाजपा एवं कांग्रेस दोनों दलों के कई बड़े दिग्गज चुनाव हार गये। उमा भारती स्वयं चुनाव हार गयीं। इस चुनाव के परिणाम इस बात के स्पष्ट द्योतक हैं कि मध्यप्रदेश अभी भी एक द्विदलीय राजनीति का प्रदेश है जहाँ तीसरे मोर्चे के किसी भी निर्णायक स्थिति तक पहुँचने की सम्भावना क्षीण ही है। तमाम प्रयासों के बावजूद बसपा, सपा, भारतीय जनशक्ति पार्टी एवं गोंडवाना गणतन्त्र पार्टी ने अपनी शक्ति का प्रदर्शन उनकी अपनी

अपेक्षा से बहुत नीचे ही किया। कांग्रेस के लिए यह कमजोर चुनावी प्रबन्धन का परिणाम रहा। इस चुनाव ने यह भी स्पष्ट किया कि मतदाता सदैव सरकार के काम-काज के खिलाफ ही मत नहीं देता है वह सरकार के अच्छे काम-काज को भी जनादेश प्रदान करता है।

IV

## लोकसभा निर्वाचन - 1996

पी.वी. नरसिम्हाराव के नेतृत्व में अल्पमतीय सरकार का आरंभ जितना उत्साहजनक था अंत उतना ही अधिक निराशाजनक रहा। पूरे पांच वर्ष तक एक अल्पमत सरकार चलाने की योग्यता के अतिरिक्त सरकार के पक्ष में अन्य कोई ऐसी बात नहीं थी जो उसके पक्ष में माहौल बनाती। अयोध्या घटना, मुम्बई बम ब्लास्ट, कश्मीर में बढ़ते आतंकवाद, हवाला कांड एवं घोटालों, भ्रष्टाचार, कांग्रेस में विभाजन तथा अर्जुनसिंह एवं एन.डी. तिवारी जैसे नेताओं का निष्कासित होकर तिवारी कांग्रेस के नाम से नये दल का गठन आदि की पृष्ठभूमि में 1996 के लोकसभा निर्वाचन एक बदले हुए शिथिल माहौल में हुए।

1996 के आम चुनाव मुख्यतः तीन मोर्चे कांग्रेस, राष्ट्रीय मोर्चा एवं वाम मोर्चा तथा भारतीय जनता पार्टी एवं उसके सहयोगियों के बीच थे परन्तु इनके घटकों के बीच में आपस में तालमेल नहीं रहा। इन मोर्चों में शामिल दलों ने एक दूसरे के विरूद्ध प्रत्याशी खड़े किये। चुनाव के परिणाम त्रिशंकु संसद के रूप में सामने आये। भारतीय जनता पार्टी 161 स्थान जीतकर सबसे बड़ी पार्टी बनकर उभरी। कांग्रेस केवल 140 सीटें जीत सकी। चुनावों में राज्य स्तरीय (क्षेत्रीय) दलों को विस्मयकारी सफलता मिली। भाजपा को बड़ा दल होने के नाते मौका दिया गया तथा अटलबिहारी वाजपेयी के नेतृत्व में सरकार का गठन हुआ किन्तु बहुमत सिद्ध न कर पाने के कारण मात्र 13 दिनों में उनकी सरकार का पतन हो गया। तत्पश्चात् द्वितीय सबसे बड़ा दल होने के बावजूद कांग्रेस द्वारा सरकार न बनाते हुए विभिन्न दलों के सहयोग से संयुक्त मोर्चा बनाकर जनता दल के एच.डी. दैवगौड़ा को प्रधानमंत्री बनाया गया।

मध्यप्रदेश के सन्दर्भ में देखें तो प्रदेश में इन लोकसभा चुनावों में कुल 54.06 प्रतिशत मतदान हुआ। भाजपा ने बड़ी सफलता अर्जित की तथा 41.32 प्रतिशत मतों के साथ 40 में से 27 स्थानों पर जीत दर्ज की वहीं कांग्रेस 31.2 प्रतिशत मतों के साथ 8 स्थानों पर सिमट कर रह गयी। दो स्थान बहुजन समाज पार्टी को मिले।

यद्यपि प्रदेश में कांग्रेस की सरकार होने एवं मुख्यमंत्री दिग्विजयसिंह द्वारा राष्ट्रीय मुद्दों जैसे आर्थिक सुधार, राजनीतिक स्थिरता आदि के साथ-साथ प्रदेश में अपने स्तर पर कुछ मुद्दे पैदा करने की कोशिश की। जिसमें पंचायत व्यवस्था, आदिवासी अंचलों में स्वायत्तता एवं छठी अनुसूची, किसानों के हित एवं अल्पसंख्यकों

को जोड़ने के लिये अल्पसंख्यकों का कल्याण आदि प्रमुख थे। किन्तु प्रदेश में इन लोकसभा निर्वाचनों में प्रदेश के दो राष्ट्रीय स्तर के वरिष्ठ नेता अर्जुनसिंह एवं माधवराव सिंधिया द्वारा अपनी नयी पार्टियों क्रमशः तिवारी कांग्रेस एवं म.प्र. विकास कांग्रेस के माध्यम से चुनाव में उतरने से प्रदेश में कांग्रेस को नुकसान हुआ। यद्यपि इन दोनों नेताओं को कोई बड़ी सफलता नहीं मिली लेकिन उन्होंने कांग्रेस के ही वोटों को नुकसान पहुँचाया।

## लोकसभा निर्वाचन - 1998 एवं 1999

वर्ष 1998 में बारहवीं लोकसभा हेतु निर्वाचन हुए। इस निर्वाचन में प्रदेश के 40 लोकसभा स्थानों हेतु कुल 400 उम्मीदवार मैदान में थे। 1998 के लोकसभा निर्वाचनों में प्रदेश में कुल 7 राष्ट्रीय दलों, 3 क्षेत्रीय दलों एवं 19 अन्य दलों, इस प्रकार कुल 29 दलों ने भाग लिया। भारतीय जनता पार्टी को सर्वाधिक 30 स्थान प्राप्त हुए। उसे प्राप्त मतों का प्रतिशत 45.73 रहा। भारतीय राष्ट्रीय कांग्रेस को 10 स्थान मिले तथा प्राप्त मतों का प्रतिशत 39.40 रहा। इसके अतिरिक्त प्रदेश में अन्य कोई दल सफलता प्राप्त नहीं कर सका।

बारहवीं लोकसभा के चुनाव परिणाम पिछली लोकसभा के मुकाबले और भी विभाजित स्थिति में थे। किसी भी एक दल अथवा राजनीति गठबंधन को बहुमत नहीं मिला। क्षेत्रीय एवं स्थानीय दलों से गठबंधन कायम करने में भारतीय जनता पार्टी वाले गठजोड़ ने अच्छा प्रदर्शन किया तथा भारतीय जनता पार्टी गठबंधन 252 सीटें जीतने में सफल रहा किन्तु बहुमत से 20 स्थान दूर रहा।

अटल बिहारी वाजपेयी सरकार के एक मत से अल्पमत में आने के कारण एक वर्ष के अंदर ही सरकार का पतन हो गया एवं राष्ट्रपति ने बारहवीं लोकसभा को भंग कर दिया। वर्ष 1999 में तेरहवीं लोकसभा हेतु निर्वाचन हुए। राष्ट्रीय स्तर पर यद्यपि इन चुनावों में भी किसी भी दल को स्पष्ट बहुमत नहीं मिला किन्तु भारतीय जनता पार्टी को सर्वाधिक 182 सीटों पर विजय प्राप्त हुई तथा उसके गठबंधन वाले राष्ट्रीय जनतांत्रिक गठबंधन को मिलाकर उसे 305 स्थान प्राप्त हुए। कारगिल युद्ध एवं भारत में कश्मीर की मजबूत स्थिति, सोनिया गांधी का विदेशी मूल का मुद्दा, आर्थिक सुधार एवं उदारीकरण तथा सरकार गिरने से उपजी सहानुभूति ने भारतीय जनता पार्टी को एवं उसके गठबंधन को सफलता दिलायी। 1999 के चुनावों की मुख्य विशेषता भाजपा द्वारा 24 पार्टियों के साथ चुनाव पूर्व किया गया गठबंधन एवं उसकी सफलता है (वालेस 2003)।

प्रदेश के सन्दर्भ में देखें तो इन निर्वाचन प्रदेशों के 40 लोकसभा स्थानों हेतु कुल 344 उम्मीदवार मैदान में थे। चुनावों में भारतीय जनता पार्टी को एक बार पुनः पिछले चुनावों की तरह सफलता मिली तथा उसे 46.58 प्रतिशत मतों के साथ 29

स्थान प्राप्त हुए। भारतीय राष्ट्रीय कांग्रेस को 43.91 प्रतिशत मतों के साथ 11 स्थान प्राप्त हुए। अन्य दलों को कोई सफलता प्राप्त नहीं हुई। भाजपा को 1998 के निर्वाचनों के मुकाबले प्रदेश में एक स्थान का नुकसान हुआ किन्तु उसे प्राप्त मतों के प्रतिशत में एक प्रतिशत की वृद्धि हुई।

1998 एवं 1999 के लोकसभा चुनावों के मध्य प्रदेश में विधानसभा के निर्वाचन सम्पन्न हुए थे तथा कांग्रेस को अपार सफलता मिली थी तथा दिग्विजय सिंह के नेतृत्व में लगातार दूसरी बार सत्ता में आयी। दिग्विजय सिंह द्वारा किये गये विकेन्द्रीकरण के प्रयोग, आदिवासियों एवं दलितों तथा अल्पसंख्यकों के विकास की दिशा में किये गये प्रयासों ने उन्हें सफलता दिलायी। किन्तु लोकसभा चुनावों में राष्ट्रीय स्तर पर वाजपेयी सरकार के पतन से उपजी सहानुभूति के साथ ही प्रदेश में भाजपा ने बिजली संकट, सड़कों की समस्या, राजनीतिक अपराधीकरण, अवरूद्ध औद्योगिक विकास, पंचायत राज की असफलताओं आदि मुद्दों को जनता के बीच उठाया जिन्होंने जनता को भाजपा के पक्ष में किया।

## लोकसभा निर्वाचन - 2004

प्रदेश के विभाजन के पश्चात् प्रथम बार वर्ष 2004 में चौदहवीं लोकसभा के लिये निर्वाचन हुए। प्रधानमंत्री अटलबिहारी वाजपेयी द्वारा चार राज्यों में भाजपा के पक्ष में परिणामों से उत्साहित होकर 13वीं लोकसभा को समय पूर्व भंग कर नयी लोकसभा के गठन हेतु सिफारिश की तथा अप्रैल-मई, 2004 में निर्वाचन सम्पन्न हुए।

चौदहवीं लोकसभा के लिये हुए निर्वाचनों में सत्तारूढ़ भाजपा नेतृत्व वाले जनतांत्रिक गठबंधन को मतदाताओं ने ठुकरा दिया। तीन सौ स्थान प्राप्त करने का सपना देखने वाली भाजपा का दो सौ स्थान तक पहुँचना भी कठिन हो गया। चार वर्ष और चार माह के कार्यकाल में भाजपा के नेतृत्व में सरकार द्वारा किये गये कार्यों को जनता द्वारा नकार दिया गया।

मध्यप्रदेश के सन्दर्भ में देखें तो, यहाँ भाजपा को आशातीत सफलता मिली। प्रदेश के विभाजन के फलस्वरूप इन निर्वाचनों में प्रदेश में लोकसभा के स्थान 40 से घटकर 29 रह गये। इन 29 स्थानों के लिये कुल 294 उम्मीदवार मैदान में थे। मतदान का प्रतिशत 48.09 रहा। भारतीय जनता पार्टी ने 1999 के निर्वाचनों की स्थिति में और सुधार करते हुए 48.13 प्रतिशत मत प्राप्त करते हुए 25 स्थानों पर विजय प्राप्त की जबकि कांग्रेस 34.07 प्रतिशत मतों के साथ केवल चार स्थान ही प्राप्त कर सकी।

राष्ट्रीय परिदृश्य पर 2004 के निर्वाचन के विश्लेषण से स्पष्ट होता है कि स्थानीय मुद्दों ने जनादेश को सर्वाधिक प्रभावित किया। देश में भारतीय जनता

पार्टी की हार हुई एवं कांग्रेस एवं उसके गठबंधन को सफलता मिली। प्रदेश में भारतीय जनता पार्टी ने एक वर्ष पूर्व स्थानीय विकास के मुद्दों के आधार पर विधानसभा चुनाव जीता था तथा कांग्रेस को पराजित किया था। लोकसभा में भी यही स्थिति रही तथा भारतीय जनता पार्टी को बड़ी सफलता मिली। 2004 के चुनावों ने एक बार पुनः मध्यप्रदेश की राजनीति के द्विदलीय चरित्र को पुष्ट किया (रामशंकर 1999)

प्रदेश के विभाजन के पश्चात प्रदेश की राजनीतिक स्थिति की दृष्टि से देखें तो छत्तीसगढ़ के गठन के पश्चात् मध्यप्रदेश की दलीय व्यवस्था में कोई विशेष परिवर्तन दिखायी नहीं देता है किन्तु विभाजन के कारण कांग्रेस को मध्यप्रदेश में नुकसान अवश्य हुआ है। छत्तीसगढ़ कांग्रेस का परम्परागत गढ़ रहा है। 32 प्रतिशत जनजातीय जनसंख्या जो कि परम्परागत रूप से कांग्रेस की समर्थक रही है अब छत्तीसगढ़ का भाग है। जितना नुकसान कांग्रेस को हुआ है उतना ही नुकसान भारतीय जनता पार्टी को भी हुआ है। धर्मान्तरण जैसे मुद्दों को लेकर भारतीय जनता पार्टी ने भी अपना आधार क्षेत्र में खड़ा कर लिया था। इस आधार का प्रभाव विभाजन के बाद हुए प्रथम विधानसभा एवं लोकसभा निर्वाचनों में देखने को मिला जब छत्तीसगढ़ में भारतीय जनता पार्टी को अभूतपूर्व सफलता मिली।

## V

अन्ततः मध्य प्रदेश राज्य की राजनीति के सन्दर्भ में यह कहा जा सकता है कि पुनर्गठन के पश्चात् प्रदेश के क्षेत्रों की सभी इकाईयाँ मिलकर एक इकाई के रूप मे सामने आई तो यह स्वाभाविक था कि वे सभी अपनी क्षेत्रीय पहचानों को बनाये रखने के लिये सजग रहे। लेकिन यह भी निश्चित था कि वे एक दूसरे की राजनीतिक संस्कृति को प्रभावित भी करे। यही तथ्य आगे की राजनीति मे निरन्तरता के साथ साथ परिवर्तन का कारण बना तथा कालान्तर में सम्पूर्ण प्रदेश की राजनीति इन विभिन्न क्षेत्रों की राजनीतिक चरित्रों के वितरण से एक नया स्वरूप ग्रहण करने लगी। चुनाव राजनीति और दलीय राजनीति आज पूरे प्रदेश को ध्यान में रखकर तो निश्चित तौर पर संचालित होती है लेकिन जब चुनावी रणनीतियाँ या दलीय कार्यवाहियाँ तय होती हैं तो पुनः क्षेत्रीयता ही आधार प्रदान करती है। प्रशासन का संचालन हो या मन्त्रिमण्डल का निर्माण या विस्तार आज भी विभिन्न क्षेत्रों का इसी तरह से ध्यान रखा जाता है जैसे की राष्ट्रीय स्तर पर विभिन्न प्रान्तों को प्रतिनिधित्व देने का ध्यान रखा जाता है। यहां तक कि किसी दल विशेष में उसके विभिन्न घटकों का प्रभाव या भूमिका भी क्षेत्रीय सन्तुलनों के आधार पर तय होती है।

मध्य प्रदेश की निर्वाचकीय राजनीति के इस विश्लेषण से यह स्पष्ट होता है

कि राज्य में द्विदलीय प्रणाली दृढ़ता से अपना स्थान बनाये हुए है। वर्तमान में जब अधिकांश राज्यों में अन्य दलों अथवा तीसरे मोर्चे ने अपनी उपस्थिति को व्यापक ढंग से स्थापित किया है वहीं मध्य प्रदेश अपनी दृढ़ द्विदलीय व्यवस्था के साथ ही कार्यरत है। यद्यपि बसपा ने मध्य प्रदेश की राजनीति में अपनी उपस्थिति को लगातार बनाये रखा है लेकिन तमाम प्रयासों के बावजूद वह अपनी स्थिति को निर्णायक बनाने एवं अपने फैलाव को अन्य क्षेत्रों में करने में असफल ही रही है।

भाजपा की 2003 के पश्चात् की राजनीति में पिछड़े वर्ग के नेतृत्व एवं पिछड़े वर्ग की नेतृत्व में बढ़ती उपस्थिति प्रदेश की राजनीति के नये दिशा संकेत है। भाजपा ने अपनी छवि को प्रदेश की राजनीति में अलग ढंग से संरचित एवं पल्लवित किया है जो इसके व्यापक जनाधार का मार्ग प्रशस्त करेगी।

कांग्रेस को शीर्षस्थ स्तर पर नेतृत्व प्रदान करने एवं लगातार शासन करने की पृष्ठभूमि के साथ सम्प्रति भी कांग्रेस के पास प्रदेश स्तर पर पर्याप्त नेतृत्व मौजूद है। लेकिन कांग्रेस की राजनीति में मतवैभिन्य एवं गुटबाजी ने प्रदेश में निर्वाचकीय राजनीति में पार्टी को लगातार हाशिए पर खड़ा किया है। लोकसभा के पिछले चार चुनाव एवं विधानसभा के पिछले दो चुनावों में कांग्रेस का प्रदर्शन प्रतिद्वद्विंतापूर्ण स्थिति में भी नहीं रहा है। यहाँ भाजपा ने लगातार अपने मत प्रतिशत एवं स्थान दोनों दृष्टियों से कांग्रेस को बहुत पीछे छोड़ दिया है।

विश्लेषण यह भी स्पष्ट करता है कि मतदाता 21वीं शताब्दी के व्यापक जनसंचार माध्यमों के युग में लगातार पैनी नजर से शासन करने वाले नेतृत्व को देखती है। राज्य में यह अनुभव हो रहा है कि यहाँ के मतदाता परिपक्व होते जा रहे हैं। यह स्थिति आने वाले समय में राजनीतिक दलों के लिये अधिक चुनौतिपूर्ण होगी तथा उनको अपने प्रतिबद्ध प्रदर्शन एवं दृढ़ संकल्प से मतदाताओं को संतुष्ट करना होगा। राजनीति की प्रवृत्तियाँ बदल रही हैं तथा ज्यादा व्यापक स्तर पर मतदाताओं का सजग होना आने वाले समय में ज्यादा कार्यशील एवं लोकोन्मुखी प्रजातन्त्र के मार्ग को प्रशस्त करेगा।

## सन्दर्भ :

गुप्ता, सैबाल (2005): 'सोशियो-इकॉनामिक बेस ऑफ पालिटिकल डायनैमिक्स इन मध्यप्रदेश' **इकॉनामिक एण्ड पॉलिटिकल वीकली**, 26 नवम्बर, पृ. 5095.

जैफ्रेले, क्रिस्टोफ (2008): 'द अनइवन प्लेवियनाइजेशन ऑफ मध्यप्रदेश पालिटिक्स' **सेमिनार**, (591)

कुमार, संजय (1999): 'बीजेपीज़ डिफिट इन विधानसभा इलेक्शन, 1998: वाइडस्प्रेड इरोज़न ऑफ सपोर्ट बेस' **इकॉनामिक एण्ड पॉलिटिकल वीकली**, 30 जनवरी, पृ. 288.

मेनॉर, जेम्स (2004): 'द कांग्रेस डिफिट इन मध्यप्रदेश' **सेमिनार**, (534)

रामशंकर एवं सिसौदिया, यतीन्द्रसिंह (2009): 'मध्यप्रदेश: ऑवरराइडिंग द कन्टूर ऑफ एण्टी इन्कम्बेंसी' **इकॉनामिक एण्ड पॉलिटिकल वीकली**, 26 जुलाई, पृ. 3136.

रामशंकर (2004):'सोशल टेक्टोनिक्स इन ए टू पार्टी सिस्टम' **इकॉनामिक एण्ड पॉलिटिकल वीकली**, 18 दिसम्बर, पृ. 5518.

सिसैदिया, यतीन्द्रसिंह (1995): **मध्यप्रदेश विधानसभा चुनाव, 1993-एक विश्लेषण** (मोनोग्राफ), मध्यप्रदेश सामाजिक विज्ञान शोध संस्थान, उज्जैन, पृ. 49.

वालेस, पॉल (2003): 'इण्ट्रोडक्शन: द न्यू नेशनल पार्टी सिस्टम एण्ड स्टेट पालिटिक्स' वालेस, पॉल एवं रॉय, रामाश्रय (सम्पा.), **इंडियाज़ 1999 इलेक्शंस एण्ड 20 सेंचुरी पॉलिटिक्स**, सेज पब्लिकेशंस, नई दिल्ली, पृ. 5.

यादव, योगेन्द्र एवं पलसीकर, सुहास (2008): 'टेन थीसीस ऑफ स्टेट पालिटिक्स इन इंडिया' **सेमिनार**, (591)

# गुजरात

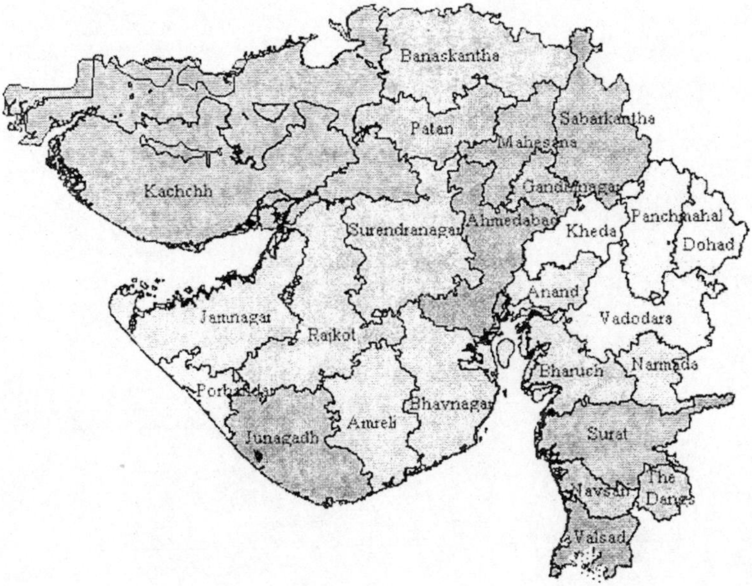
Banaskantha
Patan
Sabarkantha
Mahesana
Gandhinagar
Kachchh
Surendranagar
Ahmedabad
Panchmahal
Kheda
Dohad
Anand
Jamnagar
Vadodara
Rajkot
Bharuch
Narmada
Porbandar
Bhavnagar
Amreli
Surat
Junagadh
The
Dangs
Navsari
Valsad

# गुजरात : भाजपा का दबदबा

**– प्रियवदन पटेल**

गुजरात आज भाजपा का सबसे बड़ा गढ़ बना हुआ है। बीसेक साल पहले तक भाजपा यहां कोई प्रभावी राजनैतिक शक्ति न थी। उसकी प्रमुखता बनने के पीछे जनता दल वाले तीसरे खेमे की राजनीति का अचानक अवसान होना एक कारण है पर उसके नेताओं और संघ परिवार की सक्रियता उससे ज्यादा बड़ा कारण है। उसी के बल पर नरेन्द्र मोदी ने 2007 में तिबारा राज्य विधानसभा का चुनाव जीता। लेकिन इसी अवधि में भाजपा, नरेन्द्र मोदी और कहीं न कहीं गुजराती समाज का भी कायान्तरण हुआ है। हिन्दुत्व की प्रयोगशाला बनकर भाजपा को सत्ता में पहुंचाने वाला गुजरात विकास और 'सुशासन' की नई प्रयोगशाला के तौर पर भी प्रचारित हुआ और काफी लोगों ने उसके इस रूप को भी स्वीकार किया। मोदी अगर कल तक 'हिन्दू हृदय सम्राट' या 'क्लासिकल फासिस्ट' कहे जाते थे तो वे आज विकास पुरुष कहलाना पसंद करते हैं। और प्रसिद्ध अर्थशास्त्री लार्ड मेघनाद देसाई से लेकर अनिल अंबानी और रतन टाटा जैसे उद्योगपति उनको भारत के प्रधानमंत्री की गद्दी पर देखने के इच्छुक हैं क्योंकि उनका मानना है कि मोदी के नेतृत्व में भारत बेहतर विकास कर सकता है। इस बीच मोदी ने 'गुजराती अस्मिता' के सवाल को उठाकर गुजरातियों को गोलबंद करने का प्रयास भी किया है।

चुनावी गोलबंदी के लिए पार्टियों द्वारा जातीय, सांप्रदायिक और धार्मिक पहचान तथा विकास का राजनीतिक और चतुराई भरा इस्तेमाल देखना हो तो गुजरात की मिसाल पर नजर डालनी चाहिए। 1985 से लेकर अब तक इस राज्य में कांग्रेस कमजोर होती गई है। भाजपा ने कांग्रेस के परंपरागत जनाधार को अपनी ओर आकर्षित करके बढ़त हासिल की है। गुजरात भाजपा नीतियों के विश्लेषण से पता चलता है कि उसके तीनों शासनकाल उसके विकासक्रम के अलग-अलग चरण रहे हैं। पहला चरण 1995 से 1998 का था। इस दौरान भाजपा ने गुजरात में नरम

हिंदुत्व की लाइन अपनाई। इसी दौरान उसका सांगठनिक ढांचा भी आंतरिक असंतोष के प्रति असहिष्णु होता चला गया। फरवरी 1998 से दिसम्बर 2002 तक का दूसरा चरण चुनावी फायदे के लिए तीखी धार्मिक-सांप्रदायिक गोलबंदी और सामाजिक ध्रुवीकरण के जरिए अल्पसंख्यकों के खिलाफ खुलेआम फासीवादी अभियान का दौर रहा। इस चरण में भाजपा ने सांप्रदायिक ध्रुवीकरण करने में सफलता हासिल की और कठोर हिंदुत्व की लाइन अपनाई। उसके बाद का दौर विकास और विदेशी पूंजी निवेश को आकर्षित करने की होड़ में जुटने और गुजराती अस्मिता का नारा गाने का है।

नब्बे का दशक गुजरात की राजनीति में बुनियादी बदलावों का काल रहा है। 1989 से 1991 के बीच गुजरात में कांग्रेस की चौधराहट की जगह तीन दलों के बीच मुकाबलों ने ले ली और उसके बाद अचानक मैदान में दो ही पार्टियां रह गईं। नब्बे के दशक की कहानी गुजरात की राजनीति में दो दलीय प्रणाली की राह में आने वाली रुकावटों और चुनौतियों की कहानी रही है। बहरहाल, दशक के अंत तक यह सभी चुनौतियां समाप्त हो चुकी थीं। पूरे राज्य के स्तर पर एक स्पष्ट और स्थिर दो दलीय प्रणाली अपनी संस्थागत जड़ें जमा चुकी थी।

यदि अस्सी के दशक की चुनावी राजनीति में कांग्रेस का एकतरफा दबदबा दिखाई देता था, तो नब्बे और नई सदी के पहले दशक में कुछ ऐसी ही चौधराहट भाजपा की दिखाई दी। 1991 के लोकसभा चुनावों में भाजपा ने राज्य के चुनावी फलक पर पहली बार अपने पैर मजबूती से जमाए। तब से अब तक यहां चार विधानसभा और चार लोकसभा चुनाव हो चुके हैं। 1995 के विधानसभा के चुनावों से 2007 के विधानसभा चुनावों तक, इन आठों चुनावों में भाजपा वोटों के लिहाज से कांग्रेस के मुकाबले 10 प्रतिशत की आरामदेह बढ़त बनाए रखने में कामयाब रही है। गुजरात भाजपा के एक गढ़ के रूप में सामने आया है। भाजपा को इन विधानसभा चुनावों में लगातार दो-तिहाई बहुमत मिला है।

आमतौर पर इस तरह के चुनावी बदलाव के पीछे या तो मतदान में अचानक वृद्धि का हाथ रहता है या फिर राजनीतिक फलक पर किसी नए सामाजिक समूह की दावेदारी उभरने से होती है। लेकिन, इस दौरान गुजरात में राजनीतिक हिस्सेदारी व्यापक या क्षेत्रवार नाटकीय वृद्धि नहीं दिखाई दी। गुजरात में मतदान का स्तर कम रहता है और यही स्थिति इस दौरान भी बनी। 1996 के लोकसभा चुनावों में यहां महज 35.9 प्रतिशत मतदान हुआ था। यह न केवल गुजरात में अब तक का सबसे कम मतदान था, बल्कि दूसरे राज्यों में हुए किसी भी चुनाव में इतना कम मतदान कभी नहीं हुआ था। सच्चाई यह है कि जिन चुनावों में गुजरात अच्छा-खासा मतदान होता है, असल में राष्ट्रीय औसत से काफी नीचे ही होता है।

तो फिर नब्बे के दशक में गुजरात के राजनीति कायान्तरण को कैसे समझा जाए? दरअसल, गुजरात की दलीय प्रणाली के पुनर्गठन और चुनावी समीकरणों में बदलाव एक गैर-परम्परागत रास्ते से हुआ है। चुनावों और दलीय राजनीति के परम्परागत दायरे में राजनीतिक गोलबंदी के बजाए सत्ता समीकरणों को बदल डालने वाला यह कारक धार्मिक और सांप्रदायिक गोलबंदी का है। भाजपा ने राज्य में बने व्यापक धार्मिक-सांप्रदायिक माहौल का फायदा उठाया और कांग्रेस के पतन तथा तीसरी शक्ति के अचानक अवसान से पैदा हुए राजनीतिक शून्य पर कब्जा कर लिया। सत्ता में आने के बाद उसने कोई बेहतर या संतोषजनक प्रतीत नहीं होने वाला शासन नहीं दिया फिर भी भाजपा सामान्य तौर पर दिखेनवाले 'शासक पार्टी विरोधी' रुझानों की मार से भी बचती रही। उसने न केवल जातीय एवं सांप्रदायिक पहचान का दीर्घकालीन और दक्षतापूर्वक इस्तेमाल किया, बल्कि उसने अपने एजेंडा के इर्द-गिर्द एक विचारधारात्मक सहमति का निर्माण भी किया। 2003 के विधानसभा चुनावों तक भाजपा की राजनीतिक समझ राज्य के राजनीतिक विमर्श को अपनी शर्तों पर ढालना शुरू कर दिया था। कांग्रेस को रक्षात्मक रुख अपनाना पड़ा था।

भाजपा के उभार से इन पहलुओं को राजनीतिक विमर्श में पर्याप्त रूप से रेखांकित किया जा चुका है।

गुजरात में भाजपा का प्रदर्शन काफी उतार-चढ़ाव वाला रहा है। मार्च 1995 से सितंबर 1996 के बीच भाजपा शासन के कुशासन और अंतर्कलह के कारण लोगों से भारी असंतोष और मोहभंग की स्थिति पैदा हो गयी थी। अस्सी के दशक के अंत से नब्बे के दशक के अंत तक का काल गुजरात में नरम हिन्दुत्व की नीतियों का काल रहा। फरवरी 1998 से दिसंबर 2002 के बीच अपने दूसरे शासनकाल में भी फीके प्रदर्शन, कुशासन और नाकामियों के बावजूद उसने अल्पसंख्यकों के खिलाफ फासीवादी अभियान शुरू करने में कामयाबी हासिल की। उसने चुनावी फायदे के लिए सांप्रदायिक लामबंदी और ध्रुवीकरण का सहारा लिया। भाजपा की रणनीति पर कठोर हिन्दुत्व का निर्णायक वर्चस्व कायम हुआ और वह भाजपा के आमूल सांप्रदायिक ध्रुवीकरण में सफल रही। नरेन्द्र मोदी शासनकाल के अंतिम चरण में गोधरा नरसंहार और शासन तथा हिन्दुत्ववादी संस्थाओं की देखरेख में गोधरा के बाद हिंदुओं की ओर से मुलसमानों के खिलाफ जवाबी हमलों की घटनाएं हुईं। इसके अलावा गांधीनगर स्थित अक्षरधाम मंदिर पर आतंकवादी हमला हुआ। इन घटनाओं में चुनावी गोलबंदी, होड़ और नतीजों के कायदे-कानून बदल दिए। इन घटनाओं का अंतिम परिणाम यह हुआ कि मोदी एक कुशल राजनीतिक शिल्पी, चुनावी योजनाकार और सांप्रदायिक विभाजक के रूप में सामने आये। कुल मिलाकर अब भाजपा गुजरात में धार्मिक आधार पर एक नितांत हिन्दू चुनावी जनाधार बना चुकी है।

## राजनीतिक होड़ का स्वरूप

गुजरात राज्य का गठन 1 मई 1960 को किया गया था। तब से अब तक यहां की चुनावी राजनीति में कई उतार-चढ़ाव आ चुके हैं। गठन के बाद पहले दशक में यहां कांग्रेस को व्यापक समर्थन मिलता रहा। लेकिन, इसी दौरान राज्य के पहले मुख्यमंत्री जीवराज मेहता और मोरारजी देसाई के खेमों के बीच तीखा टकराव भी जारी रहा। उन्हीं दिनों सामंती तत्वों, पूर्व राजे-रजवाड़ों, धनी किसानों, उद्योगपतियों और रुढ़िवादी नौकरशाहों का एक दक्षिणपंथी राजनीतिक गठजोड़ स्वतंत्र पार्टी के रूप में सामने आ रहा था। 1967 में कांग्रेस को 20 सीटों और 4.8 प्रतिशत मतों का नुकसान हुआ। स्वतंत्र पार्टी को 66 सीटें और 38 प्रतिशत वोट मिले। जनसंघ ने 16 विधानसभा सीटों पर चुनाव लड़ा और पहली बार उसे एक सीट पर कामयाबी मिली। यह सीट सौराष्ट्र क्षेत्र में पड़ती थी जहां उसने नौ सीटों पर उम्मीदवार खड़े किए थे। कुल मिलाकर उसे 1.9 प्रतिशत वोट मिले। गौरतलब है कि 1960-75 के बीच जनसंघ स्थिर गति से परंतु निरंतर आगे बढ़ता रहा। 1967 के बाद वह नगरपालिका और नगर निगम के चुनावों में भी उम्मीदवार उतारने लगा।

हालांकि लोकसभा और विधानसभा चुनावों में कांग्रेस का पूरा दबदबा था, लेकिन 1967, 1971 और 1977 के तीनों लोकसभा चुनावों में उसके वोट और सीटें, दोनों घटते गए। 1967 में स्वतंत्र पार्टी ने कांग्रेस के वर्चस्व को भारी चुनौती दी। गुजरात उन कुछ राज्यों में से एक था, जहां 1967 में कांग्रेस की टूट ने 1971 में उसके प्रदर्शन पर भी असर डाला। गुजरात में उसे संगठन कांग्रेस से कड़ा मुकाबला करना पड़ा। आपातकाल के कारण कांग्रेस की लोकप्रियता में भारी गिरावट आयी और जनता पार्टी ने सीटों और वोटों के मामले में उसे धूल चटा दी। दिलचस्प बात यह है कि राज्य के चुनावी मानचित्र पर अभी तक जनसंघ का कोई खास नाम नहीं था। 1984 के लोकसभा चुनावों में पहली बार भाजपा को उत्तरी गुजरात की एक सीट पर सफलता मिली, और 18.6 प्रतिशत का सम्मानजनक मत प्रतिशत भी मिला।

1972 के विधानसभा चुनावों में भी कांग्रेस का दबबा न केवल बना रहा, बल्कि उसमें इजाफा भी हुआ। फिर भी आंशिक ही सही, इन चुनावों में जनसंघ के प्रदर्शन में भी सुधार हुआ। उसने 99 सीटों पर चुनाव लड़ा, 68 में उसकी जमानत जब्त हुई और उसे सिर्फ तीन सीटों पर सफलता मिली। उसे मिले वोटों का प्रतिशत थोड़ा बढ़ कर 9.3 प्रतिशत तक जा पहुंचा। उसने सौराष्ट्र में पिछली बार जीती अपनी सीट पर तो कब्जा जमाए ही रखा, पर इस बार उत्तरी गुजरात में भी उसने दो और सीटें जीत लीं। उसने इतनी अधिक सीटों पर चुनाव लड़ा, इससे पता चलता है कि राज्य में उसकी सांगठनिक संरचना और फैलाव बढ़ रहा

था। पर उसे सीटें नहीं मिल पा रही थीं। 1977 में जनसंघ कांग्रेस विरोधी मोर्चे में शामिल हो गया। उसे केवल 40 सीटों पर ही चुनाव लड़ने का मौका मिला, इसलिए उसे सिर्फ 8.8 प्रतिशत वोट मिले। फिर भी इस बार उसके सफल उम्मीदवारों की संख्या 9 तक जा पहुंची। क्षेत्रवार प्रभाव के लिहाजा से भी जनसंघ ने गुजरात के पांचों क्षेत्रों में कहीं हल्का तो कहीं ज्यादा असर दिखाया। शहरी मध्यवर्ग के मतदाताओं में उसका प्रभाव खासतौर से बढ़ा। कांग्रेस की सिद्धांतहीन और अवसरवादी राजनीति से उकताये यह मतदाता एक स्वच्छ और सिद्धांतवादी राजनीति चाहते थे। दूसरे राज्यों के विपरीत गुजरात में जनसंघ ने जनता पार्टी के अन्तर्गत चुनाव नहीं लड़ा था। 1980 में जनसंघ ने नया अवतार ग्रहण किया। उसने भारतीय जनता पार्टी के नए नाम से 182 में से 127 सीटों पर चुनाव लड़ा। इनमें से उसे 9 सीटों पर कामयाबी मिली, जबकि 44 पर उसकी जमानत जब्त हो गई। इस बार उसके वोटों में खासा इजाफा हुआ और उसे 14 प्रतिशत वोट मिले। इस दौर में राज्य की सामाजिक रूपरेखा बदल रही थी। राज्य के बढ़ते औद्योगीकरण और शहरीकरण के कारण मध्यमवर्ग के आकार में इजाफा हो रहा था। नरम हिंदुत्व की राजनीति और मुसलमान विरोधी प्रोपेगेंडा उभरते मध्यवर्ग को रास आने लगा था। दक्षिण गुजरात में भाजपा को 1975 के चार प्रतिशत मुकाबले 1980 में 12 प्रतिशत वोट मिले। इसी दौरान उत्तरी गुजरात में उसके वोट दोगुने यानी, 10.5 से बढ़कर 21 प्रतिशत हो गए। एक बहु-जातीय और बहु-धार्मिक चुनावी गठजोड़ (जिसमें खाम गठजोड़ के रूप में क्षत्रिय, हरिजन, आदिवासी और मुसलमान शामिल थे) के आधार पर और गरीब हितैषी नीतियों के क्रियान्वयन के जरिए राज्य की चुनावी राजनीति पर कांग्रेस का पूरा वर्चस्व था। इस गठजोड़ की प्रक्रिया में मध्यवर्गीय शहरी युवकों में गहरा असंतोष पैदा होने लगा। वे आरक्षण की नीति, सांप्रदायिक तनाव और दंगों से खुश नहीं थे। भाजपा ने इन घटनाओं का चतुराईपूर्वक फायदा उठाया और अपने चुनावी आधार को फैलाने में लगी रही।

1985 में भी भाजपा का प्रदर्शन उसी स्तर पर बना रहा। उसके वोटों में एक प्रतिशत इजाफा हुआ और इस बार उसे दो सीटें ज्यादा मिलीं। कुल मिलाकर उसे 15 प्रतिशत वोट और 11 सीटें मिलीं। 1980 की तरह इस बार भी भाजपा राज्य में दूसरे स्थान पर नहीं आ पाई। जनता पार्टी उससे आगे रही। इस चुनाव में खाम रणनीति से कांग्रेस को सबसे ज्यादा चुनावी फायदा हुआ। सीटों और वोटों, दोनों के लिहाज से उसे इस बार जैसी सफलता पहले कभी नहीं मिली। 182 सीटों में कांग्रेस को 141 सीट और 55.6 प्रतिशत इस गठजोड़ की प्रक्रिया में वोट मिले। राज्य में कुल मतदान 48.8 इस गठजोड़ की प्रक्रिया में हुआ। 1960-85 की

चुनावी होड़ के लंबे दौर में पाटीदारों और क्षत्रियों के बीच वर्चस्व की लड़ाई केन्द्र में आ गई। खाम गठजोड़ के अलग-अलग हिस्सेदारों के भीतर भी एक संपन्न अभिजन तबका विकसित हुआ और अपने मूल समूह से अलग होने लगा। आखिर में जातिगत और सांप्रदायिक रंगों ने खाम गठबंधन को छिन्न-भिन्न कर दिया।

अस्सी के दशक में गुजराती समाज में मंझोली और ऊंची जातियां और वर्ग आरक्षण के सवाल पर दलितों और आदिवासियों के खिलाफ खड़े हो गए। सामाजिक तनाव, हिंसा और उथल-पुथल के इस दौर (1977-79) से हटकर नब्बे के दशक में राज्य की राजनीति ग्रामीण शहरी इलाकों में भाजपा द्वारा अपने सामाजिक जनाधार को सांप्रदायिक स्वरूप प्रदान करने के लिए हिंदुत्व की राजनीति पर केन्द्रित हो गई।

## चित्र. 1. गुजरात में सत्ता संरचना का सामाजिक आधार

5 प्रतिशत बनिया, ब्राह्मण, ऊंची जातियां
20 प्रतिशत पटेल/पाटीदार
40 प्रतिशत 'क्षत्रिय'
35.5 प्रतिशत एसईबीसी 'बख्शी-पंच जातियां'
8.3 प्रतिशत मुसलमान
7 प्रतिशत अनुसूचित जातियां हरिजन
14 प्रतिशत अनुसूचित जनजातियां

## चित्र. 2. गुजरात में सामाजिक-राजनीतिक गठजोड़

एचएमडीओएसटी
1979
भाम सभी बख्शी-पंच जातियों को शामिल करने के लिए क्षत्रियों में विस्तार
1985
खाम (फाम के जवाब में) क्षत्रिय+हरिजन+आदिवासी+मुसलमान
जवाब रणनीति ने क्षत्रियों की जगह पाटीदारों को ला दिया।
1975
पा क्षा पाटीदार+क्षत्रिय
1962
ऊंची जातियां शहरी मध्यम वर्ग
1947

*स्रोत : प्रवीण सेठ व रमेश मेनन (1986), कास्ट एंड कम्युनल टाईम बम। अहमदाबाद : गोलवाला पब्लिकेशंस, पृष्ठ 26 : लेखक द्वारा अद्यतन।*

## तालिका 1 : : गुजरात के मुख्यमंत्रियों की सूची : 1960 से 2007

| क्र. | नाम | जाति | क्षेत्र | दल | महीना/साल |
|---|---|---|---|---|---|
| 1. | जीवराज मेहता | ब्राह्मण | सौराष्ट्र | कांग्रेस | मई 1960 |
| 2. | बलवंत राय मेहता | ब्राह्मण | सौराष्ट्र | कांग्रेस | सितम्बर 1963 |
| 3. | हितेंद्र देसाई | ब्राह्मण | दक्षिणी गुजरात | कांग्रेस | सितम्बर 1965 |
| 4. | राष्ट्रपति शासन | – | – | – | मई 1971 |
| 5. | घनश्याम ओझा | ब्राह्मण | सौराष्ट्र | कांग्रेस | मार्च 1972 |
| 6. | चिमनभाई पटेल | पाटीदार | मध्य गुजरात | कांग्रेस | जुलाई 1973 |
| 7. | राष्ट्रपति शासन | – | – | – | फरवरी 1972 |
| 8. | बाबूभाई जे. पटेल | पाटीदार | मध्य गुजरात | कांग्रेस | जुलाई 1973 |
| 9. | राष्ट्रपति शासन | – | – | – | फरवरी 1974 |
| 10. | माधवसिंह सोलंकी | क्षत्रिय | मध्य गुजरात | कांग्रेस | जून 1980 |
| 11. | माधवसिंह सोलंकी | क्षत्रिय | मध्य गुजरात | कांग्रेस | मार्च 1985 |
| 12. | अमर सिंह चौधरी | आदिवासी | दक्षिण गुजरात | कांग्रेस | जुलाई 1985 |
| 13. | माधव सिंह सोलंकी | क्षत्रिय | मध्य गुजरात | कांग्रेस | दिसम्बर 1989 |
| 14. | चिमनभाई पटेल | पाटीदार | मध्य गुजरात | भाजपा | मार्च 1990 |
| 15. | केशूभाई पटेल | पाटीदार | सौराष्ट्र | भाजपा | मार्च 1995 |
| 16. | सुरेश मेहता | ब्राह्मण | कच्छ | भाजपा | अक्टूबर 1995 |
| 17. | शंकरसिंह वाघेला | क्षत्रिय | उत्तरी गुजरात | राजपा | अक्टूबर 1996 |
| 18. | दिलीप पारिख | बनिया | मध्य गुजरात | राजपा | नवम्बर 1997 |
| 19. | केशूभाई पटेल | पाटीदार | सौराष्ट्र | भाजपा | मार्च 1998 |
| 20. | नरेन्द्र मोदी | ओबीसी | उत्तरी गुजरात | भाजपा | अक्टूबर 2001 |
| 21. | नरेन्द्र मोदी (कार्यवाहक मुख्यमंत्री) | ओबीसी गुजरात | उत्तरी | भाजपा | जुलाई 2002 |
| 22. | नरेन्द्र मोदी | ओबीसी | उत्तरी गुजरात | भाजपा | दिसम्बर 2002 |
| 23. | नरेन्द्र मोदी | ओबीसी | उत्तरी गुजरात | भाजपा | दिसम्बर 2007 |

*स्रोत : लेखक द्वारा जमा किए गए आंकड़े।*

## 1985-95 के बीच धार्मिक गोलबंदी

बाद के वर्षों में एक तरफ कांग्रेस का चुनावी और राजनीतिक पतन हुआ और दूसरी तरफ भाजपा मजबूत हुई। 1985 में साल भर की शांति के बाद जातीय और सांप्रदायिक दंगे फिर से भड़कने लगे। 1986-87 तक अराजकता और अस्थिरता इस कदर बढ़ गई कि राज्य, केन्द्र सरकार तथा कांग्रेस हाईकमान ने गुजरात को 'समस्याग्रस्त' राज्य कहते हुए अफसोस जताया। कांग्रेस में किसी को समझ में नहीं आ रहा था कि सामान्य हालात, कानून-व्यवस्था, शांति और जातिगत व सांप्रदायिक सद्भाव कैसे कायम किया जाए। 1987 तक आते-आते कांग्रेस की गुटबाजी जिले और ताल्लुका स्तर पर दिखाई देने लगी। 1986 से 1988 के बीच राज्य में 110 से ज्यादा बम विस्फोट हुए। सौराष्ट्र में कई विधायकों जैसे, सोराठिया, ठकरार, भीमजी पटेल और भरत कंबालिया की हत्या कर दी गई। जुलाई 1988 में राज्य के 60,000 पुलिसकर्मियों ने भी अमर सिंह चौधरी सरकार के खिलाफ बगावत कर दी। 1990 के विधानसभा चुनावों में इन घटनाक्रमों के लिए कांग्रेस को भारी कीमत चुकानी पड़ी। उसे 182 में से सिर्फ 33 सीटें मिलीं। 1985 में उसको 55.6 प्रतिशत वोट मिले थे, जबकि इस बार सिर्फ 31 प्रतिशत वोट मिले जो अब तक सबसे कम थे। ये परिणाम अस्सी के दशक की शुरुआत से कांग्रेस में पनप रहे राजनीतिक और सांगठनिक दिवालियेपन की देन थे। इस पूरे दरमियान भाजपा हालात का सबसे ज्यादा फायदा उठा रही थी और आंदोलनकारी राजनीति के जरिए निरंतर अपने जनाधार को फैलाती जा रही थी। भाजपा के राज्य और राष्ट्रीय नेतृत्व को भारी संभावनाएं दिखाई दीं और उन्होंने कांग्रेस को सत्ता से बेदखल करने के लिए सुनियोजित ढंग से काम किया। उस समय राम जन्मभूमि आंदोलन अपने चरम पर था, और गुजरात में उसकी काफी लहर थी।

पहले भाजपा ने शहरों और कस्बों के स्थानीय निकायों पर कब्जा किया। इसके बाद उसने कांग्रेस के प्रमुख परंपरागत समर्थक समूहों, जैसे क्षत्रिय, ओबीसी, अनुसूचित जाति और अनुसूचित जनजातियों को निशाना बनाया। भाजपा ने 143 सीटों पर चुनाव लड़ा और 67 जीत लीं। उसके वोट भी बढ़कर 26.7 प्रतिशत हो गए। चिमनभाई पटेल के नेतृत्व में जनता दल को 70 सीटें और 29 प्रतिशत वोट मिले। जनता दल को मुख्य रूप से उसे पाटीदारों और अन्य खेतिहर जातियों का समर्थन मिला। इस चुनाव के परिणामों का विश्लेषण करते हुए इस बात को ध्यान में रखना चाहिए कि भाजपा और जद उस समय केन्द्र सरकार में तो साझीदार थे, परंतु इस चुनाव में उन्होंने जहां-तहां तालमेल के अलावा कुल मिलाकर अलग-अलग चुनाव लड़ा था। हालांकि दोनों पार्टियों ने बहुत सारे उम्मीदवार खड़े किए थे, परंतु चुनाव से ठीक पहले उनके बीच एक समझौते के आधार पर कुछ उम्मीदवारों को

'रिटायर' कर दिया गया था। इसी कारण कांग्रेस को सौ से ज्यादा सीटों पर संयुक्त विपक्ष का सामना करना पड़ा। चुनाव के बाद जद और भाजपा ने मिलकर सरकार बनाई। यह गठबंधन बहुत लंबे समय तक नहीं चल पाया, क्योंकि 1990 के मध्य तक राष्ट्रीय गठबंधन भी बिखर गया था। दूसरी तरफ भाजपा की स्थानीय इकाई भी 'घुटन' महसूस करने लगी। उसने पटेल सरकार से समर्थन वापस ले लिया। 1991 में राजनीतिक अस्थिरता के माहौल में लोकसभा के लिए मध्यावधि चुनाव कराए गए। भाजपा इन चुनावों में स्पष्ट विजेता बनकर सामने आई। उसे 26 में से 20 सीटें मिलीं। उसे 119 विधानसभा क्षेत्रों में बढ़त मिली, जबकि कांग्रेस सिर्फ 23 विधानसभा सीटों पर ही आगे रह पाई। भाजपा को मिले वोटों में भी जबर्दस्त इजाफा हुआ। वह 50.4 प्रतिशत तक जा पहुंची। लेकिन आदिवासी इलाकों में उसे कोई सीट नहीं मिली।

यहां से गुजरात में भाजपा के दबदबे का दौर शुरू हुआ। तकनीकी रूप से तो जनता दल (गुजरात) के नाम से जनता दल अभी भी कांग्रेस के समर्थन से सत्ता में था, परंतु दीवारों पर लिखी इबारतें साफ पढ़ी जा सकती थीं। तय था कि विधानसभा चुनावों में भाजपा सबका सफाया कर देगी। चिमनभाई पटेल ही भाजपा और सत्ता के बीच खड़े थे। वे चुनावों को जैसे-तैसे टालने की रणनीति अपना कर भाजपा की निश्चित जीत को पीछे धकेल रहे थे। इसके लिए उन्होंने कांग्रेस का समर्थन हासिल करके शासन में बने रहने का रास्ता भी निकाल लिया। चुनावी नुकसान और घाटे के बावजूद कांग्रेस चिमनभाई पटेल की जद (गुजरात) सरकार को समर्थन देती रही। अपनी सरकार के प्रति यदा-कदा खड़े होने वाले विरोध को दबाने के लिए आखिरकार पटेल ने अपने दल का कांग्रेस में विलय कर दिया। इस तरह यह अल्पकालिक तीन दलीय होड़ कृत्रिम रूप से रातोंरात दो दलीय होड़ में सिमट गई। परंतु कांग्रेस को इस विलय से फायदा नहीं हुआ। वह अपने परंपरागत जनाधार से लगातार दूर होती गई। आदिवासी इलाकों में रथयात्रा और राममंदिर यात्राएं भाजपा के लिए फायदेमंद साबित हुईं। भाजपा ने ऐसे आदिवासियों को अयोध्या में बनने वाले राम मंदिर की एक-एक ईंट सवा रुपए में बेची, जो हिंदू दायरे में शामिल होना चाहते थे। भाजपा के इस फैलते जनाधार को रोकने के लिए कांग्रेस कुछ नहीं कर पाई। कांग्रेसी नेतृत्व गुटबाजी से नहीं उबर पाया। उसके पास मतदाताओं से दोबारा आंख मिलाने का साहस ही नहीं था। 1991 के लोकसभा चुनावों के बाद वह किसी न किसी बहाने स्थानीय निकायों के चुनाव टालने की कोशिश करती रही। आखिरकार उच्च न्यायालय के आदेश के बाद उसे मजबूरन चुनाव करवाने पड़े। 1994 में 54 नगरपालिकाओं में स्थानीय निकायों के लिए चुनाव कराए गए। नगरपालिकाओं की कुल 1803 सीटों में से कांग्रेस को 311 सीट और 16 प्रतिशत वोट मिले, जबकि भाजपा ने 624 सीटों पर कामयाबी हासिल की और उसे 30

प्रतिशत वोट मिले। निर्दलीय उम्मीदवारों को भी बहुत सी सीटें मिलीं। राष्ट्रीय और स्थानीय चुनावों में जीतने के बाद राज्य स्तर पर भाजपा का राजतिलक होने की वाला था।

स्थानीय चुनावों से साबित हो गया कि कांग्रेस में जद (गुजरात) का विलय सिर्फ तकनीकी बात थी और वास्तव में दोनों के बीच सहज संबंध नहीं बन पाए थे। 1995 के विधानसभा चुनावों से पहले उम्मीदवारों के नामांकन के समय कांग्रेस में नए सिरे से टूट-फूट हुई। इधर भाजपा भी गुटबाजी और बगावतों के रोग से मुक्त नहीं थी। कांग्रेस में विलय के बाद भी पार्टी के भीतर जद (गुजरात) गुट ने अपनी अलग मौजूदगी बनाए रखी और उसके काफी सारे उम्मीदवारों को टिकट मिला। जिन्हें आधिकारिक रूप से टिकट नहीं मिल पाया, वे निर्दलीय उम्मीदवार के रूप में मैदान में कूद पड़े। भाजपा के बागियों ने निर्दलियों के रूप में ही चुनाव लड़ा। कांग्रेस और भाजपा के बागियों के बीच एक बड़ा फर्क था। जहां एक तरफ भाजपा के भीतर से बागियों को किसी तरह का प्रत्यक्ष या परोक्ष समर्थन नहीं मिल रहा था, वहीं दूसरी तरफ कांग्रेसियों ने बागियों को जीतने में कई जगह काफी मदद की। नतीजतन, कांग्रेस के कुछ बागी जीतने में कामयाब रहे, जबकि कुछ अपनी पार्टी के आधिकारिक उम्मीदवारों को हरवाने का साधन बने। भाजपा को 182 सदस्यों के सदन में 121 सीटों के साथ दो तिहाई बहुमत मिला, जबकि कांग्रेस को महज 45 सीटों से ही संतोष करना पड़ा। कांग्रेस को पिछले दरवाजे से मिली सत्ता भाजपा के हाथ में चली गई। यदि वोटों के प्रतिशत के हिसाब से देखा जाए तो भाजपा की जीत उतनी शानदार नहीं थी। उसे 42.5 प्रतिशत यानी 1991 के शिखर बिंदु की तुलना में 8 प्रतिशत कम वोट मिले। इसके बावजूद कांग्रेस के मुकाबले वह पूरे 10 प्रतिशत आगे थे। यह रुझान आने वाले चुनावों में भी कायम रहा। बहुत सारे बागियों सहित निर्दलियों ने कुल मिलाकर 16 सीटें जीतीं और उन्हें 18.8 प्रतिशत वोट मिले। असल में दोनों प्रमुख पार्टियों के अलावा मतदाताओं के सामने यही एकमात्र विकल्प था। और किसी भी पार्टी को एक भी सीट नहीं मिल पाई। कांग्रेस में शामिल हो चुके धड़े के अलावा बाकी जनता दल को सिर्फ 2.8 प्रतिशत वोट मिल पाए। इस तरह गुजरात में स्पष्ट दो दलीय होड़ उभर आई। तीसरे विकल्प के अभाव तथा हाल ही में शुरू हुई दो ध्रुवीय होड़ से गुजरात की राजनीति पर दीर्घकालीन प्रभाव पड़ने वाले थे।

आंदोलनकारी और धार्मिक ध्रुवीकरण की राजनीति के इस लंबे दशक के दौरान भाजपा के आश्वासनों ने लोगों की उम्मीदों को आसमान पर पहुंचा दिया था। भाजपा ने आश्वासन दिया था कि वह भय, भूख और भ्रष्टाचार से मुक्त राजनीतिक व्यवस्था का निर्माण करेगी। विधानसभा चुनावों के परिणाम जिला और ताल्लुका पंचायतों में भी दोहराए गए। राज्य के इतिहास में पहली बार भाजपा पंचायतों में

सत्ता पर आसीन हुई। उसे 19 में से 19 जिला पंचायतों और 183 ताल्लुका पंचायतों में से 154 पर कामयाबी मिली। कुल मिलाकर उसे जिला पंचायतों की 767 में से 82 प्रतिशत यानी 624 सीटों पर कामयाबी मिली। कांग्रेस को 166 यानी सिर्फ 15 प्रतिशत सीटों से संतोष करना पड़ा। बाकी 21 निर्दलीय उम्मीदवारों के खाते में गई। ताल्लुका चुनावों में भी भाजपा ने अपनी सफलता के झंडे गाड़ दिए। उसे 3,785 में से 2,567 सीटें मिलीं, जबकि कांग्रेस को मात्र 902 सीटें मिलीं। इसका अर्थ है कि भाजपा को 68 प्रतिशत जबकि कांग्रेस को केवल 24 प्रतिशत सीटें मिलीं। 315 सीटें निदर्लीय उम्मीदवारों ने जीतीं। ग्रामीण मतदाता भी इस उम्मीद से भाजपा के पाले में चले गए कि वह उन गांवों में भी खेती के लिए पानी का इंतजाम करेगी जहां पानी नहीं है या बहुत कम है। इसके अलावा उसे सिंचाई के लिए बिजली भी मिलने लगेगी।

परंतु, भाजपा की राज्य इकाई भी जल्दी ही भीतरी खींचतान में व्यस्त हो गई। राज्य पार्टी इकाई के तत्कालीन महासचिव नरेन्द्र मोदी एक प्रमुख सत्ता केन्द्र के रूप में उभरकर सामने आए। पहले केशुभाई पटेल और बाद में सुरेश मेहता को मुख्यमंत्री के पद पर रहते हुए भी राज्य पार्टी प्रमुख की बजाए मोदी से ही आदेश लेने पड़ते थे। गुजरात में भाजपा को ईंट-दर-ईंट खड़ा करने वाले शंकर सिंह वाघेला को बेहद चतुराई से हाशिए पर धकेल दिया गया। मंत्रिमंडल के गठन और विभिन्न बोर्डों और निगमों के लिए हुई नियुक्तियों से पार्टी के भीतर भारी असंतोष पैदा हुआ। थोड़े ही समय बाद भाजपा को भी कांग्रेस की ही नकल माना जाने लगा। लोगों को भाजपा भी कांग्रेस की संस्कृति का ही अनुसरण करती हुई लग रही थी। अक्टूबर 1995 में वाघेला ने खुली बगावत का ऐलान कर दिया। इससे भाजपा की एक अनुशासित संगठन की छवि को गहरा झटका लगा। क्षत्रिय तथा ओबीसी मतदाताओं को भाजपा के पाले में लाने और ग्रामीण गुजरात में पार्टी को स्थापित करने का श्रेय वाघेला को ही दिया जाता है। वाघेला इस दौरान लगातार इस बात से दुखी थे कि उन्हें मुख्यमंत्री के पद से वंचित करने के साथ-साथ उनके लोगों को भी मंत्रिमंडल में शामिल नहीं किया गया। इससे पार्टी में भारी असंतोष पैदा हुआ। केन्द्रीय और स्थानीय नेतृत्व वाघेला के असंतोष को नहीं दबा पाया। वाघेला और उनके 49 असंतुष्ट विधायकों को इस कदर त्रस्त कर दिया कि उन्हें हवाई जहाज किराए पर लेकर मजबूरन खजुराहो, मध्य प्रदेश जाना पड़ा। इस घटनाक्रम के बाद आम लोगों ने भाजपा को हजूरियाओं (मुख्यमंत्री-मोदी समर्थक गुट) की पार्टी और वाघेला के विधायकों को खजूरिया (जो खजुराहो चले गए थे) गुट में बांट कर देखने लगे। शुरुआत में धीमी और बाद में खुली लड़ाई के बाद दोनों समूह आमने-सामने खड़े हो गए। पटेल की जगह सुरेश मेहता को मुख्यमंत्री बनाने से भी हालात नियंत्रण में नहीं आ सके। हटाए गए मुख्यमंत्री और उनके हजूरिया गुट के लोग

पार्टी की छवि या हितों से बेखबर सड़कों पर अपने गुस्से का इजहार करने लगे। इनमें ज्यादातर राष्ट्रीय स्वयंसेवक संघ, बजरंग दल और विश्व हिंदू परिषद के कार्यकर्त्ता थे। दिसम्बर 1995 के मध्य में अटल बिजारी वाजपेयी की मौजूदगी भी हजूरियाओं को सूरत में एक सार्वजनिक कार्यक्रम में हुड़दंग मचाने से नहीं रोक पाई। उन्होंने कार्यक्रम स्थल पर पहुंच कर कुर्सियां मंच की ओर फेंकना शुरू कर दिया। जनवरी 1996 में मुख्यमंत्री को अहमदाबाद के पास देहगाम में एक सार्वजनिक कार्यक्रम में तलवार भेंट की गई। अप्रत्यक्ष रूप से यह मौका मिलते ही 'वाघेला के खजूरियों के सफाए' का संकेत था। 20 जनवरी 1996 को अहमदाबाद में पार्टी कार्यकर्त्ताओं की एक विशाल बैठक में पार्टी अध्यक्ष लालकृष्ण आडवाणी भी खजूरिया विरोधी नारेबाजी और शहर के पूर्व महापौर मुकुल शाह की हजूरियाओं के हाथों पिटाई नहीं रोक पाए। लेकिन, राज्य सभा चुनावों में पार्टी भीतरघाती मतदान को रोकने में जैसे-तैसे कामयाब रही। अप्रैल-मई 1996 के लोकसभा चुनावों से ठीक पहले भाजपा के भीतर गहरी गुटबाजी मौजूद थी, और पार्टी में ऊपर से नीचे तक विभाजन स्पष्ट दिखाई दे रहा था। मंदिरों के कुछ 'राजनीतिक' महंत सुलह-सफाई की कोशिश कर रहे थे, लेकिन पूर्व (हटाए गए) मुख्यमंत्री वाघेला गुट के साथ किसी तरह के समझौते के लिए तैयार नहीं थे।

## लोकसभा चुनाव : 1996

अच्छी सरकार दे पाने में भाजपा की विफलता के बावजूद 1996 के लोकसभा चुनावों में भी ऐसी उम्मीद नहीं थी कि राजनीतिक हालात नाटकीय रूप से बदल जाएंगे। इसकी मुख्य वजह यही थी कि कांग्रेस के भीतर सांगठनिक टूट-फूट बहुत ज्यादा थी, और वह व्यापक असंतोष को नेतृत्व दे पाने की स्थिति में नहीं थी।

हालांकि कांग्रेस (तिवारी), समता, भाकपा, माकपा आदि छोटी पार्टियां भी गुजरात में मौजूद थीं, परंतु इन सबके लिए गठजोड़ बनाने या सीटों के तालमेल की गुंजाइश कुछ खास नहीं थी। भाजपा और कांग्रेस के बीच रेखा स्पष्ट रूप से खिंची हुई थी। आगामी लोकसभा चुनाव की तैयारी में भाजपा अध्यक्ष आडवाणी ने एक और रथ यात्रा शुरू कर दी। इस यात्रा का उद्देश्य देश में स्वराज से सुराज की ओर ले जाना था। इस यात्रा को सुराज यात्रा का नाम दिया गया। गुजरात में इस यात्रा को अपेक्षित समर्थन नहीं मिला। यात्रा के दौरान पारडी, नवासरी, वलसाड और सूरत की बैठकों में तो बहुत ही कम लोगों ने शिरकत की। इन बैठकों में भाजपा की आंतरिक गुटबाजी पूरी तरह सामने आ गई। भाजपा में वाघेला और उनके खजूरिया समर्थकों को राज्य की राजनीति से बेदखल करने की एक योजना पर काम जारी था। इसके लिए एक तरफ तो उन्हें टिकटों से वंचित किया जाना था, और अगर उन्हें किसी कारण टिकट मिल भी जाता, तो पार्टी की ओर से उन्हें हरवाने की तैयारी की जा रही थी।

चुनाव अभियान के मुद्दे बदलते रहे। भाजपा ने नरम हिंदुत्व के कार्ड पर अपना अभियान शुरू किया। जवाब में कांग्रेस ने आर्थिक मुद्दे उठाए। उसने भाजपा की भीतरी गुटबाजी और सांप्रदायिक राजनीति की आलोचना की। भाजपा के हजूरिया गुट ने संघ-विहिप गठजोड़ के साथ मिलकर खजूरिया उम्मीदवारों को हराने पर सारा जोर लगा दिया। गोधरा में शंकर सिंह वाघेला को सबसे बुरे दिन देखने पड़े। हिंदुत्व के संगठन ने ही उनकी हार के लिए कमर कस ली। साधु-संतों ने गोधरा में धर्मसभाएं कीं और 'साधु-संतों की एक ही बात, वाघेला को मारो लात' जैसे नारों के साथ लोगों से आह्वान किया कि वह 'हिंदू-घाती' वाघेला को हराने का संकल्प लें। दूसरे स्थानों पर भाजपा ने भ्रष्टाचार, राजनीति के अपराधीकरण, सुरक्षा और राष्ट्र विरोधी गतिविधियों जैसे मुद्दे उठाए।

इस बार के आम चुनावों में न कोई लहर थी, न कोई मुद्दा और न कोई चमक-दमक थी। ताजा राजनीतिक घटनाक्रम से लोगों का असंतोष भी उन्हें चुनावों से दूर रखे हुए था। राज्य के इतिहास में इस बार सबसे कम (35.9 प्रतिशत) मतदान हुआ। मतदाताओं की उदासीनता ने हर किसी को हैरत में डाल दिया। छुट्टियां, गर्मी, शादियों का मौसम या मजदूरी के लिए प्रवास जैसे कारणों के बावजूद इस बेहद कम मतदान की व्याख्या नहीं की जा सकती थी, क्योंकि ऐसे सभी कारक तो वहां हर बार ही मौजूद रहते थे। ऊंचे पदों पर व्यापक भ्रष्टाचार और राजनेताओं का बेईमानी भरा, मुखौटेबाज व्यवहार भी इस कम मतदान का संतोषजनक कारण नहीं हो सकता था, क्योंकि यह स्थिति भी अकेले गुजरात में ही नहीं थी। इस बार की एक खास बात यह थी कि भाजपा के हजूरियाओं और खजूरियाओं के गुटों के बीच जबर्दस्त अंतर्कलह थी, जबकि दूसरी तरफ कांग्रेस भी एकजुट, सही ढंग से संचालित और लक्ष्यकेन्द्रित अभियान नहीं चला पाई।

1995 में भाजपा ताकत और भाई-भतीजावाद की कांग्रेस राजनीति की जगह एक अपराधमुक्त स्वच्छ राजनीति और लोगों के कल्याण के आश्वासन के साथ सत्ता में पहुंची थी। परंतु भाजपा सत्ता का सही तरीके से बंटवारा नहीं कर पाई, जिसके कारण संगठन में असीमित आंतरिक टकराव खड़े हो गए। दूसरी तरफ कांग्रेस भी बंटी हुई थी। ऐसे में घर से निकलने और मतदान करने के लिए लोगों के पास न तो कोई वजह थी और न कोई विकल्प। हमारे चुनाव-बाद सर्वेक्षण से पता चलता है कि 97 प्रतिशत लोगों ने चुनाव अभियान में हिस्सा ही नहीं लिया। लगभग 80 प्रतिशत लोग किसी चुनावी सभा में नहीं गए, 60 प्रतिशत लोगों की अभियान में कोई दिलचस्पी नहीं थी। इन आंकड़ों से चुनाव प्रक्रिया के प्रति मतदाताओं की अरुचि और उदासीनता का पता चलता है। ऐसा मुख्य रूप से इसलिए था क्योंकि उम्मीदवारों और पार्टी कार्यकर्त्ताओं ने भी घर-घर जाकर अभियान में उतनी दिलचस्पी नहीं दिखाई। 80 प्रतिशत लोगों का कहना था कि उनका झुकाव किसी खास पार्टी

की तरफ नहीं है, बल्कि वह किसी को भी समर्थन दे सकते हैं। लगभग आधे लोगों (48.3 प्रतिशत) का मानना था कि देश को चलाने में उनके वोट का भी महत्त्व होता है। इससे पता चलता है कि लोग लोकतांत्रिक राजनीति के प्रति तो निरुत्साहित नहीं थे, फिर भी इस चुनाव में ज्यादातर लोग चुनाव अभियान, प्रचार, चुनावी सभाओं आदि से दूर ही रहे। लगभग 76 प्रतिशत लोगों ने कहा कि राजनीतिक प्रतिनिधि एक बार जीतने के बाद इस बारे में नहीं सोचते कि मतदाता उनसे क्या उम्मीदें रखते हैं। इन सारी प्रतिक्रियाओं से दोनों प्रमुख पार्टियों का प्रचार और अभियान मशीनरी तथा उम्मीदवारों की विफलता साफ दिखाई देती थी। राज्य में व्यवस्था की विश्वसनीयता और लोकप्रिय वैधता बेहद क्षीण हो चुकी थी।

इस चुनाव में कई हैरत भरे परिणाम सामने आए। भाजपा को नुकसान हुआ और कांग्रेस को फायदा। भाजपा को मिले मतों का प्रतिशत 1991 के 50.4 से कुछ गिरकर 48.4 प्रतिशत रह गया। 1991 में कांग्रेस को सिर्फ 29 प्रतिशत वोट मिले थे, जो 1996 में बढ़कर 38.1 प्रतिशत तक जा पहुंचे। इसके बावजूद 1995 की तरह अबकी बार भी भाजपा कांग्रेस से पूरे दस प्रतिशत आगे रही। 1991 में भाजपा ने 20 सीटें जीती थीं, जबकि इस बार वह 26 में से केवल 16 लोकसभा सीटें जीत पाई। संघ और विहिप की अगुवाई में हिंदुत्ववादी भाजपायी हजूरियाओं ने खजूरियाओं को राजनीतिक शिकस्त देने का फैसला कर लिया था। जैसे-जैसे चुनाव का दिन नजदीक आया, वह 'अक्टूबर विद्रोह' के नेता वाघेला को खुलेआम निशाना बनाने लगे। वाघेला गोधरा से उम्मीदवार थे। हालांकि भाजपा को इस चुनाव क्षेत्र की सातों विधानसभा सीटों पर अच्छा-खासा समर्थन मिला, फिर भी वाघेला को महज 3,228 वोटों से ही हरा पाई। सुरेन्द्रनगर, बनासकांठा और बड़ौदा में वाघेला के तीन कट्टर समर्थक भी हार गए।

गुजरात में मुकाबला दोनों राष्ट्रीय पार्टियों के बीच ही था। सभी सीटें इन्हीं दोनों पार्टियों के खाते में गईं। कोई तीसरी पार्टी इन दोनों प्रतिद्वंद्वियों को कोई खास चुनौती देने की हालत में नहीं थी। हालांकि वड़ोदरा जैसी कुछ सीटों पर उन्हें थोड़ी दिक्कत जरूर हुई, जहां दो निर्दलीय उम्मीदवारों को कुल 1,51,632 वोट मिले जबकि कांग्रेस के जीतने वाले उम्मीदवार को 1,31,284 वोट मिले। मजे की बात यह है कि 577 में से 522 उम्मीदवारों की जमानत जब्त हो गई। कांग्रेस और भाजपा के अलावा बाकी सारी पार्टियों के उम्मीदवारों और निर्दलियों की संख्या 555 थी और उन्हें सिर्फ 12.79 प्रतिशत वोट मिले। इस चुनाव में आदिवासी और मुसलमान मतदाताओं ने निर्णायक भूमिका निभाई। अब तक कांग्रेस मुसलमानों, अनुसूचित जातियों और अनुसूचित जनजातियों के बीच अपना जनाधार खोती जा रही थी, जबकि भाजपा इन तबकों के बीच मजबूती से पैर जमा रही थी। चुनाव के नतीजों से पता चलता है कि इस प्रक्रिया में एक रुकावट आ गई है। राज्य के समूचे आदिवासी क्षेत्र में भाजपा केवल वलसाड

सीट पर ही संतोषजनक प्रदर्शन कर पाई, हालांकि वहां भी भाजपा के उम्मीदवार मणिभाई चौधरी मामूली अंतर से ही जीत पाए।

मुसलमानों के ज्यादातर वोट कांग्रेस के खाते में ही गए, परंतु उनमें से कुछ ने भाजपा को भी वोट दिया। राज्य के मुसलमानों के बीच किसी खास पार्टी को लेकर कोई एकमत या सामूहिक फैसला या रणनीति नहीं थी। मिसाल के तौर पर वड़ोदरा में मुसलमानों को यह सलाह दी गई कि वह किसी धर्मनिरपेक्ष उम्मीदवार को ही वोट दें, परंतु फिर भी अंतिम फैसला उन्होंने ही लिया। और तो और, अहमदाबाद में कांग्रेस के एकमात्र मुसलमान उम्मीदवार को भी मुसलमान मतदाताओं की उदासीनता के कारण हार का सामना करना पड़ा। अहमदाबाद के मुसलमान कांग्रेस को पसंद नहीं कर रहे थे, इसलिए वह कांग्रेस की तरफ से मुसलमान उम्मीदवार खड़ा किए जाने के बावजूद मतदान से दूर ही रहे। गोधरा में मुसलमानों ने कांग्रेस को वोट दिया क्योंकि उनके बीच शांतिभाई पटेल की साख अच्छी थी। अनुसूचित जातियों के लिए आरक्षित धंधुका और पाटण लोकसभा सीटों पर दलितों ने भाजपा को समर्थन दिया। चमारों और वणकरों के दलित वोटों के बीच बंटवारे के बावजूद इन दोनों सीटों पर भाजपा को कामयाबी मिली। चमारों ने एकमुश्त भाजपा को वोट दिया, जबकि वणकर कांग्रेस और कांग्रेस (टी) के बीच बंटे रहे।

## तालिका 2 : किसने किसको वोट दिया : लोकसभा चुनाव 1996

| विभिन्न सामाजिक धार्मिक समूह | पार्टियां | | |
|---|---|---|---|
| | कांग्रेस | भाजपा | अन्य |
| **उम्र** | | | |
| 25 वर्ष तक | 25.0 | 70.0 | 5.0 |
| 26–35 वर्ष | 33.3 | 57.3 | 9.4 |
| 36–45 वर्ष | 36.4 | 57.6 | 6.1 |
| 46–55 वर्ष | 43.9 | 51.2 | 4.9 |
| 56 वर्ष से अधिक | 30.8 | 4.9 | 7.7 |
| **लिंग** | | | |
| पुरुष | 28.8 | 66.7 | 4.6 |
| महिलाएं | 37.2 | 53.8 | 9.0 |
| **शिक्षा** | | | |
| साक्षर | 60.0 | 30.0 | 10.0 |
| प्राथमिक और मिडिल | 37.7 | 58.5 | 3.8 |
| माध्यमिक | 17.2 | 76.3 | 6.5 |

| | | | |
|---|---|---|---|
| स्नातक या उससे अधिक | 3.8 | 80.0 | 15.4 |
| **धर्म** | | | |
| हिंदू | 31.8 | 61.2 | 7.0 |
| मुसलमान | 66.7 | 33.3 | – |
| सिख | – | – | – |
| अन्य | – | – | – |
| **जाति** | | | |
| अनुसूचित जाति | 34.8 | 60.9 | 4.3 |
| अनुसूचित जनजाति | 54.9 | 33.8 | 11.3 |
| पिछड़ी जातियां | 29.7 | 64.9 | 5.4 |
| अन्य | 17.9 | 75.8 | 6.3 |
| **इलाका** | | | |
| ग्रामीण | 37.5 | 55.2 | 7.3 |
| शहरी | 19.5 | 75.3 | 5.2 |
| **वर्ग** | | | |
| अत्यंत गरीब | 65.9 | 27.3 | 6.8 |
| गरीब | 38.1 | 54.8 | 7.1 |
| मध्यम | 25.0 | 70.1 | 5.4 |
| उच्च | 24.1 | 72.4 | 3.4 |

***स्रोत :** विकासशील समाज अध्ययन पीठ का राष्ट्रीय चुनाव अध्ययन, 1996, चुनाव–बाद सर्वेक्षण, गुजरात का विश्लेषण। उत्तर देने वालों की संख्या= 484।*

इस सर्वेक्षण से पता चलता है कि 60.9 प्रतिशत अनुसूचित जाति मतदाताओं ने भाजपा को वोट दिया जबकि कांग्रेस को इस तबके के केवल 34.8 प्रतिशत मतदाताओं ने वोट दिया। इसी तरह शिक्षित मतदाताओं की दो श्रेणियों के मतदाताओं ने भाजपा को क्रमशः 76 और 80 प्रतिशत वोट दिए। 25 वर्ष और उससे कम उम्र के लगभग 70 प्रतिशत नए मतदाताओं ने भाजपा को पसंद किया। कांग्रेस किसी भी आयु वर्ग के लोगों के बीच भाजपा से आगे नहीं निकल पाई। कांग्रेस केवल आर्थिक और धार्मिक–सामाजिक मानकों के स्तर पर ही भाजपा को पछाड़ सकी। मिसाल के तौर पर 65.9 प्रतिशत बेहद गरीब और 55 प्रतिशत आदिवासी मतदाताओं ने कांग्रेस को समर्थन दिया। इसी तरह 66.7 प्रतिशत मुसलमानों ने भी कांग्रेस को पसंद किया। युवा, शहरी, शिक्षित और उच्चवर्गीय मतदाताओं में 70 से 80 प्रतिशत ने भाजपा के पक्ष में मतदान किया।

1996 के लोकसभा चुनावों के परिणामों ने राज्य की राजनीति को काफी आहत किया। शासक भाजपा ने अपने अलग-अलग गुटों को एक-दूसरे के सफाए की छूट देकर भानुमति का पिटारा खोल दिया। मिश्रित परिणामों से पता चलता है कि भाजपा ने पाटीदारों, क्षत्रियों, पिछड़ों और दलितों के बीच जैसे-तैसे अपनी पकड़ बनाए रखी। आदिवासी मतदाता भाजपा से आंख-मिचौली खेलते रहे। मतदाताओं को लुभाने के लिए भाजपा ने जातीय और धार्मिक भावनाओं का खुलकर इस्तेमाल किया। यह निष्कर्ष भी निकाला जा सकता है कि भाजपा तमाम गुटबाजी और एक अनुशासित पार्टी की छवि खो देने के बावजूद अपने जनाधार को बनाए रखने में सफल रही। गुजरात के लोगों के सामने असल में एक अजीब स्थिति थी। कांग्रेस इस हालत में नहीं थी कि वह बेहतर शासन की जिम्मेदारी वहन कर सके। विकल्पहीनता के कारण भी लोगों को मजबूरन भाजपा की ओर रुख करना पड़ा। अगर राज्य में दम-खम और विश्वसनीयता वाली कोई तीसरी पार्टी होती तो चुनाव परिणाम अलग भी हो सकते थे। गुजरात के मतदाताओं ने इसलिए भाजपा का दामन थामे रखा, क्योंकि उनकी नजर में भाजपा छोटा शैतान थी। खेड़ा और सुरेन्द्रनगर जैसे इलाकों में कांग्रेस के उम्मीदवारों की साख ठीक-ठाक थी, इसलिए मतदाताओं ने उन्हें जितवा दिया। गुजरात के चुनावों से पता चलता है कि मतदाताओं के सामने जितने सीमित विकल्प थे, उसी से पूरी चुनाव प्रक्रिया और उसके परिणामों की सीमाएं भी निर्धारित हो गई थीं।

## एक और लोकसभा और विधानसभा चुनाव : 1998

वाघेला की बगावत के बाद केशुभाई पटेल भाजपा के विधायकों को एकजुट नहीं रख पाए। 1995 में मुख्यमंत्री बनने के बाद केशुभाई को सात महीने के भीतर गद्दी छोड़नी पड़ी। अक्टूबर 1995 में सुरेश मेहता नए मुख्यमंत्री बने और उन्होंने जैसे-तैसे अक्टूबर 1996 तक काम चलाया। आखिरकार जब अक्टूबर 1996 में वाघेला ने भाजपा से औपचारिक रूप से अलग होकर राष्ट्रीय जनता पार्टी का गठन कर लिया तो सुरेश मेहता को गद्दी छोड़नी पड़ी। वाघेला ने कांग्रेस के बाहरी समर्थन के साथ सरकार बनाई। सदन में भाजपा के विधायकों की संख्या केवल 76 रह गई। केशुभाई को विपक्ष का नेता नहीं बनाया गया, बल्कि उन्हें भाजपा का उपाध्यक्ष बनाकर राष्ट्रीय कार्यकारिणी में शामिल कर लिया गया। 1996 से 1998 के बीच की इस अवधि में पहले वाघेला और बाद में दिलीप पारिख के नेतृत्व में राजपा की कांग्रेस समर्थित सरकार ने शासन चलाया। इस दौरान सामाजिक जनाधार को फैलाने और राजनीतिक सत्ता पर कब्जे के लिए पहले भाजपा व राजपा के बीच और बाद में राजपा व कांग्रेस के बीच जमकर होड़ हुई। विधानसभा में बहुमत के दावों को लेकर

कई बार हिंसक झड़पें देखी गईं। राज्यपाल पर भी राजपा और कांग्रेस के प्रति पक्षपात का आरोप लगा। तीन प्रमुख दलों के बीच सत्ता की रस्साकशी में विधानसभा अध्यक्ष और उपाध्यक्ष भी आरोपों से नहीं बच पाए।

वाघेला जल्दी ही इस धर्मसंकट में फंए गए कि उन्हें अपना सांगठनिक आधार बनाने पर ध्यान देना चाहिए या कांग्रेस के समर्थन पर भरोसा करना चाहिए। अपना अलग सांगठनिक आधार ढूंढने की कोशिश में वे कांग्रेस को चोट पहुंचाने लगे। उन्होंने खुद को मुसलमानों का सच्चा हितैषी बताना शुरू कर दिया। इसके अलावा वे राज्य के आदिवासी और पिछड़ा बहुल इलाकों में भी पैठ बनाने लगे जो परंपरागत रूप से कांग्रेस का आधार थे। उन्होंने पाटण, आणंद, दाहोद, नर्मदा और नवसारी के नाम से 5 नए जिले और 48 नए ताल्लुक भी बनाए। इससे कांग्रेस और भाजपा को भारी परेशानी महसूस हुई। वाघेला ने विभिन्न जलापूर्ति योजनाओं और 'गुजरात अस्मिता सभा' आदि योजनाओं के लिए पैसे जुटाने के मकसद से उद्योगपतियों से प्रति लीटर पानी पर एक पैसे की लेवी वसूलने की योजना बनाई। गुजरात की राजनीति में शराबंदी की नीति पर काफी विवाद रहा है। इस नीति को भी वाघेला ने दोबारा खंगाला। वाघेला पर यह भी आरोप लगाया जाता है कि जमीन, बिजली उत्पादन और औद्योगिक लाइसेसिंग से जुड़े करोड़ों रुपए के कई संदिग्ध सौदों में उनका हाथ था।

वाघेला को भीतर से भी चुनौतियां मिलीं। सबसे पहले तो वे अपनी ही पार्टी के आत्माराम पटेल को खुश नहीं रख पाए। आत्माराम पटेल ने 19 राजपा विधायकों को साथ लेकर वाघेला को खुली चुनौती दी और उन्हें मुख्यमंत्री की गद्दी से हटाने में एक अहम भूमिका निभाई। कांग्रेस की ओर से समर्थन वापसी की तलवार तो वाघेला की गर्दन पर हमेशा लटकी ही रहती थी। वाघेला को उम्मीद थी कि वह भाजपा के असंतुष्ट विधायकों को राजपा की ओर खींच लेंगे, परंतु उनकी यह कोशिश भी कामयाब नहीं हो पाई जिससे उनके राजनीतिक अस्तित्व पर ही सवाल खड़े होने लगे। गद्दी से हटाए जाने के बाद उन्होंने दिलीप पारिख को अपनी कुर्सी पर बिठाया और 25 दिसम्बर 1997 को कांग्रेस या अपने मंत्रिमंडल या राजपा के कार्यकर्त्ताओं से सलाह लिए बिना रातों-रात विधानसभा भंग करने का आत्मघाती कदम उठा लिया। उन्होंने लोकसभा चुनावों के साथ विधानसभा चुनावों की घोषणा करके एक महत्त्वाकांक्षी और अंततः आत्मघाती जुआ खेला।

भाजपा आमने-सामने की टक्कर को लेकर चिंतित थी। वाघेला के अड़ियल रवैये ने इन चुनावों को त्रिकोणीय बना दिया जिससे भाजपा को काफी राहत मिली। कांग्रेस और राजपा ने आकलन के मामले में भारी गलतियां कीं। राजपा को लगता था कि विधानसभा में उसे 35 सीटें मिल जाएंगी, और इस तरह वह भाजपा को

सत्ता से बाहर रखने में सफल हो जाएंगे। चूंकि कांग्रेस राजपा के साथ सीटों के तालमेल को तैयार नहीं हुई, इसलिए ऐसा भी नहीं हो पाया। इसके अलावा एक संभावना यह भी थी कि जद (गुजरात) के 18 विधायक कांग्रेस से अलग हो जाएंगे। कांग्रेस अध्यक्ष सीताराम केसरी ने वाघेला को सार्वजनिक रूप से सबसे भ्रष्ट नेता करार दिया और राजपा व कांग्रेस के बीच किसी किस्म की चुनावी तालमेल की सारी संभावनाएं खत्म कर दीं।

तीन प्रमुख पार्टियां अलग-अलग मुद्दों के साथ चुनाव में उतरीं। भाजपा ने स्थायित्व, अच्छे शासन, भ्रष्टाचार के खात्मे और सार्वजनिक जीवन से वाघेला जैसे अवसरवादी राजनेताओं के सफाए का आश्वासन दिया। कांग्रेस ने मुसलमानों और पिछड़े वर्गों के बीच सोनिया गांधी की लोकप्रियता का सहारा लिया और भाजपा की विफलता, राजपा की अक्षमता और वाघेला के भ्रष्टाचार का मुद्दा उठाया। राजपा का दावा था कि वह आम लोगों की पार्टी है और वह दिल्ली में बैठे किसी 'हाईकमान' के इशारों पर नहीं चलती। राजपा की बदकिस्मती यह रही कि उसे कांग्रेस और भाजपा, दोनों ने निशाना बनाया। भाजपा ने अपने सभी मौजूदा सांसदों और विधायकों को दोबारा टिकट दिया। टिकटों के बंटवारे में मोदी का दबदबा रहा। कांग्रेसी उम्मीदवारों के नामांकन में गुटबाजी और 'हाईकमान' की भूमिका तो थी ही, साथ ही कुछ कांग्रेसी नेताओं के बेटों को भी टिकट दिया गया। वाघेला की अपनी पार्टी के लिए उम्मीदवार ढूंढने में भारी मुश्किल आई। खुद वाघेला ने न तो लोकसभा के लिए और न विधानसभा के लिए पर्चा भरा।

अंततः भाजपा 44.33 प्रतिशत के साथ 117 विधानसभा सीटों पर कामयाब रही। 1995 के मुकाबले इस बार उसे वोट तो 3.2 प्रतिशत अधिक मिले, परंतु उसे 5 सीटों का नुकसान भी उठाना पड़ा। कांग्रेस को 35.0 प्रतिशत वोट मिले और उसे 53 सीटों पर सफलता हाथ लगी। कांग्रेस की सीटों में आठ और वोटों में 2.2 प्रतिशत का इजाफा हुआ। राजपा तीसरे नंबर पर रही। उसे 11.7 प्रतिशत वोटों के साथ महज 2 सीटों से संतोष करना पड़ा। कांग्रेस ओर राजपा के वोटों का कुल योग 46.7 प्रतिशत बैठता है जो कि भाजपा के वोटों से 2.4 प्रतिशत ज्यादा था। अपने नए रूप में जनता दल (चिमनभाई पटेल के हाथों कांग्रेस के विलय के बाद) को चार सीटों पर सफलता मिली, परंतु उसे वोट केवल 2.7 प्रतिशत ही मिले। निर्दलीय उम्मीदवारों को 5.5 प्रतिशत वोट और केवल तीन सीटें मिलीं जबकि 1995 में निर्दलियों ने 18.7 प्रतिशत वोटों के सहारे 16 सीटें जीती थीं। कांग्रेस 95 सीटों पर भाजपा के बाद नंबर दो पर रही, जबकि राजपा 21 सीटों पर दूसरे नंबर पर रही।

चुनाव के बाद कांग्रेस और राजपा, दोनों ने चुनावी समझौता न होने के लिए एक दूसरे को जिम्मेदार ठहराया। इसके बावजूद राजपा का दावा था कि उसने राज्य

के राजनीतिक विमर्श को धर्म और हिंदुत्व की बजाए गरीबी और विकास के एजेंडे पर केन्द्रित कर दिया है। इस बार के चुनावों में मतदान का स्तर काफी बेहतर रहा। 1996 के लोकसभा चुनावों में यहां सिर्फ 35.9 प्रतिशत वोट पड़े थे जबकि 1998 के चुनाव में 59.3 प्रतिशत मतदान हुआ, हालांकि यह 1995 के विधानसभा चुनावों में हुए 64.4 प्रतिशत मतदान के स्तर को नहीं छू पाया।

किसने किसको वोट दिया, इस बात का पता लगाने के लिए 1998 में राष्ट्रीय चुनाव अध्ययन के चुनाव के बाद सर्वेक्षण के आंकड़ों का सहारा लिया जा सकता है। आंकड़ों से पता चलता है कि वोट की प्राथमिकता के पीछे उम्र कोई प्रमुख कारक नहीं थी। भाजपा को लगभग सभी आयु वर्ग के मतदाताओं के बीच अच्छा-खासा समर्थन मिला। लैंगिक प्राथमिकता के लिहाज से भाजपा को पुरुष मतदाताओं के बीच थोड़ा बेहतर समर्थन मिला। लगभग 60 प्रतिशत पुरुषों और 56.5 प्रतिशत महिलाओं ने भाजपा को पसंद किया। वर्ग और शैक्षणिक पृष्ठभूमि के विश्लेषण से थोड़ी और स्पष्ट तस्वीर सामने आती है। शैक्षणिक लिहाज से मतदाताओं की दलीय प्राथमिकता के आधार का पता चलता है कि निरक्षर मतदाताओं ने कांग्रेस को प्राथमिकता दी, क्योंकि कांग्रेस और भाजपा के बीच इस श्रेणी में फर्क दूसरी श्रेणियों के मुकाबले कम था। शैक्षणिक क्षेत्र में भाजपा अभी भी मध्यम और उच्च वर्गों की पार्टी ही बनी हुई थी। उसे कॉलेज में पढ़ने वाले और स्नातक व उससे अधिक शिक्षा प्राप्त मतदाताओं के बीच क्रमशः 84.6 और 61.6 प्रतिशत समर्थन मिला। यदि पेशे के हिसाब से पार्टियों के प्रति झुकाव को देखें तो यहां भी वही स्थिति दिखाई देती है जो शैक्षणिक मानदंडों के मामलों में थी। 75 प्रतिशत सफेदपोश मतदाताओं ने भाजपा को वोट दिया। यदि जातिगत प्राथमिकता के पैमाने पर देखें तो पता चलता है कि गुजरात में अनुसूचित जातियों के मतदाता भाजपा और कांग्रेस के बीच लगभग बराबर-बराबर बंटे हुए थे। भाजपा और कांग्रेस को इन मतदाताओं के बीच क्रमशः 47.5 और 45 प्रतिशत वोट मिले। भाजपा ने यहां कांग्रेस के गढ़ में अच्छी पैठ बना ली थी। भाजपा के मुकाबले कांग्रेस को अनुसूचित जनजाति मतदाताओं के बीच बेहतर समर्थन मिला। इनके बीच कांग्रेस को 46.3 जबकि भाजपा को 42.6 प्रतिशत वोट मिले। इस तबके के बीच भी भाजपा को फायदा हुआ। भाजपा को पिछड़ी जातियों के बीच औसत से ज्यादा समर्थन मिला, क्योंकि उसे 69.4 प्रतिशत मतदाताओं ने अपनी पहली पसंद माना। जबकि कांग्रेस को इसके बीच केवल 29.5 प्रतिशत वोट मिले।

## 1999 के लोकसभा चुनाव संदर्भ और परिणाम

1999 का लोकसभा चुनाव गठबंधन सरकारों की वजह से पैदा हुई अस्थिरता के माहौल में लड़ा गया। पिछले लोकसभा चुनाव में भाजपा के कमजोर प्रदर्शन, और

नतीजतन केन्द्र में सरकार बनाने के लिए जरूरी सीटों की कमी के इर्द-गिर्द ही 1999 के लोकसभा चुनाव आयोजित कराए गए थे। गुजरात में इन चुनावों का प्रमुख नारा था 'अबकी बारी, अटल बिहारी'। चुनाव अभियान में इस बात की अपील की जा रही थी कि लोग केन्द्रीय स्तर पर भाजपा के हाथ मजबूत करने के लिए वोट दें। लोकसभा चुनावों के साथ-साथ विधानसभा की कुछ सीटों के लिए उपचुनाव भी होने थे। इस बार कांग्रेस ने समझदारी भरा फैसला लिया और वाघेला की राजपा के साथ हाथ मिला लिया। नतीजतन, सीटों के लिहाज से तो खास बदलाव नहीं आया, मगर वोटों के प्रतिशत से साफ फायदा दिखाई दिया। हालांकि गुजरात में केशुभाई पटेल सरकार के खराब प्रदर्शन के कारण सरकार विरोधी भावनाएं काफी मजबूत थीं, परंतु फिर भी भाजपा औरों से बेहतर साबित हुई। भाजपा को 1998 (19 सीट) के मुकाबले एक सीट का फायदा हुआ और उसकी चुनावी चौधराहट पर एक बार फिर मोहर लग गई। उसे 1998 में 48.3 प्रतिशत वोट मिले थे, जबकि इस बार उसे 52.5 प्रतिशत वोट मिले। कांग्रेस के वोट भी 1998 के 36.5 प्रतिशत से बढ़कर 45.4 प्रतिशत तक पहुंच गए, हालांकि 1998 के मुकाबले इस बार उसे एक सीट का नुकसान उठाना पड़ा। कांग्रेस में राजपा के विलय से उत्तरी गुजरात में उसे वोटों का जबर्दस्त फायदा हुआ। यहां उसे 16 प्रतिशत ज्यादा वोट मिले। कांग्रेस को सौराष्ट्र में भी एक सीट हाथ लगी।

मतदान के स्तर में भारी गिरावट इन नतीजों को प्रभावित करने वाला एक अहम पहलू माना जा सकता है। इस कम मतदान से संभवत: भाजपा को फायदा हुआ होगा। बहरहाल, दोनों प्रमुख पार्टियों के जनाधार में गहरे सामाजिक विभाजन दिखाई दे रहे थे। ऊंची जातियों, पाटीदारों और पिछड़ी जातियों के ज्यादा पिछड़े तबकों के बीच भाजपा का प्रदर्शन अच्छा रहा। कांग्रेस को मुसलमानों, अनुसूचित जातियों और अनुसूचित जनजातियों के बीच अच्छी बढ़त मिली। सभी बातें चुनाव के दौरान गुजरात में भारी वर्गीय ध्रुवीकरण की ओर संकेत करती हैं। इस प्रकार गुजरात में सामाजिक और आर्थिक टकराव वर्गीय टकराव के बेहद नजदीक रहा।

## विधानसभा चुनाव, 2002

पार्टी के भीतर गुटबाजी, कुछ उपचुनावों में हार और केशुभाई पटेल सरकार के ढीले-ढाले प्रदर्शन के फलस्वरूप भाजपा को अक्टूबर 2001 में पटेल की जगह नरेन्द्र मोदी को मुख्यमंत्री बनाना पड़ा। यह घटनाक्रम केशुभाई पटेल और सौराष्ट्र में उनके पाटीदार समर्थकों को रास नहीं आया। मोदी का दिल खोलकर स्वागत नहीं किया गया। ऐसा लग रहा था कि सरकार विरोधी भावनाएं भाजपा के खिलाफ जाने लगी हैं।

भाजपा ने एक बार फिर हिंदुत्व का सहारा लिया। संघ परिवार के संगठनों को काम पर लगा दिया गया। गुजरात के तमाम इलाकों से कारसेवकों के जत्थे अयोध्या की ओर आने-जाने में व्यस्त थे। फरवरी 2002 तक राज्य में तनाव काफी बढ़ चुका था। रास्ते में पड़ने वाले तमाम रेलवे स्टेशनों पर कारसेवकों के स्वागत और विदाई कार्यक्रम चल रहे थे। पूरा माहौल दिसम्बर 1992 की याद दिला रहा था जब कारसेवकों ने अयोध्या जाकर बाबरी मस्जिद को तोड़ दिया था। अल्पसंख्यक इस पूरे घटनाक्रम से बेहद डरे हुए थे।

27 फरवरी 2002 को गोधरा में अयोध्या-अहमदाबाद साबरमती एक्सप्रेस की एस-6 बोगी में आग लगाए जाने की घटना गुजरात के सार्वजनिक जीवन में एक ऐतिहासिक मोड़ साबित हुई। गोधरा रेलवे स्टेशन के पास 27 कारसेवकों को जिंदा जला दिए जाने का भाजपा और उग्र हिंदुत्व में यकीन रखने वाली ताकतों ने मुसलमानों को सबक सिखाने के लिए इस मौके का जमकर फायदा उठाया। विहिप ने गुजरात बंद का आह्वान किया और मोदी सरकार ने उसका समर्थन किया। अगले कुछ दिनों तक सरकारी मशीनरी मौके से पूरी तरह गायब रही। पुलिस और नौकरशाही समूचे राज्य में हो रही हिंसा की मूकदर्शक बनी रही। गोधरा और उसके बाद की हिंसा ने बंटवारे के समय हुए नरसंहारों की याद ताजा कर दी। मध्य और उत्तरी गुजरात में सबसे भयानक हिंसा हुई। मोदी ने 7 जुलाई 2002 को विधानसभा भंग कर दी और समय से पहले चुनाव की तैयारी में लग गए। चुनाव आयोग ने उनकी मांग नहीं मानी। मामला सर्वोच्च न्यायालय के समक्ष पहुंच गया। अंततः कार्यवाहक मुख्यमंत्री के तौर पर मोदी के नेतृत्व में 12 दिसम्बर 2002 को विधानसभा के लिए चुनाव कराए गए।

भाजपा की गुजरात इकाई और राष्ट्रीय संगठन ने अपनी नियति मोदी के हाथों में सौंप दी। इस पूरे प्रकरण में मोदी एक सांप्रदायिक विभाजन और धुआंधार अभियान के महारथी के रूप में उभरे। उन्होंने गौरव यात्राएं निकालीं और 1989 की आडवाणी की रथयात्रा की तर्ज पर पूरे राज्य का दौरा किया। उन्होंने चुनाव अभियान के सारे नियम तोड़े और उसके बावजूद साफ बच निकले। उन्होंने 'मियां मुशर्रफ' की दुहाई दी, अल्पसंख्यकों को अपमानजनक शब्दों में याद किया और 'हिंदू हृदय सम्राट' बन गए। सरकार और पार्टी संगठन के तमाम मोर्चों पर उनका पूरा नियंत्रण था। उन्हीं की इच्छा और बात सर्वोपरि थी। उन्होंने चुनाव की पूरी प्रक्रिया और अभियान को एक निजी उद्यम बना दिया। उन्होंने अहमदाबाद के प्रमुख भाजपा विधायक हरेन पांड्या को तमाम दबावों के बावजूद टिकट न देकर सार्वजनिक रूप से अपमानित किया। उनके इस अभियान पर मतदाताओं ने ऐतिहासिक प्रतिक्रिया दी और दिल खोलकर मोदी का समर्थन किया।

दूसरी तरफ कांग्रेस ने अपने अभियान की बागडोर सांसद शंकर सिंह वाघेला और कमलनाथ के हाथों में सौंपी। इन दोनों ने कांग्रेस की जीत की हवा तो बनाई, मगर वास्तविकता ऐसी नहीं थी। कांग्रेस के लिए टिकट बांटने का काम एक अच्छी-खासी चुनौती साबित हुआ। बहुत सारे लोगों ने बगावत की। कई बागियों ने निर्दलीय के रूप में भी चुनाव लड़ा। कांग्रेस किसी पार्टी के साथ चुनावी तालमेल या समझौता नहीं कर पाई। शरद पवार (राष्ट्रवादी कांगेस पार्टी) ने भी अपने उम्मीदवार खड़े किए और भाजपा विरोधी वोटों में बिखराव पैदा करके भाजपा के लिए फायदेमंद साबित हुए। एक इमाम द्वारा जारी किए गए फतवे ने भी अपना असर दिखाया। इस फतवे से धर्मनिरपेक्ष मतदाता या तो तटस्थ हो गए या हिंदुत्व की ओर झुकने लगे। कांग्रेस के नरम हिंदुत्व का मोदी के कट्टर हिंदुत्व से कोई मुकाबला नहीं था। मोदी ने राज्य में सत्ता की बागडोर पूरी निर्ममता से दोबारा अपने हाथ में ले ली।

भाजपा ने जिस समय गुजरात और देश भर में अब तक की अपनी इस सबसे अहम चुनावी लड़ाई में कदम रखा था, उस समय यह कांग्रेस के मुकाबले बढ़त पर थी। इस बात को समझने के लिए गुजरात में एक चुनाव-पूर्व और चुनाव बाद सर्वेक्षण कराया गया था। सर्वेक्षण से पता चला कि भाजपा को कांग्रेस के मुकाबले 15 प्रतिशत से ज्यादा बढ़त मिल रही थी। इन सर्वेक्षणों में जिन लोगों से बात की गई उनमें से 50 प्रतिशत लोगों ने कहा कि अगर 'अगले दिन' ही चुनाव करा दिए जाएं तो भाजपा को वोट देंगे। यदि 1998 के विधानसभा चुनावों के नतीजों से तुलना की जाए तो पता चलता है कि भाजपा ने न केवल 1998 की अपनी बढ़त बनाए रखी, बल्कि उसमें 3 प्रतिशत का इजाफा भी किया। इन चुनावों से दो दलीय होड़ का सच एक बार फिर साबित हुआ।

पिछले दशक के दौरान दो प्रमुख सामाजिक गठजोड़ सामने आए और थोड़े-बहुत बदलाव के बावजूद पूरे समय यथावत बने रहे। कांग्रेस के खाम आधार के जवाब में भाजपा ने बाकी हिंदू मतदाताओं को एकजुट और सांप्रदायिक रूप से ध्रुवीकृत करने का रास्ता अपनाया। इन मतदाताओं में ऊंची जातियों व ऊंचे वर्गों के मतदाताओं के साथ-साथ पाटीदार और क्षत्रिय मतदाता भी शामिल थे। उसने पिछड़ी जातियों, अनुसूचित जाति और अनुसूचित जनजाति मतदाताओं को भी निशाना बनाया। सर्वेक्षण से पता चला कि भाजपा कांग्रेस के परंपरागत मतदाताओं के बीच अच्छी-खासी पैठ बना चुकी है। तालिका 3 में राज्य की दोनों प्रमुख पार्टियों के सामाजिक जनाधार का विवरण दिया गया है।

## तालिका 3 : मतदाताओं की सामाजिक पृष्ठभूमि, 2002

| सामाजिक समूह | राजनीतिक दल | |
|---|---|---|
| | भाजपा (प्रतिशत) | कांग्रेस (प्रतिशत) |
| ऊंची जातियां | 76 | 24 |
| पाटीदार | 82 | 9 |
| क्षत्रिय | 61 | 38 |
| पिछड़ी जातियां | 57 | 39 |
| दलित | 27 | 68 |
| आदिवासी | 34 | 49 |
| मुसलमान* | 10 | 69 |

*कुछ स्थानों पर हिंसा के दौरान मदद करने वाले हिंदुओं के प्रति अहसान या डर के कारणों से मुसलमानों ने भी भाजपा को वोट दिया।

**स्रोत :** *विकासशील समाज अध्ययन पीठ, गुजरात विधानसभा चुनाव, चुनाव पूर्व सर्वेक्षण, 2002*

साफ दिखाई देता है कि भाजपा का जनाधार कमोबेश यथावत था। वर्गीय पृष्ठभूमि के विश्लेषण से भी पता चलता है कि सम्पन्न तथा खाते-पीते मतदाताओं ने भाजपा का और गरीब मतदाताओं ने कांग्रेस का समर्थन किया (तालिका-4)। शहरी और ग्रामीण इलाकों में भाजपा के प्रति समर्थन कमोबेश एक जैसा था। यदि आयु वर्ग के हिसाब से मतदाताओं की प्राथमिकता पर ध्यान दिया जाए तो पता चलता है कि भाजपा लगभग सभी आयु वर्ग के मतदाताओं के बीच कांग्रेस के मुकाबले बेहतर स्थिति में थी।

## तालिका 4 : आर्थिक-वर्गीय आधार पर मतदान, 2002

| | भाजपा (प्रतिशत) | कांग्रेस (प्रतिशत) |
|---|---|---|
| सम्पन्न | 66 | 25 |
| उच्च-मध्यम | 61 | 26 |
| मध्यम | 49 | 37 |
| निम्न | 45 | 41 |
| गरीब | 41 | 44 |

**नोट :** *(1) मतदाताओं का यह वर्गीकरण वाहनों तथा टीवी, पंखा, रेडियो और फोन जैसी घरेलू चीजों और बैंक खाते आदि जानकारियों के आधार पर किया गया है। (2) कुछ ने दूसरी पार्टियों को भी वोट दिया होगा इसलिए कुल योग 100 नहीं है।*

**स्रोत :** *विकासशील अध्ययन पीठ, चुनाव-पूर्व सर्वेक्षण, 2002।*

यह भी पाया गया कि भाजपा को शिक्षित मतदाताओं के बीच ज्यादा समर्थन मिला है, जबकि कांग्रेस को निरक्षर लोगों के बीच ज्यादा पसंद किया गया। यहां तक कि मिडिल स्तर तक पढ़े मतदाताओं के बीच भी भाजपा को 67 प्रतिशत जबकि कांग्रेस को केवल 30 प्रतिशत समर्थन मिला (तालिका-5)।

लोगों ने भाजपा को दोबारा सत्ता में कैसे पहुंचा दिया, यह बात बहुत सारे लोगों के लिए पहेली बनी हुई है। इस पहेली को बूझने का एक तरीका तो यह है कि तरह-तरह की निंदा और आलोचना का शिकार बने मुख्यमंत्री और उनकी सरकार के प्रदर्शन पर मतदाताओं के दृष्टिकोण को समझा जाए। उल्लेखनीय है कि सर्वेक्षणों के मुताबिक, कई संकेतकों के लिहाज से मतदाताओं की नजर में भाजपा सरकार का प्रदर्शन काफी अच्छा रहा था (तालिका-6)।

## तालिका 5 : शैक्षणिक पृष्ठभूमि के अनुसार मतदान, 2002

| शिक्षा का स्तर | राजनीतिक दल | |
|---|---|---|
| | भाजपा (प्रतिशत) | कांग्रेस (प्रतिशत) |
| कॉलेज और उससे अधिक | 67 | 30 |
| मैट्रिक (कक्षा 10) | 62 | 29 |
| प्राथमिक | 48 | 41 |
| निरक्षर | 46 | 49 |

***नोट :*** *कुछ ने दूसरी पार्टियों को वोट दिया होगा इसलिए कुल योग 100 नहीं है।*

***स्रोत :*** *विकासशील समाज अध्ययन पीठ, चुनाव-पूर्व सर्वेक्षण, 2002।*

## तालिका 6 : भाजपा सरकार के प्रदर्शन पर मतदाताओं की राय, 2002

| प्रदर्शन के संकेतक | सरकार सर्वश्रेष्ठ प्रदर्शन (%) | अपर्याप्त (%) | कुछ नहीं किया (%) | कोई राय नहीं (%) |
|---|---|---|---|---|
| भूंकप पीड़ितों के लिए राहत कार्य | 35 | 34 | 16 | 15 |
| गोधरा के बाद दंगों को रोकने की कोशिश | 32 | 31 | 19 | 18 |
| गोधरा दंगों के बाद राहत कार्य | 24 | 36 | 21 | 19 |
| अक्षरधाम मंदिर पर आतंकवादी हमले की कोशिश के बाद | 38 | 19 | 14 | 29 |

***स्रोत :*** *विकासशील समाज अध्ययन पीठ, चुनाव-पूर्व सर्वेक्षण, 2002।*

गोधरा के बाद हुए दंगों के सिलसिले में राहत कार्यों के अलावा बाकी तीन संकेतकों/मुद्दों पर मतदाताओं ने राज्य सरकार के प्रति संतोष व्यक्त किया। इसके अलावा गोधरा के बाद हुई हिंसा पर अंकुश लगाने और पीड़ितों को राहत उपलब्ध कराने के लिए किए गए प्रयासों पर भी बहुत सारे लोगों ने संतोष जताया। ऐसे लोगों की संख्या ज्यादा थी जो सरकार के कामों से खुश थे। अक्षरधाम मंदिर पर हुए आतंकवादी हमले के सवाल पर 38 प्रतिशत लोगों का मानना था कि सरकार ने उसका सही जवाब दिया। पिछले 5 सालों के दौरान भाजपा सरकार के प्रदर्शन को भी सर्वेक्षण के जरिए आंकने की कोशिश की गई। लगभग सभी बिंदुओं पर तुलनात्मक रूप से ज्यादा मतदाताओं ने उसके काम की सराहना की। 35 प्रतिशत लोगों का मानना था कि सरकार ने पीने के पानी की समस्या पर संतोषजनक काम किया है, जबकि ऐसे लोगों की संख्या सिर्फ 22 प्रतिशत थी जिनकी राय इसके विपरीत थी। लगभग 39 प्रतिशत लोगों का मानना था कि विकास के मुद्दे पर सरकार के प्रदर्शन में सुधार आया है, जबकि 13 प्रतिशत लोगों की राय इसके विपरीत थी। केवल बिजली आपूर्ति के सवाल पर 28 प्रतिशत लोगों की नकारात्मक और 26 प्रतिशत लोगों की सकारात्मक प्रतिक्रिया थी।

मुख्यमंत्री की कुर्सी पर नरेन्द्र मोदी के संक्षिप्त कार्यकाल की भी आंकड़ों के जरिए पड़ताल करने की कोशिश की गई। जैसा कि तालिका 7 से पता चलता है, लोगों ने मुख्यमंत्री को लगभग सभी मानकों पर बेहतर बताया। जिन पांच मुद्दों पर बात की गई उन पर राय देने वालों में से अच्छी-खासी संख्या ऐसे लोगों की थी जिनकी नजर में मोदी, उसका नेतृत्व और उनका काम सराहनीय थे। आर्थिक मोर्चे पर मोदी की कोशिशें, राज्य की प्रतिष्ठा सुधारने, असरदार नेतृत्व देने, नर्मदा बांध के काम को तेजी से आगे बढ़ाने और आतंकवाद के खतरे से निपटने के लिए काफी सारे लोगों ने मोदी की प्रशंसा की। नतीजतन इस चुनाव में भाजपा की रिकॉर्ड जीत के पीछे मतदाताओं के बीच उसके प्रति सकारात्मक दृष्टिकोण का काफी हाथ था।

### तालिका 7 : नरेन्द्र मोदी के नेतृत्व और कार्यों पर मतदाताओं की राय, 2002

| मोदी के नेतृत्व के बारे में वक्तव्य | सहमत (%) | असहमत (%) | कोई राय नही (%) |
|---|---|---|---|
| गुजरात की आर्थिक स्थिति में सुधार आया है | 49 | 31 | 20 |
| गुजरात की प्रतिष्ठा में सुधार आया | 48 | 31 | 21 |
| मोदी के रूप में गुजरात | 46 | 30 | 24 |

| को एक असरदार नेता मिला है | | | |
|---|---|---|---|
| नर्मदा बांध का काम तेजी से आगे बढ़ा है | 46 | 27 | 27 |
| आतंकवाद का खतरा कम हुआ है | 40 | 34 | 26 |

***स्रोत :** विकासशील समाज अध्ययन पीठ, चुनाव-पूर्व सर्वेक्षण, 2002।*

बीच-बीच में होने वाली चुनावी-राजनीति गोलबंदी के दौरान भाजपा कभी अकेली नहीं रही। उसे आरएसएस-बजरंग दल-विहिप गठजोड़ की मदद और मार्गदर्शन मिलता है। सर्वेक्षण के जरिए यह पता लगाने की भी कोशिश की गई कि संघ परिवार के इन संगठनों का आधार कितना ठोस है और उनकी जड़ें कितनी गहरी हैं। मतदाताओं से पूछा गया कि क्या वह इन संगठनों और उनके कामों के बारे में जानते हैं। उनसे यह भी पूछा गया कि क्या उन्होंने इन धार्मिक-सांप्रदायिक संगठनों के कार्यक्रमों और गतिविधियों में कभी हिस्सेदारी की है अथवा नहीं। इन तीन हिंदू संगठनों के अलावा मतदाताओं से स्टूडेंट इस्लामिक मूवमेंट ऑफ इंडिया (सिमी) के बारे में भी सवाल पूछे गए।

## तालिका 8 : हिंदुओं में धार्मिकता के आधार पर मतदान 2002।

| धार्मिकता का असर* | भाजपा | कांग्रेस |
|---|---|---|
| उच्च | 62 | 22 |
| मध्यम | 58 | 29 |
| निम्न | 52 | 36 |
| बहुत कम | 37 | 44 |

***नोट :** *धार्मिकता के स्तर का पता लगाने के लिए धार्मिक गतिविधियों (जैसे प्रार्थना, मंदिर जाना, व्रत रखना, दान देना, भजन-कीर्तन आदि करना) में हिस्सेदारी की बारंबारता के लिए कुछ खास मूल्य निर्धारित किए गए। इसमें अधिक बारंबारता के लिए उच्च मूल्य जबकि कभी-कभार की हिस्सेदारी को निम्नस्तर मूल्य दिए गए।*

***इन आंकड़ों का कुल योग 100 नहीं है क्योंकि कुछ मतदाताओं ने दूसरी पार्टी को भी वोट दिया होगा।*

***स्रोत :** विकासशील समाज अध्ययन पीठ, चुनाव-पूर्व सर्वेक्षण, 2002।*

सर्वेक्षण से धार्मिकता और मतदान के बीच एक प्रत्यक्ष और सकारात्मक सहसंबंध भी उजागर हुआ। जैसाकि तालिका 8 से पता चलता है, ऊंची धार्मिकता वाले 62 प्रतिशत मतदाताओं ने भाजपा को वोट दिया जबकि ऐसे 30 प्रतिशत लोगों

ने कांग्रेस को पसंद किया। बहुत कम धार्मिकता वाले 44 प्रतिशत मतदाताओं ने कांग्रेस को वोट दिया। हालांकि ऊंची धार्मिकता वाले मतदाताओं में से 62 प्रतिशत ने भाजपा को वोट दिया था, परंतु सर्वेक्षण में जिन लोगों से बात की गई उनमें से ऐसे लोगों की संख्या केवल 9 प्रतिशत ही थी। उच्च धार्मिकता वाली श्रेणी में भी केवल 12 प्रतिशत लोग थे। ज्यादातर लोग 'मध्यम' और 'निम्न' श्रेणी के थे।

सर्वेक्षण की एक महत्त्वपूर्ण धार्मिक व्यवहार और राजनीतिक व्यवहार के बीच सहसंबंध के मामले में थी। कहा जाता है कि दोनों के बीच संबंध जितना कम होगा धर्मनिरपेक्षता का स्तर उतना ही ऊंचा होगा। परंतु, अब ऐसा नहीं है। हिंदुत्ववादी धार्मिक-सांप्रदायिक संगठनों की सहायता से भाजपा के उदय ने इस स्थिति को बदल दिया है। व्यक्ति के मतदान संबंधी रुझान और एक धर्मपरायण हिंदू होने के बीच स्पष्ट संबंध को नब्बे के दशक में गुजरात में जितनी अच्छी तरह दर्ज किया गया वैसा पहले कभी नहीं किया गया था। सर्वेक्षण के निष्कर्षों से पहली बार एक स्पष्ट तस्वीर सामने आई। सर्वेक्षण से पता चला कि जो लोग नियमित रूप से पूजा-पाठ करते हैं और धार्मिक गतिविधियों में हिस्सा लेते हैं उनकी ओर से भाजपा को समर्थन की संभावना ज्यादा रहती है। इस मुद्दे ने जातिवादी और आर्थिक मुद्दों को भी पीछे धकेल दिया और धार्मिक पहचान के मुद्दे को लोकतांत्रिक राजनीति के मंच पर ला दिया। भाजपा और हिंदुत्ववादी सांप्रदायिक संगठनों को इस काम में तो निःसंदेह सफलता मिली है लेकिन, इस प्रक्रिया में उन्होंने भारत के आदर्श को भी कमजोर किया है और आधी सदी पुराने लोकतांत्रिक उद्यम के भविष्य को भी खतरे में डाल दिया है।

हालांकि इस चुनाव परिणाम का नतीजा कमोबेश पहले से ही तय था, फिर भी मीडिया ने इस सवाल पर एक किस्म का रहस्य बनाया हुआ था। भाजपा लगातार तीसरी बार विधानसभा में दो-तिहाई बहुमत के साथ जीतकर आई। कांग्रेस के मुकाबले उसने अपनी 10 प्रतिशत की बढ़त भी बनाए रखी। विभिन्न अध्ययनों से स्पष्ट हो चुका है कि गुजरात में भाजपा की जीत के लिए सिर्फ गोधरा ही जिम्मेदार नहीं था। परंतु यह कहना भी सही नहीं होगा कि इससे कोई असर ही नहीं पड़ा। वर्ष 2002 में हुए जिला पंचायत चुनावों में उसे 1995 के 82 प्रतिशत के मुकाबले महज 27 प्रतिशत सीटों पर कामयाबी मिली। उसे पहली बार राजकोट और अहमदाबाद नगर निगम में भी हार का स्वाद चखना पड़ा था। जिसके कारण मजबूरन उसने दूसरे नगर निगम चुनावों को स्थगित ही कर दिया। 1999 से फरवरी 2002 के बीच हुए सभी उपचुनावों में भी उसे 10 प्रतिशत वोटों का नुकसान उठाना पड़ा। इन राजनीतिक-चुनावी नाकामयाबियों के हालात में गोधरा की घटना उसके लिए फायदेमंद साबित हुई। मोदी के नेतृत्व में भाजपा ने इस मुद्दे का किस तरह दोहन किया इस बारे में मीडिया विस्तार से जानकारी दे चुका है। यह बात 65 दंगाग्रस्त विधानसभा सीटों की उन 116 सीटों से तुलना करने पर स्पष्ट हो जाती है

जहां दंगों का असर नहीं था। जिन 65 सीटों पर दंगों का असर हुआ उनमें से 52 सीटों पर भाजपा जीती जबकि 116 सामान्य सीटों में से उसे 74 पर ही सफलता मिली। दंगाग्रस्त सीटों पर भाजपा को लगभग 12.5 प्रतिशत वोटों का फायदा हुआ, जबकि बाकी सीटों पर यह बदलाव लगभग शून्य (0.5 प्रतिशत) रहा।

## 2004 लोकसभा चुनाव

दिसम्बर 2002 में हुए विधानसभा चुनाव और अप्रैल–मई 2004 में हुए लोकसभा चुनाव के बीच राजनैतिक और चुनावी परिदृश्य में बदलाव आया। कांग्रेस तो 'सर्किट हाउस पार्टी' ही बनी रही और उसने शंकर वाघेला की जगह कमजोर और बूढ़े बी. के. गढ़वी को प्रदेश अध्यक्ष बनाया। कांग्रेस के लिए राजनैतिक लाभ लेने के अनेक अवसर आए पर उसने ऐसा किया ही नहीं। शंकर सिंह वाघेला जरूर अपने संगठन, शक्ति दल के माध्यम से सक्रिय रहे। उधर भाजपा को हिंदुत्व की लहर के उतरने के चलते मुश्किलें आने लगीं और सरकार का काम वोट दिलाने लायक नहीं था। पूर्व मुख्यमंत्री केशुभाई पटेल नरेन्द्र मोदी की तानाशाह वाली कार्यशैली के खिलाफ आवाज उठाकर सारे मोदी विरोधियों को जमा करने लगे। भाजपा मोदी समर्थक और मोदी विरोधी खेमे में बंट गई।

पर राज्य की राजनीति पूरी तरह दो ध्रुवीय ही रही और 26 सीटों में से किसी पर भी तीसरे खेमे का उम्मीदवार मुख्य मुकाबले में नहीं आ पाया। कांग्रेस ने राष्ट्रवादी कांग्रेस को राजकोट की सीट दी। पर कुल पड़े मतों का 92.5 फीसदी इन्हीं दो दलों में बंटा। लोकसभा चुनाव 2004 की एक विशेष बात बजरंग दल, विश्व हिन्दू परिषद और राष्ट्रीय स्वयंसेवक संघ का काफी हद तक निष्क्रिय हो जाना भी था और चुनाव एकदम 'सामान्य' और 'पारंपरिक' माहौल में हुए। चुनाव सीधे–सीधे सोनिया बनाम वाजपेयी मुद्दे पर हुए और विधानसभा की जीत का उत्साह भाजपा में था। अब भाजपा ने यह चुनाव हिंदुत्व की जगह 'फील गुड' और 'भारत उदय' के साथ पांच करोड़ गुजरातियों के सम्मान के नाम पर लड़ा। मोदी ने मुख्य रूप से सोनिया गांधी के विदेशी मूल का सवाल, राहुल गांधी की 'अयोग्यता', नर्मदा का पानी, सुजलम–सुफलम योजना और 'समृद्ध गुजरात' जैसे मुद्दों को उठाया। वे अपनी 'केसरिया यात्रा' के दौरान सोनिया गांधी को 'बेगम साहिबा' और राहुल गांधी को 'ड्राइवर बनने में भी अयोग्य' बताते रहे।

कांग्रेसी अभियान कभी ज्यादा आक्रामक और व्यवस्थित नहीं चला। पर 10 वर्षों में पहली बार चुनाव सरकार के काम काज के मुद्दे पर हुए। सांप्रदायिक द्वेष पहली बार सबसे ऊपर रहने वाली प्रवृत्ति न थी। पर इस 'सामान्य' चुनाव ने भाजपा को झटका दिया और कांग्रेस को हैरान किया। कांग्रेस ने लगभग आधी सीटें (26 में से 12) जीतीं। भाजपा को अगर 47.37 फीसदी वोट मिले तो कांग्रेस–रा.कांग्रेस

**तालिका 9 : दंगाग्रस्त और अप्रभावित सीटों पर भाजपा का प्रदर्शन, 2002**

| | | | | भाजपा | | | | कांग्रेस | | | | अन्य | | | |
|---|---|---|---|---|---|---|---|---|---|---|---|---|---|---|---|
| क्षेत्र | कुल सीटें | मतदान % | 1998की तुलना में घटत/बढ़त | सीटें जीती | लाभ/हानि हानि 1998 की तुलना में | मतदान % | मत में घटत बढ़त % | सीटें जीती | लाभ/हानि हानि 1998 की तुलना में | मतदान % | मत में घटत बढ़त % | सीटें जीती | लाभ/हानि हानि 1998 की तुलना में | मतदान % | मत में घटत बढ़त % |
| (1) | (2) | (3) | (4) | (5) | (6) | (7) | (8) | (9) | (10) | (11) | (12) | (13) | (14) | (15) | (16) |
| दंगा प्रभावित | 65 | 62.0 | +3.2 | 52 | +14 | 56.4 | +12.4 | 13 | –8 | 37.6 | +3.1 | – | –6 | 6.0 | –15.4 |
| अप्रभावित | 116 | 61.5 | +1.6 | 74 | –4 | 45.6 | +0.5 | 38 | +6 | 40.4 | +5.2 | 4 | –2 | 14.0 | –5.8 |

**स्रोत :** यादव, 2003, पृष्ठ 12।

को 47.31 फीसदी वोट मिले। भाजपा को 1999 के चुनाव में सात फीसदी की बढ़त थी। सौराष्ट्र और मध्य गुजरात में तो उसे क्रमशः 5 और 6 फीसदी मतों का नुकसान हुआ, पर दक्षिण गुजरात में सीधे 13 फीसदी का नुकसान उठाना पड़ा। उत्तर गुजरात पर कांग्रेसी पकड़ बनी रही। कांग्रेस को इस बार राज्य की 182 विधानसभा सीटों में से 92 पर बढ़त मिली।

जहां तक सामाजिक समूहों के समर्थन की बात है, केशुभाई के स्पष्ट विरोध के बावजूद भाजपा को पाटीदारों का जबरदस्त समर्थन बना रहा। मुसलमान इस 'सामान्य' चुनाव में भी पूरी तरह कांग्रेस के पक्ष में या कहें भाजपा के खिलाफ नहीं गए। उनका वोट बंटा। आदिवासियों में भाजपा थोड़ा आगे रही तो दलितों ने लगभग एकजुट कांग्रेस को वोट दिया। यही हाल ओबीसी वोटरों का भी था। अति गरीबों में कांग्रेस के प्रति आकर्षण था तो गरीब से लेकर उच्च वर्ग तक में भाजपा की लोकप्रियता ज्यादा थी। नौजवानों में भी भाजपा कांग्रेस से काफी आगे थी। पढ़े-लिखे लोगों, खासकर कॉलेज या उससे ऊपर शिक्षा वालों में भाजपा का समर्थन कांग्रेस से लगभग दो गुना (33.6 फीसदी के मुकाबले 63.8 फीसदी) था।

## तालिका 10 : सुरक्षा को लेकर विभिन्न सामाजिक समूहों की राय

| सामाजिक समूह | क्या आप खुद को और परिवार को सुरक्षित मानते हैं ? | | | कुल |
|---|---|---|---|---|
| | असुरक्षित | सुरक्षित | पता नहीं | – |
| ऊंची जातियां | 24<br>(11.2)<br>(16.4) | 183<br>(85.1)<br>(20.2) | 8<br>(3.7)<br>(14.8) | 215<br>(100.0)<br>(19.4) |
| पाटीदार | 16<br>(8.6)<br>(11.0) | 164<br>(88.2)<br>(18.1) | 6<br>(3.2)<br>(11.1) | 186<br>(100.0)<br>(16.8) |
| ओबीसी | 34<br>(11.8)<br>(13.3) | 241<br>(84.0)<br>(26.6) | 12<br>(4.2)<br>(22.2) | 287<br>(100.0)<br>(25.9) |
| दलित | 18<br>(17.3)<br>(12.3) | 82<br>(78.8)<br>(9.0) | 4<br>(3.8)<br>(7.4) | 104<br>(100.0)<br>(9.4) |
| आदिवासी | 13<br>(6.8)<br>(8.9) | 166<br>(86.5)<br>(18.3) | 13<br>(6.8)<br>(24.1) | 172<br>(100.0)<br>(17.3) |

| | | | | |
|---|---|---|---|---|
| मुसलमान | 34<br>(35.4)<br>(23.3) | 56<br>(58.3)<br>(6.2) | 6<br>(6.3)<br>(11.1) | 96<br>(100.0)<br>(8.7) |
| अन्य | 7<br>(25.9)<br>(4.8) | 15<br>(55.6)<br>(1.7) | 5<br>(18.5)<br>(9.3) | 27<br>(100.0)<br>(2.4) |
| कुल | 146<br>(13.2)<br>(100.0) | 907<br>(81.9)<br>(100.0) | 54<br>(4.9)<br>(100.0) | 1107<br>(100.0)<br>(100.0) |

***नोट :*** *कोष्टक के आंकड़े, स्तंभ और पंक्ति का प्रतिशत बताती है।*

***स्रोत :*** *चुनाव पूर्व सर्वेक्षण-2004, डाटा इकाई, सीएसडीएस।*

## तालिका 11 : लोकसभा चुनाव के नतीजे, 2004

| पार्टी | लड़े | जीते | कुल वोट | वोट प्रतिशत |
|---|---|---|---|---|
| कांग्रेस | 25 | 12 | 6671926 | 43.86 |
| भाजपा | 26 | 14 | 7204915 | 47.37 |
| जेडी (यू-99) | 4 | 0 | 130403 | 0.86 |
| सीपीएम | 1 | 0 | 16301 | 0.11 |
| बीएसपी | 20 | 0 | 225637 | 1.48 |
| निर्दलीय | 65 | 0 | 525055 | 3.45 |
| एनसीपी* | 1 | 0 | 176634 | 1.16 |
| एचएमएस | 1 | 0 | 4875 | 0.03 |
| सपा | 11 | 0 | 80352 | 0.53 |
| भारतीय जन शक्ति | 1 | 0 | 975 | 0.01 |
| बीआरपी1 | 1 | 0 | 11459 | 0.08 |
| एलजेएनएसपी | 1 | 0 | 7142 | 0.05 |
| अन्य दल | 5 | 0 | 155230 | 1.02 |

***नोट :*** **राष्ट्रीय कांग्रेस का कांग्रेस के साथ गठबंधन था।*

***स्रोत :*** *चुनाव-बाद सर्वेक्षण-2004, डाटा इकाई सीएसडीएस।*

## तालिका 12 : सामाजिक समूहों की दलगत पसंद

| सामाजिक समूह | किस दल को वोट दिया | | | कुल |
|---|---|---|---|---|
| | कांग्रेस + | भाजपा | अन्य | |
| ऊंची जातियां | 53<br>(32.9)<br>(12.9) | 97<br>(60.2)<br>(22.5) | 11<br>(6.8)<br>(15.5) | 161<br>(100.0)<br>(17.6) |
| पाटीदार | 29<br>(18.4)<br>(7.1) | 118<br>74.7<br>(27.3) | 11<br>(7.0)<br>(15.5) | 158<br>(100.0)<br>(17.3) |
| ओबीसी | 127<br>(55.2)<br>(30.9) | 92<br>(40.0)<br>(21.3) | 11<br>(4.8)<br>(15.5) | 230<br>(100.0)<br>(25.2) |
| दलित | 60<br>(67.4)<br>(14.6) | 21<br>(23.6)<br>(4.9) | 8<br>(9.0)<br>(11.3) | 89<br>(100.0)<br>(9.7) |
| आदिवासी | 79<br>(45.9)<br>(19.2) | 82<br>(47.7)<br>(19.0) | 11<br>(6.4)<br>(15.5) | 172<br>(100.0)<br>(18.8) |
| मुसलमान | 47<br>(59.5)<br>(11.4) | 16<br>(20.3)<br>(3.7) | 16<br>(20.3)<br>(22.5) | 79<br>(100.0)<br>(8.6) |
| अन्य | 16<br>(64.0)<br>(3.9) | 6<br>(24.0)<br>(1.4) | 3<br>(12.0)<br>(4.2) | 25<br>(100.0)<br>(2.7) |
| कुल | 411<br>(45.0)<br>(100.0) | 432<br>(47.3)<br>(100.0) | 71<br>(7.8)<br>(100.0) | 914<br>(100.0)<br>(100.0) |

**नोट :** *कांग्रेस+ में रा. कांग्रेस भी शामिल है।*

**स्रोत :** *चुनाव बाद सर्वेक्षण–2004, डाटा इकाई, सीएसडीएस।*

## तालिका 13 : वर्ग के अनुसार रुझान

| वर्ग | किस दल को वोट दिया | | | कुल |
|---|---|---|---|---|
| | कांग्रेस+ | भाजपा | अन्य | |
| बहुत गरीब | 120 | 75 | 13 | 208 |
| | (57.7) | (36.1) | (6.3) | (100.0) |
| | (29.1) | (17.3) | (19.1) | (22.8) |
| गरीब | 158 | 179 | 29 | 366 |
| | (43.2) | (48.9) | (7.9) | (100.0) |
| | (38.3) | (41.3) | (42.6) | (40.1) |
| निम्न मध्यम | 74 | 96 | 13 | 183 |
| | (40.4) | (52.5) | (7.1) | (100.0) |
| | (18.0) | (22.2) | (19.1) | (20.0) |
| मध्यम वर्ग | 60 | 83 | 13 | 156 |
| | (38.5) | (53.2) | (8.3) | (100.0) |
| | (14.6) | (19.2) | (19.1) | (17.1) |
| कुल | 412 | 433 | 68 | 913 |
| | (45.1) | (47.4) | (7.4) | (100.0) |
| | (100.0) | (100.0) | (100.0) | (100.0) |

*नोट : कांग्रेस+ में रा. कांग्रेस भी शामिल है।*

**स्रोत :** *चुनाव बाद सर्वेक्षण-2004, डाटा इकाई, सीएसडीएस*

## तालिका 14 : विभिन्न उम्र समूहों का रुझान

| विभिन्न उम्र वर्ग | किसने किसको वोट दिया | | | कुल |
|---|---|---|---|---|
| | कांग्रेस+ | भाजपा | अन्य | |
| 25 वर्ष तक | 78 | 87 | 8 | 173 |
| | (45.1) | (50.3) | (4.6) | (100.0) |
| | (18.9) | (20.1) | (11.6) | (18.9) |
| 26-35 वर्ष | 118 | 124 | 24 | 266 |
| | (44.4) | (46.6) | (9.0) | (100.0) |
| | (28.6) | (28.6) | (34.8) | (29.1) |
| 36-45 वर्ष | 95 | 99 | 13 | 207 |
| | (45.9) | (47.8) | (6.3) | (100.0) |
| | (28.6) | (28.6) | (34.8) | (29.1) |

| | | | | |
|---|---|---|---|---|
| 46-55 वर्ष | 58<br>(46.0)<br>(14.1) | 60<br>(47.6)<br>(13.9) | 8<br>(6.3)<br>(11.6) | 126<br>(100.0)<br>(13.8) |
| 56 वर्ष से अधिक | 63<br>(44.4)<br>(15.3) | 63<br>(44.4)<br>(14.5) | 16<br>(11.3)<br>(23.2) | 142<br>(100.0)<br>(15.5) |
| कुल | 412<br>(45.1)<br>(100.0) | 433<br>(47.4)<br>(100.0) | 69<br>(7.5)<br>(100.0) | 914<br>(100.0)<br>(100.0) |

***नोट :*** *कांग्रेस+ में रा. कांग्रेस भी शामिल है।*

***स्रोत :*** *चुनाव बाद सर्वेक्षण-2004, डाटा इकाई, सीएसडीएस*

## तालिका 15 : शिक्षा का स्तर और वोट का रुझान

| | किसने किसको वोट दिया | | | |
|---|---|---|---|---|
| **विभिन्न उम्र वर्ग** | **कांग्रेस +** | **भाजपा** | **अन्य** | **कुल** |
| निरक्षर | 149<br>(51.9)<br>(36.3) | 117<br>(40.8)<br>(27.0) | 21<br>(7.3)<br>(30.4) | 287<br>(100.0)<br>(31.4) |
| प्राथमिक पास | 139<br>(48.6)<br>(33.8) | 118<br>(41.3)<br>(27.3) | 29<br>(10.1)<br>(42.0) | 286<br>(100.0)<br>(31.3) |
| मैट्रिक पास | 64<br>(37.5)<br>(20.4) | 124<br>(55.4)<br>(28.6) | 16<br>(7.1)<br>(23.2) | 224<br>(100.0)<br>(24.5) |
| कॉलेज या उससे ऊंची शिक्षा | 39<br>(33.6)<br>(9.5) | 74<br>(63.8)<br>(17.1) | 3<br>(2.6)<br>(4.3) | 116<br>(100.0)<br>(12.7) |
| **कुल** | **411<br>(45.0)<br>(100.0)** | **433<br>(47.4)<br>(100.0)** | **69<br>(7.6)<br>(100.0)** | **913<br>(100.0)<br>(100.0)** |

***नोट :*** *कांग्रेस+ में रा. कांग्रेस भी शामिल है।*

***स्रोत :*** *चुनाव बाद सर्वेक्षण-2004, डाटा इकाई, सीएसडीएस*

## विधानसभा चुनाव 2007

अगर लोकसभा चुनाव 2004 के अच्छे प्रदर्शन ने कांग्रेस को 'हैरान' किया तो 2007 के विधानसभा चुनावों के नतीजे से वह परेशान हुई। लोकसभा चुनाव के बाद कांग्रेस में जान आने लगी। केन्द्र की सरकार होने से भी उसका उत्साह बढ़ा। उधर मोदी सरकार दंगों की जांच, विभिन्न तथ्यों (इनमें 'तहलका' द्वारा किया गया रहस्योद्घाटन सबसे चर्चित हुआ) और अदालती आदेशों को लेकर परेशान थी। अब मोदी हिंदुत्व के मसले को उभरने भी नहीं देना चाहते थे। इसकी जगह वे गुजराती अस्मिता, विकास और आतंक मुक्त शासन के मसले को आगे रखना चाहते थे। उन्हें हिंदुत्व और दंगों से जुड़े मसले तो बोझ लगते ही थे, पार्टी के बागी नेताओं ने काफी परेशान किया। पूर्व मंत्री हरेन्द्र पांड्या की मौत का सवाल भी चर्चा में रहा। और मुख्य विरोधी केशुभाई पटेल ताल ठोंक कर खुले विरोध पर उतर आए थे।

पर ये चुनाव भाजपा ने नहीं नरेन्द्र मोदी ने लड़ा, अपने नाम पर, अपने काम पर, अपने प्रचार के दम पर। चुनाव अभियान के बीच तक उनकी सफलता को लेकर शक किया जाता रहा। केशुभाई के नेतृत्व में भाजपा के काफी सारे पटेल नेता तो जुट कर उनका विरोध कर रहे थे, कोली समुदाय भी शुरू में उनसे नाराज लगा। उसके एकमात्र सांसद खुलकर मोदी के विरोध में आ गए। पर मोदी ने इन समूहों को संभालने के साथ 'समृद्ध गुजरात' के नारे को आगे करके अपना अभियान प्रभावी ढंग से चलाया। उधर वैचारिक, सांगठनिक और राजनैतिक रूप से ऊर्जाहीन प्रदेश कांग्रेस आखिर तक उनके आक्रामक प्रचार का काट ही ढूंढती रही। कांग्रेस हाई कमान के नाम पर की गई दखलंदाजी ने भी चुनाव में नुकसान पहुंचाया। नतीजा मोदी की एकतरफा और तीसरी जीत के रूप में सामने आया। भाजपा ने राज्य की 182 में से 117 सीटें जीतीं। पर यह भाजपा की कम, नरेन्द्र मोदी की ज्यादा जीत थी।

मोदी की इस जीत के पीछे उनकी रणनीति से भी ज्यादा उनकी मेहनत थी। 2004 लोकसभा चुनाव के बाद से ही मोदी ने पार्टी की कमजोरियों को पहचानना और उन्हें दूर करना शुरू किया। उन्होंने पाटीदारों और कोलियों के मुख्य आधार को न खिसकने देने के लिए सारा जोर लगाया और राज्य के मध्य वर्ग को गुजराती अस्मिता और 'समृद्ध गुजरात' के नारे से आकर्षित किया। उन्होंने आतंकवाद के मुद्दे को भी उठाया। मोदी के सौभाग्य से पार्टी के अंदर का विरोध चुनाव आते-आते काफी कुछ हल्का हो गया था, वरना 2007 के मध्य तक तो लगा कि मोदी का नेता रहना ही मुश्किल हो जाएगा। पर यह सिर्फ विक्षुब्ध नेताओं का ऊपरी गठजोड़ ही साबित हुआ। मोदी अपना और भाजपा का सामाजिक आधार बचाए रखने में सफल रहे। और लगातार तीन चुनाव जीतने के चलते वे न सिर्फ प्रदेश के भाजपा नेताओं से काफी आगे निकल गए बल्कि पूरी भाजपा में भी उनके कद के मुकाबले के कम ही

नेता रह गए। और जब गुजरात में निवेश से जुड़े एक आयोजन पर अनिल अंबानी और रतन टाटा समेत काफी सारे उद्योगपतियों ने उन्हें मुल्क का प्रधानमंत्री होने का सबसे सक्षम व्यक्ति बताया तब भाजपा ही नहीं पूरे राजनैतिक हलके में नए तरह का बवाल मचा। पर यह मोदी, उनके ब्रांड की राजनीति और किसी भाजपा नेता का नया मुकाम छूना तो था ही।

**संदर्भ :**


रियाज अहमद, '*गुजरात वायलेंस : मीनिंग एंड इम्प्लीकेशंस*', ईपीडब्ल्यू, खंड 37, संख्या 20, 18 मई, 2002।

हेमेत बाबू, '*स्टोरी बिहाइंड वाघेलाज राईज इन गुजरात*', टाइम्स ऑफ इंडिया (अहमदाबाद), 25 अक्टूबर, 1996।

जॉन ब्रेमन, '*कम्युनल अपहीवल ऐज रिसर्जेस ऑफ सोशल डार्विनिज्म*', ईपीडब्ल्यू, खंड 37, संख्या 16, 20 अप्रैल, 2002।

आनंद चक्रवर्ती, '*डबली एलीनिएटेड मुस्लिम : सम इम्प्लीकेशंस ऑफ दि गुजरात कार्नेज*', ईपीडब्ल्यू, खंड 37, संख्या 41, 12 अक्टूबर, 2002।

सत्यकाम जोशी, '*कांग्रेस डिबेकल इन गुजरात पंचायत पोल : दि प्राइस ऑफ पॉलिटिकल बैंकरप्सी*', मेनस्ट्रीम, खंड 32, संख्या 44, सितम्बर 23, 1995।

रजनी कोठारी, '*प्ल्यूरलिस्ट पॉलिटिक्स इन इंडिया–कल्चरल रूट्स रिसेंट इरोजंस*', डी. डी. खन्ना व अन्य (सं), डेमोक्रेसी, डायवर्सिटी, स्टेबिलिटी : 50 ईयर्स ऑफ इंडियन इंडिपेंडेंस, मैकमिलन, नई दिल्ली में, 1998।

रजनी कोठारी, '*कल्चर ऑफ कम्युनलिज्म इन गुजरात*', ईपीडब्ल्यू, खंड 37, संख्या 48, नवम्बर 2002।

संजय कुमार, '*गुजरात असेंबली इलेक्शंस 2002 : एनलाईजिंग द वर्डिक्ट*', ईपीडब्ल्यू, खंड 38, संख्या 4, 25 जनवरी, 2003।

लैसी लोबो, '*आदिवासीज, हिंदुत्वा एंड पोस्ट गोधरा रॉयट्स इन गुजरात*', ईपीडब्ल्यू, खंड 37, संख्या 48, 30 नवम्बर, 2002।

भीखू पारिख, 'मेकिंग सेंस ऑफ गुजरात', सेमिनार, संख्या 513, मई 2002।

गिरीश पटेल, '*नरेन्द्र मोदीज वन-डे क्रिकेट : ह्वाट एंड ह्वाई*', ईपीडब्ल्यू, खंड 37, संख्या 48, 30 नवम्बर 2002।

प्रियवदन पटेल, '*गुजरात : बीजेपीज फॉरच्यूंस डेक्लाईन*', फ्रंटलाईन, खंड 13, संख्या 7, 6–11 अप्रैल 1996।

प्रियवदन पटेल, '*गुजरात : शॉक वेव्ज अप्लेंटी*', फ्रंटलाईन, खंड 13, संख्या 11, 1–14 जून, 1996।

प्रियवदन पटेल, '*क्राइसिस ऑफ आइडियोलॉजीज इन ए मल्टी-रिलिजियस इंडियन*

*सोसायटी*', जैनब बानो (सं) इंडिया ऑफ्टर फिफ्टी ईयर्स, कनिष्का, नई दिल्ली में, 1999।

घनश्याम शाह, '*टेंथ लोकसभा इलेक्शंस*: बीजेपीज विक्ट्री इन गुजरात', ईपीडब्ल्यू, खंड 26, संख्या 51, 21 दिसम्बर, 1991।

घनश्याम शाह, '*ऑन सॉलिड बेस : दि बीजेपी विक्ट्री इन गुजरात*', फ्रंटलाईन, 5 मई, 1995।

घनश्याम शाह, '*गुजरात : बीजेपीज़ राईज टू पॉवर*', ईपीडब्ल्यू, 13-20 जनवरी, 1996।

घनश्याम शाह, '*कंटेस्टेशन एंड निगोशिएशंस : हिंदुत्वा सेंटीमेंट्स इंट्रेस्ट्स इन गुजरात इलेक्शंस*', ईपीडब्ल्यू खंड 37, संख्या 48, 30 नवम्बर 2002।

प्रवीण शेठ और रमेश मेनन, '*कास्ट एंड कम्युनल टाईम बॉम्ब*', गोलवाला पब्लिकेशंस, अहमदाबाद, 1996।

योगेन्द्र यादव, '*गुजरात : बीजेपी अराईव्ज, ए नीट टू पार्टी स्ट्रक्चर इमर्जेज़*', फंटलाइन, 5 मई, 1995।

योगेन्द्र यादव, '*पैटर्न्स एंड लैसंस*', फ्रंटलाइन, खंड 19 संख्या 26, 21 दिसम्बर-3 जनवरी, 2003।

योगेन्द्र यादव व पी. एम. पटेल, '*एडवांटेज बीजेपी*', फ्रंटलाइन, खंड 19, संख्या 25, 20 दिसम्बर, 2002।

अच्युत याज्ञनिक, '*विदआउट ए फार्मूला : दि चेंजिंग इलेक्टोरल सीन इन गुजरात*', फ्रंटलाइन, 24 मार्च, 1995।

पटेल, प्रियवदन (2004), '*बीजेपीज इनेडिक्रेसीज शो-अप इन ऐन इलेक्शन ईयर*', हिंदू, 20 मई, 2004।

'*क्राउन डज नॉट पिंच*' इंडियन एक्सप्रेस, पेज-7, 27 सितम्बर।

यादव, योगेन्द्र (2004), '*द बीजेपीज़ चैलेंज़ इन ए ट्रेडिशनल स्ट्रांगहोल्ड*', *हिन्दू*, 17 मार्च, पृष्ठ-12।

'*मोदी हैज क्लियर एज*', इंडियन एक्सप्रेस, 15 नवम्बर, 2007 पृष्ठ 1-2।

'*मोदीज मोमेंट ऑफ ट्रुथ*', इंडियन एक्सप्रेस, 10 दिसम्बर 2007।

'*ए लिटल डेंटेड, बट मोदी लुक्स सेट फॉर थर्ड टर्म*', इंडियन एक्सप्रेस, 17 दिसम्बर 2007।

'*ह्वाई 2002 पैरेलल इज डिसेप्टिव : दिस इज मोदी इनवेन्टिंग ए न्यू पार्टी*', इंडियन एक्सप्रेस 24 दिसम्बर 2007।

# दिल्ली

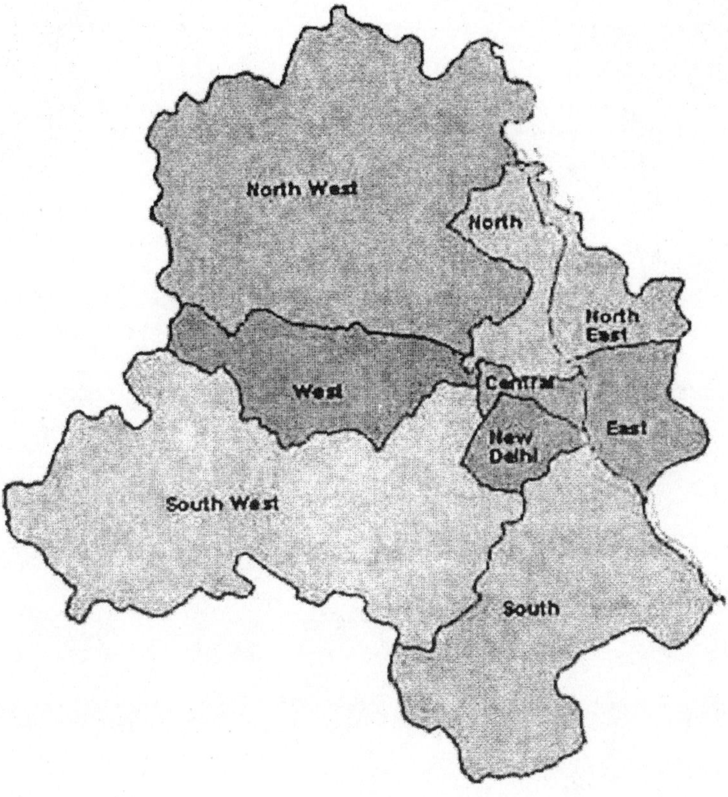
North West
North
North East
Central
West
East
New Delhi
South West
South

# दिल्ली : कद से बड़ी राजनीति

– अरविंद मोहन

दिल्ली को शायर लोग हिन्दुस्तान का दिल कहते हैं। अब शायरी के मतलब में या वास्तविक अर्थ में यह दिल हो न हो राजनीति और प्रशासन का दिल जरूर है। इस चुनावी राजनीति की किसी भी चर्चा में दिल्ली का महत्त्व औसत से कुछ ज्यादा ही रहने वाला है। यही कारण है कि पिछले दिनों (2008) में हुए कई बड़े राज्यों की विधानसभाओं के चुनाव में हुई हार-जीत से ज्यादा चर्चा दिल्ली की छोटी विधानसभा में कांग्रेस को तिबारा मिली जीत की रही। और भाजपा को मध्य प्रदेश और छत्तीसगढ़ में अपनी सरकार बचाने की खुशी तथा राजस्थान में सरकार गंवाने का उतना अफसोस नहीं हुआ जितना दिल्ली में आसान लग रही जीत को न हासिल करने का हुआ। और यह स्थिति तब हुई जब दिल्ली को पूरे राज्य का दर्जा भी हासिल नहीं है।

मात्र सात सांसद और 70 विधायक चुनने वाली दिल्ली का भौगोलिक आकार-प्रकार भी बहुत बड़ा नहीं है कि मुल्क की राजनीति या लोकसभा के स्वरूप को ज्यादा प्रभावित कर सके। पर दिल्ली की आबादी का गठन, उनके वोट डालने वाले रुझान, यहां की राजनीति का दो दलीय स्वरूप और यहां उठने वाले मुद्दे अक्सर बाकी मुल्क की राजनीति का पूर्वाभास देते हैं। आमतौर पर दिल्ली के चुनावी नतीजे और मुल्क के चुनावी नतीजे एक समान होते हैं और केन्द्र की हर सरकार में दिल्ली से जीते लोग अपने संख्या वाले अनुपात से ज्यादा प्रतिनिधित्व और प्रमुखता पाते हैं।

दिल्ली का महत्त्व और उसकी चुनावी राजनीति के माध्यम से देश के लिए संकेत निकलना कोई बहुत अबूझ परिघटना नहीं है। दिल्ली में मुल्क के सभी इलाकों के लोग रहते हैं, घुल मिलकर रहते हैं, कई सारी परेशानियां साझा करते हैं तो कई सारी अच्छी चीजें भी पाते हैं। वे अपने साथ लाई कई बुराइयों (जैसे जाति या क्षेत्रीयता की भावना) को छोड़ते हैं तो कई अच्छाइयों को अपनाते हैं। यही कारण है कि दिल्ली (और उसके आसपास का इलाका) आज पूरी हिन्दी पट्टी में

समृद्धि का सबसे बड़ा केन्द्र ही नहीं प्रगति का इंजन बना हुआ है। प्रति व्यक्ति उत्पादन, कमाई, खर्च, राजस्व- सभी मामलों में दिल्ली हिन्दी पट्टी में सबसे आगे है। बल्कि उत्तर प्रदेश, हरियाणा और राजस्थान के राजस्व में भी दिल्ली से लगे उनके इलाकों का हिस्सा बहुत बड़ा है। अभी साठ साल पहले पाकिस्तान में लुट-पिटकर आए पंजाबी शरणार्थियों में से हजारों की आर्थिक सफलता के किस्से अभी धूमिल भी नहीं पड़े हैं तब तक उसके बाद आकर बसने वाले पहाड़ियों, बिहारियों, राजस्थानियों और अन्य इलाके के प्रवासियों में से अनेक की सफलता के किस्से बनने लगे हैं।

सच कहें तो दिल्ली के अंदर कई दिल्ली बसते हैं। पांडवों से ले कर मुगलों के आने तक तो कई दिल्लियों के बसने और उजड़ने का इतिहास अपनी जगह है पर मुगलों के बाद अंगरेजों और उनके बाद अब तक निरंतर प्रगति करती गई दिल्ली में बीते छह-सात दशकों में ही पुरानी दिल्ली के बराबर कई-कई नई दिल्लियां जुड़ गई हैं। पर इन जुड़ावों के पहले की भी तीन-चार दिल्लियां साथ चला करती थीं- देहात और सिविल लाइन्स अलग-अलग दुनिया थे तो पुरानी दिल्ली में भी किले के पास वाले और लोग थे और दूर-दराज के दरवाजों के पास बसने वाले और। किले के पास वाले अमीर-उमरे थे, खालिस उर्दू-फारसी बोलते थे तो दूर-दराज की दिल्ली भिश्तियों, मालियों और अन्य कामगारों की थी जिनकी जुबान में ब्रज भाषा की मिठास बनी हुई थी- और आज तक है। और जब 1945-47 के दौर में पाकिस्तान से उजड़ कर काफी सारे लोग दिल्ली आए तो शहर का पूरा चरित्र बदला, संस्कृति बदली, आबादी का हिसाब बदला। 1941 और 1951 के बीच दिल्ली की आबादी लगभग दो गुनी हो गई। फिर पुरानी दिल्ली वालों में किसी को पंजाबियों से अपनी जुबान को खतरा लगा तो किसी का अपने कारोबार का, किसी को तांगों की सवारी अजीब लगे तो किसी को जीवन की आपाधापी में कैसे भी बचे रहने और आगे बढ़ने के लिए संघर्ष कर रहे पंजाबियों के तौर तरीकों पर आपत्ति रही। पर 1990 तक की दिल्ली मुख्यतः दो समूहों वाली ही थी- पंजाबी और पुरानी दिल्ली वाले ब्राह्मण-बनिए। इसी में स्थानीय गांवों के लोग- खासकर जाट किसान राजनीति का तीसरा कोण बनाने के जतन में लगे रहते थे जो कभी संसद की एक सीट जीतने के रूप में परिणाम भी देता था।

दिल्ली की राजनीति पर दशकों तक जाटों, पंजाबियों और पुराने ब्राह्मण-बनियों का दबदबा था। यहां के स्थानीय समाज में गूजरों की आबादी काफी है, पर संगठित न होने से अभी हाल तक उनकी गिनती नहीं होती थी। दिल्ली में दलितों की आबादी काफी ज्यादा है- कुल आबादी का 19 फीसदी, पर उनकी भी खास गिनती नहीं होती थी। पहले मुसलमानों की भी खास गिनती नहीं होती थी- उन्हें

जन संघ और भाजपा के मुकाबले अकेले लड़ने वाली कांग्रेस की जेब में माना जाता था, पर आपातकाल की ज्यादतियों ने उनका व्यवहार बदला, और आज तो उन्हें दिल्ली विधानसभा की दर्जन भर सीटों पर निर्णायक माना जाता है जहां उनकी आबादी 55 फीसदी से लेकर 20 फीसदी तक है।

आज दिल्ली की चुनावी राजनीति में एक सामाजिक समूह के रूप में दलितों और मुसलमानों की उपेक्षा तो नहीं ही हो सकती। गूजरों में भी मंडल आंदोलन के बाद जबरदस्त गोलबंदी देखने में आ रही है। स्थानीय देहात के तौर पर जाटों का एकाधिकार आज टूट गया है। 2008 की विधानसभा में अगर 11 जाट विधायक हैं तो 7 गूजर भी विधायक बन गए हैं। और राज्य मंत्रिमंडल में जाटों का प्रतिनिधित्व गायब हो गया है। दलितों और मुसलमानों की सामूहिक पहचान उनके अपने उम्मीदवार को लगभग निर्दलीय स्थिति में जिताने जितनी भी हो गई है। शोएब इकबाल और मतीन अहमद जैसे विधायक अपने बल पर ही चुनाव जीते रहे हैं।

लेकिन आज दिल्ली काफी बदल गई है। एशियाड 82 में निर्माण कार्यों के लिए बड़ी संख्या में प्रवासी मजदूरों के आने के साथ ही बदलाव शुरू हुआ। फिर तो समृद्ध दिल्ली ने बदहाल बिहार, झारखंड, ओडिसा ही नहीं सारे कमजोर इलाकों से पलायन करने वालों को आकर्षित करना शुरू कर दिया। आज दिल्ली की आबादी में प्रवासियों का अनुपात 40 फीसदी से ज्यादा है। आज उत्तर प्रदेश, बिहार और उत्तराखंड के लोग दिल्ली के चुनाव पर निर्णायक प्रभाव डालने की हैसियत में आ गए हैं। 2008 विधानसभा चुनाव में भाजपा की पराजय के लिए इन समूहों की उपेक्षा को ही मुख्य जिम्मेदार माना जाता है। पर दिलचस्प तथ्य यह भी है कि दिल्ली का मतदाता समूह वाली पहचान छोड़ने में भी आगे है और इसी के चलते यहां मजे से दक्षिण भारतीय विधायक भी मिल सकते हैं। यहां सामान्य सीट (कमलानगर, 1998 और 2003) से दलित उम्मीदवार जीतता रहा है।

सीएसडीएस का 2002 का चुनाव-पूर्व सर्वेक्षण बताता है कि दिल्ली के मतदाताओं के फैसले में जाति या सामाजिक समूह की जगह आर्थिक हैसियत ज्यादा निर्णायक कारक है। जातियां गायब नहीं हुई हैं, उनका भी प्रभाव रहता है पर ज्यादा बड़ा प्रभाव वर्ग का है। और वर्ग में भी पंजाबी और पुराने लोगों में बेहतर आर्थिक हैसियत वालों का हिस्सा ज्यादा है तो अति गरीब/गरीब श्रेणियों में प्रवासी जमातों का (देखें चार्ट)। सर्वेक्षण में छह श्रेणियां बनाई गईं। कार, एसी, कंप्यूटर और फोन में से दो सुविधाएं रखने वाले को समृद्ध, दो या ज्यादा कारें और एसी वाले को अति समृद्ध, कोई अचल संपत्ति न रखने वाले को अति गरीब, झुग्गी या कच्ची बस्ती में मकान वाले को गरीब, एचआईजी/एलआईजी फ्लैट या कच्चा-पक्का मकान और टीवी, फ्रिज, स्कूटर, फोन में से दो सुविधाओं का उपयोग करने वालों को निम्न मध्यम वर्ग में रखा गया।

## तालिका 1 – विधानसभा चुनाव, 2003

| मूल जन्म स्थान | समृद्ध | मध्यम | गरीब |
|---|---|---|---|
| दिल्ली | 20 | 53 | 27 |
| बिहार और झारखंड | 7 | 31 | 61 |
| यूपी और उत्तरांचल | 10 | 46 | 45 |
| पाकिस्तान | 36 | 51 | 13 |
| अन्य राज्य | 23 | 49 | 28 |

## तालिका 2

| जाति | समृद्ध | मध्यम | गरीब |
|---|---|---|---|
| ब्राह्मण | 20 | 55 | 25 |
| पंजाबी खत्री | 44 | 46 | 10 |
| बनिया और जैन | 32 | 51 | 17 |
| अन्य ऊंची जाति | 21 | 53 | 24 |
| जाट | 14 | 61 | 26 |
| ओबीसी | 8 | 43 | 52 |
| दलित | 4 | 44 | 52 |
| मुसलमान | 5 | 43 | 52 |
| सिख | 30 | 53 | 17 |

## तालिका 3 : अमीरों में भाजपा आगे तो गरीबों में कांग्रेस

| आर्थिक वर्ग | कांग्रेस | भाजपा |
|---|---|---|
| अति समृद्ध | 37 | 44 |
| समृद्ध | 38 | 41 |
| मध्य वर्ग | 45 | 36 |
| निम्न मध्यम वर्ग | 51 | 27 |
| गरीब | 55 | 24 |
| बहुत गरीब | 54 | 18 |

## तालिका 4

| ऊंची जाति के वोट कहां गए | | कांग्रेस | भाजपा |
|---|---|---|---|
| ब्राह्मण | समृद्ध | 34 | 47 |
| | मध्यम | 44 | 40 |
| | गरीब | 45 | 37 |
| पंजाबी खत्री | समृद्ध | 34 | 45 |
| | मध्यम | 39 | 42 |
| | गरीब | 41 | 40 |
| बनिया और जैन | समृद्ध | 32 | 49 |
| | मध्यम | 36 | 47 |
| | गरीब | 32 | 44 |
| अन्य ऊंची जाति | समृद्ध | 40 | 42 |
| | मध्यम | 41 | 37 |
| | गरीब | 47 | 33 |
| **जाटों और ओबीसी के वोट कहां गए** | | | |
| जाट | समृद्ध | 32 | 50 |
| | मध्यम | 41 | 43 |
| | गरीब | 47 | 28 |
| ओबीसी | समृद्ध | 39 | 34 |
| | मध्यम | 46 | 33 |
| | गरीब | 51 | 25 |
| **दलित, मुसलमान और सिख** | | | |
| दलित | समृद्ध | 62 | 16 |
| | मध्यम | 56 | 18 |
| | गरीब | 56 | 14 |
| सिख | समृद्ध | 33 | 43 |
| | मध्यम | 44 | 35 |
| | गरीब | 51 | 21 |

सर्वेक्षण के अनुसार दिल्ली में रहने वालों में 6 फीसदी अति गरीब और 28 फीसदी गरीब हैं। दूसरी ओर 6 फीसदी अति समृद्ध और 12 फीसदी समृद्ध हैं। 28

फीसदी को उच्च मध्य वर्ग में रखा जा सकता है तो 70 फीसदी को निम्न मध्य वर्ग में। और वर्गों के इस चार्ट पर जब हम विभिन्न सामाजिक समूहों को रखते हैं तो दिलचस्प तस्वीर सामने आती है। स्थानीय पुराने बाशिंदों में अमीर और मध्य वर्ग का अनुपात काफी है जबकि गरीबों में बिहार-झारखंड से आए लोगों का अनुपात बहुत है। इनमें से सिर्फ 7 फीसदी ही समृद्ध श्रेणी में आते हैं। लेकिन शरणार्थी बनकर आने वाले पंजाबियों में आज मध्य वर्ग और समृद्ध श्रेणी में आने वालों का अनुपात 87 फीसदी है। जातियों को इन श्रेणियों पर रखने पर भी ऐसी ही दिलचस्प तस्वीर सामने आती है। ऊंची जाति में अमीरों का अनुपात बाकी सबसे ज्यादा है। पंजाबी इसमें सबसे आगे हैं और उनमें गरीबों का अनुपात सबसे कम है। जाट और पिछड़ी जातियों में बहुत अमीर नहीं हैं तो बहुत गरीब भी नहीं। पर दलितों में 52 फीसदी गरीब हैं और सिर्फ 4 फीसदी अमीर। दिल्ली के मुसलमान भी आर्थिक दृष्टि से ठीक-ठाक हैं। सिखों में 30 फीसदी अमीर हैं तो 17 फीसदी गरीब। मामला सिर्फ वर्गीकरण तक का नहीं है। हर मसले पर वर्गों के हिसाब से राय भी अलग-अलग है। बल्कि अमीर तो गरीबों को शहर की गंदगी या बोझ मानते हैं। वे यह भी मानते हैं कि गरीबों को, जिनमें काफी सारे निरक्षर हैं, वोट का अधिकार ही नहीं मिलना चाहिए। पर एक बात पर आम सहमति भी है कि लोकतंत्र ही शासन का सर्वश्रेष्ठ स्वरूप है। 81 फीसदी अमीरों और 69 फीसदी गरीबों की लोकतंत्र में पूरी आस्था है।

दिल्ली सिर्फ इन्हीं सहमतियों और विभिन्नताओं के चलते विशिष्ट नहीं है। असल में यह मुल्क के उन राज्यों में एक है जहां दो दलीय राजनीति विकसित हुई और जम गई। शुरू से ही यहां की राजनीति कांग्रेस और जनसंघ (भाजपा की पूर्ववर्त्ती) के बीच बंटी थी, दिल्ली देहात के लोग जनता पार्टी या दल या उससे निकले विभिन्न समूहों में से किसी एक के माध्यम से इसे तिकोना बनाने का प्रयास करते थे। पर धीरे-धीरे यह तीसरा कोण भी बाकी दोनों ध्रुवों पर सिमट आया। मुख्यतः जाटों की धुरी पर चलने वाला यह तीसरा कोण साहिब सिंह वर्मा के भाजपा में प्रमुख बनने के साथ कांग्रेस और भाजपा में बंट गया। ज्यादातर शरणार्थी जनसंघ/भाजपा को समर्थन करते थे तो स्थानीय लोग कांग्रेस को।

पर इस दो ध्रुवीय राजनीति ने मुद्दों और विचारधाराओं का फर्क मिटा दिया। हरिकिशन लाल भगत और मदन लाल खुराना की अगुवाई में चली दोनों ध्रुवों की राजनीति में तत्परता आई, ऊर्जा आई पर मुद्दों का अंतर सिमटता गया। मंदिर मसले ने फिर राजनीति को गरमाना चाहा पर यहां सांप्रदायिक ध्रुवीकरण भी नहीं हुआ। 1984 के दंगों से सिख कांग्रेस से नाराज हुए पर वे चुनाव पर ज्यादा प्रभाव डालने की हैसियत में नहीं रहे। ऐसे में चुनाव छोटे-छोटे मुद्दों पर लड़े जाते रहे और 1997 में तो सिर्फ प्याज की कीमतों के सवाल ने भाजपा को रुला दिया। पर इसमें एक अच्छाई वाला पहलू भी है कि चुनाव मुख्यतः नेताओं के काम-काज और आचरण को आधार बनाकर ही लड़े जाते हैं।

दिल्ली की राजनीति का अपना खुद का कोई स्पष्ट चेहरा यहां विधानसभा बनने के पहले तक नहीं बना था। निचले स्तर पर तो यहां जाट, पंजाबी, ब्राह्मण-बनिया जैसे विभाजन थे ओर वोट की राजनीति में प्रभावी भूमिका निभाते थे पर मुट्ठी भर सीटें होने से ज्यादा सक्रियता और संलग्नता नहीं दिखती थी। उसमें भी कभी लालकृष्ण आडवाणी, कभी राजेश खन्ना तो कभी सी. एम. स्टीफन जैसे 'बाहरी' उम्मीदवार आकर चुनाव को 'राष्ट्रीय' ही बनाए रखते थे। फिर दिल्ली का फैलाव भी चुनाव को जीवंत नहीं रहने देता था। 'यमुना पार' और 'बाहरी दिल्ली' जैसे चुनाव क्षेत्र अलग ही भाव पैदा करते। बाहरी दिल्ली को जाटों के लिए 'आरक्षित' माना जाता था।

मंडल और मंदिर ने मुल्क की राजनीति काफी बदल दी। दिल्ली में भी इनका असर रहा। मंदिर आंदोलन का केन्द्र भी दिल्ली रही और मंडल विरोध का भी। बल्कि मंडल के विरोध में आत्मदाह का दौर यहीं शुरू हुआ था। इसके बावजूद दिल्ली की राजनीति और समाज में ये दोनों घटनाएं उस किस्म का बदलाव नहीं ला सकीं जैसा कि बिहार, उत्तर प्रदेश, गुजरात, मध्य प्रदेश या राजस्थान में हुआ। वहां कहीं मंडल ने एकदम बाकी धाराओं को दरकिनार कर दिया तो कहीं मंदिर ने। इन दोनों अभियानों के अपने चरम से गुजर जाने के बाद जब दिल्ली में 1993 में विधानसभा के लिए पहली बार चुनाव हुए तो इनका कोई खास असर नहीं दिखा- गूजरों की गोलबंदी या दलित-मुसलमानों के ज्यादा मुखर होने के अलावा। पर 1993 विधानसभा चुनावों ने राज्य की राजनीति में नए दौर की शुरुआत की। इतनी गहमा गहमी यहां पहली बार आई जो चुनाव दर चुनाव बढ़ती गई।

विधानसभा चुनाव 1993 तक कांग्रेस को यह समझ नहीं आ रहा था कि वह मंडल और मंदिर का मुकाबला कैसे करे। कांग्रेस अध्यक्ष सीताराम केसरी जरूर मंडल के पक्षधर थे लेकिन पार्टी की छवि मंडल समर्थक की नहीं थी। दूसरी ओर भाजपा को सीधे-सीधे मंदिर मसले का लाभ मिला। पूरा संघ परिवार और साधु-संतों की जमात ने उसके पक्ष में हवा बनाई। कांग्रेस अपने लगभग सभी बड़े स्थानीय नेताओं का नाम- हरकिशन लाल भगत, सज्जन कुमार, जगदीश टाइटलर वगैरह के 1984 सिख विरोधी दंगों से जुड़ा होने के चलते उन्हें सामने लाने या छुपाने की दुविधा में फंसी रही। मंडल लहर के चलते दिल्ली में दलितों, मुसलमानों और गूजर जैसी पिछड़ी जातियों के गोलबंद होने और जनता दल के साथ होने का भी कांग्रेस को नुकसान हुआ क्योंकि इन समूहों का ज्यादातर वोट उसे मिला करता था। सो दिल्ली विधानसभा के पहले चुनाव में भाजपा ने 42.82 प्रतिशत वोट और 49 सीटें जीतकर कांग्रेस को पटखनी दे दी। कांग्रेस को 34.48 प्रतिशत वोट और 14 सीटें ही मिली। मदन लाल खुराना पहले मुख्यमंत्री बने।

खुराना सरकार ने अच्छे ढंग से काम-काज शुरू किया। अपने मंत्रिमंडल में उन्होंने दलित, महिला, जाट, बनिया जैसे सभी प्रमुख सामाजिक गुटों को जगह दी और अपने पंजाबी होने से संतुलन बनाने का प्रयास किया। पर हवाला कांड में नाम आने से उन्हें मुख्यमंत्री का पद छोड़ना पड़ा। उनकी जगह साहिब सिंह वर्मा

मुख्यमंत्री बनाए गए। उनके आने से भाजपा का पहली बार व्यवस्थित रूप से दिल्ली देहात में आधार बना, पर खुराना के आरोप मुक्त होने के बाद से ही पार्टी की अंदरूनी गुटबाजी तेज हो गई और नेतृत्व परिवर्तन की मांग उठी। दबाव बहुत बढ़ने पर बदलाव हुआ पर सुषमा स्वराज को मुख्यमंत्री बनाकर उनके नेतृत्व में नया चुनाव लड़ने का फैसला हुआ। उस साल प्याज की फसल कम हुई थी। बरसात में सब्जियों के दाम वैसे भी बढ़ते हैं। प्याज की कीमतों ने आग में घी का काम किया और भाजपा लोगों के आक्रोश को संभालने में असफल रही।

1998 में हुए विधानसभा चुनाव को कांग्रेस ने लगभग बिना लड़े ही जीत लिया। कांग्रेस जब चुनाव जीती तब तक उसके नेतृत्व को लेकर भ्रम बना हुआ था। स्थानीय दिग्गजों की आपसी लड़ाई इतनी बढ़ गई थी कि उत्तर प्रदेश के कन्नौज से राजनीति करने वाली और लगभग संन्यास ले चुकी शीला दीक्षित को प्रदेश कांग्रेस का अध्यक्ष बनाया गया था। इससे पहले 1990 लोकसभा चुनाव में पूर्वी दिल्ली में उत्तर प्रदेश के प्रवासियों की बड़ी संख्या होने के तर्क पर उन्हें कांग्रेस ने चुनाव लड़वाया था। मुख्यतः हरकिशन लाल भगत तो दरकिनार करने की मंशा से लिए गए इस फैसले के बावजूद शीला दीक्षित चुनाव हार गईं। पर 1998 के विधानसभा चुनावों ने उनकी और कांग्रेस पार्टी की किस्मत बदल दी। कांग्रेस को इस चुनाव में 47.8 प्रतिशत वोट और 52 सीटें मिलीं जबकि भाजपा 34 प्रतिशत वोट और 15 सीटें पाकर पिछड़ गई। एक बार फिर गुटबाजी से बचने और दागदार नेताओं को आगे न लाने की रणनीति से कांग्रेस ने उन्हें मुख्यमंत्री का पद सौंप दिया।

## तालिका 5 : विधानसभा चुनाव, 2003 : सभी संसदीय क्षेत्रों में कांग्रेस को बढ़त

| कांग्रेस | | | | | | | |
|---|---|---|---|---|---|---|---|
| संसदीय क्षेत्र | सीटें | मतदान % 2003 | लाभ/ हानि | सीटें 2003 | लाभ/ हानि | वोट % 2003 | लाभ/ हानि |
| नई दिल्ली | 5 | 46.1 | +0.7 | 4 | +1 | 59.4 | +10.1 |
| दक्षिण दिल्ली | 10 | 51.8 | +6.4 | 6 | −1 | 51.3 | −0.3 |
| बाहरी दिल्ली | 21 | 53.8 | +4.9 | 12 | −4 | 45.1 | −1.0 |
| पूर्वी दिल्ली | 20 | 54.2 | +3.9 | 16 | +1 | 47.4 | +1.3 |
| चांदनी चौक | 4 | 55.2 | +0.4 | 3 | 0 | 33.0 | +3.2 |
| दिल्ली सदर | 5 | 56.3 | +4.4 | 4 | 0 | 50.4 | −2.4 |
| करोलबाग | 5 | 52.5 | +3.7 | 2 | −2 | 48.9 | +2.8 |
| | 70 | 53.4 | +4.4 | 47 | −5 | 48.1 | +0.4 |

| भाजपा | | | | | | | |
|---|---|---|---|---|---|---|---|
| संसदीय क्षेत्र | सीटें | मतदान % 2003 | लाभ/ हानि | सीटें 2003 | लाभ/ हानि | वोट % 2003 | लाभ/ हानि |
| नई दिल्ली | 5 | 46.1 | +0.7 | 1 | +1 | 33.9 | −3.2 |
| दक्षिण दिल्ली | 10 | 51.8 | +6.4 | 4 | +1 | 42.8 | +0.0 |
| बाहरी दिल्ली | 21 | 53.8 | +4.9 | 7 | +3 | 34.9 | +4.9 |
| पूर्वी दिल्ली | 20 | 54.2 | +3.9 | 4 | 0 | 32.1 | −1.7 |
| चांदनी चौक | 4 | 55.2 | +0.4 | 0 | 0 | 21.9 | −3.2 |
| दिल्ली सदर | 5 | 56.3 | +4.4 | 1 | 0 | 43.5 | +4.7 |
| करोलबाग | 5 | 52.5 | +3.7 | 3 | +2 | 40.3 | +2.4 |
| | 70 | 53.4 | +4.4 | 20 | +5 | 35.2 | +1.2 |

**तालिका 6 : विधानसभा चुनाव, 2003 में ऊंची जातियों में भाजपा आगे, बाकी में कांग्रेस**

| जाति समूह | कांग्रेस | भाजपा | बीएसपी | अन्य |
|---|---|---|---|---|
| ऊंची जातियां | 42 | 49 | 3 | 6 |
| ओबीसी | 42 | 33 | 9 | 16 |
| दलित | 57 | 17 | 11 | 15 |
| मुसलमान | 64 | 12 | 7 | 17 |
| सिख | 57 | 39 | 0 | 4 |

थोड़े ही समय में शीला दीक्षित अपनी रंगत में आ गईं। उन्होंने न सिर्फ अच्छी सरकार चलाई, बल्कि कांग्रेस के विभिन्न धड़ों में तोड़ फोड़ करके अपनी ताकत बढ़ाई ओर अपने खिलाफ उठने वाली किसी भी आवाज के नुकसानदेह न होने का इंतजाम कर लिया। पार्टी प्रमुख सोनिया गांधी से बेहतर संवाद और खुद को पंजाबी, ब्राह्मण, पुरबिया और औरत, हर श्रेणी में फिट करके उन्होंने यहां अपना जनाधार भी बनाया। बिजली और पानी की आपूर्ति का निजीकरण करके उन्होंने अपनी सरकार के खिलाफ सदा होने वाली आलोचना का मुद्दा भी दर-किनार किया। और जब सीएसडीएस ने 2003 विधानसभा चुनाव के पूर्व सर्वेक्षण किया तो शीला दीक्षित अपने सारे प्रतिद्वंद्वियों से काफी आगे निकल चुकी थीं। उन्हें अगर 27 फीसदी लोगों ने पसंद किया तो कांग्रेस के किसी और नेता को एक फीसदी मत मिले। भाजपा के मदन लाल खुराना उनसे 10 फीसदी पीछे थे जबकि साहिब सिंह वर्मा और सुषमा स्वराज एक-एक फीसदी लोगों की पसंद थे। और चुनाव के पहले

सीएसडीएस के जनमत संग्रह ने शीला दीक्षित के वापसी की भविष्यवाणी कर दी थी। ऐसा कई अन्य सर्वेक्षणों का नतीजा था। सीएसडीएस चुनाव पश्चात सर्वेक्षणों से यह स्पष्ट हुआ कि विकास और अच्छे शासन को मतदाताओं ने मुख्य आधार मानकर वोट दिया। भाजपा को अमीरों में ज्यादा वोट मिला तो कांग्रेस मध्य वर्ग और गरीबों में उससे कहीं ज्यादा लोकप्रिय थी। भाजपा के वोटरों में महिलाओं का अनुपात ज्यादा था। ऊंची जाति के हिंदुओं के अलावा बाकी सभी वर्गों में कांग्रेस भाजपा से आगे थी।

## लोकसभा चुनाव 2004

काफी समय बाद 2003 विधानसभा चुनाव में दिल्ली की सभी संसदीय सीटों पर कांग्रेस को स्पष्ट बढ़त मिली थी- 1984 में ऐसा हुआ था, पर उसके बाद से कांग्रेस पिटती ही आई थी। 1999 के 12वीं लोकसभा चुनाव में तो दिल्ली से कांग्रेस मात्र एक सीट जीत पाई थी। पर 2002 विधानसभा चुनावों ने कांग्रेसी कार्यकर्त्ताओं के अंदर नया जोश भर दिया था और पार्टी को अपनी राज्य सरकार की उपलब्धियों के आधार पर जीत सकने का भरोसा भी। सो उसने दिल्ली के मंत्री अजय माकन, संदीप दीक्षित जैसे एकदम नए लोगों को भाजपा के दिग्गजों के मुकाबले उतारा। भाजपा के अनुभवी और मजबूत उम्मीदवार विजय कुमार मल्होत्रा के खिलाफ उसने वकील आर. के. आनंद को उतारा।

कांग्रेस को सिर्फ अपनी राज्य सरकार के काम-काज का लाभ ही नहीं मिला, उसे केन्द्र की राजग सरकार से बनी लोगों की नाराजगी का लाभ भी मिला। दिल्ली भाजपा के कई लोग अटल बिहारी सरकार में मंत्री थे- जगमोहन, साहिब सिंह वर्मा, अरुण जेटली, अरुण शौरी और विजय गोयल जैसे नाम इनमें शामिल थे। इस चुनाव में भाजपा ने 'फील गुड' और 'इंडिया शाइनिंग' का जो आक्रामक चुनाव प्रचार अभियान चलाया, संभवत: उसने भी लोगों में पैठ बनाने की जगह चिढ़ पैदा की। भाजपा की परेशानी मदन लाल खुराना की जगह किसी स्थानीय दमदार नेतृत्व के न होने से भी हुई- हर नेता खुद को सबसे बड़ा मानने लगा। और लगभग हर उम्मीदवार अपने-अपने बल और अटल बिहारी वाजपेयी के नाम के सहारे ही मैदान में उतरा। नतीजा एकदम उल्टा आया। पिछली बार एक सीट जीतने वाली कांग्रेस ने इस बार छह सीटें जीतीं और भाजपा विजय कुमार मल्होत्रा भर को जिता पाई। जगमोहन जैसा ईमानदार और जिद्दी मंत्री अजय माकन जैसे नए उम्मीदवार से पिट गया।

## तालिका 7 : लोकसभा चुनाव 2004 सामाजिक कारक और दलों के प्रति रुझान

| | कांग्रेस | भाजपा | एन |
|---|---|---|---|
| **जाति** | | | |
| ऊंची जाति | 43 | 54 | 387 |
| ओबीसी | 56 | 40 | 157 |
| दलित | 67 | 23 | 168 |
| मुसलमान | 91 | 04 | 68 |
| सिख | 40 | 58 | 52 |
| **आर्थिक वर्ग** | | | |
| बहुत गरीब | 73 | 18 | 33 |
| गरीब | 69 | 26 | 187 |
| निम्न मध्य वर्ग | 59 | 35 | 215 |
| मध्य वर्ग | 46 | 51 | 440 |
| **शिक्षा** | | | |
| निरक्षर | 69 | 26 | 143 |
| प्राइमरी पास | 63 | 32 | 100 |
| मैट्रिक पास | 59 | 37 | 256 |
| कॉलेज पास और अधिक | 44 | 52 | 369 |
| **उम्र** | | | |
| 25 वर्ष तक | 60 | 34 | 156 |
| 26–35 वर्ष | 55 | 41 | 238 |
| 36–45 वर्ष | 56 | 40 | 220 |
| 46–55 वर्ष | 53 | 43 | 125 |
| 56 वर्ष से अधिक | 49 | 47 | 134 |
| **लिंग** | | | |
| पुरुष | 53 | 43 | 518 |
| स्त्री | 58 | 37 | 357 |

***स्रोत :*** *राष्ट्रीय चुनाव अध्ययन–2004*

## तालिका 8 : दिल्ली सरकार के काम से संतुष्टि

| | सुधार | खराब | पहले जैसा |
|---|---|---|---|
| कानून-व्यवस्था | 36 | 18 | 39 |
| सड़कों की हालत | 53 | 17 | 27 |
| पेयजल आपूर्ति | 38 | 29 | 30 |
| स्वास्थ्य सुविधाएं | 34 | 19 | 40 |
| बिजली आपूर्ति | 51 | 19 | 28 |
| यातायात सुविधा | 59 | 10 | 25 |
| महिलाओं की सुरक्षा | 29 | 36 | 28 |

***स्रोत** : राष्ट्रीय चुनाव अध्ययन-2004*

## तालिका 9 : पार्टियों के बारे में लोगों की राय

| मुद्दे | कांग्रेस | भाजपा |
|---|---|---|
| भ्रष्टाचार पर रोक | 36 | 30 |
| सुशासन | 47 | 35 |
| गरीब समर्थक | 55 | 24 |
| दिल्ली का विकास | 50 | 33 |
| बेरोजगारी में कमी | 44 | 24 |
| अवैध कालोनियों को नियमित करना | 42 | 25 |

***स्रोत** : राष्ट्रीय चुनाव अध्ययन-2004*

## तालिका 10 : लोकसभा चुनाव 2004

| पार्टी | लड़ी (2004) | जीती (2004) | बदलाव 1999 से | वोट प्रतिशत (2004) | बदलाव 1999 से प्रतिशत |
|---|---|---|---|---|---|
| कांग्रेस | 7 | 6 | 6 | 54.8 | 12.9 |
| भाजपा | 7 | 1 | −6 | 40.7 | −11.1 |
| बीएसपी | 7 | 0 | 0 | 2.5 | 0.2 |

***नोट**– कुल लोकसभा सीटें : 7*
*मतदान (2004) : 47.1 प्रतिशत*
*मतदान के रुझान की तुलना 1999 से : +3.5*

***स्रोत** : सीएसडीएस डाटा यूनिट।*

सीएसडीएस चुनाव बाद सर्वेक्षण बताता है कि भाजपा को इस चुनाव में भी ऊंची जातियों (ब्राह्मण, राजपूत, वैश्य/जैन, पंजाबी खत्री) का ही ज्यादा वोट मिला। वह दलित और मुसलमान नेतृत्व विकसित करने में तो असफल ही रही, वह जाट, गूजर और यादव समेत पिछड़े वर्गों में कांग्रेस से काफी पीछे रही। दलितों में कांग्रेस का समर्थन 67 फीसदी था। जामा मस्जिद के शाही इमाम द्वारा भाजपा को एक अवसर देने की अपील करने के बावजूद 91 फीसदी मुसलमानों ने कांग्रेस को वोट दिया। चांदनी चौक और पूर्वी दिल्ली से कांग्रेस की जीत में मुसलमान वोटों का बड़ा हाथ रहा। हां सिखों में भाजपा जरूर कांग्रेस से आगे रही। जगदीश टाइटलर और सज्जन कुमार को ही नहीं उनके वकील आर. के. आनंद को उम्मीदवार बनाने से 1984 के सिख विरोधी दंगों का मुद्दा एक बार फिर उभरा और एक पूर्व जनरल की अध्यक्षता वाले सिख फोरम ने उनके खिलाफ वोट देने की अपील की थी।

पर जैसा हर बार होता है, 2004 में भी दिल्ली में जाति और समुदाय ही निर्णायक कारक नहीं थे। लोगों की आर्थिक स्थिति, लिंग, शैक्षणिक स्तर का भी उनके वोट के फैसले पर असर होता है। और कांग्रेस को भाजपा की तुलना में गरीब लोगों का ज्यादा अनुपात में समर्थन मिला। भाजपा सामाज के खाते-पीते लोगों में कांग्रेस से आगे थी। पर अति गरीब लोगों में भाजपा कांग्रेस के मुकाबले 50 फीसदी अंक पीछे थी। अमीरी बढ़ने के साथ भाजपा का समर्थन भी बढ़ता गया। सबसे अमीरों में उसे कांग्रेस से पांच फीसदी अंक ज्यादा समर्थन मिला। ज्यादा पढ़े-लिखे लोगों में भाजपा को ज्यादा समर्थन था तो निरक्षरों में कांग्रेस को। इस बार महिलाओं में कांग्रेस को बढ़त थी तो नौजवानों में भी कांग्रेस ही ज्यादा लोकप्रिय थी। वोटरों की उम्र बढ़ते जाने के साथ कांग्रेस और भाजपा के बीच का समर्थन का अंतर कम होता गया और सबसे ज्यादा उम्र वालों में भाजपा 4 फीसदी अंकों के साथ आगे निकल गई।

सीएसडीएस सर्वेक्षण के अनुसार 2004 लोकसभा चुनाव में कांग्रेस दोहरे लाभ की स्थिति में थी। उसकी राज्य सरकार के काम काज से संतुष्ट लोगों (74 फीसदी) ने तो उसे वोट दिया ही, केन्द्र सरकार से नाराजगी (जिसके काम-काज को ??? फीसदी लोगों ने संतोषजनक बताया था) का लाभ भी उसे मिला पर कुल मिलाकर इसे 2003 विधानसभा चुनावों का अगला चरण यानि शीला सरकार के पक्ष में मतदान माना जा सकता था।

## विधानसभा चुनाव 2008

दिल्ली विधानसभा के चौथे चुनाव में कांग्रेस और उसकी मुख्यमंत्री शीला दीक्षित ने सचमुच का चमत्कार कर दिया। लगातार तीन चुनाव जीतने का रिकॉर्ड बड़े राज्यों में वाम मोर्चा (पश्चिम बंगाल और त्रिपुरा) के अलावा गुजरात में भाजपा और बिहार

में राष्ट्रीय जनता दल का ही था। शीला दीक्षित ने यह करिश्मा दिल्ली में भी कर दिया जहां वोटर ज्यादा पढ़े-लिखे और जागरूक हैं, तथा पार्टी कॉडर भी खास नहीं है। कांग्रेस के वोटों में तो कमी आई पर यह इतनी रही कि पार्टी ने 70 सदस्यों वाली विधानसभा की 43 सीटें जीत लीं। भाजपा के वोट बढ़े, पर इतने नहीं कि वह कांग्रेस से आगे निकल सके। उसे 23 सीटों पर संतोष करना पड़ा। और जिस बहुजन समाज पार्टी के मैदान में मजबूती से उतरने से भाजपा खुश हो रही थी (क्योंकि दलितों, मुसलमानों और पिछड़ों में उसका आधार कमजोर रहा है और बसपा इन्हीं समूहों पर केन्द्रित राजनीति करती रही है) वह भी उसकी हार का एक बड़ा कारण बनी। कांग्रेस से छिटके लगभग सभी आठ फीसदी वोटर उसकी तरफ गए और भाजपा को शासक दल से नाराजगी वाले कारक का लाभ नहीं मिल पाया। चुनाव बाद के विश्लेषणों से स्पष्ट है कि जहां-जहां बसपा के उम्मीदवारों (लगभग एक दर्जन सीटों) ने अच्छा प्रदर्शन किया उनमें से ज्यादा पर भाजपा हारी। कई जगह तो वह तीसरे-चौथे नबंर पर भी खिसक गई। बसपा ने दो सीटें जीतीं (पहली बार) और पांच स्थानों पर दूसरे स्थान पर आई।

कांग्रेस की जीत कई मामलों में शीला दीक्षित की जीत थी जो न सिर्फ 10 साल से शासन कर रही थीं बल्कि जिन्होंने कांग्रेस के सभी स्थानीय दिग्गजों को दरकिनार करने में कोई कसर नहीं छोड़ी थी। दूसरे गुटों के कई लोगों का टिकट काटने और अपने 'कमजोर' उम्मीदवारों को मैदान में उतारने के लिए उनकी शुरू में कुछ आलोचना भी हुई। पर तीसरी जीत पाकर उन्होंने साबित किया कि अब तक दिल्ली में उनसे बड़ा कांग्रेसी नेता कोई नहीं हुआ है। वे ज्योति बसु, लालू यादव और नरेन्द्र मोदी जैसे उन नेताओं की पांत में भी आ गईं जिन्होंने अपने दम पर तीन या ज्यादा चुनाव जितवाए हैं। सीएसडीएस का सर्वेक्षण बताता है कि वे भाजपा के अपने प्रतिद्वंद्वी (मुख्यमंत्री पद के दावेदार) विजय कुमार मल्होत्रा से लगभग 20 प्रतिशत अंकों की बढ़त पर थीं। और उनकी सरकार के काम-काज से संतुष्ट रहने वाले मतदाताओं का प्रतिशत 83 था। भाजपा के 44 फीसदी पारंपरिक समर्थक भी उनके काम को संतोषजनक बताने से नहीं हिचके।

जैसा कि पहले कहा गया है, कांग्रेस को बसपा के मैदान में उतरने से लाभ भी हुआ और नुकसान भी। उसके काफी पारंपरिक वोटर बसपा की तरफ मुड़े पर दीक्षित और मल्होत्रा के बीच लोकप्रियता का जो अंतर था उसने इस नुकसान की भरपाई कर दी और कांग्रेस के हाथ में सत्ता बनी रही। कांग्रेस को गरीबों के वोट में ज्यादा नुकसान हुआ, पर उसने इस समूह में भी अपनी बढ़त बरकरार रखी। इस बार उसने मध्य वर्ग और खाते-पीते लोगों के बीच पहले से ज्यादा समर्थन पाया। भाजपा प्रधानत: पंजाबियों की पार्टी बनी रही जबकि कांग्रेस ने दिल्ली के बदलते सामाजिक समीकरण के अनुरूप खुद को ढाला। दिल्ली में मैथिली-भोजपुरी

अकादमी का गठन ठीक चुनाव से पहले करके शीला दीक्षित ने इस बड़े पुरबिया मतदाता समूह से संगत बैठाने का प्रयास किया। उधर मल्होत्रा जी बरबूडा पैंट पहनकर छठ घाट के पानी में खड़े हुए पर पुरबियों को यह श्रद्धा कम, उपहास की चीज ज्यादा लगी।

## तालिका 11 : पार्टियों के प्रति रुझान-विधानसभा चुनाव 2008

| पार्टी | वोट पड़े (प्रतिशत) | लाभ/हानि 2003 से (प्रतिशत) | सीटें जीती | लाभ/हानि 2003 से |
|---|---|---|---|---|
| कांग्रेस | 40.3 | −7.8 | 43 | −4 |
| भाजपा | 36.3 | +1.1 | 23 | +3 |
| बसपा | 14.0 | +8.3 | 2 | +2 |
| निर्दलीय | 3.9* | −0.9 | 1 | 0 |
| अन्य छोटी पार्टियां | 5.4 | −0.6 | 1 | −1 |

## तालिका 12 : विभिन्न वर्गों के मतदाताओं की पसंद में अंतर

| | कांग्रेस | | | भाजपा | | | बसपा | | |
|---|---|---|---|---|---|---|---|---|---|
| | 2008 | 2003 | बदलाव | 2008 | 2003 | बदलाव | 2008 | 2003 | बदलाव |
| उच्च वर्ग | 42 | 41 | +1 | 44 | 51 | −7 | 6 | 1 | +5 |
| मध्य वर्ग | 41 | 47 | −6 | 38 | 37 | +1 | 13 | 5 | +8 |
| निम्न वर्ग | 39 | 53 | −14 | 32 | 26 | +6 | 19 | 10 | +9 |

## तालिका 13 : विभिन्न समुदाय के वोटरों की पसंद में बदलाव

| | कांग्रेस | | | भाजपा | | | बसपा | | |
|---|---|---|---|---|---|---|---|---|---|
| | 2008 | 2003 | बदलाव | 2008 | 2003 | बदलाव | 2008 | 2003 | बदलाव |
| जाटव | 30 | 42 | −6 | 23 | 13 | +10 | 37 | 40 | −3 |
| अन्य दलित | 40 | 63 | −23 | 32 | 20 | +12 | 22 | 8 | +14 |
| गूजर+यादव | 42 | 41 | +1 | 27 | 30 | −3 | 17 | 4 | +13 |
| ओबीसी | 37 | 51 | −14 | 39 | 34 | −5 | 18 | 5 | +13 |
| मुसलमान | 63 | 67 | −4 | 13 | 9 | +4 | 10 | 3 | +7 |

## तालिका 14 : परिणाम का क्षेत्रवार विश्लेषण

| | | | कांग्रेस | | भाजपा | |
|---|---|---|---|---|---|---|
| | कुल सीटें | कुल मतदान प्रतिशत | सीट | वोट (%) | सीट | वोट (%) |
| यमुना–पार | 16 | 59.0 | 10 | 42.2 | 5 | 35.6 |
| पेरिफेरी | 16 | 55.7 | 8 | 33.5 | 6 | 30.9 |
| उत्तर–पश्चिम | 17 | 59.6 | 9 | 41.1 | 8 | 40.8 |
| सिटी उत्तर | 11 | 59.1 | 8 | 44.1 | 2 | 39.5 |
| सिटी दक्षिण | 10 | 53.7 | 8 | 44.6 | 2 | 36.4 |
| **कुल** | **70** | **57.6** | **43** | **40.3** | **23** | **36.3** |

| | | | कांग्रेस | | भाजपा | |
|---|---|---|---|---|---|---|
| | कुल सीटें | कुल मतदान प्रतिशत | सीट | वोट (%) | सीट | वोट (%) |
| यमुना–पार | 16 | 59.0 | 1 | 15.5 | 0 | 6.7 |
| पेरिफेरी | 16 | 55.7 | 1 | 20.0 | 1 | 15.6 |
| उत्तर–पश्चिम | 17 | 59.6 | 0 | 11.0 | 0 | 7.1 |
| सिटी उत्तर | 11 | 59.1 | 0 | 8.6 | 1 | 7.8 |
| सिटी दक्षिण | 10 | 53.7 | 0 | 11.4 | 0 | 7.5 |
| **कुल** | **70** | **57.6** | **2** | **12.0** | **2** | **9.3** |

## तालिका 15 : विभिन्न तरह के निर्वाचन क्षेत्रों में पार्टियों का प्रदर्शन

| | | | कांग्रेस | | भाजपा | |
|---|---|---|---|---|---|---|
| | कुल सीटें | कुल मतदान प्रतिशत | जीती | वोट (%) | जीती | वोट (%) |
| यूपी–बिहार प्रवासी | 16 | 58.0 | 8 | 36.1 | 6 | 33.9 |
| पंजाबी बहुल | 16 | 58.0 | 10 | 43.3 | 6 | 41.1 |
| किसान समुदाय | 11 | 55.8 | 7 | 34.7 | 3 | 31.8 |
| अन्य | 27 | 58.1 | 18 | 43.9 | 8 | 37.2 |
| **कुल** | **70** | **57.6** | **43** | **40.3** | **23** | **36.3** |

| कांग्रेस | | | भाजपा | | | |
|---|---|---|---|---|---|---|
| | कुल सीटें | कुल मतदान प्रतिशत | जीती | वोट (%) | जीती | वोट (%) |
| यूपी-बिहार प्रवासी | 16 | 58.0 | 2 | 18.9 | 0 | 11.0 |
| पंजाबी बहुल ' | 16 | 58.0 | 0 | 8.6 | 0 | 7.0 |
| किसान समुदाय | 11 | 55.8 | 0 | 17.7 | 1 | 15.7 |
| अन्य | 27 | 58.1 | 0 | 12.4 | 1 | 6.4 |
| **कुल** | **70** | **57.6** | **2** | **14.0** | **2** | **9.3** |

*स्रोत : सीएसडीए डाटा यूनिट।*

## तालिका 16 : मुख्यमंत्री के लिए पसंद

| | शीला दीक्षित | विजय कुमार मल्होत्रा |
|---|---|---|
| सभी मतदाता | 32 | 13 |
| पारंपरिक कांग्रेसी | 62 | 2 |
| पारंपरिक भाजपाई | 6 | 32 |
| उच्च वर्ग | 34 | 18 |
| मध्य वर्ग | 32 | 15 |
| निम्न वर्ग | 30 | 9 |

## तालिका 17 : राज्य सरकार के काम से संतुष्टि

| | पूर्ण संतुष्ट | थोड़ा संतुष्ट | थोड़ा असंतुष्ट | पूर्ण असंतुष्ट |
|---|---|---|---|---|
| सभी मतदाता | 28 | 35 | 11 | 19 |
| पारंपरिक कांग्रेसी | 55 | 33 | 4 | 6 |
| पारंपरिक भाजपाई | 8 | 36 | 14 | 37 |
| पारंपरिक बसपाई | 5 | 37 | 21 | 24 |
| उच्च वर्ग | 29 | 37 | 9 | 22 |
| मध्य वर्ग | 28 | 38 | 10 | 20 |
| निम्न वर्ग | 27 | 32 | 12 | 18 |

कांग्रेस को 40.3 फीसदी वोटों के साथ 43 सीटें मिलीं तो भाजपा को 36.3 फीसदी (जो पिछले चुनाव से 1.1 फीसदी ज्यादा थे) वोटों के साथ 23 स्थान मिले। ऐसा लगता है कि कांग्रेसी वोटों में जो 7.8 फीसदी की कमी आई वह सीधे बसपा को मिले जो 8.3 फीसदी लाभ लेकर एक बार में 14 फीसदी वोट पर पहुंच गई। उसे दो सीटें मिलीं और दिल्ली में उसका खाता खुला। यह इसलिए भी ज्यादा महत्त्वपूर्ण है कि दिल्ली में मान्यवर कांशीराम भी नहीं जीत पाए थे। बसपा को मुख्यतः उत्तर प्रदेश और बिहार से आए प्रवासी मतों का सहारा मिला। शहर के किनारे पर स्थित चुनाव क्षेत्रों, जहां ज्यादा कमजोर लोग कच्ची बस्तियों में रहते हैं, में उसे 19 फीसदी वोट मिले जो उसे मिले औसत वोट से पांच फीसदी ज्यादा हैं। प्रवासी बहुल सीटों पर कांग्रेस को औसत 36 फीसदी वोट मिले जो पिछली बार से 4 फीसदी कम थे। बसपा को दलितों और खासतौर से जाटवों, जिनका दलित वोट में सबसे बड़ा हिस्सा है, का समर्थन मिला। उसे 37 फीसदी जाटव वोट मिले जो उत्तर प्रदेश जैसा भले न हो पर दिल्ली में उसे कांग्रेस से भी आगे (जाटवों के बीच) बैठा देता है। पर उसे गैर जाटव दलित वोटों का ज्यादा लाभ हुआ। 2003 चुनाव में उसे इस जमात के मात्र 8 फीसदी वोट मिले थे जो 2008 में बढ़कर 22 फीसदी हो गए। उसकी तरफ आने वाले वोटरों में से 28 फीसदी पहले कांग्रेस को वोट देते थे तो 12 फीसदी भाजपा को। बसपा को गूजरों और यादवों के बीच भी अच्छा समर्थन मिला। 2003 में इन समूहों का मात्र 4 फीसदी वोट ही बसपा को मिला था जो 2008 में 17 फीसदी हो गया। ओबीसी वोटों में भी बसपा 2003 के 5 फीसदी से बढ़कर 18 फीसदी पर पहुंच गई। दूसरी ओर भाजपा को यादव और गूजर वोटों में नुकसान झेलना पड़ा। बसपा को मुसलमानों का वोट भी पहले के 3 फीसदी की तुलना में 10 फीसदी मिला। अब यह देखना दिलचस्प होगा कि बसपा इसी रफ्तार में अपना आधार बढ़ा पाती है या नहीं।

कांग्रेस कम वोट और कम सीटें पाकर भी जीत गई तो इसलिए कि वह अपना आधार बचाने में कामयाब रही। उसकी जीत का औसत अंतर 2003 के 12,784 से घटकर 2008 में 9748 वोट हो गया पर सीएसडीएस चुनाव बाद सर्वेक्षण बताता है कि गरीब और अतिगरीब लोगों में कांग्रेस काफी लोकप्रिय बनी हुई है। 2003 में उसे अति गरीबों का 54 फीसदी और गरीबों का 53 फीसदी समर्थन था। जो इस बार बसपा के चलते गिरा, पर मुख्य प्रतिद्वंद्वी भाजपा से काफी आगे था। कांग्रेस को इस बार अमीरों में पहले से थोड़ा ज्यादा वोट प्रतिशत मिला।

सिखों की पहली पसंद भाजपा थी (जिसके साथ अकाली दल का गठबंधन भी था) पर 41 फीसदी सिखों ने कांग्रेस को भी वोट दिया।

भाजपा की हार मुख्यतः शीला दीक्षित के मुकाबले कमजोर उम्मीदवार देने के चलते हुई। उसके मुख्यमंत्री पद के उम्मीदवार विजय कुमार मल्होत्रा दिल्ली में पहले की व्यवस्था में मुख्यमंत्री जैसी स्थिति में रह चुके थे, अच्छा काम किया था, साफ छवि थी। पर वे संभवतः दिल्ली के नए वोटरों के लिए संसद में हुड़दंग करने वाले भाजपा सांसदों के प्रवक्ता भर रह गए। नौजवान, जिनका मतदाताओं में काफी बड़ा हिस्सा है, उनके साथ किसी किस्म का तादात्म्य बनाने में असफल थे। फिर भाजपा ढंग से ऐसे मुद्दे उठा नहीं पाई जिस पर वह कांग्रेस और शीला दीक्षित को घेर सके। भाजपा समर्थकों में भी काफी सारे लोग शीला सरकार के काम से संतुष्ट थे (सीएसडीएस चुनाव बाद सर्वेक्षण के अनुसार)। मुंबई में हुए आतंकी हमले के दिन ही दिल्ली में मतदान हुआ, पर उसका भी प्रभाव कांग्रेस के खिलाफ और भाजपा के पक्ष में नहीं गया।

साफ है कि भाजपा हर मुद्दे पर पिटी। वह न तो दिल्ली के समाज के बदलते स्वरूप को ठीक से समझ कर अपने अंदर ऐसा बदलाव कर पाई, न शीला दीक्षित का मुकाबला करने लायक नेता ढूंढ पाई और ना ही उसने मतदाताओं के मन में बैठने लायक मुद्दे उठाए। बसपा ने कांग्रेस के आधार में सेंध लगाई पर भाजपा इस स्थिति का लाभ लेने की स्थिति में भी नहीं थी। इस चुनाव ने उसे लाभ तो नहीं उल्टा गहरी निराशा दी। और यह निराशा इतनी बढ़ी थी कि उसकी तभी हुई दो राज्यों- मध्य प्रदेश और छत्तीसगढ़ की जीत भी उसके आगे धूमिल पड़ गई। इसने यह भी साबित किया कि दिल्ली का आकार चाहे जितना छोटा हो, राजनैतिक हैसियत उससे बड़ी है। पर भाजपा को डर था कि कहीं दिल्ली अगले आम चुनाव के नतीजों का पूर्वाभास न दे रही हो।

## संदर्भ


1. संजय कुमार, *ए टेल ऑफ थ्री सिटीज,* सेमिनार 534, फरवरी 2004, पृ. 33-36।
3. संजय कुमार, *दिल्ली एसेंबली इलेक्शंस* : 2008, इकोनॉमिक एंड पॉलिटिकल वीकली, 7 फरवरी, 2009, पृ. 27-29।
3. पुष्कर राज, *बेनिफ्ज़िटिंग पुल टू लेयर्ड ऑफ इंकंबैंसी, इकोनॉमिक एंड पॉलिटिकल वीकली,* 18 दिसम्बर 2004, पृ. 5502-4।
4. संजय कुमार, *चेंजिंग फेस ऑफ दिल्लीज पॉलिटिक्स, क्रिस्टोफ जैफ्रेले और संजय*

*कुमार (संपा) पुस्तक राइज ऑफ प्लेबियन्स,* रूटलेज, नई दिल्ली 2009, पृ. 419–436।

5. योगेन्द्र यादव, *लोकल इश्यू द की इन द नेशनल कैपिटल,* हिन्दू, नई दिल्ली, 8 दिसम्बर 2003।
6. अरविंद मोहन, *न मुद्दे हैं, न नारे,* दैनिक भास्कर, नई दिल्ली, 17 नवम्बर 2008।
7. अरविंद मोहन, *राजधानी में तीसरी शक्ति का मिथक और यथार्थ,* दैनिक भास्कर, नई दिल्ली, 18 नवम्बर 2008।
8. अरविंद मोहन, *विशेष मतदाता समूह, विशेष व्यवहार, दैनिक भास्कर,* नई दिल्ली, 24 नवम्बर 2008।
9. अरविंद मोहन, *राजधानी में कौन इक्कीस, कौन उन्नीस,* 15 नवम्बर 2008, दैनिक भास्कर, नई दिल्ली।

# प. बंगाल

DARJEELING
JALPAIGURI
COOCHBEHAR
NORTH
DINAJPUR
SOUTH
DINAJPUR
MALDA
MURSHIDABAD
BIRBHUM
NADIA
BURDWAN
BANKURA
PURULIA
24 PRGANAS
NORTH
HOOGHLY
CALCUTTA
HOWRAH
24 PARGANAS
South
MIDNAPUR

# पश्चिम बंगाल : स्थिर राजनीति, जड़ शासन

– द्वैपायन भट्टाचार्य

लगातार 15 चुनावी जीत हासिल करने वाला वाममोर्चा अपने गढ़ पश्चिम बंगाल में फिर चुनाव जीत जाए इसमें कोई हैरानी की बात नहीं है। वह चुनाव न जीते यह बहुत बड़ी हैरानी की बात होगी- चाहे ऐसा जब कभी हो। इंदिरा गांधी की हत्या के बाद कांग्रेस के पक्ष में उठी लहर वाले चुनाव को छोड़ दें (हालांकि 1985 के इस चुनाव में भी वाममोर्चा ने राज्य की 42 में से 26 सीटें जीती थीं) तो लगभग हर बार उसको 50 फीसदी के आसपास वोट मिले हैं, दो-तिहाई से ज्यादा सीटें मिली हैं। और 2001 चुनाव, जिसमें ममता बनर्जी ने सभी विपक्षी पार्टियों का 'महाजोट' बनाने की कोशिश की थी, को छोड़ दें तो वामदलों में भी अकेले मार्क्सवादी कम्युनिस्ट पार्टी को बहुमत रहा है।

हैरानी नहीं कि भारतीय लोकतंत्र में ऐसी चुनावी जीत की दूसरी मिसालें नहीं हैं- कई राज्यों में कांग्रेसी शासन इतनी अवधि (32 वर्ष से ज्यादा) तक चला है, पर वह भी ऐसे प्रभुत्व और एकाधिकार वाला नहीं रहा। बल्कि पश्चिम बंगाल में वाममोर्चा की सफलताएं चुनावी मुकाबले की एक बिल्कुल अलग श्रेणी ही बना देती हैं जिसमें कभी भी प्रतिद्वंद्वी खड़ा नहीं हो पाता। और माकपा भले ही आज भी स्टालिन को सही ठहराती हो उसने अपने यहां लोकतांत्रिक चुनाव कराए और होने दिए हैं। पिछला चुनाव (2006 का विधानसभा चुनाव) जितनी सख्ती और जितने चरणों में हुआ, उसने वाममोर्चा कॉडर द्वारा फर्जी मतदान और मतदान केन्द्रों पर किसी और को न आने देने जैसी आलोचनाओं को काफी हद तक समाप्त कर दिया। 2001 के चुनाव में ममता बनर्जी द्वारा वाममोर्चे को पस्त करने की भविष्यवाणी भी कई लोगों ने की थी, पर तब उनकी हार हुई और उसके बाद वाममोर्चा ज्यादा प्रभावी जीतें दर्ज कराने लगा।

पश्चिम बंगाल में वामपंथी दलों ने साठ के दशक से ही अपना दबाव बनाना शुरू किया। अकाल राहत के जरिए भी उन्होंने लोगों के मन में जगह बनाई। पर प्रमोद दासगुप्त, अनिल बिस्वास और सरोज मुखर्जी जैसे उसके वास्तविक रणनीतिकारों ने सत्ता में आने पर वाममोर्चा की नीतियों को ऐसे रूप में ढाला जो लगातार राजनैतिक लाभ देती रही हैं। इन लोगों ने सचमुच हर बूथ पर मुस्तैद रहने वाली पार्टी मशीनरी खड़ी कर ली जिसका अभी तक भारत में कोई और उदाहरण नहीं दिखता है। संगठन के मामले में विलक्षण राष्ट्रीय स्वयंसेवक संघ का पूरा 'परिवार' किसी एक राज्य में, किसी एक चुनाव में इतना कुशल प्रबंधन नहीं दिखा पाया है। पर चुनाव पर ध्यान केन्द्रित होने से वाममोर्चा का राजनैतिक एजेंडा और शासकीय उपलब्धियां गड़बड़ा गई हैं और उसने कोई इतनी बड़ी सफलता नहीं पाई है कि बाकी राज्यों के लोग उसके शासन और विचारधारा के लिए तरसें।

पश्चिम बंगाल में वाम मोर्चे का शासन उस कांग्रेस शासन की याद दिलाता है, जो कभी 50 और 60 के दशक में देश के विभिन्न राज्यों में मौजूद था। लेकिन वाम मोर्चे की सरकार का शासन और इसकी स्थिति कांग्रेस के मुकाबले भिन्न है क्योंकि जहां एक ओर वाम मोर्चा एक पार्टी नहीं बल्कि मार्क्सवादी कम्युनिस्ट पार्टी–भाकपा नीत गठबंधन है, जिसमें तीन प्रमुख पार्टियां भाकपा, फारवर्ड ब्लाक, रिवोल्यूशनरी सोशलिस्ट पार्टी, कुछ छोटे दल मसलन पश्चिम बंगाल सोशलिस्ट पार्टी और आरसीपीआई सहित कुछ निर्दलीय भी शामिल हैं, वहीं कांग्रेस एक अकेली पार्टी है। वाम मोर्चे के शासन के बारे में बातचीत करने से पहले लोकतंत्र की कुछ घटनाओं और तथ्यों को ध्यान में रखना होगा। आपातकाल के बाद 1977 में पहली बार वाम मोर्चा शासन में आया। इससे पहले 1972 में हुए चुनाव के बाद कांग्रेस की अलोकप्रिय सरकार थी, जिनका नेतृत्व सिद्धार्थ शंकर राय कर रहे थे। 1985 के लोकसभा चुनाव के दौरान राजीव गांधी की हवा के कारण एक बार फिर यहां वाम को नुकसान उठाना पड़ा, जब कुल 42 लोकसभा सीटों में से 16 सीटों पर कांग्रेस ने अपना कब्जा जमाया था।

इस बात से इंकार नहीं किया जा सकता है कि वाममोर्चे के सिद्धांतों और तरीकों को लेकर लगातार बहस जारी है। 1960 के दशक में जब वामपंथी ताकतें राज्य में अपनी पहचान बनाने के साथ–साथ आम लोगों के बीच पैठ बनाने में जुटी थीं, तबसे लेकर आज तक बहस जारी है। पहले चरण की बहस 70 के दशक तक चली। मूलभूत सामाजिक और राजनीतिक एजेंडे के तहत बुर्जुआ संगठन और प्रशासनिक जिम्मेदारी की समझदारी विवाद की जड़ थी। शासन और आंदोलन के बीच भेद बढ़ता गया और 60 के दशक में कम्युनिस्ट पार्टी का एक और विभाजन हो गया। यही वह दौर था, जब सशस्त्र किसान आंदोलन ने जन्म लिया। 1977 में जब वाममोर्चा सत्ता में आई, तो फिर एक और बहस की शुरुआत हुई। दो साल के

भीतर विकेंद्रीकरण, स्थानीय लोकतंत्र और भूमि बंटवारे को लेकर ऑपरेशन बर्गा की शुरुआत की गई। इस कारण राज्य के ग्रामीण इलाकों की राजनीति पूरी तरह बदल गई। ऐसे में लोगों ने सवाल उठाना शुरू किया कि क्या ये नीतियां गरीबों को ताकत देंगी क्योंकि नैतिक तौर पर समाज के प्रभावी वर्ग ने निसहाय लोगों को आर्थिक सहायता देना बंद कर दिया था। लोगों ने आश्चर्य व्यक्त किया कि क्या भूमि संबंधी गतिरोध और कम उत्पादन क्षमता से निजात पाने के लिए यह सुधार तकनीकी और आर्थिक दृष्टिकोण से कारगर है? कुछ लोगों ने आशंका जताई कि यदि यह सामान्य सुधार जारी रहता है, निजी संपत्तियों को हाशिए पर रहने वाले किसानों के बीच बांटा जाता है, तो क्या वाममोर्चे द्वारा प्रचारित भूमि सुधार प्रक्रिया को बल मिल सकता है? ऐसे में क्या मध्यवर्गीय सुधार प्रकिया जारी रह सकती है।

80 के दशक के उत्तरार्ध से लेकर 90 के दशक के मध्य तक एक बार फिर विवाद सामने आया। तब भी यहां वाममोर्चे की सरकार थी और संपत्तियों व तत्कालीन कृषि संपत्ति के बंटवारे को लेकर भूमि संबंधी नीति सामने आ चुकी थी। कुछ लोगों ने इस बहस को जारी रखा कि इन उपलब्धियों ने ही वाम मोर्चे को चुनाव में जिताने में महत्त्वपूर्ण भूमिका निभाई। हालांकि काफी लोग इससे सहमत नहीं थे। उन्होंने राजनीतिक स्थायित्व और गतिशील नौकरशाह के जरिए पश्चिम बंगाल में जिम्मेदार सरकार की स्थापना पर जोर दिया। कुछ लोगों ने अनौपचारिक जमींदारी को सामाजिक राजनीति के तहत स्थानीयता में बदलाव की लोकप्रियता को वामदलों की काबलियत माना। बावजूद इसके, सत्ता में स्थायित्व और मजबूत संगठनात्मक ढांचे को वाम मोर्चे की काबलियत माना गया।

हाल के दशक में फिर एक बहस की शुरुआत हुई कि पश्चिम बंगाल ने वाम मोर्चे के शासन में जो सफर तय किया, उसकी जमीन कहां तक मजबूत है। कृषि क्षेत्र में क्या व्यापक परिवर्तन हुए हैं। वैश्विक बाजार के दबाव को सरकार किस तरह झेल रही है? ठेकेदारी, खेती के अलावा नई किसानी प्रथा का मुकाबला करने के लिए क्या रणनीति बन रही है। किस तरह की सोच ग्रामीण और शहरी आर्थिक व्यवस्था के बीच काम कर रही है? ये ऐसे सवाल हैं, जो पश्चिम बंगाल पर शोध करने के लिए नया एजेंडा तय करते हैं। अधिकतर लोगों ने महसूस किया कि 80 के दशक में मजदूरों के प्रतिरोध के उभरने और भूमि संबंधी बदलाव के बाद की हवा को थामने के लिए नई शुरुआत जरूरी है। यह वही समय था, जब देश में राजनीतिक स्थिरता और परिवर्तनीय नीति की कोई गारंटी नहीं थी।

पश्चिम बंगाल में वाम दलों की सफलता एक बड़े अध्ययन का विषय हो सकता है क्योंकि देश के अधिकतर राज्यों को इनकी नीतियां प्रभावित नहीं कर सकीं। विभिन्न आर्थिक और मानव विकास सूचकांक में पश्चिम बंगाल की स्थिति

राष्ट्रीय औसत से कुछ ही बेहतर है पर अग्रिम पंक्तियों वाले राज्यों में भी इसका स्थान नीचे है। शिक्षा, स्वास्थ्य, शहरीकरण या सामाजिक बदलाव के मुकाबलों में भी इसकी स्थिति कमजोर है।

## चुनावी मसले

वर्तमान में पूरे मुल्क में एक पार्टी के शासन का सिलसिला खत्म हो चुका है। केंद्र तक क्षेत्रीय पार्टियां सरकार को प्रभावित कर रही हैं। वर्तमान दौर में लोकतंत्र का नया समीकरण हावी है, जो मंडल कमीशन की रिपोर्ट को लागू करने के फैसले से मजबूत हुआ है। सदियों से शोषित और वंचित समाज के दलितों, अनुसूचित जनजातियों, अल्पसंख्यकों और अन्य पिछड़े वर्गों के लोगों ने चुनाव के जरिए अपनी वास्तविक ताकत को प्रदर्शित किया। 90 के दशक में आने वाले बदलाव से गैरकांग्रेसी पार्टियां मसलन बहुजन समाज पार्टी, समाजवादी पार्टी, राष्ट्रीय जनता दल काफी फायदे में रही। वहीं, भारतीय जनता पार्टी ने भी अनुसूचित जाति-जनजाति और अन्य पिछड़े वर्गों में अपनी पैठ बनाई। 2004 के लोकसभा चुनाव से जुड़े राष्ट्रीय सर्वेक्षण में विस्तृत तौर पर पाया गया कि इन सामाजिक वर्गों का प्रारंभिक रुझान देश में बदलाव लाना है।

1989 के लोकसभा चुनाव में वाम मोर्चे को 50.7 फीसदी वोट मिले। 1989 के लोकसभा चुनाव में माकपा को सबसे अधिक 38.6 प्रतिशत वोट हासिल हुआ था। राज्य की कुल 42 लोकसभा सीटों में 35 पर वाम मोर्चे की जीत हुई थी, जिसमें 26 सीटों पर कब्जा माकपा का था। इसके अलावा तीन सीटों पर भारतीय कम्युनिस्ट पार्टी, तीन पर रिवोल्यूशनरी सोशलिस्ट पार्टी और तीन पर फारवर्ड ब्लाक ने जीत हासिल की थी। कई वर्षों के संघर्ष के बाद जब प्रमुख विपक्षी पार्टी कांग्रेस ने गठजोड़ किया तो 14.6 फीसदी वोट के साथ कांग्रेस सिर्फ 6 सीटें ही जीत पाई, जबकि 21 फीसदी वोट पाने के बाद भी तृणमूल कांग्रेस की झोली में सिर्फ एक सीट आई। 13 सीटों पर चुनाव लड़ने वाली भाजपा 8.1 फीसदी वोट पाने पर भी राज्य में अपना खाता खोलने में असफल रही। पश्चिम बंगाल में जीत और लोकसभा में 61 प्रतिनिधियों के होने के कारण ही वाम मोर्चा ने सरकार बनाने में प्रमुख भूमिका निभाई। कोई सोच भी नहीं सकता था कि पश्चिम बंगाल में वाम मोर्चे की सरकार के खिलाफ कोई हवा चल सकती है। लेकिन कई सीटों पर ऐसा हुआ। जब चुनाव परिणाम की घोषणा हुई तो तृणमूल कांग्रेस ने प्रेस कांफ्रेंस आयोजित कर नेताओं को दोषी करार देते हुए चुनाव को महज ढकोसला बताया।

वास्तव में यह बड़ा सवाल है कि वाम मोर्चे को लोग वोट क्यों देते हैं और वाम मोर्चा सामान्यतः वोट क्यों पाता है। राजग के शासन वाले केंद्र सरकार के

काम-काजों का आकलन लोगों ने किस दृष्टि से किया या गुजरात दंगे का दोष लोगों ने किस पर मढ़ा? किस कदर राज्य सरकार के काम-काज के आधार पर संसदीय चुनाव में वोट डालें? कई ऐसे मामले हैं जिस पर गौर करने से पश्चिम बंगाल के राजनीतिक तथ्य आश्चर्यचकित करते हैं। सर्वेक्षण कई पुख्ता जानकारियों के अलावा कई मामलों को सामने लाता है। इसके जरिए निर्वाचन क्षेत्र, सरकारी काम-काज और सामाजिक दृष्टिकोण पर गौर करना होगा। पश्चिम बंगाल में वाम मोर्चे को जबरदस्त तरीके से समर्थन कौन करता है? कौन सी ऐसी सामाजिक संस्थाएं हैं, जो निर्वाचन क्षेत्रों में वाम मोर्चे की राजनीतिक पकड़ को मजबूत करती हैं? किस कदर राज्य सरकार के काम-काज के साथ-साथ केंद्र सरकार का काम-काज वोट बैंक को प्रभावित करता है। क्या वाम की जीत के साथ-साथ मतदाताओं का राजनीतिक और सामाजिक दृष्टिकोण भी वोट को प्रभावित करता है?

## निर्वाचन क्षेत्र

वाममोर्चे को आखिर वोट कौन देता है? सर्वेक्षण के मुताबिक, वाम मोर्चे को लगभग सभी वर्गों का समर्थन हासिल है। अत्यंत पिछड़ा वर्ग और दलितों के वोट बैंक पर इनका आधिपत्य है। इस मामले में सबसे मजेदार बात यह है कि 55 फीसदी अत्यंत पिछड़े वर्गों का वोट मिलने के बावजूद वाम की पश्चिम बंगाल सरकार अंतिम राज्य सरकार है, जिसने पिछड़ों के आरक्षण को लागू किया। हालांकि इसका अर्थ यह नहीं लगाया जाना चाहिए कि वाम मोर्चे को ऊंची जातियों का समर्थन नहीं है। ऊंची जातियों के 37 फीसदी लोग तृणमूल-भाजपा को वोट देते हैं जबकि इनका 46 फीसदी वोट वाम मोर्चे को जाता है। आदिवासियों के 50 फीसदी वोटों का बंटवारा कांग्रेस और तृणमूल-भाजपा के बीच होता है, वहीं 41 फीसदी वोट वाम मोर्चे को जाता है।

2001 में जनगणना के मुताबिक, राज्य में अनुसूचित जनजातियों की संख्या कुल जनसंख्या का 5.5 फीसदी है, जो संख्या के हिसाब से काफी मायने रखता है। अधिकतर मुसलमान वोटरों का रुझान भी वाम मोर्चे की ओर है। हालांकि 36 फीसदी मुसलमान वोट कांग्रेस को मिलते हैं, फिर भी मोर्चा नौ फीसदी से आगे होता है।

वाम मोर्चे का वोट बैंक व्यवसायी वर्ग भी है। आधे से अधिक अत्यधिक गरीब और गरीब वाम मोर्चे को वोट देते हैं। यहां तक कि 48 फीसदी निम्न मध्यवर्गीय वोट वाम मोर्चे को मिलता है, वहीं राजग को 31 फीसदी और कांग्रेस को 15 फीसदी वोट से ही संतोष करना पड़ता है। मध्यवर्गीय वोटर अभी तृणमूल-भाजपा और वाम मोर्चे के बीच विभाजित हैं।

वाम मोर्चे के सामाजिक आधार को दो कारक बनाते हैं और बरकरार भी रखते हैं। पहला वाम के पास एक ऐसा शक्तिशाली संगठन है जो चुनाव के समय पार्टी

की सुविधाजनक स्थिति बनाता है। दूसरा यह कि पश्चिम बंगाल में 70 फीसदी मतदाता ग्रामीण हैं और वाम दलों की घुसपैठ पंचायत स्तर तक है जो मतदाताओं और मतों को गोलबंद करने में समर्थ है।

चुनाव के दौरान वोट देने वालों में करीब 85 फीसदी वोटर ऐसे थे, जो वाम मोर्चे को पारम्परिक रूप से समर्थन करते हैं जबकि कांग्रेस समर्थकों की संख्या 67 फीसदी, भाजपा समर्थकों की संख्या 65 और तृणमूल कांग्रेस के समर्थकों की संख्या 74 फीसदी थी। एक और मामला सामने आया जिसके तहत पाया गया कि जिन 70 फीसदी लोगों ने 2004 के लोकसभा चुनाव में वाम मोर्चे को वोट दिया था, उन्होंने इन्हीं को पंचायत, नगर निकाय के साथ-साथ विधानसभा चुनाव में भी वोट दिया। इसके विपरीत राजग के 54 फीसदी और कांग्रेस के 63 फीसदी वोटरों ने अपने अधिकार के प्रयोग में रुचि दिखाई। साथ ही किसी भी पार्टी रुझान से खुद को अलग रखने वाले वोटरों को रिझाने में हमेशा वाम मोर्चा कामयाब रहता है। इनमें से 51 फीसदी वोट वाम मोर्चे को मिलता है। इस कारण पारंपरिक वोटरों के साथ-साथ गैर पारंपरिक वोटरों को अपनी ओर कर पाने में सफल होने के कारण वाम मोर्चा अपने विरोधियों पर भारी पड़ता है। सर्वेक्षण के दौरान 23 फीसदी लोगों ने खुद को माकपा के साथ जोड़ने, नौ फीसदी कांग्रेस के साथ जोड़ने, आठ फीसदी तृणमूल के साथ जोड़ने और सात फीसदी भाजपा के साथ नाम जोड़ने की इच्छा रखते हैं। ये मामले राज्य में और दलों की तुलना में माकपा के सकारात्मक समर्थन को पुख्ता करते हैं।

सामान्यतया माना जाता है कि चुनाव के दौरान पश्चिम बंगाल में राजनीतिक सक्रियता काफी अधिक होती है, लेकिन वास्तविकता काफी अलग है। केवल आठ फीसदी लोगों ने चुनाव प्रचार में पूरी तरह से रुझान दिखाया जबकि 32 फीसदी लोगों का रुझान सामान्य रहा। अहम बात यह है कि 31 फीसदी लोगों ने माना कि उन्होंने चुनाव के लिए पैसे इकट्ठा किए या चुनाव फंड में दान दिया जो राष्ट्रीय औसत से तीन गुना ज्यादा है। इस योगदान में 56 फीसदी वाम वोटर थे जबकि 28 फीसदी तृणमूल-भाजपा और 11 फीसदी कांग्रेस वोटर थे। समाज के एक छोर से दूसरे छोर तक फंड इकट्ठा करने में विभिन्न संस्थाओं के जरिए कैडर वाली पार्टी मसलन माकपा आगे रहती थी। चुनाव प्रचार में कठोर नियमों का पालन करने में वाम दल इसका जिम्मा मुट्ठी भर लोगों के एक ग्रुप को देती है। इसका यह अर्थ नहीं है कि पश्चिम बंगाल में उम्मीदवार या पार्टी कार्यकर्त्ता लोगों से कम नजदीक हैं। सर्वेक्षण के मुताबिक 56 फीसदी उम्मीदवार और पार्टी कार्यकर्त्ता वोट के लिए लोगों के दरवाजों पर दस्तक देते हैं, जो राष्ट्रीय औसत यानी 52 फीसदी से अधिक है। पश्चिम बंगाल में 31 फीसदी लोगों को सामाजिक और राजनीतिक मामलों में कोई रुचि नहीं थी, जबकि इसका राष्ट्रीय औसत 57 है। यह आंकड़ा केरल में 50

फीसदी है। केरल में चुनावी प्रक्रिया में 13 फीसदी लोग रुचि लेते हैं जबकि पश्चिम बंगाल में यह आंकड़ा 11 फीसदी और राष्ट्रीय औसत 8 फीसदी है। राजनीतिक और सामाजिक जागरुकता के मामले में भी पश्चिम बंगाल में स्थिति बेहतर है जो 45 फीसदी है, वहीं केरल में यह 35 फीसदी और पूरे भारत में 31 फीसदी है।

चूंकि माना जाता है कि पश्चिम बंगाल में राजनीतिक संस्कृति काफी आगे है इस कारण इस राज्य में देखा गया कि सामाजिक और राजनीतिक मामलों में रुचि रखने वाले 52 फीसदी लोग वाम मोर्चे को वोट देते हैं, जबकि 26 फीसदी लोग या तो तृणमूल कांग्रेस या भाजपा को और 15 फीसदी कांग्रेस को वोट देते थे। इसका अर्थ यह नहीं है कि वाम समर्थकों का रुझान इन मामलों में पूरे साल रहता है जबकि इनकी संख्या सिर्फ 12 फीसदी है जबकि राजग को दस फीसदी और कांग्रेस को 12 फीसदी समर्थन हासिल था। इसी तरह चुनावी मामलों में रुचि रखने और न रखने वालों का आंकड़ा सामने आता है। सभी आंकड़े इस बात को पुख्ता करते हैं कि पश्चिम बंगाल में वाम दल अपने काम-काज से लोगों को आकर्षित न कर अपने समर्पित कार्यकर्त्ताओं के जरिए समाज में पैठ बनाई है जो प्रवृत्ति दूसरे दलों में नहीं है। कुल मिलाकर देखा जाए तो चुनावी मामले में लोगों की सीमित दखलंदाजी है। वाम दल अपनी गतिविधियों को प्रभावी ढंग से लागू करने के लिए सामान्य जनता को राजनीतिक मामलों में शामिल करने के लिए प्रोत्साहित करने के बजाए संगठनात्मक संरचना पर अधिक जोर देता है।

दूसरा, क्या ये आंकड़े हमें समझाने में सहायक हो सकते हैं कि पश्चिम बंगाल के ग्रामीण इलाकों में वाम मोर्चे का आधार पंचायत का काम-काज है। यह माना जाता है कि पश्चिम बंगाल के ग्रामीण इलाके, ग्राम पंचायतों के तहत पार्टी समर्थित समाज केंद्रित हो चुका है। जब समस्याओं को लेकर लोग किससे सहायता चाहिए जैसे लोगों से पूछे गए तो 42 फीसदी लोगों ने पंचायत से पहला संपर्क बनाने की बात कही। 25 फीसदी लोगों का मानना था कि सबसे पहले उन्होंने अपनी समस्याएं समाज के प्रमुख लोगों के सामने रखी, 9 फीसदी पार्टी कार्यालय और एक फीसदी लोगों ने स्वयंसेवी संस्थाओं के पास गुहार लगाई। क्या यह पार्टी पर विश्वास व पंचायत के काम-काज के बीच तारतम्यता की बात है? यह सवाल इसलिए भी महत्त्वपूर्ण है क्योंकि 66 फीसदी ग्राम पंचायतों, 74 फीसदी ब्लाक पंचायत और 87 फीसदी जिला पंचायतों की सीटों पर वाम दलों का कब्जा है और गैर वाम समर्थक लोग इन जगहों पर पसंद नहीं किए जाते। कुछ मामले अपवाद भी हैं। 47 फीसदी कांग्रेस समर्थक पंचायत कार्यालय में अपनी समस्याओं को रखते हैं जबकि सिर्फ 44 फीसदी वाम समर्थक ही ऐसा करते हैं। ये आंकड़े कई सवाल

सामने रखते हैं। यहां एक गलत परंपरा की नींव दिखाई देती है कि समस्याओं के समाधान के लिए लोग संस्थाओं पर आश्रित हैं, जबकि इसके समाधान के लिए व्यक्तिगत संपर्क कारगर होता है। दूसरा, पंचायतों ने राजनीतिक दलों सहित बाकी संस्थाओं को समाज से अलग कर रखा है और ग्रामीण समाज इसी के इर्द-गिर्द घूमता है। तीसरा, इसकी शक्तिशाली पार्टी मानसिकता के कारण लोगों से न सिर्फ दूरी बनाए रखती है बल्कि राजनीतिक सहभागिता में दूर-दूर तक नामोनिशान नहीं है। विभिन्न अध्ययनों के दौरान यह बात सामने आई है कि पंचायत की ग्रामसभाओं की बैठक लगातार नहीं हो रही है। यदि हमारा अनुमान सही है तो पंचायत की सामान्य गतिविधियों की सीमित पहुंच और इसकी जानकारी को सामने लाना होगा। इसके बाद ही परिस्थितियों को आसानी से समझा जा सकता है।

## सरकार :

क्या पश्चिम बंगाल की वाम मोर्चा सरकार के काम-काज का प्रदर्शन वहां के मतदाताओं का लगातार समर्थन पा सकता है। उपलब्ध आंकड़ों पर नजर डाली जाए तो प्रथम दृष्टया यह बात सही है। जितने वोट वाममोर्चे को मिलते थे, उनमें 37 फीसदी सरकार के काम-काज से कुछ हद तक संतुष्ट थे, 27 फीसदी लोग पूरी तरह से संतुष्ट थे। वहीं इसके विपरीत 7 फीसदी बेहद असंतुष्ट हैं, जबकि 13 फीसदी कुछ हद तक असंतुष्ट थे। हालांकि इससे यह साबित नहीं होता है कि वाम मोर्चे को समर्थन देने का मुख्य कारण सरकार का काम-काज है। दोनों में कोई तारतम्यता नहीं है। राज्य के जो मतदाता कुछ हद तक सरकार के काम-काज से संतुष्ट थे, उनमें से 48 फीसदी लोग गैर वाम दलों को समर्थन करते थे। सबसे अहम बात यह है कि जो 22 फीसदी लोग सरकार के काम-काज से बेहद असंतुष्ट थे, आखिरकार वाम मोर्चे को वोट देते। इसके बावजूद बड़े पैमाने पर सत्ताधारी दलों के असंतुष्टों को एकजुट करने में गैर वामदलों की नाकामी साफ झलकती है। अन्यथा, जिन लोगों से बातचीत की गई, उनमें से आधे से अधिक लोग राज्य सरकार के कुल काम-काज से पूर्णरूपेण या काफी हद तक संतुष्ट हैं जो तीन दशकों से जारी है।

तर्कसंगत तौर पर यह पूछा जा रहा है कि क्यों न सरकार के काम-काज को लेकर मतदाताओं की असंतुष्टि का असर लोकसभा के चुनाव पर पड़े? हमें जल्द ही इसका जवाब देना होगा, लेकिन राष्ट्रीय स्तर पर एक सवाल महत्त्वपूर्ण है। क्या राजग सरकार की आर्थिक नीतियां प्रत्येक लोगों के लिए फायदेमंद रहीं? वाम मोर्चे को वोट देने वाले अधिकतर वोटरों की सोच है कि ये नीतियां या तो सिर्फ अमीरों के लिए फायदेमंद रहीं या किसी के लिए भी नहीं रहीं। वाम मोर्चे को वोट देने वाले 44 फीसदी का मानना था कि नीतियों से किसी को भी फायदा नहीं हुआ, जबकि एक चौथाई लोग 23 फीसदी का मानना था कि ये नीतियां सभी के लिए फायदेमंद

रहीं। दूसरी नजर से देखें तो राजग की आर्थिक नीतियों का समर्थन करने वाले 38 फीसदी वोटरों ने पश्चिम बंगाल में वाम मोर्चे को वोट दिया। यह मामला उन वाम दल उम्मीदवारों के लिए कम ही महत्त्वपूर्ण है कि यदि वो चुने जाते हैं तो लोकसभा में नीतियों का विरोध करेंगे।

यदि हम एक सीधे सवाल पर आएं कि राजग सरकार के पांच सालों के काम-काज का आकलन किस तरह किया जा सकता है तो ऐसे मामलों में पार्टी समर्थन को लेकर तर्कयुक्त व्याख्या नहीं की जा सकती है।

वाम मोर्चे को वोट देने वाले 12 फीसदी लोग पूर्ण रूप से संतुष्ट थे तो 35 फीसदी लोग कुछ हद तक काम-काज से संतुष्ट हैं। मजेदार बात यह है कि 17 फीसदी लोग पूरी तरह असंतुष्ट थे और 12 फीसदी लोग कुछ हद तक असंतुष्ट थे। इससे यह तथ्य पुख्ता होता है कि जो लोग वाम मोर्चे को वोट देते हैं, ऐसा नहीं कि केंद्र की राजग सरकार को नापसंद करते थे बल्कि उनकी पसंद पूर्ण रूप से थी या कुछ हद तक। जब राजग सरकार के दो बार केंद्र में शासन बनाने के बारे में पूछा गया तो 43 फीसदी लोगों ने हामी भरी, जबकि 23 फीसदी लोगों ने कहा, नहीं। इससे पता चलता है कि तीस फीसद वोटरों ने राजग सरकार को वोट दिया, जबकि 40 फीसदी वोटर चाहते थे कि गठबंधन की सरकार रहे। इससे कई मामले सामने आते हैं। पहला यह कि सरकार के कार्यकाल में काम-काज को लेकर लोगों की सोच और उससे मिलने वाले वोट में कोई तारतम्यता नहीं है। सरकार को लेकर पसंद और नापसंद के मामलों से स्वतंत्र होकर आम चुनाव में किसे या किस पार्टी को वोट दिया जाए, इसका फैसला लेना है। दूसरा यह कि मतदाताओं पर पड़ने वाले वाम मोर्चे की सरकार के काम-काज के प्रभाव का आकलन सभी मामलों में सही तरीके से नहीं हो पाता। इसके उलट, तीन विकल्पों पर चर्चा की जा सकती है।

सबसे पहले महत्त्वपूर्ण बात यह है कि वाम दलों का वोट और वाम मोर्चे की सरकार के काम-काज की लोकप्रियता में तालमेल नहीं बिठाया जा सकता लेकिन समय को देखते हुए किसी तीसरे मुद्दे पर विचार करना आसान नहीं है। दूसरी महत्त्वपूर्ण बात यह है कि सरकार का बेहतर काम-काज जो राज्य के मतदाताओं को आकर्षित करता है, वह राष्ट्रीय स्तर पर भी आकर्षित करेगा, यह संभव नहीं है। क्योंकि राज्य में राजनीतिक समीकरण एक अलग मायने रखता है। सामान्य तौर पर देखा जाए तो यह बात अधिक तर्कसंगत है कि भारत में कांग्रेस तंत्र जो राजनीतिक तंत्र के मुकाबले खड़ा है, वह ज्यादा चालाक होने के साथ-साथ स्वतंत्र होकर परस्पर प्रतियोगी होते हुए अखिल भारतीय स्तर पर पर्याप्त प्रतिनिधित्व की चाहत रखती है। गौर करने वाली तीसरी बात यह है कि राष्ट्रीय चुनाव में अधिकतर मतदाता अपने मताधिकार का प्रयोग प्राथमिक तौर पर राज्य व स्थानीय निकाय के

चुनावों के दौरान अपने अनुभवों के आधार पर करता है। हालांकि राज्य सरकार का काम-काज अक्सर अहम भूमिका निभाता है फिर भी केंद्र सरकार राजनीतिक चुनाव में परोक्ष या अपरोक्ष रूप से दिशा निर्धारित करता है।

लोगों से जब यह सवाल किया गया कि वोट देने से पहले आपकी निर्णय क्षमता को दिल्ली की केंद्र सरकार या राज्य सरकार दोनों में कौन प्रभावित करता है तो 27 फीसदी लोगों ने राज्य सरकार के पक्ष में हामी भरी, वहीं 29 फीसदी लोगों ने केंद्र सरकार के नाम पर मोहर लगाई। बहरहाल, यह स्पष्ट है कि चुनाव के दौरान राज्य व स्थानीय मुद्दों के साथ-साथ राष्ट्रीय मुद्दे भी अहम भूमिका निभाते हैं। सर्वेक्षण के दौरान 35 फीसदी लोग इस बात से पूरी तरह सहमत थे कि राष्ट्रीय पार्टियों के मुकाबले स्थानीय और क्षेत्रीय पार्टियां बेहतर सरकार दे सकती हैं, जबकि नौ फीसदी लोग इस मुद्दे पर कुछ हद तक ही सहमत थे। इस मामले में 19 फीसदी लोग पूरी तरह असहमत थे तो 6 फीसदी लोग कुछ हद तक असहमत थे। इसके अलावा जब लोगों से पूछा गया कि क्या हमारी प्राथमिकता देश के मुकाबले क्षेत्रीय होनी चाहिए तो इस पर 60 फीसदी लोगों ने हामी भरी, 6 फीसदी लोग कुछ हद तक सहमत थे, 4 फीसदी लोग कुछ हद तक असहमत तो 17 फीसदी लोगों ने पूरी तरह से इस मामले में अपनी असहमति जताई। ऐसे में इस तर्कसंगत मुद्दे पर बहस की जा सकती है कि वाम मोर्चे को वोट देने वाले अधिकतर लोग राज्य सरकार के काम-काज के आधार पर निर्णय लेते हैं।

पश्चिम बंगाल के मामले में जनता की अंतरिम राय जानने के लिए सर्वेक्षणों में कई सवालों को सामने रखा गया। पिछले कुछ सालों के दौरान राज्य में कानून व्यवस्था, सड़क, स्कूल, अस्पताल, बिजली, पेयजल, सिंचाई सहित बाजार आदि के मामले में विकास हुआ या नहीं, इसका पता लगाना सर्वेक्षण का लक्ष्य था। यही ऐसे मामले हैं जिनके जरिए हम सरकार के काम-काज का आकलन सही तौर से जान सकते थे। सर्वेक्षण के दौरान यह बात सामने आई कि राज्य की आधी आबादी यह मानती है कि सड़क, स्कूल, बिजली आपूर्ति व पेयजल मामले में काफी विकास हुआ है। स्थानीय बाजार और न्याय व्यवस्था के मामले में 40 फीसदी लोगों का मानना था कि सरकार ने बेहतर काम किया है। सिंचाई और स्वास्थ्य सेवाएं, ऐसे दो मामले थे, जिस पर 30 से 40 फीसदी लोगों की राय थी कि सरकार ने इस ओर ध्यान नहीं दिया है।

## दृष्टिकोण

मतदाताओं के सामाजिक और राजनीतिक दृष्टिकोण के तहत लोकतंत्र, लिंग अधिकार व धर्मनिरपेक्षता के मामले पर विचार किया जाएगा। हमारा लक्ष्य सबसे पहले राज्य के मतदाताओं के दृष्टिकोणों का सम्पूर्ण खाका खींचना है। इसके बाद वाम और गैर

वाम दलों को वोट देने के बीच के अंतर को जानने के साथ उनके बीच मतभेदों और उनकी प्रकृति को समझना है। आखिर में दूसरे राज्यों की तुलना में पश्चिम बंगाल की स्थिति का आकलन किया जाना है। सर्वेक्षण के दौरान जब लोगों से पूछा गया कि आपका एक वोट देश चलाने में महत्त्वपूर्ण भूमिका अदा करता है तो 66 फीसदी लोगों ने इस पर विश्वास जताया। यह पूछे जाने पर क्या तानाशाही की तुलना में लोकतंत्र एक बेहतर राजनीतिक व्यवस्था है तो 56 फीसदी लोगों ने इस पर हामी भरी, जबकि 32 प्रतिशत लोगों को इसकी जानकारी नहीं थी। इसका कारण यह था कि अधिकतर लोगों को इन दोनों के बारे में सही जानकारी नहीं थी या तानाशाह का समानार्थी शब्द सोएराचर से वे अनभिज्ञ थे और फिर जब लोगों से पूछा गया क्या देश बिना चुनाव या बिना चुने गए प्रतिनिधि के बावजूद चल सकता है तो 62 फीसदी लोगों ने इस मामले में नकारात्मक उत्तर दिए, जबकि एक चौथाई यानी 28 फीसदी लोगों ने जानकारी का अभाव बताया। साथ ही जब सवाल किया गया कि क्या अनपढ़ों को चुनाव लड़ना चाहिए तो 53 फीसदी लोगों का जवाब था कि उन्हें इसका अधिकार नहीं दिया जाना चाहिए। नौ फीसदी लोग कुछ हद तक इस मामले में सहमत थे, जबकि 20 फीसदी लोगों का मानना था कि शिक्षा कभी भी वोट पाने की योग्यता नहीं हो सकती। जब हमने यही बातें राजनीतिक दलों के संदर्भ में रखीं तो इनमें भी कोई खास अंतर नहीं दिखा। 50 फीसदी से कुछ अधिक मतदाताओं ने उम्मीदवारों के शिक्षित होने के मामले पर जोर दिया। हालांकि ऐसी मांगें अधिकतर दक्षिणी राज्यों में नहीं है। तमिलनाडु और कर्नाटक में यह संख्या 40 फीसदी से अधिक लोगों की थी, जबकि यह आंकड़ा आंध्र प्रदेश में 40 फीसदी से कम था। अखिल भारतीय स्तर पर यह आंकड़ा सिर्फ 45 प्रतिशत ही है। यद्यपि केरल का मामला अलग है, जहां 68 फीसदी लोगों की सोच यह है कि अशिक्षित लोगों को चुनावी प्रक्रिया से प्रतिबंधित किया जाना चाहिए। मतों को लेकर इस चुनावी प्रक्रिया में आम लोगों का विश्वास है, लेकिन वहीं मध्यवर्ग का नेतृत्व शिक्षा के महत्त्व को तवज्जो देता है। केरल के विपरीत पश्चिम बंगाल में जहां शिक्षा का औसत काफी अधिक है, वहीं शिक्षित मध्यवर्गों में सामाजिक संकीर्णता और व्यक्तिगत सामाजिक नेतृत्व के बीच की खाई कोई चिंता की बात नहीं है।

राजनीति और सामाजिक कार्यों में महिलाओं की भूमिका को लेकर सर्वेक्षण में कई आश्चर्यजनक परंपराओं की जानकारी मिली। करीब 60 फीसदी मतदाता लोकसभा और विधानसभा में महिलाओं को आरक्षण देने के पक्ष में थे। 60 फीसदी से अधिक लोगों का मानना था कि उच्च शिक्षा महिलाओं के लिए फायदेमंद है, जबकि पश्चिम बंगाल में 18 फीसदी लोग इसे अन्यथा लेते हैं और पांच फीसदी लोग सख्त तौर पर यही सोच रखते हैं। जिन लोगों का मानना था कि उच्च शिक्षा

महिलाओं के लिए हानिकारक होगी, उनमें 19 फीसदी लोग कांग्रेस को, 25 फीसदी राजग को और 50 फीसदी लोग वाम दलों को वोट देते हैं। जब यह तुलना दूसरे राज्यों से की गई तो गौर करने वाली बात सामने आई कि केरल में सबसे अधिक 76 फीसदी लोग महिलाओं को उच्च शिक्षा दिलाने के पक्ष में थे, वहीं कर्नाटक में ऐसे लोगों की संख्या सबसे कम यानी आठ फीसदी थी। कर्नाटक के आधे मतदाताओं को इसकी जानकारी है कि महिलाओं को कॉलेज की शिक्षा लेनी चाहिए। इस सवाल पर कि महिलाओं को पुरुष के समान काम करने का अधिकार होना चाहिए, पश्चिम बंगाल के 76 फीसदी मतदाताओं ने इसका जबरदस्त समर्थन किया, जबकि राष्ट्रीय औसत 69 फीसदी है। जब लोगों से सवाल किया गया कि राजनीतिक पैठ महिलाओं के लिए कोई मायने नहीं रखती है तो पश्चिम बंगाल में 54 फीसदी लोगों ने असहमति दिखाई, जबकि यह आंकड़ा केरल में 56, तमिलनाडु में 51, आंध्र प्रदेश में 41 फीसदी है। मजेदार बात यह है कि यह आंकड़ा कर्नाटक में सिर्फ नौ फीसदी तक ही है। पश्चिम बंगाल में जो लोग महिलाओं को राजनीति से दूर देखना चाहते हैं, उनमें से अधिकतर लोग वाम दलों को वोट देते हैं।

साफ तौर पर पश्चिम बंगाल के अधिकतर मतदाताओं को सार्वजनिक जीवन में यानी राजनीतिक कार्यकर्त्ताओं या चुनावी प्रतिनिधियों के तौर पर महिलाओं की उपस्थिति सिरदर्द का कारण होता है। महिलाओं के मामलों में मुट्ठी भर सख्त विरोधी भी मौजूद हैं। इन मुट्ठी भर लोगों के साथ-साथ वाम दलों का समर्थन समान ही है। कहीं से भी इसकी झलक नहीं दिखती कि वाम दल महिलाओं को समानता का अधिकार देने के मामले में नरम रुख रखती है। जबकि यहां वाम खुद को सामाजिक ताने-बाने के साथ खड़ी दिखाती है। वाम दलों के मतदाता इस प्रभावी सामाजिक व्यवस्था के सहभागी हैं न कि उनके आलोचक।

हमारे राजनीतिक स्वरूप में धार्मिक अल्पसंख्यक का मामला भी महत्त्वपूर्ण है। बाबरी मस्जिद के स्थान पर राम मंदिर बनाए जाने के सवाल पर पश्चिम बंगाल के करीब एक चौथाई मतदाता यानी 27.9 फीसदी का मत था कि इसे वहीं बनाया जाना चाहिए जबकि 37 फीसदी इसके विरुद्ध थे। जिन मतदाताओं ने मंदिर बनाने का विरोध किया, उनमें से 50 फीसदी लोग वाम को, 21 फीसदी राजग को और 20 फीसदी कांग्रेस को वोट देने के पक्षधर थे। पहली नजर में देखा जाए तो धार्मिक भावनाओं को ठेस पहुंचाने के माहौल को रोकने में वाम ने अपना बेहतर रिकार्ड रखा।

भाजपा से गठबंधन होने के बावजूद मंदिर मामले पर तृणमूल कांग्रेस के मतदाताओं ने कांग्रेस की अपेक्षा एक अलग छवि बनाए रखी। जब हम मतदाताओं में राजनीतिक संबंधों की चर्चा कर रहे थे तो सबसे गंभीर बात यह सामने आई कि वे मानते थे कि विवादास्पद जमीन पर मंदिर निर्माण को आखिरी समाधान मान रहे

थे। सर्वेक्षण के मुताबिक, वाममोर्चे के 30 फीसदी मतदाता मंदिर निर्माण के पक्ष में थे। यदि दूसरे नजरिए से देखा जाए तो मंदिर निर्माण के पक्ष में खड़े होने वाले 50 फीसदी से अधिक मतदाता वाम को मत देने वाले थे। यह आंकड़ा कुछ नहीं कर सकता लेकिन पश्चिम बंगाल में वाम भी चुनावी राजनीतिक को लेकर परेशान करने वाले सवालों को खड़ा करती है। अपनी चुनावी धार को बरकरार रखने के लिए वाम को सीखना होगा कि खुद को कैसे लोकप्रियता के स्तर पर मौजूद हिंदुत्व के पत्ते के साथ निश्चिंत रह सकें।

क्या भारत में मुसलमानों की जरूरतों और समस्याओं को नजरअंदाज किया जा सकता है ? पश्चिम बंगाल में ऐसी सोच रखने वालों की संख्या 24 फीसदी है जबकि राष्ट्रीय स्तर पर इनकी संख्या 16 फीसदी है। पश्चिम बंगाल के 54 फीसदी लोगों के साथ-साथ राष्ट्रीय स्तर पर भी 50 फीसदी लोगों का मानना है कि अल्पसंख्यकों के अधिकार को सुरक्षित रखना सरकार की जिम्मेदारी है। जब लोगों से पूछा गया कि प्रत्येक समुदाय को शादी और संपत्ति अधिकारों को लेकर खुद नियम व कानून होने चाहिए तो राज्य के 54 फीसदी और देश में 43 फीसदी मतदाता इसके पक्ष में थे। राज्य के करीब आधे मतदाता दूसरे धर्मों में शादी करने के मामले के विरोध में खड़े थे तो 40 फीसदी लोगों का मानना था कि धर्म बदलने के मामले पर प्रतिबंध लगाया जाना चाहिए।

गोधरा की घटना और गुजरात में हुए विभिन्न दंगों को लेकर भी कई मजेदार बातें सामने आईं। प्रतिक्रिया देने वालों में 50 फीसदी लोगों ने गोधरा घटना की जानकारी होने की बात कही जबकि एक चौथाई लोगों को इसके बारे में कोई जानकारी नहीं थी। मजेदार बात यह थी कि हर पांचवे व्यक्ति को इसकी जानकारी नहीं थी कि इसके पीछे क्या कारण था। प्रतिक्रिया देने वालों में 45 फीसदी लोगों को इस बात की जानकारी थी कि गुजरात में गोधरा की घटना के बाद दंगे हुए थे। दंगे के दौरान लोगों के मारे जाने के सवाल पर पांच फीसदी लोगों का मत था कि इसमें हिंदू मारे गए। जबकि 16 फीसदी लोगों का मानना था कि मुस्लिम और 12 फीसदी लोगों का कहना था कि हिंदुओं और मुस्लिमों की सामूहिक हत्या की गई थी। जब यह सवाल किया गया कि इन दंगों के पीछे किसका दोष हो सकता है तो 24 फीसदी लोगों ने राज्य सरकार को,13 फीसदी लोगों ने कट्टर मुसलमानों को और चार फीसदी लोगों ने हिंदू कट्टरपंथियों को दोषी ठहराया। यहां एक और बात सामने आई कि जिन लोगों ने दंगों के लिए मुस्लिम कट्टरपंथियों को दोषी ठहराया था, उनमें से 47 फीसदी लोग राजग के मतदाता थे और वाम दलों को वोट देने वालों की संख्या 37 फीसदी थी।

इन आंकड़ों के व्यापक अध्ययन से पता चलता है कि सामाजिक और

राजनीतिक दृष्टिकोण के मामले में पश्चिम बंगाल के मतदाता औसत राष्ट्रीय मतदाताओं या सुदूर दक्षिणी राज्यों के मतदाताओं की सोच में कोई अंतर नहीं है। पश्चिम बंगाल और दूसरे राज्यों के बीच सूक्ष्म अंतर सार्वजनिक जिंदगी में महिलाओं की स्थिति के साथ-साथ चुनावी उम्मीदवारों की शैक्षिक योग्यता को लेकर है। सांप्रदायिक स्थिति की ओर नजर डालें तो पश्चिम बंगाल अल्पसंख्यकों के अधिकारों को लेकर काफी सजग है क्योंकि पूरे देश के उलट यहां सामुदायिक, धार्मिक सद्भाव हमेशा बरकरार रहा है। एक पर्यवेक्षक के तौर पर देखने को मिला कि वाम शासित पश्चिम बंगाल में सामाजिक प्रगतिशील दृष्टिकोण को लेकर बातें कितनी भी गहरी हों, अनेक सामाजिक मुद्दों पर वाम और गैर वाम मतदाताओं की सोच समान है। यह रूझान विभिन्न समाचार-पत्रों में छपे ग्रामीण इलाकों की खबरों से सामने आया क्योंकि वाम मोर्चे के पंचायत सदस्य प्रेमप्रसंग, शादी, उत्तराधिकारी, पारिवारिक मूल्य के साथ सामाजिक बहिष्कार के मामले में रुढ़िवादी परंपराओं को ही थामे हुए हैं, जो यहां की दिनचर्या में स्पष्ट नजर आती है।

90 के दशक से सिर्फ एक पार्टी के शासन करने का दौर खत्म हो चुका है, जबकि पश्चिम बंगाल में करीब तीन दशकों से माकपा ने गठबंधन को बरकरार रखा है। यह शासन किसी भी हद तक कांग्रेस जैसे एकदलीय शासन से बेहतर माना जा सकता है। यहां तक कि अशिक्षित मतदाताओं के बीच माकपा को बेहतर पार्टी माना जाता है। यह पार्टी न सिर्फ राज्य के चुनाव और राजनीति को प्रभावित करती है बल्कि आम जनता के दिलों में भी अपना स्थान बनाए हुए है, जो कांग्रेस नहीं कर सकी। वाम मोर्चा और इसके समर्थक राज्य में सरकार के काम-काज को लेकर संवेदनशील हैं। 1970 में जनता पार्टी की सरकार बनने के बावजूद जहां वह अपनी जीत कायम नहीं रख पाई, वहीं वाम मोर्चा इसमें सफल रहा। ऑपरेशन बर्गा के तहत एक और जहां वाम मोर्चा सरकार ने बटाईदारों के बीच जमीन का बंटवारा किया, वहीं गरीबों को ताकतवर भी बनाया। हाशिए पर रह रहे लोगों के सामाजिक बदलाव के लिए राज्य सरकार के ताकतों का इस्तेमाल करने का उदाहरण बिरले ही हैं। इसके बाद वाम लोगों के दिलों में जगह बनाता गया और सरकार ने अल्पसंख्यकों की रक्षा के लिए एक वातावरण का निर्माण किया। मोर्चा ने इस बात को सुदृढ़ किया कि किसी भी सरकार के मुकाबले यह सरकार गरीबों के साथ है। यद्यपि सरकार के काम-काज को वाम मोर्चे के शासन के तौर पर देखना एकपक्षीय होगा।

पश्चिम बंगाल से जुड़े आर्थिक आंकड़े खासकर वाम मोर्चे की सरकार होने के बावजूद खास नहीं हैं। राज्य में औद्योगिक विकास नगण्य है। 80 के दशक में कृषि क्षेत्र के विकास के कारण जो क्षतिपूर्ति हुई, वह एक दशक तक जारी थी। राज्य में बेरोजगारों की संख्या ज्यादा होने के साथ-साथ गरीबी रेखा से नीचे गुजर-बसर

करने वालों की संख्या अधिक है। कर्ज की चिंता और केंद्र के सौतेले रवैये के कारण राज्य सरकार के पास नाम मात्र के साधन हैं। जबकि इसी सरकार का एक चेहरा यह भी है कि तंत्र में भ्रष्टाचार की घुसपैठ नगण्य है।

वाम मोर्चे की सरकार की सफलता या विफलता को महज चुनावी नतीजों के जरिए पेश नहीं किया जा सकता। इसके लिए सामाजिक गुटबंदी की उपज के साथ-साथ माकपा की चुनावी रणनीति को समझना होगा। क्योंकि रचनात्मक नेतृत्व और संगठनात्मक क्षमता बंगाल में विपक्ष को असहाय करने का बड़ा कारण है। वाम मोर्चे को बंगाल में स्थापित करने वाले स्वर्गीय प्रमोद दासगुप्ता सरीखे नेता ने काफी सोच-समझकर राजनीतिक लामबंदी के तहत पार्टी को संगठित किया। उनके द्वारा तैयार की गई योजनाओं को अनिल बिस्वास जैसे करिश्माई पार्टी प्रबंधकों ने बिना भेदभाव के यथार्थ में परिणत किया । ऐसा उदाहरण किसी भी भारतीय राज्य में उपलब्ध नहीं है। वाम ने अपने सामाजिक पैठ को हाशिए पर रह गए किसानों, बटाईदारों और भूमिहीन किसानों के बीच ला खड़ा किया। इसके जरिए जो दलित, आदिवासी और मुस्लिम कभी समाज के हाशिए पर थे, एकजुट हुए।

पूरे देश में इतनी राजनीतिक उठापटक और सामाजिक संघर्ष होने के बावजूद करीब तीन दशकों से यह वर्ग समुदाय वाम मोर्चे के साथ है। माकपा के चुनावी रणनीतिकार इस लामबंदी को जिस कदर सुरक्षित रखते हैं, यही काबिलियत देश के और राज्यों की अपेक्षा पश्चिम बंगाल को अलग करती है। यही ताकत वाम मोर्चे के समर्थक दलों के लिए संजीवनी का काम करती है।

पिछले कुछ सालों से जहां राजनीति की चाल, चरित्र और चेहरे में बदलाव नजर आ रहा है, वहीं पश्चिम बंगाल के वाम दल भी इसी राह पर निकल चले हैं। वाम खुद में बदलाव की चुनौती का सामना कर रहा है। साल-दर-साल से मौजूद वाम मोर्चे की सामाजिक जमीन काफी हद तक अपनी जगह से खिसक चुकी है। शहरी मतदाता जो पारंपरिक तौर से वाम का समर्थन करते थे, वे अपना मुंह मोड़ चुके हैं। पिछले बार के चुनाव में उस वाम नेतृत्व का परीक्षण हुआ, जिसमें भारी संख्या में युवा उम्मीदवारों ने अपने भाग्य की आजमाइश की थी। यह चुनाव नई आर्थिक नीतियों का सामना करने के बावजूद सरकार के सामाजिक आधार का परीक्षण भी था। हालांकि अपने अस्तित्व को बनाए रखने के साथ नई दिशा ढूंढने के लिए विपक्ष की परीक्षा की भी घड़ी थी। अभी तक पश्चिम बंगाल का राजनीतिक परिणाम कहीं न कहीं राज्य में राजनीति की सफलता के साथ-साथ विफलता की भी कहानी कहता है। एक ओर यहां पिछले तीन दशक से वाम मोर्चा की सरकार बरकरार है, वहीं इस सफलता के जरिए विपक्ष का राजनीतिक परिदृश्य में कुछ न

कर पाना उसके राजनीतिक दिवालियापन और विश्वासी नेतृत्व की कमी का परिचायक है। गैर वाम मत पूरे राज्य में बंटे हुए हैं। राज्य में भाजपा हाशिए पर है, जो गैर वाम मतों को बांट तो सकती है, लेकिन अपनी बदौलत वाम मोर्चे का कुछ भी नहीं बिगाड़ सकती है। तृणमूल कांग्रेस नेता ममता बनर्जी वाम का सामना करने में सक्षम तो हैं, लेकिन करिश्माई नेता ज्योति बसु के उत्तराधिकारी बुद्धदेव भट्टाचार्य के सामने बौनी हैं। कांग्रेस का हाल यह है कि वह अपने समर्थकों की गिनती मालदा और मुर्शिदाबाद के इलाकों में करती है।

पिछले कुछ चुनावों पर नजर डालें तो चुनाव आयोग के सख्त कदम ने वाम मोर्चे को पश्चिम बंगाल में अविश्वसनीय सफलता दिलाई। आयोग के इन कदमों से आम जनता खुश थी, जिसका फायदा वाम मोर्चा समर्थकों ने जमकर उठाया। साथ ही विपक्षी पार्टियों ने भी इसे निष्पक्ष चुनाव बताया। अधिकतर मतदाताओं का मानना था कि पिछले चुनाव के मुकाबले इस बार धांधली कम हुई। ऐसे में सवाल उठना लाजमी था कि क्या पिछले तीन दशकों से सत्ताधारी पार्टी ने कभी भी चुनाव में धांधली नहीं की। पिछले चुनाव से पूर्व जो रोचक बातें सामने आईं, वह थी मतदाताओं की संख्या का कम होना। चुनाव आयोग ने पिछले पांच सालों से उस जिज्ञासा को सामने रखा, जिसमें मतदाताओं की संख्या में एक फीसदी की कमी हुई। जबकि अनुमान लगाया जा रहा था कि इस बार मतदाताओं की संख्या में छह से सात फीसदी बढ़ोतरी होगी। कोलकाता और बांग्लादेश के सीमावर्ती इलाकों में फर्जी मतदाताओं की संख्या अधिक थी। चुनाव आयोग के अधिकारियों का मानना था कि इस सूची में फर्जी मतदाता अधिक थे, जिसका फायदा सत्ताधारी पार्टी को मिलता था। क्या इस बात पर विश्वास किया जा सकता है कि मतदाताओं की संख्या बढ़ने के बजाए घटे, लेकिन यह सच्चाई सिर्फ ग्रेटर कोलकाता इलाके की नहीं बल्कि कई इलाकों में सात फीसदी नाम मतदाता सूची से हटाए गए।

पिछले चुनाव में वाममोर्चा ने अपना वोट बचाए रखा, लेकिन विपक्ष का बिखराव एक सोच का विषय है। गैर वाम मतों का विभाजन यहां 2001 में 76.5 फीसदी रहा, वहीं 2006 में यह विभाजन 80 फीसदी रहा। 2001 के चुनाव में तृणमूल कांग्रेस और कांग्रेस के बीच बना बेमेल गठबंधन काफी हद तक तृणमूल-भाजपा गठबंधन से बेहतर था। 1991 से राज्य की राजनीति में दखल देने वाली भाजपा का वोट बैंक भी राज्य में दो फीसदी से अधिक नहीं है।

2001 के चुनाव परिणामों को बदलने का काम ममता बनर्जी ने किया, लेकिन उनकी जबरदस्त हार उनके पिछड़ने के कारण के साथ-साथ गैर वाम ताकतों के भी हारने का कारण रही। 2004 लोकसभा चुनाव में वाम मोर्चा ने जबरदस्त जीत हासिल की। तृणमूल-भाजपा गठबंधन महज एक सीट जीत पाई। शहरी निकाय

चुनाव में भी वाम मोर्चे की व्यापक जीत ने मुख्यमंत्री बुद्धदेव भट्टाचार्य के शासन पर मोहर लगाने के साथ-साथ अगले चुनाव में किसी भी उलट की संभावना को सिरे से नकारा है।

वर्तमान दौर में वाम की झोली से पुराने समर्थक बाहर हो गए। कभी गरीब ग्रामीण और नौकरी पेशेवाले शहरी लोग वाम के समर्थक थे, वहीं वर्तमान में मध्य और निम्न शहरी लोग वाम के नए समर्थक उभरे हैं। वाम का ग्रामीण इलाकों में स्थित वोट बैंक शहरी इलाकों में खिसका है। वाम ने शहरी निर्वाचन क्षेत्रों पर भी अपनी पकड़ मजबूत की है। ग्रेटर कोलकाता के बाहरी शहरों के अलावा ग्रामीण इलाकों में वाम के वोट बैंक में कोई कमी नहीं आई है। जहां प्रोफेशनल वेतनभोगियों का रुझान वाम की ओर बढ़ा है, वहीं ग्रामीण इलाकों के खेतिहर किसानों और इससे जुड़े मजदूरों का वोट वाम के हाथ से निकल चुका है। स्पष्टतः नई जमीन पाने के साथ-साथ वाम मोर्चे की पुरानी जमीन पांव के नीचे नहीं है। यह बदलाव आने वाले चुनाव में वाम के लिए सिरदर्द का कारण बन सकती है। पिछले चुनाव में जो महिलाएं वाम को वोट देती थीं, उनमें वह जोश नहीं दिखाई दिया। यह बात भी गौरतलब है कि राज्य में विभिन्न शैक्षिक स्तर के लोग अलग-अलग मतों या दलों से प्रभावित हैं। अनपढ़ लोग जहां वाम का दामन छोड़ने पर तुले हैं, वहीं शिक्षित लोगों का समर्थन वाम को मिलने लगा है। जहां ऊंची जातियों का वोट वाम को मिल रहा है, वहीं अन्य पिछड़े वर्गों और दलितों के वोट बैंक में दरारें आई हैं। वाम के लिए चिंता की बात दस फीसदी से अधिक मुस्लिम वोट बैंक का कम होना है, जो कांग्रेस की ओर अधिक है।

पिछले विधान सभा चुनाव 2006 का परिणाम वाम के लिए खुशी का मौका लाया, वहीं वाम मोर्चा का नेतृत्व करने वाली पार्टी माकपा के लिए चुनौती भी। राज्य में माकपा की सफलता का औसत व मत सहयोगी दलों के मुकाबले अधिक है। मुख्यमंत्री बुद्धदेव भट्टाचार्य को जहां लोगों का पर्याप्त विश्वास हासिल हुआ, वहीं मतदाताओं ने उनके नेतृत्व को स्वीकारा भी। माकपा का अपने संगठन में बड़े पैमाने पर बदलाव भी फायदेमंद रहा। 2006 के विधान सभा चुनाव में वाम को 154 सीटों के मुकाबले 132 सीटों पर जीत हासिल हुई थी। 2001 के मुकाबले तीन और सीटें वाम की झोली में आयीं। जिन सीटों पर प्रत्याशियों को बदला गया था, वहां 139 के मुकाबले 103 सीटों पर जीत हासिल हुई। गौरतलब बात यह है कि वाम ने उन सीटों पर अधिक वोट पाए, जहां उसने नए उम्मीदवार खड़े किए थे। जो मतदाता बदलाव चाहते थे, उन पर इसका काफी प्रभाव पड़ा। इस परिणाम ने वाम नेतृत्व को नीति और राजनीति करने के लिए पर्याप्त जगह देने का काम किया। अभी तक के परिणामों ने माकपा के लिए लंबे समय तक बने रहने के लिए चुनौती पेश

किये है कि क्या गरीब ग्रामीणों के बीच वाम अपने पुराने सामाजिक आधार को बरकरार रख पाएगा। क्योंकि वे उद्योगपतियों और पूंजीवादियों को लेकर आक्रोशित हो लगातार अदालतों का दरवाजा खटखटा रहे हैं।

## निष्कर्ष

पश्चिम बंगाल की राजनीति और वामदलों के चुनाव में जीतने की कहानी कई मुद्दों को सामने लाती है। कोई सरकार के काम-काज से प्रभावित है तो कोई स्थानीयता आधारित राजनीति को इसका श्रेय देता है। साथ ही सैद्धांतिक वाकपटुता के प्रयोग के साथ-साथ राज्य के संस्थागत प्रक्रिया के तहत सर्वसम्मति होना भी एक कारण है। वामदल अपने निर्वाचन क्षेत्र को विरोधी दलों के मुकाबले आसानी से बरकरार रखते हैं। वाम मोर्चा राज्य को राष्ट्रीय राजनीति से प्रभावित होने से दूर रखने में सक्षम है और समर्पित मतदाताओं का एक सशक्त गुट राज्य सरकार के काम-काज को लोकसभा चुनाव के वक्त भी याद रखता है।

वाम ने अपने शासन के दौरान एक ऐसी राजनीतिक जमीन तैयार की है, जो राष्ट्रीय राजनीति की मुख्यधारा से अलग है। जब 80 के दशक के अंत में पूरा देश आरक्षण की आग में जल रहा था, जब 90 के दशक के शुरुआत में मंदिर मुद्दा अहम था, तब भी पश्चिम बंगाल पूरी तरह शांत बना था। भूमि सुधार की सफलता वाम को फायदा पहुंचाता रहा है तो प्रशासन के विकेंद्रीकरण, केंद्र के सौतेले रवैये के अभियान को थामे रखने और शहरी मध्यवर्गीय लोगों का नेतृत्व लगातार बनाए रखने का परिणाम है। इसी का परिणाम रहा कि वाम ने खुद को बतौर विश्वासपात्र के रूप में पेश किया जो सत्ताधारी या विपक्षी दलों के लिए एक अनूठी राजनीति का केंद्र रहा। इस कारण 1977 से चुनाव में जब राज्य के करीब आधे मतदाता वाम को वोट देते हैं, वे न सिर्फ एक तरह की मानसिकता वाले दलों के गठबंधन पर अपनी मुहर लगाते हैं, बल्कि राजनीति के एक अलग ब्रांड पर भी अपनी सहमति जताते हैं।

यदि यह ब्रांड पश्चिम बंगाल में वाम के लिए तोहफा है तो क्या इसे पाने के लिए मूल्य भी चुकाना पड़ा। 2004 में राज्य सरकार ने पश्चिम बंगाल मानव विकास रिपोर्ट जारी की थी, जिसमें सरकार के काम-काज का मूल्यांकन किया गया। यह रिपोर्ट बताती है कि 90 के दशक में कृषि उत्पादन के विकास में कमी हुई, जबकि औद्योगिकता को बढ़ावा मिला। 91-92 से लेकर 2000-2001 के बीच राज्य का घरेलू सकल उत्पाद 6.6 फीसदी रिकार्ड किया गया, जो कर्नाटक के मुकाबले दूसरे स्थान पर रहा। शिक्षा, उत्पादन, खपत, स्वास्थ्य, शिक्षा व राज्य के ढांचागत विकास के मामले में देश के दूसरे राज्यों के मुकाबले पश्चिम बंगाल का

स्थान मध्यक्रम में था। रिपोर्ट के मुताबिक, पिछले दशक में भूमि सुधार मामले में काफी उलट आंकड़े हैं। इसके तहत कृषि उत्पादन अधिक खर्चीले होने के मुकाबले उत्पादन कम होना चिंता की बात है। बटाईदार खेती, जमीन हस्तानांतरण, पैदावार की अनिश्चितता, सूखे के दौरान खेती जैसे मामलों में राज्य सरकार को पूरी रणनीति के तहत योजना बनाकर काम कराने की जरूरत है। बांकुरा और पुरुलिया जिलों के ग्रामीण इलाकों में बढ़ती गरीबी आने वाले दिनों के लिए खतरे का संकेत है। वृहत तौर पर यह माना जाने लगा कि कुछ जिलों खासकर आदिवासी इलाकों में भुखमरी की स्थिति भयंकर है। जबकि व्यापक तौर पर ग्रामीण इलाकों में गरीबी कम हुई है जबकि खेतिहर मजदूर गरीब से और गरीब हुए हैं और उनकी स्थिति सबसे निचले पायदान पर है। देश के दक्षिणी और पश्चिमी राज्यों के मुकाबले पश्चिम बंगाल में क्षेत्रीय पूंजीवादी वर्गों की जड़ें नहीं हैं जो जातीय ध्रुवीकरण और सामाजिक गतिशीलता से जुड़े होने के कारण सामाजिक शांति के लिए खतरे का संकेत हैं।

यदि हम सामाजिक परिदृश्य में राज्य सरकार के संतुलित काम-काज के प्रदर्शन को देंखे तो इसमें मुख्यधारा के साथ-साथ पारंपरिक, धार्मिक, सामाजिक और राजनीतिक द् ष्टिकोण के भी लोगों का राज्य में वाम मोर्चे को मत देने से क्या संतुलन की तस्वीर सही मायने में उभरती है? क्या यह आश्चर्य नहीं है कि निम्नस्तर पर सामाजिक बदलाव के वायदों का क्या हुआ? वाम मोर्चा पूरी तरह से इतने सालों में स्थायी इनकंबेन्सी को सामाजिकता के संदर्भ में बना रखा है। प्रभावी वर्ग द्वारा कानाफूसी को हाशिए पर रखे जाने, सुरक्षा के तमाम दीवारों को संस्कृति और आर्थिक समय के हिसाब से समेटने के साथ-साथ वाम मोर्चा के समाज में समानता व भाईचारे के मामले में निचली जातियों के ध्रुवीकरण और समय के हिसाब से अपने कब्जे में रखना, सच्चे मायने में पश्चिम बंगाल में सामाजिक शांति के सफल होने का कारण है।

बहरहाल, वाम खुद में बदलाव के लिए चुनौती का सामना कर रहा है। वाम मोर्चे के नए चेहरों के साथ-साथ स्थिरता और बदलाव बुद्धदेव भट्टाचार्य के लिए अहम चुनौती है। उनके नेतृत्व में माकपा सरकार की नीतियों में लगातार परिवर्तन हो रहा है। इसके तहत औद्योगिकीकरण, शहरी ढांचे के विकास के साथ-साथ शहरी मध्य वर्ग की ओर इसका विशेष ध्यान है। राजनीति में शार्ट टर्म सफलता किसी भी पार्टी को लांग टर्म तक अपंग बना सकती है। आने वाले चुनाव में गैर वाम दलों को राजनीतिक दिवालियापन के साथ वाम मोर्चे की नई सामाजिक भूमि के कारण किसी भी निष्कर्ष पर पहुंचना कठिन है, लेकिन अंततोगत्वा राजनीतिक खालीपन और सामाजिक भटकाव वाम के विकल्प को एक नए वाम की ओर ले जा सकता है, जिसकी तैयारी बुद्धदेव भट्टाचार्य कर रहे हैं।

**2006 में पश्चिम बंगाल में पार्टी गठबंधन**

| दलों | सीट | सीटें जीत | वोट |
|---|---|---|---|
| वाम मोर्चा | 293 | 235 | 50.23 |
| माकपा | 210 | 175 | 36.97 |
| भाकपा | 14 | 9 | 2.09 |
| फारवर्ड ब्लॉक | 34 | 23 | 5.67 |
| आरएसपी | 23 | 20 | 3.72 |
| डब्ल्यूबीएसपी | 4 | 4 | 0.72 |
| एनसीपी | 2 | 0 | 0.19 |
| राजग | 2 | 1 | 0.08 |
| डीएसपी | 2 | 1 | 0.36 |
| निर्दलीय | 2 | 2 | 0.43 |
| राजग | 285 | 29 | 28.27 |
| तृणमूल कांग्रेस | 256 | 29 | 26.34 |
| भाजपा | 29 | 0 | 1.93 |
| कांग्रेस गठबंधन | 280 | 21 | 15.21 |
| कांग्रेस | 261 | 21 | 15.91 |
| पीडीएस | 12 | 0 | 0.12 |
| जेएमएम | 7 | 0 | 0.18 |
| अन्य पार्टियां | | | |
| जीएनएलएफ | 5 | 3 | 0.50 |
| जेकेपी एन | 4 | 1 | 0.26 |
| बसपा | 127 | 0 | 0.73 |
| सपा | 32 | 0 | 0.20 |
| सीपीआइएमएल | 25 | 0 | 0.17 |
| छोटी पार्टियां | 75 | 0 | 0.64 |
| निर्दलीय | 517 | 4 | 3.79 |
| **योग** | **1643** | **293** | **100** |

वाम मोर्चा ने 15 विधानसभा और लोकसभा चुनावों में लगातार जीत दर्ज की है

## वाम मोर्चा

| चुनाव | वोट फीसदी | विधानसभा सीटें जीती | लोकसभा सीटें जीतीं |
|---|---|---|---|
| 1977 विस | 45.8 | 230 | |
| 1980 लोस | 54.0 | | 38 |
| 1982 विस | 52.8 | 237 | |
| 1985 लोस | 48.5 | | 26 |
| 1987 विस | 52.9 | 251 | |
| 1989 लोस | 52.3 | | 38 |
| 1991 विस | 48.9 | 245 | |
| 1991 लोस | 47.1 | | 37 |
| 1996 विस | 49.4 | 203 | |
| 1996 लोस | 48.7 | | 33 |
| 1998 लोस | 46.6 | | 33 |
| 1999 लोस | 46.8 | | 29 |
| 2001 विस | 49.1 | 199 | |
| 2004 लोस | 50.7 | | 35 |
| 2006 | | | |

## महिलाओं के बीच वाम दलों का घटता जनाधार

| विधानसभा चुनाव | वाम मोर्चा का वोट बंटवारा | | वृद्धि |
|---|---|---|---|
| | पुरुष | महिलाएं | |
| 1996 | 52 | 46 | 6 फीसदी |
| 2001 | 51 | 48 | 3 फीसदी |
| 2006 | 55 | 53 | 2 फीसदी |

*साभार : हिन्दू-सीएनएन सर्वेक्षण 2006*

## वाम मोर्चे का खिसकता आंशिक जनाधार

| | सर्वेक्षण 2006 | 2001 से बदलाव |
|---|---|---|
| गरीब ग्रामीणों के बीच जनाधार घटा लेकिन अमीरों में बढ़ा गरीब ग्रामीण | 55 | −5 |
| निचला तबका | 56 | −2 |
| मध्य तबका | 54 | 12 |
| उच्च वर्ग | 48 | 17 |
| शहरी मतदाताओं खासकर मध्य और उच्च के बीच बढ़ा जनाधार शहरी गरीब | 57 | 9 |
| निचला तबका | 56 | 9 |
| मध्य तबका | 54 | 16 |
| उच्च वर्ग | 48 | 18 |

*साभार : हिन्दू-सीएनएन सर्वेक्षण 2006*

## भाजपा का उद्भव, कांग्रेस को मिलने वाले गैर वाम मतों का विभाजन

| विस व लोस चुनाव | गैर वाम मतों का विभाजन | | |
|---|---|---|---|
| | कांग्रेस | तृणमूल कांग्रेस | भाजपा |
| 1991 विस | 35.1 | | 11.3 |
| 1991 लोस | 36.2 | | 11.7 |
| 1996 विस | 39.5 | | 6.5 |
| 1996 लोस | 40.1 | | 6.9 |
| 1998 लोस | 15.2 | 24.4 | 10.2 |
| 1999 लोस | 13.3 | 26.0 | 11.1 |
| 2001 विस | 8.0 | 30.6 | 5.2 |
| 2004 लोस | 14.6 | 21.0 | 8.1 |

सुरक्षित निर्वाचन क्षेत्रों में वाम प्रभावी

| चुनावी साल | वाम | |
|---|---|---|
| | सीटें | वोट फीसदी |
| 2001 | 64 | 52.59 |
| 1996 | 66 | 52.40 |
| 1991 | 74 | 52.06 |
| 1987 | 71 | 55.47 |

यह आंकड़ा 76 विस सीटों का है जिसमें 59 सीटें अनुसूचित जाति व 17 सीटें अनुसूचित जनजातियों के लिए आरक्षित हैं

## औद्योगिक क्षेत्रों में घटता जनाधार

| चुनावी साल | वाम | |
|---|---|---|
| | सीटें | वोट फीसदी |
| 2001 | 40 | 47.18 |
| 1996 | 45 | 47.90 |
| 1991 | 66 | 48.04 |
| 1987 | 57 | 52.33 |

**यह आंकड़ा 75 विस सीटों का है जो औद्योगिक क्षेत्रों में हैं**

| वाम और युवा मतदाता<br>2006 में अनुमानित वोट | | 2001 से बदलाव |
|---|---|---|
| 25 वर्ष तक | 54 | 8 |
| 26–35 वर्ष | 55 | 9 |
| 36–45 वर्ष | 55 | 1 |

## राजनीतिक समर्थन के मामले में बदलता सामाजिक आधार

| | वाम | | भाजपा | | तृणमूल | | कांग्रेस | |
|---|---|---|---|---|---|---|---|---|
| | 2006 | बदलाव | 2006 | बदलाव | 2006 | बदलाव | 2006 | बदलाव |
| **उम्र वर्ग** | **तृणमूल कांग्रेस के युवा समर्थकों में वाम की घुसपैठ** | | | | | | | |
| 25 वर्ष तक | 56.8 | 11.3 | 3.0 | 1.6 | 23.2 | −14,2 | 9.6 | −2.1 |
| 26–35 | 49.7 | 3.2 | 2.2 | −2.0 | 28.2 | −5.2 | 14.2 | 6.8 |
| 36–45 | 50.5 | −4.6 | 1.4 | −3.3 | 30.3 | 1.1 | 13.3 | 6.3 |
| 46–55 | 49.4 | −3.3 | 1.2 | −1.8 | 27.7 | −5.3 | 12.2 | 4.3 |
| 50 साल से अधिक | 54.7 | 2.4 | 4.5 | 3.7 | 19.6 | −16 | 17.0 | 8.2 |
| **लिंग** | **महिलाओं की उदासीनता वाम के लिए फायदेमंद** | | | | | | | |
| पुरुष | 50.4 | 1.9 | 2.7 | −0.3 | 25.1 | −9.7 | 16.1 | 7.7 |
| महिला | 49.7 | −2.4 | 2.7 | −1.0 | 26.1 | −5.3 | 14.1 | 6.1 |
| **शिक्षा** | **कम शिक्षित लोगों के बीच जनाधार घटा, अधिक के बीच बढ़ा** | | | | | | | |
| अशिक्षित | 56.3 | −5.5 | 2.6 | −0.7 | 19.2 | 1.4 | 14.4 | 5.9 |
| प्राथमिक तक | 48.4 | −3.0 | 1.3 | −1.6 | 27.4 | −4.0 | 13.0 | 3.2 |
| मैट्रिक तक | 51.3 | 6.1 | 3.0 | −0.8 | 30.6 | −8.0 | 13.1 | 4.5 |
| कालेज व अधिक | 52.7 | 14.2 | 2.6 | −0.7 | 28.7 | −21.8 | 13.6 | 8.8 |
| **आर्थिक वर्ग शहरी** | **वाम मतदाताओं की स्थिति में बदलाव वाम ने बनाई हर तबके में अपनी पैठ** | | | | | | | |
| प्रोफेशनल व्यापारी | 52.5 | 18.0 | 2.5 | 0.1 | 18.9 | −40.6 | 26.2 | 23.8 |
| वेतनभोगी | 57.5 | 17.7 | 2.8 | 0.5 | 24.6 | −26.2 | 15.1 | 8.8 |
| छोटे व्यापारी | 47.9 | 4.1 | 1.8 | −2.7 | 30.9 | −16.4 | 15.7 | 12.1 |
| प्रशिक्षित मजदूर | 50.6 | 10.1 | 0.0 | −3.6 | 34.8 | −14.0 | 6.7 | 3.1 |
| अप्रशिक्षित अर्द्ध प्रशिक्षित | 54.2 | 3.5 | 2.1 | −2.0 | 29.2 | 4.5 | 10.0 | −6.4 |
| **ग्रामीण** | **खेतिहर मजदूर के बीच जनाधार खिसका, वेतनभोगी में बैठ बढ़ी** | | | | | | | |
| वेतनभोगी | 56.5 | 17.5 | 2.3 | 0.1 | 23.6 | −28.6 | 17.6 | 12.1 |
| व्यापारी | 45.7 | −1.3 | 0.4 | −1.6 | 36.4 | 0.4 | 5.4 | −0.6 |
| गैर-कृषक मजदूर | 54.9 | −1.4 | 2.9 | 2.9 | 21.8 | −6.6 | 10.7 | 2.7 |
| किसान व बटाईदार | 48.0 | 0.4 | 1.1 | −2.2 | 28.7 | 3.0 | 14.8 | −2.3 |
| कृषक मजदूर | 56.7 | −9.6 | 2.8 | −1.2 | 19.3 | −0.4 | 15.7 | 11.7 |

सभी आंकडें प्रतिशत में है। 2006 के चुनाव के बाद हिन्दू-सीएनएम-आईबीएन ने सर्वेक्षण किया था और दूसरे आंकड़े सीएसडीएस के सर्वेक्षण से लिए गए हैं।

# तमिलनाडु

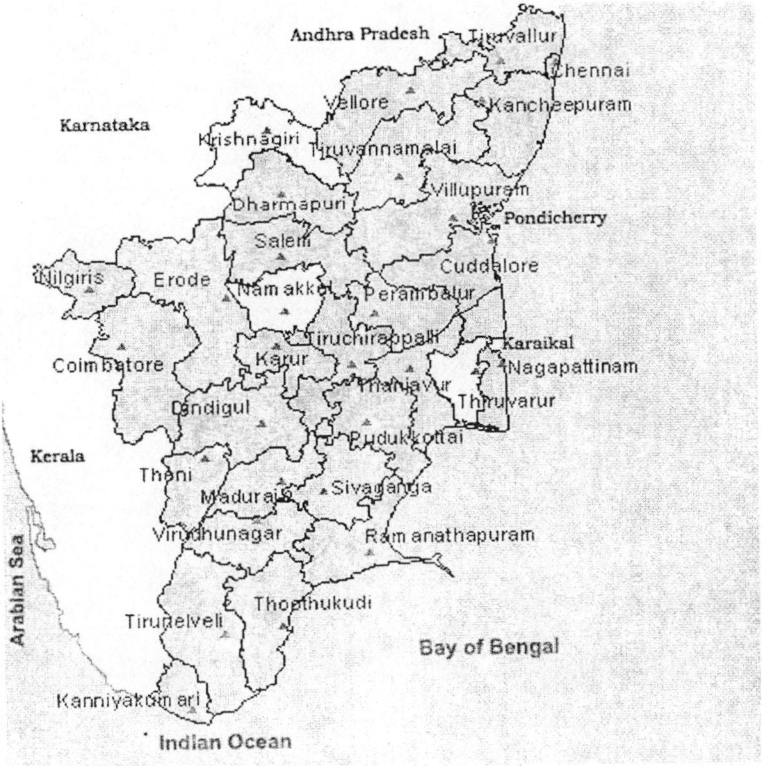
Andhra Pradesh
Tiruvallur
Chennai
Vellore
Kancheepuram
Karnataka
Krishnagiri
Tiruvannamalai
Villupuram
Dharmapuri
Pondicherry
Salem
Cuddalore
Nilgiris
Erode
Namakkal
Perambalur
Tiruchirappalli
Karaikal
Karur
Coimbatore
Thanjavur
Nagapattinam
Thiruvarur
Dindigul
Pudukkottai
Kerala
Theni
Madurai
Sivaganga
Virudhunagar
Ramanathapuram
Arabian Sea
Thoothukudi
Tirunelveli
Bay of Bengal
Kanniyakumari
Indian Ocean

# तमिलनाडु में निपुण गठबंधन का वर्चस्व

– जी. कोटेश्वर प्रसाद

तमिलनाडु उन चुनिंदा राज्यों में एक है, जहां की राजनीति हमेशा स्पष्ट रही है। राज्य में वर्तमान हालात 1957 से रहे हैं और हमेशा निर्णायक फैसला दिखाई दिया है। तमिलनाडु की राजनीति में 1967 के बाद व्यापक परिवर्तन हुए। इस साल द्रमुक की जीत ने एक नए दौर की शुरुआत की। एक ओर यह गैर–ब्राह्मण आंदोलन के तहत पैदा हुआ था, जिसका राजनीतिक औजार जस्टिस पार्टी थी। वहीं दूसरी ओर पेरियार का आत्मसम्मान आंदोलन था, जिसने तमिल के इतिहास को बदला और प्रगतिशील एजेंडे के साथ–साथ तमिल के अस्तित्व को एक पहचान दी। हालांकि उत्तर के ब्राह्मण–बनिया के आधिपत्य के बाद यह आंदोलन कम हो गया। यही वह दौर था जब द्रमुक की पहुंच गांव–गांव तक हो गई और इसकी लोकप्रियता दिनोंदिन बढ़ती जा रही थी। 1977 को द्रमुक का विभाजन हुआ और अन्ना द्रविड़ मुनेत्र कड़घम का जन्म हुआ। 1967 में द्रमुक की पहली जीत के साथ तमिलनाडु विधानसभा की राजनीति में द्रविड़ पार्टियों का बोलबाला रहा है। 1968 में 67 सीटों के साथ आने वाली यह ताकत 1971 में 79 और इसके बाद लगातार छह चुनावों में इनकी ताकत क्रमशः 76, 71, 67, 77, 70 और 75 सीटों पर वर्चस्व बनाने में कामयाब रही। 2001 और 2006 के चुनाव में द्रविड़ ताकतों ने सत्तर फीसदी सीटों पर कब्जा किया। 1977 से द्रमुक और अन्नाद्रमुक का वर्चस्व इस कदर रहा कि कभी भी तीसरे मोर्चे को फायदा नहीं हुआ। 1984–96 तक राज्य की राजनीति ऐसी थी कि कभी द्रमुक फायदे में होता तो कभी अन्नाद्रमुक, लेकिन एक की हार दूसरे की जीत में परिवर्तित होती।

सबसे मजेदार मामला 1991 के चुनाव में हुआ जब अन्नाद्रमुक ने 164 सीटें जीतीं। वहीं द्रमुक की झोली में सिर्फ दो सीटें आईं। 1996 के चुनाव में मामला उल्टा था। इस चुनाव में द्रमुक को 173 और अन्नाद्रमुक को चार सीटें हासिल हुई थीं। राज्य में दो बार ऐसे भी समय आए जब सहानुभूति की लहर के कारण कांग्रेस

को फायदा पहुंचा। 1984 में इंदिरा गांधी की मृत्यु और 1991 में राजीव गांधी की हत्या के बाद लोकसभा चुनाव के दौरान सहानुभूति की लहर का फायदा कांग्रेस को मिला। 1967 के बाद इन दो मौकों पर मसलन 1984 में 62 और 1991 में 60 सीटें कांग्रेस की झोली में आईं। राजीव गांधी की हत्या के दौरान सत्ता में रही द्रमुक को यदि इसका खामियाजा भुगतना पड़ा तो अन्नाद्रमुक  को बतौर क्षतिपूर्ति के तौर पर विधानसभा के 82 फीसदी यानि 164 सीटें मिलीं। राज्य में गैर-तमिलों का मामला चुनाव के दौरान काफी महत्त्वपूर्ण हो जाता है। दोनों दल अपने सिद्धांतों के साथ सांमजस्यतां रखने के बावजूद एक-दूसरे से आगे बढ़ने की होड़ में भाजपा से समझौता करते हैं, लेकिन इसका उसके वोट बैंक पर कोई प्रभाव नहीं पड़ता है। यदि तमिल का अस्तित्व द्रविड़ आंदोलन में महत्त्वपूर्ण भूमिका निभाता है तो सत्ता का रास्ता आरक्षण के मामले से होकर गुजरता है, क्योंकि आरक्षण की आग 19वीं शताब्दी के पूर्वाद्ध में अंग्रेजों के जमाने से चली आ रही है। अलग-अलग सरकार के दौरान आरक्षण का मामला कभी हल्कों में, कभी हल्कों से इतर रहा है।

1950 में वन्नियारों के कांग्रेस में विलय के बाद जातिगत दलों का वजूद नहीं रहा। यह कांग्रेस के साथ-साथ द्रमुक के लिए लागू होता है। दलितों से लेकर ब्राह्मण के अलावा अल्पसंख्यकों का प्रतिनिधित्व कांग्रेस कर रही थी। द्रमुक ब्राह्मणों को छोड़कर सभी द्रविड़ों का प्रतिनिधित्व करने का ठीकरा सिर फोड़ रही थी। 50 और 60 के दशक में सिद्धांत भी कभी मुद्दा हुआ करता था जब द्रमुक कांग्रेस का विरोध करती थी। गौरतलब बात यह भी है कि अन्नाद्रमुक की विचारधारा किसी भी हद तक द्रमुक से अलग नहीं थे। देश के दूसरे राज्यों की तरह तमिलनाडु में भी राजनीति कई मामलों से प्रभावित होती है। सुरक्षित सीटों पर सभी पार्टियां दलितों को उम्मीदवार बनाती हैं। राजनेताओं की व्यक्तिगत छवि भी आम होती है। ब्राह्मण होने के बावजूद जयललिता एक सबसे बड़ी द्रविड़ पार्टी को नेतृत्व प्रदान करती हैं। इसके अलावा विभिन्न दलों से गठबंधन भी एक अलग मायने रखता है। ये समीकरण लोकसभा चुनाव में थोड़े ढीले हो जाते हैं। तभी तो मणिशंकर अय्यर जैसे ब्राह्मण नेता को पारंपरिक सीटों से खड़े करने में कांग्रेस को कोई हिचकिचाहट नहीं होती।

भले ही द्रविड़ों की राजनीति में ही राज्य की राजनीति सिमट गई हो, लेकिन जातीय आधार पर दलों का निर्माण व राजनीति मौजूद है। 1987 में वन्नियार समुदायों को मिलाकर डॉ. रामदॉस ने पीएमके नामक पार्टी का गठन किया। हालांकि कालांतर में इस पार्टी में दलित और मुस्लिम भी शामिल हुए। इस बात का ध्यान रखना होगा कि हमेशा ही एक पार्टी पूर्ण बहुमत प्राप्त कर विधानसभा में आई है। विजयी गठबंधन आसानी से तीन चौथाई मत या यहां तक कि 90 फीसदी सीटों पर कब्जा जमाया है।

1998 में अचानक गठबंधन का स्वरूप बदल गया और पारंपरिक निर्वाचनीय फैलाव बढ़ता गया। 1996 में हार और तिरस्कार का सामना करने वाले द्रमुक-टीएमसी के बीच गठबंधन हुआ और जयललिता ने छोटी-छोटी पार्टियों को इकट्ठा कर नये इंद्रधनुष गठबंधन तैयार किया। उनके गठबंधन की सफलता में डीएमके को भी इसी तरह गठबंधन तैयार करने के लिए उकसाया। 1998, 1999 और 2004 के लोकसभा चुनावों के साथ-साथ 2001 के विधानसभा चुनावों में जीत का एक मात्र फार्मूला यह रहा कि जिसका जितना बड़ा गठबंधन रहा, उसी ने विजयी होने में कामयाबी हासिल की। पट्टली मक्काल मटची ने हमेशा अपना पाला बदला और विजयी गठबंधन का हिस्सा बनी।

तमिलनाडु में 2004 के लोकसभा चुनाव में लोकतांत्रिक प्रगतिशील गठबंधन (डीपीए) की जीत ने सभी को चौंका दिया। हालांकि गठबंधन की जीत को लेकर वे आश्वस्त थे। आम चुनाव में तीसरी बार ऐसा हुआ जब तमिलनाडु की सभी सीटों पर गठबंधन अव्वल रहा। द्रविड़ मुनेत्र कड़घम (द्रमुक) के नेतृत्व वाली डीपीए ने राज्य की सभी 39 सीटों पर कब्जा किया। जीत का यह रूप उस मामले को गंभीर चुनौती देता है जिसके तहत 234 सीटों वाली विधानसभा की 224 सीटों पर भारतीय जनता पार्टी और ऑल इंडिया अन्ना द्रविड़ मुनेत्र कड़घम (अन्नाद्रमुक)ने मिलकर कब्जा जमाया था। लेकिन राज्य के 39 संसदीय सीटों पर इनकी कुछ भी न चली। एक बार फिर तमिलनाडु उस राह पर थी, जो स्थिति 1998 से पहले थी और जहां लगभग सभी सीटों पर जीत की एक ही लहर होती थी।

यह सच है कि सीट और वोट समीकरण के कारण सभी राज्यों के चुनावी परिणाम में उतार-चढ़ाव होता रहता है। जिस पार्टी की लहर पूरे देश में होती है, वह सर्वाधिक वोट प्राप्त करने के साथ-साथ बतौर बोनस भी कई सीटें हासिल करने में कामयाब होती है। तमिलनाडु की स्थितियां इससे इतर नहीं हैं, क्योंकि यहां भी सर्वाधिक मतों से जीत दर्ज कराने वाली पार्टी पर भी सभी सिद्धांत लागू होते हैं। अलग-अलग चुनावों में तमिलनाडु के दलबदलू मतदाताओं का राजनीतिक रुझान का जोश राज्य में एक अलग नतीजा देता है। आश्चर्य की बात यह है कि मतदाताओं के इस रुझान से राज्य की राजनीति में कोई फर्क नहीं होता है।

सर्वाधिक जीत की लहर के पारंपरिक तरीकों की चुनौती का सामना तमिलनाडु को भी करना पड़ता है। ऐसा नहीं है कि जीत की आंधी में छोटी पार्टियां शामिल नहीं होतीं या उसका अस्तित्व खत्म हो जाता है। ये पार्टियों के गठबंधन को भी नहीं रोकतीं। राज्य के उपचुनाव में विभिन्न संगठन या गठबंधन भी गवाह रहे हैं, जहां छोटी पार्टियां बखूबी अपनी भूमिका निभाती हैं। चुनावी घमासान यहां हमेशा ही दो प्रतिद्वंद्वी गठबंधनों के बीच होता है, जिसमें कभी एक तो कभी दूसरी द्रविड़ पार्टी केंद्रीय भूमिका निभाती है। राज्य स्तर पर सत्ता दो शक्तिशाली द्रविड़ पार्टियों की

झोली में होती है जबकि संसदीय चुनाव में अपेक्षाकृत अधिक सीटों पर राष्ट्रीय पार्टियों का कब्जा होता है।

सभी राष्ट्रीय, प्रांतीय, जातीय व क्षेत्रीय पार्टियां एक-दूसरे गुट या मोर्चे में शामिल होती हैं। सबसे मजेदार तथ्य यह है कि तमिलनाडु के चुनाव में राष्ट्रीय पार्टियां अपने से छोटी पार्टियों की सहायक पार्टियां बनी होती हैं। जहां तक द्रविड़ों की पहचान की बात है, समतावादी सिद्धांत और वाम की ओर झुकाव तमिलनाडु चुनाव की पहचान है। हिंदू विरोधी, उत्तर भारतीय विरोधी व आर्य विरोधी नीतियां चुनाव में अब कोई निर्णायक भूमिका नहीं निभा पाती हैं। विचारधारा कोई मायने नहीं रखती है। चुनाव एक ऐसा क्षेत्र बन गया है, जहां संख्या निश्चित है और जीत शासकीय वफादारी की होती है। राजनीतिक विवशता पार्टियों को एक-दूसरे से जोड़ती है और उनका गठबंधन तभी तक बरकरार रहता है, जब तक किसी हद तक उनका स्वार्थ पूरा होता है। नेताओं को इस विचारधारा को स्वीकार करना होता है, इस कारण उनके सिद्धांत पीछे रह जाते हैं और गठबंधन के मामले में मुक्तद्वार नीति का पालन किया जाता है। तेजतर्रार नेता शब्दों का खेल खेलते हैं और दूसरी पार्टियों से समानता व अंतर को लेकर बहुत ही सूक्ष्म भेदों का सहारा लिया जाता है। पार्टियां एक साथ होती हैं और अनुमान लगाने से पहले अलग भी हो जाती हैं। क्षेत्रीय पार्टियों में काफी घमासान मचता है। राजनीतिक पार्टियों के बड़े नेताओं के बीच बैरभाव और पार्टियों के बीच नेतृत्व प्रतिद्वंद्विता, सिद्धांत से असहमति और मतभेद का कारण होता है।

गौरतलब बात है कि पिछले दशक के दौरान तमिलनाडु के आधे फीसदी सांसद केंद्र में गठबंधन सरकार बनाने और चलाने में महत्त्वपूर्ण भूमिका निभाते हैं। यह इस बात का संकेत है कि क्षेत्रीय पार्टियां केंद्र में सरकार बनाने में महत्त्वपूर्ण भूमिका निभाती हैं। 2004 से सत्ताधारी यूपीए गठबंधन में शामिल तमिलनाडु के सफल सदस्यों में कैबिनेट के छह मंत्रालयों पर काबिज हुए। तमिलनाडु के मुद्दे के साथ-साथ पार्टियां यूपीए सरकार के न्यूनतम साझा कार्यक्रम में साथ-साथ रहीं।

इस चुनाव में सीटों के साथ-साथ वोट पाने के मामले में कांग्रेस सबसे अधिक लाभ में रही। एक साल से भी कम समय में कांग्रेस प्रवक्ता तमिलनाडु की तुलना बिहार और उत्तर प्रदेश से करने लगे और सोचने के लिए विवश हुए कि पार्टी यहां कभी भी नाटकीय ढंग से पुनर्जीवित हो सकती है। यद्यपि तमिल मनिल कांग्रेस और वजापदी राममूर्ति के नेतृत्व वाली टीआरसी का कांग्रेस में विलय हो चुका है और यही कांग्रेस के वोट बैंक बढ़ने का एक मात्र कारण दिखता है। वास्तव में कांग्रेस में खेमेबाजी में कमी आई है और पिछले पांच सालों के दौरान नाटकीय रूप से कोई बदलाव नहीं आया है। चुनाव से पहले पार्टी को काफी हानि हुई थी

और अपने वर्चस्व वाले इलाकों में भी वह अपने उम्मीदवारों को खड़ा नहीं कर पाई थी। गठबंधन से दूर, दक्षिणी और पश्चिमी भाग, जहां के अधिकतर सीटों पर कांग्रेस के उम्मीदवार खड़े हुए, वहां केंद्र और राज्य सरकार की नीतियों को यहां के लोगों ने प्रभावित किया, इस कारण कांग्रेस को अधिक से अधिक वोट मिला। कांग्रेस का पुनर्जीवित होने और अपने बलबूते चुनाव जीतने से कांग्रेस में एक नए जोश का संचार हुआ और यदि कुछ नाटकीय न हुआ तो तीसरा मोर्चा बनने की संभावना कम है। अन्नाद्रमुक भी अधिक फीसदी वोट पाने में कामयाबी पाई, लेकिन इसने किसी और पार्टियों के मुकाबले अधिक सीटों पर चुनाव लड़ा था।

## गठबंधन का बनना व बिगड़ना

2001 के विधानसभा चुनाव के बाद पार्टियों के गठबंधनों में शामिल होने की बात सामने आई। अन्नाद्रमुक के गठबंधन में शामिल पार्टियां एक के बाद एक अलग होती चली गईं। द्रमुक केंद्र की राजग सरकार में बतौर सहयोगी बना रहा, लेकिन राज्य की भाजपा इकाई से दूरियां बनाए रखीं। केंद्र और राज्य भाजपा नेतृत्व में द्रमुक अंतर करता रहा और अन्नाद्रमुक के गुप्त समझदारी पर राज्य के नेता विश्वास करते रहे। वहीं कुछ राजनीतिक दल द्रमुक से दूर होने के बेकार का प्रयास करने लगे।

हालांकि वे दिसंबर, 2003 तक इसमें सफल नहीं हुए, जब तक कि नाटकीय तौर पर राजग में द्रमुक शामिल नहीं हो गया। जनवरी 2004 की शुरुआत में वैकल्पिक गठबंधन और सीटों के बंटवारे को लेकर बहस जारी रही। राजग से द्रमुक, अन्नाद्रमुक और पीएमके मध्य जनवरी में अलग हो गया। तमिलनाडु मतदान के मामले में देश के दूसरे राज्यों के मुकाबले आगे रहता है और गठबंधन पार्टियों और निर्वाचन क्षेत्र के साथ-साथ उम्मीदवारों की 10 सीटें तय करने में काफी गर्मागर्म माहौल रखता है।

2002 और 2003 के उपचुनावों का अनुभव था कि त्रिकोणीय मुकाबलों में रणनीति के तहत खड़ा होना व खुद को वापस करने जैसे मामले हुए थे और अन्नाद्रमुक विजयी हुआ था। इस कारण अन्नाद्रमुक की विरोधी पार्टियां राज्य में गठजोड़ तैयार करने की फिराक में थी। अलग-अलग मामलों के तहत धर्मनिरपेक्ष मोर्चा, गैरद्रविड़ पार्टियां मोर्चा, तीसरे मोर्चे पर जमकर बहस हुई। 2003 की शुरुआत में दलितों के पुट्टिया तमिषगम के नेता के कृष्णास्वामी ने भाजपा को छोड़कर दस राजनीतिक दलों के साथ मिलकर गैर अन्नाद्रमुक संयुक्त मोर्चे को पेश किया और दलील दी कि संयुक्त मोर्चा का बनना कठिन है और यही अन्नाद्रमुक को परास्त कर सकता है। काफी दिनों तक द्रमुक के राजग में शामिल रहने के कारण वामदल उसे सहयोग देने में अनिच्छुक थे। लेकिन 2003 के आखिरी में डीएमके छत्तीसगढ़, राजस्थान और मध्य प्रदेश में कांग्रेस को करारी हार का सामना करना

पड़ा। द्रमुक की भी सीटों में कमी आई थी और वह चाहता था कि आगामी चुनाव में अधिक से अधिक सीटों पर वह कब्जा कर सके। 24 सालों के बाद द्रमुक और कांग्रेस के बीच गठबंधन हुआ।

डीएमके के नेतृत्व वाले मोर्चे में कांग्रेस, पट्टली मक्कल काटची (पीएमके), मरुमालार्ची द्रविड़ मुनेत्र कड़घम (एमडीएमके), भारतीय कम्युनिस्ट पार्टी (भाकपा), मार्क्सवादी कम्युनिस्ट पार्टी (माकपा), इंडियन यूनियन मुस्लिम लीग और कांग्रेस डेमोक्रेटिक फोरम (जिसके नेता पी चिदंबरम थे और बाद में कांग्रेस उम्मीदवार के तौर पर समझौता हुआ था) शामिल थे, जिसे क्षेत्रीयता के आधार पर काफी समर्थन मिला और विभिन्न सामाजिक वर्गों के साथ-साथ अल्पसंख्यकों के पर्याप्त समर्थन से चुनाव में जीत हासिल हुई। इस गठबंधन के कारण प्रमुख राष्ट्रीय पार्टियों की महत्ता संसदीय चुनाव में कम हो गई। मनमोहन सिंह अखिल भारतीय कांग्रेस समिति के दूत बनकर अपनी पार्टी और द्रमुक के बीच समझौता कराने आए थे। करुणानिधि के नेतृत्व को कांग्रेस ने स्वीकार किया और उनकी जमकर प्रशंसा भी की। इसके बावजूद और भी कई मोर्चे और उम्मीदवार मौजूद थे लेकिन वे दो प्रमुख मोर्चे के सामने कमजोर साबित हुए।

चूंकि दलित पैंथर्स ऑफ इंडिया (डीपीआई) के साथ-साथ अन्य दलित पार्टियों को करुणानिधि अपने साथ नहीं कर पाए, डीपीए में सीटें नहीं दिला पाए, इस कारण दूसरा मोर्चा पीपुल्स एलायंस बना, जिसमें डीपीआई, पुथैया तमिषगम (पीटी), मक्काल तमिल देशम, इंडियन नेशनल लीग और जनता पार्टी शामिल थी। भाजपा और अन्नाद्रमुक के एक-दूसरे के नजदीक आने की अटकलबाजी जोरों पर थी पर जयललिता के मानस के चलते उनका मिलना स्वाभाविक था। अंतिम समय तक जयललिता किसी भी तरह के फैसले लेने या भाजपा किसी भी तरह के गठबंधन को लेकर अनिश्चितता थी। 2003 में एक ऐसा समय आया जब पार्टी के कुछ सदस्यों ने उन्हें केंद्र में महत्त्वपूर्ण भूमिका निभाने का जोर डाला। वह बिना कांग्रेस व भाजपा की सहायता से तीसरे मोर्चे को आगे लाना चाहती थी। भाजपा ने अन्नाद्रमुक से वैकल्पिक मोर्चे को नेतृत्व देने के लिए संपर्क साधा और अन्नाद्रमुक ने राष्ट्रीय पार्टियों को जो भी निर्वाचक क्षेत्र दिया गया, उसी पर उन्हें संतोष करना पड़ा। पार्टियों में खटरपटर व नेतृत्व के विरोध की आवाज उठी, लेकिन उसमें पार्टी को कोई खास नुकसान नहीं हुआ।

## प्रचार के मुद्दे और प्रचारक

सभी स्टार प्रचारक अपनी-अपनी पार्टियों और मोर्चे के प्रचार में शामिल हुए। लालकृष्ण आडवाणी ने कन्याकुमारी से भारत उदय यात्रा की शुरुआत की और जयललिता करीब आठ हफ्तों तक प्रचार करती रहीं। एमडीएमके नेता वाइको, जो

19 महीने पोटा में बंद रहने के बाद बाहर आए थे, ने डीपीए के लिए जमकर प्रचार किया। करुणानिधि और रामदौस ने भी कई महत्त्वपूर्ण बैठक कर विरोधियों की दलीलों का खंडन कर अपनी बातें सामने रखीं। सोनिया गांधी, अटल बिहारी वाजपेयी, हरिकिशन सिंह सुरजीत, सीताराम येचुरी और प्रकाश करात के अलावा एबी वर्धन और डी राजा ने राज्य का दौरा किया। राजग संयोजक जार्ज फर्नांडिस गठबंधन के स्टार प्रचारकों में से एक थे।

क्षेत्रीय पार्टियों में विचारधाराओं को लेकर मतभेद काफी कम हो गया था, और खास मुद्दों को साफतौर पर महत्त्व दिया जा रहा था। यहां तक कि राष्ट्रीय पार्टियां भी राज्य में खास मुद्दों पर जोर दे रही थीं और राज्य में आर्थिक मामलों को लेकर बहस काफी कम हो गई थी। दोनों मोर्चे की कई पार्टियां चुनाव से एक दिन पहले एक साथ हो गई लेकिन मूलभूत अंतर बरकरार रहा और एक-दूसरे के बीच बैर-भाव गहराई के साथ जड़ पकड़ा। यह मोर्चा सिद्धांत और विचारधारा से अलग था और अवसरवादी व अस्वाभाविक गठबंधन था। प्रचार के दौरान विभिन्न मंचों पर यह काफी महत्त्वपूर्ण मामला था। यहां तक कि मुख्यमंत्री जयललिता भी राज्य सरकार के काम-काज को संसदीय चुनाव से नहीं जोड़ना चाहती थीं। देश का प्रधानमंत्री कौन बनेगा, इसको लेकर भाषण करती थीं और उसके लिए क्या योग्यता होनी चाहिए। वह गैर भाजपा नेताओं में सशक्त नेता थीं, जो सोनिया गांधी के विदेशी मूल के मामले को जबरदस्त तरीके से उठा सकती थीं, जिसे उन्होंने 2002 से उठा रखा था। इसका परिणाम यह हुआ कि जिसे वह पसंद नहीं करती थीं, उस पर व्यक्तिगत आक्षेप शुरू हो गया और जिनकी आलोचना विधानसभा के साथ-साथ विभिन्न मौकों पर करती रहती थीं। उनका मानना था कि भाजपा केंद्र में सत्ता में आती है तो मतदाता उनकी पार्टी के अधिक से अधिक सांसद को जिताएं। भाजपा नीत राजग सरकार बनने के कुछ सप्ताह बाद डीपीए में शामिल तीन पार्टियों ने अपने हाथ खींच लिए। इसका प्रमुख कारण जयललिता के तानाशाही, सूखे को लेकर प्रबंधन, राज्य सरकार के कर्मचारियों की बर्खास्तगी, राजनीति सहित सामाजिक वर्गों पर पोटा का दुरुपयोग कर अपने विरोधियों की गिरफ्तारी के साथ-साथ प्रेस की स्वतंत्रता पर आक्रमण था। जयललिता की मजदूर विरोधी नीतियां और निजीकरण को लेकर वाम दलों के लिए भी संकटपूर्ण स्थिति थी।

चाय उद्योग में मंदी जारी रहने, मजदूर संघ पर निजीकरण के प्रभाव और सरकारी तंत्र को निजी तंत्र को दिए जाने, तीन सालों से सूखे का सामना करने, कावेरी के पानी को अपर्याप्त छोड़े जाने और एस्मा लागू किया जाना ऐसे मुद्दे थे, जिससे समाज के बड़े तबके में गुस्सा था और सरकार के जवाब को लेकर नाखुश था। विपक्ष का आरोप था कि पड़ोसी राज्यों कर्नाटक और आंध्रप्रदेश को लेकर मुख्यमंत्री का व्यवहार तनावपूर्ण था। केंद्र को कावेरी जल विवाद को लेकर

प्रभावित न कर पाने के कारण राजग में शामिल तमिलनाडु के सांसदों का जयललिता उपहास कर रही थीं क्योंकि तमिलनाडु में किसानों की सहायता के लिए कर्नाटक सरकार से बातचीत के लिए कांग्रेस सदस्य सोनिया गांधी को तैयार नहीं कर सके थे। वाइको सहित एमडीएमके के नेताओं की गिरफ्तारी, केंद्रीय मंत्री की गिरफ्तारी को लेकर जयललिता की धमकी, तमिल नेता पी नेदुभरण की गिरफ्तारी और नक्कीरन के संपादक गोपाल को पोटा के तहत लंबे समय तक गिरफ्तार किए जाने के साथ-साथ कई मामलों में अदालत के फैसले ने सरकार को हल्का बनाया और इससे मुख्यमंत्री का प्रतिशोधी व्यवहार उजागर हुआ। चुनाव बाद सीएसडीएस द्वारा कराए गए सर्वे के दौरान पाया गया कि विभिन्न मामलों को लेकर लोगों में नाराजगी और सही शिकायतों पर भी सरकार की उदासीनता के कारण लोगों में काफी रोष था।

## जनादेश का अर्थ

सीएसडीएस के राष्ट्रीय चुनाव अध्ययन 2004 के दौरान कई मजेदार तथ्य सामने आए, जिससे तमिलनाडु के मतदाताओं के फैसले को लेकर किए गए सर्वेक्षण के सिद्धांत सही हुए तो कुछ गलत भी साबित हुए। जहां 90 फीसदी लोगों ने सोनिया गांधी का नाम सुना था, वहीं अटल बिहारी वाजपेयी को जानने वाले 88 फीसदी लोग थे। अगले प्रधानमंत्री के नाम को लेकर विरोधाभास भी था। जहां 46 फीसदी मतदाताओं ने सोनिया गांधी के प्रधानमंत्री बनने को लेकर हामी भरी, वहीं अटल बिहारी वाजपेयी के पक्ष में 33 फीसदी लोग थे। सर्वेक्षण के मुताबिक, यह आंकड़ा राष्ट्रीय स्तर से अलग था, जहां 27 फीसदी मतदाता सोनिया गांधी को प्रमुखता दे रहे थे, वहीं वाजपेयी को 39 फीसदी मतदाता। यह आकलन तब था, जब प्रश्नावली में इनके अलावा और किसी का नाम नहीं था। यदि भाजपा नीत राजग चुनाव हार जाती तो प्रधानमंत्री के नाम की अनिश्चतता के बावजूद डीपीए मतदाताओं के पास पहुंची और प्रधानमंत्री पद के अपने उम्मीदवार को प्रचारित किया। सोनिया गांधी के विदेशी मूल के मामलों को जयललिता द्वारा भारी तूल दिए जाने के बावजूद मतदाताओं का गुस्सा ठंडा नहीं हुआ। राज्य स्तर के अलावा राष्ट्रीय स्तर पर नेता के चुनाव करने के मामले में विभिन्न चुनावों के दौरान चुनावी मुद्दा बनाए जाने के बावजूद इस बार भाषाई, जाति और निवासी मामला तूल नहीं पकड़ा। समर्थित पार्टी के तौर पर कांग्रेस को 11 फीसदी और भाजपा को तीन फीसदी लोगों ने जवाबदेह माना। तमिलनाडु के कुछ भाजपा नेताओं का मानना था कि वे अगला विधानसभा चुनाव अपने बलबूते जीत सकते हैं, लेकिन अपनी पारी को प्रचारित करने के लिए उन्हें अपनी जमीन ढूंढने की जरूरत है।

ऊंची जातियों को छोड़कर डीपीए को लगभग सभी सामाजिक वर्गों का

समर्थन प्राप्त था, जिसका श्रेय सभी गठबंधन दलों के साथ-साथ क्षेत्रीय फैलाव को भी है। दलित वर्गों के अंतर को लेकर ही जीत होनी थी। दलितों ने दूसरी राजनीतिक पार्टियों को बड़े पैमाने पर वोट दिया जबकि दलित पैंथर्स ऑफ इंडिया और पुथिया तमिषगम ने भी कुछ वोट पाए। मुसलमानों को 78 फीसदी वोट द्रमुक मोर्चे के साथ था, जिससे राजग गठबंधन से द्रमुक के अलग होने के निर्णय को पुख्ता करता है।

तमिलनाडु के पश्चिमी और दक्षिणी भाग, जहां के अधिकतर मतदाता खिन्न किसान, प्रभावित कारीगर व बेरोजगार श्रमिक हैं। यह गैर धर्म परिवर्तन कानून भी किसी के लिए लागू नहीं होता। स्वेच्छा से धर्म परिवर्तन करने वाले लोगों को सरकार नहीं रोकेगी, इस आशय का आश्वासन जयललिता के देने के बावजूद अल्पसंख्यकों को अपनी ओर झुकाने में असफल रही। मंदिरों में जाना और 'अन्नराजम्' के तहत मंदिरों को दान देना और अयोध्या में मंदिर निर्माण की बात करना हिंदू राजनीति को सामने लाया। हालांकि विभिन्न हिंदू मोर्चों संगठनों का समर्थन उसे मिला, लेकिन अल्पसंख्यकों के बीच मत कम हुआ।

कई ऐसे मामले थे जिससे लोग प्रभावित हुए, मसलन पेयजल की अनुपलब्धता, सिंचाई सुविधा का अभाव, रोजगार का अभाव अहम है। सूखा प्रभावित राज्य में पिछले तीन से चार सालों से जल एक अहम मुद्दा था। कम से कम 50 फीसदी लोगों का मानना था कि पिछले तीन सालों से सिंचाई की व्यवस्था चरमराई हुई थी जबकि 62 फीसदी लोगों का मानना था कि पिछले तीन सालों से सिंचाई की व्यवस्था हुई। विशेषज्ञ समिति और सरकारी रोजगार कम करने के कारण राज्य में रोजगार के अवसरों में कमी आई। करीब 71 फीसदी लोगों का मानना था कि रोजगार के अवसर कम हुए हैं।

उम्मीदवारों के चयन के मामले में, अन्नाद्रमुक ने सिर्फ दो पूर्व सांसदों को टिकट दिया, जबकि 29 सीटों पर कम लोकप्रिय उम्मीदवारों को खड़ा किया। यहां तक कि भाजपा ने भी अपने एक भी चुने हुए प्रतिनिधि को खड़ा नहीं किया क्योंकि पार्टी ने एक भी निर्वाचन क्षेत्र नहीं छोड़ा। एक तबका यह महसूस कर रहा था कि दो ऐसी सीटें भाजपा को नहीं दी गईं, जहां वह जीत सकती थी। तमिलनाडु के 52 फीसदी से अधिक लोगों ने उम्मीदवार, जाति और समुदाय की जगह पार्टी के आधार पर वोट दिया। प्रचार के प्रारंभिक दौर में उम्मीदवारों के नाम की घोषणा के बगैर बैठक हुई। सर्वेक्षण के दौरान, 43 फीसदी लोगों ने प्रचार से पहले ही तय कर लिया था कि किसे वोट देना है। जहां तक राजग के प्रदर्शन की बात है, 62 फीसदी लोग कुछ हद तक या काफी हद तक काम-काज से प्रभावित थे, जबकि 29 फीसदी लोग उसके काम-काज से खुश नहीं थे। पिछले तीन सालों में तमिलनाडु के काम-काज को लेकर 46 फीसदी लोग ही खुश दिखे, जबकि 53 फीसदी लोगों

ने इससे नाखुश थे। केंद्र सरकार की तुलना में राज्य सरकार के काम-काज को लेकर नाखुशी जगजाहिर थी। जब मत देने की बारी आई तो 35 फीसदी लोगों ने राज्य सरकार के काम-काज को ध्यान में रखा, जबकि 24 फीसदी लोगों ने अपना मत राज्य और केंद्र दोनों सरकारों के काम-काज को ध्यान में रखा। वहीं 22 फीसदी लोग वैसे भी थे जिन्होंने दिल्ली स्थित केंद्र सरकार के काम-काज को लेकर वोट डाला। 46 फीसदी लोगों का नजरिया था कि केंद्र में वाजपेयी नीत राजग की सरकार फिर से सत्तासीन हो सकती है, जबकि इस सोच के विरुद्ध 40 फीसदी लोग थे। सर्वे के दौरान यह बात भी सामने आई कि 59 फीसदी लोग अपने संसदीय प्रतिनिधियों के काम-काज से संतुष्ट हैं।

अन्नाद्रमुक को नापसंद करने वालों की संख्या 14 फीसदी थी तो द्रमुक को नापसंद करने वाले 9 फीसदी लोग थे। राष्ट्रीय चुनाव अध्ययन में पाया गया कि अन्नाद्रमुक की तुलना में द्रमुक के सदस्यों-समर्थकों की संख्या अधिक है। मोटे तौर पर, 59 फीसदी लोग इस बात से सहमत थे कि क्षेत्रीय या स्थानीय पार्टियां राष्ट्रीय पार्टियों की तुलना में बेहतर सरकार मुहैया कराती हैं। तमिलनाडु में क्षेत्रीय पार्टियों का वर्चस्व बने रहना चाहिए और राष्ट्रीय पार्टियों को किसी क्षेत्रीय पार्टी से समझौता करना चाहिए या भविष्य में ऐसा किया जाना चाहिए। जब उनसे सवाल किया गया कि किसी भी गठबंधन के न होने पर किसे वोट दिया जाना चाहिए तो लोगों ने द्रमुक में ज्यादा विश्वास जताया।

जहां तक राष्ट्रीय पार्टियों द्वारा सरकार चलाने की बात है, तमिलनाडु में पार्टी के नेताओं से सरकार की पहचान होती है न कि पार्टी के जरिए। इस कारण विभिन्न राजनीति और कार्यक्रम के तहत अपने नेता का आकलन लोग किस तरह करते हैं, यह महत्त्वपूर्ण है। 2004 में 51 फीसदी लोगों ने करुणानिधि के पक्ष में अपनी सहमति जताई जबकि 31 फीसदी लोगों ने जयललिता को बेहतर माना। प्रासंगिक तौर पर 31 फीसदी लोगों ने जयललिता को खराब बताया, वहीं तमिलनाडु के 13 फीसदी लोगों ने करुणानिधि को। 1.45 फीसदी लोगों का मानना था कि अगले मुख्यमंत्री करुणानिधि हो जबकि जयललिता के पक्ष में 27 फीसदी लोग थे।

## भविष्य की दिशा के निहितार्थ

अन्नाद्रमुक-भाजपा गठबंधन की हार के लिए कौन जिम्मेदार थे यह एक बहस का मुद्दा है। अन्नाद्रमुक का मानना था कि यह संसदीय चुनाव है और 2004 के फैसले से जयललिता सरकार के काम-काज पर कोई प्रभाव नहीं पड़ेगा और तमिलनाडु के स्थानीय मुद्दों का भाजपा हार का कारण गिना रही थी। हार की जिम्मेदारी के लिए आपसी आरोप-प्रत्यारोप जमकर चला। यद्यपि फैसले के कारण जयललिता ने कमजोर जवाब और बेकार बताने के बनिस्बत काम में तेजी

दिखाई। उसने नौकरशाही के जरिए परिवर्तन लाने की कोशिश की, लेकिन जनता नाराज थी और पार्टी संगठन पर अधिक निर्भर हो गई और कल्याणकारी और लोकप्रिय राजनीति के तहत मतदाताओं का वोट पाने की मेहनत की। जयललिता ने अपनी चाल बदली और विभिन्न स्तर के मतदाताओं के बीच अलोकप्रिय होने वाले निर्णय पर विचार किया। लेकिन यह फैसला जयललिता ने करिश्माई राजनीति के तौर पर बदला नहीं जा सका।

जबरदस्त जीत किसी भी विजयी गठबंधन के सामने परेशानियां भी खड़ी करती है जैसा कि डीपीए के साथ हुआ। आने वाले समय में मतदाताओं के समर्थन को बनाए रखना काफी मुश्किल। केंद्र में मौजूद तमिलनाडु के मंत्रियों के काम-काज को काफी बारीकियों से परखा जा रहा है और नदी विवाद सुलझाने और विकास मामलों में उनकी काबिलियत पर भी नजर रखी जा रही है। दो साल से कम समय में होने वाले विधानसभा चुनाव को लेकर भावुक मुद्दों को लेकर मतदाता अपने नेताओं का भी आकलन कर रहे थे। चूंकि विधानसभा चुनाव में अधिक नेता शामिल होते हैं और नई समस्याएं भी सामने आती हैं, इस कारण वर्तमान समीकरण ऐसे ही स्वरूप में खत्म नहीं हो सकता।

## छोटी पार्टियों का रवैया व रुख

दोनों गठबंधनों ने अपनी ताकत बढ़ाने के लिए कई छोटी पार्टियों को शामिल किया। द्रमुक ने मुस्लिम लीग के एक गुट से समझौता किया, वहीं अन्नाद्रमुक ने कई छोटे-छोटे गुटों मसलन, दलित पैंथर्स ऑफ इंडिया, फ़ारवर्ड ब्लॉक का एक गुट, जनता दल सेक्युलर, आईएनटीयूसी का एक गुट, इंडियन नेशनल कांग्रेस के अलावा मुस्लिम लीग का एक गुट इसमें शामिल किया गया। यदि हम लोकसभा चुनाव में आए द्रमुक और इसके सहयोगियों का वोट जोड़ दें तो यह 51. 6 फीसदी होता है। वहीं यह अन्नाद्रमुक के छोटे घटक दलों ने लोकसभा चुनाव में अपने प्रत्याशियों को खड़ा नहीं किया था। इस कारण उनकी ताकत का अंदाजा नहीं लगाया जा सकता है। और यदि यह मत दो से तीन फीसदी होता है तो गठबंधन का मत 38 फीसदी हो जाएगा। लेकिन फिर भी द्रमुक से दूर ही रहेगा।

इस अंकगणितीय आंकड़ों के आधार पर दो निष्कर्षों पर पहुंचा जा सकता है। द्रमुक और अन्नाद्रमुक के गठबंधनों में जो भी घटक दल शामिल हों, उन्हें एक समान वोट मिलता है। साथ ही, 2004 में दोनों की लोकप्रियता एकसमान थी। हमें पता है कि यह निष्कर्ष सही नहीं है। इस कारण गठबंधन के इस अंकगणितीय आंकड़े इस चुनाव के लिए किसी नाम का आधार नहीं हो सकता। 1998 से लेकर 2001 तक माना जाता रहा है कि जिस गठबंधन के पास जितने घटक दल होंगे, उनके मतों

के मिलने का प्रतिशत उतना ही अधिक होगा। लेकिन यह भी किसी हद तक सही नहीं है क्योंकि कई दलों के वोट का आधार खिसका है। कांग्रेस और टीएमसी ने 2001 में नौ फीसदी अधिक वोट हासिल किया, जबकि 2004 में पुनर्गठित कांग्रेस को 14 फीसदी से अधिक वोट हासिल हुआ था। लेकिन सीएसडीएस सर्वेक्षण के अनुसार, वास्तव में कांग्रेस की पकड़ सिर्फ 4.5 फीसदी है। इसी तरह पीएमके की वास्तविक पकड़ महज दो फीसदी मतदाताओं तक सीमित है जबकि गठबंधन में शामिल होने के कारण इसे छह से सात फीसदी वोट हासिल होता है। अपने बलबूते पर राज्य के कम्युनिस्ट पार्टी दो फीसदी से भी कम वोट हासिल कर सकती है। इसी तरह, एमडीएमके किसी भी तरह अन्नाद्रमुक से अधिक मत नहीं ला सकती। इसकी अपनी पकड़ दो फीसदी से भी कम है जबकि पिछले चुनावों में यह चार से पांच फीसदी और अधिक था। यदि सभी आंकड़ों पर ध्यान दिया जाए तो द्रमुक गठबंधन ने अन्नाद्रमुक गठबंधन के मुकाबले चार से पांच फीसदी वोट अधिक नफा हुआ है। लेकिन यह नफा अभी भी मौजूद है, लेकिन जीत की ओर नहीं ले जा सकता।

दूसरा निष्कर्ष भी अधिक देर तक बरकरार नहीं रह सकता। 2004 का राजनीतिक समीकरण राज्य में नहीं है। सीएसडीएस सर्वेक्षण के मुताबिक, अन्नाद्रमुक भी सरकार और जयललिता की व्यक्तिगत रेटिंग में नाटकीय ढंग से इजाफा हुआ है। उसने सूनामी, बाढ़ के साथ-साथ बेहतर शासन देने का श्रेय लिया है। यदि पूर्ववर्ती डीएमके सरकार से तुलना करें तो अन्नाद्रमुक सरकार को थोड़े ही कम अंतरों से तरजीह दी जा रही है। महत्त्वपूर्ण बात यह है कि जयललिता को लोग करुणानिधि के मुकाबले अधिक वोटों से पसंद कर रहे हैं, जो गरीबों की हिमायती, बेहतर प्रशासन देने के साथ-साथ भ्रष्टाचार पर अंकुश लगाने में सक्षम हुई है। लोगों की नजर में करुणानिधि के बेटे और रिश्तेदार उनकी राजनीतिक कमजोरियां हैं।

सीएसडीएस द्वारा अप्रैल 2006 के पहले हफ्ते में कराए गए सर्वेक्षण के मुताबिक, लोकप्रियता के मामले में अन्नाद्रमुक के मुकाबले द्रमुक फायदेमंद रही। सर्वे के मुताबिक, संयुक्त तौर पर अन्नाद्रमुक की 46 फीसदी वोटों के साथ खड़ी थी, जबकि अकेले द्रमुक को 44 फीसदी वोट हासिल हुए। अन्नाद्रमुक की स्थिति को लेकर मीडिया स्टडीज, लोयला कॉलेज द्वारा पिछले दो सालों से कराए गए सर्वे के भी यही नतीजे रहे हैं। यह सर्वेक्षण नवंबर 2004 में कराया गया था, जिसमें अन्नाद्रमुक के वोट बैंक को बढ़ते और द्रमुक गठबंधन के घटते वोट बैंक के आंकड़े सामने आए थे।

तीसरा मामला विजयकांत के देशीय मुरपोक्कु द्रविड़ कड़घम का नफा होना है, जिसका बुरा असर अन्नाद्रमुक के पक्ष में आया और साथ ही कुछ को लाभ हुआ।

सीएसडीएस सर्वेक्षण 2006 में पाया गया कि गठबंधन ने अपने सामाजिक

छवि को बरकरार रखी है। अन्नाद्रमुक ने दलितों के कुछ गुटों के अलावा महिलाओं और गरीबों के बीच अपनी पैठ बनाई है। वहीं, द्रमुक की साफतौर पर अल्पसंख्यकों, वन्नियारों, गुडरों व पलारों के बीच अच्छी पकड़ है। तमिलनाडु में सामाजिक समीकरण क्षेत्रीयता के आधार पर बंटा हुआ है। द्रमुक को उत्तरी इलाकों के दो क्षेत्रों में आशा है जहां पीएमके और द्रमुक की अपनी पकड़ है। अन्नाद्रमुक की स्थिति पश्चिमी व दक्षिणी इलाकों में हमेशा अच्छी रही है और अन्नाद्रमुक के वोट की सहायता से दक्षिण के भीतरी इलाकों में राष्ट्रीय पार्टियों के जरिए अपनी पकड़ बनाने में सफल रही। पिछले दशक में काफी उठापटक हुई है और दोनों गठबंधनों के प्रत्येक क्षेत्र में पर्याप्त आधार है। इसी तरह शहरी व ग्रामीण इलाके वृहत तौर पर बंटे हुए हैं जो राज्य की नीति में दिखाई नहीं देते। द्रमुक की शहरी इलाकों में अच्छी पकड़ है, वहीं अन्नाद्रमुक की पकड़ ग्रामीण इलाकों में है, लेकिन अंतर काफी कम है।

यह मायने नहीं रखता है कि आज के तमिलनाडु में अंतिम परिणाम क्या होगा लेकिन एक बात सुनिश्चित है कि अपने बलबूते कोई भी पार्टी बहुमत नहीं प्राप्त कर सकती। 1998 से गठबंधनों का दौर शुरू है और राज्य में गठबंधन सरकार अंतिम उपाय है। 2006 के चुनाव के दौरान ऐसा कहीं से भी नहीं लग रहा था कि द्रविड़ मुनेत्र कड़घम को पर्याप्त बहुमत मिलेगा, लेकिन सरसरी तौर पर यह जितनी दिखाई दे रही थी, उससे और करीब हो गई। यदि दोनों प्रमुख गठबंधनों की ओर नजर डालें तो उनमें मतों का अंतर 4.7 फीसदी रहा।

अन्नाद्रमुक चिंतित थी लेकिन राज्य के चुनावी इतिहास में करारी हार का सामना करने वाले सबसे बड़ी पार्टी या गठबंधन रही। इस तरह का इससे पहले 1980 के विधानसभा चुनाव में नजारा देखने को मिला था जब अन्नाद्रमुक ने द्रमुक-कांग्रेस गठबंधन को करीब चार फीसदी से कम वोटों से हराया था। उस वक्त डीएमके-कांग्रेस ने 68 सीटें जीती थीं। डीएमके के सत्ता में लौटने का सबसे बड़ा कारण व्यापक गठबंधन था। पार्टी अपने बलबूते चुनाव नहीं जीती थी। बहुआयामी गठबंधन ने 2004 में लोकसभा चुनाव में करीब 57.4 फीसदी वोट हासिल थे। एमडीएमके के बाहर चले जाने से संगठित ताकत को काफी कम ही नुकसान पहुंचा । हालांकि डीएमके के नेतृत्व वाली गठबंधन चुनावी रेस में बढ़त बनाए हुए थी।

इसका फायदा सिर्फ विपरीत ही नहीं रहा, जयललिता इससे काफी नजदीक आई। चेन्नई के लोयला कॉलेज के स्कूल ऑफ मीडिया स्टडीज के लगातार अध्ययन के अनुसार, डीएमके के नेतृत्व वाले गठबंधन लोकसभा चुनाव तक लगातार अन्नाद्रमुक से आगे रही थी लेकिन जब सीएसडीएस ने चुनाव पूर्व सर्वेक्षण

किया तो उस वक्त दोनों गठबंधन असमंजस में थे और अन्नाद्रमुक गठबंधन ने थोड़ी बढ़त बना ली थी। द्रमुक के नेतृत्व वाले गठबंधन ने लोगों के बीच काफी लोकप्रियता हासिल कर ली थी। जहां तक मामूली अंतर से जीत हासिल करने की बात है, जयललिता का एमडीएमके के बदले भाजपा को शामिल करना काफी बुद्धिमता का काम था। इसका अर्थ था कि उसने एमडीएमके का लोगों पर पकड़ के साथ-साथ वोट बटोरने की वाइको की ताकत को कम आंका।

सीएसडीएस सर्वेक्षण के मुताबिक, एमडीएमके सिर्फ 24 फीसदी वोटों में ही परिवर्तन कर सका। जब इसने द्रमुक गठबंधन को छोड़ अन्नाद्रमुक नेतृत्व वाले गठबंधन का दामन थामा। द्रमुक के 66 फीसदी वोटर द्रमुक नीत गठबंधन में साथ रहे। कोई आश्चर्य की बात नहीं थी कि एमडीएम के उम्मीदवारों ने 17 फीसदी वोट पाए जबकि अन्नाद्रमुक को 32 फीसदी मिला। विधानसभा चुनाव में एमडीएम के सिर्फ 38 फीसदी वोट पा सकता जबकि अन्नाद्रमुक को तीन फीसदी वोट ज्यादा मिले थे।

भाजपा से अलग होने का निर्णय भी सवाल खड़े करता है। भाजपा को दो फीसदी वोट मिला था और कई क्षेत्रों में अंतर था। यदि अन्नाद्रमुक गठबंधन को मिले वोटों को भाजपा को मिले वोटों से जोड़ दिया जाए तो 84 सीटों पर इनकी बढ़त थी। जहां तक नए युवा नेता विजयकांत की बात है, उसने 8.5 मत हासिल किए। उन्हें युवा वोटरों का समर्थन प्राप्त था जिस कारण अन्नाद्रमुक की तुलना में डीएमके को काफी क्षति हुई। सीएसडीएस के अध्ययन के दौरान यह बात सामने आई कि 2004 के लोकसभा चुनाव के दौरान 25 फीसदी से भी कम इसके समर्थकों ने अन्नाद्रमुक को वोट डाला। जबकि दो तिहाई लोगों ने डीएमडीके को वोट दिया। यदि डीएमडीके और अन्नाद्रमुक गठबंधन के वोटों को शामिल कर लिया जाए तो परिणाम वास्तविकता से उलट होंगे। अन्नाद्रमुक गठबंधन ने जहां 159 सीटों पर कब्जा किया, वहीं डीएमके को 74 सीटों से ही संतोष करना पड़ा।

सुनामी के दौरान अन्नाद्रमुक सरकार के काम-काज ने लोगों को काफी प्रभावित किया। सीएसडीएस के चुनाव पूर्व सर्वेक्षण के दौरान पाया गया कि सरकार को इतनी शाबाशी मिली कि इसकी कल्पना जयललिता ने कभी की भी नहीं होगी। अन्नाद्रमुक गठबंधन ने सुनामी प्रभावित कुल 39 सीटों के मुकाबले 12 सीटों पर अपनी जीत दर्ज की। 2004 से इन इलाकों में आठ फीसदी वोटों का इजाफा हुआ जो राज्य के बाकी के इलाकों से कहीं अधिक है। इस गठबंधन में सुनामी प्रभावित जिलों मसलन चेन्नई, कुड्डुलोर व तंजावुर में बेहतर प्रदर्शन किया। अध्ययन के दौरान यह बात भी सामने आई कि तमिलनाडु की जनता अन्य राज्यों के मुकाबले अंतिम समय में किसे वोट डालें का निर्णय लेती है। द्रमुक के बढ़त पाने के पीछे

करुणानिधि का व्यापक प्रचार अभियान था। हालांकि कारण जो भी हो, द्रमुक का घोषणापत्र लोगों के बीच अपनी पैठ बनाने में कामयाब रहा।

इस दौरान डीएमडीके ने अपनी पकड़ मजबूत की वहीं पीएमके और एमडीएमके को नुकसान हुआ। साथ ही कांग्रेस के वोट बैंक में कमी आई। एआईएडीएमके ने डीएमके के इलाके में सेंध लगाई, जबकि दक्षिणी तमिलनाडु के अंदरूनी इलाकों में स्थित डीएमके का पारंपरिक वोट बैंक खिसका। हालांकि कावेरी के डेल्टा इलाकों में और उत्तर-मध्य क्षेत्रों में डीएमके की पकड़ मजबूत हुई। इसी तरह सामाजिक वर्गों के बीच राजनीतिक खिसकाव जारी रहा। उत्तर के अंदरूनी भागों में रहने वाले मुदलियारों का वोट बैंक डीएमके के हाथ से निकल गया, वन्नियारों का वोट भी डीएमके के पास नहीं रहा। साथ ही थेवरों का वोट क्षेत्रीय पार्टियों में बंट गया और यही हाल दलितों का भी रहा।

2006 के विधानसभा चुनाव के परिणाम के जरिए तमिलनाडु की राजनीति के नए अध्याय की शुरुआत हुई। किसी भी एक पार्टी को बहुमत नहीं मिला। गठबंधन सरकार बनी जिसकी नींव 1998 के लोकसभा चुनाव के दौरान पड़ी थी। दो द्रविड़ पार्टियों के बीच यहां की राजनीति सिमट गई। सीएसडीएस द्वारा कराए गए सर्वेक्षण के मुताबिक पट्टाली मक्कल कट्टाच्चि (पीएमके) और मुरूमालारची द्रविड़ मुनेत्र कड़घम ने अपना आधार खोया। पीएमके का प्रदर्शन अपने गठबंधन दलों के मुकाबले काफी खराब रहा। नए समीकरण के बाद एमडीएमके ने 2004 के लोकसभा चुनाव की तुलना में 18 फीसदी वोट इधर-उधर किया। हालांकि लोकसभा चुनाव में भाजपा को वोट देने वाले दो-तिहाई लोग द्रमुक गठबंधन से जुड़े रहे वहीं 41 फीसदी वोट अन्नाद्रमुक की ओर खिसका। यह मानना गलत होगा कि राज्य में इन दलों का आधार खिसक रहा है। डीएमडीके ने राज्य की जनता पर अपनी पकड़ मजबूत की वहीं नए विधानसभा में विजयकांत की पार्टी की भूमिका प्रमुख हुई। सीएसडीएस के चुनावी सर्वेक्षण में यह बात सामने आई कि उत्तर में द्रमुक काफी मजबूत हुआ वहीं पश्चिमी और कावेरी डेल्टा इलाकों में अन्नाद्रमुक, जबकि दक्षिण के अंदरूनी इलाकों में राष्ट्रीय पार्टियों ने अपनी पैठ बनाई है। लेकिन चुनावी हवा के दौरान ये सारे समीकरण धरे रह जाते हैं और इसका फायदा द्रमुक और अन्नाद्रमुक को मिलता है।

दक्षिणी और सुदूर दक्षिणी इलाकों में द्रमुक ने करीब बीस फीसदी मतों का इजाफा किया है, जिससे किसी भी गठबंधन की राह आसान हो सकती है। लेकिन जैसे ही हम उत्तर की ओर आते हैं सघंर्ष काफी कठिन हो जाता है। कावेरी के डेल्टा इलाकों में द्रमुक ने पंद्रह फीसदी बढ़त हासिल की है। यही हाल गठबंधन का पश्चिम में भी है जहां दस फीसदी तक इन्हें बढ़त हासिल है। उत्तरी इलाकों में दो

ऐसे भी क्षेत्र हैं जहां गठबंधन को काफी कड़ा संघर्ष करना पड़ता है और यहां पर चार से पांच फीसदी तक का नुकसान उठाना पड़ता है। इसके जरिए तमिलनाडु की राजनीति में भूगर्भीय बानगी के बदलाव देखने को मिल रहा है। कभी अधिकतर जातीय व समुदाय की पहचान दो बड़ी पार्टियों के जरिए होती थी। थेवर, गुंडर और अरुंधतीयरों का वोट पूरी तरह अन्नाद्रमुक के साथ होता था, जबकि मुसलमानों, ईसाइयों और दलितों का कुछ समूह द्रमुक के साथ था। पीएमके का वोट बैंक वन्नियार हुआ करता था। लेकिन इसमें अब बदलाव आया है। न सिर्फ लोगों के रुझान में बदलाव आया है, बल्कि इलाका दर इलाका विभिन्न वर्गों के वोट देने की सोच में भी बदलाव महसूस किया जा रहा है। पीएमके का वोट बैंक भी बदल गया है। वन्नियार बेल्ट के नाम से मशहूर उत्तर-मध्य के इलाके पर द्रमुक के नेतृत्व वाले गठबंधन ने अपनी पकड़ मजबूत की है। वहीं उत्तर के अंदरूनी इलाकों में अन्नाद्रमुक गठबंधन को वन्नियारों का डीएमके गठबंधन के बनिस्पत अधिक वोट मिलता। इसी तरह अन्नाद्रमुक के परंपरागत वोट बैंक में भी बिखराव हुआ है। दक्षिण में जो समुदाय अन्नाद्रमुक के साथ खड़ा है वही समुदाय पश्चिम और कावेरी के डेल्टा इलाकों में द्रमुक के साथ है।

मुसलमान और ईसाई वर्तमान दौर में जहां द्रमुक को समर्थन दे रहे हैं, लेकिन यह मामला दक्षिण के अंदरूनी इलाकों और दक्षिण के मामले में काफी अहम हो जाता है। दलितों का वोट क्षेत्रीय व जातीय मामलों में बदल जाता है। डीपीआई दलितों के एक गुट को कभी भी अन्नाद्रमुक गठबंधन में शामिल नहीं कर सकी, जबकि यही वोट बैंक पश्चिम के इलाकों में बिखरा। दक्षिण के सुदूर इलाकों को छोड़ पुथिया तमिजगम कभी भी दलितों का वोट किसी भी गठबंधन को दिलाने में सफल नहीं हो सकी, जबकि दलितों का दूसरा वर्ग दक्षिण में अन्नाद्रमुक गठबंधन को छोड़ द्रमुक गठबंधन में शामिल हो गया। यह आश्चर्य की बात नहीं है कि इस विधानसभा चुनाव में तमिलनाडु की राजनीति में जबरदस्त उलटफेर हुआ है।

तमिलनाडु के सभी पार्टियों में राजनीति तिकड़मबाज मौजूद हैं और नेता एक-दूसरे से खुद को बेहतर साबित करने की चाहत रखते हैं। साथ ही नेता या तो खुद के लिए या अपने उत्तराधिकारी के लिए जनता को जीतना चाहते हैं। विधानसभा और संसदीय चुनाव से पहले बनने वाले गठबंधन की प्रकृति अलग-अलग होती है। इस कारण तमिलनाडु उन राज्यों में एक है जहां एक ही पार्टी शासन करती है और संसदीय चुनाव की तरह गठबंधन और समन्वय का दोहराना यहां कठिन है। व्यक्तिगत संबंध महत्त्वपूर्ण है और नेताओं का अहंकार व चुनाव के दौरान उनके बीच घमासान काफी गंभीर है और कोई पार्टी आत्मसंतुष्ट नहीं हो सकती और चाहे सत्ता में हो या सत्ता से बाहर कोई भी पार्टी मतदाताओं की गारंटी नहीं दे सकती।

इस कारण आगे जब भी तमिलनाडु में चुनाव होगा, सवाल जरूर सामने आएगा कि क्या यह एक जुआ है और यदि है तो किसका पक्ष लिया जाए और पुरस्कार में हिस्सेदारी किसकी होगी।

| साल | कुल सीटें | जीती पार्टी | सीटें | वोट फीसदी | गठबंधन पार्टियां | सीटें | वोट फीसदी |
|---|---|---|---|---|---|---|---|
| 1957 | 205 | कांग्रेस | 151 | 45.3 | – | – | – |
| 1962 | 206 | कांग्रेस | 139 | 44.1 | – | – | – |
| 1967 | 234 | द्रमुक | 138 | 40.8 | द्रमुक | 158 | 46.1 |
| 1971 | 234 | द्रमुक | 184 | 48.6 | द्रमुक | 190 | 51.6 |
| 1977 | 234 | अन्नाद्रमुक | 130 | 30.4 | अन्नाद्रमुक | 143 | 33.5 |
| 1980 | 234 | अन्नाद्रमुक | 128 | 38.7 | अन्नाद्रमुक | 140 | 41.9 |
| 1984 | 234 | अन्नाद्रमुक | 132 | 37.1 | अन्नाद्रमुक | 194 | 53.6 |
| 1989 | 234 | द्रमुक | 150 | 33.2 | द्रमुक | 165 | 38.0 |
| 1991 | 234 | अन्नाद्रमुक | 164 | 44.4 | अन्नाद्रमुक | 224 | 59.6 |
| 1996 | 234 | द्रमुक | 173 | 42.1 | द्रमुक | 221 | 53.8 |
| 2001 | 234 | अन्नाद्रमुक | 132 | 31.4 | अन्नाद्रमुक | 195 | 50.0 |

## 1999 और 2004 के चुनाव की तुलना में प्रमुख दलों की सीटें व वोट प्रतिशत

| दल सीट | जीती गई सीट 2004 | 1999 से बदलाव में खड़ी हुई | वोट फीसदी 2004 | 1999 से बदलाव 2004 | वोट फीसदी |
|---|---|---|---|---|---|
| द्रमुक | 16 | 16 | 4 | 24.6 | 1.5 |
| कांग्रेस | 10 | 10 | 8 | 14.4 | 3.3 |
| पीएमके | 5 | 5 | 0 | 6.7 | −1.5 |
| एमडीएमके | 4 | 4 | 0 | 5.9 | −0.1 |
| भाकपा | 2 | 2 | 2 | 3.0 | 0.4 |
| माकपा | 2 | 2 | 1 | 2.9 | 0.5 |
| अन्नाद्रमुक | 33 | 0 | −10 | 29.8 | 4.1 |
| भाजपा | 6 | 0 | −4 | 5.1 | −2.1 |

अधिकतर लोगों का मानना था कि ऊंची जातियां डीपीए की आंधी में शामिल होगी

| इलाके | कुल सीटें | बढ़त | अन्नाद्रमुक व गठबंधन | | द्रमुक व गठबंधन | | एमडीएमके | | अन्य व निर्दलीय | |
|---|---|---|---|---|---|---|---|---|---|---|
| सुदूर उत्तरी | 47 | 53.60 | 33/47 | 49.69 | 14/47 | 40.78 | 0/42 | 3.24 | 0/280 | 6.29 |
| उत्तरी मध्य | 45 | 62.64 | 39/45 | 51.53 | 6/45 | 37.88 | 0/44 | 3.77 | 0/239 | 6.83 |
| कावेरी डेल्टा | 43 | 64.07 | 32/43 | 49.00 | 11/43 | 40.88 | 0/39 | 4.33 | 0/143 | 5.79 |
| पश्चिम | 42 | 59.81 | 40/42 | 53.06 | 2/42 | 34.72 | 0/39 | 5.67 | 0/219 | 654 |
| दक्षिण | 32 | 59.45 | 29/32 | 47.43 | 2/32 | 38.77 | 0/28 | 5.45 | 1/181 | 8.35 |
| सुदूर दक्षिणी | 25 | 55.45 | 22/25 | 46.65 | 2/25 | 38.83 | 0/19 | 7.34 | 1/119 | 7.19 |
| **कुल** | **234** | **59.07** | **195/234** | **49.99** | **37/234** | **38.67** | **0/211** | **4.65** | **2/118** | **16.70** |

| | अन्नाद्रमुक | द्रमुक | एन |
|---|---|---|---|
| ऊंची जातियां | 54 | 33 | 43 |
| थेवर | 47 | 49 | 81 |
| वन्नियार | 33 | 61 | 108 |
| चेट्टीयार | 30 | 47 | 100 |
| गोंडेर | 33 | 57 | 82 |
| नडार | 36 | 57 | 42 |
| दूसरे अन्य पिछड़ा वर्ग | 33 | 55 | 137 |
| चिक्किलियार, पलार | 38 | 39 | 109 |
| दूसरे दलित | 37 | 40 | 35 |
| मुस्लिम | 11 | 78 | 27 |

*सभी आंकड़े प्रतिशत में हैं।*

*साभार : राष्ट्रीय चुनाव अध्ययन–2004*

**पिछले तीन सालों में सरकार के काम–काज को लेकर मतदाताओं की राय**

| | द्रमुक | अन्नाद्रमुक | एन |
|---|---|---|---|
| काफी असंतुष्ट | 70 | 14 | 351 |
| कुछ हद तक असंतुष्ट | 63 | 29 | 72 |
| कुछ हद तक संतुष्ट | 41 | 48 | 248 |
| काफी संतुष्ट | 13 | 77 | 115 |

**तालिका : अल्पसंख्यकों, वन्नियारों, पल्लारों में द्रमुक आगे, ऊंची जातियों, थेवरों और दलितों में अन्नाद्रमुक आगे**

| | अन्नाद्रमुक | द्रमुक | डीएमडीके |
|---|---|---|---|
| ऊंची जाति | 32 | 38 | 4 |
| थेवर | 57 | 36 | 3 |
| नाडार | 42 | 48 | 8 |
| वन्नियार | 41 | 51 | 6 |
| गोंडर | 44 | 50 | 3 |
| नायडू | 52 | 38 | 5 |
| अन्य ओबीसी | 54 | 36 | 4 |
| पल्लर | 27 | 53 | 5 |

| | | | |
|---|---|---|---|
| पेरियार | 53 | 35 | 7 |
| चक्किलियार | 48 | 34 | 10 |
| मुसलमान | 34 | 64 | 2 |
| ईसाई | 42 | 51 | 5 |

## तालिका : अन्नाद्रमुक गरीबों में आगे

| | अन्नाद्रमुक+ | द्रमुक+ | डीएमडीके |
|---|---|---|---|
| गरीब | 53 | 39 | 4 |
| अति गरीब | 45 | 46 | 4 |
| मध्यम | 44 | 47 | 5 |
| अमीर | 47 | 43 | 6 |

## तालिका : जयललिता महिलाओं में लोकप्रिय

| | अन्नाद्रमुक+ | द्रमुक+ | डीएमडीके |
|---|---|---|---|
| पुरुष | 44 | 47 | 5 |
| महिला | 51 | 41 | 5 |

# पंजाब

J&K
HIMACHAL PRADESH
GURDASPUR
HOSHIARPUR
Amritsar
Hoshiarpur
AMRITSAR
Jalandhar
KAPURTHALA
Nawanshshar
PAKISTAN
JALANDHAR
Firozpur
Ropar
Ludhiana
Moga
Faridkot
LUDHIANA
Fatehgarh Sahib
FIROZPUR
Moga
Faridkot
SANGRUR
PATIALA
Mukisar
Sangrur
Patiala
Bhatinda
BHATINDA
Mansa
HARAYANA
MANSA
RAJASTHAN

# पहचान, राष्ट्र और लोकतंत्र : 1990 के दशक के दौरान भारतीय राजनीति में पंजाब

– सुरिंदर एस. जोधका

पंजाब विधानसभा ने 11 जुलाई 2004 की बैठक में उस समझौते को रद्द करने का फैसला कर लिया जिस पर पंजाब राज्य ने 1981 में हरियाणा और राजस्थान के साथ तीनों राज्यों में नदी जल वितरण के लिए हस्ताक्षर किए थे. यह स्वतंत्र भारत के राजनीतिक इतिहास में अप्रत्याशित घटना थी। सदन ने समझैता रद्द करने के विधेयक को सर्वसम्मति से पारित कर दिया और उसे उसी शाम पंजाब के राज्यपाल के पास उनकी स्वीकृति के लिए भेज दिया गया। राज्यपाल ने बेझिझक या केंद्र सरकार से कोई परमार्श किए बगैर पर उस विधेयक पर हस्ताक्षर कर दिए। सत्ताधारी पार्टी कांग्रेस और मुख्य विपक्षी अकाली दल के बीच कांग्रेस के दो साल के शासन के दौरान पूरी दुश्मनी थी। लेकिन अकालियों ने उस विधेयक का भरपूर समर्थन किया। जब यह विधेयक 11 जुलाई को सदन में पेश किया गया तो भारतीय जनता पार्टी (भाजपा) के विधायकों ने भी इसका विरोध नहीं किया, हालांकि बाद में उसके राष्ट्रीय नेतृत्व ने नदी जल समझैते को रद्द करने के फैसले के लिए मुख्यमंत्री 'कड़ी भर्त्सना' की।

इसी प्रकार प्रदेश कांग्रेस में जो आलोचक पहले दिन से ही उन्हें मुख्यमंत्री पद से हटाने की मांग कर रहे थे, वे भी उनके साथ हो लिये और इस मामले में उनका खुलकर समर्थन किया। 1981 में जब इस समझौते पर हस्ताक्षर किए गए थे, उस समय पंजाब और केंद्र, दोनों में कांग्रेस की हुकूमत थी। लेकिन इस बार कांग्रेस के केंद्रीय नेतृत्व ने इस फैसले में कोई भूमिका नहीं निभाई। इसके उलट, रद्द करने के विधेयक के बारे में पार्टी के नेतृत्व को बताए बगैर जिस तरह से पारित कर दिया गया, उस पर उसके कई नेताओं ने आश्चर्य और निराशा जाहिर की।

पंजाब में वस्तुत: सभी राजनीतिक पार्टियों में यह अनुकरणीय एकता का प्रदर्शन राज्य में कांग्रेस के सत्ता में रहते हुआ। इस तथ्य से यह घटना और भी दिलचस्प हो जाती है। राज्य के क्षेत्रीय हितों, विशेषकर कृषक समुदायों के

प्रतिनिधित्व का दावा करने वाले अकाली दल ने नदी जल वितरण के लिए 1981 के समझौते को कभी स्वीकृति नहीं दी थी। कांग्रेस के 2002 में सत्ता में आने से पहले उसी की सरकार थी। अकाली दल ने अपने कार्यकाल में इस समझौते को खत्म करने के लिए कोई कदम तक नहीं उठाया था। सच तो यह है कि उसने पंजाब से जुड़े किसी भी विवादास्पद क्षेत्रीय मुद्दे को शायद ही कभी उठाया। अकालियों को संभवतः पंजाब के क्षेत्रीय मुद्दों के बारे में आवाज उठाने से डर लगता था कि कहीं उन पर अलगाववादी राजनीति करने का आरोप न लग जाए। जब उन्होंने 1997 में सत्ता संभाली तब पंजाब अलगाववादी आतंकी आंदोलन से बमुश्किल उबरा था। राज्य में आतंकवाद के कारण करीब 15 वर्षों तक हर तरह की "सामान्य" राजनीतिक प्रक्रियाएं ठप हो गई थीं। अकालियों को अपने पांच साल के कार्यकाल के दौरान संभवतः खुद को मुख्यधारा की राजनीतिक पार्टी साबित करने की अधिक चिंता थी, ऐसी पार्टी जिसे भारतीय संविधान और संसदीय लोकतांत्रिक व्यवस्था की पवित्रता में विश्वास है। दूसरी ओर, कांग्रेस पार्टी "संकट" की घड़ी में विशेषकर सिखों के बीच बदनाम हो गई थी। पंजाब के सिख और दूसरे वर्गों के लोग राज्य में हिंसा के लंबे दौर के लिए कांग्रेस को दोषी ठहरा रहे थे। 1984 में सिखों के पवित्र स्थल स्वर्ण मंदिर पर सेना के हमले (ऑपरेशन ब्लू स्टार) और तत्कालीन प्रधानमंत्री श्रीमती इंदिरा गांधी की कथित तौर पर उनके सिख अंगरक्षकों द्वारा हत्या के बाद दिल्ली और देश के कुछ इलाकों में सिख विरोधी दंगों के लिए भी कांग्रेस को सीधे तौर पर जिम्मेदार माना गया।

पिछले कुछ वर्षों में ऐसा क्या बदल गया जिससे अकालियों ने कांग्रेसी मुख्यमंत्री का नेतृत्व स्वीकार कर लिया और ऐसी कार्रवाई का खुला समर्थन कर दिया जिसे "राष्ट्र विरोधी" माना जा सकता था? दूसरे शब्दों में, अपनी 'वैधानिकता' सतलुज-यमुना लिंक नहर (एसवाईएल) की खुदाई के फौरी परिणाम के परे 11 जुलाई 2004 को पारित समझैता रद्द करने के विधेयकका सांकेतिक महत्त्व क्या है?

पंजाब में 1997 में अकाली दल के सत्ता में आने से लेकर 2004 तक राज्य के राजनीतिक परिदृश्य में आमूलचूल परिवर्तन आया। 1990 के दशक के शुरू से ही पंजाब में राजनीतिक प्रक्रिया फिर शुरू हो गई और "सामान्य राजनीति" लौट आई। राज्य का राजनीतिक वर्ग 2004 तक अपनी राजनीतिक पहचान को लेकर आश्वस्त महसूस करने लगा और उसे उसके लोकतांत्रिक पहचान की फिक्र नहीं रह गई। वह पंजाब के आम आदमी के हितों के नाम पर केंद्र सरकार के प्रति एक बार फिर संघर्षवादी रवैया अपना सकता था। मैं अपने आलेख में पंजाब के आतंकवाद और "संकटग्रस्त राजनीति" के दिनों से लेकर वर्तमान की "सामान्य राजनीति" के राजनीतिक सफर को पेश करने का प्रयास कर रहा हूं। मैं ऐसा करते हुए इसे इलाके की बदलती राजनीतिक अर्थव्यवस्था के संबंध में देखने का प्रयास

करूंगा और उन नए रुझानों पर भी नजर डालूंगा जिन्हें पंजाब ने अपने राजनीतिक और सांस्कृतिक जीवन में देखा है।

## II

सन् 80 के दशक के दौरान पहचान की राजनीति के उत्थान और साथ ही विकास तथा राष्ट्र निर्माण की नेहरू की परियोजना के पतन का भारतीय राजनीति पर गहरा प्रभाव पड़ा। कोई दलील दे सकता है कि चुनावी राजनीति में उसी समय कांग्रेस पार्टी का प्रभुत्व और उसके नेताओं का करिश्मा खत्म होने लगा। कांग्रेसी व्यस्था के पतन की वजह से भारतीय राजनीति का व्याकरण वस्तुतः बदल गया। कांग्रेस पार्टी की जगह उभरी राजनीतिक पार्टियों की प्रकृति अलग थी। उनमें से ज्यादातर क्षेत्रीय पार्टियां थीं और वे प्रायः देश की आबादी के समुदाय विशेष तथा वर्गों को लुभाती थीं। उनका नेतृत्व भी अधिकतर निचले तबके से ही था। इस परिवर्तन, जिसे भारतीय राजनीतिशास्त्रियों ने ''विचारधारा की राजनीति'' से ''प्रतिनिधित्व की राजनीति'' करार दिया है (यादव 1999; पालशिकर 2004), ने भारतीय राजनीतिक प्रक्रिया को यथार्थ और आम लोगों के नजदीक पहुंचा दिया।

जिस समय देश के बाकी हिस्सों में इतना बड़ा परिवर्तन हो रहा था, उस समय पंजाब बिल्कुल अलग रास्ते पर था। 1980 के शुरू में सिख समुदाय का एक वर्ग अलगाववादी मांग कर रहा था। खालिस्तान आंदोलन का उत्थान अपेक्षाकृत अप्रत्याशित था। सीमावर्ती राज्य पंजाब देश का अभिन्न हिस्सा था। सिखों की राष्ट्रवादी पहचान पर कभी कोई शंका नहीं व्यक्त की गई थी। उन्होंने राष्ट्रवादी स्वतंत्रता आंदोलन में न केवल पूरे जोश-खरोश के साथ हिस्सा लिया था बल्कि बंगाल की तरह पंजाब के लोगों ने 1947 में देश के बंटवारे के दौरान सबसे ज्यादा दुख झेला था। भारत के किसी भी दूसरे इलाके को औपनिवेशिक शासन से आजादी के लिए इतनी बड़ी कीमत नहीं चुकानी पड़ी थी!

पंजाब ने आजादी के बाद तेजी से आर्थिक विकास भी किया था। 1960 और 1970 के दशक में हरित क्रांति की सफलता से पंजाब के लोगों में संपन्नता आ गई थी। देश के विकराल खाद्य संकट को सुलझने में भी पंजाब ने बहुत महत्त्वपूर्ण भूमिका निभाई। कृषि के विकास के विभिन्न संकेतकों के बारे में उपलब्ध आंकड़े अपनी कहानी खुद बयान करते हैं। कृषि क्षेत्र में सन् 60 के दशक से लेकर 1980 के दशक के मध्य तक देश के सारे राज्यों के मुकाबले पंजाब की विकास दर सबसे ज्यादा थी। 1961-62 से लेकर 1985-86 के सालाना 6.4 फीसदी की दर से खाद्यान्न उत्पादन बढ़ा, जबकि पूरे देश में यह आंकड़ा 2.6 फीसदी था।

पंजाब में अधिक उपजाऊ प्रजातियों (एचवाईवी) के बीज 1974-75 में 73

फीसदी कृषि योग्य भूमि पर बोया गया था (तब देश भर का औसत 31 फीसदी था) जो बढ़कर 1983–85 में 95 फीसदी हो गया (तब देशभर का औसत 54 फीसदी था)। एक ओर जहां प्रति एक लाख घर पर 17,459 ट्रैक्टर थे वहीं देशभर का यह आंकड़ा केवल 714 था। इस तरह के अधिकांश संकेतकों की भी यही स्थिति थी (कोहली और सिंह 1997)। परिणामस्वरूप पंजाब देश के अन्न गोदाम के रूप में जाना जाने लगा। हालांकि पंजाब भारत के कुल क्षेत्रफल का केवल 1.5 फीसदी है लेकिन यह देश के कुल 3 गेहूं का 22 फीसदी (127 लाख टन), चावल का 9 फीसदी (68 लाख टन) और कपास का 24 फीसदी (3 लाख टन) पैदा करता है। केंद्रीय भंडार में गेहूं का 60 से 70 फीसदी और चावल का 40 से 50 फीसदी हिस्सा इसी राज्य का होता है।

पंजाब के अनुभव का अध्ययन करने वाले अर्थशास्त्रियों ने पाया कि जोत का आकार नई प्रौद्योगिकी को अपनाने की राह में बाधक नहीं बना। पंजाब के एक बहुप्रचारित अध्ययन में पाया गया कि न केवल छोटे किसान नई प्रौद्योगिकी अपनाने के लिए उत्सुक थे बल्कि उनकी प्रति एकड़ आय बड़े किसानों के मुकाबले अपेक्षाकृत अधिक थी (भल्ला और चड्ढा 1983:78)। राज्य में गरीबी रेखा के नीचे जीवनयापन करने वाले लोगों की संख्या भी दूसरे राज्यों के मुकाबले सबसे कम थी। वास्तव में पंजाब सफलता की गाथा था, आदर्श राज्य जिसका अनुसरण दूसरे राज्य कर सकते थे!

लिहाजा ताज्जुब नहीं कि राज्य में अलगाववादी आंदोलन कई लोगों के लिए पहेली बन गया। स्वतंत्र भारत की सरकार को सिख उग्रवादियों से निबटने के मामले में जिस तरह का अनुभव हुआ वैसा कभी किसी राजनीतिक वैधता के गंभीर संकट से निबटने में नहीं हुआ था।

"पंजाब संकट" की व्याख्या अकादमिक जगत के लिए चुनौती और समाचार माध्यमों के लिए शगल बन गई। "पंजाब संकट" पर 1980 के दशक के शुरू में काफी कुछ लिखा गया। एक दशक तक भारत के लगभग सभी अखबारों में पंजाब की घटनाएं भरी होती थीं। अकादमिक जगत ने इस "संकट" को समझने और उसकी व्याख्या करने के लिए राजनीतिक अर्थव्यवस्था से लेकर आधुनिकीकरण सिद्धांत और मनोविश्लेषण का इस्तेमाल किया।

अस्सी के दशक के दौरान राज्य की राजनीतिक घटनाओं के बारे में अधिकांश लेखों में पंजाब के आंदोलनों को "समस्या" के रूप में देखने की कोशिश की गई (जोधका 1997)। उनमें से कई उस जमाने में हावी आधुनिकीकरण सिद्धांत से प्रभावित थे और उनमें पंजाब जैसे संकटों को संक्रमण की घटना, राष्ट्र निर्माण की उद्‌भव प्रक्रिया की समस्या या कुलीन वर्ग के जोड़–तोड़ के नतीजे, भारत जैसे युवा

लोकतंत्रों की खास खूबी के रूप में देखा गया।

निर्णायक कारक की पहचान के मामले में हरित क्रांति, जो राज्य में पिछले दशकों में आई थी, संभवत: सबसे प्रमुख थी। मिसाल के तौर पर वंदना शिवा ने पंजाब में पारंपरिक ''ग्रामीण समुदाय'' के बिखराव को हिंसा की बढ़ती संस्कृति के लिए दोषी ठहराया (शिवा 1991)। कई लोगों ने सिखों के सांप्रदायिक ध्रुवीकरण को आधुनिकीकरण की प्रक्रिया से उपजी चिंताओं की प्रतिक्रिया बताया। सिखों को पहचान का संकट और घुलने-मिलने का एहसास हुआ (नारंग 1983; सिंह के 1984; सिंह पी. 1987; बम्बवाल 1985)। कुछ दूसरे लोगों की दलील थी कि हरित क्रांति से नई प्रकार की विषमताएं पैदा हो गईं जो इलाके की सांस्कृतिक लोकाचार और सिखों की धार्मिक परंपरा से मेल नहीं खाती थीं। हालांकि भारत के दूसरे इलाकों में इस तरह की बढ़ती विषमता की प्रक्रिया थी लेकिन 'सिख परंपरा में समतावादी भावना पंजाब में समान न्याय की आवाज को मुखर करने वाली थी' (ओबराय 1997)।

मार्क्सवादी ढांचे पर काम करने वाले लोगों ने भी 1980 के दशक के संकट के लिए हरित क्रांति की राजनीतिक अर्थव्यवस्था को जिम्मेदार बताया। लेकिन उन्होंने विशेष रूप से विभिन्न वर्गों के बीच बढ़ते आर्थिक विरोधाभासों पर अधिक जोर दिया (मिसाल के तौर पर देखें, गिल और सिंघल 1985; 1995; डांग, 1988)। पुरेवाल ने पूरी किताब के बराबर के अध्ययन में 1980 के दशक में पंजाब संकट को 'छोटे लेकिन प्रभावशाली पूंजीवादी किसानों (कुलक) की' करतूत बताया। हरित क्रांति से उन्हें सबसे ज्यादा फायदा हुआ था। सिख कुलकों ने वाणिज्यिक और औद्योगिक बुर्जुआओं के खिलाफ अपने संघर्ष में सिख धर्म की विचारधारा और उनकी पहचान का लाभ उठाया। उन्होंने अलग-थलग पड़े और भूमिहीन किसानों, जो हरित क्रांति से और दरकिनार हो गए थे, को जोड़ने के लिए उनके धर्म और पहचान का इस्तेमाल किया। कुलाकों ने सिख धर्म के नाम पर पंजाब के घरेलू बाजार पर प्रभुत्व हासिल करने का प्रयास किया। इसके लिए उन्होंने आनंदपुर साहिब प्रस्ताव लागू करवाया और अलग खालिस्तान राष्ट्र की मांग की (पुरेवाल 1997)।

लेकिन इस आंदोलन में भाग लेने वाले असली सिख उग्रवादियों के बारे में उपलब्ध अनुभवजन्य सबूत खालिस्तान आंदोलन के इस ''वर्ग आधारित विश्लेषण'' के विरोधाभासी हैं। हालांकि बंदूक उठाने वाले अधिकतर लोग ग्रामीण पृष्ठभूमि और कृषक परिवारों, उनमें से भी ज्यादातर जाट थे (पेटीग्रीव 1995; गुप्ता 1996; पुरी इत्यादि 1999)। 'उनके परिवार प्राय: खुशहाल किसान थे लेकिन वे हरित क्रांति के पूंजीवादी किसान कतई नहीं थे। शहरी परिवारों से जुड़े उग्रवादियों के

पिता प्राय: मामूली कारोबार या सरकारी सेवा में कार्यरत थे' (जेफरी 1994: 179)। वैसे, उन सबमें एक बात समान लगती थी। वे सिख इतिहास को ऐसी दृष्टि से देखते थे जिसमें उनकी मौजूदा हतोत्साहित स्थिति ठीक नहीं बैठती थी (वही: 1979; इसके अलावा महमूद 1996; पेटीग्रीव 1995)।

राज्य में उग्रवाद को कुचले जाने के बाद किए गए अध्ययन से जाहिर हुआ कि अधिकतर उग्रवादियों को अपने उद्देश्य की स्पष्ट समझ का अभाव था न ही कोई वैचारिक प्रेरणा थी। उनमें से सारे स्पष्ट ''डिजाइन'' या ''किसी एजेंडे'' के तहत काम नहीं कर रहे थे। न उनमें वे आवश्यक रूप से सिख धर्म या खालिस्तान के विचार से प्रेरित थे। उनमें से कई 'समाज के ऐसे पिछड़ गए लोग थे जो रोमांच और पैसा बनाने के निजी कारण से आतंकवाद के धंधे में शामिल हो गए' (पुरी इत्यादि 1999 : 86)।

खालिस्तान आंदोलन का वैश्विक आयाम भी था। खालिस्तान के बारे में कई शुरुआती विचार पश्चिम में रहने वाले कुछ सिखों ने पेश किए थे। उन्होंने भारत सरकार के खिलाफ प्रदर्शन भी कराए और सिख उग्रवादियों के लिए समर्थन जुटाया। लेकिन इस आंदोलन या इसके वास्तविक आयामों के लिए विदेश में रहने वाले सिखों को जिम्मेदार बताना, जैसा कि भारत सरकार ने विषय 4 पर अपने ''श्वेत पत्र'' में किया था, गुमराह करना होगा। दरअसल, खालिस्तान आंदोलन को विदेश में रहने वाले सिखों का समर्थन ऑपरेशन-ब्लूस्टार के बाद बढ़ गया, उससे पहले ऐसा नहीं था। दूसरे शब्दों में विदेश में रहने वाले कुछ सिखों ने खालिस्तान की राजनीति को शुरू में वैचारिक समर्थन दिया था लेकिन विदेश में रहने वाले आम सिखों ने 1980 के दशक में पंजाब घटनाओं और 1984 में दिल्ली तथा देश के दूसरे इलाकों में सिखों के नरसंहार से आहत होकर इस विचार से सहानुभूति जताना शुरू कर दिया। टाटला बताते हैं कि दरअसल भारत सरकार कनाडा जैसे देशों की सरकारों पर पंजाब के उग्रवादियों से सहानुभूति रखने वाले लोगों के साथ सख्ती से निबटने के लिए कूटनीतिक दबाव डालने में काफी हद तक कामयाब रही (टाटला 1999)।

पंजाब की घटनाओं से विदेश में रहने वाली युवा पीढ़ी अलग तरह की गतिविधियों में लिप्त हो गई। वैश्वीकरण के युग में आप्रवासियों के लिए ''स्वदेश'' पहुंचना एक बार फिर आसान हो गया था। विदेश में रहने वाले आर्थिक रूप से संपन्न हो चुके कुछ सिखों और कामकाजी आप्रवासी भारतीयों के लिए अपने बच्चों को स्कूल और विश्वविद्यालय में भेजना आसान हो गया। उनमें कईयों का ''स्वदेश'' में संकट से विचलित होना और उसमें दिलचस्पी लेना स्वाभाविक था। इसने सिख धर्म और पंजाब के अध्ययन को एक नया मोड़ दिया, जिसमें इलाके और समुदाय के बारे में अकादमिक जगत में चल रहे विचार-विमर्श को बदलने की

क्षमता थी (देखें सिंह और ठंडी 1999; टाटला 1999; एक्सल 2001; हॉले और माम 1993; जोधका 2001 ए)।

## III

**खालिस्तान आंदोलन का पतन और उसके बाद :** अकादमिक अटकलों के विपरीत कोई पंद्रह साल तक हिंसा और खून-खराबे के बाद सिख उग्रवाद का पतन शुरू हो गया। यह प्रक्रिया 1990 के दशक में शुरू हुई और 1990 के दशक मध्य तक खालिस्तान आंदोलन राजनैतिक मामलों में बिना कुछ भी हासिल किए बगैर वस्तुतः खत्म हो गया।

यह कैसे हुआ? हालांकि अकादमिक जगत में पंजाब में उग्रवाद और अलगाववादी राजनीति शुरू होने के कई कारण गिनाए जाते हैं लेकिन इस आंदोलन के पतन के कारणों पर अकादमिक जगत ने ज्यादा दिलचस्पी नहीं दिखाई। इस आंदोलन के बाद प्रकाशित हुए पत्रों में भी मुख्यतः इस आंदोलन के शुरू होने पर ही ज्यादा ध्यान दिया गया। लेकिन इस आंदोलन के पतन के कुछ व्यापक कारकों को पहचानना बहुत मुश्किल नहीं है।

पहली बात यह कि पंजाब या देश के दूसरे इलाकों में रहने वाले सिखों के जेहन में खालिस्तान का सवाल संभवतः कभी नहीं रहा। इस आंदोलन ने इतना व्यापक रूप मुख्यतः तत्कालीन राजनीतिक संस्थान द्वारा इससे "निबटने" के तरीके की वजह से अख्तियार कर लिया। अकालियों की क्षेत्रवादी राजनीति या भिंडरावाले के धार्मिक पुनर्जागरण की जो थोड़ी-बहुत अपील थी वह विशेषकर 1980 के दूसरे अर्धदशक में इस आंदोलन के अत्यधिक हिंसक होने के साथ ही खत्म हो गई। उग्रवादियों और सरकारी एजेंसियों द्वारा बड़े पैमाने पर हिंसा के परिणामस्वरूप सामाजिक जीवन और शासन की संस्थाओं का अराजनीतिकरण हो गया। संभवतः निर्णायक मोड़ उस समय आया जब उग्रवादियों ने पंजाब के ग्रामीण इलाकों में सिख या हिंदुओं के बीच फर्क किए बिना "अमीर" और "सम्मानीय" लोगों की हत्या शुरू कर दी। जैसा कि पहले ही बताया जा चुका है कि उग्रवादी अधिकतर छोटे और मामूली जोत वाले किसान परिवारों से ताल्लुक रखते थे। सबको उनकी बंदूकों का भय सताने लगा। जबरन वसूली सामान्य प्रथा बन गई, जिसमें स्पष्ट रूप से उग्रवादियों के साथ ही सुरक्षा बल के जवान भी शामिल थे। ऐसे में पंजाबी समाज के विभिन्न वर्ग उग्रवादी और उनकी राजनीति के खिलाफ हो गए। उसी समय स्थानीय राजनीतिक, विशेषकर अकालियों के प्रभावशाली खेमे ने अलगाववादी मांगों का खुलेआम विरोध और शांति की पहल का समर्थन करने लगे। प्रतिबद्ध पुलिस कार्रवाई के जरिए पंजाब से उग्रवाद खत्म कर दिया गया, अधिकतर उग्रवादियों को गिरफ्तार करके उन पर मुकदमा चलाए बगैर उन्हें मार दिया गया।

हालांकि आंदोलन खत्म हो गया लेकिन सिख समुदाय, पंजाब राज्य और भारतीय राष्ट्र राज्य के लिए उस संकट के परिणाम ऐसे थे कि उन्हें ''शांति'' लौटने पर भी नजरअंदाज नहीं किया जा सकता था। उपलब्ध आंकड़ों के मुताबिक, पंजाब और देश के विभिन्न हिस्सों में इस ''संकट'' से जुड़े विभिन्न मामलों में 25,000 से ज्यादा लोग मारे गए, जिनमें ज्यादातर सिख थे। अपेक्षाकृत लंबे समय तक चले उग्रवाद का राज्य की अर्थव्यवस्था पर भी काफी प्रभाव पड़ा और लोगों के सामाजिक जीवन में कई तरह के बदलाव आए। सबसे बढ़कर, उसने पंजाब की लोकप्रिय छवि को मूल रूप से बदल दिया। जो राज्य अपनी शानदार आर्थिक प्रगति और उन्नति के लिए जाना जाता था, उसी पंजाब को कानून-व्यवस्था की गंभीर समस्याओं और राजनीतिक अशांति वाले ''संकटग्रस्त'' क्षेत्र के रूप में देखा जाने लगा (जोधका 2001बी)।

पंजाब और देश के दूसरे हिस्सों में सन् 80 के दशक के दौरान की राजनीतिक घटनाओं का भारतीय राष्ट्र राज्य के वैचारिक ढांचे पर दीर्घकालिक प्रभाव पड़ने वाला था। 1980 के दशक में दूसरी घटनाओं के साथ ही ''पंजाब संकट'' ने ''शासन करने के संकट'' (कोहली 1980) के अलावा कई ऐसे महत्त्वपूर्ण सवाल खड़े कर दिए जिससे स्वतंत्र भारतीय राष्ट्र की बुनियादी अवधारणाओं को चुनौती मिली। उस अवधि के दौरान देश के विभिन्न हिस्सों में घट रही घटनाओं के मद्देनजर धर्मनिरपेक्षता, संस्कृति, सामुदायिक पहचान और नागरिक अधिकार जैसे विषयों पर नई बहस शुरू हो गई (देखें जोधका सी)।

बहरहाल, इस क्षेत्र के लिए लंबे समय तक चली हिंसा के दौर का सामाजिक, आर्थिक और  रूप से काफी नकारात्मक प्रभाव पड़ा। राज्य की लगभग सभी पार्टियों ने आम लोगों के बीच अपनी विश्वसनीयता गंवा दी। कुछ समय तक पंजाब के आम लोग राजनीति के बारे में बात करने से भी डरते थे। उस समय की स्थिति को गुप्ता ने निम्न शब्दों में बखूबी बयान किया है:

पंजाब आज शांत-चित्तता की ऐसी तस्वीर पेश करता है जिस पर विश्वास नहीं होता। 1980 के पूरे दशक के दौरान, विशेषकर 1984 के बाद अखबार पंजाब में हत्याओं की खबरों से भरे होते थे। लेकिन आज नाटकीय रूप से बमुश्किल सुर्खियों में होता है; और पंजाब शायद ही कोई अब राजनीति के बारे में बात करता है। यह ऐसा है, मानो 1980 के दशक के मूलावशेष को पूरी तरह साफ कर दिया गया है (गुप्ता 1996:86)।

लेकिन इस खामोशी का मतलब राजनीति के प्रति उदासीनता नहीं थी। कभी किसी तरह के अलगाववादी राजनीति का समर्थन न करने वाले आम सिखों के विशेषकर उस समय की प्रभावशाली राजनीतिक पार्टी कांग्रेस से नाराज होने की वजह थी। उस समय चुनावी राजनीति के दौरान यह गुस्सा स्पष्ट रूप से परिलक्षित

हुआ। 1990 के दशक के आखिर में राजनीतिक प्रक्रिया किसी तरह लड़खड़ाते हुए सामान्य हो गई।

## IV

**1990 के दशक के दौरान चुनावी राजनीति :** सेंटर फॉर द स्टडी ऑफ डेवलपिंग सोसाइटीज (सीएसडीएस) ने 1992 में पंजाब के विभिन्न वर्गों के 1,146 लोगों का चुनाव बाद सर्वेक्षण किया। सर्वेक्षण में पाया गया कि केवल 5.2 फीसदी उत्तरदाताओं ने उग्रवादियों द्वारा अपनी मांगों को मनवाने के लिए अपनाए गए तरीकों को जायज ठहराया। बाकी 7.4 फीसदी लोगों ने उग्रवादियों के तरीकों को कुछ हद तक सही ठहराया। दूसरी ओर, कम से कम 72.8 फीसदी उत्तरदाताओं ने उनके तरीके को नाजायज माना। मजेदार बात यह है कि पंजाब के लोगों ने एक ओर जहां उग्रवादी राजनीति को सही नहीं माना, वहीं उनमें से सारे लोगों ने उग्रवादियों से निबटने के पुलिस के तरीकों का समर्थन नहीं किया। उग्रवाद से निबटने के लिए पंजाब पुलिस द्वारा अपनाए गए तरीके का समर्थन करने वाले लोगों का संख्या (63.2 फीसदी) आतंकवादियों के तरीकों का खुलकर विरोध करने वालों (72.8 फीसदी) से कम थी।

उसी सर्वेक्षण में पाया गया कि 79.6 फीसदी उत्तरदाता तानाशाही की जगह लोकतंत्र को तरजीह देते हैं। इसी प्रकार कम से कम 78 फीसदी उत्तरदाताओं ने कहा कि देश के शासन करने के तरीके पर उनके मतदान से "फर्क पड़ा था।" एक अलग संगठन द्वारा 1997 में किए गए सर्वेक्षण से सीएसडीएस सर्वेक्षण के नतीजों की पुष्टि हो गई। उस सर्वेक्षण में हिस्सा लेने वाले अधिकतर लोगों ने राजनीति के दूसरे तरीकों के मुकाबले लोकतांत्रिक प्रक्रिया को प्राथमिकता दी भले ही इसके पदाधिकारी "भ्रष्ट, अक्षम और अप्रभावी" हों (कुमार, पी. 1999: 288)।

दूसरे शब्दों में, एक दशक तक हिंसा और अराजकता झेलने के बावजूद पंजाब के लोगों का लोकतांत्रिक सरकार में विश्वास नहीं डिगा। उग्रवाद को कुचले जाने के बाद ऐसे लोगों की संख्या ज्यादा नहीं थी जो दुखी थे। अपेक्षाकृत कम समय में खालिस्तान का विचार पंजाब की धरती से वस्तुत: साफ हो गया। 1990 के दशक में राजनीतिक गतिविधियां शुरू होने के साथ ही पंजाबियों के बड़े वर्ग के लिए "शांति" और "हिंदू-सिख सौहार्द" प्राथमिकता बन गए।

पंजाब में शांति और चुनावी राजनीति बहाल करने के लिए पहली बार 1985 में प्रमुख पहल की गई। भारत के नए प्रधानमंत्री राजीव गांधी ने अकालियों के "उदार" गुट के साथ वार्ता प्रक्रिया फिर से शुरू की और 24 जुलाई 1985 को उनके साथ अंतत: एक समझौते पर हस्ताक्षर किए जिसे "राजीव-लोंगोवाल

समझौता'' या ''पंजाब समझौता'' के रूप में जाना गया। इस समझौते में उन प्रमुख मुद्दों में से कुछ को सुलझाने की कोशिश की जिन्हें अकाली कुछ समय से उठा रहे थे। इसमें जारी ''संकट'' के पीड़ितों को न्याय दिलाने का आश्वासन दिया गया। उसमें अखिल भारतीय गुरुद्वारा विधेयक; पंजाबी भाषा को प्रोत्साहन; पंजाब के किसानों के हितों को प्राथमिकता देते हुए नदी जल बंटवारे के विवाद को सुलझाने, और चंडीगढ़ को पंजाब के हवाले करने का वादा किया गया। यह भी सहमति बनी कि विवादास्पद आनंदपुर साहिब प्रस्ताव को सरकारिया आयोग के पास भेजा जाएगा, जो पहले से ही देश में संघीय संबंधों को नया ढांचा देने के लिए रिपोर्ट तैयार कर रहा था। लेकिन इस समझौते पर हस्ताक्षर करना अपरिपक्वता साबित हुई। उग्रवादियों ने, जो तब तक काफी सक्रिय और मजबूत थे, खुलकर इस समझौते का विरोध किया। यहां तक कि अकाली भी इस बारे में एकमत नहीं थे। कुछ गुटों ने इस समझौते का खुलकर विरोध किया, और कुछ खामोश बैठ गए। संभवत: सबसे महत्त्वपूर्ण बात यह थी कि इस संकट को सुलझाने के लिए नई दिल्ली में अब भी इच्छाशक्ति की कमी थी। इस समझौते पर हस्ताक्षर किए जाने के ठीक एक महीने बाद उग्रवादियों ने पंजाब की ओर से इस पर हस्ताक्षर करने वाले संत लोंगोवाल की हत्या कर दी।

वैसे, पंजाब के आम लोग इस समझौते पर हस्ताक्षर किए जाने के बाद राहत महसूस कर रहे थे और उन्हें लग रहा था कि इससे इलाके में शांति और राजनीतिक स्थिरता आ जाएगी। उसी साल सितंबर में आयोजित राज्य विधानसभा के चुनाव के दौरान उनका उत्साह स्पष्ट रूप से दिखा। कुल मतदाताओं में से करीब 66.5 फीसदी ने मतदान किया, जो सामान्य परिस्थिति में भी उत्साहवर्धक मतदान प्रतिशत कहलाएगा! और लोगों ने ऐसा अकालियों के कट्टरपंथी गुटों और ऑल इंडिया स्टुडेंट्स सिख फेडरेशन (एआइएसएसएफ) द्वारा मतदान के बहिष्कार के बावजूद किया।

इस चुनाव के नतीजे भी काफी दिलचस्प थे। अकालियों का उदारवादी गुट बहुमत के साथ जीता। राज्य की 117 सदस्यीय विधानसाभा में उन्हें 73 सीटें मिलीं जबकि कांग्रेस पार्टी मात्र 32 सीटों पर सिमट गई।

यह पंजाब के चुनावी इतिहास में कांग्रेस पार्टी के सबसे खराब प्रदर्शनों में से एक था। ऐतिहासिक रूप से कांग्रेस पंजाब की सबसे प्रभावशाली राजनीतिक पार्टी थी। शुरू में अकाली राजनीतिकों का एक बड़ा वर्ग पंजाब की कांग्रेस पार्टी के जरिए चुनावी राजनीति में शामिल हुए (नायर 1966)। आजादी के शुरुआती वर्षों में अकाली कांग्रेस के भीतर प्राय: दबाव समूह के रूप में काम करते थे (वालेस 1990)। अपनी अलग राजनीतिक पहचान बना लेने के बावजूद सिख ग्रामीणों के

एक वर्ग ने कांग्रेस का समर्थन जारी रखा। विशेषकर पंजाबी सूबा आंदोलन के बाद शहरी सिख अकाली दल को अमीर ग्रामीणों की पार्टी मानते थे और उनमें से अधिकतर लोग कांग्रेस के समर्थक थे (धामी 1987)।

लेकिन 1985 के चुनाव में मतदाताओं ने ऐसा रवैया नहीं दिखाया। जाति और वर्ग में बंटे अधिकतर सिखों ने कथित तौर पर अकालियों को वोट दिया। दूसरी ओर, पारंपरिक रूप से भारतीय जनता पार्टी (भाजपा) या उस जैसी विचारधारा वाली पार्टियों को वोट देने वाले शहरी हिंदुओं के एक वर्ग ने कांग्रेस का समर्थन किया। कांग्रेस पार्टी के सामाजिक आधार में न केवल स्पष्ट बदलाव आया बल्कि उसके विधायकों के धार्मिक पहचान में भी काफी परिवर्तन आया। एक ओर जहां 1969 में उसके 68 फीसदी विधायक सिख पृष्ठभूमि से थे वहीं 1985 में उनकी संख्या घटकर 34 फीसदी हो गई। उसी अवधि के दौरान हिंदू पृष्ठभूमि से आने वाले उसके विधायकों की संख्या 32 फीसदी से बढ़कर 66 फीसदी हो गई (धामी 1987; 295)।

1985 के चुनाव का एक और दिचलचस्प पहलू यह था कि अकाली दल ने अपने इतिहास में पहली बार किसी दूसरी पार्टी के साथ गठजोड़ किए बिना पंजाब में सरकार बनाई। लेकिन अकाली सरकार के उदारवादी नेता, मुख्यमंत्री सुरजीत सिंह बरनाला को कई चुनौतियों का सामना करना पड़ा। सत्ता में आने के बाद अकाली सरकार सिख उग्रवादियों या कट्टरपंथी अकालियों की केंद्र विरोधी भाषा बोल नहीं सकती थी। दूसरे अकाली नेता, खासकर पूर्व मुख्यमंत्री श्री प्रकाश सिंह बादल और शिरोमणि गुरद्वारा प्रबंधक कमेटी (एसजीपीसी) के प्रमुख गुरचरण सिंह तोहड़ा बरनाला के मुख्यमंत्री बनने से खुश नहीं थे। केंद्र सरकार भी बहुत मददगार नहीं थी। शुरू में उत्साह दिखाने के बाद वह पंजाब में बरनाला सरकार के प्रति उदासीन हो गई। पंजाब समझौते के किसी भी प्रमुख बात को लागू नहीं किया।

तत्कालीन परिस्थितियों में बरनाला सरकार उग्रवाद पर काबू नहीं कर सकी। इसके उलट 1980 के दूसरे अर्द्धदशक के दौरान रक्तपात बढ़ गया। केंद्र सरकार ने श्री बरनाला को लंबे समय तक मुख्यमंत्री नहीं रहने दिया। चुनाव के दो साल से भी कम अरसे में राज्य विधानसभा को निलंबित कर दिया गया और मई 1987 में पंजाब में एक बार फिर राष्ट्रपति शासन लागू कर दिया गया। मार्च 1988 में विधानसभा औपचारिक रूप से भंग कर दी गई।

केंद्र सरकार द्वारा उदारवादी अकाली नेता सुरजीत सिंह बरनाला के साथ किए गए व्यवहार और राजीव-लोंगोवाल समझैता लागू न करने का अकालियों की अंदरूनी राजनीति और सिख समुदाय पर सीधा असर पड़ा। ऐसे में कट्टरपंथी उदारवादी नेताओं पर हावी हो गए। जब 1989 में लोकसभा चुनाव कराए गए तो

सिमरनजीत सिंह मान के नेतृत्व वाले कट्टरपंथी गुट को बढ़त हासिल हो गई। मान गुट ने 8 सीटों पर चुनाव लड़ा और उनमें से 6 पर कब्जा जमा लिया (देखें कुमार 2004)। तब उदारवादी अकाली गुट एक भी सीट हासिल नहीं कर पाए।

लोकसभा चुनाव में कट्टरपंथी अकाली गुटों की जीत से राज्य में सुरक्षा बलों के कामकाज पर किसी तरह से लगाम नहीं लगा। चूंकि राज्य में राष्ट्रपति शासन लागू था, लिहाजा उन्हें उग्रवादियों से निबटने की खुली छूट मिली हुई थी। उस समय पंजाब के आम नागरिकों के वस्तुतः सारे मौलिक अधिकार रद्द कर दिए गए थे। पुलिस ने स्वर्ण मंदिर में कुछ अभियानों समेत कई विशेष अभियान चलाए और बड़े पैमाने पर "उग्रवादियों" को गिरफ्तार किया। लेकिन 1990 के दशक के शुरू तक उग्रवाद बढ़ता रहा। यहां तक वरिष्ठ पुलिस अधिकारी के.पी.एस. गिल ने भी स्वीकार किया कि सुरक्षा बल उग्रवाद पर काबू पाने में नाकाम रहे. उन्होंने स्वीकार किया, "वर्ष 1990 और 1991 स्पष्ट रूप से उग्रवादियों के थे।" (पुरी और जज 2000 : 394)।

लेकिन उग्रवादियों के हिंसक हमले करने की क्षमता से कतई नहीं पता चलता कि वे सिखों के बीच बढ़ती लोकप्रियता को दर्शाते हैं। इसके उलट उग्रवादी बुनियादी हकीकत और आम सिखों की भावना से पूरी तरह कट गए। उग्रवादियों के विभिन्न समूहों के बीच वरीयता के लिए संघर्ष इतना बढ़ गया कि उन्होंने एक-दूसरे को निशाना बनाना शुरू कर दिया। उन्होंने सिर्फ आतंक मचाने के लिए साजिश रचना शुरू कर दिया। उनका साजिशों का शिकार प्रायः निर्दोष नागरिक—सिख और हिंदू—बनने लगे। परिणामस्वरूप आम सिखों से वे कटने लगे। यहां तक वे सिख भी उनसे किनाराकशी करने लगे जो कभी उनसे सहानुभूति रखते थे। अकाल तख्त के जत्थेदार रहे दर्शन सिंह रागी को भिंडरांवाले का करीबी माना जाता था। उन्होंने कहा, मैं कहूंगा कि 1987 से यह आंदोलन सिख धर्म के सारे बुनियादी सिद्धांतों से दूर होने लगा...हमें मालूम नहीं था कि यह सोच कहां से आ रही है।

यह वह समय था जब उग्रवादी पूरी तरह स्वार्थी हो गए और उन्होंने पंजाब के ग्रामीण इलाकों में "अमीर" और "सम्मानीय", यहां तक कि सिखों की हत्या शुरू कर दी। इसकी वजह से ग्राम समाज में सत्ता का तत्कालीन समीकरण बिगड़ गया और वे सिख नागरिकों से अलग-थलग हो गए। अंततः पुलिस को बढ़त हासिल हुईं और 1990 के मध्य में उग्रवाद को अंततः खत्म कर दिया गया।

इस बीच नई दिल्ली में सत्ता परिवर्तन हो गया। 1989 में कांग्रेस पार्टी लोकसभा चुनाव हार गई और जनता दल के विश्वनाथ प्रताप सिंह प्रधानमंत्री बने। उन्होंने स्वर्ण मंदिर का दौरा करके वार्ता और राजनीतिक प्रक्रिया फिर से शुरू करने का वादा किया। हालांकि विश्वनाथ प्रताप सिंह की सरकार ज्यादा समय तक नहीं चली लेकिन उनके उत्तराधिकारी चंद्रशेखर ने अपने पूर्ववर्ती के वादे को निभाने का

संकल्प दोहराया। लेकिन 1991 में जब देश में लोकसभा चुनाव हुए तो पंजाब को लोकतांत्रिक प्रक्रिया शुरू करने के योग्य नहीं समझ गया। मतदान से बमुश्किल 36 घंटे पहले चुनाव आयोग ने पंजाब में मतदान टालने का फैसला कर लिया। मजेदार बात यह है कि उस समय चुनाव मैदान में कई अकाली खड़े थे। सिर्फ सिख उग्रवादी और कांग्रेस पार्टी ही राज्य में चुनाव कराने के खिलाफ थे।

कांग्रेस ने केंद्र में पी.वी. नरसिंह राव के नेतृत्व में सरकार बनाने के कुछ महीने बाद पंजाब में चुनाव कराने का फैसला किया। हालांकि उग्रवाद तब तक खत्म नहीं हुआ था लेकिन सुरक्षा बल उग्रवादियों पर काबू करने के प्रति आश्वस्त होने लगे थे। फरवरी 1992 में पंजाब में अंततः विधानसभा और लोकसभा चुनाव कराए गए। केंद्र में कांग्रेस सरकार की नीतियों के परिणामस्वरूप पंजाब की राजनीति में उदारवादी अकाली खुद को अलग-थलग महसूस करने लगे। उन्हें लगा कि पंजाब समझौते को लागू न करना इस साजिश का हिस्सा था। उन्होंने यह भी आरोप लगाया कि 1991 में राज्य में लोकसभा चुनाव कांग्रेस के विरोध के कारण ही नहीं कराए गए। जब केंद्र की कांग्रेस सरकार ने चुनाव कराने के पक्ष में फैसला किया तो अकालियों ने कोई उत्साह नहीं दिखाया। उग्रवादियों के विभिन्न गुटों के साथ उन्होंने भी मतदान के बहिष्कार का आह्वान कर डाला।

राज्य में मतदान जबरदस्त सुरक्षा व्यवस्था के बीच कराए गए। वैसे, मतदान बहिष्कार का आह्वान भी काफी प्रभावी रहा। उस रोज मतदान में केवल 23.8 फीसदी पंजीकृत मतदाताओं ने ही अपने अधिकार का इस्तेमाल किया। ग्रामीण निर्वाचन क्षेत्रों में यह आंकड़ा और भी कम था (देखें तालिका 2)। धार्मिक लिहाज से देखें तो मतदान करने वालों में सिख समुदाय के धार्मिक लोगों की संख्या अपेक्षाकृत कम थी (नारंग 1995 : 618)। चूंकि अकालियों ने उसमें हिस्सा नहीं लिया, लिहाजा कांग्रेस को वस्तुतः किसी विरोध का सामना नहीं करना पड़ा। जैसा कि पहले बताया जा चुका है कि अगड़ी जाति के काफी हिंदू मतदाता पहले ही अपनी पारंपरिक पार्टी जनसंघ और भाजपा का दामन छोड़कर कांग्रेस के समर्थक हो गए थे। उसे केवल दोआबा क्षेत्र में ही बहुजन समाज पार्टी (बसपा) का विरोध झेलना पड़ा। बसपा ने उन दलितों का काफी वोट जुटा लिया, जो पारंपरिक रूप से कांग्रेस के मतदाता थे, और उसके प्रत्याशी कम से कम 9 विधानसभा क्षेत्रों में जीत गए। भाजपा भी 6 सीटों पर जीत गई। कांग्रेस ने राज्य विधानसभा की 117 सीटों में से 87 पर कब्जा जमा लिया। पार्टी ने बेअंत सिंह के नेतृत्व में पंजाब में सरकार का गठन कर लिया। हालांकि उसे कुल पंजीकृत मतदाताओं का करीब 10 फीसदी ही वोट मिला था, और एक तरह से उसे शासन करने का कोई वैध अधिकार नहीं था, लेकिन निर्वाचित सरकार के गठन का 1990 के दशक के दौरान राज्य की

राजनीति पर काफी प्रभाव पड़ा।

पंजाब की नवनिर्वाचित सरकार ने राज्य के आम लोगों के बीच अपनी स्वीकार्यता बढ़ाने के इरादे से स्थानीय निकाय के चुनाव कराने का फैसला किया। सितंबर 1992 में शहरी नगरपालिका परिषदों और जनवरी 1993 में ग्राम पंचायतों के चुनाव कराए गए। आम चुनाव के उलट कई लोगों को आश्चर्य हुआ कि इन चुनाव में मतदाताओं ने बढ़-चढ़कर हिस्सा लिया। नगर निकायों के चुनाव में करीब 70 फीसदी पंजीकृत मतदाताओं और पंचायत चुनाव में करीब 82 फीसदी मतदाताओं ने हिस्सा लिया (देखें वर्मा 199)।

यह उग्रवादियों की अलगाववादी राजनीति के खिलाफ स्पष्ट जनादेश और उन उदारवादी अकालियों को एक संकेत था जो राज्य की राजनीति में पहले से दरकिनार महसूस करने लगे थे। लोगों की आकांक्षाएं जाहिर होने के अलावा इन चुनावों से पंजाब में केंद्र सरकार के लिए बेहद जरूरी वैधता भी हासिल हो गई। राज्य में कांग्रेसियों की बढ़ती वैधता से अकाली चिंतित हो गए। इसके बाद उन्होंने खुद को स्पष्ट रूप से उग्रवादी राजनीति से दूरी बनाना शुरू कर दिया और वे शांति तथा सिखों-हिंदुओं के बीच सांप्रदायकि सौहार्द के समर्थक हो गए। बाद के वर्षों में जब राज्य में उपचुनाव कराए गए तो अकालियों ने उनमें हिस्सा लिया और उन्हें सफलता हासिल हुई। 1994 में राज्य की तीन विधानसभा सीटों के उपचुनाव कराए गए, जिनमें से प्रकाश सिंह बादल के नेतृत्व वाले दो उदारवादियों ने कब्जा जमाया। कांग्रेस को केवल एक सीट हासिल हुई।

हालांकि पंजाब के लोग शांति चाहते थे लेकिन वे कांग्रेस से नाराज भी थे। यह नाराजगी खासकर सिखों के बीच थी, जो पंजाब की सारी समस्याओं के लिए कांग्रेस को जिम्मेदार मानते थे। इस तरह जब बादल अकाली दल ने उग्रवाद और हिंसा के खिलाफ रवैया अपनाया तो उसकी लोकप्रियता बढ़ गई। उसने मुख्यतः स्थानीय हिंदुओं का प्रतिनिधित्व करने वाली भाजपा के साथ गठबंधन कर लिया। भाजपा राष्ट्रीय स्तर पर क्षेत्रवादी राजनीति का विरोध करने के लिए जानी जाती थी। इसका दूसरा मकसद यह दिखाना भी था कि अकाली पूरी तरह अलगाववादी राजनीति का विरोध करते हैं और भारत की राष्ट्रीय अखंडता का पक्षधर है। अकाली दल (बादल) ने कांग्रेस पार्टी के खिलाफ अपने संघर्ष को प्रभावी बनाने के लिए बसपा के साथ भी गठजोड़ कर लिया। जैसा कि ऊपर बताया जा चुका है, बसपा ने पंजाब के दोआबा क्षेत्र में दलितों के बीच कुछ प्रभुत्व बना लिया था।

यह नई राजनीतिक व्यवस्था 1996 के संसदीय चुनाव में कारगर रही। दरअसल, यह उग्रवाद खत्म होने के बाद आयोजित एक तरह से 'सामान्य' चुनाव

था। इसके साथ ही राज्य में एक बार फिर प्रतिस्पर्धात्मक राजनीति लौट आई। बदले माहौल में कांग्रेस ने 13 सीटों पर अपने उम्मीदवार उतरे, जिनमें सिर्फ दो जीत सके। अकाली दल (बादल) ने आठ सीटों पर कब्जा किया जबकि बाकी तीन सहयोगी बसपा की झोली में चली गईं।

अगले साल राज्य विधानसभा चुनाव के दौरान ''शांति'' प्रमुख मुद्दा बना रहा। राष्ट्रीय स्तर पर बदलते राजनीतिक परिदृश्य और भाजपा की बढ़ती लोकप्रियता के मद्देनजर बादल अकाली दल ने भाजपा की राज्य इकाई के साथ अपने गठजोड़ को मजबूत करने का हर प्रयास किया। उसने अपनी क्षेत्रीय पहचान की राजनीति को वस्तुतः त्यागकर बिल्कुल अलग भाषा बोलना शुरू कर दिया।

अकालियों के लिए यह गठबंधन कारगर रहा। कोई 68.7 फीसदी पंजीकृत मतदाताओं ने अपने अधिकारों का प्रयोग किया। विधानसभा की कुल 117 सीटों में से अकाली दल (बादल) के प्रत्याशियों ने 75 सीटों पर कब्जा जमा लिया और उसकी सहयोगी भाजपा को 18 सीटों पर कामयाबी मिली। कांग्रेस पार्टी, जिसके पास निवर्तमान विधानसभा में 87 सीटें थीं, केवल 14 सीटें जीत सकी और उसे कुल वोट में से मात्र 26.6 फीसदी ही हासिल हुए। एक ओर जहां यह अकालियों का अब तक का सबसे बढ़िया प्रदर्शन था, वहीं कांग्रेस पार्टी के लिए पंजाब में यह अब तक का सबसे खराब परिणाम था।

यह गठबंधन 1998 के संसदीय चुनाव में जारी रहा और बादल अकाली दल ने भाजपा के वफादार सहयोगी के रूप में चुनाव लड़ा। इस गठबंधन ने चुनावी रणनीति से परे काम किया। बादल अकाली दल ने अपनी अलग छवि दिखाने की कोशिश की, ऐसी छवि जो राष्ट्रीय राजनीति में उसके वरिष्ठ गठबंधन सहयोगी को स्वीकार्य थी। 1998 के संसदीय चुनाव से पहले जारी अपने घोषणापत्र में दल ने ''संघर्षपूर्ण क्षेत्रवाद'' की जगह ''सहयोगात्मक संघवाद'' को तरजीह देने का वादा किया। भाजपा के साथ अपने इस गठबंधन की प्रशंसा करते हुए घोषणापत्र में जोर देकर कहा गया : अकाली-भाजपा सरकार ने केंद्र-राज्य संबंधों में एक नया अध्याय शुरू किया है, जिससे देश में सहयोगात्मक संघवाद का युग शुरू हुआ है। संघर्षों का युग बखूबी खत्म करके उसकी जगह राज्य और राष्ट्र की भलाई की खातिर एक साथ काम करने पर जोर दिया गया।

चूंकि कांग्रेस विरोधी भावना कुछ समय तक रही, लिहाजा अकाली- भाजपा गठबंधन ने एक बार फिर बढ़िया प्रदर्शन किया। राज्य की 13 संसदीय सीटों में अकालियों ने 13 और भाजपा ने 3 पर कब्जा जमा लिया। जनता दल, जिसके प्रत्याशी इंदर कुमार गुजराल को अकालियों का समर्थन हासिल था, को एक सीट मिली। एक सीट भाजपा की झोली में चली गई। कांग्रेस पंजाब में एक भी सीट

नहीं जीत सकी। उसके वोटों का हिस्सा गिरकर 25.87 फीसदी हो गया। स्पष्ट रूप से सिख मतदाताओं ने अभी तक कांग्रेस पार्टी को स्वीकार नहीं किया था।

## तालिका 1 : 1966 से विधानसभा और लोकसभा चुनावों में मतदान का प्रतिशत

| विधानसभा चुनाव | | | लोकसभा चुनाव | | |
|---|---|---|---|---|---|
| वर्ष | सीट | मतदान प्रतिशत | वर्ष | सीट | मतदान प्रतिशत |
| 1967 | 104 | 71.2 | 1967 | 13 | 71.13 |
| 1969 | 104 | 72.3 | 1971 | 13 | 59.90 |
| 1972 | 104 | 69.3 | 1977 | 13 | 70.14 |
| 1977 | 117 | 65.4 | 1980 | 13 | 62.65 |
| 1980 | 117 | 64.3 | 1985 | 13 | 67.36 |
| 1985 | 117 | 67.5 | 1989 | 13 | 62.67 |
| 1992 | 117 | 23.8 | 1992 | 13 | 23.96 |
| 1997 | 117 | 68.7 | 1996 | 13 | 62.25 |
| 2002 | 117 | 65.0 | 1998 | 13 | 60.07 |
| | | | 1999 | 13 | 56.11 |
| | | | 2004 | 13 | 61.59 |

***स्रोत :*** *कुमार 1994, भारतीय चुनाव आयोग की वेबसाइट।*

## तालिका 2 : 1992 विधानसभा चुनाव में मतदान में विभिन्न समूह की भागीदारी

| विधानसभा क्षेत्रों की संख्या | मतदान प्रतिशत |
|---|---|
| शहरी (12) | 38.3 |
| अर्द्ध शहरी (11) | 26.5 |
| अर्द्ध ग्रामीण (24) | 25.3 |
| ग्रामीण (70) | 15.1 |

***स्रोत :*** *नारंग 1997 : 617*

## V

**पहचान की राजनीति का ह्रास :** राज्य में अकालियों के सत्ता में आने, और वह भी पूर्ण बहुमत के साथ (हालांकि 1997 के चुनाव के बाद बनी नई सरकार में भाजपा की भी भागीदारी थी) आने का सिख समुदाय पर संभवत: बड़ा सकारात्मक प्रभाव पड़ा था। 1996 और 1998 के बीच राज्य में कांग्रेस पार्टी को तीन बार हराया गया था। शायद इससे भी अधिक महत्त्वपूर्ण यह बात है कि इस अवधि के दौरान उग्रवादियों के भय के बिना चुनाव कराए गए थे। सामान्य राजनीति का दौर लौट आया था। इस परिवर्तन का स्पष्ट फलितार्थ यह था कि राजनीतिक पार्टियां केवल समुदायों की पहचान के बहाने या अतीत की गलतियों के लिए केंद्र सरकार के खिलाफ गुस्से को भुनाकर बनी नहीं रह सकती थीं। वैसे भी कांग्रेस पार्टी को हरा दिया गया था, और केंद्र में भी उसकी सरकार नहीं रह गई थी।

पंजाब के मतदाताओं ने जब 1999 में संसद सदस्यों का दोबारा चुनाव किया तब सामुदायिक पहचान के मुद्दे और 1980 के दशक का गुस्सा उनके जेहन से गायब हो चुका था। तब उन्होंने अकाली-भाजपा सरकार के प्रदर्शन के आधार पर उसके पक्ष या विरोध में मतदान किया। स्पष्ट रूप से मतदाताओं का मानना था कि अकाली सरकार ने अपने दो साल के कार्यकाल में पंजाब के लोगों के लिए कुछ खास काम नहीं किया। मतदाताओं ने राज्य सरकार की इस 'अकर्मण्यता' (वर्मा 1999) के मद्देनजर इस बार कांग्रेस की ओर रुख करने का फैसला कर लिया। 1998 के चुनाव में जहां उदारवादी अकालियों और उनके सहयोगियों को 117 विधानसभा सीटों में से 94 पर अपने विपक्षियों के मुकाबले बढ़त हासिल थी वहीं 1999 में यह संख्या घटकर मात्र 34 रह गई। कांग्रेस और उसके सहयोगियों को 76 विधानसभा सीटों पर बढ़त हासिल हो गई। जहां तक लोकसभा सीटों पर जीत का मामला है तो कांग्रेस प्रत्याशियों ने आठ संसदीय क्षेत्रों पर कब्जा जमा लिया। अकाली दल (बादल) के प्रत्याशी केवल दो सीटों पर जीत सके। भाजपा, भाकपा और अकाली दल (मान) को एक-एक सीट मिली। हालांकि यह सही है कि कांग्रेस ने हिंदुओं, जो पारंपरिक तौर पर भाजपा को वोट देते थे, के पर्याप्त वोट बटोरे लेकिन सिखों के वोट के बिना उसके लिए इस तरह का परिणाम हासिल करना नामुमकिन था। सिखों के लिए कांग्रेस कोई अछूत पार्टी नहीं रह गई थी। एक दशक तक अलग-थलग पड़े रहने के बाद सिख एक बार राष्ट्र की मुख्यधारा में शामिल होने की राह पर चल पड़े थे।

यह संभव कैसे हुआ ? मेरी दलील है कि ऐसा मुख्यत: अकाली दल (बादल) की राजनीति के चलते हुए और उसी की वजह से यह जुड़ाव संभव हो गया। अकाली भले ही प्रभावशाली प्रशासन देने में विफल हो गए हों लेकिन उन्होंने

राजनीतिक विचार-विमर्श की धारा को निश्चित रूप से बदल दिया। इसी बदलाव की वजह से पंजाब में 1999 का संसदीय चुनाव बिना किसी सांप्रदायिक और सामुदायिक पहचान के लड़ा गया। अकाली दल भारत की सबसे पुरानी पार्टियों में से एक है। इसका गठन 1920 के दशक में गुरद्वारा सुधार आंदोलन के दौरान हुआ था। अपने पूरे इतिहास के दौरान इसने पंजाब के क्षेत्रीय हितों और सिखों की सामुदायिक आकांक्षाओं के लिए संघर्ष किया। उसका मुख्य आधार पहचान की राजनीति रही है। लेकिन संप्रदाय विशेष की पार्टी की लोकप्रिय छवि के बावजूद अकालियों ने कई धर्मनिरपेक्ष आंदोलनों में हिस्सा लिया। खासकर 1960 के दशक के बाद में उसका नेतृत्व अमीर जाट किसानों के हाथों में पहुंचने पर उसकी राजनीति का आधार भी एक विशेष वर्ग था। हरित क्रांति के जमाने से ही अकाली दल प्रभावशाली जाति और अमीर किसानों की पार्टी मानी जाती थी। आंशिक रूप से अकालियों के इस वर्ग आधारित राजनीति के चलते ही सिखों का एक वर्ग कांग्रेस के साथ ज्यादा सहज महसूस करता था।

1999 का चुनाव एक और वजह से भी महत्त्वपूर्ण था। इन चुनावों के दौरान अकालियों के तथाकथित कट्टरपंथी गुट भी शांति की भाषा बोलने लगे। सिमरनजीत सिंह मान, जो तब तक खालिस्तान की विचारधारा से सहानुभूति रखते थे, एकता का रवैया अपनाने के लिए मजबूर हो गए और वे पार्टी में 'हिंदुओं को शामिल करने' और पार्टी के सांगठनिक ढांचे में 'उनका जायज हिस्सा देने के लिए' तैयार हो गए। संगरूर संसदीय क्षेत्र से जीत के बाद मान ने मीडिया के लोगों को बताया, "अब मैं पंजाब के हिंदुओं की नब्ज पहचान गया हूं। वे शांति, वाणिज्यिक अवसर और सुरक्षा चाहते हैं, जिन्हें हमारी पार्टी मुहैया कराएगी"।

इसी प्रकार कुछ समय के लिए उग्रवादी समर्थक रवैया अपनाने वाले और बादल से अलग होकर अलग पार्टी बनाने वाले एक और अकाली नेता गुरचरण सिंह तोहड़ा ने जोर देकर कहा कि हालांकि वे बादल से असहमत हैं लेकिन वे उग्रवाद को फिर हवा देना नहीं चाहते। उन्होंने अपने एक सम्मेलन में पारित प्रस्ताव में कहा :

हम विभिन्न धार्मिक, भाषाई और सांस्कृतिक, विशेषकर अल्पसंख्यकों और क्षेत्रीय पहचानों के संरक्षण और प्रगति के लिए असली संघीय भारत के विकास और उसे शक्तिशाली बनाने में विश्वास करते हैं। इससे भारत मजबूत और संपन्न बनेगा।

अकालियों ने अपने शासन काल के दौरान पंजाब की स्वायत्तता या अलग सिख पहचान से जुड़े "विवादास्पद मुद्दों" को उठाने की बजाय जनवादी रवैया अपना लिया। उन्होंने किसानों को मुफ्त बिजली दी और खालसा पंथ (दसवें सिख गुरु, गुरु गोबिंद सिंह द्वारा अप्रैल 1699 में शुरू की गई अलग सिख पहचान) की स्थापना के 300वीं वर्षगांठ मनाने पर ध्यान दिया। खालसा की त्रिशताब्दी पर भव्य

आयोजन किए गए। ये जश्न भी पूरी तरह से शांतिपूर्ण ढंग से और बिना किसी अलगाववाद के मनाए गए। दुनिया भर में रहने वाले जीवन के हर क्षेत्र के सिखों समेत इलाके के दूसरे समुदायों ने पूरे उत्साह के साथ इस समारोह में हिस्सा लिया। राष्ट्रीय और क्षेत्रीय समाचार माध्यमों में इस समारोह की व्यापक और सकारात्मक खबरों का पंजाब और दूसरे देशों में रहने वाले सिखों पर बड़ा सकारात्मक असर पड़ा। कई लोगों को लगा कि 1980 के दशक के दौरान ''पगड़ी की मर्यादा और गौरव'' की क्षति पूरी हो गई (देखें जोधका 2000)।

एक ओर जहां सिख समुदाय में आत्मविश्वास का भाव पैदा करना और राष्ट्रीय राजनीति से उनके 'अलगाव' को खत्म करना निश्चित रूप से अकालियों की महत्त्वपूर्ण उपलब्धि है, वहीं इसका यह अर्थ था कि अब सिख लोग उन्हें उनके प्रदर्शन के आधार पर आंकेंगे। पहचान के सवाल को निर्णायक ढंग से ठंडे बस्ते में डाल दिया गया, यहां तक कि धार्मिक समारोह में भी इस पहचान को किनारे लगा दिया गया। इस प्रकार भले ही अकाली 1999 के चुनाव में हार गए लेकिन वे, जैसा कि ऊपर बताया जा चुका है, राजनीतिक विचार- विमर्श के मुद्दे को 'धार्मिक-राजनीतिक' से 'राजनीतिक-आर्थिक' में परिवर्तित करने में निस्संदेह कामयाब हो गए। राजनीतिक प्राथमिकताओं के मामले में अकालियों ने अपने शासनकाल के दौरान अपने पारंपरिक आधार वर्ग, अमीर किसानों का भी पर्याप्त ख्याल रखा। सिख समुदाय के सामान्य मुद्दों समेत पंजाब की क्षेत्रीय राजनीति को ठंडे बस्ते में डाल दिया गया। अब अकालियों को पंथिक या समुदाय विशेष का ही एजेंडा अपनाने वाला नहीं समझा जाता था और शायद इससे भी महत्त्वपूर्ण यह तथ्य है कि कांग्रेस को अब सिख विरोधी पार्टी के रूप में नहीं देखा जाता था क्योंकि धार्मिक पहचान राज्य की चुनावी राजनीति को नियंत्रित करने वाला इकलौता मुद्दा नहीं रह गया।

पंजाब में बाद में हुए चुनावों ने इस रुझान को और मजबूत बना दिया, और सारे चुनाव धर्मनिरपेक्ष मुद्दों पर लड़े गए। 2002 में राज्य विधानसभा चुनाव के नतीजे 1999 के संसदीय चुनाव के नतीजों से मिलते-जुलते थे, हालांकि उसमें कुछ परिवर्तन था। हालांकि कांग्रेस पार्टी ने अधिकतर सीटों पर कब्जा जमा लिया लेकिन उसके वोटों का हिस्सा 1999 में 38.44 फीसदी से घटकर 2002 में 36.5 फीसदी हो गया। कांग्रेस ने (अपने सहयोगियों के साथ) 1999 में 76 सीटों पर बढ़त बनाई थी लेकिन 2002 के विधानसभा चुनाव में वह केवल 62 सीटें (एक सीट उसकी सहयोगी भाकपा को मिली) हासिल कर पाई। फिर भी उसने बहुमत हासिल कर लिया और मुख्यमंत्री के रूप में अमरिंदर सिंह के नेतृत्व में सरकार बना ली।

लेकिन कांग्रेस सरकार पंजाब के लोगों की आकांक्षाओं के अनुरूप नहीं उतर

सकी और जब 2004 में लोकसभा के लिए चुनाव हुए तो उसे 13 सीटों में से केवल दो पर कामयाबी मिली। अकाली दल (बादल) ने अपनी सहयोगी भाजपा के साथ मिलकर राज्य की बाकी सारी सीटों पर कब्जा जमा लिया।

## VI

**चुनावी राजनीति के परे :** लोकतांत्रिक राजनीति की अहमियत पर ध्यान देते समय इस तथ्य को नजरअंदाज नहीं किया जाना चाहिए कि किसी क्षेत्र या देश की राजनीतिक प्रक्रिया के विश्लेषण में चुनावी राजनीति ही सब कुछ नहीं होती। आर्थिक और सामाजिक क्षेत्र के ढांचों में होने वाले परिवर्तन राजनीतिक प्रक्रियाओं को प्रभावित करते हैं, और इसकी वजह से किसी भी समाज विशेष में सामाजिक और आर्थिक परिस्थितियां प्रभावित होती हैं। इसी प्रकार सामाजिक आंदोलनों, कुनबों या जाति के ढांचे जैसे जमीनी और अनौपचारिक स्तर के शक्ति ढांचे भी राजनीति के महत्त्वपूर्ण आयाम हो सकते हैं।

ऐतिहासिक रूप से पंजाब में राजनीतिक प्रक्रियाएं तीन महत्त्वपूर्ण ध्रुवों के इर्द गिर्द घूमती रही हैं। सबसे बढ़कर धार्मिक समुदायों का ध्रुव रहा है। औपनिवेशिक काल के दौरान पंजाब के तीन प्रमुख समुदाय मुस्लिम, हिंदू और सिख थे। औपनिवेशिक शासन से आजादी के समय 1947 में पंजाब के बंटवारे ने इलाके में समुदायों के संतुलन को पूरी तरह बदल दिया। भारत के हिस्से में आने वाला पंजाब भौगोलिक क्षेत्र के हिसाब से पूर्व पंजाब के आधे से भी कम रह गया। लेकिन बंटवारे के साथ लोगों का इधर-उधर जाना इससे भी ज्यादा महत्त्वपूर्ण था।

पश्चिमी पंजाब में आबाद लगभग सारे सिख और हिंदू भारत की ओर चले आए और भारत की ओर रहने वाले मुसलमान पाकिस्तान की ओर कूच कर गए। इस प्रकार बंटवारे के बाद पंजाब में हिंदू बहुसंख्यक हो गए। वैसे, सिखों को भी जनसंख्या के मामले में बढ़त मिली। उनका अनुपात करीब 13 फीसदी से बढ़कर करीब 35 फीसदी (देखें तालिका 4) होने के अलावा भारतीय पंजाब के कुछ जिलों में उनका घनत्व बढ़ गया। उनमें से ज्यादातर जिलों में उनकी संख्या कुल आबादी के आधे से ज्यादा हो गई। 1950 के दशक में प्रांतीय सीमा तय करने के लिए भाषाई सर्वेक्षण किया गया तो पंजाब को द्विभाषी राज्य घोषित किया गया क्योंकि सिख बहुल जिलों को पंजाबी भाषी क्षेत्री और हिंदू बहुल जिलों को हिंदी भाषी क्षेत्र करार दिया गया।

सिख नेतृत्व ने आबादी के लिहाज से बदले माहौल में सिख बहुल प्रांत की संभावना देखी। लंबे संघर्ष के बाद 1966 में पंजाब को मान्यता मिल गई (दक्षिणी जिलों को मिलाकर हरियाणा और पहाड़ी जिले हिमाचल प्रदेश के

हिस्सा बन गए)।

हालांकि अलग पंजाबी सूबे की मांग भाषाई मामले में सामने आ गई लेकिन सिख अकालियों के साथ ही हिंदू नेतृत्व ने उसे सांप्रदायिक आधार पर अंजाम दिया गया। दोनों 'पुनर्गठन' के विचार के विरोधी थे। 1966 के बाद पुनर्गठित पंजाब में सिखों की तादाद हिंदुओं से ज्यादा थी (देखें तालिका 4)। राज्य के कुछ इलाकों में ईसाईयों और मुसलमानों की भी उपस्थिति थी लेकिन उनकी कुल आबादी ज्यादा नहीं थी।

पंजाब में धार्मिक समुदायों का एक महत्त्वपूर्ण आयाम यह है कि ग्रामीण और शहरी इलाकों में उनकी संख्या समान रूप से बंटी नहीं है। राज्य स्तर पर अल्पसंख्यक होने के बावजूद शहरी इलाकों में हिंदुओं का प्रभुत्व है जबकि सिख ग्रामीण इलाकों में ज्यादा हैं। जैसा कि तालिका 3 में दर्शाया गया है, जालंधर में हिंदुओं का अनुपात 76.46 फीसदी और गुरदासपुर में 76 फीसदी तक है। दूसरी ओर, अमृतसर के ग्रामीण इलाकों में सिखों की आबादी 89 फीसदी और भटिंडा में करीब 87 फीसदी थी।

पंजाब में राजनीतिक गतिशीलता को निर्धारित करने वाला दूसरा प्रमुख ध्रुव जाति-वर्ग के हित हैं। हालांकि अकाली दल की सबसे स्पष्ट पहचान यह है कि यह सिख समुदाय के हितों और आकांक्षाओं का प्रतिनिधित्व करने वाली राजनीतिक पार्टी है और यह वोट हासिल करने के लिए खुलेआम धर्म का इस्तेमाल करता है, लेकिन उसका सामाजिक आधार अपेक्षाकृत छोटा रहा है। यह मुख्यतः अमीर किसानों या खाते-पीते किसानों के हितों का प्रतिनिधित्व करता है। अमीर किसानों के वर्ग हित जाति से भी जुड़ते हैं। अकाली नेतृत्व और उसका समर्थन आधार मुख्यतः जाट-सिखों तक ही सीमित है। 1966 में राज्य के पुनर्गठन के बाद यह पहले से ज्यादा स्पष्ट हो गया।

जैसा कि ऊपर बताया जा चुका है कि पंजाब ने कई सदियों से अपने कृषि सामाजिक ढांचे में मौलिक परिवर्तन देखे हैं। इन परिवर्तनों का खासकर ग्रामीण इलाकों में बुनियादी स्तर पर जाति और वर्ग के कामकाज पर सीधा प्रभाव पड़ा। कृषि विकास के मामले में पंजाब भारत का अग्रणी राज्य था। राज्य में कृषि क्षेत्र में इसी परिवर्तन के चलते आवश्यकता से अधिक उगाने वाले किसान पंजाब की राजनीति में महत्त्वपूर्ण लॉबी के रूप में उभरे। चुनावी राजनीति और प्रशासन की संस्थाओं में सांझेदारी के मामले में अकाली दल उनका प्रतिनिधित्व करता था। चुनावी राजनीति के बाहर पंजाब के किसान की एक प्रभावशाली यूनियन थी जो किसानों की राष्ट्रीय यूनियन के साथ काम करती थी (देखें गिल 1999)। किसानों की ताकत इतनी थी कि उसने इलाके में सारे सामाजिक और राजनीतिक आंदोलनों को हाशिये पर पहुंचा दिया। लेकिन सन् 80 के दशक में खालिस्तान

आंदोलन के उदय के बाद 1990 के शुरू के दौरान भारत की आर्थिक नीति में बदलाव का पंजाब की राजनीतिक अर्थव्यवस्था पर दूरगामी प्रभाव पड़ा। कृषि की चमक फीकी पड़ने लगी और जमीन से होने वाली आमदनी घटने लगी। करीब 15 साल तक चले उग्रवादी आंदोलन ने पंजाब की शहरी अर्थव्यवस्था को वस्तुत: ठप कर दिया। भारत के दूसरे राज्यों के मुकाबले अपेक्षाकृत अधिक शहरीकृत होने के बावजूद पंजाब की अर्थव्यवस्था और उसके आर्थिक लोकाचार मुख्यत: ग्रामीण कृषि से जुड़े हुए थे। वैश्वीकरण और उदारीकरण का भी कृषि अर्थव्यवस्था पर सीधा प्रभाव पड़ा। 1990 के दशक में उभरी आर्थिक व्यवस्था में कृषि प्राथमिक क्षेत्र नहीं था। कृषि को इस तरह दर किनार किए जाने से पंजाब समेत ग्रामीण भारत के विभिन्न हिस्सों में गंभीर संकट पैदा हो गया। राज्य में आत्महत्या करने वाले किसानों की संख्या उतनी नहीं है जितनी कुछ दूसरे राज्यों में है, लेकिन कृषक वर्ग और उनका प्रभाव निश्चित रूप से क्षीण हुए हैं। ऐसा इस वर्ग के आंतरिक बिखराव के कारण भी हुआ है। आज कृषि के जरिए अमीर हुए लोगों के आर्थिक हित गांव तक सीमित होने से कहीं व्यापक हैं।

ग्रामीण पंजाब के सामाजिक ढांचे में भी इस दौरान कई बुनियादी परिवर्तन हुए हैं। एक ओर, कृषि के व्यापारीकरण और मशीनीकरण और दूसरी ओर लोकतांत्रिक राजनीतिक प्रक्रिया की शुरुआत ने ग्रामीण पंजाब के जातिगत ढांचे को बदल दिया। विचारधारा के स्तर पर पंजाब में जाति शायद कभी बहुत मजबूत नहीं थी, लेकिन बुनियादी स्तर पर कृषि अर्थव्यवस्था काफी हद तक जाति के ही इर्दगिर्द संगठित थी (देखें जोधका 2004)। इसके अलावा, पंजाब में अनुसूचित जातियों का अनुपात देश में सबसे ज्यादा है। 2001 की जनगणना के मुताबिक, वे राज्य की कुल आबादी के करीब 29 फीसदी हैं। लोकतंत्र में संख्या का अपना महत्त्व होता है। इससे भी अहम, जैसा कि मैंने पहले ही दलील दी है (जोधका 2002), यह कि पंजाब के दलितों के एक बड़े वर्ग ने जान बूझकर खुद को पारंपरिक पेशे से अलग कर लिया और वे कृषि अर्थव्यवस्था के रोजमर्रा के कामकाज से भी खुद को दूर करने का प्रयास करते रहे हैं। कृषि अर्थव्यवस्था में स्थानीय रूप से प्रभावशाली जातियां उन पर हावी रहती थीं।

"पारंपरिक" ग्रामीण अर्थव्यवस्था और संरक्षण के ढांचे तथा वफादारी से अलग होने के कारण अपेक्षाकृत संवेदनशील स्थिति बन गई। एक ओर जहां वरीयता के विचार और ढांचे को समर्थन देने वाली संस्थाएं लगभग बिखर गईं, वहीं अगड़ी जातियों ने पूर्व "अछूत" समूहों के प्रति पूर्वाग्रह नहीं छोड़ा है। न ही वे बुनियादी हकीकतों को मानने के लिए तैयार हैं। उभरती परिस्थितियों में स्थानीय दलितों ने समान अधिकारों को जताना और गांव के संसाधनों में हिस्से की मांग शुरू कर दी है। इन संसाधनों पर अभी तक स्थानीय रूप से प्रभावशाली जाति, जाटों

का ही नियंत्रण था (देखें जोधका और लूइस 2003)।

इन परिवर्तनों और तनावों के बावजूद राज्य स्तर पर जाति राजनीति का खास हिस्सा नहीं बन पाई है। एक ओर जहां अकालियों ने कभी खुलकर अभियान नहीं चलाया या जातीय भावनाओं को नहीं जगाया, वहीं बहुजन समाज पार्टी (बसपा) सार्थक ढंग से अपनी मौजूदगी का एहसास कराने में विफल रही है। हालांकि उसने 1996 में अकालियों के साथ गठजोड़ करके राज्य की 13 संसदीय सीटों में से तीन सीटें जीत ली लेकिन वह अपने प्रदर्शन को दोहरा न सकी। इसके अलावा, इसका कोई स्पष्ट सबूत नहीं था कि उसका सामाजिक आधार बढ़ रहा है।

पंजाब में राजनीति का तीसरा वह क्षेत्र है। धार्मिक समुदायों या जाति-वर्ग हितों के उलट, यह इलाका अपेक्षाकृत एक धुंधली हकीकत है। ऐतिहासिक रूप से पंजाब देश का अपेक्षाकृत अधिक जागरूक क्षेत्र रहा है। लेकिन राज्य में क्षेत्रीय राजनीति धार्मिक समुदायों की राजनीति से टकराती रही है। एक ओर जहां पंजाब के सिखों का प्रतिनिधित्व करने वाली राजनीतिक पार्टियों ने क्षेत्रवाद की बात की, वहीं पंजाब में अगड़ी जाति के शहरी हिंदुओं का प्रतिनिधित्व करने वाले संगठन किसी भी प्रकार की क्षेत्रवादी पहचान या भावना को उभारने का विरोध करते रहे हैं। उन्होंने 1950 और 1960 के दशक में भाषाई आधार पर पंजाब के पुनर्गठन की अकालियों की मांग का खुलकर विरोध किया। औपनिवेशिक शासन से आजादी मिलने के बाद देश के दूसरे हिस्सों में इसी आधार पर राज्यों का पुनर्गठन हो रहा था।

दूसरी ओर, अकालियों ने अपनी राजनीति चमकाने के लिए क्षेत्रवादी विमर्श को बखूबी इस्तेमाल किया। पंजाब में खालिस्तान आंदोलन शुरू होने के समय अकालियों ने भारतीय कम्युनिस्ट पार्टी (मार्क्सवादी) के साथ मिलकर "निष्पक्ष" जल बंटवारे की मांग के लिए किसानों को एक जुट करना शुरू कर दिया था। जब इस आंदोलन पर अलगाववादी हावी हो गए तब अकालियों ने खुद को सिख उग्रवादियों की राजनीति से अलग कर लिया। हालांकि अकाली दल धार्मिक पार्टी है, लेकिन उसने खुद को हमेशा लोकतांत्रिक पार्टी के रूप में पेश करने का प्रयास किया है। इलाके का विमर्श बहुत ही सहज विकल्प रहा है। लेकिन, जैसा कि मैंने ऊपर दर्शाने की कोशिश है, खालिस्तान के बाद संदर्भ में क्षेत्रवादी राजनीति पंजाब में वस्ततु: पाप बन गई है।

इस संदर्भ में पंजाब, हरियाणा और राजस्थान के बीच जल बंटवारा संधि को 11 जुलाई 2004 को एकतरफा तौर पर रद्द कर देना महत्त्वपूर्ण हो जाता है। पंजाब में क्षेत्रवादी राजनीति का ध्रुव एक बार फिर सामने आ गया। पंजाब की बदलती हकीकतों और राजनीतिक विमर्श के अलावा, कांग्रेस पार्टी के नेतृत्व में फिर से क्षेत्रवाद की ओर लौटने का राज्य में कांग्रेस पार्टी की राजनीतिक पहचान पर दूरगामी प्रभाव पड़ सकता है। अब उसकी राजनीति संभवत: स्थानीय मुद्दों से ज्यादा

तय होगी, और उसमें पहले के मुकाबले स्थानीय प्रतिनिधित्व और क्षेत्रीय आकांक्षाएं ज्यादा दिखेंगी।

## तालिका 3 : विभिन्न धार्मिक समूहों की आबादी में ग्रामीण-शहरी अनुमान

| | ग्रामीण | | | | शहरी | | | |
|---|---|---|---|---|---|---|---|---|
| जिला | सिख | हिन्दू | ईसाई | मुस्लिम | सिख | हिन्दू | ईसाई | मुस्लिम |
| गुरदासपुर | 51.42 | 40.21 | 7.67 | 0.66 | 20.11 | 76.72 | 2.65 | 0.47 |
| अमृतसर | 91.37 | 6.54 | 1.99 | 0.09 | 43.64 | 54.91 | 0.94 | 0.13 |
| फिरोजपुर | 64.19 | 34.70 | 0.97 | 0.10 | 20.60 | 76.92 | 1.92 | 0.21 |
| लुधियाना | 88.31 | 10.88 | 0.08 | 0.66 | 36.45 | 61.74 | 0.42 | 0.31 |
| जालंधर | 53.42 | 45.39 | 0.64 | 0.36 | 23.29 | 75.11 | 0.73 | 0.23 |
| कपूरथला | 71.52 | 27.50 | 0.34 | 0.56 | 33.70 | 65.24 | 0.35 | 0.35 |
| रोपर | 41.89 | 56.75 | 0.76 | 0.57 | 22.96 | 75.35 | 0.35 | 0.20 |
| होशियारपुर | 62.00 | 36.61 | 0.09 | 1.23 | 36.87 | 60.80 | 0.50 | 0.47 |
| पटियाला | 64.69 | 33.34 | 0.16 | 1.74 | 35.14 | 63.64 | 0.14 | 0.62 |
| संगरुर | 80.15 | 15.87 | 0.04 | 3.85 | 34.03 | 50.00 | 0.06 | 14.79 |
| भटिंडा | 87.69 | 11.63 | 0.02 | 0.55 | 37.27 | 61.75 | 0.21 | 0.34 |
| फरिदकोट | 90.38 | 9.02 | 0.11 | 0.43 | 41.55 | 57.52 | 0.34 | 0.13 |
| पंजाब (टी) | 71.30 | 26.51 | 1.25 | 0.89 | 33.19 | 64.16 | 0.72 | 1.30 |

*स्रोत : अब्बी और सिंह द्वारा की गई गणना, 1997*

## तालिका 4 : पंजाब में विभिन्न धार्मिक समूहों की अनुमानित आबादी

| वर्ष | सिख जनसंख्या प्रतिशत | हिन्दू जनसंख्या प्रतिशत | मुस्लिम जनसंख्या प्रतिशत |
|---|---|---|---|
| 1931 | 13 | 35 | 51 |
| 1951 | 36 | 61 | 01 |
| 1971 | 60 | 38 | 01 |

*स्रोत : इन आंकड़ों को विभिन्न क्षेत्रों की भौगोलिक कमी/सिकुड़न के संदर्भ में ही दोहराना होगा जैसा कि शुरू में ही कहा गया है।*

## टिप्पणियां

1. पंजाब सरकार की वेबसाइट www.punjabgov.nic.in
2. योजना आयोग के अनुमान के अनुसार राज्य में मिले 11.77 फीसदी लोग ही गरीबी रेखा के नीचे थे।
3. इन शुरूआती लेखों को ए समिउद्दीन (1985) ने संग्रहित किया है।
4. भारत सरकार, पंजाब आंदोलन पर श्वेत पत्र, 11 जुलाई 1984।
5. पंजाब में ही 25 हजार से ज्यादा लोगों के मारे जाने की खबर थी। देखें पूरी 1999।
6. अप्रकाशित आंकड़ा सीएसडीएस।
7. राजीव लोंगोवाल समझौता, 24 जुलाई 1988।
8. ट्रिब्यून 24 जुलाई 1988।
9. कुमार, 1999, पृ. 303
10. ट्रिब्यून, चंडीगढ़, 12 अक्टूबर, 1999।
11. वर्मा 1999, पृ. 352
12. पीपीएस गिल, ट्रिब्यून चंडीगढ़, 10 अक्टूबर 1999।
13. पंजाब : फाइनल पापुलेशन के आधार पर की गई गणना।

## संदर्भ


बीएल एब्बी और केसर सिंह, *पोस्ट ग्रीन रेव्यूलेशन रूरल पंजाब, क्रीड चंडीगढ़*

एक्स एल ब्राइन (2001), द *नेशन्स टॉरचर्ड बॉडी, डरहम ड्यूक यूनी. प्रेस।*

जीएस भल्ला और बीके चड्ढा, 1983, *ग्रीन रेव्यूलेशन एंड स्मॉल पीजेंट,* कंसेप्ट पब्लिशिंग हाउस, नई दिल्ली।

के आर बंबवाल का आलेख, ए समिउद्दीन संपादित द *पंजाब क्राइहसिस* में, *मित्तल पब्लिकेशन्स दिल्ली।*

पॉल ब्रास, *लैंग्वेज रिलीजन एंड पॉलिटिक्स इन नॉर्थ इंडिया,* कैब्रिज यूनीवर्सिटी प्रेस, *लंदन*

सतपाल डंग 1988, *जेनेसिस ऑफ टेररिज्म, पेट्रियोट पब्लिशर्स, नई दिल्ली।*

सुचा सिंह गिल, 1999, *जर्नल ऑफ पीजेंट स्टडीज़ खंड 21, अंक 3-4।*

पंजाब सरकार 2004, *इकोनॉमिक सर्वे ऑफ पंजाब।*

दिपांकर गुप्ता, 1996, द *कंटेक्सट ऑफ इथनीसिटी, ऑक्सफोर्ड यूनिवर्सिटी प्रेस दिल्ली।*

वरिन्दर गोवर, संपादक. *1995,* द *स्टोरी ऑफ पंजाब, दीप पब्लिकेशन, दिल्ली*

जेएस हौले और जीएस मान, *स्टडींग द सिक्स स्टेट यूनिवर्सिटी ऑफ न्यूयॉर्क प्रेस।*

रॉबिन जाफ्रे, *व्हाट इज हैपिनिंग इन इंडिया, मैकमिलन, लंदन।*

सुरेन्दर एस जोदका, *2001 मार्जिनलाइजेशन ऑफ पंजाब, सेमिनार जनवरी 2001।*

ए कोहली 1990 *डेमोक्रेसी एंड डिस कंटेंट, कैंब्रिज यूनि. प्रेस कैंब्रिज।*

सीके महमूद, 1996, *फाइटिंग फॉर फेथ एंड नेशन, यूनिवर्सिटी ऑफ पेंसिलवानिया, प्रेस फिलाडेल्फिया।*

एएस नारंग, *स्ट्रॉन ओवर द सतलज, गीताजंलि पब्लिशिंग हाउस नई दिल्ली।*

बीआर नायक, 1966, *माईनर्टी पोलिटिक्स इन पंजाब, प्रिंसटन यूनीवर्सिटी प्रेस न्यूजर्सी।*

एच ओबराय, *सिख फंडामेंटलिस्ट, सुदिप्तो कविराज संपादित किताब पॉलिटिक्स इन इंडिया में, ऑक्सफोर्ड यूनिवर्सिटी प्रेस, दिल्ली।*

जे पेटी ग्रीव 1995, *द सिखक्स ऑफ पंजाब, जेड बुक्स, लंदन।*

सिन्दर पुरेवाल, 2000, *सिख इथनोनेशनलिज्म एंड पोलिटिकल इकॉनोमि इन पंजाब, ऑक्सफोर्ड यूनिवर्सिटी नई दिल्ली।*

ए समिउद्दीन 1985, *द पंजाब क्राइसिस, मित्तल पब्लिकेशन दिल्ली।*

वंदना शिवा 1991, *द वाइलेंस ऑफ ग्रीन रेव्यूलेशन, जेड बुक्स लंदन।*

वीपी सिंह, *वाइलेंस एट पोलिटिकल डिसकोर्स, इंडियन इंस्टीट्यूट ऑफ एडवांस स्टडीज, शिमला*

जी सिंह, 2000 *इथनीक कंफ्लिक्ट इन इंडिया मैक मिलन प्रेस, लंदन*

योगेन्द्र यादव, *इंडियाज थर्ड इलेक्ट्रल सिस्टम, 1989-99, ईपीडब्ल्यू, खंड 34, पृष्ठ 2393-99*

पीएस वर्मा, 1999, *अकाली-बीजेपी डिबेकल इन पंजाब, ईपीडब्ल्यू खंड 34, पृष्ठ 3531-9*

# छत्तीसगढ़

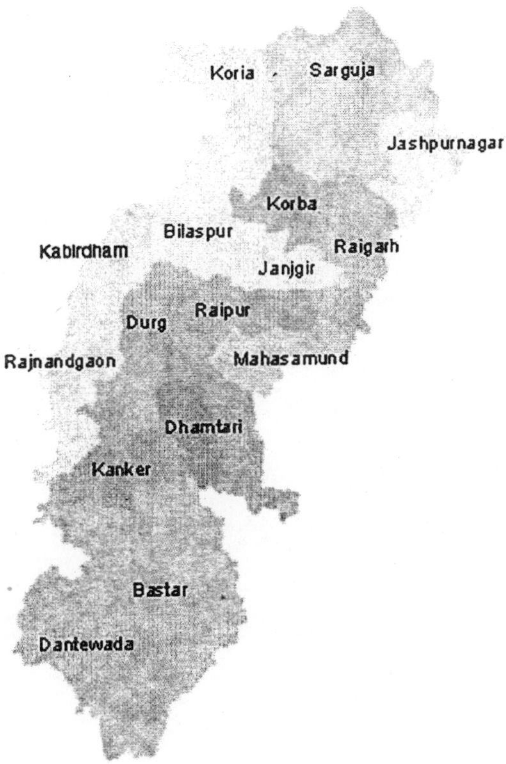
Koria
Sarguja
Jashpurnagar
Korba
Bilaspur
Kabirdham
Raigarh
Janjgir
Raipur
Durg
Rajnandgaon
Mahasamund
Dhamtari
Kanker
Bastar
Dantewada

# छत्तीसगढ़ : अब भाजपा का गढ़

– बाबा मायाराम

कभी कांग्रेस का गढ़ माने जानेवाले छत्तीसगढ़ में आज भाजपा का शासन है। 2008 विधानसभा चुनाव में उसने सबसे आसानी से अपनी सरकार के लिए दोबारा जनादेश हासिल किया और कांग्रेस को एकदम रक्षात्मक मुद्रा अपनाने के लिए मजबूर कर दिया। राज्य में भाजपा सरकार है और 2004 लोकसभा चुनाव में 11 में से 10 संसद सदस्यों को लोकसभा में पहुंचाकर उसने इस प्रदेश में अपना वर्चस्व कायम कर लिया था। और इसी के साथ भाजपा और संघ परिवार ने राजस्थान से लेकर झारखंड तक की पूरी आदिवासी पट्टी में अपना झंडा गाड़ने का सपना भी पूरा कर लिया जिसकी उसकी ख्वाहिश उसे लंबे समय से थी। अगर हम केवल अविभाजित मध्यप्रदेश से अलग हुए नए राज्य छत्तीसगढ़ की बात करें तो 2004 लोकसभा चुनाव में भाजपा उभरी है। हालांकि विधानसभा चुनाव 2003 में कांग्रेस को सत्ता से हटाकर भाजपा ने राज्य की बागडोर संभाली थी उस लिहाज से इन परिणामों की चुनावों में पुनरावृत्ति ही हुई।

बारीकी से देखें तो न केवल चुनाव परिणामों की पुनरावृत्ति हुई है बल्कि भाजपा और बेहतर हुई। भाजपा ने राज्य की लोकसभा सीटों में से 10 पर जीत हासिल की है। दूसरी तरफ कांग्रेस को सिर्फ एक सीट लेकर संतोष करना पड़ा है। पिछली बार वर्ष 1999 के लोकसभा चुनाव में कांग्रेस को 3 सीटें मिली थी। इस बार जो सीट कांग्रेस बचा पाई है वह महासमुंद की थी जिस पर पूर्व मुख्यमंत्री अजीत जोगी ने विजय हासिल की है। श्री जोगी विधानसभा चुनाव के बाद भाजपा विधायकों को तोड़ने के आरोप में कांग्रेस आलाकमान द्वारा निलंबित कर दिए गए थे। लेकिन लोकसभा चुनाव में वे अपने राजनैतिक प्रतिद्वंद्वी विद्याचरण शुक्ल के खिलाफ लड़े थे जबकि उस समय कांग्रेस में भी इसको लेकर विरोध के स्वर उभर रहे थे। लेकिन जैसा कि कांग्रेस की परंपरा है कि आलाकमान का हर फैसला कार्यकर्त्ताओं को शिरोधार्य करना पड़ता है और वह जोगी के मामले में भी हुआ।

बहरहाल, जोगी ने शुक्ल को हराकर प्रदेश की राजनीति में फिर से अपना कद बढ़ा लिया। कोटा विधानसभा उपचुनाव में अजीत जोगी ने अपनी पत्नी रेणु जोगी को जिताकर कांग्रेस में एक बार फिर से अपना सिक्का जमा लिया है। बाद में राजनांदगांव लोकसभा उपचुनाव में कांग्रेस का प्रत्याशी भी विजयी हुआ। जहां पिछले लोकसभा चुनाव में कांग्रेस ने अपने आदिवासी मतों में इजाफा कर लिया है वहीं बहुजन समाज पार्टी भी अपने दलित वोट बढ़ाने में कामयाब हो गई है। बस्तर में नक्सल प्रभावित क्षेत्रों में नक्सलियों ने पहले की तरह लोकसभा चुनाव का बहिष्कार कर अपनी उपस्थिति का एहसास दिलाया था।

अगर हम विधानसभा 2003 और लोकसभा 2004 चुनावों की तुलना करें तो स्पष्ट हो जाएगा कि भाजपा की स्थिति पहले से बेहतर हुई है। सीएसडीएस के सर्वेक्षण के मुताबिक पहले हम केवल एक पार्टी के वोट प्रतिशत के अंतर को देखें तो पाएंगे कि भाजपा ने अपने वोट 8 फीसदी बढ़ा लिए जबकि कांग्रेस के वोटों में सिर्फ 3.7 प्रतिशत का इजाफा हुआ। विधानसभा में कांग्रेस और भाजपा के वोट प्रतिशत में 2.5 फीसदी का अंतर था जो लोकसभा में 7.6 प्रतिशत तक पहुंच गया। यानी वोटों का अंतर तिगुना बढ़ गया। यहां गौरतलब है कि विधानसभा में एनसीपी तीसरी शक्ति के रूप में चुनावी मैदान में थी लेकिन लोकसभा चुनाव में एनसीपी के नेता विद्याचरण शुक्ल के भाजपा में जाने से तीसरी शक्ति खत्म हो गई और उसके वोट बंट गए। इसका सीधा असर वोटों में दिखाई देता है।

इस राज्य में बिलासपुर, रायपुर और बस्तर राजस्व संभाग हैं जिन्हें क्रमशः उत्तर, मध्य और दक्षिण में भी बांट सकते है। अब अगर हम लोकसभा परिणामों को क्षेत्रवार देखें तो पाएंगे कि उत्तरी और मध्य क्षेत्र में भाजपा ने अपने वोट बढ़ाने में कामयाबी हासिल की और इन्हीं इलाकों में उसके बढ़ने की गुंजाइश थी। दक्षिण में तो वह पहले ही अपना वर्चस्व स्थापित कर चुकी थी। लोकसभा 2004 में उत्तर में भाजपा को 49.3 और मध्य में 46.4 प्रतिशत वोट हासिल हुए जबकि विधानसभा में क्रमशः उत्तर में 38.6 और मध्य में 38.0 वोट मिले थे। यानी उत्तर में वह 10.7 फीसदी वोटों से आगे बढ़ी और मध्य में 8.4 फीसदी से। कांग्रेस उत्तर-दक्षिण में पिछड़ गई। वह सिर्फ मध्य में बढ़ पाई। मध्य में उसे लोकसभा में 42.2 प्रतिशत वोट हासिल हुए। इसकी वजह साफ है कि मध्य की एक महासमुंद सीट से पूर्व मुख्यमंत्री अजीत जोगी चुनावी मैदान में थे और वे ही कांग्रेस से एकमात्र विजयी उम्मीदवार बने।

इस आंकड़े को अगर वर्गों के हिसाब से देखें तो सीएसडीएस सर्वेक्षण के मुताबिक मध्यम, निम्न मध्यम और गरीबों का वोट कांग्रेस की बजाय भाजपा को ज्यादा मिला । भाजपा को मध्यम वर्ग से 54.2 प्रतिशत, निम्न मध्यम वर्ग से 49.0 प्रतिशत और गरीब तबके से 50.2 प्रतिशत वोट मिले जबकि कांग्रेस को क्रमशः मध्यम वर्ग से 33.3, निम्न मध्यम से 39.4 और गरीब वर्ग 38.9 प्रतिशत वोट मिले।

आम तौर पर भाजपा के जीतने का यह मतलब निकाला जा सकता है कि राज्य के सभी वर्गों में उसका वोट बढ़ा होगा लेकिन ऐसा नहीं हुआ। छत्तीसगढ़ आदिवासी प्रधानता वाला राज्य है, यहां की कुल आबादी में 35 फीसदी आदिवासी हैं। यानी लगभग हर तीसरा आदमी आदिवासी। इन बहुसंख्यक आदिवासियों का ज्यादा वोट भाजपा की बजाय कांग्रेस को गया है। सीएसडीएस सर्वेक्षण के मुताबिक आदिवासी वोट, जो विधानसभा में कांग्रेस को 35.3 प्रतिशत मिला था वह लोकसभा में बढ़कर 50 प्रतिशत हो गया। यह वोट कहां से आया ? सर्वेक्षण के आंकड़े बताते हैं कि जो आदिवासी वोट विधानसभा में बहुजन समाज पार्टी 4.6 फीसदी और राष्ट्रवादी कांग्रेस पार्टी 7.3 फीसदी बंट गए थे, वह लोकसभा में कांग्रेस की तरफ चले आए क्योंकि राष्ट्रवादी कांग्रेस पार्टी के मुखिया विद्याचरण शुक्ल ने भाजपा में प्रवेश कर लिया। लिहाजा, इस पार्टी का राज्य में अस्तित्व ही खत्म हो गया। बसपा अपने दलित वोट बढ़ाने में कामयाब रही। विधानसभा में उसे दलितों के 19.6 प्रतिशत वोट मिले थे जो लोकसभा में बढ़कर 30.0 हो गए। दूसरी तरफ भाजपा ने पिछड़ों और अगड़ों में अपना वोट बढ़ा लिया। विधानसभा में मध्य जातियों में भाजपा का वोट 42.4 प्रतिशत था और पिछड़ों में 44.3 प्रतिशत। लोकसभा में यह आंकड़ा बढ़कर क्रमशः 58.0 और 56.6 प्रतिशत हो गया।

छत्तीसगढ़ में लोकसभा के नतीजे कोई अप्रत्याशित नहीं हैं। आमतौर पर देखा गया है कि अगर 6-8 महीने के अंतराल में अगर दो चुनाव होते हैं तो पहले परिणाम की ही पुनरावृत्ति हो जाती है। अलबत्ता, अगर कोई ऐसी बड़ी घटना न घटी हो या इस बीच सरकार ने कोई अलोकप्रिय निर्णय न लिया हो, जिसका विपरीत असर पड़े। इस लिहाज से छत्तीसगढ़ के परिणाम वही आए, जिनका अनुमान था। यह राजस्थान और मध्यप्रदेश के चुनावों से भी स्पष्ट है। अगला सवाल है कि भाजपा के वोट कैसे बढ़े। इसका कारण तो सीधा दिखता है और सर्वेक्षण के आंकड़े भी इसकी पुष्टि करते हैं कि इस बार लोकसभा में कोई तीसरी पार्टी मैदान में नहीं थी। पिछली बार विधानसभा चुनाव में राष्ट्रवादी कांग्रेस पार्टी को 7 फीसदी वोट मिले थे। लोकसभा चुनाव में प्रदेश अध्यक्ष विद्याचरण के भाजपा में आने से उसे इसका फायदा मिला। विधानसभा में एनसीपी को 7 प्रतिशत वोट मिले थे और भाजपा को 39.0 प्रतिशत। लोकसभा चुनाव में विद्याचरण के भाजपा में आने से भाजपा का वोट 47.6 प्रतिशत हो गया। दूसरा कारण पूर्व मुख्यमंत्री अजीत जोगी के कांग्रेस से निलंबन के बाद कांग्रेस में थका-हारा बूढ़ा नेतृत्व था। मोतीलाल वोरा, श्यामाचरण शुक्ल जैसे नेता विधानसभा चुनाव में अपने बेटों को ही नहीं जिता पाए थे।

जब वर्ष 2000 में नया राज्य बना और कांग्रेस आलाकमान ने अजीत जोगी का राज्य की कमान संभालने के लिए भेजा तभी से विद्याचरण शुक्ल और जोगी के बीच मतभेद खुलकर सामने आने लगे थे। धीरे-धीरे इनके मतभेद गहराते गए और

विधानसभा चुनाव के समय इसकी परिणति विद्याचरण शुक्ल के कांग्रेस छोड़कर एनसीपी का दामन थामने के साथ हुई। विधानसभा चुनाव में विद्याचरण का कोई जादू नहीं चल पाया और उनकी पार्टी को एक ही सीट मिल पाई।

विधानसभा चुनाव में कांग्रेस के हारने के बाद जोगी को सत्ता से हटना पड़ा था और भाजपा की सरकार बनने वाली थी। इसी दरम्यान जोगी पर भाजपा को तोड़ने का आरोप लगा और उन्हें पार्टी से निलंबित कर दिया गया। लोकसभा चुनाव में जोगी महासमुंद से पार्टी का टिकट पाने में कामयाब रहे। महासमुंद से श्यामाचरण शुक्ल कांग्रेस का प्रतिनिधित्व कर रहे थे। उन्होंने अपने अनुज व लोकसभा चुनाव के पहले एनसीपी को छोड़कर भाजपा में शामिल हुए विद्याचरण शुक्ल के लिए यह सीट छोड़ दी और रायपुर से कांग्रेस के उम्मीदवार बन गए। विद्याचरण के लिए यह सीट महंगी पड़ी। एक तो भाजपा का एक धड़ा उनके भाजपा में प्रवेश को पचा नहीं पा रहा था, दूसरा एनसीपी में जाने से उनके समर्थक भी खासे नाराज थे। उनके जीत नहीं पाने के पीछे यह भी एक वजह है। उधर जोगी के अप्रत्याशित रूप से कांग्रेस उम्मीदवार बनने से उनके समर्थकों में उत्साह का संचार हो गया और इसी बीच उनके दुर्घटनाग्रस्त हो जाने से पैदा हुई सहानुभूति लहर के कारण वे बड़े फासले से विजयी हो गए। इधर श्यामाचरण भी रायपुर में भाजपा के रमेश बैस से मात खा गए। रमेश बैस ने पांचवीं बार रायपुर से अपनी जीत दर्ज की।

भाजपा तो जीत गई, राज्य में उसकी ही सरकार है। पर क्या राज्य में उसके कामों से लोग संतुष्ट हैं? विधानसभा चुनाव में भाजपा ने कई लोक-लुभावनी योजनाओं की घोषणा की। 25 पैसे में नमक देने और दाल-भात केन्द्रों में 5 रुपए में भरपेट भोजन और बेरोजगारों को भत्ता देने की घोषणा उसने की। इसके अलावा, भाजपा ने हर आदिवासी परिवार को एक-एक गाय देने का वादा किया। उसने 50,000 से कम आय वाले गरीब परिवार को मुफ्त गैस कनेक्शन, वनभूमि पर बसे आदिवासियों को पट्टा देने जैसी घोषणाएं भी कीं जबकि कांग्रेस ने जोगी सरकार के कार्यकाल में हुए कामों के बलबूते पर वोट मांगा।

अगर हम राज्य की हालात के बारे में सर्वेक्षण के आंकड़ों पर नजर डालें तो पाएंगे कि हालत संतोषजनक नहीं है। रोजगार की स्थिति पर 38.2 प्रतिशत लोगों का कहना है कि हालत और ज्यादा खराब हुई है जबकि 36.7 प्रतिशत कहते हैं कि कोई फर्क नहीं पड़ा, स्थिति पहले जैसी ही है। 15.4 प्रतिशत लोगों ने कहा कि स्थिति बेहतर हुई है। आदिवासियों की हालत पर 40.2 प्रतिशत लोगों का कहना है कि उनकी स्थिति में कोई बदलाव नहीं आया। 20.3 प्रतिशत लोगों का मानना है कि उनकी स्थिति ज्यादा खराब हुई है जबकि 26.8 फीसदी लोग उनकी हालत को सुधरा हुआ मानते हैं। नए राज्य से जनता की अपेक्षाएं किस हद तक पूरी हुई हैं, इस सवाल के जवाब में 56.5 प्रतिशत का कहना है कि कुछ हद तक पूरी हुई है जबकि

21.7 लोग मानते हैं कि कुछ भी नहीं हुआ है। हालांकि सड़कों की हालत में सुधार हुआ है। सर्वेक्षण भी इसकी पुष्टि करता है। 51.7 प्रतिशत लोग सड़कों की हालत में सुधार की बात कहते हैं। लेकिन दूसरी तरफ सरकारी बसों को बंद कर दिया गया है। अब निजी वाहनों से जन साधारण को सफर करना पड़ता है जिसमें कई तरह की दिक्कतें आती हैं।

प्रदेश में पीने के पानी का संकट बना हुआ है। 55.3 प्रतिशत लोग कहते हैं कि पेयजल की स्थिति पहले जैसी है जबकि 28.3 फीसदी मानते हैं कि इस व्यवस्था में सुधार हुआ है। स्वास्थ्य सुविधाओं में कोई सुधार नहीं हुआ है। 51.4 प्रतिशत लोग कहते हैं कि स्वास्थ्य सुविधाओं की हालत पहले जैसी है। 27.0 इस व्यवस्था को सुधरा हुआ मानते है। बिलासपुर जिले में स्वास्थ्य के क्षेत्र में कार्यरत गैर सरकारी संस्था जन स्वास्थ्य सहयोग के चिकित्सकों का मानना है कि उनके स्वास्थ्य केन्द्र में टी.बी., मलेरिया, एचआईवी, कैंसर, कुष्ट जैसी गंभीर बीमारियों के मरीज लगातार आते हैं। इसके अलावा, सरप्लस बिजली का दावा करनेवाले इस राज्य में 45.5 प्रतिशत लोगों का कहना है कि बिजली की हालत पहले जैसी है। 29.8 फीसदी मानते हैं कि व्यवस्था में सुधार हुआ है। छत्तीसगढ़ के विशेषकर ग्रामीण क्षेत्रों में बिजली संकट की खबरें आती रही हैं। कुल मिलाकर, भाजपा सरकार के कामकाज से राज्य की जनता पूरी तरह संतुष्ट नहीं है।

इन बातों के बावजूद जब भाजपा ने बड़ी आसानी से 2008 का विधानसभा चुनाव जीत लिया तो हर किसी को हैरानी हुई। इससे न सिर्फ भाजपा के नेताओं–कार्यकर्त्ताओं का हौसला बहुत बढ़ गया बल्कि कांग्रेसी खेमे में उतनी ही निराशा और टूट–फूट हुई। और दिलचस्प तथ्य यह भी है कि रमन सिंह सरकार को विकास करने तथा 'लाल आतंक' से लड़ने में सक्षम मानकर दोबारा जनादेश मिला। इसी के चलते उनके शासन से नाराज मतदाता उनसे ज्यादा नहीं छिटक पाए और कांग्रेस ने राष्ट्रवादी कांग्रेस से गठजोड़ किया, फिर भी वह कहीं भी मुकाबले में नहीं टिकी।

भाजपा को नक्सल प्रभावित बस्तर, कांकेर और दांतेवाड़ा जैसे दक्षिणी हिस्से की 13 में से 11 विधानसभा सीटों पर जीत मिलना यह बताता है कि सलवा जुडुम हवा में नहीं चल रहा है। यह भले ही कांग्रेसी नेता महेन्द्र कर्मा ने शुरू किया हो पर भाजपा सरकार खुल कर इसका समर्थन करती है। उसने नक्सलियों के प्रभाव वाली 30 में 21 सीटें जीतीं। जिन इलाकों में नक्सली प्रभाव नहीं है वहां की ग्रामीण सीटों पर कांग्रेस का प्रदर्शन बेहतर था। उसने ऐसी 48 सीटों में से 26 सीटें जीतीं। शहरी 12 सीटों में से 9 भाजपा की झोली में गईं। कांग्रेस ने अपने मजबूत क्षेत्र (सामान्य ग्रामीण) पर ज्यादा ध्यान दिया हो ऐसा नहीं लगता जबकि शहरी और नक्सल प्रभावित क्षेत्रों पर भाजपा ने काफी जोर लगाया और जीती।

पर रमन सिंह सरकार अपने खिलाफ कम नाराजगी, कुशल राजकोषीय

प्रबंधन और अच्छे शासन की वजह से ही दोबारा आई, यह बात सीएसडीएस चुनाव बाद सर्वेक्षण 2008 के निष्कर्षों के साथ-साथ सरकारी आंकड़ों से भी स्थापित होती है। जैसाकि पी. छिब्बर और आई. नुरूद्दीन (2008) जैसे अध्ययनों ने स्थापित किया है कि सरकारें अपने खजाने में पर्याप्त धन और खर्च करने की गुंजाइश (फिस्कल स्पेस) न होने से अलोकप्रिय होती हैं।[1] अर्थव्यवस्था और विकास के सामान्य कामकाज को प्रभावित किए बिना अगर सरकार मनमर्जी से कुछ धन खर्च करने की स्थिति में हो तो वह लोगों की नाराजगी (एंटी-इंकंबेंसी) कम करने में काफी हद तक सफल रहती हैं। छत्तीसगढ़ सरकार की स्थिति ठीक ऐसी ही थी। उसने विकास की काफी सारी योजनाओं को शुरू किया-जारी रखा लेकिन सामाजिक कार्यक्रमों (या लोकलुभावनी योजनाओं) पर भी खर्च में कमी नहीं की। राज्य में 2003 से 2008 के बीच योजना खर्च में तो 61 फीसदी की बढ़ोत्तरी हुई लेकिन गैर-योजना खर्चों में भी कमी नहीं की गई। उनमें राज्य सरकार ने 28 फीसदी ज्यादा खर्च किया।[2]

पर रमन सरकार के नए जनादेश के लिए अकेले यही चीज जिम्मेदार नहीं है। नक्सलियों के खिलाफ चल रहे सलवा जुडुम को मानवाधिकार कार्यकर्त्ता जितना गलत बताएं पर यह मसला अभी आम लोगों के लिए ज्यादा बड़ा नहीं बना है। नक्सल प्रभावित इलाकों के 55 से 69 फीसदी तक लोगों ने इस बारे में कोई राय (सीएसडीएस सर्वेक्षण-2008 में) नहीं दी। जिन लोगों ने राय दी उसमें 29 फीसदी ने भाजपा सरकार के काम को सही बताया। इस चीज ने भाजपा के पक्ष को मजबूत किया होगा लेकिन उससे सबसे ज्यादा लाभ सरकारसे लोगों की संतुष्टि (73 फीसदी) के स्तर से मिला। बिजली, पानी, सड़क, शिक्षा व्यवस्था सुधारने के सवाल पर लोगों ने उसे काफी सही आंका।

दिलचस्प तथ्य यह भी है कि केन्द्र की यूपीए सरकार द्वारा शुरू किए गए कार्यक्रमों का लाभ भी रमन सरकार को मिला। किसानों की कर्ज माफी और राष्ट्रीय ग्रामीण रोजगार योजना शुरू करने का श्रेय ज्यादातर लोगों ने (क्रमशः 20 फीसदी की तुलना में 30 फीसदी तथा 23 फीसदी की तुलना में 36 फीसदी) केन्द्र की जगह राज्य सरकार को दिया। जहां तक भाजपा के पक्ष में सामाजिक समीकरण का सवाल है तो उसे ऊंची जातियों, यादवों, गोंडों में कांग्रेस से काफी ज्यादा समर्थन मिला। दलित वोटों के मामले में दोनों लगभग बराबर थे तो कुर्मियों ओर गैर-गोंड आदिवासियों में कांग्रेस को काफी बढ़त थी। उल्लेखनीय है बसपा ने अन्य समूहों में भले ही ज्यादा लोकप्रियता न पाई हो पर दलित वोटों में 17 फीसदी की हिस्सेदारी हासिल कर ली है।

## तालिका 1 : विधानसभा चुनाव 2008, संक्षिप्त ब्यौरा

| | | | कांग्रेस+राकांपा | | भाजपा | |
|---|---|---|---|---|---|---|
| | कुल सीटें | कुल मतदात प्रतिशत | सीटें | वोट प्रतिशत | सीटें | वोट प्रतिशत |
| पूरा राज्य | 90 | 70.6 | 38 | 39.1 | 50 | 40.3 |
| उत्तरी छत्तीसगढ़ | 34 | 72.0 | 15 | 38.2 | 18 | 38.2 |
| मध्य छत्तीसगढ़ | 43 | 71.4 | 21 | 41.3 | 21 | 41.8 |
| दक्षिण छत्तीसगढ़ | 13 | 63.4 | 2 | 33.0 | 11 | 41.4 |
| शहरी सीटें | 12 | 63.3 | 3 | 40.1 | 9 | 49.5 |
| नक्सल प्रभावित ग्रामीण सीटें | 30 | 70.5 | 9 | 35.5 | 21 | 42.0 |
| अन्य ग्रामीण सीटें | 24 | 26 | 41.0 | 20 | 37.4 | 2 |
| सामान्य सीटें | 15 | 70.8 | 24 | 40.8 | 26 | 41.4 |
| आदिवासी सीटें | 29 | 70.5 | 10 | 36.7 | 19 | 39.2 |
| दलित आरक्षित सीटें | 10 | 69.6 | 4 | 36.8 | 5 | 38.1 |
| आदिवासी बहुल सीटें | 47 | 72.1 | 20 | 38.1 | 27 | 39.0 |
| अन्य | 43 | 69.1 | 18 | 40.2 | 23 | 41.7 |

## तालिका 2 : विधानसभा चुनाव 2008, संक्षिप्त ब्यौरा

| | | | बसपा | | अन्य | |
|---|---|---|---|---|---|---|
| | कुल सीटें | कुल मतदात प्रतिशत | सीटें | वोट प्रतिशत | सीटें | वोट प्रतिशत |
| पूरा राज्य | 90 | 70.6 | 2 | 6.1 | 0 | 14.4 |
| उत्तरी छत्तीसगढ़ | 34 | 72.0 | 1 | 6.3 | 0 | 19.4 |
| मध्य छत्तीसगढ़ | 43 | 71.4 | 1 | 6.5 | 0 | 10.5 |
| दक्षिण छत्तीसगढ़ | 13 | 63.4 | 0 | 3.9 | 0 | 21.6 |
| शहरी सीटें | 12 | 63.3 | 0 | 2.4 | 0 | 7.9 |
| नक्सल प्रभावित ग्रामीण सीटें | 30 | 70.5 | 0 | 3.3 | 0 | 19.2 |
| अन्य ग्रामीण सीटें | 24 | 26 | 2 | 8.5 | 0 | 13.1 |
| सामान्य सीटें | 15 | 70.8 | 1 | 5.8 | 0 | 11.9 |

| आदिवासी सीटें | 29 | 70.5 | 0 | 3.3 | 0 | 20.7 |
|---|---|---|---|---|---|---|
| दलित आरक्षित सीटें | 10 | 69.6 | 1 | 14.4 | 0 | 10.8 |
| आदिवासी बहुल सीटें | 47 | 72.1 | 0 | 3.3 | 0 | 19.6 |
| अन्य | 43 | 69.1 | 2 | 9.0 | 0 | 9.1 |

*स्रोत : सीएसडीएस डाटा यूनिट।*

## तालिका 3 : बुनियादी सेवाओं के मामले में प्रदर्शन

| | सुधार | कोई अंतर नहीं | खराब | कोई जवाब नहीं |
|---|---|---|---|---|
| सड़क | 66 | 23 | 6 | 5 |
| बिजली | 45 | 35 | 10 | 10 |
| शिक्षा | 43 | 34 | 6 | 17 |
| अस्पताल | 30 | 44 | 12 | 14 |
| किसानों की हालत | 30 | 35 | 16 | 19 |
| सिंचाई | 22 | 40 | 19 | 19 |
| कानून व्यवस्था | 22 | 41 | 12 | 25 |

## तालिका 4 : विधानसभा चुनाव 2008 : कौन दल बेहतर

| | भाजपा | कांग्रेस | कोई जवाब नहीं | कुल लाभ भाजपा |
|---|---|---|---|---|
| राज्य का विकास | 51 | 28 | 21 | +23 |
| गरीबों का कल्याण | 40 | 26 | 26 | +23 |
| महिला कल्याण | 41 | 23 | 36 | +18 |
| भ्रष्टाचार पर रोक | 31 | 18 | 51 | +13 |
| नक्सल समस्या से निपटना | 29 | 16 | 55 | +13 |

**तालिका 5 : जाति/समुदाय का रुझान, विधानसभा चुनाव 2008**

| | कांग्रेस+ राकांपा | भाजपा | बीएसपी | अन्य | एन |
|---|---|---|---|---|---|
| उच्च जाति | 30 | 40 | 3 | 27 | 113 |
| यादव | 25 | 59 | 7 | 9 | 109 |
| कुर्मी | 46 | 43 | 0 | 11 | 66 |
| अन्य ओबीसी | 33 | 37 | 6 | 24 | 242 |
| दलित | 34 | 36 | 17 | 13 | 146 |
| गोंड | 30 | 64 | – | 6 | 67 |
| अन्य आदिवासी | 54 | 32 | 4 | 10 | 311 |
| अन्य | 36 | 42 | 9 | 13 | 53 |

इस बार भाजपा ने विकास यात्रा निकाली, गरीबों को 3 रु. किलो चावल का वादा दोहराया। वहीं कांग्रेस अपनी गुटबाजी से ही नहीं उभर पाई। हालांकि उसने भी 2 रु. किलो चावल देने का वादा किया पर इसका असर नहीं पड़ा। कांग्रेस का नेतृत्व स्वयं हार गया। कांग्रेस के प्रदेश अध्यक्ष धनेन्द्र साहू और कार्यकारी अध्यक्ष सत्यनारायण शर्मा को हार का मुंह देखना पड़ा। विधानसभा प्रतिपक्ष उपनेता भूपेश बघेल भी हार गए। जनसाधारण के मुद्दे चुनाव से गायब ही रहे। औद्योगीकरण, सडवा जुडूम कोई मुद्दा चुनाव में नहीं उभरा। छत्तीसगढ़ की राजनीति का अध्ययन करनेवाली इंग्लैंड की शोध छात्रा लुईस टिलियन का कहना है कि छत्तीसगढ़ की राजनीति में मैदानी राजनीति का ही वर्चस्व है।

आज नए छत्तीसगढ़ में औद्योगीकरण को आवश्यक बताया जा रहा है। यह वही इलाका है जहां सबसे बडे उद्योग भिलाई इस्पात संयंत्र की स्थापना की गई थी। पचास के दशक में प्रदेश के दुर्ग जिले के भिलाई शहर में आधुनिक भारत के मंदिर कहे जाने वाले भिलाई इस्पात संयंत्र की स्थापना की गई थी। सोवियत रूस की सहायता से स्थापित भिलाई इस्पात संयंत्र ने इस इलाके में उपलब्ध प्रचुर मात्रा में प्राकृतिक संसाधनों का दोहन किया। क्षेत्र की खदानों के खनन के साथ-साथ इस इलाके की तांदुला, खरखरा और गंगरेल आदि नदियों का पानी भी इस संयंत्र ने दोहन किया। लेकिन बदले में यहां के लोगों की आर्थिक समस्याओं का निदान नहीं हो पाया, जैसा कि इससे लोगों की उम्मीदें थी। बेहतर आय वाले रोजगार स्थानीय लोगों की अपेक्षा ज्यादातर बाहरी लोगों को ही मिले। छत्तीसगढ़ में देश के विभिन्न प्रांतों में नए राज्य बनने के बाद भी हर साल रोजगार की तलाश में बड़ी संख्या में पलायन करते थे।

अलबत्ता, भिलाई इस्पात संयंत्र के बाद से इसके आसपास छोटे-बड़े कई उद्योगों का जाल बन गया। इन उद्योगों में अनियमितताओं के कई मामले ज्यादा प्रकाश में तब आए जब यहां के मशहूर मजदूर नेता शंकर गुहा नियोगी के नेतृत्व में इन उद्योगों के मजदूरों ने अपने अधिकारों और मांगों के लिए संघर्ष किया। उन्होंने अपने संगठन के लिए संघर्ष और निर्माण का रास्ता अख्तियार किया। नियोगी के बढ़ते प्रभाव से बाद में उनकी भिलाई में हत्या कर दी गई। नियोगी और उनके संगठन का क्षेत्र में व्यापक जनाधार था। उस समय इलाके में नियोगी के जनता पर असर को इस तरह भी देखा जा सकता है कि उन्होंने डौंडीलोहारा विधानसभा सीट से कांग्रेस के एक प्रभावशाली नेता झुमुकलाल भेड़िया की पत्नी साज भेड़िया के खिलाफ अपने सहयोगी और छत्तीसगढ़ मुक्ति मोर्चा के अध्यक्ष जनकलाल ठाकुर को खड़ा किया और जिताया। जनकलाल ठाकुर एक बार और जीते लेकिन नियोगी की हत्या के बाद छत्तीसगढ़ मुक्ति मोर्चा का संघर्ष लगातार कमजोर पड़ता गया। कुछ टूटन भी हुई, परिणामस्वरूप वहां पर भाजपा का कब्जा हो गया। हालांकि छत्तीसगढ़ मुक्ति मोर्चा अब भी संघर्षरत है। छमुमो के द्वारा दल्ली राजहरा में स्थापित शहीद अस्पताल में आज भी किसान-मजदूरों का इलाज किया जा रहा है।

प्रदेश में खासतौर से बस्तर में भाजपा की जीत वनवासी कल्याण आश्रम और संघ परिवार से जुड़े संगठनों की सक्रियता से संभव हुई है। लंबे समय से संघ परिवार और उससे जुड़े संगठन आदिवासियों को हिन्दू परंपराओं, संस्कृति और रीति-रिवाजों की ओर आकर्षित करने के लिए प्रयासरत हैं। छत्तीसगढ़ में भाजपा के प्रमुख नेता दिलीपसिंह जूदेव इसाई बननेवाले आदिवासियों को वापस हिन्दू बनाने के लिए घर वापसी अभियान चलाते रहे हैं।

यद्यपि छत्तीसगढ़ को नक्सली समस्या अविभाजित मध्यप्रदेश से विरासत में मिली है। नए राज्य में नक्सली अपना असर बढ़ाने में लगे हैं। वे चुनावी बहिष्कार करते हैं, इसका असर उनके प्रभाव वाले इलाकों में तो होता ही है। हालांकि बस्तर क्षेत्र कांग्रेस का गढ़ रहा है। अविभाजित मध्यप्रदेश में कांकेर से कांग्रेस के टिकट पर पूर्व सांसद अरविंद नेताम चुनाव जीतते रहे हैं। लेकिन अब तस्वीर बदल गई है और बस्तर की दोनों सीटों पर भाजपा का कब्जा हो गया। आज बस्तर में हिंसा-प्रतिहिंसा का दौर जारी है। यहां नक्सलियों के खिलाफ सलवा जुडूम नामक आंदोलन चलाया जा रहा है। कई गांवों के लोग अपने घर-गांव छोड़कर राहत कैम्पों में शरण लिए हुए हैं।

दस वर्षों से कम के अपने अस्तित्व में छत्तीसगढ़ ने चुनावी राजनीति के काफी रंग देख लिए हैं। पर इन सबने आम लोगों, खास कर आदिवासियों, के जीवन पर बहुत असर डाला हो ऐसा लगता नहीं है। राज्य का निर्माण उनके विकास और राज्य के संसाधनों के बेहतर उपयोग के लिए हुआ था। नदी से

लेकर खनिज और प्राकृतिक संपदा (धान की किस्मों के पेटेंट जैसी चीजें) बेचने जैसे फैसले बाकी दिन तो चर्चा में रहते हैं, चुनाव में मुद्दा क्यों नहीं बनते यह भी विचारने योग्य मसला है।

## संदर्भ


1. छिब्बर, पी और नूरुद्दीन (2008) अनस्टेबल, पोलिटिक्स-फिस्कल स्पेस ऐंड इलेक्टोरल वोल्टालिटी इन द इंडियन स्टेट्स, कंपेरेटिव पोलिटिक्ल स्टडीज, खंड 41,1061-91
2. धनंजय जोशी और प्रवीण राम, छत्तीसगढ़ 2008. डिफिटिंग ऐंटों इंकेबेंसी, इमीडब्ल्यू, 7 फरवरी 2009.

# ओडिसा

Sundargarh
Jharsuguda
Mayurbhanj
Kendu-
jhar
Sambal-
pur
Deba-
garh
Baleshwar
Bargarh
Bhadrak
Sonapur
Anugul
Dhen-
kanal
Jajpur
Baudh
Kendrapara
Nuapada
Balangir
Cuttack
Kandha-
mal
Nayagarh
Khordha
Jagatsinghapur
Puri
Kalahandi
Ganjam
Nabarangapur
Rayagada
Gajapati
Koraput
Malkangiri

# ओडिसा : मंडल व मंदिर की राजनीति से बेखबर

– नलिनी रंजन मोहंती

भारतीय राजनीति में 1990 के बाद व्यापक बदलाव आया है। स्वतंत्रता प्राप्ति के बीस साल बाद तक भारतीय राजनीतिक परिदृश्य में कांग्रेस का वर्चस्व रहा। समाज विज्ञानी रजनी कोठारी का मानना है कि इस पूरे काल में एक पार्टी का दबदबा पूरे देश में रहा। 1967 ऐसा साल आया, जब भारतीय राजनीति में आमूल-चूल परिवर्तन हुआ और कांग्रेस की एकछत्रता हटी। इस साल कई राज्यों में गैरकांग्रेसी सरकार बनी। इसकी पराकाष्ठा 1977 में हुई, जब कांग्रेस केंद्र में भी सत्ता से बाहर हो गई। लेकिन 1980 में गैरकांग्रेसवाद के तुरूप की चाल चल न सकी और कांग्रेस के साथ कई ऐसे मामले जुड़े, जिससे देश के विभिन्न भागों में यह फिर से प्रभावी हो गई। 1980 की राजनीतिक तस्वीर 1947-67 की तरह हो गई। हालांकि 90 के दशक में कांग्रेस ने फिर अपना वर्चस्व खो दिया। मंडल, मंदिर के साथ-साथ क्षेत्रीयता का वर्चस्व इस कदर राजनीति में छाया कि आने वाले समय में कांग्रेस अपनी पूर्व की स्थिति में आने की संभावना छिन्न-भिन्न हो गई। यह आकलन भारत के अधिकतर भागों में राजनीतिक यथार्थता को बयां कर रही थी, लेकिन उड़ीसा में इन मामलों का कहीं दूर-दूर तक प्रभाव नहीं पड़ा। ऐतिहासिक तौर पर इस छोटे से प्रदेश में कांग्रेस का भाग्य राष्ट्रीय मामलों की तरह ही काफी वैमनस्यता से भरा रहा। उत्तरी भारत में अपनी पक़ड़ मजबूत होने के बाद भी 1977-1990 तक का समय अपवाद रहा, जब कांग्रेस को राज्य में हार के साथ-साथ जीत भी मिली।

राष्ट्रीय स्तर पर हवा चलने के बावजूद स्वतंत्रता प्राप्ति के बाद 1952 एवं 1957 में हुए लगातार चुनाव में कांग्रेस बहुमत प्राप्त नहीं कर सकी। बहुमत पाने के लिए कई बार विभिन्न प्रकार के तिकड़म भी अपनाए गए। 1957 के चुनाव के बाद कांग्रेस झारखंड पार्टी, एवं निर्दलीय के सहयोग से सत्ता में आई। लेकिन समर्थन करने वाली पार्टी ने जैसे ही सत्ता का स्वाद चखा, हरेकृष्ण मेहताब के नेतृत्व वाली

सरकार को इस कदर परेशान किया कि आखिरकार सत्ताधारी पार्टी ने मुख्य विपक्षी पार्टी गणतंत्र परिषद के साथ ही गठबंधन कर लिया। यह भारतीय राजनीतिक इतिहास के साथ-साथ उड़ीसा के लिए एक असाधारण घटना थी, जब सरकार बनाने के लिए सत्ताधारी दल और विपक्षी दोनों एक साथ हो गए। 1961 का मध्यावधि चुनाव ही ऐसा चुनाव था, जब बीजू पटनायक के नेतृत्व में कांग्रेस को पूर्ण बहुमत मिला।

1967 के अगले चुनाव में कांग्रेस का पतन हुआ क्योंकि डॉ. मेहताब के नेतृत्व वाली कांग्रेस (जन कांग्रेस)ने अपने नए रूप स्वतंत्र पार्टी के तहत गणतंत्र परिषद के साथ गठबंधन किया। लेकिन जब 1971 में मध्यावधि चुनाव हुआ तो बीजू पटनायक ने कांग्रेस से अलग होकर उत्कल कांग्रेस की स्थापना की और डॉ. मेहताब जन कांग्रेस से अलग होकर कांग्रेस में शामिल हो गए। यही वह समय था, जब स्वतंत्र पार्टी के साथ उत्कल कांग्रेस ने गठबंधन कर आर एन सिंह देव के नेतृत्व में सरकार बनाई। लेकिन इस सरकार के कार्यकाल पूरा होने से पूर्व बीजू पटनायक ने कांग्रेस में वापस लौटने का निश्चय किया और कांग्रेस सरकार बनाने का रास्ता तैयार कर लिया। लेकिन जब उन्हें लगा कि नंदिनी सतपथी द्वारा साजिश कर नेतृत्व की बागडोर उनसे छीनी जा सकती है तो उन्होंने उत्कल कांग्रेस को पुनर्जीवित किया और कांग्रेस सरकार गिर गई। इसके बाद 1974 में हुए चुनाव में कांग्रेस एक मात्र बड़ी पार्टी के तौर पर उभरी, लेकिन बहुमत के लिए तीन सीटें कम थीं, इसने कम्युनिस्ट पार्टी के सहयोग से सरकार बनाई।

1980 के चुनाव में कांग्रेस का पुनरूत्थान हुआ, जब जनता पार्टी का प्रयोग छिन्न-भिन्न हो गया। इंदिरा गांधी की हत्या के कुछ महीने के बाद 1985 के चुनाव में कांग्रेस की स्थिति मजबूत हुई। 1990 के चुनाव के बाद तीन पटनायक राजनीतिक नेतृत्व की स्थिति में थे। 1990 में जनता दल के वरिष्ठ नेता बीजू पटनायक तीन दशक के बाद फिर मुख्यमंत्री बने। 1995 में फिर सत्ता जेबी पटनायक यानी कांग्रेस के हाथों में आ गई जो 80 के दशक में दोबारा मुख्यमंत्री बने थे। 2000 से बीजू पटनायक के बेटे और बीजू जनता दल के नेता नवीन पटनायक हैं, के पास सत्ता है। उनका गठबंधन भाजपा से था जो मार्च, 2009 तक चला। क्योंकि दोनों पार्टियों ने अलग होने का निश्चय किया।

यदि कोई पिछले साठ सालों के दौरान उड़ीसा की राजनीति पर नजर डालें तो बतौर सिद्धांत की खामियों को ढूंढना कठिन होगा। 70 के दशक के उत्तरार्ध से राजनीति में सक्रिय रहने वाले डॉ मेहताब सभी सिद्धांतों को मानने के लिए तैयार हो गए, जब अपनी अल्पमत सरकार को सहारा देने के लिए गठबंधन की जरूरत महसूस हुई। उन्हें गणतंत्र परिषद से भी गठबंधन बनाने में कोई शंका नहीं हुई, जो सामंतवादी और राजसी ठाठबाट का नेतृत्व करता है। इन शासकों की कारगुजारियों

के विरुद्ध कांग्रेस हमेशा ही आम लोगों की आवाज बनकर उभरी है। यही कारण रहा कि आगामी चुनाव में कांग्रेस को गणतंत्र परिषद के विरुद्ध चुनाव प्रचार करना सिरदर्द साबित हुआ। दो सिद्धांत वाली पार्टियों के बीच सत्ता के ध्रुवीकरण ने अवसरवादिता को भी जन्म दिया और दोनों पार्टियों ने अपने राजनीतिक परिपक्वता का जमकर फायदा उठाया। मेहताब के समर्थकों के अग्रिम नेता बीजू पटनायक ने गठबंधन बनाने के लिए एक महत्त्वपूर्ण भूमिका निभाई। लेकिन अब मेहताब, गणतंत्र परिषद के पूर्व नेता आरएन सिंह के निकट हुए तो बीजू अलग हो गए और उन्होंने गठबंधन के विरुद्ध बिगुल फूंक दिया और सरकार गिर गई। जब बीजू पटनायक का राष्ट्रीय नेताओं से तालमेल नहीं बना तो उन्होंने उत्कल कांग्रेस नामक क्षेत्रीय पार्टी का गठन किया। केंद्र के कांग्रेस सरकार द्वारा नजरअंदाज किए जाने के विरोध करने का लोगों से आह्वान भी किया। लेकिन राजनीतिक बहाली को देखते हुए तीन साल बाद फिर कांग्रेस में शामिल हो गए और उनके विरोध की स्थिति पूरी तरह बेकार रही। राज्य की एक और सशक्त नेता नंदिनी सतपथी कम्युनिस्ट थीं जो कांग्रेसी बन गईं। वह आपातकाल के दौरान इंदिरा गांधी के बदले छड़ी घुमा रही थीं। प्रख्यात लेखक और पत्रकार जेबी पटनायक के डेढ़ दशक के शासनकाल में संस्थागत अपराध को बढ़ावा मिला। ईमानदारी की विशिष्टता रखने वाले नवीन पटनायक को देशी या विदेश उद्योगपतियों या पारिवारिक मित्रों द्वारा राज्य के खनिजों को बतौर उपहार दिए जाने को लेकर कोई चिंता नहीं है।

सिद्धांतों के घालमेल और भ्रष्टाचार सिर्फ उड़ीसा के सत्ताधारी दलों में ही नहीं बल्कि देश की विभिन्न राज्यों की राजनीति में मौजूद है। उड़ीसा देश के उन राज्यों के मुकाबले अलग है, जहां मंदिर और मंडल के मामले ने राजनीतिक परिदृश्य को बदला। 1990 में मंडल की बयार से यहां की राजनीति में कोई फर्क नहीं पड़ा क्योंकि ऊंची जातियों के तीन नेताओं का राज्य की राजनीति में काफी दबदबा था। स्वतंत्रता प्राप्ति के बाद व्यक्तित्व की राजनीति करने वाले वाले काफी कम हैं। ओडिसा के समाज को जाति के आधार पर परिभाषित नहीं किया जा सकता। वस्तुतः ओडिसा में ऊंची जातियां काफी सशक्त हैं, जो राज्य की राजनीति और नौकरशाही को प्रभावित करती हैं। ओडिसा में अनुसूचित जाति व अनुसूचित जनजातियों की भी दबंगता है। इनकी संख्या राज्य की पूरी जनसंख्या का 40 फीसदी है। संवैधानिक व्यवस्था के कारण, दोनों वर्गों का वर्चस्व राजनीति के अलावा शासन में भी है। ओडिसा में अनुसूचित जाति से आने वाले मुख्यमंत्री हेमानंद बिस्वाल ने दो बार मुख्यमंत्री पद संभाला। वह सात दिसंबर,1989 में मुख्यमंत्री बने (जब करीब एक दशक के शासन के बाद जेबी पटनायक ने चुनाव का सामना करने के लिए त्यागपत्र दे दिया था) और चार मार्च 1990 तक रहे। इसके बाद बीजू पटनायक ने बागडोर संभाली। वैसी ही परिस्थिति में दस साल बाद

उन्होंने फिर 6 दिसंबर 1999 को फिर सत्ता संभाली। कांग्रेस की स्थिति और बदतर हो गई। उनकी जगह पर 5 मार्च 2000 को नवीन पटनायक मुख्यमंत्री बन गए।

अनुसूचित जनजाति के गिरधर गोमांगो कुछ समय के लिए मुख्यमंत्री बने। उन्होंने 17 मार्च, 1999 को पदभार ग्रहण किया , लेकिन एक साल होने से पहले ही 6 फरवरी को हटा दिए गए। लेकिन यह साफ है कि दोनों सिर्फ मुखौटा भर कानचलाऊ मुख्यमंत्री रहे। कम से कम राज्य की राजनीति में अनुसूचित जनजातियों

## तालिका 1 : ओडिसा में लोकसभा चुनाव ( 1996, 1998 और 1999 )

| वर्ष | कांग्रेस | | | भाजपा | | | जनता दल ( 1996 ) बिजू जनता दल ( 1998, 1999 ) | | |
|---|---|---|---|---|---|---|---|---|---|
| | कुल सीट | जीती | वोट % | कुल सीट | जीती | वोट % | कुल सीट | जीती | वोट % |
| 1996 | 21 | 16 | 44.9 | 20 | 0 | 13.4 | 19 | 4 | 30.1 |
| 1998 | 21 | 16 | 44.9 | 20 | 0 | 13.4 | 19 | 4 | 30.1 |
| 1999 | 21 | 16 | 44.9 | 20 | 0 | 13.4 | 19 | 4 | 30.1 |

***स्रोत : सीएसडीएस डाटा यूनिट***

## तालिका 2 : ओडिसा में 2004 के लोकसभा चुनाव ( 2004 )

| गठबंधन | पार्टियां | सीट पर लड़े | सीट जीती | मतदान प्रतिशत |
|---|---|---|---|---|
| भाजपा+सहयोगी | भाजपा | 9 | 7 | 19.3 |
| | बीजद | 12 | 11 | 30.0 |
| | कुल | 21 | 18 | 49.3 |
| कांग्रेस+सहयोगी | कांग्रेस | 21 | 18 | 40.4 |
| अन्य | झामुमो | 1 | 1 | 1.5 |

**स्रोत :** सीएसडीएस डाटा यूनिट

का चेहरा जाना-पहचाना है, लेकिन एक भी प्रभावी नहीं है। लेकिन राजनीतिक ताकतें मध्यवर्गीय जातियों व अन्य पिछड़ी जातियों के बीच समाहित हैं, जो वास्तविक तौर पर अदृश्य हैं। यदि आंकड़ों पर नजर डालें तो राज्य में सिर्फ दस फीसदी ऊंची जातियां हैं जबकि 50 फीसदी अन्य पिछड़ी जातियां हैं। लेकिन राज्य

की राजनीति और नौकरशाही में इनके प्रतिनिधियों की संख्या नगण्य हैं। कुल मिलाकर यही स्थिति 1990 से पहले अधिकतर राज्यों में थी। लेकिन विंध्य के उत्तर के राज्यों में वीपी सिंह के प्रधानमंत्री बनने और मंडल आयोग की रिपोर्ट लागू होने के बाद राजनीतिक फिजा बदल गई। ऊंची जातियों के राजनेताओं ने नेतृत्व को जाति से अलग कर दिया, ज़िसे मध्यमवर्ग की जाति के नेताओं ने थाम लिया था। 1990 के बाद ओडिसा में राजनीतिक परिदृश्य में ऐसी स्थिति नहीं रही। राज्य में मंडल की ओर ध्यान देने वाला कोई नहीं था। हालांकि, मध्यवर्गीय जातियों को मिलाकर एक राजनीतिक ताकत के तौर पर उभारने की कोशिश की गई। वीपी सिंह के नजदीकी और संयुक्त मोर्चो सरकार के संसदीय कार्य मंत्री श्रीकांत जेना ने राज्य में मंडल को लेकर नेतृत्व करने की कोशिश की। यहां तक कि समाजवादी व लोहियावादी नेता रवि राय, जो संयुक्त मोर्चो सरकार के दौरान लोकसभा अध्यक्ष थे, ने आगामी चुनाव में पिछड़ी जातियों के वोट को एक जुट करने का प्रयास किया। लेकिन इससे किसी को कोई फायदा नहीं हुआ। राजनीतिक ताने-बाने में पिछड़ी जातियों के नेतृत्व की स्थापना नहीं हो सकी। ऊंची जातियों ने राजनीति पर अपनी पकड़ मजबूत रखी।

इसका कोई निश्चित उत्तर नहीं है कि आखिर ओडिसा में ऐसा अंतर क्यों रहा, जबकि पश्चिम बंगाल को लेकर कहा जा सकता है कि मंडल कमीशन की रिपोर्ट लागू होने या इसके पहले वहां शासन कर रही कम्युनिस्ट सरकार काफी लोकप्रिय थी। लेकिन उड़ीसा में स्थापित सरकार के सिद्धांत दूसरे उत्तरी भारतीय राज्यों के मुकाबले अलग है। सामाजिक वातावरण में जातिवाद मौजूद है और विवाह संस्था तक में सामाजिक बदलाव हो रहा है। कई ऐसे जातिगत संगठन हैं जो जातिगत विवाह के साथ-साथ सांस्कृतिक बाध्यता से अलग रह रहे हैं, अंतरजातीय संघर्ष को समाप्त करते हैं। मंडल कमीशन की रिपोर्ट लागू होने के बाद ओडिसा में कई पिछड़ी जातियों के संगठन एक नए जोश के साथ सामने आए। लेकिन ऐसा क्यों हुआ, इसका जवाब न तो विश्लेषक और न ही राजनीतिज्ञ ही ढूंढ पाए हैं। कई लोग ऐसे भी हैं जो राजनीति में जातिवाद के न होने को यहां की राजनीतिक परिपक्वता का परिचायक मानते हैं। उनका मानना है कि यह गर्व की बात है कि राज्य की राजनीति को सामाजिक स्तरीय समूह प्रभावित नहीं करता है। लेकिन कुछ लोगों का मानना था कि 1990 के बाद राज्य में नकारात्मक विकास हुआ है, यहां पारंपरिक तौर पर प्रभावी ऊंची जातियां समाज के कमजोर तबकों पर लगातार अपना प्रभाव बनाए रही हैं। यहां तक कि मंदिर मुद्दा भी यहां स्पष्ट नहीं रहा। धार्मिक अल्पसंख्यकता के कारण राज्य की राजनीति में इनका प्रभाव नहीं के बराबर है। राज्य में अल्पसंख्यक समुदायों में सबसे अधिक संख्या ईसाईयों की है लेकिन राज्य की जनसंख्या में इनकी संख्या मात्र ढाई फीसदी है। हालांकि वे पूरे राज्य में फैले

हुए हैं। मुस्लिम समुदाय, जिनका वोट बैंक देश के उत्तरी राज्यों में खासा प्रभाव रखता है, लेकिन उड़ीसा में इसकी ताकत नगण्य है। यही कारण है कि राज्य में सांप्रदायिक राजनीति को कोई प्रोत्साहन नहीं मिलता। ओडिसा की राजनीति में हिंदुओं की भावनाओं का प्रतिनिधित्व करने वाले जनसंघ को अपनी पैठ बनाने में मुश्किलें आईं। इसका नया रूप भारतीय जनता पार्टी जब 80 के दशक में पूरे देश में एक नई राजनीतिक ताकत के तौर पर उभरी, तो उस वक्त भी ओडिसा में यह बेहतर प्रदर्शन करने में असमर्थ थी। 1985 के चुनाव में यह सिर्फ विधानसभा की एक सीट जीत पाई, लेकिन 1990 के चुनाव में इसने दो सीटों पर कब्जा किया। अकेले दम पर सबसे बेहतर प्रदर्शन 1995 में रहा, जब इसने 1995 में नौ सीटें जीतीं। दिसंबर, 1999 में नई क्षेत्रीय पार्टी बीजू जनता दल के साथ गठबंधन करने के बाद पार्टी ने लगातार बेहतर प्रदर्शन किया। इसके बाद 1998 और 1999 में लगातार दो लोकसभा चुनाव के दौरान इस गठबंधन का प्रभाव रहा और इनका प्रदर्शन बेहतर रहा। 1998 में बीजू जनता दल ने 12 सीटों में से नौ सीटों पर आधिपत्य जमाया जबकि भाजपा ने यहां की सात सीटों पर अपनी जीत दर्ज की। 1999 के लोकसभा चुनाव में भी गठबंधन का प्रदर्शन ठीक–ठाक रहा। भाजपा ने अपने प्रदर्शन को बेहतर कर दस सीटों पर जीत दर्ज की जबकि बीजू जनता दल फिर से नौ सीटों पर कब्जा जमाने में कामयाबी हासिल की। लोकसभा चुनाव की जीत विधानसभा में भी दोहराया गया। 2000 के चुनाव में 84 सीटों के मुकाबले बीजू जनता दल ने 68 सीटों पर जीत दर्ज की, वहीं 63 सीटों के मुकाबले 38 सीटों पर भाजपा ने अपना परचम लहराया। विधानसभा के 147 सीटों में से 106 सीटों पर जीत दर्ज कर गठबंधन बहुमत में रहा। राष्ट्रीय स्तर पर एनडीए तुरूप का पत्ता साबित हुआ, जो लोकसभा चुनाव में भी हुआ था। हालांकि जीत में कुछ कमी हुई। लोकसभा में इनकी संख्या 19 से घटकर 18 रह गई। इसी तरह विधानसभा चुनाव में 106 सीटों के मुकाबले इनके पास सिर्फ 93 सीटें रह गईं। 1999 के लोकसभा चुनाव पर एक नजर डाली जाए तो भाजपा ने बीजू जनता दल के मुकाबले बेहतर परिणाम दिया जबकि विधानसभा चुनाव में बीजू जनता दल अपने गठबंधन सहयोगी के मुकाबले बेहतर प्रदर्शन करने वाली पार्टी रही। उदाहरण के लिए 2000 के विधानसभा चुनाव में बीजू जनता दल ने 84 सीटों पर उम्मीदवार खड़े किए, जिसमें 68 सीटों पर पार्टी ने जीत दर्ज की। सफलता का प्रतिशत 80 रहा, जबकि भाजपा ने यहां 60 फीसदी सीटों पर कब्जा किया। 63 सीटों पर 38 सीटें जीतीं। 2004 में दोनों दलों के प्रदर्शन में करीब–करीब एक जैसी कमी आई, जब भाजपा ने 32 सीटों पर तो बीजू जनता दल ने 61 सीटें जीतीं। लोकसभा चुनाव में बीजू जनता दल ने अपने सांसदों की संख्या 10 से बढ़ाकर 11 कर ली, जबकि भाजपा सांसदों की संख्या 9 से 7 हो गई। जहां तक वोट फीसदी की बात है, भाजपा के वोट में इजाफा

हुआ। 1990 में इसने सिर्फ 3.56 फीसदी वोट हासिल किया था, जब दो सीटों पर जीत दर्ज की थी। 1995 में इसने नौ सीटों पर जीत दर्ज की जबकि इसने 7.88 फीसदी वोट हासिल किये थे। 2000 के चुनाव में अब तक के इतिहास के मुकाबले सबसे अच्छा प्रदर्शन किया और इसने इक्कीस फीसदी वोट हासिल किया। लेकिन 2004 के चुनाव में इनके प्रदर्शन में कमी आते हुए इसे सिर्फ 17 फीसदी वोट मिला। हालांकि जानकारों का मानना था कि राज्य में भाजपा की राजनीतिक सफलता बीजू जनता दल के समर्थन पर टिकी थी जो गठबंधन किए जाने के कारण मिला। उनका मानना है कि भाजपा से किसी भी हद तक बीजू जनता दल को फायदा नहीं हुआ क्योंकि सांप्रदायिक पार्टी से गठबंधन किए जाने के कारण बीजू जनता दल का धर्मनिरपेक्ष वोट खिसक गया। बीजू जनता दल का नेतृत्व हमेशा सीटों के बंटवारे में अपनी पार्टी का फायदा देखा। हालांकि कई लोगों का मानना था कि ओडिसा में भाजपा का वर्चस्व बीजू जनता दल का सहयोग नहीं था बल्कि इसकी लोकप्रियता के साथ-साथ अटल बिहारी वाजपेयी की छवि थी। उनका मानना था कि भाजपा का उस दौर में प्रदर्शन बेहतर रहा, जब इसके पीछे सभी सांप्रदायिक मुद्दे थे और सर्व विकास था। यदि पार्टी अकेली होती और अपने बलबूते राज्य में उम्मीदवारों को खड़ा करती तो दावा किया जा रहा है कि इसके बावजूद पार्टी का प्रदर्शन बेहतर होता।

भाजपा की सफलता का आधार उधार लिया गया समर्थन है या सही में मतदाताओं के बीच पैठ है, इसका निश्चय आगामी लोकसभा चुनाव और अप्रैल, 2009 के विधानसभा चुनाव में हो जाएगा क्योंकि दोनों पार्टियां अपने बलबूते चुनाव लड़ेंगी। चुनाव से ठीक एक माह पूर्व दोनों पार्टियां अलग-अलग हो गई हैं। लेकिन इतना तय है कि भाजपा ने कुछ समय पहले ही इस गठबंधन के टूटने की गड़गड़ाहट सुन ली थी। इसका कारण केंद्र में एनडीए सरकार के सत्तारूढ़ न होने के बाद राज्य के प्रति भाजपा नेतृत्व का ध्यान न देना था। वाजपेयी की बीमारी और नेतृत्व में इनकी पकड़ कमजोर होने से भाजपा के समझौते की ताकत कमजोर हुई है। लालकृष्ण आडवाणी को बतौर प्रधानमंत्री के उम्मीदवार के तौर पर पेश किए जाने से सांप्रदायिकता को बढ़ावा मिला है। भाजपा को मालूम है कि बीजू जनता दल के साथ गठबंधन के लिए पुनर्विचार करना एक घातक समझौता होगा। राज्य में भाजपा के लिए सबसे बड़ी असुविधा करिश्माई नेतृत्व का न होना है। यही कारण है कि वह पर्याप्त स्थान बरकरार रखने के लिए सांप्रदायिक मुद्दे को बढ़ावा दे रही है।

प्रचार के नए तेवर में कंधमाल का मामला उसकी झोली में है ही। गैर ईसाई दंगे होने से भाजपा की सोच है कि सांप्रदायिक अभियान के लिए यह मुद्दा कामयाब हो सकता है। समूचे जनजाति इलाकों में इससे सफलता निश्चित है। समुद्र तटीय इलाकों के लोगों को सांप्रदायिक अभियान प्रभावित करते हैं और तटीय

इलाकों में इनकी लोकप्रियता में इजाफा हुआ है। पश्चिमी ओडिसा में गणतंत्र परिषद् व स्वतंत्र पार्टी के मजबूत होने के कारण भाजपा को पारंपरिक वोट भी मिल जाता है। भाजपा ने इस वोट बैंक पर अपना कब्जा जमा लिया है। इस कारण आमतौर से महसूस किया जा रहा था कि अब समय आ गया है कि गठबंधन में भाजपा सबसे बड़ा सहयोगी बने। भाजपा मुख्यालय से यह बात भी निकल रही थी कि आगामी चुनाव में इन मामलों को ध्यान में रखकर सीटों का पुनर्निधारण किया जाए। बीजू जनता दल नेता नवीन पटनायक गठबंधन के सबसे बड़े सहयोगी के सच को न समझ पाने के कारण परेशान थे। यही कारण रहा कि सांप्रदायिक ताकतों को पूरी सुरक्षा देते हुए कंधमाल दंगे के दौरान संघ परिवार के नेताओं के मिजाज को ठीक रखा। लेकिन स्थानीय निकाय के चुनाव में भाजपा के दावों की पोल खोलकर रख दी। समुद्रतटीय इलाकों खासकर कटक और भुवनेश्वर के नगर निगम चुनाव में भाजपा का प्रदर्शन खराब रहा। मयूरभंज जैसे आदिवासी इलाकों में भी प्रदर्शन निराशाजनक रहा। सबसे बढ़कर तो बात यह है कि कंधमाल जिले में प्रदर्शन कुछ भी खास नहीं रहा। जहां वह अपनी सफलता को निश्चित मानती थी। नवीन पटनायक के लिए मुख्य विपक्षी पार्टी कांग्रेस बेहतर रही जो इस चुनाव में भी मात खा गई। इस कारण 2009 के चुनाव में भाजपा के साथ गठबंधन से मुंह मोड़ने के लिए नवीन पटनायक को विवश होना पड़ा। पटनायक कुछ समय के लिए भाजपा के उन रास्तों को सुरक्षित करते रहे, यह सोचकर कि राज्य के हिंदू की धार्मिक भावनाओं को ठेस लगी है क्योंकि गठबंधन सहयोगी ने इसके पीछे लंबा अभियान चला रखा है। लेकिन जब स्थानीय निकाय के चुनाव ने उलट परिणाम दिए तो धर्मनिरपेक्षता के मामले पर उन्हें भाजपा से हाथ छुड़ाना उचित लगा। शुरुआत में भाजपा और बीजू जनता दल के बीच सीटों का बंटवारा 4:3 के हिसाब से होता था। अपने पिता की विरासत के कारण बीजू जनता दल एक स्थापित पार्टी थी, जबकि भाजपा का वहां अनुभव कुछ भी न था। नवीन पटनायक उस वक्त राजनीति में नौसिखुवा थे क्योंकि पिता बीजू पटनायक के निधन के बाद पार्टी की कमान संभालनी पड़ी। नए बदलाव से उन पर इतना दबाव पड़ा कि वे एनडीए सरकार में केंद्रीय मंत्री बने और वे भाजपा के अधिक सीटों के दबाव में आने से भी नहीं संभले जबकि 1995 विधानसभा की 147 सीटों के मुकाबले सिर्फ नौ सदस्य थे।

अब एक दशक की राज्य की राजनीति के बाद नवीन पटनायक अनुभवी हो गए हैं और वह भाजपा के पर कतरना चाहते थे। अपनी लोकप्रियता को लेकर दोनों पार्टियां बढ़-चढ़कर दावा कर रही हैं। भाजपा का मानना है कि पंचायत और नगर निगम चुनावों में उनका निराशाजनक प्रदर्शन का प्रभाव आगामी राज्य विधानसभा और लोकसभा चुनाव पर नहीं पड़ेगा। अपने बलबूते बेहतर करने का उन्हें विश्वास है। एक दशक से अधिक समय तक गठबंधन के सहयोगी रही पार्टी का चुनाव

सहयोगी न होने के मामलों को उस वक्त भी नवीन पटनायक सिर्फ देखते रहे जब स्थानीय निकाय का परिणाम घोषित हुआ। उन्होंने अपने पिता से कोई सीख नहीं ली जो उन्होंने 1995 में हेकड़ी के कारण गलती की थी। बीजू पटनायक ने 1990 में 123 सीटों के साथ शानदार जीत दर्ज की थी जो उनके बेटे ने एक दशक बाद प्राप्त किया। इस चुनाव में उन्होंने वामदलों के साथ कुछ सीटों पर गठजोड़ किया था, लेकिन इससे उन्हें घमंड हो गया, जिससे उनकी स्थिति हास्यापद हो गई और वो इसे बरकरार नहीं रख सके। हालत यह रही कि बीजू जनता दल को सिर्फ 46 सीटें हासिल हुईं जबकि कांग्रेस जो 1990 में महज 10 सीटें जीत पाई थी, वह 80 सीटों के साथ सत्ता में आई। यह सच है कि वाम दल की स्थिति भी दयनीय थी। अपने छह सीटों के मुकाबले वह सिर्फ एक सीट पर जीत दर्ज कर सकी। लेकिन सबसे अधिक नुकसान बीजू जनता दल को हुआ, जिसे करीब दो दर्जन से अधिक सीटों पर महज दो हजार वोटों से हार का मुंह देखना पड़ा। सीटों के पुनर्निधारण से वाम दलों की स्थिति में सुधार हुआ। नवीन पटनायक को विपरीत परिस्थितियों का सामना करना पड़ा। उनकी पार्टी पिछले चुनाव में दो हजार से भी कम मतों से एक दर्जन से अधिक सीटों पर जीत दर्ज की। ये सीटें भाजपा से गठबंधन न होने पर हाथ से निकल सकती थीं। हालांकि उन्होंने वामदलों के साथ भी सीटों के बंटवारे की घोषणा की थी। जमीनी तौर पर यह सवाल था कि यह कैसे मुमकिन है जब पटनायक सरकार की आर्थिक नीतियां खासकर राज्य की खनिज संपदा को बड़े औद्योगिक घरानों के हाथ में सौंपने को लेकर ये वाम नेता लगातार विरोध कर रहे हैं। वे अपने मतभेदों को वे कैसे दूर करेंगे। सबसे महत्त्वपूर्ण बात यह है कि मतदाताओं के बीच अपने इस प्रेम की व्याख्या वे किस तरह से करेंगे?

कांग्रेस का भाग्य भी एक बारीक मामला है। 80 के दशक में आश्चर्यजनक जीत के बावजूद 1990 के चुनाव में इसने हार झेली, लेकिन 1995 में यह सत्ता पाने में सफल रही। तीन मौकों पर कांग्रेस का नेतृत्व जेबी पटनायक कर रहे थे जो अभी किनारे हैं। चुनाव को देखते हुए ओडिसा में कांग्रेस अपने अध्यक्ष और कार्यकारी अध्यक्ष के चलते ठीक-ठाक स्थिति में है। समुद्रतटीय इलाके के परंपरागत वोट बैंक को देखते हुए अव्यवस्था के खिलाफ यह आमंत्रण है जो आगामी चुनावी परिणाम बताएगा। सच्चाई यह भी है कि कांग्रेस सत्तारूढ़ गठबंधन के मुकाबले अधिक सफल होगा।

कुल मिलाकर, कांग्रेस के पिछले दो चुनावों में भाजपा-बीजू जनता दल गठबंधन के मुकाबले तीस फीसदी वोट हासिल किया है। गठबंधन की अनुपस्थिति में यह बेहतर प्रदर्शन कर सकती है। लेकिन करिश्माई नेतृत्व का अभाव अभी भी इस पार्टी को अनिश्चय में डाल रखा है। यदि हाल में हुए स्थानीय निकाय का चुनाव कई मामलों में इशारा करता है तो नवीन पटनायक के अधिक मजबूत होने को लेकर भी इशारा करता है और तब कांग्रेस और भाजपा का भाग्य रुक जाएगा। बीजू

जनता दल का सत्ता का रास्ता साफ है लेकिन इस बारे में कौन बता सकता है कि स्थानीय निकाय का चुनाव गलत चेतावनी दे रहा है और विधानसभा के साथ-साथ लोकसभा चुनाव परिणाम भी आश्चर्यजनक होंगे।

चाहे जो भी हो, परिणाम इस तथ्य को मजबूत करेगा कि ओडिसा की राजनीति में मंडल और मंदिर का मामला कहीं भी वापस जाता दिखाई नहीं दे रहा है। राज्य की राजनीति सत्ता व विपक्ष से अलग होकर किसी सिद्धांत या विचारधारा से प्रभावित हुए बिना व्यक्तित्व के आधार पर संचालित होती है। लेकिन व्यक्तिगत मामला राजनीतिक परिदृश्य के सभी समय में सभी राज्यों में महत्त्वपूर्ण होता है। उड़ीसा में व्यक्तित्व की राजनीति की प्रसिद्धि नगण्य है, जबकि दूसरे राज्य में इसकी मौजूदगी है। स्वतंत्रता प्राप्ति के बाद ओडिसा की राजनीति की सच्चाई 1990 के बाद भी यही है।

## तालिका 3 : ओडिसा विधानसभा चुनाव ( 2004 ) के नतीजे

| पार्टी | सीट जीती | कुल बढ़त | मतदान प्रतिशत | बदलाव 2002 |
|---|---|---|---|---|
| बीजद | 61 | −7 | 27.4 | −2.0 |
| भाजपा | 32 | −6 | 17.1 | 1.1 |
| कांग्रेस | 38 | +12 | 34.8 | 1.0 |
| झामुमो | 4 | 1 | 1.8 | −0.3 |
| ओजीपी | 2 | 2 | 1.3 | 1.3 |

**स्रोत :** सीएसडीएस डाटा यूनिट

## तालिका 4 : ओडिसा विधानसभा चुनाव ( 2002-2004 ) में पार्टियों का प्रदर्शन

| क्षेत्र | कांग्रेस की सीटें | | भाजपा की सीटें | | बीजद की सीटें | | अन्य की सीटें | |
|---|---|---|---|---|---|---|---|---|
| | 2000 | 2004 | 2000 | 2004 | 2000 | 2004 | 2000 | 2004 |
| तटीय | 9 | 14 | 12 | 11 | 36 | 32 | 6 | 6 |
| उत्तरी आदिवासी | 1 | 5 | 10 | 6 | 11 | 10 | 7 | 6 |
| पश्चिमी | 11 | 13 | 4 | 5 | 18 | 15 | 2 | 2 |
| दक्षिण आदिवासी | | | | | | | | |
| **कुल** | **26** | **38** | **38** | **32** | **68** | **61** | **15** | **16** |

*स्रोत : सीएसडीएस डाटा यूनिट*

## तालिका 5 : भाजपा बीजद गठबंधन सरकार का प्रदर्शन

| | सुधार | पहले जैसी | स्थिति बिगड़ी | एन (साधारण) |
|---|---|---|---|---|
| कानून-व्यवस्था | 45 | 32 | 8 | 922 |
| सड़क दुर्दशा | 64 | 23 | 9 | 922 |
| पीने का पानी | 49 | 37.0 | 8 | 922 |
| प्राथमिक शिक्षा | 42 | 35.0 | 10 | 922 |
| बिजली | 31 | 41 | 13 | 922 |
| रोजगार | 5 | 19 | 58 | 922 |

***नोट** : सभी आंकड़े प्रतिशत में।*

**स्रोत** : राष्ट्रीय चुनाव अध्ययन -2004

## तालिका 6 : ओडिसा में सामाजिक समूह और उनका चुनावी रूझान

| जाति | कांग्रेस | भाजपा+बीजद | एन |
|---|---|---|---|
| ब्राह्मण | 30 | 65 | 71 |
| कायस्थ | 33 | 48 | 40 |
| अन्य ऊंची जातियां | 39 | 49 | 87 |
| यादव | 29 | 53 | 45 |
| खंडायत | 32 | 55 | 88 |
| अन्य ओबीसी | 34 | 59 | 217 |
| दलित | 54 | 36 | 142 |
| आदिवासी | 55 | 35 | 112 |

***नोट** : सभी आंकड़े प्रतिशत में।* ***स्रोत** : राष्ट्रीय चुनाव अध्ययन -2004*

## तालिका 7 : शिक्षा, उम्र और लिंग के अनुसार मतदान का रूझान

| शिक्षा | कांग्रेस | भाजपा+बीजद | एन |
|---|---|---|---|
| निरक्षर | 45 | 42 | 233 |
| प्राथमिक | 40 | 53 | 245 |
| मैट्रिक | 44 | 49 | 229 |
| कॉलेज | 28 | 56 | 134 |

| | | | |
|---|---|---|---|
| **उम्र समूह** | | | |
| 25 वर्षीय | 43 | 43 | 166 |
| 25–35 वर्षीय | 40 | 52 | 288 |
| 36–45 वर्षीय | 39 | 50 | 166 |
| 46–55 वर्षीय | 28 | 61 | 106 |
| 56 वर्ष से ऊपर | 49 | 40 | 134 |
| **निवास** | | | |
| शहरी | 44 | 48 | 622 |
| ग्रामीण | 31 | 53 | 218 |

***नोट :*** *सभी आंकड़े प्रतिशत में।* ***स्रोत :*** *राष्ट्रीय चुनाव अध्ययन –2004।*

# कर्नाटक

MAHARASHTRA
Bidar
Gulbarga
Bijapur
Bagalkot
Raichur
Belgaum
GOA
Dharwad
Koppal
Gadag
Bellary
ANDHRA PRADES
Uttar Kannad
Haveri
Tumkur
Devangere
Chitradurga
Shimoga
ARABIAN SEA
Udupi
Chikmangalur
Tumkur
Kolar
Hassan
Bangalore
Dakshin Kannad
Mandya
Kodagu
Mysore
Chamrajnagar
TAMILNADU
KERALA

# कर्नाटक : आखिरकार कमल खिला

– संदीप शास्त्री
साथ में बी.एस. पद्ममावती और हरीश रामास्वामी

2008 में कर्नाटक की लंबी गर्मियों ने चुनावी घमासान देखा। इस चुनावी दंगल के बाद दक्षिण भारत में पहली बार भारतीय जनता पार्टी की पूर्ण बहुमत वाली सरकार बनी। हालांकि इससे पहले 2007 में भी कर्नाटक में भाजपा का मुख्यमंत्री बना था, लेकिन उस दौरान सरकार बहुत कम दिनों की रही। सदन में बहुमत साबित करने से पहले ही भाजपाई मुख्यमंत्री को इस्तीफा देना पड़ा क्योंकि गठबंधन में शामिल जनता दल सेकुलर ने अपना समर्थन वापस ले लिया। इस बार जीत के बाद भाजपा खेमें में खुशी तो थी पर थोड़ी कम क्योंकि पार्टी अपने दम पर पूर्ण बहुमत हासिल करने से महज दो सीटों से चूक गई। उसे कर्नाटक विधानसभा के 224 सीटों में से 110 सीटों पर जीत मिली। इसकी वजह से उसे पूर्ण बहुमत जुटाने और सरकार बनाने के लिए निर्दलीय विधायकों का समर्थन लेना पड़ा। इस चुनाव में 80 सीटें जीतकर कांग्रेस सबसे बड़ी विपक्षी पार्टी के रूप में उभरी तो जनता दल सेकुलर 28 सीटों के साथ तीसरे स्थान पर रही। जबकि 6 सीटों पर निर्दलीय विधायकों ने जीत हासिल की।

कर्नाटक विधानसभा चुनाव नतीजे के पीछे कई वजहें थीं। भाजपा पूर्ण बहुमत के बेहद करीब पहुंच सकी तो इसकी वजह कुछ इलाकों में उसका शानदार प्रदर्शन था। हालांकि कुछ इलाकों में खराब प्रदर्शन की वजह से पार्टी पूर्ण बहुमत से दूर रह गई। हालिया परिसीमन के बाद कर्नाटक पहला ऐसा राज्य था जहां चुनाव होना था। चुनाव परिणाम पर नजर डालें तो परिसीमन का असर साफ दिखाई देता है। ऐसा लगता है कि परिसीमन के बाद शहरी सीटों में जो बढ़ोत्तरी हुई वह भाजपा के पक्ष में गई।

राज्य के राजनीतिक घटनाक्रम पर गौर करना फायदेमंद होगा जिनकी वजह से कर्नाटक में जल्दी चुनाव कराना जरूरी हो गया। 1999 और 2004 के चुनाव में कर्नाटक के मतदाताओं ने अपने सांसद और विधायक, दोनों एक साथ चुने। 1999

के चुनाव में मतदाताओं ने कांग्रेस को स्पष्ट बहुमत दिया। लेकिन 2004 के चुनाव में कोई भी पार्टी स्पष्ट बहुमत हासिल नहीं कर सकी (शास्त्री 1999)। इसके बाद कर्नाटक की राजनीति में अस्थिरता, अनिश्चितता का दौर शुरू हो गया। पहली बार कांग्रेस और जनता दल सेकुलर ने मिलकर गठबंधन सरकार बनाई जो ज्यादा समय तक नहीं चल सकी। लिहाजा, जनता दल सेकुलर और भाजपा ने गठबनंधन में इस शर्त के साथ सरकार बनाई कि आधे समय के लिए जनता दल सेकुलर का मुख्यमंत्री होगा और बाकि आधे समय के लिए भाजपा का। लेकिन जब जनता दल सेकुलर समझौते के तहत भाजपाई मुख्यमंत्री को समर्थन देने के अपने वादे से मुकरी तो राज्य में आगे सरकार बनाने की संभावना पूरी तरह खत्म हो गई। इस तरह राज्य विधानसभा को भंग कर राज्य में मध्यवर्ती चुनाव कराना जरूरी हो गया। इस दौरान एक तरफ जनता दल में फूट पड़ गई तो दूसरी तरफ भाजपा को जनता दल सेकुलर से मिले धोखे के आधार पर अपने लिए जनभावना तैयार करने का मौका मिल गया। सीएसडीएस द्वारा करवाए एक सर्वेक्षण में ये बात सामने आई कि जनता दल सेकुलर और भाजपा गठबंधन सरकार के दौरान कर्नाटक के मतदाता मुख्यमंत्री एस डी कुमारस्वामी के तौर-तरीके और कामकाज से खुश थे। चुनाव बाद करवाए गए सर्वेक्षण में एक-चौथाई से ज्यादा भागीदारों ने सरकार के कामकाज से खुशी जताई और आधे से ज्यादा लोग जनता दल सेकुलर और भाजपा गठबंधन सरकार से संतुष्ट थे। महज 12 फीसदी लोगों ने अपना असंतोष दर्ज कराया।

इन राजनीतिक गतिविधियों ने कर्नाटक में वह जमीन और पृष्ठभूमि तैयार की जिसपर राज्य में साल 2008 में विधानसभा चुनाव होने थे। राज्य की तीन बड़ी राजनीतिक ताकतें कांग्रेस, भाजपा व जनता दल सेकुलर ने अपने बूते पर चुनाव लड़ने का फैसला किया। कांग्रेस को उम्मीद थी जिस तरह से पिछली गठबंधन सरकार के दौरान उठा-पटक हुई है, उसका उसे फायदा होगा और राज्य की जनता किसी एक पार्टी की सरकार के पक्ष में होगी। कांग्रेस को लग रहा था कि वह लोगों की स्वाभाविक पसंद होगी। भाजपा उम्मीद कर रही थी कि जनभावना उसके साथ होगी क्योंकि पिछली गठबंधन सरकार के दौरान उसे जनता दल सेकुलर से मिले धोखे की वजह से वह सरकार बनाने से वंचित रह गई थी। जनता दल सेकुलर को लग रहा था कि उसकी सरकार के दौरान उसके नेताओं और खासकर मुख्यमंत्री एच डी कुमारस्वामी की साख मजबूत हुई थी, जिसका फायदा उसे होगा। जनता दल सेकुलर को ये भी लग रहा था कि राज्य में एक बार फिर त्रिशंकु विधानसभा बनेगी जिसमें वह किंगमेकर की भूमिका में होगी।

ऐसे में ये सवाल लाजिमी है कि भाजपा को विधानसभा चुनाव में बड़ी सफलता कैसे मिली। एक ओर पिछले एक दशक में देश की चुनावी राजनीति का

चरित्र राष्ट्रीय से क्षेत्रीय हो गया। और इसी दौरान कर्नाटक के विभिन्न इलाके अलग–अलग राजनीतिक गढ़ के तौर पर उभरे हैं। यह बात तालिका 2 में दिए गए आकड़ों से जाहिर हो जाती है जिसमें विभिन्न इलाकों में जीत हासिल करने वाली पार्टियों से संबंधित आंकड़े हैं।

पिछले चुनाव में भाजपा ने मुंबई–कर्नाटक और तटीय कर्नाटक के इलाकों में अपनी उपस्थिति दर्ज कराई। इस बार चुनाव में उसने अपनी स्थिति इन दोनों इलाकों में और मजबूत की। मुंबई–कर्नाटक इलाके में जहां लिंगायत समुदाय की आबादी ज्यादा है, भाजपा ने सबसे अच्छा प्रर्दशन किया। भाजपा तीन चौथाई सीट जीतकर सबसे आगे रही। तटीय कर्नाटक में भाजपा को कांग्रेस से कड़ी टक्कर मिली और ज्यादातर विधानसभा क्षेत्रों में दोनों पार्टियों के बीच कड़ा मुकाबला था।

केंद्रीय कर्नाटक इलाके में भाजपा ने काफी अच्छा प्रदर्शन किया। इस इलाके के कुछ हिस्सों में पार्टी अच्छा प्रदर्शन करती रही थी, लेकिन इस बार पूरे इलाके में उसने अपनी मौजूदगी दर्ज कराई। भाजपा के मुख्यमंत्री पद के दावेदार बीएस येदुरप्पा चुनाव में इसी इलाके से अपनी किस्मत आजमा रहे थे। केंद्रीय कर्नाटक के 35 में से 25 सीटें एकमुश्त जीत कर भाजपा बढ़त बनाने में कामयाब रही। ताजा परिसीमन के लागू हो जाने के बाद बंगलुरु (शहरी और ग्रामीण) के हिस्से में 36 सीटें थी, जो कि कर्नाटक विधानसभा के कुल सीटों से 15 फीसदी ज्यादा था। इस इलाके में भी भाजपा अच्छी तादाद में सीटें जीतने में कामयाब रही। कर्नाटक विधानसभा के कुल सीटों में से भाजपा अगर आधी सीटें नहीं जीत पाई तो इसमें दक्षिणी कर्नाटक और हैदराबाद कर्नाटक इलाके में भाजपा का प्रदर्शन बड़ी वजह था। दक्षिणी कर्नाटक (यानि पुराने मैसूर का केंद्रीय इलाका) में राज्य विधानसभा की 20 फीसदी सीटें आती हैं। अतीत में हुए चुनावी नतीजों पर नजर डालें तो पता चलता है कि इस इलाके में मुकाबला कांग्रेस और जनता दल सेकुलर के बीच ही रहा है, बतौर तीसरी पार्टी भाजपा की भूमिका नहीं के बराबर रही है। इस चुनाव में इलाके की ज्यादातर सीटें कांग्रेस की झोली में गईं, जबकि जनता दल सेकुलर 30 फीसदी यानि 51 में 14 सीटें जीतने में कामयाब रही। भाजपा केवल 7 सीटें ही जीत पाई। हैदराबाद कर्नाटक दूसरा ऐसा क्षेत्र था जहां से भाजपा को काफी उम्मीद थी। लेकिन इस इलाके में भाजपा केवल एक–तिहाई सीटें जीत पाई, जबकि जनता दल सेकुलर महज पांच और कांग्रेस ज्यादातर सीटें जीतने में कामयाब रही ।

यह जानना दिलचस्प होगा कि ताजा परिसीमन का इस चुनाव पर क्या असर पड़ा। परिसीमन का सबसे बड़ा असर यह हुआ कि शहरी इलाकों के सीटों की संख्या में बढ़ोत्तरी हुई। अगर शहरी इलाकों (बंगलुरु और जिला मुख्यालयों के विधानसभा सीटों पर) पर मिली जीत के तरीके का विश्लेषण किया जाए तो यह बात सामने आती है कि भाजपा ने इन इलाकों में बढ़िया प्रदर्शन किया है। बंगलुरु में

30 विधानसभा सीटें हैं और इसके अलावा राज्य में 30 दूसरी शहरी विधानसभा सीटें भी हैं। बंगलुरू में भाजपा ने 26 में 15 सीटें, कांग्रेस ने 10 और जनता दल सेकुलर ने एक सीट पर जीत दर्ज की। राज्य के बाकी 30 शहरी विधानसभा सीटों में से भाजपा को 19, कांग्रेस को 6, जनता दल सेकुलर को 4 सीटें मिलीं और एक सीट निर्दलीय उम्मीदवार की झोली में गई।

कुल मिलाकर भाजपा 60 फीसदी से अधिक शहरी विधानसभा सीटें जीतने में कामयाब रही। यहां पर एक बात गौर करने वाली है कि कांग्रेस, जनता दल सेकुलर और निर्दलीय उम्मीदवार की झोली में जो 22 सीटें आईं, उनमें से आठ सीटें अल्पसंख्यक समुदाय से जुड़ी थीं- 6 मुसलमान और दो ईसाई। मुसलमान उम्मीदवार उन इलाकों से जीते, जहां पर अल्पसंख्यक उम्मीदवार को वोट देने की पुरानी परंपरा रही है।

अगर विभिन्न पार्टियों के चुनावी रणनीति का विश्लेषण किया जाए तो भाजपा की बढिया शुरुआत की दो वजहें साफतौर पर नजर आती हैं। पहला, भाजपा ने विधानसभा चुनाव के लिए अपने उम्मीदवार काफी पहले चुन लिये थे और तीनों पार्टियों में से उसने सबसे पहले उम्मीदवारों की सूची जारी की। भाजपा पार्टी के अंदर जो असंतुष्ट लोग थे, उन्हें भी बड़ी आसानी से शांत कर लिया गया। जनता दल और कांग्रेस ने उम्मीदवारों की सूची जारी करने में काफी देरी की, जिसकी वजह से पार्टी के अंदर उलझन और खींचतान बढ़ गई। यहां तक कि खींचतान और देरी की वजह से कांग्रेस एक सीट से उम्मीदवार की घोषणा भी नहीं कर पाई।

प्रमुख पार्टियों के चुनाव प्रचार की रणनीति भी एक दूसरे से काफी अलग थी। अंदरुनी मनमुटाव के बावजूद भाजपा के राज्य स्तर का नेतृत्व एकजुटता बनाए रखने में कामयाब रहा और येदुरप्पा के मुख्यमंत्री पद की दावेदारी पर अपनी सहमति जताई। पिछली सरकार के दौरान मिले धोखे के आधार पर तैयार हुए जनभावना को भाजपा भुनाना चाहती थी, लेकिन उसे यह समझते देर नहीं लगी कि धोखा उसे जनता दल सेकुलर से मिला है जबकि उसकी मुख्य प्रतिद्वंद्वी कांग्रेस है। लिहाजा, उसने मुख्यमंत्री उम्मीदवार का कार्ड खेलना ज्यादा बेहतर समझा। भाजपा ने यह मुद्दा भुनाने की कोशिश की उसके पास मुख्यमंत्री का उम्मीदवार है, जबकि कांग्रेस के पास नहीं है। जनता दल सेकुलर के साथ गठबंधन सरकार में भाजपाई मंत्रियों के उपलब्धियों को गिना कर, उन उपलब्धियों का भी लाभ उठाने में सफल रही जो गठबंधन सरकार में हासिल किये गए थे। कांग्रेस के अभियान में एकजुटकता की कमी तो थी ही, साथ ही वह दिशाविहीन भी थी। उसका हर नेता अपनी प्रभाव और सीमाओं के आधार पर अलग-अलग दिशा में जाता दिख रहा था । एसएम कृष्णा राज्य की राजनीति में लौट आए थे लेकिन चुनाव नहीं लड़ रहे थे। दलित नेता

मल्लिकार्जुन खडगे कर्नाटक प्रदेश कांग्रेस कमेटी की अगुवाई कर रहे थे, पूर्व मुख्यमंत्री और विपक्ष के नेता की भूमिका निभाने वाले धरम सिंह चुनाव अभियान में शामिल थे। कौंसिल में विपक्षी नेता रहे ए के पाटिल ने अपनी किस्मत आजमाने की सोची और चुनाव के मैदान में कूद गए। पूर्व उपमुख्यमंत्री सिद्धरमैया और एम प्रकाश भी प्रचार अभियान में शामिल किए गए। ये दोनों नेता जनता दल सेकुलर से कांग्रेस में शामिल हुए थे। चुनाव अभियान में शामिल दिग्गज नेताओं की फेहरिस्त काफी लंबी थी। इन नेताओं में 20 से अधिक ऐसे नेता थे जो मुख्यमंत्री बनने की दौड़ में शामिल थे। कोई भी नेता अपनी यह महत्त्वाकांक्षा नहीं छिपा रहा था कि अगर हाईकमान चाहे तो वो मुख्यमंत्री की गद्दी संभाल सकता हैं। नेताओं के बीच का यह मुकाबला कांग्रेस के लिए काफी महंगा साबित हुआ।

चुनाव बाद कराए गए सर्वेक्षण में लोगों से यह पूछा गया कि वह किसे राज्य के मुख्यमंत्री के तौर पर देखना चाहेंगे। 30 प्रतिशत लोग येदुरप्पा को मुख्यमंत्री बनाना चाहते थे तो 20 फीसदी लोग कुमारस्वामी के पक्ष में थे। वही 15 फीसदी एसएम कृष्णा को मुख्यमंत्री बनाना चाहते थे, जबकि 7 फीसदी लोगों की पसंद खडगे थे। सिद्धारमैया और धरम सिंह सिर्फ 4 फीसदी लोगों की पसंद थे। इस तरह से देखा जाए तो सर्वे में कांग्रेस के सभी नेताओं को मिली सहमति येदुरप्पा के बराबर थी। लिंगायत समुदाय के बीच येदुरप्पा सबसे ज्यादा पंसद किये गए। चूंकि येदरप्पा खुद लिंगायत समुदाय के हैं इसलिए आधे से अधिक लिंगायत समुदाय येदुरप्पा को मुख्यमंत्री के तौर पर देखना चाहता था। कुमारस्वामी को भी उनकी जाति वोकालिगा का समर्थन हासिल था। सर्वेक्षण में भाग लेने वाले एक तिहाई से ज्यादा वोकालिंगा समुदाय के लोग कुमारस्वामी को मुख्यमंत्री बनाना चाहते थे। 20 फीसदी वोकालिगा एसएम कृष्णा के पक्ष में थे, जो वोकालिगा समुदाय के दूसरे प्रभावशाली नेता हैं। मुख्यमंत्री पद के किसी एक दावेदार के साथ कांग्रेस अगर चुनाव में उतरती तो इसका उसे फायदा जरूर मिलता। जनता दल सेकुलर का प्रचार अभियान देवगौड़ा परिवार तक ही सीमित था। चुनाव के नजदीक आते-आते वैसे लोगों को पार्टी से हटा दिया गया जो पार्टी पर पारिवारिक पकड़ का हल्के या तीखे स्वर में विरोध कर रहे थे।

चुनाव की सर्वाधिक मतों से जीत वाली प्रणाली की विडंबना इस चुनाव में दिखी कांग्रेस को भाजपा के मुकाबले कम सीटों पर जीत मिली, जबकि कुल वैध वोटों में उसकी हिस्सेदारी भाजपा से कुछ ज्यादा ही थी। ज्यादातर सीटों पर कड़ा मुकाबले होने की वजह से 224 में से 50 (22 फीसदी) ही ऐसे उम्मीदवार थे जिनके जीत का अंतर अधिक था। (तालिका 3)। भाजपा के 110 विधायक में से सिर्फ 20 (110 का 28 फीसदी) ऐसे थे, जिन्हें कुल वैध मतों में से 50 फीसदी से

अधिक वोट मिले। तकरीबन एक-तिहाई भाजपाई विधायक को अपने विधानसभा क्षेत्र में 40 फीसदी से कम वैध मिले। भाजपा के जो उम्मीदवार बहुमत हासिल करने में सफल रहे वे पार्टी के गढ़ माने जाने वाले मुंबई-कर्नाटक, तटीय कर्नाटक, केंद्रीय कर्नाटक और बंगलुरू इलांके सें थे।

तकरीबन एक-तिहाई विधानसभा सीटों पर जीत का अंतर 5 हजार से भी कम मतों का था। भाजपा के एक-चौथाई उम्मीदवार और कांग्रेस के एक-तिहाई उम्मीदवारों के जीत का अंतर 5 हजार से भी कम मतों का था। जबकि भाजपा के आधे से ज्यादा और कांग्रेस के 40 फीसदी उम्मीदवारों के जीत का अंतर 10 हजार से कुछ ही ज्यादा था। वहीं जनता दल सेकुलर के जीत हासिल करने वाले 60 फीसदी उम्मीदवारों ने अपने निकटतम प्रतिद्वंद्वी से महज 10 हजार ज्यादा वोट हासिल किए।

सर्वाधिक मतों में जीत वाली प्रणाली में चुनाव के सभी पहलू जाहिर नहीं होते। पिछले चुनावों पर नजर दौड़ाए तो यह बात साफतौर पर जाहिर होती है कि बेशक भाजपा और जनता दल सेकुलर की सीटों में बढ़ोत्तरी हुई हो, लेकिन राज्य की 224 विधानसभा क्षेत्रों में दोनों की पहुंच सीमित ही रही है। (शास्त्री 1994, 1999, शास्त्री और रामास्वामी 2004)। 2008 के चुनाव में भाजपा 110 विधानसभा क्षेत्रों में जीती, जबकि इसके 58 उम्मीदवार दूसरे नंबर पर रहे। इससे जाहिर होता है कि भाजपा कर्नाटक विधानसभा की 168 सीटों पर ही अपनी उपस्थिति दर्ज करा सकी, जो कि कुल विधानसभा क्षेत्रों का केवल तीन-चौथाई था। बाकी सीटों पर (मुख्यतौर से दक्षिणी कर्नाटक और हैदराबाद कर्नाटका क्षेत्र में) पार्टी के उम्मीदवार या तो तीसरे स्थान पर रहे या फिर उससे भी नीचे। कांग्रेस को 80 सीटों पर जीत हासिल हुई और उसके 116 उम्मीदवार दूसरे स्थान पर आए। लिहाजा, पार्टी 196 सीटों पर उपस्थिति दर्ज कराने में सफल रही, जो कि कर्नाटक विधानसभा के कुल सीटों का 85 फीसदी था। इससे जाहिर होता है कि क्यों कांग्रेस का वोट प्रतिशत भाजपा से अधिक था। जनता दल सेकुलर की झोली में 28 सीटें गई और उसके 39 उम्मीदवार दूसरे स्थान पर रहे। इसका मतलब साफ है कि पार्टी कर्नाटक विधानसभा के 30 प्रतिशत से भी कम सीटों पर पहले या दूसरे स्थान पर रही। इसके ज्यादातर उम्मीदवार 112 (50 फीसदी) सीटों पर तीसरे स्थान पर रहे (ज्यादातर सीटों पर पहले और दूसरे स्थान पर या तो भाजपा रही या फिर कांग्रेस)। इस चुनाव में सभी क्षेत्रों में दो ध्रुवीय मुकाबला देखने को मिला। ज्यादातर विधानसभा क्षेत्रों में कांग्रेस चुनावी दंगल का हिस्सा थी, जबकि दक्षिणी कर्नाटक और हैदराबाद कर्नाटक में जनता सेकुलर भाजपा को हटाकर दूसरे नंबर का प्रतिद्वंद्वी बनना चाहती थी।

मतदाताओं के लिहाज से चुनाव के सबसे बड़े मुद्दे क्या थे और उस लिहाज से उन मुद्दों से निपटने के लिए कौन सी पार्टी सबसे बेहतर विकल्प थी। जैसा कि पहले जिक्र किया गया है साल 2004 और 2008 के बीच का दौर बेहद अनिश्चितता भरा था। लेकिन लगता है कि मतदाताओं को अनिश्चिता के उस दौर से कोई खास लेना देना नहीं था। केवल 6 फीसदी लोगों ने माना कि पिछले चुनाव का अनुभव एक बड़ा मुद्दा था। चुनाव के बाद कराए सर्वेक्षण में भाग लेने वाले एक-तिहाई (35 फीसदी) का मानना था कि आधारभूत सुविधाएं चुनाव का बड़ा मुद्दा थी, जबकि 20 फीसदी लोगों ने किसानों की समस्या को बड़ा मुद्दा बताया। सर्वेक्षण में भाग लेने वाले 13 फीसदी भागीदारों का मानना था कि बेरोजगारी चुनाव का बहुत बड़ा मुद्दा था, जबकि बेतहाशा बढ़ती महंगाई 9 फीसदी के लिए बड़ा चुनावी मुद्दा थी। जब उनसे यह सवाल पूछा गया कि आधारभूत सुविधाओं की समस्या से निपटने के लिए सबसे बेहतर पार्टी कौन है। इस मसले पर कांग्रेस को सबसे बेहतर विकल्प मानने वालों में ज्यादातर कम-पढ़े लिखे, कम संपन्न और ओबीसी और दलित समुदाय के लोग थे। ज्यादा पढ़े-लिखे और संपन्न लोगों की पसंद भाजपा थी। शहरों के विकास के लिए कौन सी पार्टी बेहतर विकल्प है, इस सवाल के जवाब में भाजपा को शहरी लोगों ने बेहतर विकल्प बताया जबकि ग्रामीण इलाके ने भाजपा पर कम भरोसा जताया।

राजनीतिक पसंद और प्राथमिकता की एक महत्त्वपूर्ण कसौटी जाति को माना गया है। पिछले कुछ सालों में जाति को राजनीति में स्वीकृति भी मिली है (शास्त्री 2008)। कर्नाटक की राजनीति जाति आधारित राजनीति के ईर्द-गिर्द अक्सर घूमती रही है। राज्य की एक तिहाई से ज्यादा आबादी वाली लिंगायत और वोक्कलिगा समुदाय का राज्य के आधे से ज्यादा विधायकों को चुनने में भूमिका रही है। इस बार के चुनाव में उच्च जाति में गिनी जाने वाले लिंगायत समुदाय का बड़ा हिस्सा भाजपा के समर्थन में था। लिंगायत समुदाय बहुल इलाके मुंबई कर्नाटक और केंद्रीय कर्नाटक में भाजपा के बेहतर प्रदर्शन की वजह इस तथ्य से साफ जाहिर हो जाती है। भाजपा एकमात्र ऐसी पार्टी थी जिसने लिंगायत समुदाय के व्यक्ति को मुख्यमंत्री पद के दावेदार के तौर पेश किया था। इस समुदाय से येदुरप्पा जैसे कद का नेता न तो कांग्रेस के पास था और न ही जनता दल सेकुलर के पास। भाजपा की सफलता की वजहों को समझने के लिए ये बात काफी अहम है। राज्य की दूसरी दबंग जाति वोक्कलिगा का दक्षिणी कर्नाटक और बंगलुरू में दबदबा है, लेकिन लगता है कि उसका समर्थन तीन बड़े खिलाड़ियों के बीच बंट गया। जनता दल सेकुलर का नेतृत्व इस समुदाय से है और चुनाव बाद कराए सर्वेक्षण में ये बात सामने आई कि इस समुदाय का एक तिहाई वोट जनता दल सेकुलर को मिला। वहीं वोक्कलिगा

समुदाय का एक तिहाई वोट कांग्रेस के खाते में गया। सर्वे में ये भी बात सामने आई कि वोक्कलिगा समुदाय का 20 फीसदी वोट भाजपा को मिला। भाजपा को वोक्कालिगा समुदाय का ये वोट बंगलोर इलाके में मिले होंगे क्योंकि इस इलाके में वोक्कलिगा की खासी आबादी है और भाजपा ने इस इलाके में अच्छा प्रदर्शन किया था। हालांकि लिंगायत और वोक्कलिगा से इतर की जातियों में भी जनादेश बंटा हुआ था, लेकिन ज्यादातर ने कांग्रेस का समर्थन किया। लेकिन इसका फायदा कद्दावर ओबीसी नेता सिद्धारमैया को हुआ होगा जिन्होंने जनता दल सेकुलर को छोड़कर कांग्रेस का दामन थामा था। सर्वेक्षण में यह भी बात सामने आई है कि कम दबदबे वाली ओबीसी समुदाय में भाजपा की पकड़ अच्छी थी, जिसका भाजपा के बेहतर प्रदर्शन में सीधा हाथ था। हालांकि 40 फीसदी दलित वोटर कांग्रेस के साथ थे। कांग्रेस को मिले दलित समर्थन के तार कर्नाटक प्रदेश कांग्रेस कमिटी के अध्यक्ष से जोड़कर देखे जा सकते हैं जो दलित नेता और अगर कांग्रेस सत्ता में आती तो वे मुख्यमंत्री के पक्के दावेदारों में शामिल थे, जनजातीय वोट कांग्रेस और भाजपा के बीच बंटे।

अगर सर्वेक्षण में शामिल लोगों की शैक्षिक और आर्थिक स्थिति पर गौर किया जाए तो भाजपा और कांग्रेस के लिए मत डालने वालों के बीच एक फर्क साफतौर पर देखा जा सकता है। शैक्षणिक स्तर में सुधार के साथ मतदाताओं के बीच कांग्रेस के लिए समर्थन घटा। इसके उलट पढ़ाई-लिखाई के स्तर में सुधार के साथ भाजपा के लिए समर्थन बढ़ा। इसी तरह आर्थिक रूप से कमजोर मतदाता कांग्रेस के साथ थे तो संपन्न मतदाता भाजपा के साथ। सर्वे में भाग लेने वालों में जैसे-जैसे गरीबी का स्तर बढ़ा वैसे-वैसे कांग्रेस के लिए समर्थन बढ़ा, वही जैसे-जैसे संपन्नता का ग्राफ ऊपर चढ़ा, वैसे-वैसे भाजपा को समर्थन देने वालों की संख्या बढ़ी।

यह स्थिति भाजपा ने एक लंबे दौर में बनाई वरना लगभग 25 वर्षों की राजनीति कांग्रेस और जनता दल के विभिन्न नाम वाली पार्टियों के बीच ही घूमती रही।

## तालिका 1 : कर्नाटक विधानसभा चुनाव 2008 और 2004 : पार्टियों को मिले वोट और प्रतिशत

| | 2008 | | 2004 | |
|---|---|---|---|---|
| **पार्टियां** | **सीटें जीतीं** | **वोट मिले** | **सीटें जीतीं** | **वोट मिले** |
| भाजपा | 110 | 33.86 | 79 | 28.33 |
| कांग्रेस | 80 | 34.59 | 65 | 35.27 |
| जद (से) | 28 | 19.11 | 58 | 20.77 |
| अन्य | 6 | 12.44 | 22 | 15.63 |
| कुल | 224 | 100 | 224 | 100 |

## तालिका 2 : कर्नाटक विधानसभा 2008 का क्षेत्रवार विवरण

| क्षेत्र | कुल सीटें | भाजपा | कांग्रेस | जद (से) | निर्दलीय |
|---|---|---|---|---|---|
| हैदराबाद-कर्नाटक | 31 | 11 (36) | 14 (45) | 5 (16) | 1 (3) |
| मुंबई-कर्नाटक | 50 | 36 (72) | 12 (24) | 2 (4) | 0 |
| मध्य-कर्नाटक | 35 | 25 (71) | 7 (20) | 1 (3) | 2 (6) |
| तटीय-कर्नाटक | 21 | 12 (57) | 7 (33) | 2 (10) | 0 |
| बैंगलोर | 36 | 19 (53) | 14 (39) | 3 (8) | 0 |
| दक्षिण-कर्नाटक | 51 | 7 (14) | 26 (51) | 15 (29) | 3 (6) |

*नोट : कोष्ठक के आंकड़ें 2014 चुनाव के हैं।*

कर्नाटक में 2004 के चुनावी नतीजे, दूसरे राज्यों की तरह चौंकाने वाले नहीं थे। जो कर्नाटक की जमीन से वाकिफ हैं उनके सामने पूरे प्रांत में चल रही लहर साफ थी। यह दूसरी बार था जब प्रांत ने एक-साथ होने वाले लोकसभा और विधानसभा चुनाव में खंडित जनादेश देखा। इस जनादेश ने एक ओर अतीत से अलगाव का संकेत दिया दूसरी ओर नए सिलसिले का इशारा किया जो आगामी वर्षों में सामने आएगा। कई वजहों से ये चुनावी नतीजा सभी बड़ी पार्टियों के लिए बेहद अहम था। कांग्रेस के लिए प्रांत में सत्ताधारी पार्टी के तौर पर अपनी हैसियत बचाना जरूरी था। इसके अलावा उसे लोकसभा की जरूरी सीटें भी जीतनी थीं जो केंद्र में सरकार बनाने के काम आनी थीं। भाजपा के लिए कर्नाटक दक्षिण भारत में एक तरह से लांचिग पैड की तरह था (शास्त्री 1999)। दक्षिण में कर्नाटक इकलौता राज्य था जहां न सिर्फ भाजपा की अपनी उपस्थिति थी, बल्कि वह गठबंधन की प्रमुख पार्टी भी थी। भाजपा को उम्मीद थी कि कर्नाटक में बढ़िया प्रदर्शन करके वह राजग के सीटों को बढ़ाएगी जबकि विधानसभा चुनाव में जीत सोने पर सुहागा हो सकती थी। जनता दल सेकुलर (जदसे) के लिए करो या मरो, की लड़ाई थी। राज्य में उसकी प्रासंगिकता काफी हद तक उसके अच्छे चुनावी प्रदर्शनों पर निर्भर थी खासकर विधानसभा के स्तर पर।

## तालिका 3 : किसने किसे वोट दिया : विधानसभा 2008

| जाति | भाजपा | कांग्रेस | जद (से) |
|---|---|---|---|
| अगड़े | 43 | 22 | 7 |
| लिंगायत | 56 | 17 | 11 |
| वोक्कलिगा | 20 | 32 | 34 |
| अन्य पिछड़े | 28 | 36 | 16 |
| दलित | 22 | 39 | 16 |

| | | | |
|---|---|---|---|
| आदिवासी | 33 | 31 | 17 |
| मुसलमान | 15 | 46 | 22 |
| निरक्षर | 25 | 36 | 27 |
| प्राथमिक तक | 28 | 32 | 14 |
| मैट्रिक तक | 33 | 32 | 29 |
| साक्षर | 35 | 27 | 29 |
| पुरुष | 31 | 32 | 17 |
| महिला | 32 | 30 | 18 |

यहां दूसरे राजनीतिक दलों के प्रयास का जिक्र भी जरूरी है। इन राजनीतिक दलों को राज्य में अपने समर्थन का यकीन था, और अब वे अपनी फसल काटना चाहते थे। बसपा हांलाकि राज्य में कई सालों से हाशिए पर थी फिर भी उसने अपना जनाधार और वोट प्रतिशत बढ़ाने के लिए केन्द्रित प्रयास किया। शराब निर्माता विजय माल्या ने बड़े पैमाने पर अपनी जनता पार्टी को वक्त और पैसा दिया, और कई क्षेत्रों में अपने उम्मीदवार खड़े किए। यह बात कन्नड नाडू पार्टी (पूर्व भाजपा सांसद और बड़े टांसपोर्टर विजय संकेश्वर की पार्टी) संयुक्त अर्स पार्टी और दूसरी क्षेत्रीय पार्टियों के लिये भी सच थी। इन सब ने 2004 के चुनावी दंगल में हाथ आजमाया। चुनावी मुकाबले में इन सबका असर गौर से देखा गया क्योंकि कर्नाटक की जनता ने शायद ही कभी क्षेत्रीय राजनीतिक पार्टियों के दावे पर ऐतबार किया था ( शास्त्री 2004)। कर्नाटक का जनादेश खास तवज्जो के काबिल है क्योंकि मतदाताओं ने लोकसभा और विधानसभा के चुनावों में साफतौर पर फर्क किया। भाजपा ने लोकसभा की 28 सीटों में से 18 सीटें जीतीं (60 प्रतिशत) कांग्रेस को 8 (36 प्रतिशत) और जनता दल सेकुलर को 2 सीटों पर संतोष करना पड़ा। विधानसभा के नतीजे ज्यादा बंटे हुए थे। भाजपा ने विधानसभा की 224 सीटों में से 79 सीटें (35 प्रतिशत) जीतने में कामयाब रही और उसकी सहयोगी पार्टी जनता दल यूनाइटेड (जदयू) 5 सीटों पर कामयाब रही। कांग्रेस को 65 सीटें मिलीं (30 प्रतिशत) और जनता दल सेकुलर को 58 सीटें (26 प्रतिशत)। साफतौर पर विधानसभा चुनाव में जो भाजपा ने गंवाया, वह जेडी एस के खाते में गया। कांग्रेस के लिए लोकसभा और विधान सभा दोनों चुनाव में मिले सीटों के प्रतिशत करीब करीब एक जैसा था। बसपा दोनों चुनावों में अपनी मजबूत उपस्थिति दर्ज कराने में असफल रही।

जबकि बहुजन समाज पार्टी और जनता पार्टी अपना खाता खोलने में भी नाकामयाब रहे, कन्नड नाडू पार्टी एक सीट जीतने में कामयाब रही।

## तालिका 4 : लोकसभा चुनाव में पार्टियों का प्रदर्शन

| वर्ष | कांग्रेस | भाजपा | जद | जद (यू) | जद (से) |
|---|---|---|---|---|---|
| 2004 | 8 | 18 | | 3 | 2 |
| 1999 | 18 | 7 | | 3 | |
| 1998 | 9 | 13 | 16 | | |
| 1996 | 5 | 6 | | | |
| 1994 | | | | | |
| 1991 | 22 | 4 | 2 | | |

भाजपा ने पिछले लोकसभा चुनावों के तुलना में अब तक का सबसे अच्छा प्रदर्शन किया। 1998 में लोकशक्ति पार्टी के साथ गठबंधन में इसने 16 सीटें जीती थी, जबकि इस बार अपने दम पर 18 सीटें जीतने में कामयाब रही। भाजपा की सहयोगी पार्टी जेड यू को इस बार कोई सफलता नहीं मिली। अब तक विधानसभा चुनावों में भी भाजपा ने सबसे अच्छा प्रदर्शन किया। इस लोकसभा चुनाव में कांग्रेस का प्रदर्शन करीब करीब 1998 के लोकसभा चुनाव की तरह ही था, जबकि विधानसभा चुनाव में कांग्रेस 1985 के अपने प्रदर्शन के स्तर पर थी। यह दूसरी बार था जब कर्नाटक में साफतौर पर कोई विजेता नहीं था। कर्नाटक में इससे पहले 1983 में वोटों का तीन तरफा विभाजन हुआ था और जनता पार्टी सबसे बड़ी पार्टी के तौर पर उभरी थी। दो दशक बाद मतदाताओं ने एक बार फिर उम्मीदवारों को इस तरह चुना कि किसी भी पार्टी को बहुमत हासिल नहीं हुआ। महत्त्वपूर्ण अंतर सिर्फ एक था कि इस बार भाजपा सबसे बड़ी पार्टी के तौर पर सामने आई।

2004 के चुनावों में कर्नाटक के मतदाताओं ने खंडित जनादेश दिया। दोनों चुनावों में बड़ी तादाद में मतदाताओं ने अलग अलग पार्टियों को अपना समर्थन दिया। सीएसडीएस सर्वेक्षण के आंकड़े बताते हैं कि लोकसभा चुनाव में कांग्रेस को वोट देने वाले 84 फीसदी लोगों ने विधानसभा चुनाव में भी कांग्रेसी उम्मीदवार को ही वोट दिया। भाजपा के मामले में यह अनुपात 68 प्रतिशत था (अगर इसमें जदयू के हिस्से के वोट भी जोड़ दिया जाए)।

यानि 34 फीसदी लोग जिन्होने लोकसभा चुनाव में भाजपा को वोट दिया उन्होंने विधानसभा चुनाव में दूसरी पार्टी के उम्मीदवार को समर्थन दिया। वोटों का यह स्थानान्तरण कमोबेश एक ही अनुपात में कांग्रेस, जद (से) और निर्दलीय उम्मीदवारों के मामले में भी रहा। जिन मतदाताओं ने जद (से) को लोकसभा चुनावों में वोट दिया,उनमें 73 प्रतिशत लोगों ने विधानसभा चुनावों में भी इसी पार्टी के उम्मीदवार को वोट दिया। कांग्रेस, भाजपा और दूसरी छोटी पार्टियों के मामले में

भी यह संतुलन एक बराबर कायम रहा। वोटों का यह बंटवारा कर्नाटक विधानसभा की सच्चाई बयान करता है जिसमें किसी पार्टी को बहुमत हासिल नहीं हुआ। दूसरी ओर लोकसभा चुनाव में भाजपा को कर्नाटक से करीब दो तिहाई बहुमत मिला।

राज्य के लोकसभा और विधानसभा चुनाव के आंकड़ों की अगर विस्तार में समीक्षा की जाए तो मतदान के स्वरूप में साफ अंतर दिखता है। कर्नाटक के प्रत्येक संसदीय सीट में 8 विधानसभा क्षेत्र हैं। 14 संसदीय क्षेत्रों (कुल 28 संसदीय क्षेत्रों में) में लोकसभा चुनाव जीतने वाली पार्टी उसी क्षेत्र की आधी विधानसभा सीटें जीतने में नाकामयाब रही। इन चौदह लोकसभा सीटों में से सात में तो जीतने वाली पार्टी कुल 8 विधानसभा सीटों में से एक या दो ही सीट जीत पायी।

कर्नाटक के लोकसभा चुनावों में पहले कभी 2004 जैसा मुकाबला नहीं देखा गया। ज्यादातर सीटों पर मुकाबला त्रिकोणीय रहा। इससे दो नतीजे साफ थे, पहला- ज्यादातर क्षेत्रों में जीत का अंतर काफी कम था। 28 लोकसभा सीटों में सिर्फ 6 सीटों पर जीत का अंतर कुल डाले गए वैध वोटों के 10 फीसदी से ज्यादा था। जबकि 13 लोकसभा क्षेत्रों में जीत का अंतर कुल वैध मतों के 5 फीसदी से भी कम था। दूसरा- 23 लोकसभा सीटों में जीतने वाले उम्मीदवार को 50 फीसदी से भी कम मत मिले। यहां जिक्र करना जरूरी है कि सभी कामयाब कांग्रेसी उम्मीदवारों को 50 फीसदी से कम वोट मिले (कुल वैध मतों का)। साफ है कि हारने के बावजूद भाजपा- जदयू और जद (से) ने वोटों का उच्च प्रतिशत हासिल किया।

विधानसभा चुनाव में भी यही प्रवृत्ति दिखाई देती है। कम से कम 67 विधानसभा क्षेत्रों (30 प्रतिशत) में जीत का अंतर कुल वैध मतों के 5 फीसदी से भी कम रहा.। हाल के वर्षों में कर्नाटक ने विधानसभा चुनावों में ऐसा नजदीकी मुकाबला नहीं देखा (शास्त्री 1994)। कम से कम 25 विधानसभा क्षेत्रों (42 प्रतिशत) में जीत का अंतर महज 5 से 15 फीसदी (कुल वैध मतों (का)) का रहा। गौरतलब है कि जीत का यह अंतर जीतने वाले कांग्रेस भाजपा और जद (से) के उम्मीदवारों के मामले में कमोबेश एक जैसा रहा। 2004 का चुनावी नतीजा एक बेहद कड़े मुकाबले की वजह से है जो तीन प्रमुख राजनीतिक पार्टियों के दरम्यान हुआ। इन तीनों पार्टियों ने आपस में करीब 84 फीसदी वोट हासिल किए।

## चुनावी रणनीतियां

यहां बड़ी राजनीतिक पार्टियों द्वारा अपनाई गई चुनावी रणनीतियों और उसके फर्क को समझना भी महत्त्वपूर्ण है। कांग्रेस ने दोनों चुनाव एक साथ लड़ने का निर्णय लिया। कांग्रेस को उम्मीद थी कि एस एम कृष्णा की सरकार द्वारा किए गए अच्छे काम दोनों चुनावों में कामयाबी दिला सकता है। मुख्यमंत्री एम एस कृष्णा को विश्वास था कि कांग्रेस विधानसभा में काम चलाऊ बहुमत हासिल कर लेगी

(डेक्कन हेराल्ड, 5 मार्च 2004)। उज्जवल कर्नाटक का नारा पार्टी के आत्मविश्वास की निशानी थी। लेकिन कांग्रेस ने चुनाव प्रचार में शुरुआती बढ़त लेने के बजाय अपने उम्मीदवारों के चयन में काफी ऊर्जा और समय व्यतीत किया।

दूसरी ओर भाजपा ने खुद को लोकसभा चुनाव पर ज्यादा केंद्रित किया। लोकसभा चुनाव में अपनी जीत सुनिश्चित करने के लिए भाजपा ने वाजपेयी के नाम और फिल गुड फैक्टर नारे का इस्तेमाल किया। पार्टी की राज्य इकाई प्रमुख अनंत कुमार ने दावा किया कि भाजपा वाजपेयी की लहर और मुख्यमंत्री कृष्णा की विरोधी लहर का फायदा उठाएगी (टाइम्स आफ इंडिया 22 फरवरी 2004) भाजपा को उम्मीद थी कि इसी लहर में वो विधानसभा चुनाव में भी कामयाबी हासिल कर सकेगी। भाजपा ने जदयू के साथ गठबंधन की निश्चय किया और उसे 3 लोकसभा और 25 विधानसभा सीटें दीं।

जनादेश की सही व्याख्या के लिए राज्य में जेड यू के विकास का भी जिक्र जरूरी है। 1999 के चुनावों में जेड यू ने भाजपा के साथ एक ढुलमुल गठबंधन किया था। जेड यू तब 18 विधानसभा सीटों के अलावा 3 लोकसभा सीटें जीतने में कामयाब रही। पिछले पांच सालो में पार्टी की स्थिति में नाटकीय ढंग से गिरावट आई। एक विधायक को छोड़कर बाकी सभी या तो कांग्रेस में या जद (से) में शामिल हो गए। पार्टी के तीन सांसदों ने भी पार्टी छोड़ दी। जदयू की गिरती ताकत और प्रभाव को देखते हुए राज्य भाजपा, जदयू के साथ गठबंधन के खिलाफ थी। आखिरकार यह समझौता राज्य भाजपा ने राष्ट्रीय स्तर पर इस गठबंधन के महत्त्व और खासतौर पर बिहार की राजनीति में इस गठबंधन की स्वीकार्यता को देखते हुए स्वीकार कर लिया।

दूसरी ओर जदसे ज्यादा मजबूत स्थिति में दिख रही थी। इसने विशेषतौर पर विधानसभा चुनाव पर अपना ध्यान केंद्रित किया। लोकसभा चुनाव में पार्टी के एकमात्र स्टार उम्मीदवार पार्टी अध्यक्ष और पूर्व प्रधानमंत्री देवगौड़ा थे, जो दो क्षेत्रों से चुनाव लड़ रहे थे। जनता दल सेकुलर ने प्रांत में पूर्ववर्त्ती जनता दल के जनाधार को हासिल करने का प्रयास किया या, और ज्यादातर क्षेत्रों में उन उम्मीदवारों को खड़ा किया जिन्होंने 1994 के चुनाव में जनता दल में (देवगौड़ा के नेतृत्व में) रहते हुए जीत पाई थी।

सर्वे के आंकड़े कर्नाटक के मतदाताओं की मानसिकता और जनादेश की कैफियत साफ बयान करते हैं। सीएसडीएस सर्वेक्षण में जब लोगों से राजग सरकार के कामकाज के बारे में पूछा गया तो जवाब देने वालों में से करीब आधे लोगों ने (46 प्रतिशत) संतोष जताया। इसमें 20 फीसदी लोग एनडीए सरकार से पूरी तरह असंतुष्ट थे या किसी वजह से खुश नहीं थे। ऐसे संदर्भ में भाजपा के 18 लोकसभा उम्मीदवारों की जीत मायने रखती है। जब लोगों से राज्य सरकार के कामकाज पर

राय पूछी गयी तो करीब 56 फीसदी लोगों ने घोर असंतोष जताया। महज एक चौथाई जवाब देने वाले (25) लोग राज्य सरकार से पूरी तरह संतुष्ट थे या मामूली तौर पर खुश थे।

कुछ बड़े मुद्दे पर लोग राज्य सरकार की आलोचना में ज्यादा सख्त थे। राय देने वाले करीब 51 फीसदी लोगों को लगा कि प्रशासन में भ्रष्टाचार बढ़ा है। 45 फीसदी लोगो को लगा कि पीने लायक पानी की समस्या बदतर हुई है, और 41 फीसदी लोग बिजली की आपूर्ति से परेशान थे (तालिका -2)। करीब 57 फीसदी लोगों के नजरिये में राज्य सरकार ने शहरी क्षेत्रों पर ज्यादा ध्यान दिया था और ग्रामीण क्षेत्र की समस्याओं को नजरअंदाज किया था (तालिका -3)। जब लोगो से यह पूछा गया कि क्या राज्य के नेताओं ने राज्य के हितों की सुरक्षा की तो राय देने वालों में से 60 फीसदी ने राज्य के नेताओं को असफल माना। दो अलग अलग सरकारों के बारे में लोगों के विचार का फर्क काफी अहम था।

कांग्रेस की राज्य सरकार के लिए असंतोष, जिसे 'एंटी इंकबेंसी' वोट कहते हैं, इस नतीजे की वजह थी। खैर, ये खिसकते वोट किसी एक अकेली पार्टी को नहीं मिले बल्कि भाजपा और जनता दल सेकुलर के बीच बंट गया। पिछले 20 सालों से कर्नाटक के विधानसभा चुनाव में सत्ताधारी पार्टी को दोबारा स्वीकार नहीं किया गया। हालांकि पिछले सालों में मतदाताओं ने हर बार एक-दूसरे मजबूत विकल्प को चुना। चाहे जनता पार्टी या जनता दल या फिर कांग्रेस। सिर्फ 1983 के विधानसभा चुनाव में कोई साफ विजेता नहीं था (जैसा अब था)। 1983 में किसी एक पार्टी का आधिपत्य राज्य में खत्म हुआ, जब मतदाताओं ने न तो कांग्रेस को पूरी तरह नकारा और न ही जनता पार्टी के दावों को अपनी मंजूरी दी।

2004 में भी भाजपा और जनता दल सेकुलर खुद को कांग्रेस के विकल्प के तौर पर पेश करने में नाकामयाब रहे। नतीजतन एक ऐसा जनादेश सामने आया जो किसी पार्टी के पक्ष में नहीं था। कई सालों से कर्नाटक में दो ध्रुवीय मुकाबला रहा (शास्त्री 1994,1999स 2004, शास्त्री और विनोद 1991)। 2004 के चुनाव से कर्नाटक ने एक बार फिर बहुकोणीय मुकाबले के दौर में प्रवेश किया।

कांग्रेस की हार की कई बड़ी वजहें हैं। पहला तो उम्मीदवारों का चयन-17 में से 13 निर्वतमान सांसद फिर से कांग्रेस की ओर से उम्मीदवार थे और उसमें से चार चुनाव हार गए। विधानसभा चुनाव में कांग्रेस की ओर से 106 निवर्तमान विधायकों को टिकट दिया गया। यह बात अहम है कि उनमें से 25 (24 फीसदी) वे विधायक थे जो पिछले विधानसभा चुनाव में किसी और पार्टी से चुने गए थे और अब कांग्रेस में शामिल हो गए थे। बहरहाल जिन 108 विधायकों को कांग्रेस ने टिकट दिया उसमें से 74 चुनाव हार गए (70 प्रतिशत)। हारे हुए 74 विधायकों में 17 दलबदलू विधायक भी शामिल थे। दूसरी बात, विधानसभा के लिए नए

उम्मीदवारों का चयन भी स्थानीय कार्यकर्त्ताओं और पार्टी नेताओं से मशविरे के बगैर किया गया। पार्टी के अंदर आपसी बैर लाजिमी तौर पर एक बड़ा संकट था। कई जाने माने कांग्रेस नेता प्रचार से दूर रहे क्योंकि वे उम्मीदवारों के चयन से भी नाराज थे और प्रचार की रणनीति में तवज्जो नहीं दिए जाने से भी।

दूसरी बात, लोगों के बीच राज्य सरकार के कामकाज के खराब आकलन (जैसा सर्वेक्षण भी सामने आया) की वजह से भी कांग्रेस की तकदीर फूट गई। यहां इस बात का जिक्र भी जरूरी है कि पार्टी ने हैरतअंगेज तरीके से उत्तरी कर्नाटक में खराब प्रदर्शन किया। सर्वेक्षण के आंकड़ों के मुताबिक इस इलाके के 65 फीसदी लोगों ने महसूस किया कि लगातार कई सरकारों ने उत्तरी कर्नाटक को नजरअंदाज किया। पूर्व मुख्यमंत्री एस एम कृष्णा ने भी इस सच्चाई को स्वीकार किया कि एक साथ दो चुनावों में जाने की रणनीति पार्टी को उल्टी पड़ गई। उन्होंने यह भी माना कि राज्य सरकार ने ग्रामीण क्षेत्र और उसकी समस्याओं पर पूरा ध्यान नहीं दिया (डेक्कन हेराल्ड, मई 2004)।

विधानसभा के चुनावों में भाजपा की उम्मीद कई वजहों से टूटी। लोकसभा चुनाव में भाजपा के अच्छे प्रदर्शन का श्रेय काफी हद तक राजग के नेतृत्व में लोगों को भरोसे को दिया जा सकता है, और उस स्थिरता को भी जो उस सरकार ने दिया। दिलचस्प है कि एक सर्वे के मुताबिक करीब आधे लोगों को (46 प्रतिशत) साझा सरकार से कोई समस्या नहीं थी। आठ फीसदी लोगों ने इसे हालात की जरूरत के तौर पर स्वीकार किया। कर्नाटक में वाजपेयी फैक्टर निर्णायक रहा। सर्वे के मुताबिक 28 फीसदी लोगों ने वाजपेयी को सुनने के बाद एनडीए को वोट देने का निर्णय किया, और यह माना कि अगर वाजपेयी एनडीए के नेता नहीं होते तो उनका निर्णय भी अलग होता। एक बड़ी तादाद में लोगों ने यही बात भाजपा के बारे में भी कही। हालांकि भाजपा ने राज्य के विधानसभा चुनाव पर ज्यादा ध्यान नहीं दिया क्योंकि उसकी नजर दिल्ली की सरकार पर थी। लाजिमी था कि विधान सभा के लिए उम्मीदवारों के चयन पर भी खास तवज्जो नहीं दी गई। भाजपा ने तात्कालिक 37 विधायकों को फिर से टिकट दिया, जिसमें से 18 की हार होनी थी। जदयू के साथ गठबंधन ने भाजपा को कुछ खास फायदा नहीं पहुंचाया। जदयू अपने हिस्से की तीनों लोकसभा सीटें हार गई, और 25 विधानसभा सीटों में से महज पांच सीटें जीतने में कामयाब हुई। यानि गठबंधन में साझा सहयोग का तर्क यहां काम नहीं आया।

जनता दल (से) ने उन क्षेत्रों पर खास ध्यान दिया जहां अविभाजित जनता दल ने 1994 में जीत हासिल की थी। पार्टी का प्रचार मोटेतौर पर पुराने मैसूर इलाके और हैदराबाद कर्नाटक के कुछ हिस्से में रहा। इन्हीं इलाकों से जनता दल (से) ने ज्यादातर सफलताएं पायीं। यहां से जीतने वाले उम्मीदवार वह थे जिन्होंने 1994 के

चुनाव में भी सफलता पाई थी। 2004 के चुनाव में सभी पार्टियां पिछले चुनाव में हासिल की गईं सीट बचाने में पूरे तौर पर कामयाब नहीं हुईं। यह बात लोकसभा चुनाव के बजाय विधानसभा चुनाव पर ज्यादा गौरतलब थी। लोकसभा चुनाव में भाजपा अपनी सातों सीटें बचाते हुए ग्यारह और सीटें जीतने की स्थिति में थी। कांग्रेस ने अपनी सात सीटें बचाईं जबकि ग्यारह गंवा दी। कांग्रेस ने एक सीट जदयू से हासिल की। जिन सीटों को कांग्रेस ने खोया उसमें से एक सीट (बेलारी) उसने कभी नहीं गंवाया था और दो सीटें हमेशा से उसका मजबूत गढ़ रही थीं (उत्तरी बंगलोर और दक्षिणी धारवाड़)। दूसरी ओर जदयू ने अपने हिस्से का तीनो सीटें गंवा दी जिसमें से दो जनता दल (से ) ने हासिल किया।

पार्टियों के दरम्यान सीटों की अदला बदली, विधानसभा चुनाव में साफ तौर पर नजर आई। कांग्रेस पिछले चुनाव में जिन 132 विधानसभा सीटों पर कामयाब रही थी अब उसमें से महज 42 को जीत पाने की स्थिति में थी। इसने बाकी की 23 सीटें दूसरी पार्टियों से जीतीं। भाजपा ने 1999 में हासिल की गई सीटों में से आधी से ज्यादा गंवा दी (44 में से 21) जबकि इस बार 58 सीटें दूसरी पार्टियों से हासिल कीं। जनता दल (से) 1999 में हासिल की गई 10 सीटों में से 4 खो बैठी और 52 सीटें दूसरी पार्टियों से जीतने में कामयाब हुई। कोई भी राजनीतिक पार्टी यह दावा नहीं कर सकती कि राज्य में उनके लिए कोई सीट सुरक्षित रह गई।

राजनीतिक विश्लेषण के नजरिए से कर्नाटक चार पारंपरिक इलाकों में विभाजित है। पुराना मैसूर इलाका, कर्नाटक का वह इलाका है जो पहले मैसूर रजवाड़े का हिस्सा हुआ करता था। इस इलाके में लोकसभा की कुल 28 सीटों में से 14 सीटें और विधानसभा की 224 सीटों में से 113 सीटें हैं। हैदराबाद कर्नाटक इलाके में ज्यादातर पुराने हैदराबाद राज्य के हिस्से हैं। इस इलाके में 5 लोकसभा सीटें और 39 विधानसभा सीटें हैं। मुंबई कर्नाटक इलाके में पुराने मुंबई प्रेसिडेंसी के क्षेत्र हैं। इस इलाके में 6 लोकसभा सीटें और 51 विधानसभा सीटें हैं। तटीय कर्नाटक इलाका एक तटीय क्षेत्र है जहां तीन लोकसभा और 21 विधानसभा सीटें हैं। अगर प्रदर्शन के हिसाब से पार्टियों को देखें तो हम गौर करते हैं कि इन चारों इलाकों में कांग्रेस के वोट और सीट की हिस्सेदारी, दोनों में गिरावट आई। बहरहाल, जो जगह कांग्रेस ने छोड़ी उसे किसी एक पार्टी ने हासिल नहीं किया बल्कि वह भाजपा और जेडी (से) के दरम्यान बंट गया।

जनता दल (से) ने पुराने मैसूर इलाके में बहुत अच्छा किया। भाजपा के विकास को न सिर्फ कांग्रेस ने बल्कि जदसे ने रोका। भाजपा अनिवार्य रूप से तटीय कर्नाटक और मुंबई कर्नाटक इलाके में सफल रही जहां इसने सभी लोकसभा सीटों और बड़ी तादाद में विधानसभा की सीटों पर कब्जा जमाया। यहां इस बात पर जोर जरूरी है कि मुंबई कर्नाटक इलाके में रामकृष्ण हेगडे को काफी समर्थन हासिल था,

और यह चुनाव भी उनकी मृत्यु के बाद पहला था। ऐसा लगता है जैसे भाजपा ने यहां सफलतापूर्वक अपना आधार स्थापित कर लिया। इस प्रक्रिया के सामाजिक पहलू पर नीचे विचार किया गया है। जनता दल (से) ने हैदराबाद कर्नाटक इलाके में कांग्रेस का कड़ा मुकाबला किया। ज्यादातर विधानसभा सीटों पर त्रिकोणीय मुकाबला इस बात से जाहिर है कि 224 क्षेत्रों में से महज 50 (22 प्रतिशत)में कामयाब उम्मीदवारों को पचास फीसदी से ज्यादा वोट मिले। शेष उम्मीदवार अपने विरोधियों के बीच मतों के विभाजन की वजह से जीते।

अलग अलग पार्टियों का सामाजिक आधार ध्यान में रखना जरूरी है। सर्वे के आंकड़े साफतौर पर बताते हैं कि भाजपा को ऊंची जातियों को मिलने वाला बड़ा समर्थन कायम रहा (टेबल 4) बहुसंख्यक दलितों ने कांग्रेस को समर्थन दिया। ऐसा लगता है कि पिछडी जातियों के वोट कांग्रेस (37 फीसदी) भाजपा-जेडयू (34 फीसदी)और जनता दल (से) (26 फीसदी ) के दरम्यान तीन हिस्सों में बंट गया। यहां कर्नाटक के दो प्रभावशाली जातियां- वोक्कलिगा और लिंगायत का जिक्र खासतौर पर जरूरी है। दोनों कृषक जातियां हैं, जिसमें वोक्कलिगा का दबदबा पुराने मैसूर इलाके में है जबकि लिंगायतों की उत्तरी इलाके सहित मुंबई कर्नाटक और हैदराबाद कर्नाटक इलाके में अच्छी मौजूदगी है। सर्वे बताता है कि 38 फीसदी वोक्कालिगा वोट कांग्रेस को मिला (एस एम कृष्णा बड़े वोक्कलिगा नेता है)। भाजपा - जेडयू गठबंधन को वोक्कलिगा जाति के सिर्फ 18 फीसदी वोट मिले। वोक्कलिगा के बड़े नेता देवगौड़ा ने जनता दल (एस) के लिए अपनी जाति से सबसे ज्यादा वोट हासिल किए (43फीसदी)। लिंगायत जाति के वोट बड़ी तादाद में भाजपा- जेडयू को मिले-60 फीसदी। लंबे समय तक लिंगायतो ने रामकृष्ण हेगडे को अपना प्रतिनिधि और अपने हितों का रक्षक माना था (हालांकि वे ब्राह्मण थे)। उनकी मौत के साथ, ऐसा लगता है कि भाजपा ने लिंगायत मतों में दूर तक रास्ता बना लिया और उत्तरी कर्नाटक में पार्टी की सफलता इस नए विकास से जुड़ी है। सर्वेक्षण बताता है कि कांग्रेस को 31 फीसदी लिंगायत वोट हासिल हुआ।

अप्रभावी पिछड़ी जातियों में दो जातियां खास हैं - कुरुबा (चरवाहा) और इडीगा (ताड़ी बनाने वाली जाति)। जदसे प्रांत अध्यक्ष और अभी उपमुख्यमंत्री रहे। सिद्दारमैया कुरूबा जाति से हैं जबकि बंगरप्पा का रिश्ता इडीगा जाति से है। कुरूबा जाति के वोट का बड़ी पार्टियों में तीनतरफा विभाजन हुआ जबकि इडीगा वोट का बड़ा हिस्सा कांग्रेस को मिला। नतीजा निकाला जा सकता है कि सत्ता के लिए भाजपा के प्रयास में बंगरप्पा ने उम्मीद के उलट कोई बड़ी भूमिका नहीं निभाई।

कर्नाटक की राजनीति आज एक चौराहे पर दिखती है। राज्य ने भाजपा को

बडी तादाद में सांसद दिया था लेकिन उन्हें विपक्ष में बैठना था। विधानसभा में किसी बहुमत वाली पार्टी के अभाव में साझा या अल्पमत की सरकार का दौर एक स्वाभाविक परिणाम था। धरम सिंह के नेतृत्व में कांग्रेस और जेडी (एस) की साझा सरकार दोनों की सत्ता पाने की आपसी जरूरत और भाजपा को सरकार से दूर रखने की कवायद का नतीजा थी। साझा या अल्पमत की सरकार कर्नाटक के लिए नई बात नहीं है। हेगडे की पहली सरकार (1983–1985) बाहरी समर्थन पर एक अल्पमत की सरकार थी। दिलचस्प है कि सर्वे के मुताबिक राय देने वाले 47 फीसदी लोगों ने माना कि साझा सरकार से उन्हें कोई गुरेज नहीं है। सरकार और उसके नेता सच्चाई स्वीकारने और साझा सरकार का धर्म समझने की प्रक्रिया में हैं। यहां तक कि साझा सरकार बनने के कई महीनों बाद भी मुख्यमंत्री अपनी पार्टी के अंदरूनी दबाव की वजह से मंत्रिपरिषद का विस्तार नहीं कर पाए। कांग्रेस के लिए महत्त्वपूर्ण था कि भिन्न सामाजिक तबकों में अपना समर्थन और ताकत पाने के लिए वो एकजुट हो कर प्रयासरत हो।

कर्नाटक में राज्य की राजनीति एक बार फिर संक्रमण के दौर में है। कांग्रेस उम्मीद करती है कि वह अपनी तकदीर बदल लेगी। एक आक्रामक साझीदार के साथ सरकार चलाने की कवायद उसके लिए आसान नहीं है। लंबे समय अंतराल में पार्टी सुनिश्चित करना चाहती है कि साझा सरकार का तनाव राज्य में उसके अपने जनाधार पर उलटा असर नहीं डाले। भाजपा अपनी तैयारियों के साथ आगामी सालों में चुनावी ताकत बढ़ाने का इंतजार कर रही है। राज्य और केन्द्र दोनों जगह सत्ता से दूर रहने के दबाव से उबरना उसकी काबिलियत के लिए चुनौती है। जनता दल (एस) घोषित तीसरी ताकत के तौर पर अपनी जगह बनाना चाहता है। कांग्रेस पर उसके तेज राजनीतिक हमले की यही कैफियत है।

2004 के चुनाव को जैसा कि योगेन्द्र यादव ने संकेत किया था (2004) तभी समझा जा सकता है जब राष्ट्रीय संकेतों में राज्यों की केन्द्रीय भूमिका को ध्यान में रखा जाए। कर्नाटक के चुनावी नतीजे इस धारणा को पुष्ट करते हैं। 2004 के चुनावों के साथ ही कर्नाटक ने पूर्ववर्ती दो ध्रुवीकरण से प्रतिस्पर्धी बहुध्रुवीय स्थिति में प्रवेश किया जो इसी तरह मुमकिन है ध्रुवीकरण के पहले एक संक्रामक काल साबित हो।

# पूर्वोत्तर

Arunachal Pradesh
Itanagar
Assam
Dispur
Kohima
Nagaland
Shillong
Meghalaya
Imphal
Manipur
Agartala
Aizawl
Tripura
Mizoram

# पूर्वोत्तर : लोकतांत्रिक विविधता का इंद्रधनुष

— **अमरनाथ**

पूर्वोत्तर के पहाड़ी प्रदेशों की चुनावी-राजनीति में परस्पर इतनी विविधता है और अलग-अलग प्रदेश में घात-प्रतिघात इतना गहरा है कि उनके बीच सामूहिक विशिष्टता खोजने और पहचानने की कोशिश अजीब लगती है। जातीय पहचान (नेशनल आइडेंटिटी) के प्रश्न हर राज्य में विद्यमान हैं। उस पहचान को प्रादेशिक स्वरूप देने के प्रयासों पर आधारित क्षेत्रीयता की राजनीति भी मजबूत है और उस राजनीति के अलगाववादी-उपद्रवकारी संस्करणों की धमक अक्सर सुनी जाती है। लेकिन सभी राज्यों में बाकी देश और केन्द्र की सरकार को संचालित करने वाली पार्टी से जुड़ने की ललक है। इसका एक नमूना त्रिपुरा है जहां बंगाली बहुसंख्यक जनता पश्चिम बंगाल की तर्ज पर वाममोर्चा का साथ छोड़ने के लिए तैयार नहीं, वहीं मणिपुर और नगालैंड में राजद और जदयू जैसी पार्टियों के उम्मीदवार भी विधानसभा में पहुंच जाते हैं। इन पार्टियों के पास कोई सांगठनिक आधार या वैचारिक आधार पूर्वोत्तर प्रदेशों में नहीं है। चर्च केन्द्रित राजनीति वाले नगालैंड में भाजपा सरकार में हिस्सेदार बनती है और मणिपुर के ईसाईयों में उसे कांग्रेस और अन्य क्षेत्रीय पार्टियों से अधिक वोट मिलते हैं। केन्द्र में वाजपेयी सरकार के गठन के पहले पूर्वोत्तर के पहाड़ी प्रदेशों में भाजपा का अस्तित्व नहीं था। चुनावी परिदृश्य में भाजपा के उभरने का सीधा और सरल अर्थ उन राज्यों में केन्द्र सरकार पर अतिशय निर्भरता की भावना है, जिसके कारणों में सीमावर्ती होने के चलते सुरक्षाबलों की भारी तैनाती और सीमापार की गतिविधियों को माना जा सकता है।

भिन्न जातीय और भाषायी समुदायों के बीच शांतिपूर्ण सह-अस्तित्व की भावना प्रवाहित करने में राष्ट्रीय पार्टियों की भूमिका उल्लेखनीय हो सकती है। लेकिन विपक्ष की राजनीति कायदे से आरंभ ही नहीं हो सकी। कम्युनिस्ट पार्टियों की मजबूत उपस्थिति जरूर रही। लेकिन पहले आम चुनाव 1952 में माकपा प्रतिबंधित थी और बाद में भी त्रिपुरा के अलावा किसी प्रदेश की विधानसभा में उन

पार्टियों की उल्लेखनीय उपस्थिति नहीं बन पाई। डॉ. राममनोहर लोहिया के नेतृत्व में नेफा को राजनीतिक अधिकार प्रदान करने और उन पहाड़ी प्रदेशों में भारतीय नागरिकों के आवागमन की इजाजत देने के लिए आंदोलन भी चले। सुरक्षागत कारणों से उन प्रदेशों को अनेक प्रकार के प्रतिबंधों और अड़चनों का सामना आज भी करना पड़ता है। नेफा अर्थात अरुणाचल प्रदेश, नगालैंड आदि प्रदेश तो हाल हाल तक (1972) विदेश और रक्षा मंत्रालय के अधीन रखे गए थे। उन्हें जब गृह मंत्रालय के अधीन लाया गया तो सशस्त्र बल विशेषाधिकार अधिनियम को लागू कर दिया गया। सुरक्षा बलों के अबाध अधिकारों के साए में राजनीतिक गतिविधियों की आजादी कितनी अबाध होगी, इसकी कल्पना भर की जा सकती है। उल्लेखनीय है कि यह कानून 1954 में जब बना तभी से नगालैंड में प्रभावी है और मणिपुर में भी तीन दशकों से इसकी उपस्थिति बनी हुई है।

देश विभाजन के समय पूर्वी पाकिस्तान से आए शरणार्थियों को यहां बसाने की वजह से आबादी की संरचना बदल गई। बांग्लादेश बनने के बाद भी यह रफ्तार कम नहीं हुई। शरणार्थी और अवैध प्रवजनकारी का नया विभाजन जरूर पैदा हो गया। मूल आदिवासी निवासियों में पहचान का संकट का भयानक उदाहरण त्रिपुरा है जहां आजादी के समय जिन आदिवासियों की आबादी 70 प्रतिशत थी, तीस वर्षों के भीतर 30 प्रतिशत हो गई। उन आदिवासियों के रजवाड़े का कला-संस्कृति के विकास में काफी योगदान रहा है। आदिवासी क्षेत्र में खेती और अन्य कामकाज के लिए मैदान से बंगाली आबादी का आगमन काफी पहले से होता रहा। परन्तु आजादी के बाद शरणार्थी के रूप में उनकी बाढ़ सी आ गई। आबादी का आगमन अन्य प्रदेशों में भी होता है। असम आंदोलन भी इससे उत्पन्न समस्याओं की वजह से खड़ा हुआ था। मगर पूर्वोत्तर प्रदेशों में सिर्फ बंगाली आप्तवजनकारी ही नहीं हैं। नेपालियों की आबादी कमोबेश हर प्रांत में है।

भारतीय सेना से रिटायर होने के बाद इन प्रदेशों में बस जाने की प्रवृति देखी जाती है। इसके अलावा हिन्दीभाषी खासकर बिहार और पूर्वी उत्तर प्रदेश के लोगों की संख्या भी है। यह पूरी आबादी उन प्रदेशों में जीवनयापन की बेहतर सुविधा प्राप्त करने गई है। जाहिर है कि संसाधनों पर नियंत्रण पाने और बनाए रखने का संघर्ष अघोषित रूप से निरंतर जारी रहता है। इन सबके खिलाफ मूल निवासियों को गोलबंद करने की कोशिशें अलगाववाद की राह पर भटक जाती हैं। वहां की चुनावी राजनीति की मौलिक चुनौती यही है। लेकिन दोहरी निष्ठाहीनता के बीच संतुलन बैठाने और उसे परस्पर विश्वास में बदलने की राजनीति को नौकरशाही और भ्रष्टाचार पनपने नही देता। बाहरी लोगों के खिलाफ कमोबेश प्रत्येक राज्य में नाराजगी है। कई राज्यों में बाहरी लोगों के

बसने पर पूरी तरह रोक लगा देने की मांग को जबरदस्त समर्थन है तो कुछ राज्यों में कम। (सीएसडीएस,योगेन्द्र यादव, 5 मार्च 2008)

करीब साढ़े तीन करोड़ समूची आबादी के आठ पूर्वोत्तर प्रदेशों में 350 से अधिक जातीय समूह हैं और इनमें से कई की आबादी 5 हजार से अधिक नहीं। कई बार उनके हित परस्पर टकराते हैं और कई जातीय व भाषाई समूहों के बीच ऐतिहासिक कारणों से वैमनस्य का भाव बरकरार है। उच्च साक्षरता और बेहतर स्त्री-पुरुष अनुपात वाले इन राज्यों की सिर्फ एक प्रतिशत सीमा भारत से मिलती है, बाकी 99 प्रतिशत सीमा रेखा भूटान, चीन-तिब्बत, म्यांमार और बांग्लादेश से मिलती है। इनमें से कम से कम पांच राज्यों में अलग राज्य या देश की मांग लेकर सशस्त्र संघर्ष चल रहा है। नगालैंड की स्थिति फिलहाल शांत है क्योंकि राज्य के सबसे बड़े सशस्त्र समूह (इसाक-मुइवा गुट) के साथ शांतिवार्त्ता चल रही है। इस गुट के साथ राज्य के अन्य गुटों ने भी सरकार के साथ युद्धविराम कर रखा है। लेकिन विदेशों में चल रही शांति वार्त्ता लगातार खिंचती जा रही है, किसी नतीजे पर पहुंचती क्योंकि विभिन्न गुटों के हितों में टकराव है। सभी गुटों को मान्य हो, ऐसे समझौता की रूपरेखा नहीं बन पाती। नगालैंड के पड़ोस के राज्य बृहत्तर नगालैंड के लिए अपनी जमीन देने के लिए तैयार नहीं हैं। माटी पूर्वोत्तर के लोगों की पहचान से जुड़ी है। विरोधी पहचान की बहुलता वाले इस क्षेत्र में यह समस्या सबसे बड़ी और पेचीदा है। इन पेचीदा परिस्थितियों में पूर्वोत्तर को भारत के प्रति निष्ठा नहीं रखने वाले क्षेत्र की पहचान दी है तो पूर्वोत्तर राज्यों में शेष देश के लोगों की पहचान भी ऐसे लोगों के रूप में बनी है जिनकी निष्ठा उस क्षेत्र में नहीं है।

पूर्वोत्तर प्रदेशों के मूल आदिवासी निवासियों के बीच आपसी भेद भी है और वह भेद कहीं अधिक गहरा है। नगालैंड को जिन नगा आदिवासियों का प्रदेश माना जाता है, वह दरअसल आदिवासी कबीलों का एक समूह है जिनका आपसी संबंध बहुत प्रेम वाला नहीं है। इसे एनएससीएन के मुइवा और खापलांग गुटों की खूनी जंग से समझा जा सकता है। असम के एक हिस्से को अलग कर नगालैंड का गठन करते समय उन कबीलों के बीच आपसी संबंध को साझेदारी और सह-अस्तित्व की भावनाओं को प्रोत्साहित करना भी रहा होगा। परन्तु विद्रोही गतिविधियों और छापामार कार्रवाइयों के चलते पचास साल बाद भी इस दिशा में बहुत अधिक प्रगति नहीं हो सकी। मेघालय राज्य का गठन जिन खासी, जयंतिया और गारो आदिवासी जातियों के लिए हुआ, उन जातियों की राजनीतिक एकता की यह हालत है कि सारी कोशिशों के बावजूद पीए संगमा अपने कबीले के बाहर उतने लोकप्रिय नहीं हो पाए। मणिपुर के पहाड़ी जिलों में निवास करने वाले तंग्खुल नगा और कूकी कबीलों की खूनी जंग सर्वविदित है जिसमें 92-94 में दो हजार से अधिक जानें गईं। मैदानी क्षेत्रों के निवासी गैर आदिवासी मइती जाति के लोगों की इन दोनों

आदिवासी समूहों से नहीं पटती। जातीय श्रेष्ठता की भावनाओं के वशीभूत आदिवासी दूसरे के नेतृत्व को स्वीकार नहीं करते। असम के हिस्सों को अलग कर नगालैंड, मिजोरम और मेघालय राज्यों के गठन का अभिप्राय यही है और इसी वजह से इन छोटे छोटे प्रदेशों के गठन की अनिवार्यता उत्पन्न हुई थी। इन सभी राज्यों में आज भी अन्य समूहों की पहचान, अस्मिता को सुनिश्चित करने के लिए पृथक राजनीतिक इकाई के गठन के लिए आंदोलन चल रहे हैं। आत्मनिर्णय के अधिकार या जातीय अस्मिता या सामाजिक स्वायत्ता चाहे जो कहें, इसकी जटिलता को देखते हुए पूर्वोत्तर में ऐसी साझा राजनीतिक संस्था की आवश्यकता रेखांकित होती है जिसमें सभी मूल आदिवासी जातियों और सभी भारतीयं नागरिकों को आबादी के अनुसार प्रतिनिधित्व दिया जा सके।

## मिजोरम

हथियारबंद विद्रोह और जातीय सघर्षों के लिए पूर्वोत्तर के जिन पहाड़ी प्रदेशों को जाना जाता है, उनमें मिजोरम आज सबसे शांत प्रदेश है। यह भारत का अंतिम पूर्वी राज्य है जिसकी सीमाएं बांग्लादेश और म्यांमार से मिली हुई हैं। इसे फरवरी 1987 में पूर्ण राज्य का दर्जा मिला। तब से नियत अंतराल पर होते चुनावों में पहली बार विधानसभा चुनाव-2008 में कांग्रेस को दो-तिहाई सीटें मिल सकीं। दस साल से लगातार सरकार चला रही मिजो नेशनल फ्रंट (एमएनएफ) के चुनावी पराजय की यह बेहद महत्त्वपूर्ण घटना है। परन्तु दूर दराज के अविकसित क्षेत्रों के प्रति उदासीनता बरतने की आदत के अनुरूप देश के राष्ट्रीय समाचार-माध्यमों ने इसकी अनदेखी की। तब छह राज्यों के चुनाव एक साथ हुए थे, उनकी खबरों के बीच मिजोरम विधानसभा चुनाव परिणामों का उल्लेख बेहद चलताउ अंदाज में हुआ।

मिजो नेशनल फ्रंट वही पार्टी है जिसके सर्वमान्य नेता लालडेंगा का पूर्व प्रधानमंत्री स्व.राजीव गांधी के साथ शांति समझौता होने से अलगाववादी राह से मिजोरम की वापसी हो सकी। लालडेंगा विद्रोह की राह छोड़कर राष्ट्र की मुख्यधारा में शामिल हुए। समझौते के अनुसार कांग्रेस के तत्कालीन मुख्यमंत्री ललथनहवला ने पद छोड़ा और लालडेंगा को मुख्यमंत्री बनाया गया। एमएनएफ विद्रोहियों ने निर्धारित स्थानों पर हथियार जमा करा दिए। उन सबने भूमिगत जीवन छोड़ दिया और सरकार ने उनके पुनर्वास के इंतजाम को सुनिश्चित किया। यह अलग बात है कि बाद में लालडेंगा की पार्टी में फूट पड़ गई और विधानसभा में जोड़तोड़ की राजनीति आरंभ हो गई। दो वर्ष के भीतर ही उनके सरकार का पतन हो गया और 1989 के विधानसभा चुनावों में स्पष्ट बहुमत लेकर ललथनहवला की कांग्रेस

सरकार फिर बन गई। पूर्वोत्तर मामलों के विशेषज्ञ पत्रकार संजय हजारिका इसके लिए देश की राजनीति और धनबल के प्रभाव को जिम्मेदार ठहराते हैं जिनकी पहुंच मिजोरम तक हो गई थी।

मिजोरम को साठ के दशक में हथियारबंद विद्रोह की वजह से बड़ी तबाही झेलनी पड़ी थीं। तब उसे लुशाई पहाड़ के नाम से जाना जाता था और वह असम का एक हिस्सा था। उन दिनों उस इलाके में भयानक अकाल पड़ा, लोगों को राहत देने में राज्य सरकार विफल रही। जिसकी प्रतिक्रिया में मिजो लोगों ने हथियार उठा लिए। पीड़ित और नाराज मिजो लोगों ने मिजो नेशनल फ्रंट के नेतृत्व में हथियारबंद कार्रवाई करते हुए अनेक सरकारी भवनों, कार्यालयों पर कब्जा कर लिया। सिर्फ असम रायफल्स की छावनी बची, बाकी सरकारी प्रतिष्ठानों और गैर-मिजो आबादी को जान बचाने के लिए भागना पड़ा। उन विद्रोहियों को तब चीन और पाकिस्तान से समर्थन मिलता था जो 1971 में बांग्लादेश के गठन के बाद समाप्त हो सका। चीन ने भी भविष्य में ऐसे किसी विद्रोह का समर्थन नहीं करने का ऐलान किया। लेकिन इस दौरान मिजोरम की हालत बेहद खराब हो चुकी थी। विद्रोह और उसे दबाने में सुरक्षा बलों की कार्रवाई में आम मिजो आबादी को काफी नुकसान उठाना पड़ा। अनेक गांव उजड़ गए, जिन्हें विद्रोह के शांत होने के बाद फिर से बसाया गया। विद्रोहियों से समझौता करने की जिस नीति को स्व. राजीव गांधी के दौर में कई राज्यों में आजमाया गया, उनमें मिजो समझौता हर लिहाज से कामयाब हुआ। इस सफलता का मुख्य कारण यही है कि मिजो लोग स्वभाव से शांतिप्रिय होते हैं। वैसे उस संघर्ष की त्रासदी को झेलते-झेलते जनता ऊब गई थी। एक कारण संभवतः यह भी रहा कि विद्रोहियों के पुनर्वास के इंतजाम अधिक कारगर ढंग से हुए।

मिजोरम के लोगों को करीब सौ साल पहले ब्रिटिश और अमरीकी मिशनरियों ने इसाई धर्म में दीक्षित किया था। लेकिन मिजो लोगों ने परंपराओं को जिंदा रखा है। वे सभी धर्मों और आस्थाओं का सम्मान करते हैं। उनका परंपरागत धार्मिक दर्शन भी यही सिखलाता है। इसका असर चुनावी राजनीति पर भी दिखता है। इसाईयों की बहुलता के कारण वहां चर्च की राजनीतिक दखल है। संभवतः यही कारण है कि मिजोरम में ईसाईयत के नाम पर वोट मांगने की कोशिशें भी होती हैं। परन्तु उन कोशिशों को अधिक सफलता नहीं मिल पाती। सरकारी भ्रष्टाचार और अलगाववादी तत्त्वों से हेलमेल के आरोप जरूर प्रभावी रहे। भ्रष्टाचार के आरोप, चर्च की भूमिका और अलगाववादी तत्त्वों की सहायता मिजोरम की चुनावी राजनीति के निर्णायक तत्त्व दिखते हैं।

पूर्ण राज्य का दर्जा मिलने के बाद मिजोरम की राजनीति में कई पड़ाव आए। कांग्रेस के ललथनहवला दो साल के भीतर ही विधानसभा में स्पष्ट बहुमत लेकर फिर मुख्यमंत्री बने और भ्रष्टाचार के आरोप में उन्हें सत्ताच्युत होना पड़ा। एमएनएफ

की वापसी 1998 में हो सकी। 2003 में भी उसका दबदबा बना रहा। लेकिन 2008 चुनावों में फिर मतदाताओं ने पलटी मारी और ललथनहवला मुख्यमंत्री बन गए। एमएनएफ की जोरामथंगमा सरकार की भ्रष्ट कार्यशैली के खिलाफ कांग्रेस के प्रचार में केन्द्र से मिली रकम से अलगाववादी तत्त्वों को परोक्ष रूप की सहायता करने के आरोप भी थे। इस पृष्ठभूमि में मिजोरम की जनता ने भ्रष्याचार और अलगाववाद के खिलाफ गहरी प्रतिबद्धता का परिचय दिया। कांग्रेस को 40 सीटों में से 32 सीटें हासिल हुई।

मिजोरम के मतदाताओं ने इन विधानसभा चुनावों में लोकसभा चुनाव-2004 में दिखे रुझान के एकदम उलटी राय दी। तब एमएनएफ को लोकसभा की इकलौती सीट पर जीत मिली ही, विधानसभा के उपचुनाव में भी उसका उम्मीदवार जीता था। उपचुनाव मुख्यमंत्री जोरामथंगमा के इस्तीफा देने से हुए थे। उन चुनावों में एमएनएफ की जीत बेहद महत्त्वपूर्ण थी। विधानसभा के 39 प्रभावी विधायकों में उसके पास 20 थे। उपचुनाव हारने का मतलब सरकार का पतन होता। उधर लोकसभा चुनावों में भी एमएनएफ उम्मीदवार के खिलाफ कांग्रेस, मिजोरम पीपुल्स कांफ्रेंस और जोराम नेशनलिस्ट पार्टी ने एनएसएफ की ओर से साझा उम्मीदवार दिया था। लोकसभा चुनावों के बाद कराए गए सर्वेक्षण में राज्य सरकार के खिलाफ मिलीजुली राय आई। यह साफ हुआ कि एमएनएफ के परंपरागत समर्थकों की संख्या 37 प्रतिशत है तो करीब 20 प्रतिशत ने स्वयं को कांग्रेस का समर्थक बताया। हालांकि 34 प्रतिशत लोगों ने किसी खास पार्टी के साथ पहचाने जाने से इनकार किया।

दिलचस्प यह है कि तब करीब 38 प्रतिशत लोगों ने जोरामथंगमा के नेतृत्व में भरोसा जताया और उन्हें अगला मुख्यमंत्री बनने की उम्मीद जताई। लोकप्रियता के मामले में उनके सबसे नजदीक ललडुहवमा पहुंच पाएं जिनको 20 प्रतिशत लोगों ने अगले मुख्यमंत्री के तौर पर पसंद किया। अगले मुख्यमंत्री के रूप में कांग्रेस नेता ललथनहवला को पसंद करने वाले लोगों की संख्या 15 प्रतिशत से अधिक नहीं थी। अन्य नेताओं के मुकाबले जोरामथंगमा के नेत्तृव क्षमता को 61 प्रतिशत लोगों ने बेहतर माना। विभिन्न सामाजिक वर्गों में लोकप्रियता को पैमाना माने तो मिजो लोगों में तब एमएनएफ की लोकप्रियता अन्य पार्टियों के मुकाबले अधिक थी और एमएसएफ की पैठ गैर मिजो आबादी में अधिक दिखती है। (चार्ट-इकोनामिक एंड पालिटिकल वीकली, 18 दिसंबर, 2004) हालांकि गैर मिजो आबादी चुनावों पर असर डालने के लिहाज से नगण्य है। ग्रामीण इलाकों, सामान्य पढ़े लिखे लोगों, प्रौढ़ और बुजुर्ग लोगों में एमएएफ की पैठ थी और उसके मुकाबले अन्य पर्टियों की उपस्थिति काफी कम।

लोकसभा चुनावों के दौरान दिखे मतदाताओं के रुझान में युवा मतदाताओं में एमएनएफ की लोकप्रियता कम दिखी। यही एक ऐसा वर्ग है जिसमें कम लोकप्रिय

होने से ऐसा संकेत मिलता है जिससे मिजोरम की चुनावी राजनीति की अगली करवट की व्याख्या की जा सके।

*(**सन्दर्भ :** आरके सतपथी, इकोनोमिक एंड पोलिटिकल वीकली, 18 दिसंबर 2004 संजय हजारिका, 15 मई 2000, अमर उजाला)*

## मिजोरम विधानसभा चुनाव परिणाम

| पार्टी | 2008 | 2003 | 1998 | 1993 | 1989 | 1987 |
|---|---|---|---|---|---|---|
| कांग्रेस | 32 | 12 | 6 | 16 | 23 | 13 |
| एमएनएफ | 3 | 21 | 21 | 14 | 14 | |
| एमजेडपीसी | | 3 | 12 | | | |
| जेडएनपी | 2 | 2 | | | | |
| एचपीसी | | 1 | | | | |
| एमडीएफ | 2 | 1 | | | | |
| पीपीसी | | | | | 1 | 3 |
| एमपीसी | 2 | | | | | |
| निर्दलीय | | | 1 | 10 | 2 | 24 |

## मिजोरम के मुख्यमंत्री

| मुख्यमंत्री | कार्यकाल |
|---|---|
| लालडेंगा | 20 फरवरी 1987 से 7सितंबर 1988 |
| राष्ट्रपति शासन | 8 सितंबर 1998 से 23 जनवरी 1989 |
| ललथनहवला | 24 जनवरी 1989 से 7 दिसंबर 1993<br>8 दिसंबर 1993 से 3 दिसंबर 1998 |
| जोरामथंगमा | 4 दिसंबर 1998 से 9 दिसंबर 2008 |

*स्रोत : चुनाव आयोग*

# मणिपुर : दो गठबंधनों की राजनीति

मणिपुर की राजनीति मोटेतौर पर दो गठबंधनों में बंटी हुई है। सेक्यूलर प्रोग्रेसिव फ्रंट में कांग्रेस, भाकपा और दो निर्दलीय एकसाथ हैं, जबकि डेमोक्रेटिक पीपुल्स एलायंस में फेडरल पार्टी आफ मणिपुर, भाजपा, मणिपुर पीपुल्स पार्टी

और मणिपुर नेशनलिस्ट कांग्रेस पार्टी आदि शामिल हैं। हालांकि चौदहवीं लोकसभा चुनाव इन गठबंधनों के आधार पर नहीं लड़े गए। मणिपुर में दो लोकसभा क्षेत्र हैं। दोनों चुनाव क्षेत्रों में कांग्रेस और एनसीपी एकसाथ थी, लेकिन माकपा भीतरी मणिपुर क्षेत्र से कांग्रेस के सामने खड़ी थी। उधर डीपीए के दलों में भाजपा ने दोनों सीटों पर अपने उम्मीदवार दिए। बाकी पार्टियां आमने-सामने थीं, जबकि भीतरी मणिपुर क्षेत्र में एफपीएम उम्मीदवार को एमपीपी, एमएनसी, डीआरपीपी और जदयू ने समर्थन किया।

मणिपुर में तीन दशकों से जितने भी चुनाव हुए, उनपर विद्रोही गतिविधियों, धमकियों, चुनाव बहिष्कार की अपीलों और सशस्त्र बल विशेषाधिकार अधिनियम के प्रश्नों का साया रहा है। इन चुनावों में भी समूचे राजनीतिक परिदृश्य पर इन्हीं मसलों का वर्चस्व रहा। विभिन्न पार्टियों ने एक जैसे मुद्दे उठाए। भौगोलिक एकता को बनाए रखना, सशस्त्र बल विशेषाधिकार अधिनियम की वापसी, सुरक्षा बलों द्वारा मानवाधिकारों का हनन और विद्रोही गतिविधियों की धमक पूरे चुनाव अभियान पर रही। आर्थिक विकास, बेरोजगारी, कानून-व्यवस्था आदि मसले भी उठाए गए, लेकिन नगा-बहुल इलाकों को मिलाकर बृहत्तर नगालैंड के गठन पर एनएससीएन, आईएम द्वारा केन्द्र सरकार के साथ जारी शांतिवार्त्ता में अड़ जाने से विकास के मुद्दे पीछे छूट गए।

इन चुनावों में भी विद्रोहियों ने राजनीतिक पार्टियों व उम्मीदवारों पर निशाने साधे। केवाईकेएल ने हर तरह की चुनावी गतिविधियों पर पूर्ण प्रतिबंध लगाया। चुनाव प्रचार करने, कार्यालय खोलने, झंडा फहराने, जनसभा करने, रैली करने आदि सभी चुनावी गतिविधियों पर रोक लगाते हुए उसने अपने कैडरों को 'देखते ही गोली मार देने के आदेश दिए थे। भाजपा और उसके उम्मीदवार पर उसने राज्य के क्रांतिकारी आंदोलन को नष्ट करने का प्रयास करने के सीधे आरोप लगाए। आरपीएफ ने कांग्रेस और उसके उम्मीदवारों पर प्रतिबंध लगाए। कांग्रेस और भाजपा विधायकों और कार्यकर्त्ताओं के घर पर रोड़े, पत्थर और गोलियां बरसाने की अनेक घटनाएं हुईं। कुछ कार्यकर्त्ता मारे गए और अनेक ने पार्टी छोड़ने की सार्वजनिक घोषणा की। इसके अलावा इस बार माइरा पाइबी (महिला मानवाधिकार निगरानी समूह) और कुछ अन्य मानवाधिकार संगठनों ने भी चुनाव बहिष्कार की अपील की थी। चुनाव-प्रचार के समानांतर सुरक्षा बलों द्वारा मानवाधिकार हनन के खिलाफ बंद, सड़क-जाम, धरना और रैलियां होती थी।

चुनावों के खिलाफ दशकों से जारी आक्रामक प्रचार के बावजूद इन चुनावों में 67.4 प्रतिशत मतदाताओं ने अपने मताधिकार का प्रयोग किया। कांग्रेस-एनसीपी को 25.3 प्रतिशत वोट मिले और भीतरी मणिपुर सीट पर उनकी जीत हुई। जबकि

बाहरी मणिपुर से निर्दलीय मणि चारेनामेई ने भाजपा उम्मीदवार को 82 हजार वोटों से हराया। भाजपा को कोई सीट नहीं मिली, पर उसे 20.7 प्रतिशत वोट मिले जो पिछले 1999 चनावों में मिले वोटों से 19.6 प्रतिशत अधिक है। माकपा के वोट-प्रतिशत में भी 6.2 प्रतिशत बढ़ोतरी हुई। दिलचस्प यह है कि जिन क्षेत्रीय पार्टियों ने चुनाव लड़ा, उनमें किसी को दस प्रतिशत वोट भी नहीं मिले। एमपीपी सबसे बड़ी विपक्षी पार्टी है, उसके वोटों में 8.8 प्रतिशत की गिरावट आई। राष्ट्रीय चुनावी अध्ययन-2004 प्रदेश की चुनावी राजनीति को प्रभावित करने वाली विभिन्न प्रवृत्तियों पर प्रकाश डालता है और विभिन्न वर्गों के मतदाताओं के चुनावी रुझानों को स्पष्ट करता है। जिन लोगों ने अपने विचार प्रकट किए, उनमें से 76 प्रतिशत लोगों ने माना कि उनके वोटों से देश के शासन की रूपरेखा तय होती है। लेकिन इसका अर्थ यह नहीं कि मणिपुर के लोग चुनावों में बढ़-चढ़कर हिस्सा लेते हैं। महज पांच प्रतिशत लोगों ने चुनाव-प्रचार में हिस्सा लिया और चुनावी सभाओं, रैलियों में जाने का आग्रह बहुत ही मामूली देखा गया।

सीएमडीएस के चुनावी अध्ययन, एनइएस-2004 के अनुसार , कांग्रेस की अगुवाई वाली राज्य सरकार के कार्यकलापों से 70 प्रतिशत लोग असंतुष्ट हैं। असंतोष के बावजूद उनमें से 36 प्रतिशत लोगों ने कांग्रेस को वोट दिए और केवल 8 प्रतिशत के वोट भाजपा को मिल सके। इसका अर्थ है कि भाजपा समेत कोई पार्टी उनको अपने पक्ष में गोलबंद नहीं कर पाई। भाजपा तो उनके वोट भी प्राप्त नहीं कर सकी, जो भाजपा की अगुवाई वाली राजग की केन्द्र सरकार के कामकाज पर संतोष प्रकट कर रहे थे। केन्द्र के कामकाज पर संतोष जताने वाले वोटरों में कांग्रेस को19 प्रतिशत की बढ़त हासिल हुई। दूसरी ओर केन्द्र से असंतुष्ट वोटरों में कांग्रेस 8 प्रतिशत वोटों से पीछे रह गई।

सरकारों के प्रदर्शन और वोटरों के रुझान के बीच के दिखने वाले इस कमजोर रिश्ते का कारण राज्य में पार्टी प्रणाली का अभाव माना जा सकता है। मतदाताओं ने राज्य सरकार के प्रति बेहद नकारात्मक राय जाहिर की, लेकिन उन्होंने कांग्रेस के पक्ष में बड़े पैमाने पर वोट डाले। कानून-व्यवस्था की स्थिति में एसपीएफ सरकार के आने के बाद 68 प्रतिशत वोटरों के अनुसार गिरावट आई, केवल 5 प्रतिशत ने माना कि स्थिति में सुधार हुआ। तीन-चौथाई से अधिक ने माना कि बेरोजगारी की स्थिति बिगड़ी और 77 प्रतिशत के अनुसार भ्रष्टाचार में भारी इजाफा हुआ। सड़क, बिजली, पानी के मामले में भी राज्य सरकार के प्रति नकारात्मक राय आई। यह अनोखी स्थिति भारत में शायद ही किसी अन्य राज्य में दिखे जब लोगों ने राज्य सरकार के प्रति इतने नकारात्मक राय रखने के बावजूद सत्ताधारी पार्टी को

वोट दिए हों। इसका अकेला अर्थ यही निकलता है कि वोट देते समय लोग पार्टी को नहीं देखते, उम्मीदवार को वोट देते हैं। यह सच दिखता है क्योंकि 60 प्रतिशत वोटरों ने स्पष्ट रूप से स्वीकार किया कि उन्होंने उम्मीदवार के आधार पर वोट दिए। महज 15 प्रतिशत ने वोट देने में पार्टी का ध्यान रखा।

इस प्रकार, मणिपुर में उम्मीदवार सर्वाधिक महत्त्वपूर्ण होता है, लेकिन मतदाताओं के रुझान को तय करने में अन्य कई प्रमुख कारक भी प्रभावी होते हैं। ग्रामीण-शहरी, गरीब-अमीर,सवर्ण-ऊंची जाति, आदिवासी- गैर आदिवासी आदि आधारों के अतिरिक्त एक दिलचस्प बात यह दिखी की कि मुसलमानों ने तो कांग्रेस को वोट दिए, परन्तु ईसाई में 41 प्रतिशत ने भाजपा को वोट दिए, महज प्रतिशत ईसाई कांग्रेस के साथ रहे। इसका एक कारण नगा बहुल इलाके में भाजपा को बहुसंख्यक वोटों का मिलना माना जा सकता है। तब एनएससीएन, आईएम के साथ राजग सरकार की शांतिवार्ता में प्रधानमंत्री अटल बिहारी वाजपेयी ने पूर्वोत्तर के दौरे में वृहत्तर नगालैंड के गठन के प्रति 'खुलेमन से सोचने' की घोषणा की थी। नगा आदिवासियों की करीब पूरी आबादी इसाई होने से मतदाताओं का यह रुझान प्रकट होना संभव है।

मणिपुर की चुनावी राजनीति का एक अन्य रोचक पहलू यह उभर कर सामने आया कि बहुसंख्यक मतदाताओं ने दो राष्ट्रीय पार्टियों के पक्ष में वोट डाले, परन्तु मणिपुर के 78 प्रतिशत मतदाताओं का मानना है कि व्यक्ति को निश्चित तौर पर पहले अपने क्षेत्र के प्रति वफादार होना चाहिए, देश का स्थान उसके बाद आता है। उन लोगों में 44 प्रतिशत ने स्वयं को मणिपुरी माना, महज 11 प्रतिशत ने भारतीय के रूप में अपनी पहचान को प्रकट किया। हालांकि बहुसंख्यक मतदाताओं ने कांग्रेस-एनसीपी या भाजपा के पक्ष में वोट डाले, पर 61 प्रतिशत लोगों ने क्षेत्रीय पार्टियों को राष्ट्रीय पार्टी से अधिक तरजीह देने की बात की। (चार्ट-इपीडब्लू)

बहरहाल, जातीय हिंसा और विद्रोही गतिविधियों से ग्रस्त मणिपुर में चुनावी राजनीति की प्रवृत्ति देश के अन्य प्रदेशों से अलग और एकदम अपनी है। यही कारण है कि राज्य में कांग्रेस और भाजपा के राजनीतिक आधार देश के अन्य हिस्सों से विपरीत दिखते हैं। चुनावी रातनीति में भाजपा का आगमन 1984 में हो गया, पर विधानसभा में उसका प्रवेश 1995 के पहले नहीं हो सका। दरअसल, पूर्वोत्तर के प्रदेशों में केन्द्र सरकार में शामिल दलों को वोट देने की प्रवृत्ति उभर कर सामने आई है। आरजेडी और जेडीयू जैसी पार्टियों का अस्तित्व का इसके अलावा कोई कारण नहीं दिखता।

(**संदर्भ** : एस. मांगी सिंह, इकोनोमिक एंड पालिटिकल वीकली, 18 दिसंबर, 2004)

## मणिपुर विधानसभा चुनाव

| पार्टी | 2007 | 2002 | 2000 | 1995 | 1990 | 1984 |
|---|---|---|---|---|---|---|
| भाजपा | 0 | 4 | 6 | 1 | 0 | 0 |
| भाकपा | 4 | 5 | 0 | 2 | 3 | 1 |
| कांग्रेस | 30 | 20 | 11 | 22 | 24 | 30 |
| एनसीपी | 5 | 3 | 5 | | | |
| एमपीपी | 5 | 2 | 4 | 18 | 9 | |
| आरजेडी | 3 | | 1 | | | |
| एनपीपी | 3 | | | 2 | 1 | |
| निर्दलीय | 10 | | 1 | 3 | | 21 |
| | एफपीएम | 13 | 6 | 2 | | |
| | एमएससीपी | 7 | 23 | | | |
| | एसएपी | 3 | 1 | 2 | | |
| | डीआरपीपी | 2 | | | | |
| | एमएनसी | 1 | 60 | | | |
| | | जेडी,एस | 1 | | | |
| | | जेडी,यू | 1 | 60 | | |
| | | | जेडी | 7 | 11 | |
| | | | आईसीएस | 1 | 4 | |
| | | | | 60 | | |
| | | | | केएनए | 2 | 1 |
| | | | | | 54 | |
| | | | | | जेएनपी | 4 |
| | | | | | एमआरपी | 3 |
| | | | | | कुल | 60 |

**स्रोत :** चुनाव आयोग

# नगालैंड

पूर्वोत्तर के राज्यों में नगालैंड का परिदृश्य एकदम भिन्न है। इस प्रदेश को जिन सोलह प्रमुख और अनेक गौण कबीलों की निवास भूमि के रूप में पहचाना जाता है, उन कबीलों की अच्छी-खासी आबादी स्वयं को भारतीय मानने से इनकार करती है और उनकी निवास भूमि भी इस प्रदेश और देश की सीमाओं के भीतर सिमटी हुई नहीं हैं। इस प्रदेश में भारतीय लोकतंत्र की उपस्थिति जितनी पुरानी है, उसके खिलाफ सशस्त्र विद्रोह का इतिहास उससे कहीं अधिक पुराना। भिन्न-भिन्न भाषाओं और अलग-अलग सांस्कृतिक परंपराओं के उन कबीलों में आपसी संबंध परस्पर हिंसक संघर्षों का रहा है। स्वाभाविक तौर पर यहां चुनावी प्रक्रिया लगातार हास्यास्पद तमाशा बनी रही। चुनावी राजनीति के फैसले वहां सशस्त्र विद्रोहियों की सनक पर निर्भर होते हैं। वहां भूमिगत विद्रोहियों की आपसी खून-खराबे और लेन-देन के पीछे-पीछे चुनावी राजनीति के दांवपेंच और जोड़तोड़ चलते रहे हैं। शांति की स्थापना वहां आरंभ से ही बड़ी समस्या बनी रही है और शासन के अन्य सारे कामकाज हमेशा पीछे रहे हैं।

इन परिस्थितियों में होने वाली राजनीति में परिवर्तन के ठोस संकेत 2003 विधानसभा चुनावों में मिले। यह संभवतः पहला अवसर था, जब विधानसभा में सबसे बड़ी पार्टी होने के बावजूद कांग्रेस (21 सीटें) की सरकार का गठन नहीं हो पाया। पहली बार विधानसभा पहुंची भाजपा के सात विधायकों के सहयोग से एनपीएफ (19) के नेइफू रियो की गठबंधन सरकार बन गई जिसे चार निर्दलीय विधायकों का समर्थन प्राप्त था। केन्द्र में सत्तासीन पार्टी को चुनावी बढ़त मिलना पूर्वोत्तर प्रदेशों के लिए नया या अजूबा घटना नहीं है। लेकिन केन्द्र में सत्ता परिवर्तन के साथ-साथ दलबदल या अन्य तरीके से सरकारें बदल जाने और सत्ता समीकरण बदल जाने की घटना नहीं होना निश्चित ही बड़ी घटना है। नगालैंड में यह सब नहीं हुआ। सत्ताधारी एनपीएफ में विभाजन के आसार होने और राष्ट्रपति शासन लागू हो जाने के बावजूद उस गठबंधन के सत्ता में वापस आ जाने और कांग्रेस के सारे परंपरागत तिकड़मों के नाकामयाब हो जाने की घटना को सामान्य नहीं माना जा सकता। एनपीएफ के नेतृत्व में डेमोक्रेटिक एलायंस आफ नगालैंड अगले विधानसभा चुनाव-2008 में करीब एक तिहाई सीटों पर दोस्ताना संघर्ष होने के बावजूद दोबारा सत्ता में वापस आ गई। लोकसभा के चुनाव तो हमेशा से ही विधानसभा में प्रभावी दल के पक्ष में होते रहे हैं। लोकसभा चुनावों के परिणामों से राज्य में आए किसी परिवर्तन का आकलन नहीं किया जा सकता।

विधानसभा चुनावों में राज्य सरकार के कामकाज के प्रति आम लोगों के सकारात्मक समर्थन के अलावा चुनाव परिणामों से यह निष्कर्ष भी निकलता है कि नगा कबीलों के परंपरागत विभाजन की अभिव्यक्ति चुनावी राजनीति में होने लगी है। हालांकि कांग्रेस को सभी कबीलों में वोट मिले और एनपीएफ के मुकाबले दस से पंद्रह प्रतिशत अधिक वोट मिले। लेकिन सिर्फ एक कबीले-अंगामी में पैंतीस प्रतिशत अधिक वोट प्राप्त होने से एनपीएफ विधानसभा में करीब आधी सीटों पर काबिज हो गई। जबकि उसे तमाम विपरीत परिस्थितियों का सामना करना पड़ा था (चार्ट-सीएसडीएस)। कांग्रेस ने इन चुनाव घोषणापत्र के रूप में दस सूत्री कार्यक्रम घोषित किया था जिसमें विशेष आर्थिक पैकेज लाने, केन्द्र सरकार के अनुदानों में जबरदस्त बढ़ोतरी के अतिरिक्त समूची नगाभूमि को मिलाकर एक प्रशासनिक इकाई का गठन करने जैसे विवादास्पद वायदा भी शामिल थे।

नगा कबीलों की निवास वाली समूची भूमि को मिलाकर एक राजनीतिक इकाई गठित करने और उसके आत्मनिर्णय के अधिकार को सुनिश्चित करने के लिए 1953 में सशस्त्र विद्रोह चरम पर था। सैनिक कार्रवाई आरंभ हुई तो उसके नेता फिजो पूर्वी पाकिस्तान के रास्ते लंदन भाग गए और वहीं से विद्रोह का संचालन करते रहे। विद्रोह के मद्देनजर पहला प्रशासनिक परिवर्तन 1957 में हुआ जब असम के नगा हिल्स जिला और नेफा (वर्तमान अरुणाचल प्रदेश) के तुएनसांग क्षेत्र को मिलाकर जुलाई 1960 में एनएचटीए का गठन किया गया। उन्हीं दिनों प्रधानमंत्री जवाहरलाल नेहरू के साथ नगा पीपुल्स कंवेंशन के बीच हुई बातचीत में भारतीय गणराज्य के अधीन नगालैंड प्रदेश के गठन की सहमति बनी और 21 अगस्त 1962 को लोकसभा में प्रस्तुत विधेयक के अनुसार, भारत के 16 वें राज्य नगालैंड का गठन 1 दिसंबर 1963 को हुआ। पी शिलो पहले मुख्यमंत्री बने। शांति स्थापित करने और विद्रोहियों को मुख्यधारा में लाने के प्रयास तभी से चल रहे हैं। लेकिन स्थाई अशांति को वहां के राजनेता कानून-व्यवस्था की समस्या नहीं मानते, राजनीतिक समस्या मानते हैं। इस राजनीतिक समस्या में इतने पेंच हैं कि केन्द्र सरकार और नगा विद्रोहियों के बीच कई बार हुई शांति-वार्ताओं और शांति प्रयासों के कभी स्थाई परिणाम नहीं निकल सके। राजग की वाजपेयी सरकार के दिनों में नगा विद्रोहियों में सबसे खूंखार बने एनएससीएन, इसाक-मुइवा के साथ आरंभ हुई वार्त्ता भी हर बार अगली बार फिर बातचीत करने के अलावा शायद ही आगे बढ़ पाई है। इस वार्त्ता के आरंभ हुए अब करीब बारह वर्ष होने को आए। इसका फल इतना ही हुआ है कि विद्रोहियों और सुरक्षा बलों के बीच झड़पें नहीं होती। लेकिन विभिन्न गुटों के विद्रोहियों के

बीच आपसी मारकाट की खबरें अक्सर आती रहती हैं और उनको रोकने के लिए सुरक्षा बलों को भी हथियार उठाना पड़ता है। इसकी खबरें भले राष्ट्रीय मीडिया की आदत के मुताबिक प्रसारित नहीं होतीं।

मुख्यमंत्री नेइफू ने सरकार बनाने के फौरन बाद केन्द्र सरकार और भूमिगत विद्रोहियों के बीच सेतु का काम करने और इसके लिए आवश्यकता पड़ने पर पद छोड़ने समेत कुछ भी करने के लिए हमेशा होने की घोषणा की। ऐसा कहते हुए वे नगालैंड की एक कड़वी सच्चाई का बयान कर रहे थे। मुख्यमंत्री बनने और पद पर बने रहने के लिए विद्रोही गुटों का इस्तेमाल करने की कई घटनाओं का जिक्र वहां के जानकार लोग अक्सर करते हैं। उन दिनों शांतिवार्त्ता में प्रगति हो रही थी और उसके सार्थक नतीजे पर पहुंचने की उम्मीद बनी हुई थी। हालांकि वार्त्ता में मुख्यतौर पर एनएससीएन, मुइवा शामिल है जिसका परंपरागत आधार तंखुल नागाओं में हैं जिनकी आबादी नगालैंड में कम और मणिपुर के पहाड़ी जिलों में अधिक है। इसी तरह, एनसीएन के दूसरे गुट खापलांग के समर्थक तबकों का आधार म्यांमार और असम-अरुणाचल प्रदेश के क्षेत्र में है। नगालैंड में इनके समर्थक कबीलों की आबादी कम होने के बावजूद इन कबीलों के हथियारबंद गिरोह अन्य कबीलों पर भारी पड़ते रहे हैं। परन्तु उन हथियारबंद गिरोहों का प्रभाव चुनावी राजनीति पर घटने के संकेत इन दो विधानसभा चुनावों में स्पष्ट तौर पर दिखते हैं। हालांकि शायद इसे लेकर किसी तरह का मतसंग्रह नहीं किया जा सकता। लेकिन बृहत्तर नगालैंड के समर्थन को लेकर एक सर्वेक्षण कराया गया है जिसमें साफ हुआ कि नगालैंड के शिक्षित-स्नातक या ऊपर के करीब 51 प्रतिशत लोग ही उस विचार का समर्थन करते हैं, बाकी 49 प्रतिशत सहमत नहीं। अनपढ़ लोगों में बृहत्तर नगालैंड के विरोधियों की संख्या 75 प्रतिशत है। (सीएसडीएस, योगेन्द्र यादव, इंडियन एक्सप्रेस, 5 मार्च 2008) यह सर्वविदित है कि नगालैंड में अंगामी और आयो कबीलों की आबादी सर्वाधिक करीब 20 प्रतिशत है और शांति व एकता स्थापित करने के प्रयासों में अग्रणी होने की कीमत इन कबीलों को चुकानी पड़ी है। प्रदेश गठन की प्रक्रिया के दौरान ही 20 अगस्त 1961 को डा. इम्कोन्लिबा आयो की हत्या किसी अज्ञात विद्रोही ने कर कर दी थी।

नगालैंड के गठन के पीछे अगर तथाकथित राजनीतिक समस्या का सर्वमान्य समाधान निकालकर शांति की स्थापना करने की नीयत थी तो उसके प्रयास लोकनायक जयप्रकाश नारायण के नेतृत्व में बेहद गंभीर ढंग से आरंभ हुए। नगालैंड बैप्टिस्ट चर्च कन्वेंशन (एनबीसीसी) के प्रयास भी उल्लेखनीय हैं। उसके सम्मेलन (तीसरा, वोखा, 2 फरवरी 1964) में शांति मिशन की

स्थापना का स्वागत किया गया और जेपी के साथ रेव.माइकल स्काट और असम के मुख्यमंत्री विमला प्रसाद चालिहा की अगुवाई में मिशन ने गांव-गांव घूमकर शांति स्थापित करने के प्रयास आरंभ किये। मिशन के प्रयासों से विद्रोहियों और सरकार के बीच एक समझौते पर हस्ताक्षर भी हुए जिसकी सार्वजनिक घोषणा 23 मई 1964 को फेक जिले के ऐतिहासिक गांव में आयोजित सम्मेलन में की गईं। लेकिन मिशन के कामकाज के पूरा होने के पहले ही पादरी मसइकल स्काट भारत से चले गए। इसका असर पूरी प्रक्रिया पर पड़ा। शांति मिशन को भंग कर दिया गया। कुछ लोग इसे मिशनरियों की चालबाजी मानते हैं। यह सच भी है कि 1972 आते-आते सुरक्षा बलों और विद्रोहियों के बीच मारकाट फिर आरंभ हो गई। लेकिन शांति के प्रयास भी चलते रहे। इन प्रयासों की वजह से आपातकाल के दौरान 11 नवंबर, 1975 को नगालैंड के राज्यपाल एलपी सिंह के साथ कुछ विद्रोही नेताओं के बीच प्रसिद्ध 'शिलांग समझौता' हुआ जो भयानक अशांति को बुलावा देने वाला शांति समझौता साबित हुआ। उस समझौते की गहरी प्रतिक्रिया हुई। हांलांकि तब भी भारी मात्रा में हथियार जमा कराए गए और पांच जिलों को विद्रोही तत्वों से मुक्त करार दिया गया। लेकिन उन्हीं दिनों नेशनल सोशलिस्ट काउंसिल आफ नगालैंड का गठन हो गया। प्रमुख भूमिका उसी इसाक स्यू की थी जो 1966-67 में तत्कालीन प्रधानमंत्री इंदिरा गांधी के साथ हुई बातचीत के अनेक दौर में विद्रोहियों प्रतिनिधिमंडल में शामिल थे। कहते है कि एनएससीएन के गठन में चीन की शह थी और बाद में एनएससीएन के विभाजन व दोनों गुटों के बीच लगातार चलने वाली मारकाट में दूसरे गुट के नेता खापलांग को भारतीय सुरक्षा बलों का समर्थन। तब से विद्रोह का विस्तार पूर्वोत्तर के अन्य प्रदेशों से होते हुए असम तक पहुंच गया। सभी प्रदेशों के विद्रोही गुटों को हथियार, गुरिल्ला कार्रवाइयों के प्रशिक्षण और अलगाववादी विचार प्रदान करने का श्रेय इन्हीं दोनों गुटों को दिया जाता है। विद्रोही गतिविधियों और गुरिल्ला कार्रवाइयों में नब्बे के दशक में एक बार फिर जबरदस्त उछाल आया।

नगालैंड विधानसभा ने तत्कालीन मुख्यमंत्री वामुजो के नेतृत्व में समूची नगा भूमि को मिलाकर एक प्रशासनिक इकाइ गठित करने का प्रस्ताव 1993 में पारित किया। तब पूर्व मुख्यमंत्री एससी जमीर ने कहा कि पड़ोसी राज्यों को मंजूर होने पर ही ऐसी किसी इकाई का गठन हो सकता है। लेकिन बाद में जब जमीर स्वयं मुख्यमंत्री बने, तब फिर उसी तरह के प्रस्ताव दोबारा विधानसभा से पारित हुए। सत्ता में बने रहने के लिए भूमिगत विद्रोहियों को प्रसन्न रखने के

प्रयासों के अन्य कई छोटे-बडे नमूने वहां मिल जाएंगे। इस लिहाज से पूर्वोत्तर में सबसे खुंखार साबित हो रहे एनएससीएन, इसाक-मुइवा गुट के साथ बातचीत करने की शुरुआत को बहुत ही सकारात्मक कदम माना जाएगा। अटल बिहारी वाजपेयी के नेतृत्व में राजग सरकार के कार्यकाल में भारत सरकार और विद्रोहियों के बीच बातचीत की आधार भूमि 1995 में बननी शुरू हुई, जिसका सार्वजनिक ऐलान 1997 में हुआ जब दोनों पक्षों ने एक दूसरे पर गोली नहीं चलाने की घोषणा की। तब से पूर्वोत्तर में सुरक्षा बलों पर हमले की बडी घटनाएं नहीं हुईं। लेकिन विद्रोहियों की परिकल्पना के अनुरूप नगालिम का गठन करने में अरुणाचल प्रदेश के दो जिले-तिराप और चांगलांग, असम के कार्बी अंग्लांग व उत्तर कछार पहाड़ी जिलों के अलावा शिवसागर और जोरहाट जिलों का बड़ा हिस्सा और मणिपुर के चारों पहाड़ी जिलों को शामिल करना होगा। मणिपुर इस लिहाज से सबसे संवेदनशील इलाका है क्योंकि उन पहाड़ी जिलों के निवासी दूसरे आदिवासी कबीले कूकी के साथ नगा कबीलों का खूनखराबा होता रहा है और मणिपुर की बहुसंख्यक आबादी जिन माइती लोगों की है, उन्हें राज्य का किसी तरह का विभाजन मंजूर नहीं। नगा विद्रोहियों के साथ बातचीत में गतिरोध इसी मुददे पर है। म्यांमार के नगा इलाके को एकसाथ मिलाने की बातचीत भारत सरकार से नहीं हो सकती। इसे विद्रोही नेता मान चुके हैं, लेकिन विभिन्न प्रदेशों की नगाभूमि को एकसाथ मिलाने के परोक्ष संकेत के खिलाफ जिस तरह की हिंसा मणिपुर में हुई, वह अभूतपूर्व था।

नतीजा यह है कि वार्त्ता बारह साल से लगातार चल रही है। विदेशों में आरंभ हुई बातचीत बाद में भारत में भी हुई। इसके लिए विद्रोही नेताओं को भारतीय पासपोर्ट दिए गए। कई वार्त्ताकार बदले और कई बिचौलिए। पचास से ज्यादा दौर हो चुके हैं, जिनमें चार प्रधानमंत्रियों के साथ हुई बातचीत शामिल है। लेकिन परिणाम नहीं निकल पाया क्योंकि नगा गुट आपस में बंटे हैं और उनके बीच एकता का न होना ही नई दिल्ली की ताकत है। इस लिहाज से चुनावी राजनीति में नगालैंड की भूमि पर निवास करने वाले कबीलों की चुनावी ताकत अगर बढ़ती दिखती है तो उसे शुभ संकेत ही माना जाएगा।

(**संदर्भ** : सीएसडीएस- सर्वेक्षण, 2008
*योगेन्द्र यादव, इंडियन एक्सप्रेस, 5 मार्च 2008*
*धनंजय जोशी व राजीव क्षेत्री, इंडियन एक्सप्रेस, 11 मार्च 2008*
*संजय हजारिका, हिन्दुस्तान, 17 अप्रैल 2007*
*राहुल कर्माकार-हिन्दुस्तान टाइम्स, 27 जून 2001)*

### नगालैंड विधानसभा चुनाव

| पार्टी | 2008 | 2003 | 1998 | 1993 |
|---|---|---|---|---|
| बीजेपी | 2 | 7 | | |
| कांग्रेस | 24 | 21 | 53 | 35 |
| जेडीयू | | 3 | | |
| एसएपी | | 1 | | |
| एनडीएम | | 5 | | |
| एनपीएफ | 26 | 19 | | |
| एनसीपी | 2 | | | |
| निर्दलीय | 6 | 4 | 7 | 7 |
| | | | एनपीसी | 17 |
| | | | डीएलपी | 1 |

***स्रोत :*** *चुनाव आयोग*

## अरुणाचल प्रदेश : चुनावी लोकतंत्र की शैशवावस्था

देश के एकदम पूरवी छोर पर स्थित जिस प्रदेश में सूरज की किरणें सबसे पहले पहुंचती हैं, उस अरूणाचल प्रदेश में देश के बाकी हिस्सों और पड़ोसी राज्यों में प्रचलित राजनीतिक विचारधाराओं या पड़ोसी चीन के वैचारिक प्रभाव नहीं दिखते। मतदाताओं की गोलबंदी राजनीतिक पार्टियों के आधार पर नहीं होती। विभिन्न राजनीतिक पार्टियों के उम्मीदवारों को मिले वोटों का पार्टी की नीतियों और कार्यक्रमों से कोई लेना-देना नहीं होता। विचारधारा, नीति और कार्यक्रमों को इस विशालकाय, पर निम्न जनसंख्या घनत्व के प्रदेश के मतदाताओं के रुझान को आंकने का पैमाना नहीं बनाया जा सकता। आदिम जातीय पहचान के आधार पर मतदाताओं की गोलबंदी होती है, उनके नेताओं के साथ स्थानीय स्तर पर मतदाताओं का जुड़ाव होता है और उनके मत नेताओं के पाला बदलने या दल बदलने के साथ हस्तांतरित हो जाते हैं। ऐसे प्रदेश में 2004 के लोकसभा चुनावों में दोनों चुनाव क्षेत्रों से भाजपा उम्मीदवार विजयी रहे।

अरुणाचल प्रदेश संभवत: देश का पहला राज्य है जहां धर्म स्वातंत्र्य कानून प्रभावी हैं। मतलब वहां धर्म परिवर्तन नहीं कराया जा सकता। कारण था कि यहां बाकी देश में प्रचलित किसी धर्म का प्रभाव नहीं रहा। यह प्रदेश न तो मणिपुर की तरह वैष्णवी रंग में नहा पाया था, न ही नगालैंड की तरह ईसाईयत

का प्रभाव यहां रहा। लेकिन बीते दो दशकों में विभिन्न तरीकों से वहां भी धर्मांतरण हुए और अब इसाईयों की संख्या राजनीति पर प्रभाव डालने की स्थिति में है।

आदिवासी कबीलों के लिए चुनावी राजनीति नई चीज है। लेकिन अरुणाचल प्रदेश में तो इसका आगमन ही काफी बाद में हुआ। 1952 से नियमित अंतराल पर होने वाले आम-चुनावों के दायरे में यह प्रदेश लंबे समय नहीं रहा। जन-प्रतिनिधित्व अधिनियम-1951 के एक विशेष प्रावधान से वहां 1977 तक चुनाव और मतदान नहीं होते थे। अरुणाचल के आदिवासी कबीलों की राजनीतिक समझदारी को बर्दोलोई उप-समिति ने बेहद निम्न स्तर का माना था। साथ ही चीन व म्यांमार से सटे होने के कारण उसके उत्तर-पूर्व सीमांत क्षेत्र (नेफा) के स्वरूप को बनाए रखा गया। रेजिडेंट कमीश्नर की नियुक्ति होती थी और मंत्री परिषद को मनोनीत किया जाता था। 1972 में उसे केन्द्र शासित प्रदेश बनाया गया और 20 फरवरी 1987 को पूर्ण प्रदेश का दर्जा मिला। समूचे देश की राजनीतिक और चुनावी प्रक्रिया में हिस्सा लेने का अवसर उसके बाद ही मिल सका।

अरुणाचल प्रदेश में 2004 के आम-चुनाव चकमा-हाजोग शरणार्थियों के नाम मतदाता सूची में जोडने के चुनाव आयोग के फैसले के विरोध में आल अरुणाचल प्रदेश छात्र संघ (आप्सू) के चुनाव बहिष्कार की अपील के साए में चुनाव संपन्न हुए। चकमा शरणार्थियों की समस्या काफी दिनों से बनी हुई है और इसने भावनात्मक स्वरुप अख्तियार कर लिया है। विभिन्न राजनीतिक नेता दलगत विभेद से ऊपर उठकर तुरुप के पत्ते की तरह इसका इस्तेमाल करते हैं। सभी राजनीतिक पार्टियों के चुनाव घोषणापत्रों में शरणार्थी समस्या के स्थायी समाधान करने का उल्लेख किया जाता है। लेकिन कम से कम पंद्रह वर्षों से यह प्रमुख राजनीतिक मसला बना हुआ है। बीते चुनावों में भाजपा के घोषणापत्र में 'मूल निवासियों की भलाई और समूचे देश के हित में चकमा और हाजोंग समस्या का उचित और स्वीकार्य समाधान' करने का वायदा किया गया था। कांग्रेस और अरुणाचल कांग्रेस गठबंधन ने इसे लेकर अपने घोषणापत्र में केंन्द्र की भाजपा सरकार और राज्य भाजपा नेतृत्व की आलोचना की थी।

अरुणाचल प्रदेश के चकमा आदिवासियों की स्थिति अजीब सी है। तत्कालीन पूर्वी पाकिस्तान से 1964 में विस्थापित होकर आए 57 चकमा और हाजोंग परिवारों को तत्कालीन नेफा में भारत सरकार ने बसाया था। आज उन शरणार्थियों की आबादी 65 हजार से अधिक बताई जाती है। राजनीतिक रूप से समर्थ स्थानीय समुदायों में भिन्न सांस्कृतिक और जातीय पृष्ठभूमि के इन शरणार्थियों की वजह से विभिन्न प्रकार की समस्याएं उत्पन्न होने की आशंका जताई जाती है। और उन्हें अरुणाचल प्रदेश से बाहर करने के लिए मुहिम नब्बे के दशक में आरंभ

हुई। तत्कालीन मुख्यमंत्री गेगांग अपांग का परोक्ष समर्थन उस मुहिम को मिलता रहा। उस आबादी की स्थिति और उन्हें लेकर आरंभिक राजनीति के बारे में हिमालय सेवा संघ की ओर से एक अध्ययन कराया गया था जिसमें साफ हुआ कि अरुणाचल प्रदेश के चकमा दरअसल पूर्व पाकिस्तान की एक जलविद्युत परियोजना की वजह से विस्थापित हुए थे। इन शरणार्थियों के बहाने मूल निवासियों के बीच सर्वमान्य प्रादेशिक नेतृत्व खड़ा करने और धर्मांतरित ईसाईयों का राजनीतिक मुकाबला करने की मानसिकता होने के संकेत तब मिले थे। (हिमालय, मनोज पांडे, अमरनाथ)

लगातार मुख्यमंत्री रहने का रिकार्ड बनाने में ज्योति बसु का मुकाबला करने वाले गेगांग अपांग ईसाईयत के प्रभाव को काबू करने में नाकाम रहे। उनकी सरकार का तख्तापलट नगा उग्रवादियों की बंदूकों के साए में संपन्न हुआ। एक दिसंबर 1998 को उग्रवादियों की समांतर सरकार ने एक फरमान जारी कर नगा इलाके अर्थात तिरप और चांमलांग जिलों के सभी विधायकों से इस्तीफा देने को कहा। उग्रवादी उन दोनों जिलों को मिलाकर केन्द्र शासित प्रदेश बनाने की मांग कर रहे थे। जिन दिनों नगा उग्रवादी विधायकों के इस्तीफे ले रहे थे, उन्हीं दिनों निशी समुदाय के विधायक भी अपांग के खिलाफ गोलबंद हो रहे थे। यह प्रदेश की सबसे अधिक आबादी वाला कबीला है, और धर्मांतरण का प्रभाव इस कबीले पर भी उल्लेखनीय है। उस जातीय समूह के नेता मुकुट मिथी उन्हीं दिनों अपने समर्थकों के साथ राज्यपाल माता प्रसाद से मिले और राज्यपाल ने उस बगावत को मान्यता दे दी (रामबहादुर राय, जनसत्ता)। अपांग का जाना और मुकुट मिथी के आगमन से अरुणाचल प्रदेश में खास किस्म की क्षेत्रीय राजनीति का आगमन भी हुआ। जिसके संकेत चकमा शरणार्थियों के खिलाफ मुहिम के आरंभिक दौर से ही मिलते रहे हैं।

पिछले लोकसभा चुनावों में विश्व हिन्दू परिषद ने भाजपा और उसके 11 सूत्री प्रस्ताव के समर्थन में सक्रियता दिखाई। नतीजा हुआ कि इसाइयों का एक तबका खुलकर भाजपा के खिलाफ सक्रिय हुआ। अरुणाचल क्रिश्चन फोरम ने बाकायदा प्रस्ताव पारित कर ईसाईयों से भाजपा के खिलाफ मतदान करने का अनुरोध किया। ईसाईयों की संख्या आज राज्य की समूची जनसंख्या की करीब 30 प्रतिशत है। उनकी आबादी मोटेतौर पर पांच जिलों में केन्द्रित है। अब वे प्रमुख राजनीतिक और चुनावी ताकत बन गए हैं। कोई राजनीतिक पार्टी इस नए समूह की अनदेखी नहीं कर सकती। ईसाईयत का आगमन तिराप और चांमलांग जिलों में बसी नगा आबादी के माध्यम से हुआ। उनके बीच उग्रवादी संगठन एनएससीएन के दोनों गुटों की उपस्थिति है। मताधिकार का स्वतंत्रतापूर्वक इस्तेमाल करने में उग्रवादियों के फरमान बाधक बन गए हैं।

1999 के चुनावों में एनएससीएन के एक धड़े ने कथित रूप से कांग्रेस के लिए काम किया। हालांकि 2004 के चुनावों में एनएससीएन के किसी पार्टी या उम्मीदवार का समर्थन करने के समाचार नही हैं। हालांकि एक नवगठित उग्रवादी संगठन नेशनल लिबरेशन फ्रंट आफ अरुणाचल (एनएलएफए) ने शरणार्थी समस्या के लिए केंद्र सरकार को जिम्मेवार ठहराते हुए चुनाव बहिष्कार की अपील की थी।

राज्य के इतिहास में पहली बार दोनों चुनाव क्षेत्रों से जीत हासिलकर भाजपा ने इस प्रदेश से लोकसभा में अपना खाता खोला और करीब 53.9 प्रतिशत मत प्राप्त किये। कांग्रेस और अरुणाचल कांग्रेस के बीच चुनावी गठबंधन था। अरुणाचल कांग्रेस के उम्मीदवार ने पश्चिमी और कांग्रेस के उम्मीदवार ने पूर्वी क्षेत्र से चुनाव लड़ा। 1999 चुनावों में भाजपा का अरुणाचल कांग्रेस के साथ चुनावी गठबंधन था। कांग्रेस के वोटों में इन चुनावों में 46.9 प्रतिशत की गिरावट आई। हालांकि अरुणाचल कांग्रेस के वोटों में भी थोड़ी गिरावट आई, पर वह उल्लेखनीय नहीं है। भाजपा की बढ़त कांग्रेस और अरुणाचल कांग्रेस के साझा नुकसान से कहीं अधिक है। भाजपा ने संविधान की छठी अनुसूची के प्रावधानों को अरुणाचल प्रदेश के चार पिछड़े जिलों में लागू करने का वायदा किया था। उनमें से दो-दो दोनों लोकसभा चुनाव क्षेत्रों में पड़ते हैं। इस बारे में एक विधेयक भाजपा नीत संयुक्त लोकतांत्रिक मोर्चा सरकार द्वारा विधानसभा से पारित भी किया गया। इसका भाजपा को चुनावी लाभ मिला। (सारणी-1 इपीडब्लू)

फायदे और नुकसान का यह गणित तब अधिक महत्त्वपूर्ण हो जाता है जब देखते हैं कि अरुणाचल प्रदेश परंपरागत रुप से कांग्रेस समर्थक रहा है। राष्ट्रीय चुनाव सर्वेक्षण बताता है कि कांग्रेस को 55 वर्ष से अधिक उम्र के मतदाताओं के बीच अधिक समर्थन प्राप्त हुआ जबकि भाजपा के समर्थकों में सभी उम्र समूह के लोग शामिल हैं। भाजपा के खिलाफ अनेक कारकों के सक्रिय होने के बावजूद इसके उम्मीदवार दोनों क्षेत्रों से भारी बहुमत के साथ विजयी हुए। भाजपा के पक्ष में जबरदस्त रुझान (37.6) रहा।

इसका यही निष्कर्ष निकलता है कि भाजपा को सरकार में होने का फायदा मिला। अरुणाचल प्रदेश के मतदाताओं के रुझान का यह दिलचस्प और अनूठा पहलू है कि मतदाता सत्ताधारी पार्टी के उम्मीदवारों के पक्ष में मतदान करते हैं। अन्य राज्यों की तरह सत्ता विरोधी रुझान यहां प्रभावी नहीं दिखता। अब तक हुए किसी लोकसभा चुनाव में सत्ताधारी पार्टी का कोई उम्मीदवार पराजित नहीं हुआ। (सीएसडीएस, डाटा यूनिट)

## विधानसभा चुनाव 1990 से 2004 तक

| | 2004 | | 1999 | | 1995 | | 1990 | |
|---|---|---|---|---|---|---|---|---|
| पार्टी | उम्मीदवार | विजयी | उम्मीदवार | विजयी | उम्मीदवार | विजयी | उम्मीदवार | विजयी |
| भाजपा | 39 | 9 | 23 | 0 | 15 | 0 | | |
| कांग्रेस | 60 | 34 | 60 | 53 | 60 | 43 | 59 | 37 |
| राष्ट्रवादी पार्टी | 10 | 2 | 21 | 4 | | | | |
| अरुणाचल कांग्रेस | 11 | 2 | 38 | 1 | | | | |
| निर्दलीय | 48 | 13 | 29 | 2 | 59 | 12 | | |
| | एजेबीपी | 1 | 0 | | | | | |
| | | | | जेडी | 34 | 3 | 52 | 11 |
| | | | | जेपी | 5 | 2 | | |
| | | | | | जेएनपी (जेपी) | 7 | 1 | |

*स्रोत : चुनाव आयोग*

# मेघालय : सीधे केंद्र से जुड़ने की ललक

मेघालय अपने जन्मलग्न से ही दलबदल और राजनीतिक अस्थिरता का शिकार रहा। कभी किसी एक पार्टी को एक छत्र बहुमत नहीं मिला। पार्टियों के बनने-टूटने के बीच सत्ता की चाबी निर्दलीय विधायकों के हाथ में रही। खास बात यह है कि जब समूचे देश में राष्ट्रीय पार्टियों का अवसान आरंभ हुआ, तब मेघालय में उनकी उपस्थिति पहले से अधिक दिखती है। दूसरी खासियत इस ईसाई बहुल राज्य में भाजपा उम्मीदवारों का जीतना है। राजद और सपा जैसी बिहार और उत्तर प्रदेश की क्षेत्रीय पार्टियों की ओर से उम्मीदवार दिया जाना भी रोचक है क्योंकि साठ सदस्यीय विधानसभा में सिर्फ पांच सीटें ऐसी हैं जहां से गैर आदिवासी उम्मीदवार हो सकते हैं। गैर आदिवासियों के लिए जमीन-जायदाद खरीदना भी संभव नहीं। इसलिए कारोबार के सिलसिले में वर्षों से बसे गैर आदिवासी समूहों के बीच राजनीतिक प्रतिनिधित्व नहीं मिलने की वजह से एक खास किस्म की बेचैनी देखी जाती है। उन गैर आदिवासी समूहों में बिहार और अन्य हिन्दी प्रदेशों की अपेक्षा

बंगाली और नेपाली आबादी कहीं अधिक हैं।

असम के पहाड़ी जिलों खासी और गारो-जयंतिया संयुक्त जिले को मिलाकर पहाड़ी प्रदेश के लिए आंदोलन की शुरुआत 1960 में हुई। उन दिनों उन पहाड़ी जिलों को स्वायत्त जिला परिषद का दर्जा प्राप्त था। आंदोलन के दबाव में दोनों जिलों को मिलाकर 2 अप्रैल 1970 को असम पुनर्गठन (मेघालय) 1969 अधिनियम से स्वायत्त प्रदेश का गठन हुआ जिसे अंततः 20-21 जनवरी 1972 की मध्यरात्रि से उत्तरपूर्व क्षेत्र (पुनर्गठन ) कानून 1971 से प्राप्त हुआ। आंदोलन के दौरान तीन विभिन्न इलाकों के निवासी तीन विभिन्न आदिवासी कबीलों में बनी राजनीतिक एकता के एकछत्र नेता कैप्टन डबलू ए संगमा मुख्यमंत्री चुने गए। लेकिन आंदोलन के दौरान हुई गोलबंदी का असर चुनाव प्रक्रिया और परिणामों में नहीं दिखा। मतदान में महज 51.58 प्रतिशत रहा और सर्वदलीय पहाड़ी सम्मेलन (एएचएल) को जैसे तैसे बहुमत मिल सका। महज दो विधायकों का बहुमत होने से उस सरकार पर संकट के बादल हमेशा मंडराते रहे। उन चुनावों में निर्दलीय उम्मीदवारों का बोलबाला रहा और कांग्रेस सभी सीटों पर पार्टी के चुनाव चिह्न पर उम्मीदवार नहीं दे सकी। परन्तु पहले मुख्यमंत्री कैप्टन डब्लू ए संगमा के बाद कोई ऐसा नेता भी नहीं उभर सका जिसकी राजनीतिक पकड़ समूचे राज्य में हो। शायद यही कारण है कि धीरे-धीरे मेघालय विधानसभा में निर्दलीय से दलीय प्रतिनिधित्व की ओर रुझान हुआ। दलीय प्रतिनिधित्व की ललक में राष्ट्रीय पार्टियों की दखल जितनी बढती गई, क्षेत्रीय पार्टियों का बनना-बिखरना उसी तरह चलता रहा।

मेघालय के गठन के पहले उन तीनों पहाड़ी जिलों को मिलाकर लोकसभा का एक चुनाव क्षेत्र था। उस क्षेत्र से 1962 चुनाव क्षेत्र के समय से जीजी स्वेल चुनाव जीतते रहे। 1977 में दो चुनाव क्षेत्रों का गठन हुआ और तुरा लोकसभा क्षेत्र से पी ए संगमा लगातार लोकसभा सदस्य बनते रहे। सिर्फ 1989 और 1991 में लोकसभा नहीं पहुंच सके थे। अभी उनके इस्तीफा देने से खाली सीट से उप चुनावों में उनकी बेटी अगाथा संगमा सांसद है। लोकसभा चुनावों में इस तरह की स्थिरता का परिचय देने वाले प्रदेश में राजनीतिक अस्थिरता दिलचस्प है। राष्ट्रपति चुनावों जी जी स्वेल का समर्थन कर राज्य की राजनीति में कदम रखने वाली भाजपा ने 1993 के चुनावों में भी 20 उम्मीदवार दिए थे, लेकिन 1998 में उसके 28 उम्मीदवारों में से तीन जीत गए। उस चुनावों में जद, राजद, सपा के उम्मीदवार भी मैदान में थे। माकपा तो 1972 से ही कांग्रेस के अलावा अकेली गैर स्थानीय पार्टी है जिसकी उपस्थिति विधानसभा चुनावों में दिखती रही है। लेकिन भाजपा का विधानसभा में प्रवेश और लगातार उपस्थिति बनी हुई है। भाजपा को खासी आदिवासियों की बहुलता वाले क्षेत्रों में जीत मिली।

राष्ट्रवादी कांग्रेस के गठन के बाद पूर्व लोकसभा अध्यक्ष पीए संगमा ने प्रदेश की राजनीति में वापसी की भरपूर कोशिश की। पर उन्हें कामयाबी नहीं मिली क्योंकि

उन्हें परंपरागत गारो आदिवासियों के बाहर कोई खास समर्थन नहीं मिला। हालांकि पीए संगमा लंबे समय से मेघालय कांग्रेस के निर्विवाद नेता माने जाते रहे परन्तु उनकी राष्ट्रवादी कांग्रेस ने क्षेत्रीय दलों का नुकसान किया, कांग्रेस पर उनका कोई खास असर नहीं दिखा। विधानसभा में किसी को बहुमत नहीं मिला, लेकिन कांग्रेस सबसे बड़ी पार्टी के रूप में उभरी। उसे 25 सीटें मिलीं। पी ए संगमा के नेतृत्व में राष्ट्रवादी कांग्रेस को 14 सीटें मिलीं। यूनाइटेड डेमोक्रेटिक पार्टी को 11 सीटें मिलीं। भाजपा को भी एक सीट मिल गई। निर्दलीय और अन्यों को 30 सीटें मिलीं।

इन चुनावों में कांग्रेस की जीत बाहर से देखने में कोई खास नहीं लगती। विधानसभा में वह सबसे बड़ी समूह भर है, लेकिन मेघालय में 1972 से ही किसी पार्टी को स्पष्ट बहुमत नहीं मिला। इसके मद्देनजर यह छोटी कामयाबी नहीं है। कांग्रेस अब तक की सबसे बड़ी कामयाबी मिलने का दावा कर सकती है। हालांकि चुनाव परिणामों ने उसकी लोकप्रियता पर मुहर नहीं लगाई , बल्कि विपक्षी पार्टियां अपनी स्वीकार्यता नहीं बढ़ा पाई। पिछले चुनावों के बाद सीएसडीएस के कराए सर्वेक्षण में रोचक तथ्य उभरे। यह साफ हुआ कि चुनाव परिणामों को कांग्रेस सरकार और उसके नेतृत्व के प्रति समर्थन नहीं माना जा सकता। बल्कि उसके प्रति नकारात्मक प्रतिक्रिया देखी गई। कांग्रेस की सरकार के प्रदर्शन को अधिकतर लोगों ने औसत माना, मुख्यमंत्री डीडी लपांग की छवि को भी अधिक अच्छा नहीं माना गया। हालांकि इस मामले में भी क्षेत्रीय विभाजन का प्रभाव देखा गया। पीए संगमा की लोकप्रियता का विस्तार खासी पहाड़ी में नहीं देखा गया। दरअसल, मेघालय में क्षेत्रीय पार्टियों का भविष्य तीखे क्षेत्रीय विभाजन की वजह से अंधकारमय होता गया है।

कांग्रेस को प्राप्त इस कामयाबी के दो प्रमुख कारण दिखते हैं। कांग्रेस अकेली पार्टी है जिसका विस्तार पूरे प्रदेश, तीनों जिलों और आदिवासी-गैर आदिवासी समुदाय में है। जबकि राष्ट्रवादी कांग्रेस का फैलाव महज गारो पहाड़ी में है जो तुरा संसदीय चुनाव क्षेत्र में पड़ता है। मेघालय के चुनावों पर महिलाओं के प्रभाव को समाचार माध्यमों द्वारा अक्सर नजरअंदाज कर दिया जाता है हालांकि यह तथ्य है कि मेघालय की तीनों प्रमुख आदिवासी जातियों में मातृसत्तात्मक व्यवस्था है, परन्तु आधुनिक राजनीतिक व्यवस्था में उनका प्रतिनिधित्व नगण्य रहा है। विधानसभा में एक से अधिक महिला सदस्य कभी नहीं रही। मतदान में हिस्सेदारी के लिहाज से राज्य में बहुत बड़ा लैंगिक विभाजन है। कांग्रेस को महिलाओं के बीच 40 प्रतिशत वोट मिले, जबकि पुरुषों के बीच उसे 30 प्रतिशत वोट मिल पाए। अगर महिलाओं ने मर्दो की तर्ज पर वोट दिया होता तो कांग्रेस को पांच प्रतिशत कम वोट मिलते। फिर राजनीतिक परिदृश्य एकदम अलग होता। कांग्रेस को कम पढ़े-लिखे वोटरों के बीच भी अधिक समर्थन प्राप्त हुआ।

**सदंर्भ :** राजीव क्षेत्री, 8 मार्च 2008, सीएसडीएस, सारणी संलग्न।

## विधानसभा चुनाव 1972 से 1988

| | 1972 | | 1978 | | 1983 | | 1988 | |
|---|---|---|---|---|---|---|---|---|
| पार्टी | उम्मीदवार | विजयी | उम्मीदवार | विजयी | उम्मीदवार | विजयी | उम्मीदवार | विजयी |
| कांग्रेस | 12 | 9 | 57 | 20 | 60 | 25 | 60 | 22 |
| माकपा | 2 | 0 | 4 | 0 | 7 | 0 | 9 | 2 |
| एएचएल (आल पार्टी हिल लीडर्स कांफेंस) | 49 | 32 | 52 | 16 | 55 | 15 | | |
| निर्दलीय | 135 | 19 | 105 | 10 | 127 | 3 | 83 | 9 |
| एचपीडी | | | 35 | 14 | 46 | 15 | 31 | 6 |
| पीडीसी | | | | | 21 | 2 | 15 | 2 |
| एचपीयू | | | | | | | 55 | 19 |
| एएचएल (ए) | | | | | | | 18 | 2 |

## विधानसभा चुनाव –1993 और 1998

| 1993 | | | 1998 | | |
|---|---|---|---|---|---|
| पार्टी | उम्मीदवार | विजय | पार्टी | उम्मीदवार | विजयी |
| कांग्रेस | 60 | 24 | कांग्रेस | 59 | 25 |
| माकपा | 4 | 0 | माकपा | 9 | 0 |
| भाजपा | 20 | 0 | भाजपा | 28 | 3 |
| एएचएलसी (एएम) | 27 | 3 | जद | 1 | 0 |
| एचपीएसडी | 13 | 8 | राजद | 8 | 0 |
| एचपीयू | 45 | 11 | सपा | 5 | 0 |
| पीडीआई | 4 | 2 | यूडीपी | 56 | 20 |
| एमपीपी | 11 | 2 | जीएनसी | 16 | 1 |
| निर्दलीय | 95 | 10 | एचएसपी | 3 | 0 |
| | | | एचपीडीपी | 19 | 3 |
| | | | पीडीएम | 19 | 3 |
| | | | निर्दलीय | 85 | 5 |

## विधानसभा चुनाव-2003 और 2008

| 2003 | | | 2008 | | |
|---|---|---|---|---|---|
| पार्टी | उम्मीदवार | विजय | पार्टी | उम्मीदवार | विजय |
| कांग्रेस | 60 | 22 | कांग्रेस | 59 | 25 |
| राकांपा | 54 | 14 | राकांपा | 49 | 14 |
| माकपा | 3 | 0 | माकपा | 3 | 0 |
| भाजपा | 28 | 2 | भाजपा | 23 | 1 |
| एचपीडीपी | 22 | 2 | एचपीडीपी | 15 | 2 |
| पीडीएम | 8 | 0 | | | |
| यूडीपी | 45 | 9 | यूडीपी | 53 | 11 |
| एसएपी | 3 | 0 | | | |
| एसपी | 1 | 0 | एलजेपी | 18 | 0 |
| जीएनसी | 7 | 0 | जीएनसी | 4 | 0 |
| केएफडीपी | 4 | 0 | | | |
| केएचएनएएम | 22 | 2 | केएचएनएएम | 16 | 1 |
| एमडीपी | 18 | 4 | एमडीपी | 18 | 0 |
| निर्दलीय | 58 | 5 | निर्दलीय | 73 | 5 |

*स्रोत : सीएसडीएस द्वारा यूनिट*

# त्रिपुरा : छोटा बंगाल बनने की राह पर

वाममोर्चा के वर्चस्व में राजनीतिक स्थिरता का उदाहरण बना त्रिपुरा पूर्वोत्तर के अन्य पहाड़ी प्रदेशों से कई स्तरों में एकदम भिन्न है। बाकी देश से दूरी, आवागमन की असुविधा, इससे उत्पन्न उपेक्षा के भाव, अलगाववादी आंदोलन, हथियारबंद उग्रवादियों से सुरक्षाबलों की झड़पें और लंबी अंतर्राष्ट्रीय सीमाओं की वजह से विदेशी एजेंसियों की राष्ट्र विरोधी हरकतों का सामना इसे भी करना पड़ता है। परन्तु त्रिपुरा में कभी कोई क्षेत्रीय दल नहीं पनप सका। दलबदल और चुनावी कलाबाजी वहां नजर नहीं आई। जबकि राजनीति एकदम स्थानीय स्वरूप में चलती है। यह दिलचस्प है कि पश्चिम बंगाल में भी तीन दशकों से वाममोर्चा का राज बना हुआ है लेकिन देश की सामान्य राजनीतिक प्रवृत्तियों का प्रभाव त्रिपुरा में एकदम नहीं होता या एकदम अलग किस्म का होता है। बंगाली शरणार्थियों की वजह से बदली सामाजिक संरचना में इस पर राष्ट्रीय राजनीति का जो भी प्रभाव पड़ता है, वह पश्चिम बंगाल

से छनकर आता है, उससे प्रभावित होता है। त्रिपुरा में कांग्रेस और वामपंथी पार्टियों के बीच ध्रुवीकृत राजनीति की खासियत यह है कि आदिवासी अस्मिता के प्रश्नों को तीसरा ध्रुव बनने की कोशिशें हिंसक उग्रवाद में भटक रही हैं।

त्रिपुरा के साठ सदस्यीय विधानसभा में 1977 से लगातार वाममोर्चा के कम से कम 39 विधायक रहे और 49 प्रतिशत से कम वोट नहीं मिले। अपवाद सिर्फ 1988 से 1993 का दौर रहा, जब कांग्रेस और त्रिपुरा उपजाति युव समिति (टीयूजेएस) ने मिलकर सरकार का गठन किया। हालांकि तब भी माकपा सबसे बड़ी पार्टी थी और कांग्रेस गठबंधन को महज 32 विधायकों का समर्थन था। नतीजतन, टीयूजेएस की सौदाबाजी में कांग्रेस को मुख्यमंत्री बदलना पड़ा और फिर कभी कांग्रेस खड़ी नहीं हो सकी। माकपा के नेतृत्व में वाममोर्चा ने पिछले 2008 के चुनावों में सबसे बेहतर प्रदर्शन किया। उसे 49 क्षेत्रों में जीत हासिल हुई। वाममोर्चा और माकपा को पहले अधिक सीटें मिल चुकी हैं, पर 2008 चुनावों की खासियत यह थी कि माकपा उस कांग्रेस और उसके नेतृत्व वाली केंद्र सरकार को जन विरोधी ठहरा रही थी, जिसे वह स्वयं समर्थन दे रही थी। उन चुनावों में 92 प्रतिशत मतदाताओं ने हिस्सा लिया, यह राष्ट्रीय स्तर पर संभवत: एक रिकार्ड है। राजनीतिक अस्थिरता और दलबदल, जोड़तोड़ से ग्रस्त पूर्वोत्तर के पहाड़ी प्रदेशों के बीच यह आश्चर्यजनक स्थिति है।

हालांकि त्रिपुरा विधानसभा के पहले दो चुनावों में कांग्रेस का बोलबाला रहा। 1967 में हुए पहले विधानसभा चुनाव में 30 विधानसभा क्षेत्रों में से 27 क्षेत्रों में कांग्रेस ने कामयाबी हासिल की। माकपा दो और भाकपा एक क्षेत्र से जीत सकी। तब त्रिपुरा पूर्ण प्रदेश नहीं था। पूर्ण प्रदेश बनने के बाद 1972 में विधानसभा के 60 निर्वाचन क्षेत्रों में 41 क्षेत्रों में कांग्रेस को कामयाबी मिली। माकपा को 16 सीटें मिली थी। कांग्रेस दो-तिहाई जगहों पर कब्जा जमाए रखने में तो कामयाब हुई, पर उसे चुनौती मिलना आरंभ हो चुका था। 1977 के चुनाव में स्थिति एकदम पलट गई। माकपा ने 51 क्षेत्रों पर जीत हासिल कर कांग्रेस को सत्ता से खदेड़ दिया। कांग्रेस को एक भी सीट नहीं मिल सकी। तबसे माकपा का वर्चस्व राज्य की राजनीति में बना हुआ है। (संजय कुमार, सीएसडीएस, इंडियन एक्सप्रेस, 22 फरवरी, 2008)

वाममोर्चा का दबदबा लगातार कायम रहने का प्राथमिक निष्कर्ष निकलता है कि मोर्चा की पैठ मूल निवासी आदिवासी समूहों और पूर्वी बंगाल (अब बांग्लादेश) से प्रवजन करके आए बांग्लाभाषी हिन्दू आबादी के बीच समान रूप से बना हुआ है। इस लिहाज से चुनावी आंकड़ों के विश्लेषण और सर्वेक्षणों के निष्कर्ष गौरतलब हैं। वाममोर्चा को बंगाली और आदिवासी दोनों सामाजिक-राजनीतिक समूहों में स्पष्ट बढत मिली। लेकिन यह कहना गलत होगा कि गैर-बंगाली निवासियों में माकपा

की नेत्तृव वाली वाममोर्चा से नाराजगी नहीं है। वाममोर्चा को 2008 चुनावों में बगाली निवासियों के बीच 22 प्रतिशत बढ़त मिली जो आदिवासी समूहों में मिली सात प्रतिशत के मुकाबले बहुत बड़ी बढ़त कही जाएगी। लेकिन सर्वेक्षणों में स्पष्ट हुआ कि 47 प्रतिशत आदिवासी मानते हैं कि वाममोर्चा के शासन से सिर्फ बंगाली निवासियों को फायदा हुआ। लेकिन यह बैचेनी वोट में नहीं बदल पाती क्योंकि आदिवासी समुदायों के बीच आदिवासी पहचान की राजनीति करने वाले समूहों की विश्वसनीयता कहीं कम है। (धनंजय जोशी, सीएसडीएस, इंडियन एक्सप्रेस, 8 मार्च 2008)

पिछले चुनावों में कांग्रेस की चुनावी साझीदार आईएनपीटी ताजा उदाहरण है। उसके नेता विजय ह्रंखल पूर्व उग्रवादी हैं और उन्हें अपनी विधायकी बचाए रखने में भी जैसे-तैसे सफलता मिल पाई। आदिवासियों के लिए सुरक्षित 20 चुनाव क्षेत्रों में से सिर्फ वही एक वाममोर्चा के खाते में नहीं आया। बाकी 19 चुनाव क्षेत्रों में वाममोर्चा उम्मीदवार विजयी रहे। अनुसूचित जातियों के लिए सुरक्षित सभी 7 सात चुनाव क्षेत्र उसकी झोली में गए। कांग्रेस ने आईएनपीटी के लिए 11 सुरक्षित सीटें छोड़ी थी। फारवर्ड ब्लाक के वाममोर्चा से अलग होकर 12 क्षेत्रों में माकपा के खिलाफ उम्मीदवार देने से उसे वाम वोटों के विभाजन से फायदे की उम्मीद थी। मुख्यमंत्री के रूप मे माणिक सरकार की लोकप्रियता भी वामामोर्चा के सर्वश्रेष्ठ प्रदर्शन का एक कारण है। तीसरी बार मुख्यमंत्री बने माणिक सरकार को अन्य प्रतिद्वन्द्वी के मुकाबले अधिक लोगों ने पसंद किया। (चार्ट देखें, संजय कुमार,धनंजय जोशी-सीएसडीएस)

लेकिन त्रिपुरा की यही राजनीतिक, सामाजिक, ऐतिहासिक और भौगोलिक कहानी नहीं है। त्रिपुरा की त्रासद कहानी कई दशक पुरानी है। बांग्लादेश के साथ लंबी सीमा से तीन ओर से घिरा प्रदेश त्रिपुरा भारत के उन दो राज्यों में है, जहां कुछ दशकों के अंदर ही मूल निवासी अन्पसंख्यक हो गए हैं। ऐसा अनियंत्रित आव्रजन की वजह से हुआ है। दूसरा राज्य है, सिक्किम, जहां मूलवासी भूटिया और लेपचा अल्पसंख्यक हो गए हैं। उनकी तुलना में नेपाली मूल के लोगों की आबादी ज्यादा है। लेकिन सिक्किम का भारत में विलय 1974 में हुआ जब नेपाली मूल के लोग सिक्किम के राजा चोग्याल को खदेड़कर राजनीतिक सत्ता पर काबिज होना चाहते थे। त्रिपुरा की कहानी सिक्किम से भिन्न है। वह आरंभ से भारत का हिस्सा रहा है। त्रिपुरा के प्राचीन रजवाड़े ब्रिटिश राज के अनुगत थे। 'पाचवें दशक में पूर्वी बंगाल अर्थात तत्कालीन पाकिस्तान से बंगाली हिन्दुओं का बड़े पैमाने पर आव्रजन होने लगा। विभाजन के पहले स्थानीय प्रशासन में योगदान और बंजर जमीन पर खेती के विकास के लिए त्रिपुरा में पूर्वी बंगाल से आने वाले आव्रजकों का

स्वागत होता था। लेकिन देश के विभाजन के बाद आव्रजकों की स्थिति और उनके प्रति दृष्टिकोण बदलता गया (संजय हाजारिका)।

विभाजन की वजह से त्रिपुरा के पूर्वी बंगाल से परंपरागत संबंध टूट गए थे। रोजमर्रा की जरूरी चीजें, संचार के साधन, आवागमन, व्यापार-वाणिज्य, पठन-पाठन और तमाम कामों के लिए देश के बाकी हिस्सों से एकदम अलग-थलग हो गया था। बाहरी दुनिया से संबंध रखने के लिए केन्द्र सरकार पर निर्भरता बढ़ गई थी। लेकिन छठे और सातवें दशक में पूर्वी पाकिस्तान में हिन्दू विरोधी दंगों के बाद आव्रजन नियंत्रण से बाहर हो गया। हिन्दू शरणार्थी न सिर्फ त्रिपुरा, बल्कि पश्चिम बंगाल और असम में भी पहुंचने लगे थे। त्रिपुरा में उन्हें शरण और पुनर्वास विशेष रूप से प्राप्त हुए। कुछ ही वर्षों में त्रिपुरा का जन सांख्यिकीय स्वरूप ही बदल गया। त्रिपुरी, मोग, रियांग और ह्रंखाल जैसे बहुसंख्यक आदिवासी अपनी ही धरती पर अल्पसंख्यक हो गए। विभाजन के समय उनकी आबादी 69 प्रतिशत थी, अब 30 प्रतिशत से भी कम हो गई है। इन्हीं परिस्थितियों में सातवें दशक में आदिवासी पहचान, सुरक्षा और संरक्षण की राजनीति शुरू हुई। त्रिपुरा उपजाति युवा समिति का गठन हुआ। इसका उदेश्य त्रिपुरा के आदिवासियों को सुरक्षा और स्थायित्व प्रदान करना था। लेकिन जमीन पर आव्रजकों का दबाव बढ़ता रहा और उसके साथ ही आदिवासियों का इलाका सिकुड़ता गया।

आरोप अक्सर लगाया जाता है कि त्रिपुरा उपजाति युवा समिति ने बंगालियों पर हमले कर त्रिपुरा को आजाद करने के लिए उग्रवादी दस्तों का गठन किया। हिंसा का पहला विस्फोट 1980 में हुआ। दशकों की उपेक्षा और शोषण से गुस्साए आदिवासियों ने त्रिपुरा के विभिन्न भागों में दंगे किए, जिनमें अनुमान के मुताबिक 2300 से अधिक लोग मारे गए। तत्कालीन मुख्यमंत्री नृपेन चक्रवर्ती ने केन्द्रीय जांच दल को बताया था कि 1800 लोगों के गायब होने का पता चला। जिनके बारे में मान कर चला जा सकता है कि वे सभी मारे गए। सरकारी तौर पर पुष्टि तो मात्र 550 हत्याओं की हुई थी। इन हत्याओं के दौरान त्रिपुरा का दौरा करने वाले पत्रकार संजय हजारिका के अनुसार, बंगालियों के प्रति घृणा और वैमनस्य देखकर आघात लगा था। उस दौरान बहुसंख्यक बंगाली 'स्वायत्त जिला परिषद की वाजिब मांग का विरोध कर रहे थे, क्योंकि वे जानते थे कि इस मांग पर अमल करने से स्थानीय प्रशासन आदिवासियों के हाथों में चला जाएगा। बहुत ही कम समय में विजय ह्रंखल ने स्वतंत्र त्रिपुरा के लिए हथियार बंद आंदोलन छेड़ दिया। यह आंदोलन ऐसे त्रिपुरा के लिए था जहां से त्रिपुरा नेशनल वालंटियर फोर्स बंगालियों को खदेड़ देती या कोई अन्य गिरोह उनका खात्मा कर देता। (-संजय हजारिका )

नवें दशक का मध्यकाल भारत में समझौतों का दौर था। राजीव गांधी के शासनकाल में नई दिल्ली ने पंजाब में अकाली दल, मिजोरम में मिजो नेशनल फ्रंट, असम में लाखों बांग्लादेशियों को निकाल बाहर करने की मांग करने वाली आसू के साथ और श्रीलंका में लिट्टे के साथ समझौता किया। इन समझौतों में विभिन्न प्रकार के खट्टे मीठे अनुभव हुए। वर्ष 1988 तक विजय ह्रंखल को अहसास हो गया कि वह अपना आंदोलन लंबे समय तक नहीं चला सकते और उस आंदोलन के उस ढंग से कुछ हासिल भी नहीं किया जा सकता। तब तक उनके मिजो मित्र हथियार डालकर भारतीय संविधान को स्वीकार कर चुके थे। ऐसा ही करने का निश्चय विजय ह्रंखल ने भी किया। लेकिन कुछ ही वर्षों में त्रिपुरा नेशनल वालंटियर फोर्स के एक धड़े ने आल त्रिपुरा टाइगर फोर्स (एटीटीएफ) का गठन कर लिया। फिर नेशनल लिबरेशन फोर्स ऑफ त्रिपुरा (एनएलएफटी) नामक एक और संगठन सक्रिय हो गया। उसे नगालैंड के एनएससीएन (मुइवा) से हथियार और वैचारिक समर्थन प्राप्त होता है। कई अन्य संगठन भी पनप गए। एक समय उस छोटे से प्रदेश में आदिवासियों के 14 उग्रवादी संगठन सक्रिय हो गए थे। इसकी प्रतिक्रिया में गैर आदिवासी उग्रवादी संगठन भी बनने लगे। जिस आमरा बंगाली का नाम 1980 के दंगों के दौरान सुना गया था, उसकी ताकत तो बढ़ी ही। उसके अलावा बंगाली टाइगर फोर्स का नाम भी सामने आया।

त्रिपुरा का सच वामपंथी पार्टियों के संगठन कौशल और कांग्रेस के अराजक लोकतंत्र में प्रकट होता है। गैर-आदिवासियों का बड़े पैमाने पर बसना, आदिवासियों की जमीन से बेदखली, कोकबोरक भाषा का प्रयोग आदि सदा वर्तमान रहने वाले मुद्दे बन गए हैं। इन मसलों को हल करने के नाम पर पहले त्रिपुरा आदिवासी क्षेत्र स्वायत्त जिला परिषद (टीटीएएडीसी) का गठन हुआ था, पर प्रशासनिक अक्षमताओं और राजनीतिक दूरदर्शिता के अभाव में आदिवासी राजनीति करने वाले संगठनों की विश्वसनीयता कायम नहीं हो सकी। टीयूजेएस ने बाद में जिला परिषद को संविधान की धारा-244ए के तहत स्वायत्त बनाने के लिए आंदोलन छेड़ा। उसने 1988 में कांगेस के साथ मिलकर सरकार चलाया था। लेकिन 1993 विधानसभा चुनाव में कांग्रेस और टीयूजेस का सफाया हो गया। तब से दोनों का राजनीतिक आधार तेजी से सिकुड़ता गया। टीयूजेएस ने राष्ट्रीय राजनीति में भाजपा के उभरने पर कांग्रेस का दामन छोड़कर भाजपा के साथ गठबंधन किया। इससे माकपा के राजनीतिक वर्चस्व पर तो कोई असर नहीं हुआ, पर आदिवासी आबादी के बीच धमार्तंरित ईसाई और परंपरागत धर्मावलंबी आदिवासियों का एक अन्य विभेद पैदा हो गया। राजग सरकार के दिनों में राष्ट्रीय स्वयंसेवक संघ के चार बड़े प्रचारकों का अपहरण से यह विचार बढ़ा।

अस्मिता के भावनात्मक मुद्दे पर उद्वेलित आदिवासी समुदाय में कोकबोरक भाषा को सरकारी मान्यता देने और आत्मसमर्पणकारी उग्रवादियों के पुनर्वास की योजनाओं का विवरण देते हुए तथा केंद्र सरकार को नाकामियों के लिए जिम्मेदार ठहराते हुए वाममोर्चा ने चुनावी जीत हासिल की और माणिक सरकार लगातार चौथी बार मुख्यमंत्री बन गए। मालूम हो कि केन्द्र में यूपीए सरकार को समर्थन कर रही वामपंथी पार्टियां त्रिपुरा विधानसभा चुनावों में केन्द्र सरकार को जन विरोधी ठहरा रही थी। उल्लेखनीय है कि त्रिपुरा में आदिवासी केन्द्रित राजनीति कम्युनिस्ट प्रभाव में ही आरंभ हुआ था। 1952 के लोकसभा चुनावों में मुक्ति परिषद के दशरथ देव निर्वाचित हुए थे जो बाद में नृपेन चक्रवर्ती के बाद त्रिपुरा के मुख्यमंत्री बने। आदिवासी समूहों में माकपा की मजबूत उपस्थिति का श्रेय उन्हें दिया जा सकता है। लोकसभा चुनावों में भी 1988 से 1993 के बीच दो लोकसभा चुनाव में ही कांग्रेस के उम्मीदवार जीत सके थे। 2004 लोकसभा चुनावों में तो शायद टीजेएस से गठबंधन होने की वजह से भाजपा के पुलिन बिहारी देवान दूसरे स्थान पर आ गए। लेकिन उन्हें माकपा के बैजूबन रियांग के 66.48 प्रतिशत के मुकाबले 16.61 प्रतिशत और कांग्रेस के ज्योतिमोहन त्रिपुरा को 12.35 प्रतिशत मत मिले। कांग्रेस के विभाजन से 1977 में बीएलडी और 1999 में तृणमूल कांग्रेस सामने आए। चुनावी प्रवृत्तियों को संलग्न सारणी में देखा जा सकता है।

## त्रिपुरा विधानसभा के बीते दो चुनावों के परिणाम 2003, 2008

| वर्ष | माकपा | भाकपा | आरएसपी | कुल | कांग्रेस | आईएनपीटी | कुल |
|---|---|---|---|---|---|---|---|
| 2003 | 38 | 1 | 2 | 41 | 13 | 6 | 19 |
| 2008 | 46 | 1 | 2 | 49 | 10 | 1 | 11 |

## लोकसभा का पिछला चुनाव परिणाम–2004

| | | | | | |
|---|---|---|---|---|---|
| त्रिपुरा पश्चिम | खगेन दास | माकपा | निर्मला दासगुप्ता | कांग्रेस | खगेन दास चौथी बार जीते |
| त्रिपुरा पूर्व | बिजूबान रियांग | माकपा | पुलिन बिहारी देवान | भाजपा | बिजूबान दास 1980 से लगातार नौ बार उम्मीदवार बने, सात बार जीते। |

**त्रिपुरा पश्चिम लोकसभा चुनाव क्षेत्र**

| वर्ष | मतदान प्रतिशत | विजेता उम्मीदवार | पार्टी | दूसरे स्थान पर | मतदान प्रतिशत | पार्टी |
|---|---|---|---|---|---|---|
| 2004 | 67.50 | खगेन दास | माकपा | निर्मल दासगुप्ता | 16.00 | कांग्रेस |
| 1999 | 70.05 | समर चौधरी | माकपा | सुधीर रंजन मजूमदार | 26.86 | तृणमूल कांग्रेस |
| 1998 | 82.40 | समर चौधरी | माकपा | राधिका रंजन गुप्ता | 44.91 | कांग्रेस |
| 1996 | 80.41 | बादल चौधरी | माकपा | अशोक कुमार भट्टाचार्य | 38.88 | कांग्रेस |
| 1991 | 70.05 | संतोश मोहन देव | कांग्रेस | माणिक सरकार | 6.42 | माकपा |
| 1989 | 85.75 | संतोश मोहन देव | कांग्रेस | माणिक सरकार | | |
| | 36.31 | | माकपा | | | |
| 1984 | 78.23 | अजय बिस्वास | माकपा | सुधीर रंजन मजूमदार | 47.94 | कांग्रेस |
| 1980 | 80.55 | अजय बिस्वास | माकपा | अषोक कुमार भट्टाचाय | 33.76 | कांग्रेस,ई |
| 1977 | 73.27 | सचिन्द्रलाल सिंह | बीएलडी | तडित मोहन दासगुप्त | 32.50 | कांग्रेस |

*स्रोत : सीएसडीएस द्वारा यूनिट*

# राजस्थान

Ganganagar
Hanumangarh
Bikaner
Churu
Jhunjhunun
Sikar
Alwar
Bharatpur
Jaisalmer
Nagaur
Dausa
Jaipur
Dhaulpur
Jodhpur
Tonk
Karauli
Ajmer
Sawai Madhopur
Barmer
Pali
Bhilwara
Bundi
Baran
Jalor
Rajsamand
Kota
Sirohi
Chittaurgarh
Jhalawar
Udaipur
Dungarpur
Banswara

# राजस्थान की चुनावी राजनीति की प्रकृति, विकास और निर्धारक तत्त्व

— संजय लोढ़ा


## सार संक्षेप

चुनावी राजनीति के पहले तीन दशकों के दौरान राजस्थान बहुचर्चित 'कांग्रेस प्रणाली' का अपवाद रहा। यहां तक कि 1990 के दशक के प्रारम्भिक वर्षों तक भी लोक सभा और विधानसभा चुनावों में राज्य के चुनावी परिणाम अपनी प्रकृति से अनिश्चित एवं अस्पष्ट थे। परन्तु पिछले एक दशक से अधिक समय में राज्य की चुनावी राजनीति में जहां एक ओर राजनीतिक द्वि-ध्रुवीकरण हो रहा है, वहीं दूसरी ओर जन-नीतियों को लेकर दोनों ही मुख्य प्रतिस्पर्धी राजनीतिक दलों में अधिकाधिक एकरूपता की प्रवृत्ति दिखाई दे रही है। प्रस्तुत लेख को चार भागों मे विभाजित किया गया है। भाग एक में राज्य में चुनावी राजनीति के निर्धारक तत्त्वों का उल्लेख किया गया है। भाग 2 में 1952 से लेकर 2008 तक आयोजित लोकसभा एवं विधानसभा चुनाव परिणामों का तीन चरणों मे विश्लेषण किया गया है। भाग तीन में निर्वाचित प्रतिनिधियों के सामाजिक आधार, मतदाता व्यवहार और प्रमुख राजनीतिक दलों के जनाधार का सर्वेक्षण के आंकड़ों के आधार पर वर्णन किया गया है। अंतिम भाग निष्कर्षात्मक है।


## I

20वीं शताब्दी के अन्तिम दशक से राजस्थान में राजनीतिक प्रतिद्वन्द्विता का स्वरूप प्रतिस्पर्धियों के द्वि-ध्रुवीकरण और साथ ही साथ नीतिगत एकरूपता की कहानी है। राज्य में चुनावी प्रतिद्वन्द्विता अधिक से अधिक प्रतिस्पर्धी होती जा रही है और दोनों ही प्रमुख प्रतिस्पर्धी दल (भारतीय राष्ट्रीय कांग्रेस और भारतीय जनता पार्टी)

राजनीतिक रूप से निष्क्रिय सामाजिक समूहों को अपनी ओर आकर्षित करने का प्रयास कर रहे हैं। चुनावों में बढ़ता मतदान प्रतिशत इसका स्पष्ट प्रमाण है। (सारणी 1) 1990 के दशक के प्रारम्भिक वर्षों में चुनावी राजनीति का स्वरूप अनिश्चित सा लगता था, लेकिन 1998 के पश्चात् जनमत का झुकाव दोनों प्रतिस्पर्धियों में से किसी एक की ओर स्पष्ट नज़र आता है। राज्य की चुनावी राजनीति के इस नवीनतम चरण में सत्ता का हस्तान्तरण दोनों प्रमुख प्रतिस्पर्धियों के मध्य नियमित रूप से हो रहा है।

चुनावी राजनीति के पहले तीन दशकों में राजस्थान 'कांग्रेस प्रणाली' का अपवाद था। इसके लिए कुछ प्रमुख तत्त्व जिम्मेदार थे जैसे राज्य में स्वतन्त्रता से पहले कांग्रेस की अनुपस्थिति, राज्य के विभिन्न भागों में अंग्रेजी शासन की दमनकारी प्रवृत्ति तथा स्वतन्त्रता के पश्चात सामन्ती जातियों का दक्षिणपंथी झुकाव। लेकिन 1990 के दशक के पश्चात् विकसित 'उत्तर-कांग्रेस राज्य' व्यवस्था में राजस्थान की राजनीतिक स्थिति देश के अन्य भागों जैसे ही है। ऐसी राज्य व्यवस्था में राजनीतिक द्वि-ध्रुवीकरण प्रतिस्पर्धी दलों के वैचारिक और राजनीतिक अन्तर को कम करती है और दोनों ही दल समर्थन के लिए सभी सामाजिक समूहों को लुभाने का प्रयास करते हैं। परिणामस्वरूप, एक ओर तो ज्यादा से ज्यादा समुदाय चुनावी प्रतिस्पर्धा में हिस्सा लेते हैं, वहीं दूसरी ओर मतदाताओं के समक्ष राजनीतिक विकल्पों की संख्या घटती जाती है। प्रमुख प्रतिस्पर्धियों के अलावा अन्य कोई भी राजनीतिक विकल्प प्रभावी नही होता है और ऐसे विकल्पों का प्रादुर्भाव अधिक से अधिक स्थापित राजनीतिक ध्रुवों की चुनावी क्षमता को व्यथित ही कर सकता है। विगत कुछ वर्षों का राजनीतिक अनुभव यह बताता है कि अधिकांश ऐसे नवोदित राजनीतिक विकल्प 'पहचान' की राजनीति पर आधारित होते हैं। यदि ऐसा नवोदित राजनीतिक विकल्प वंचित (जाट, गुर्जर, जाटव, मीणा आदि) सामाजिक समूहों का है तो संभावना यह रहती है कि इसका चुनावी नुकसान कांग्रेस को उठाना पड़ेगा और यदि यह विकल्प परम्परागत रूप से उच्च्च (ब्राह्मण, क्षत्रिय आदि) सामाजिक समुदायों का है तो क्षति भारतीय जनता पार्टी को होगी। दलगत राजनीति के बाहर राजनीतिक विकल्पों की खोज वर्तमान परिस्थितियों में असंभव नहीं लेकिन एक दुष्कर कार्य है। इस दिशा में किए गए प्रयास (मजदूर किसान शक्ति संगठन, तरुण भारत संघ आदि) प्रशंसनीय है पर पर्याप्त नहीं।

राजस्थान में राजनीतिक प्रतिस्पर्धा की प्रकृति और प्रभाव को समझने के लिए इस राज्य के समसामयिक इतिहास और सामाजिक बनावट पर एक नज़र डालना आवश्यक है।

## राजस्थान का समसामयिक इतिहास

ऐतिहासिक रूप से राजस्थान को अनेक नामों से जाना जाता है जैसे राजपूतों का देश,

राजाओं की भूमि, मरूस्थली आदि। आमतौर पर राज्य के नाम का जुड़ाव राजपूत समुदाय और क्षेत्रीय संस्कृति से किया जाता है जो इस समुदाय के महत्व को इंगित करता है। परन्तु मात्रात्मक आधार पर राजपूत पूरे राज्य की जनंसख्या का मात्र 6 प्रतिशत है। शौर्य, पराक्रम और त्याग की विशिष्टताओं से युक्त राजपूत समुदाय कभी भी इन खूबियों का उपयोग आपसी भाईचारे और एकजुटता के लिए नहीं कर पाया। परिणामस्वरूप, न तो यह समुदाय बाह्य आक्रमणकारियों का संगठित हो कर सामना कर सका और न ही एकल राजपूत पहचान के आधार पर सारे राज्य को एक राजनीतिक और प्रशासनिक इकाई के रूप में बांध सका। राज्य की विभिन्न रियासतों को एकता के सूत्र में पिरोने का काम विभिन्न ऐतिहासिक चरणों में बाहरी ताकतों के द्वारा ही किया गया मध्य युग में मुगलों के द्वारा, आधुनिक युग के प्रारम्भ में अंग्रेजों के द्वारा और स्वतंत्रता के पश्चात् राष्ट्रवादी नेतृत्व द्वारा। (सारणी 2) आपसी अविश्वास, संघर्ष और षडयंत्र का दीर्घकालीन प्रभाव यह हुआ कि वर्तमान में भी आमजन का जुड़ाव स्वतंत्रता से पूर्व विद्यमान रियासती क्षेत्र से अधिक है और एक राजनीतिक इकाई के रूप में राजस्थान राज्य से कम।

स्वतंत्रता के पश्चात् राजस्थान का प्रशासनिक संगठन रियातसकालीन राजनीतिक और उप–सांस्कृतिक इकाईयों को ध्यान में रखते हुए किया गया। आधुनिक राजस्थान का गठन पूर्व में प्रचलित भाषागत, सांस्कृतिक, सामाजिक एवं भूसंरचना की विविधताओं के आधार पर हुआ। वर्तमान में राज्य का सात संभागों में प्रशासनिक गठन इन विविधताओं का स्पष्ट प्रमाण है। (सारणी–3) प्रशासनिक एकीकरण के बावजूद राजस्थान की एक क्षेत्रीय पहचान का विकास और लोगों का इस पहचान के साथ जुड़ाव अभी भी न्यूनतम स्तर पर है। इसका परिणाम यह हुआ है कि स्वातंत्रोत्तर चरण की प्रतिस्पर्धात्मक राज्य में किसी भी क्षेत्रीय राजनीतिक मंच का निर्माण नहीं हुआ और राजनीतिक प्रतिस्पर्द्धा का स्वरूप अधिक समावेशी और सहिष्णु रहा है। साथ ही साथ पूर्व राजपूत नरेशों और जागीरदारों के अंतर्कलह और आपसी अविश्वास के कारण चुनावी राजनीति के दौर में इनके बीच कोई प्रभावी और दीर्घकालीन गठबंधन भी नहीं हो पाया है। चुनावी राजनीति के प्रारम्भिक दशकों में इन पूर्व नरेशों की सफलता उनकी व्यक्तिगत उपलब्धि थी, न कि दलीय राजनीति का परिणाम।

1950 के दशक में हुए भूमि सुधार कार्यक्रमों के कारण राजपूत समुदाय में अंर्तकलह का स्वरूप कुछ बदल गया, जिसमें एक ओर तो 'भौमिया' और छोटे जागीरदार हो गए, वहीं दूसरी ओर बड़े रजवाड़े थे। इसके अलावा राजनीतिक प्रतिद्वन्द्विता का दूसरा आयाम राजपूत जमींदारों और उभरती हुई कृषक जातियों जैसे – जाट, बिश्नोई, सिरवी आदि के बीच में था। स्वतंत्रता से पूर्व प्रजामंडल और किसान सभा की गतिविधियों से जुड़े नेता राज्य में कांग्रेस के संस्थापक हो गए और

इसी कारण स्वतंत्रता के पश्चात् सत्तारूढ़ होने के बाद भूमि सुधार के क्षेत्र में प्रारम्भिक पहल कांग्रेस के द्वारा की गई।

इन दोनों बातों के अलावा यह भी एक सच्चाई थी कि राज्य में विभिन्न राजपूत रियासतों को हटाकर कांग्रेस सत्ता में आई और राज्य का एकीकरण किया गया। इन्हीं सब कारणों से राजपूत समुदाय कांग्रेस को 'राजपूत विरोधी' संगठन मानने लगा। इस समुदाय का समर्थन विभिन्न चरणों में कभी राम राज्य परिषद, कभी जनसंघ, तो कभी स्वतंत्र पार्टी को मिला। सामंती युग में जिन गैर राजपूत जातियों को सत्ता का प्राश्रय प्राप्त था, वे भी नवोदित राजनीतिक समीकरणों में राजपूतों के साथ जुड़ गईं जैसे – वैश्य, कायस्थ, और अन्य उच्च जातियां। इस तरह भूमि सुधारों और इन सुधारों पर आधारित जातिगत प्रतिद्वंद्विता नए राजनीतिक ध्रुवीकरण का कारण बनी।

ठाकुर मदन सिंह दाता के नेतृत्त्व में भू–स्वामी आंदोलन इसी उभरते हुए राजनीतिक परिदृश्य का एक ज्वलंत उदाहरण था। इस प्रक्रिया को राजपूतों के लिए 'अधो सामाजिक गमनशीलता' और कृषक जातियों मुख्यतः जाट समुदाय के लिए 'ऊर्ध्व सामाजिक गतिशीलता' कहा गया है। राज्य की राजनीति में जाति–वर्ग–शक्ति के पारस्परिक संबंधों में परिवर्तन आने लगा और मध्यम श्रेणी की कृषक जातियां, जो कृषि कार्यों से लाभान्वित हो रही थीं और राजनीति में भी आगे आ रही थीं, उन उच्च जातियों का स्थान लेने लगी जो ऐतिहासिक और सांस्कृतिक रूप से उत्पादित पूंजी और वर्चस्व पर आधारित थीं।

## राजस्थान में प्रतिस्पर्द्धात्मक राजनीति के जनसंख्यात्मक निर्धारक तत्त्व

देश के अन्य कई क्षेत्रों की तरह राजस्थान में भी जाति चुनावी प्रतिस्पर्द्धा के संदर्भ में सर्वाधिक महत्त्वपूर्ण 'सामाजिक प्रत्यय' मानी जा सकती है। संरचनात्मक आधार पर राज्य की सामाजिक बनावट गैर समरूपीय एवं विखंडित है। रियासतकालीन दौर में राजनीतिक संस्कृति का स्वरूप संकीर्ण एवं आश्रित प्रजा मूलक था। राजनीतिक क्षेत्र में सहभागिता नगरों में बसी उच्च जातियों तक ही सीमित थी, जो रजवाड़ी संस्कृति का अनुसरण करना स्वयं के लिए एक विशेषाधिकार समझती थी। यदि वर्ण व्यवस्था के नियमों को माना जाए तो सत्तारूढ़ राजपूत जाति का सामाजिक स्थान धार्मिक और सांस्कृतिक आधारों पर ब्राह्मणों के बाद आता था। लेकिन वास्तविक रूप से सत्तारूढ़ जाति का प्रभाव निसंदेह अधिक था। इस व्यवस्था को 'राजपूत प्रभुत्ववादी हिन्दू व्यवस्था' कहा गया है जिसमें शासक वर्ग के पास लौकिक राजनीतिक–सैनिक सर्वोपरिता के साथ ही साथ धार्मिक वैधानिकता भी थी। राजपूत राजाओं ने इस व्यवस्था में ब्राह्मणों के प्रति औपचारिक सम्मान तो रखा, लेकिन उन्होंने शुद्ध–अशुद्ध और ऊँच–नीच के रीति–रिवाजों की ओर ध्यान नहीं दिया।

राजनीतिक उद्देश्यों से मुस्लिम समुदाय के साथ वैवाहिक संबंध स्थापित किए गए व साथ ही साथ सैनिक अभियानों के लिए वनवासी समुदायों का सहारा लिया गया। सैनिक अभियानों की सफलता के लिए समृद्ध वैश्य और जैन जातियों के साथ राजपूतों ने हमेशा मधुर संबंध बनाए रखे। संक्षेप में, यह कहा जा सकता है कि राजस्थान में सांस्कृतिक मूल्यों और सामाजिक स्तरीकरण का एक वैकल्पिक प्रारूप विकसित किया गया। उत्तर औपनिवेशिक और उत्तर-एकीकरण के दौर में लोकतांत्रिक राजनीति के परिणामस्वरूप राज्य की सामाजिक व्यवस्था में परिवर्तन तो आए हैं परन्तु यह नहीं माना जा सकता है कि सामंतयुगीन ढांचे को जड़ से नष्ट किया जा सका है।

सामाजिक स्तर पर राजस्थान में बहुस्तरीय जाति व्यवस्था विद्यमान है। राज्य में अनेक जातियां है, जो कि व्यापक रूप से छितरी हुई हैं। न तो किसी एक जाति को और न ही समान जातियों के समूह को संख्यात्मक बहुमत प्राप्त है। कुछ हद तक जाट समुदाय को छोड़कर किसी भी जाति का फैलाव पूरे राज्य में नहीं है। 1931 की जातिगत जनगणना के अनुसार राजपूताना की विभिन्न रियासतों में कुल 393 जातियां और जनजातियां भी लेकिन इनमें से केवल 42 जातियों और जनजातियां 84 प्रतिशत जनसंख्या को समेटे हुए थीं। इनमें से भी केवल 9 जातियां, जिनकी आबादी उस समय तीन लाख से अधिक थी, राज्य की कुल जनसंख्या का 61 प्रतिशत थी। सारणी 4 में विभिन्न जातियों और जनजातियों के क्षेत्रीय व सांस्कृतिक फैलाव का ब्यौरा दिया गया है। यह कहा जा सकता है कि इस क्षेत्रीय जातिगत बनावट मे 1931 के पश्चात् कोई आमूलचूल परिवर्तन नहीं हुआ है। यदि वर्तमान स्थिति पर नज़र डाली जाए तो सारणी 5, जो कि एक राज्य स्तरीय सर्वेक्षण का परिणाम है, हमें यह जानकारी देती है कि आज राज्य के विभिन्न क्षेत्रों में किन जातिगत समूहों की बसावट है। इस सारणी से यह स्पष्ट है कि अगड़ी जातियां राज्य की कुल जनसंख्या का लगभग 20 प्रतिशत है, अन्य पिछड़ी जातियां लगभग 40 प्रतिशत, अनुसूचित जातियों की संख्या लगभग 17 प्रतिशत और जनजातियों का हिस्सा लगभग 13 प्रतिशत है। राज्य के मुख्य अल्पसंख्यक समुदाय के रूप में मुस्लिम समुदाय की सहभागिता लगभग 7 प्रतिशत की है।

समाजशास्त्रीय भाषा में राज्य के मुख्य सामाजिक समूहों को तीन भागों में विभाजित किया जा सकता है। पहला समूह राजपूत, ब्राह्मण, महाजन और कायस्थ समुदायों का है, जिन्हें सामंती जातियां कहा जा सकता है। दूसरा समूह उभरती हुई भू-स्वामी कृषक जातियों का है, जो कि पूर्व में 'खालसा' या 'जागीर' जमीनों पर खेती किया करती थीं। 1950 में हुए भूमि-सुधारों के परिणामस्वरूप इन जातियों को भू-स्वामित्व प्राप्त हुआ इनमें जाट, बिश्नोई, यादव, डांगी, धाकड़, काछी, गुर्जर, सिरवी आदि प्रमुख हैं। राज्य के अलग-अलग क्षेत्रों में इनमें से अलग-अलग जातियों के मात्रात्मक वर्चस्व का परिणाम यह हुआ है कि चुनावी राजनीति में इनका

महत्त्व बढ़ गया है। तीसरा समूह उन जातियों का है, जो पारम्परिक रूप से हस्तशिल्प और विभिन्न सेवाओं से जुड़ी थीं और अपने सामाजिक-आर्थिक अस्तित्त्व के लिए सांमति जातियों पर आश्रित थीं। इनमें प्रमुख रूप से माली, कुम्हार, सुथार, चमार, बलाई, मेघवाल, रैगर, आदि का उल्लेख किया जा सकता है। वर्तमान में ये अन्य पिछड़ा वर्ग और अनुसूचित जाति श्रेणी में सम्मिलित हैं। आधुनिक प्रतिस्पर्धी दलगत राजनीति में इनमें से कुछ जाति समूहों ने अपनी राजनीतिक पहचान के आधार पर सफलतापूर्वक राजनीतिक व्यवस्था से लाभ उठाए हैं, लेकिन आंतरिक विखंडन, क्षेत्रीय बिखराव और प्रभावशाली नेतृत्त्व के अभाव में ये समूह पहचान की राजनीति से उतने लाभान्वित नहीं हुए हैं जैसे कि उत्तर प्रदेश, बिहार, तमिलनाडू, आदि राज्यों में इनके समकक्ष अन्य सामाजिक समूह। जातियों के इस तीसरे समूह में हम अनुसूचित जनजातियों को भी शामिल कर सकते हैं, जो राज्य की कुल जनंसख्या का लगभग 13 प्रतिशत है। इनमें भील, मीणा, सहरिया, गरासिया आदि प्रमुख हैं। पारम्परिक रूप से सामाजिक राजनीतिक स्वयश्रता इनकी प्रमुख विशिष्टता रही है। परन्तु वर्तमान में पूर्वी राजस्थान में स्थित मीणा समुदाय को छोड़कर और सभी क्षेत्रों में अनुसूचित जनजातियों की आर्थिक, सामाजिक, और राजनीतिक स्थिति शोचनीय है।

## II

मरूस्थलीय राजस्थान राज्य में प्रतियोगी राजनीति व्यवस्था के सूत्रपात के पश्चात् चुनावी प्रतिस्पर्द्धा किसी भी एक राजनीतिक दल या दलों के गठबंधन के लिए बहुत सुलभ नहीं रही है। कुछ अवसरों को छोड़कर, जब किसी एक राजनीतिक दल ने स्वयं के बलबूते पर या दूसरों के साथ मिलकर बहुमत हासिल कर लिया था, अधिकांशतः जनादेश अपनी प्रकृति से बहुत स्पष्ट नहीं रहे हैं यद्यपि 1952 से लेकर 1977 तक राज्य और केन्द्र दोनों में ही भारतीय राष्ट्रीय कांग्रेस सत्तारूढ़ दल रहा है। यदि हम 1972 (1971 के भारत-पाक युद्ध के पश्चात) 1977 (आपातकाल के पश्चात)1984 (इंदिरा गांधी की हत्या के पश्चात) के निर्णायक लोकसभा चुनावों को छोड़ दें, जिनमें चुनाव परिणाम प्राप्त मत प्रतिशत और विजित चुनावी क्षेत्रों के आधार पर एकतरफा थे, तो यह कहा जा सकता है कि राजस्थान में चाहे विधानसभा या लोकसभा चुनाव हो, राजनीतिक अखाड़ा अत्यधिक प्रतिस्पर्द्धी रहा है।

## चुनावी राजनीति के प्रमुख चरण

सामंतवादी इतिहास और सामाजिक रूढ़िवादिता से प्रभावित राज्य में यह स्वाभाविक ही था कि दक्षिणपंथी राजनीतिक शक्तियां उतनी ही प्रभावशाली होंगी जितना कि

मध्यममार्गी या वामपंथी। निजी राजनीतिक प्रतिबद्धताओं के अभाव और खंडित सामाजिक संरचना के कारण चुनावों में ऐसे राजनीतिक तत्त्वों का भी महत्त्व रहा है, जो अवसरवादी राजनीति से परहेज नहीं करते। साथ ही स्थानीय संदर्भ और मुद्दों का भी चुनावी संभावनाओं पर असर पड़ता रहा है। लेकिन यह कहकर हम राज्य की राजनीति में पूर्व नरेशों और जागीरदारों के महत्त्व का कम आंकलन नहीं कर सकते हैं। विशेषरूप से पांचवें आम चुनावों तक इन शक्तियों का राज्य की राजनीति में महत्त्वपूर्ण स्थान रहा है। इनमें से अनेक ऐसे थे, जिन्होंने किसी राजनीतिक दल का सहारा नहीं लिया, और अपनी पारम्परिक प्रतिष्ठा को ही लोकतांत्रिक व्यवस्था में जनस्वीकृति का आधार बनाया।

वैचारिक आमुखीकरण के आधार पर राजस्थान में मुख्य राजनीतिक प्रतिस्पर्द्धियों को व्यापक रूप से तीन भागों में विभाजित किया जा सकता है। मध्यममार्गी राजनीतिक दल-जिसमें प्रमुख रूप से कांग्रेस, बहुजन समाज पार्टी को रखा जा सकता है, दक्षिणपंथी दल जिसमें राम राज्य परिषद, जनसंघ, स्वतंत्र पार्टी और भारतीय जनता पार्टी प्रमुख है और तीसरा समूह समाजवादी और वामपंथी दलों का है। सारणी 6 में इन समूहों का उल्लेख किया गया है।

1952 से लेकर वर्तमान तक राजस्थान की चुनावी राजनीति को हम तीन चरणों में विभाजित कर सकते हैं।

## प्रथम चरण

राजस्थान की चुनावी राजनीति के प्रथम चरण में पहले पाँच लोकसभा और विधानसभा चुनावों (1952-1972) को रखा जा सकता है। इस दौरान चुनावी राजनीति में पूर्व राजनीतिक घरानों, जागीरदारों और उद्योगपतियों का स्पष्ट प्रभाव था। यद्यपि इन पांच लोकसभा चुनावों के दौरान चुने गए कुल 112 संसदों में से 68 सांसद कांग्रेसी थे, लेकिन 44 सांसदों के साथ दक्षिणपंथी दल भी ज्यादा पीछे नहीं थे। यदि हम प्राप्त मत प्रतिशत का ब्यौरा देखें तो राजनीतिक प्रतियोगिता और भी कांटे की लगती है। सारणी 7 में यह छवि स्पष्ट हो जाती है। चुनावों के इस चरण में वामपंथी दलों को कभी भी सात प्रतिशत से अधिक मत नहीं मिले और कांग्रेस का सर्वोत्कृष्ट प्रदर्शन 1957 के लोकसभा चुनावों में रहा जब पार्टी को कुल 53.6 प्रतिशत मत प्राप्त हुए। पिछले 50 वर्षों से अधिक समय में कांग्रेस इस प्रदर्शन को दोहरा नहीं पाई है। दक्षिणपंथी ताकतों को इस चरण में हमेशा 40 प्रतिशत से अधिक मत मिलें, लेकिन यही प्रतिशत 1962 में 55.8 ओर 1968 में 54.8 रहा। विधानसभा चुनावों में भी स्थिति कुछ अलग नहीं थी। 1957 और 1972 में आयोजित चुनावों में कांग्रेस को निर्णायक जीत हासिल हुई लेकिन अन्य सभी चुनावों में पार्टी को मजबूत दक्षिणपंथी विरोधियों का सामना करना पड़ा। केवल

1967 के लोकसभा और विधानसभा चुनावों में दो गैर कांग्रेसी चुनाव पूर्व गठबंधन हुए एक ओर तो जनसंघ और स्वतंत्र पार्टी और दूसरी और संयुक्त समाजवादी तथा वामपंथी पार्टी। इन गठबंधनों का निर्माण स्थानीय नेतृत्त्व की पहल पर हुआ था, लेकिन इनमें आपसी राजनीतिक सामंजस्य नहीं होने के कारण राजनीतिक प्रतिस्पर्धा का स्वरूप त्रिकोणात्मक हो गया। परिणास्वरूप, सबसे बड़े दल के रूप में उभरने के कारण तत्कालीन राज्यपाल ने सरकार के गठन हेतु कांग्रेस को आंमत्रित किया। विरोधी दलों की एकता के इस सीमित उदाहरण के अलावा कांग्रेस को हमेशा विरोधी दलों की आपसी समझ-बूझ की कमी का लाभ मिला। लेकिन यह स्पष्ट कहा जा सकता है कि उत्तर और पश्चिम भारत के अन्य राज्यों की तरह राजस्थान में 'कांग्रेस व्यवस्था' विद्यमान नहीं थी। 1967 की गठबंधात्मक राजनीतिक का दीर्घकालीन प्रभाव यह था कि पारंपरिक जाट-राजपूत प्रतिद्वन्द्विता कुछ कम हुई। राजनीतिक अभिकर्त्ताओं को यह संदेश मिला कि सामाजिक द्वेष से परे एक नए प्रकार का अभिजात्य बहुलवाद विकसित किया जा सकता है जो सामाजिक स्तरीकरण की परम्परागत मान्यताओं से मुक्त हो।

प्रथम चरण में कांग्रेस के समक्ष यह चुनौती थी कि वह राज्य में उभरते हुए बहुजातीय राजनीतिक परिदृश्य का सामना कर सके जिसमें बाह्मण, वैश्य, राजपूत, और नवोदित कृषक जातियां सम्मिलित थीं। लोकतांत्रिक व्यवस्था का सूत्रपात पूर्व राजे-महाराजाओं और जागीरदारों के लिए एक सदमा था क्योंकि वे किसी भी प्रकार की जवाबदेही के अभ्यस्त नहीं थे। भूमि सुधारों के कारण उनके वर्चस्व का मुख्य स्रोत उनसे छीन लिया गया। प्रारंभ में उन्होंने उन सुधारों का जमकर विरोध किया। लेकिन परिणाम यह हुआ कि वे विकास की दौड़ में पिछड़ने लगे। विवश होकर 1950 के दशक के अंत में इनमें से कुछ कांग्रेस में शामिल हो गए। इससे जहां एक ओर कांग्रेस का सामाजिक आधार व्यापक हुआ वहीं साथ ही साथ राजनीतिक प्रतिस्पर्द्धा अधिक समावेशी हो गई।

## द्वितीय चरण

चुनावी प्रतिस्पर्द्धा के दूसरे चरण में राजस्थान की चुनावी राजनीति का देश की राजनीतिक मुख्य धारा में विलय होने लगा। 1977 से 1990 के बीच में केन्द्र और राज्य दोनों जगह दो गैर कांग्रेसी सरकारों का गठन हुआ। इन चरण में चुनावी परिणमों को 'लहर' के रूप में देखा गया, जो या तो कांग्रेस के समर्थन में गई या विरोध में। साथ ही साथ इस चरण में शाही राजनीतिक खिलाड़ियों की स्वतंत्र उम्मीदवारों की श्रेणी से विदाई होने लगी। अपने राजनीतिक अस्तित्त्व को बचाए रखने के लिए वे मुख्यधारा के राजनीतिक दलों से जुड़ने लगे। निश्चित रूप से उनकी संख्या में कमी आने लगी। इस चरण की एक खास विशेषता भारतीय

लोकदल के रूप से एक सफल गैर कांग्रेसी गठबंधन का निर्माण था, जिसने 1977 के लोकसभा चुनावों में 25 में से 24 निर्वाचन क्षेत्रों में जीत हासिल की और कुल मतदान का 65.21 प्रतिशत मत हासिल किया। (सारणी 7 देखें)

भारतीय लोकदल के विभिन्न संस्करणों ने द्वितीय चरण की चुनावी राजनीति में कांग्रेस का विकल्प देने का प्रयास किया। लेकिन जनता पार्टी की आंतरिक गुटबाजी के कारण, केन्द्र और राज्य, दोनों ही जगह इनकी सरकारें गिर गईं। 1980 में आयोजित लोकसभा चुनावों में कांग्रेस को राजस्थान में 42.6 प्रतिशत मत प्राप्त हुए और पार्टी ने 18 स्थानों पर जीत हासिल की। इसी तरह कुछ समय पश्चात् आयोजित विधानसभा चुनावों में कांग्रेस को 43 प्रतिशत मत और 133 विधानसभा क्षेत्रों में जीत हासिल हुई। इंदिरा गांधी की हत्या के पश्चात् आयोजित लोकसभा चुनावों में 52.7 प्रतिशत मत प्राप्त करके कांग्रेस ने सभी 25 लोकसभा क्षेत्रों में जीत अर्जित की और साथ ही 46.6 प्रतिशत मत हासिल कर 113 विधानसभा क्षेत्रों में सफलता प्राप्त की। (सारणी 9 देखें)

आपातकाल के पश्चात् राष्ट्रीय राजनीति की एक प्रमुख विशेषता यह रही कि स्थानीय या राज्य स्तर की राजनीति को केन्द्रीय नेतृत्त्व के द्वारा संचालित किया जाने लगा। राजस्थान में क्रमिक रूप से बनी कांग्रेस की सरकारें इस परिवर्तन से सर्वाधिक प्रभावित हुईं। 1980 से 1990 के बीच कांग्रेस आलाकमान की निरंतर दखलंदाजी के कारण राजस्थान में छः मुख्यमंत्रियों को बदला गया। यही वह समय था जब अंतहीन गुटबाजी के कारण राज्य में कांग्रेस नेतृत्त्व दिशाहीन और उद्देश्यहीन हो गया। आज तकरीबन दो दशकों के बाद भी कांग्रेस पार्टी व्यक्तिगत वैमनस्य और आंतरिक गुटबाजी की राजनीति से उबर नहीं पाई है।

यह स्वाभाविक ही था कि इस राजनीतिक अस्थिरता का लाभ अन्य शक्तियों को मिले, परिणामस्वरूप इस चरण में राज्य में जनसंघ के स्थान पर नवगठित भारतीय जनता पार्टी का प्रभाव बढ़ने लगा।

राष्ट्रीय स्तर पर जनता पार्टी के एक घटक के रूप में जनसंघ का राष्ट्रीय स्वयं सेवक संघ के साथ जुड़ाव एक विवादास्पद मुद्दा था। लेकिन राजस्थान में भैरोसिंह शेखावत के नेतृत्त्व में भारतीय जनता पार्टी विवादास्पद प्रश्नों पर अधिक उदार और सहिष्णु थी। राज्य की राजनीति में शेखावत का ऊँचा कद, उनकी खुली मानसिकता और प्रगतिशील दृष्टिकोण के कारण भारतीय जनता पार्टी का प्रभाव तेजी से बढ़ा। इसका एक सुखद परिणाम यह भी रहा कि कुछ उत्तर और पश्चिमी राज्यों की तरह राजस्थान का सांप्रदायीकरण नहीं हुआ। शेखावत का ज्यादा आग्रह इस बात पर रहा कि वे अपने राजनीतिक आधार को नए क्षेत्रों और सामाजिक समूहों में विस्तार करे बजाए इसके कि धर्म के आधार पर समाज को बांटे। परिणामस्वरूप जब जनता पार्टी और भारतीय लोकदल का विघटन हुआ तो राज्य के उत्तरी, पश्चिमी और पूर्वी भाग

के अनेक नेताओं ने भारतीय जनता पार्टी की सदस्यता को स्वीकार किया।

1987 में जब विश्वनाथ प्रतापसिंह ने बोफोर्स घोटाले की वजह से राजीव गांधी की सरकार से मुंह मोड़कर जनता दल का निर्माण किया तब एक गैर कांग्रेसी गठबंधन को बनाने में भारतीय जनता पार्टी ने भी अपना सहयोग दिया। 1989 के लोकसभा चुनावों में राष्ट्रीय स्तर पर भारतीय जनता पार्टी ने 85 लोकसभा क्षेत्रों में जीत हासिल की, जो कि 1984 की तुलना में 42 गुना से भी अधिक थी। राजस्थान में नए गठबंधन ने कांग्रेस का सफाया करते हुए सभी 25 क्षेत्रों पर कब्जा स्थापित किया। 1990 में आयोजित विधानसभा चुनावों में 48 प्रतिशत मत के साथ नवोदित गठबंधन ने 141 विधानसभा क्षेत्रों में जीत हासिल की। इनमें से भाजपा के पास 85 क्षेत्र (25 % मत), जनता दल के पास 55 क्षेत्र (22% मत) एवं माकपा के पास 1 क्षेत्र (1.03 % मत) थे। (सारणी 7 एवं 9 देखें)

1980 के दशक में उत्तर और पश्चिमी भारत के अनेक राज्यों में 'कांग्रेस व्यवस्था' को झटका लगा। यद्यपि समय-समय पर कांग्रेस वापस सत्ता में आई, लेकिन इसके सामाजिक आधार में उत्तरोत्तर कमी होती गई। जैसा कि पहले बताया जा चुका है कि राजस्थान में 'कांग्रेस प्रणाली' कभी भी मजबूती से कायम नहीं थीं और सामाजिक रूप से पिछड़े समुदायों के विकास में कांग्रेस सरकारों के निराशाजनक प्रदर्शन के कारण पार्टी की स्थिति और भी खराब हो गई। लम्बे अर्से तक सत्ता में रहने के कारण राज्य में पार्टी का राजनीतिक नेतृत्व और संगठन निहित स्वार्थों से ऊपर नहीं उठ पा रहा था। करिश्मावादी नेतृत्व की अनुपस्थिति, संगठन की कमजोरी, राज्य स्तरीय नेतृत्त्व के अभाव के चलते कांग्रेस इस स्थिति में नहीं थी कि 'मंदिर और मंडल' की जुझारू शक्तियों का वह सामना कर सके। 'मंदिर, मंडल और मार्केट' की चुनौतियों का सामना करने में पार्टी विफल रही और उसकी नीतियाँ अल्पकालीन और तदर्थ थीं।

## तृतीय चरण

1990 के पश्चात् के चुनावी दौर को राजस्थान की राजनीति का तीसरा और वर्तमान चरण कहा जा सकता है। पहले दो चरणों की तुलना में इस चरण की खास बात राज्य की राजनीति का द्वि-ध्रुवीकरण है। इस चरण में आयोजित चार विधानसभा और पांच लोकसभा चुनावों में कांग्रेस और भाजपा ने मिलकर अधिकांश चुनावी क्षेत्रों में विजय हासिल की है। इन दोनों दलों का राज्य के चुनावी गलियारों में वर्चस्व इस बात से सिद्ध होता है कि अन्य दलों का जनाधार निरंतर घटता जा रहा है। 1989 के लोकसभा चुनाव में जनता दल को 25.68 प्रतिशत मत मिले थे जो कि 2004 के चुनावों में घटकर 0.45 प्रतिशत रह गया। इसी तरह वामपंथी दलों के जनाधार में भी क्रमिक रूप से गिरावट आती गई। (सारणी 7 देखें)

राज्य में द्विदलीय व्यवस्था इस बात से भी स्पष्ट होती है कि स्वतंत्र रूप से लड़ रहे प्रत्याशियों का महत्त्व कम होता जा रहा है। यद्यपि बहुजन समाज पार्टी के समर्थन में निरंतर वृद्धि हुई है फिर भी यह नहीं कहा जा सकता है कि इस पार्टी ने राज्य में स्थायी नेतृत्त्व और जनाधार स्थापित कर लिया है।

राज्य की चुनावी राजनीति के इस तीसरे चरण में राजनीतिशास्त्री मोरिस ड्वर्जर के उस नियम को लागू किया जा सकता है जिसमें बहुल चुनावी व्यवस्था में द्विदलीय ध्रुवीकरण होता है। दोनों ही प्रमुख प्रतिस्पर्धी राजनीतिक दल चुनावी बहुमत को हासिल करने के लिए नए सामाजिक गठबधनों को स्वरूप देने का प्रयास करते हैं जिसमें एक दल को मिल रहा राजनीतिक लाभ दूसरे दल को हो रहे नुकसान के बराबर होता है। इस प्रक्रिया में दोनों ही दलों को राजनीतिक संतुलन बनाए रखने के लिए बहुत संवेदनशीलता का परिचय देना पड़ता है। ऐसे में यह भी देखा जाता है कि जहां प्रमुख दलों के बीच चुनावों में प्राप्त मतों का अंतर न्यूनतम होता है वहीं साथ ही साथ चुनावी परिणामों में नियमित रूप से अदलाबदली होती रहती है। राज्य में 1993 में भाजपा की सरकार बनी, 1998 में बदलकर कांग्रेस सत्ता में आई। 2003 में पुनः भाजपा सत्तारूढ़ हुई और 2008 के चुनावों में पुनः कांग्रेस ने सत्ता हासिल की। यदि लोकसभा चुनावों पर नज़र डाली जाए तो स्थिति और भी रोचक नज़र आती है। 44.45 प्रतिशत मत हासिल करके 1998 के चुनावों में कांग्रेस ने 18 क्षेत्रों में चुनाव जीता, जबकि 41.65 प्रतिशत मत के बावजूद भाजपा को केवल 5 सीटें मिलीं। 1999 के चुनावों में यह अंतर घटकर 2.11 रह गया। (भाजपा 47.23%, कांग्रेस 45.12%) 2004 के लोकसभा चुनावों में 49 प्रतिशत जन समर्थन हासिल कर भाजपा ने 21 सीटें प्राप्त की जबकि 41.4 प्रतिशत मत पाने के बावजूद कांग्रेस को 4 सीटें ही मिलीं। इस दौर में आयोजित अधिकांश चुनावों में जनादेश का स्वरूप सामान्यतः किसी भी एक दल के पक्ष या विपक्ष में अत्यधिक निर्णायक रहा है। (सारणी 7 एवं 10 देखें)

तीसरे चरण की चुनावी प्रतिस्पर्द्धा की एक प्रमुख विशिष्टता चुनावी रणनीति, प्रचार कौशल, और प्रबंधन से जुड़ी है। जैसे-जैसे सूचना तकनीकी और मीडिया के प्रभाव क्षेत्र का विस्तार हुआ है वैसे-वैसे चुनावी प्रक्रिया में उचित प्रबंधन का महत्त्व बढ़ गया है। कड़ी चुनावी प्रतिस्पर्द्धा के कारण दलीय अनुशासन और संगठन के महत्व में भी वृद्धि हुई है। उम्मीदवारों का चयन, चुनावी घोषणा पत्रों का स्वरूप, प्रचार में नेतृत्त्व की गतिशीलता, मीडिया संचालन, संगठन की प्रतिबद्धता आदि ऐसे तत्त्व हैं, जिनका राजनीतिक दलों को समुचित ध्यान रखना पड़ता है। प्रशासन और विकास में अच्छे प्रदर्शन के बावजूद यदि सत्तारूढ़ राजनीतिक दल उपरोक्त तत्त्वों का ध्यान नहीं रखता है तो उसे चुनाव में हार का सामना करना पड़ सकता है जैसा कि 2003 के विधानसभा चुनावों में अशोक गहलोत के नेतृत्त्व में कांग्रेस सरकार के

साथ हुआ। दूसरी ओर सत्ता में अपर्याप्त प्रदर्शन के बावजूद सत्तारूढ़ दल चुनाव जीत भी सकता है। ऐसा माना जाता है कि यदि भारतीय जनता पार्टी 2003 के चुनावों की तरह 2008 के चुनावों मे भी चुनाव प्रबंधन कुशलतापूर्वक करती तो उसे हार का सामना नहीं करना पड़ता। चुनावी परिणामों में महत्त्व इस बात का भी है कि विपक्ष के रूप में राजनीतिक दल का प्रदर्शन कैसा रहा है। विश्लेषकों का मानना है कि 2003 से 2008 के बीच विपक्ष के रूप में अपनी अपेक्षित भूमिका का निर्वाह नहीं करने के कारण तेरहवीं विधान सभा चुनावों में पार्टी को स्पष्ट बहुमत प्राप्त नहीं हुआ।

दिसम्बर 2008 के प्रारम्भ में आयोजित राजस्थान की तेरहवीं विधानसभा चुनाव के परिणाम विश्लेषकों के लिए एक चुनौती के रूप में माने जाते हैं। यह कहा जाता है कि भाजपा की हार का मुख्य कारण वंचित सामाजिक समुदायों जैसे दलित, आदिवासी, महिला व अल्पसंख्यकों की नाराजगी थी। यह भी मानना है कि इस चुनाव में पार्टी का चुनाव प्रबंधन अनियोजित व अपर्याप्त था। लेकिन फिर भी चुनाव परिणाम एक गुत्थी की तरह है क्योंकि वसंधुरा सरकार की लोकप्रियता अंत तक बनी हुई थी। जैसा कि 2003 के चुनावों में अशोक गहलोत के नेतृत्त्व वाली कांग्रेस सरकार के साथ हुआ, वैसा ही 2008 के चुनावों में भाजपा के साथ हुआ। चुनावी परिणाम का खुलासा करते हुए कांग्रेस ने यह कहा कि यह परिणाम वसुंधरा राजे के सामंती व्यवहार और भाजपा के कुशासन का नतीजा है। भाजपा के कुछ शीर्ष पदाधिकारियों ने भी इन बातों का समर्थन किया। मीडिया कर्मियों ने भाजपा की हार का कारण अकुशल चुनाव प्रबंधन और निष्प्रभावी चुनाव प्रचार बताया। अधिक गंभीर विश्लेषकों ने यह स्पष्टीकरण दिया कि राज्य में पिछले 10 वर्षों से भाजपा के द्वारा प्रतिपादित द्वेषपूर्ण राजनीति के कारण पार्टी को हार का सामना करना पड़ा। विभिन्न समूहों के द्वारा दिए गए उपरोक्त स्पष्टीकरण आंशिक सत्य को ही उजागर कर पाए हैं।

सीएसडीएस द्वारा कराए गए चुनाव पूर्व और चुनाव उपरांत सर्वेक्षणों ने यह स्पष्ट किया कि बढ़ती हुई कीमतों, लोगों में असुरक्षा की भावना, सामाजिक टूटन और भ्रष्टाचार के अलावा भाजपा सरकार की कुछ विशिष्ट नीतियों के प्रति लोगों में अत्यधिक रोष व्याप्त था। जैसे गांवों की तुलना में शहरों–विशेष रूप से राजधानी जयपुर के विकास पर अत्यधिक ध्यान, सरकार की आबकारी नीति, कुछ सामाजिक समूहों को आरक्षण का प्रलोभन, कृषक आंदोलनकारियों के साथ अमानवीय व्यवहार आदि ऐसे नीतिगत मसले थे, जिनसे जनमानस में आक्रोश व्याप्त था। सर्वेक्षण ने यह भी स्पष्ट किया कि चुनाव प्रचार के दौरान गलत मुद्दों का चयन और स्वयं वसुंधरा राजे का महिमामंडन जनता को रास नहीं आया। साथ ही साथ उम्मीदवारों के चयन में भाई–भतीजावाद, और अन्य किस्म के भ्रष्टाचार से भी पार्टी की छवि को धक्का लगा।

दूसरी ओर पाँच साल तक विपक्ष में लचर भूमिका का निर्वाह करने के

बावजूद कांग्रेस नेतृत्त्व ने चुनावी प्रचार और प्रबंधन के मुख्य नियमों को स्वीकार किया। पार्टी का नेतृत्त्व अधिक मजबूत और एकजुट लगा और इसी कारण पार्टी ने अपने परम्परागत जनाधार को पुनः प्राप्त किया। पार्टी की जीत का एक प्रमुख कारण बड़े पैमाने पर महिला मतदाताओं का समर्थन रहा जो भाजपा सरकार की महिला विरोधी नीतियों से त्रस्त थी। गत चार विधानसभा चुनावों में क्रमिक रूप से महिला मतदाताओं की संख्या में निरंतर वृद्धि हुई है और पुरुष तथा महिला मतदाताओं के अंतर में निरंतर कमी आई है। 2008 के चुनावों में इस घटते हुए अंतर का फायदा स्पष्टतः कांग्रेस को मिला। (सारणी 11 देखें)

विगत चुनावों ने यह सिद्ध किया है कि सत्तारूढ़ राजनीतिक दल और नेतृत्त्व के प्रति संतुष्टि का भाव चुनावी जीत का कारण नहीं हो सकता। अपनी राजनीतिक पसंद-नापसंद का निर्धारण करने में मतदाता अन्य तत्त्वों का भी ध्यान रखते हैं। साथ ही अलग-अलग समुदाय, इस बात पर अलग-अलग मान्यता रख सकते हैं कि कौनसा राजनीतिक दल उनके हितों की सुरक्षा कर सकता है। अंततोगत्वा यह बात भी जरूरी नही कि सकारात्मक राजनीतिक भावना सदैव मतों के रूप में परिवर्तित हो जाए। इस भावना को भुनाने के लिए पर्याप्त राजनीतिक प्रयास किये जाने अपरिहार्य हैं। संभवतः राजस्थान की चुनावी राजनीति के दोनों प्रमुख राजनीतिक दल मई 2009 में आयोजित होने वाले पन्द्रहवीं लोकसभा चुनाव के लिए विगत चुनावों से मिले अनुभवों को न केवल चुनाव प्रबंधन में ध्यान रखेंगे अपितु सत्ता के संचालन में भी इनकी उपेक्षा नहीं की जाएगी।

## III

1990 के प्रारम्भ से राजस्थान में चुनावी प्रतिस्पर्धा अधिक तीव्र और प्रबल हो गई है। प्रतिस्पर्धा की प्रकृति द्विध्रुवीय है और कांग्रेस और भारतीय जनता पार्टी मुख्य ध्रुवों के रूप में उभर कर आए हैं। दोनो ही दलों का न केवल यह प्रयास रहा है कि वे एक दूसरे के जनाधार में सेंध मारें (जाट समुदाय को आरक्षण के लिए भाजपा का समर्थन, सामाजिक न्याय मंच को कांग्रेस का समर्थन जिससे अगड़ी जातियों को आर्थिक आधार पर आरक्षण मिले, गुर्जर समुदाय की जनजाति समूह मे लाने के लिए भाजपा का समर्थन) बल्कि उनका प्रयास यह भी है कि अधिकाधिक समुदायों को चुनावी प्रक्रिया में सम्मिलित किया जा सके। नए मतदाताओं को चुनावी दंगल मे लाने के लिए राजनीतिक दलों द्वारा भी अधिक कसरत की जा रही है जिससे लोगों के राजनीतिक उत्साह में भी वृद्धि हुई है।

पिछले वर्षों मे कांग्रेस की तुलना मे भाजपा के जनाधार में अधिक वृद्धि हुई है। भाजपा का यह प्रयास रहा है कि वह राजस्थानी समाज के बहुसंस्कृतिवाद के

एकीकृत सांस्कृतिक व्यवस्था मे परिमार्जित कर दे। अनेक हिन्दुत्ववादी संगठनों ने धर्मान्तरण, भर्ती और एकरूपीकरण की प्रक्रियाओं के द्वारा भाजपा के राजनीतिक आधार को बढ़ाने की कोशिश की है। इसके लिए स्थानीय परम्पराओं और लोक संस्कृति आधारित रीति रिवाजों को हिन्दुत्व का जामा पहनाया गया है। शिक्षण समस्याओं के लम्बे-चौड़े जाल के द्वारा इस कार्यक्रम को गति प्रदान की गई है। दलित और आदिवासी समाजों में यह प्रयास और भी तीव्र रूप से किए गये हैं। राज्य के उत्तरी, पूर्वी और दक्षिणी भागों में भाजपा का बढ़ता प्रभाव इन शिक्षण संस्थाओं की देन है।

बृहद स्तर पर हो रही इन राजनीतिक गतिविधियों का प्रभाव तीन मुख्य स्तरों पर देखने को मिल रहा है। निर्वाचित प्रतिनिधियों की सामाजिक रूपरेखा, प्रमुख राजनीतिक दलों के जनाधार और मतदान व्यवहार। सारणी 12 में राज्य से लोकसभा के लिए निर्वाचित सांसदों का सामाजिक आधार उल्लेखित है। यहां जाट, राज और ब्राह्मण समुदायों का बोलबाला स्पष्ट है। कांग्रेस को अधिक सफलता अन्य पिछड़ा वर्ग और जनजातियों में प्राप्त हुई है तो भाजपा को अगड़ी जातियों और दलितों में। यदि हम लोकसभा से विधानसभा की और बढ़ते हैं तो सारणी 13 यह स्पष्ट करती है कि अगड़ी और पिछड़ी जातियों से लगभग दो तिहाई विधायकों को चुना जाता है जबकि दलित और जनजाति समुदायों का प्रतिनिधित्व कमोबेश उनकी संख्या के अनुपात में ही होता है। यह भी स्पष्ट है कि शनैः-शनैः निर्वाचित प्रतिनिधियों की सामाजिक रूपरेखा राज्य की सामाजिक रूपरेखा के अनुरूप होती जा रही है। प्रारम्भिक दशकों में जो अगड़ी जातियों का दबदबा था वो अब कम होता जा रहा है और उनके स्थान पर पिछड़ी जातियों के प्रतिनिधि आगे आ रहे हैं। यह प्रवृत्ति भी राज्य की बहुजातीय व्यवस्था के अनुरूप ही है।

दूसरा प्रमुख प्रश्न मतदाताओं के सामाजिक स्वरूप से संबंधित है। कौन किसे मत देता है यह जिज्ञासा लोकतांत्रिक व्यवस्था में अहम स्थान रखती है। इस प्रश्न का उत्तर देने के लिए और राजनीतिक दलों के बदलते हुए सामाजिक आधार को समझने के लिए हम अब दिल्ली स्थित शोध संस्थान सीएसडीएस के द्वारा कराए गए चुनावी सर्वेक्षणों के आंकड़ों का सहारा लेंगे। पिछले दो लोकसभा (1999 और 2004) तथा दो विधानसभा चुनावों (2003 और 2008) के तुलनात्मक आंकड़ें यह स्पष्ट करते हैं कि जाति, क्षेत्र, शिक्षा, और वर्ग जैसे पैमानों पर कौन किसे मत देता है। सारणी 14 और 15 यह सूचना देती है कि राजस्थान में दलित, आदिवासी और मुस्लिम मतदाताओं का रूझान कांग्रेस की ओर है जबकि राजपूत, वैश्य और ब्राह्मण भाजपा को अधिक समर्थन देते हैं। साथ ही यह भी आभास मिलता है कि कांग्रेस का जनाधार सिमटता जा रहा है और भाजपा के जनाधार में वृद्धि हो रही है। कांग्रेस का इंद्रधनुषी गठजोड़ राजस्थान में कमजोर हो रहा है। यह प्रवृत्तियां,

लोकसभा और विधानसभा, दोनो ही स्तरों पर देखने को मिल रही हैं।

यह भी कौतुहल का विषय है कि मुख्य राजनीतिक दलों को अपने जनसमर्थन का कितना प्रतिशत किस सामाजिक समूह से मिल रहा है। इसके लिए हम 1998, 2003 और 2008 के विधानसभा चुनाव के दौरान हुए सर्वेक्षणों के आंकड़ों का तुलनात्मक उपयोग कर रहे है। सारणी 16 यह बताती है कि कांग्रेस को निरक्षर और कम शिक्षित समूहों से अधिक समर्थन मिलता है तो भाजपा को अधिक शिक्षित श्रेणियों से। वर्गीय आधार को टटोलें तो यह जानकारी मिलती है कि कांग्रेस को निर्धन तबकों से अधिक समर्थन प्राप्त होता है जबकि भाजपा को मध्यम और उच्च वर्गों से। भाजपा को अनुपातिक रूप से शहरी क्षेत्रों से और कांग्रेस को ग्रामीण इलाकों से अधिक समर्थन मिलता हैं। पिछले चुनावों में महिलाओं का झुकाव कांग्रेस की ओर अधिक हो रहा है। जातिगत आंकड़ें दोनो दलों के बारे में रोचक सूचना देते हैं। भाजपा के जन समर्थन का बड़ा हिस्सा अगड़ी और पिछड़ी जातियों से है। कांग्रेस दलित, जनजाति और मुस्लिम समर्थन पर अधिक आश्रित है। (सारणी 17 देखें)

## IV

लगभग 56 वर्षों के प्रतिस्पर्धी राजनीतिक पर्यावरण में राजस्थान की राजनीति और सामाजिक व्यवस्था में महत्त्वपूर्ण परिवर्तन हुए हैं। राजनीतिक अनिश्चितता के स्थान पर आज चुनावी संघर्ष का द्विध्रुवीकरण हो गया है। दोनों ही दल राज्य के विभिन्न क्षेत्रों मे स्थानीय सामाजिक अभियांत्रिकी कर रहे हैं। इस प्रक्रिया में राज्य का सामाजिक बिखराव सहायक सिद्ध हुआ है। 21वीं सदी के प्रारम्भिक दशक में यह कहना अनुचित होगा कि राजपूतवाद आज भी राज्य की राजनीति की दशा और दिशा तय करता है। विगत कुछ दशकों में राजपूतों के राजनीतिक और सामाजिक वर्चस्व में निश्चित रूप से गिरावट आई है। उनका स्थान नवोदित समृद्ध कृषक और अन्य जातियों द्वारा लिया जा रहा है। लोकतांत्रिकरण और आधुनिकीकरण के परिणामस्वरूप दलित और जनजाति समुदाय भी पहले की तरह सुप्त अवस्था में नहीं है। चुनावी व्यवस्था में मत के महत्त्व को अधिकाधिक समझा जा रहा है। लोकतंत्र की 'तीसरी लहर' में ये समुदाय निरंतर सक्रिय हो रहे हैं। धर्म, जाति या अन्य पहचान के मुद्दों को आधार बनाकर इन वंचित समूहों को लम्बे समय तक बरगलाया नहीं जा सकता है। दुर्भाग्य की बात यह है कि जैसे-जैसे वंचित समूहों की राजनीतिक सहभागिता बढ़ रही है वैसे-वैसे उनके समक्ष प्रस्तुत राजनीतिक विकल्प सिमटते जा रहे हैं। अधिक से अधिक जन समर्थन प्राप्त करने के लिए राजनीतिक दल विवादास्पद मुद्दों पर चुप्पी साध लेते हैं। पर संसाधनों के अभाव में

बरगलाया नहीं जा सकता है। दुर्भाग्य की बात यह है कि जैसे-जैसे वंचित समूहों की राजनीतिक सहभागिता बढ़ रही है वैसे-वैसे उनके समक्ष प्रस्तुत राजनीतिक विकल्प सिमटते जा रहे हैं। अधिक से अधिक जन समर्थन प्राप्त करने के लिए राजनीतिक दल विवादास्पद मुद्दों पर चुप्पी साध लेते हैं। पर संसाधनों के अभाव में शासन का संचालन भी सहज कार्य नही है। चुनाव जीतना चुनौतीपूर्ण कार्य है तो सरकार चलाना और लोगों की आवश्यकताओं की पूर्त्ति करना और भी दुष्कर है। यह चुनौती समय-समय पर दोनों ही प्रमुख राजनीतिक दलों के समक्ष प्रस्तुत हो रही है। ऐसा न हो कि चुनावी लोकतंत्र की अपर्याप्तताओं को ध्यान में रखते हुए जनता नए राजनीतिक विकल्पों की तलाश करने लगे।

## पाद टिप्पणी

1. कोठारी, रजनी (1964), ''द कांग्रेस सिस्टम इन इंडिया'' एशियन सर्वे, 4(2), दिसम्बर 1161-73.
2. योगेन्द्र यादव (1999), ''इलेक्टरल पोलिटिक्स इन द टाईम ऑफ चेंज इंडियास थर्ड इलेक्टरल सिस्टम'', इकोनोमिक एंड पोलिटिक्स वीकली, 34 (34 और 35), अगस्त 21-28, 2393-99.
3. मजदूर किसान शक्ति संघटन एक गैर-राजनीतिक जन आन्दोलन है जो राजस्थान के विभिन्न भागों में भ्रष्टाचार, रोजगार, शिक्षा एवं पोषाहार के मुद्दों पर गत दो दशकों से अधिक संघर्षरत है। तरुण भारत संघ राजस्थान के अलवर जिले में पंरपरागत जल स्रोतों के पूर्नसंचालन के लिए प्रयत्नशील है।
4. 1931 की जनगणना के अनुसार राजपुताना की विभिन्न रियासतों में मिलाकर राजपुतों की जनसंख्या 6 प्रतिशत थी।
5. यदि राजस्थान के विभिन्न भागों में लोगों से यह पुछा जाए कि वे कौन है और उनकी रिहाईश कहां की है तो सामान्यत: वे अपने भाषाई - सांस्कृतिक क्षेत्र का नाम लेंगे जैसे : मेवाड़ी, मारवाड़ी, बागड़ी, ढूंढारी, वागड़ी, हाड़ोती आदि।
6. ठाकुर मदन सिंह दांता के नेतृत्व में भौमिया राजपूतों द्वारा 1950 के दशक में भूस्वामी आदोलन का संचालन किया गया था।
7. शर्मा के. एल (1974), द चेंजिंग रूरल स्ट्रेटिफिकेशन सिस्टम, आरियन्ट लाँगमेन, नई दिल्ली।
8. नारायण, ईकवाल और माथुर पी. सी. (1990) द थाउसे.ड ईयर राज: रिजनल आईसोलेशन ए.ड राजपूत हिंदूइज्म इन राजस्थान बिफोर ए.ड आफ्टर 1947, फ्रेंकल और राव (सं.), डोमिनेन्स एण्ड स्टेट पावर इन मोर्डन इंडिया : डिकलाइन ऑफ अ सोशियल ऑर्डर, ऑक्सफोर्ड यूनिवर्सिटी प्रैस दिल्ली।
9. जनगणना 2001 के आकड़ों के अनुसार राजस्थान कि कुल जनसंख्या में अनुसूचित जाति

17.16 प्रतिशत, अनुसूचित जनजाति 12.56 प्रतिशत और मुस्लिम 8.5 प्रतिशत हैं।

10. खालसा जमीन वे थी जिन पर राजा का नियन्त्रण होता था और लगान भी राजा को जाता था। जागीर जमीन वे थीं जो राजा के द्वारा जागीरदारों को सौंपी जाती थी और लगान की वसूली जागीरदारों द्वारा की जाती थी।

11. डर्वेगर, मौरिस (1964), पोलिटिकल पारटीज: देयर ऑरगेनाईजेशन ए.ड एक्टिविटि इन द मोर्डन स्टेट, नई दिल्ली बी. आई. पब्लिकेशनस।

12. लोढ़ा, संजय (2009), राजस्थान : डिससेटिसफेक्शन ए.ड अ पुअर केम्पेन डिफिट बीजेपी, इकोनोमिक ए.ड पोलटिकल वीकली, 6, फरवरी 7–13, 23–27।

13. राजस्थान में तेरहवीं विधानसभा चुनाव का सीएसडीएस, दिल्ली और आई. एस. सी. आर., उदयपुर के द्वारा सर्वेक्षणात्मक अध्ययन किया गया था जिसमें कुल 20 विधानसभा क्षेत्रों में 80 मतदान केन्द्रों पर 1573 मतदाताओं का साक्षात्कार किया गया था।

## सारणी 1 : लोकसभा एवं विधानसभा चुनावों में ( 1989–2008 ) मतदान और उम्मीदवारों की सहभागिता ( प्रतिशत और संख्या )

| वर्षवार चुनावों | मतदान | उम्मीदवार प्रति सीट | | | |
|---|---|---|---|---|---|
| का प्रकार | प्रतिशत | कुल संख्या | प्रतिशत | निर्दलीय संख्या | प्रतिशत |
| 1989 लोकसभा चुनाव | 56.6 | 304 | 12.16 | 239 | 9.56 |
| 1990 विधानसभा चुनाव | 57.1 | 3088 | 15.44 | 2138 | 10.69 |
| 1991 लोकसभा चुनाव | 47.3 | 526 | 21.04 | 425 | 17.00 |
| 1993 विधानसभा चुनाव | 60.6 | 2432 | 12.16 | 1507 | 7.54 |
| 1996 लोकसभा चुनाव | 43.4 | 677 | 27.08 | 522 | 20.90 |
| 1998 लोकसभा चुनाव | 60.3 | 199 | 7.96 | 45 | 1.80 |
| 1998 विधानसभा चुनाव | 63.4 | 1436 | 7.18 | 604 | 3.02 |
| 1999 लोकसभा चुनाव | 54.0 | 150 | 6.00 | 40 | 1.60 |
| 2003 विधानसभा चुनाव | 67.2 | 1540 | 7.70 | 557 | 2.79 |
| 2004 लोकसभा चुनाव | 49.9 | 185 | 7.4 | 69 | 2.76 |
| 2008 विधानसभा चुनाव | 66.4 | 2194 | 10.9 | 1023 | 5.1 |

***स्रोत** : सीएसडीएस, शोध इकाई,*

*राजस्थान राज्य चुनाव आयोग की सांख्यिकी रिपोर्ट 1989, 1990, 1991, 1993, 1996, 1998, 1999, 2003, 2004 एवं 2008 के आधार पर*

## सारणी 2 : राजघराने और उनके राज्य

| क्र.सं. | वर्ग | राज्य |
|---|---|---|
| 1. | चैहान राजपूत | बूंदी, कोटा (हाडावंश) |
| 2. | गहलोत राजपूत, सिसौदिया वंश | डूंगरपुर, बांसवाडा, मेवाड़, प्रतापगढ़, शाहपुरा |
| 3. | जादोन राजपूत | जैसलमेर (भाटी वंश) करोली |
| 4. | झाला राजपूत | झालावाड़ |
| 5. | कच्छवाहा राजपूत | अलवर (नारूका वंश) जयपुर, लावा राज्य |
| 6. | राठौड़ राजपूत | बीकानेर, मारवाड़, किशनगढ़, कुशलगढ़ |
| 7. | जाट | भरतपुर, धौलपुर |
| 8. | पठान | टोंक |

***स्रोत :*** *आई एस सी आर, शोध इकाई*

**सारणी 3 : सांस्कृतिक, प्रशासनिक, लोकसभा का क्षेत्र, भाषा, क्षेत्र व जातिगत विभाजन के आधार पर राजस्थान की रूपरेखा**

| सांस्कृतिक संभाग (6) | प्रशासनिक विभाजन | | लोकसभा क्षेत्र (25) | स्थिति (क्षेत्र) | भाषा | जातिगत समीकरण |
|---|---|---|---|---|---|---|
| | संभाग (7) | जिले (33) | | | | |
| उत्तर (बीकानेर शेखावटी) | बीकानेर, | बीकानेर, चुरू, गंगानगर, हनुमानगढ़ | बीकानेर, (अजा) चुरू गंगानगर, | उत्तर, उत्तर पश्चिम | मारवाड़ी, पंजाबी, शेखावटी, टोडावटी | जाट, ब्राहमण महाजन, सिक्ख, मेघवाल, मुस्लिम, बलाई, राजपूत |
| पश्चिम (मारवाड़) | जोधपुर | जोधपुर, जैसलमेर, बाड़मेर, जालोर, पाली, सिरोही | जोधपुर, पाली, बाड़मेर, जालोर | पश्चिम | मारवाड़ी, गोड़वाटी | जाट, ब्राह्मण महाजन, मेघवाल, मुस्लिम, विश्नोई, चमार, रेगर |
| मध्य (ढूंढार मेरवाड़ा) | जयपुर | जयपुर दौसा, सीकर, झुँझुनु, अलवर | सीकर, झुँझुनु, जयपुर, ग्रामीण, अलवर, दौसा, (अजजा) | मध्यपूर्व | ढूंढारी, ब्रज | राजपूत, जाट, गुर्जर, मीणा, चमार मुस्लिम, यादव |

| | | | | | | |
|---|---|---|---|---|---|---|
| मध्य (ढूंढार मेरवाड़ा) | अजमेर | अजमेर, नागौर, टोंक, भीलवाड़ा | नागौर, अजमेर, भीलवाड़ा | मध्य | मारवाड़ी, हाडौति, ढूंढारी महाजन, ब्राह्मण | रावत, सिंधी, मुस्लिम, ईसाई, मेघवाल, गुर्जर, |
| पूर्व (मत्स्य) | भरतपुर | भरतपुर, धोलपुर, करौली, सवाई माधोपुर, | टोंक, सवाई माधोपुर, करौली, धौलपुर (अजा), भरतपुर (अजा) | पूर्व | ब्रज, बुंदेलखंडेली | ब्राह्मण, कोली, जाटव, यादव, मेव, चमार, महाजन, गुर्जर, मीणा, कुम्हार |
| दक्षिणी पश्चिमी (हाड़ौती) | कोटा | कोटा, झालावाड़, बारा, बूंदी | झालावाड़ बारा, कोटा | दक्षिणी पूर्व | हाड़ौति, मालवा चमार, माली, मुस्लिम | मीणा, सहेरिया, ब्राहमण, राजपूत, गुर्जर, धाकड़, |
| दक्षिणी (मेवाड वागड़) | उदयपुर | उदयपुर, डूंगरपुर, बांसवाड़ा, राजसमन्द,चित्तौड़, प्रतापगढ | राजसमन्द, चित्तौड़, उदयपुर, (अजजा) बांसवाड़ा (अजजा) | दक्षिण | मेवाड़ी, वागड़ी, गुजराती, | भील, मीणा, गरासिया, राजपूत, महाजन, ब्राह्मण, बोहरा, डांगी, जाट, गुर्जर, मुस्लिम |

*स्रोत : आई एस सी आर शोध इकाई*

## सारणी : 4 राजस्थान की क्षेत्रानुसार जातिगत रूपरेखा ( प्रतिशत में )

| क्र.सं. | जाति/ ज जा | कुल जनंसख्या का प्रतिशत क्षेत्र |
|---|---|---|
| 1. | ब्राहमण 8 | मत्स्य, ढूंढार, हाड़ौती, मारवाड़, मेवाड़ |
| 2. | राजपूत 6 | मारवाड़, ढूंढार, मत्स्य, मेवाड़ |
| 3. | महाजन 7 | मत्स्य, ढूंढार, मारवाड़, शेखावटी |
| 4. | जाट 9 | मत्स्य, ढूंढार, मारवाड़, शेखावटी |
| 5. | गुर्जर 5 | मत्स्य, ढूंढार, हाड़ौती |
| 6. | माली 3 | मारवाड़, हाड़ौती |
| 7. | कुम्हार 3 | मत्स्य, मेवाड़, मारवाड़, हाड़ौती |
| 8. | चमार 7 | मत्स्य, ढूंढार, मारवाड़, हाड़ौती |
| 9. | भील 6 | मेवाड़, वागड़ |
| 10. | मीणा 5 | मत्स्य, ढूंढार, हाड़ौती, |

**स्रोत :** *भारत की जनगणना 1931*

## सारणी संख्या 5 : राजस्थान की क्षेत्रानुसार जातिगत रूपरेखा ( प्रतिशत में )

| क्र.सं. जाति/धर्म समूह | क्षेत्र | | | | | | कुल |
|---|---|---|---|---|---|---|---|
| | उत्तर | पश्चिम | मध्य | पूर्व | दक्षिण पूर्व | दक्षिण | |
| **उच्च जातिया** | | | | | | | |
| 1. ब्राह्मण | 5.2 | 8.5 | 10.3 | 6.4 | 3.7 | 6.5 | 7.1 |
| 2. राजपूत | 9.1 | 12.6 | 5.5 | 3.9 | 2.3 | 7.0 | 7.1 |
| 3. वैश्य/जैन व | 6.0 | 6.1 | 7.8 | 6.2 | 3.2 | 4.0 | 5.9 |
| **अन्य जातियां** | | | | | | | |
| **योग** | 20.3 | 27.2 | 23.6 | 16.5 | 9.2 | 17.5 | 20.1 |
| **अन्य पिछड़ा वर्ग** | | | | | | | |
| 4. जाट | 24.0 | 16.4 | 6.3 | 1.7 | . | 3.0 | 9.6 |
| 5. गुर्जर यादव | 8.2 | 1.8 | 10.7 | 26.6 | 7.4 | 6.8 | 10.4 |
| 6. अन्य पिछड़ा वर्ग | 11.3 | 24.1 | 16.0 | 19.9 | 44.4 | 27.2 | 21.6 |
| **योग** | 43.5 | 42.3 | 33.0 | 48.2 | 51.8 | 37.0 | 41.6 |

| 7. अनुसूचित जाति | 16.9 | 16.6 | 25.6 | 13.7 | 8.3 | 10.1 | 15.9 |
|---|---|---|---|---|---|---|---|
| अनुसूचित जनजाति | | | | | | | |
| 8. मीणा | 2.2 | 1.0 | 10.1 | 8.5 | 17.1 | 14.6 | 8.0 |
| 9. भील | 0.2 | 1.4 | 1.3 | . | 2.3 | 7.5 | 2.1 |
| 10. अन्य अजजा | 1.4 | 0.4 | 2.5 | 0.2 | 4.6 | 7.0 | 2.6 |
| योग | 3.8 | 2.8 | 13.9 | 8.7 | 24.0 | 29.1 | 12.7 |
| 11. मुस्लिम | 9.7 | 9.3 | 3.6 | 10.4 | 5.6 | 5.0 | 7.4 |
| 12. सिक्ख | 4.7 | . | . | 1.5 | . | . | 1.3 |
| 13. अन्य | 1.3 | 1.8 | 0.4 | 1.0 | 0.5 | 1.3 | 1.0 |

***स्रोत :*** *सीएसडीएस डाटा यूनिट*

***नोट :*** *यह सारणी विधानसभा चुनाव 2003 के सर्वेक्षण पर आधारित है।*

## सारणी 6 : विचारधारा के आधार पर वर्गीकृत राजनीतिक दलों का मतदान प्रतिशत

| वर्ष | दक्षिणी पंथी | | मध्यम पंथी | | वामपंथी | |
|---|---|---|---|---|---|---|
| | लोकसभा | विधानसभा | लोकसभा | विधानसभा | लोकसभा | विधानसभा |
| 1952 | 23.57 | 17.8 | 41.84 | 39.7 | 5.99 | 4.85 |
| 1957 | 12.73 | 15.4 | 53.65 | 45.1 | 6.08 | 5.25 |
| 1962 | 31.29 | 28.2 | 37.58 | 40.0 | 6.68 | 5.25 |
| 1967 | 37.31 | 34.2 | 39.95 | 41.4 | 6.37 | 5.01 |
| 1971 | 27.03 | --- | 56.37 | --- | 3.67 | --- |
| 1972 | --- | 24.5 | --- | 51.1 | --- | 5.03 |

***स्रोत :*** *आई एस सी आर शोध ईकाई*

***संदर्भ नोट:*** *दक्षिणी पंथी : दल, जन संघ, हिन्दू महासभा, रामराज्य, परिषद् और स्वतंत्र पार्टी*

***मध्यम* पंथी :** कॉंग्रेस, जनता पाटी, भारतीय लोक दल

**वाम पंथी :** समाजवादी, पी एस पी, भाकपा, माक*पा*

## सारणी 7 : राजस्थान में लोक सभा चुनावों 1952 – 2004 का सारांश

| वर्ष | कुल सीटें सीटें | मतदाता | आई एन सी | | भाजपा/भाजस | | एस डब्ल्यूए जे एन पी बसपा | | दल का नाम | सीटें | मत प्रतिशत |
|---|---|---|---|---|---|---|---|---|---|---|---|
| | | | सीटें | मत प्रतिशत | सीटें | मत प्रतिशत | सीटें | मत | | | |
| 1952 | 22 | 38.4 | 9 | 41.4 | 1 | 3.0 | . | . | आर आर पी | 3 | 9.4 |
| 1957 | 22 | 40.6 | 19 | 53.6 | . | 11.1 | . | . | सी पी आई | . | 4.8 |
| 1962 | 22 | 52.4 | 14 | 37.6 | 1 | 9.3 | 3 | 18.1 | आर आर पी | 1 | 3.7 |
| 1967 | 23 | 58.3 | 10 | 40.0 | 3 | 10.3 | 8 | 27.0 | एस एस पी | . | 2.6 |
| 1971 | 23 | 54.0 | 14 | 50.4 | 4 | 12.4 | 3 | 14.6 | एस एस पी | . | 2.5 |
| 1977 | 25 | 56.9 | 01 | 30.6 | . | . | 24 | 65.2 | सी बी आई | . | 0.5 |
| 1980 | 25 | 54.7 | 18 | 42.6 | . | . | 4 | 31.7 | जेएनपीएस | | 2 12.0 |
| 1984 | 25 | 57.0 | 25 | 52.4 | . | 23.7 | . | 3.9 | एलकेडी | . | 11.2 |
| 1989 | 25 | 56.6 | . | 37.0 | 13 | 30.0 | . | 0.4 | जनता दल | | 11 |
| 26.0 | | | | | | | | | | | |

|  |  |  |  |  |  |  |  |  |  |  |  |
|---|---|---|---|---|---|---|---|---|---|---|---|
| 1991 | 25 | 47.3 | 13 | 44.0 | 12 | 41.0 | -- | 3.2 | जनता दल | -- | 6.2 |
| 1996 | 25 | 43.4 | 12 | 41.0 | 12 | 42.4 | -- | 1.35 | अन्य दल, जनता दल | 1 | 15.8 |
| 1998 | 25 | 60.3 | 18 | 44.5 | 05 | 41.7 | -- | 2.12 | अन्य . जनता दल | 2 | 12.0 |
| 1999 | 25 | 54.0 | 09 | 44.9 | 16 | 47.0 | -- | 2.74 | अन्य . जनता दल | -- | 5.5 |
| 2004 | 25 | 49.9 | 04 | 41.4 | 21 | 49.0 | -- | 3.16 | अन्य . जनता दल | -- | 5.0 |

***स्रोत :*** *चुनाव आयोग एवं सीएसडीएस डाटा यूनिट*

***नोट :*** *शेष सीटें या तो छोटे दलों या निर्दलियों के पास रही शेष मत भी या तो छोटे दलों या निर्दलियों के पास रहीं।*

*जनता पार्टी (जे एन पी) 1977 से*

*सी पी आई ( भाकपा) 1962 तक*

*भारतीय जन संघ 1971 तक, 1984 से भाजपा*

## सारणी 8 : विधानसभा चुनावों 1952-1972 का सारांश

| वर्ष | | 1952 | 1957 | 1962 | 1967 | 1972 |
|---|---|---|---|---|---|---|
| कुल सीटें | | 160 | 176 | 176 | 184 | 184 |
| मतदान प्रतिशत | | 35.9 | 38.7 | 52.8 | 58.2 | 58.1 |
| कांग्रेस | विजयी | 82 | 119 | 88 | 89 | 145 |
| | कुल उम्मीदवार | 156 | 176 | 176 | 182 | 180 |
| | मत प्रतिशत | 39.5 | 45.1 | 40.0 | 41.4 | 51.1 |
| जनसंघ/भाजपा | विजयी | 8 | 6 | 15 | 22 | 8 |
| (1952-1977) | कुल उम्मीदवार | 50 | 47 | 94 | 63 | 119 |
| | मत प्रतिशत | 5.9 | 5.4 | 9.2 | 11.7 | 12.2 |
| जनता दल | | | | | | |
| लोकदल, | विजयी | 1 | 1 | 5 | 8 | 4 |
| समाजवादी | कुल उम्मीदवार | 52 | 25 | 40 | 38 | 36 |
| एस एस पी | मत प्रतिशत | 4.2 | 2.5 | 3.7 | 4.8 | 2.4 |
| पीएसपी | | | | | | |
| (1957) | | | | | | |
| भाकपा | विजयी | --- | 1 | 5 | 1 | 4 |
| | कुल उम्मीदवार | 11 | 23 | 45 | 20 | 5 |
| | मत प्रतिशत | 0.5 | 3.0 | 5.4 | 1.0 | 1.6 |
| अन्य मुख्य | विजयी | 24 | 17 | 26 | 48 | 11 |
| दल एक (I) | कुल उम्मीदवार | 59 | 57 | 93 | 107 | 119 |
| | मत प्रतिशत | 12.3 | 9.9 | 17.1 | 22.1 | 12.3 |
| अन्य मुख्य | विजयी | 7 | --- | .3 | --- | 1 |
| दल दो | कुल उम्मीदवार | 46 | --- | 23 | 22 | 37 |
| | मत प्रतिशत | 8.3 | --- | 2.0 | 1.2 | 1.3 |
| सभी अन्य दल | | 3 | --- | 2 | --- | --- |

| | | | | | | |
|---|---|---|---|---|---|---|
| विजयी | कुल उम्मीदवार | 20 | --- | 29 | 26 | 25 |
| | मत प्रतिशत | 1.8 | --- | 1.7 | 1.5 | 1.7 |
| निर्दलीय | विजयी | 35 | 32 | 22 | 16 | 11 |
| | कुल उम्मीदवार | 229 | 325 | 390 | 434 | 355 |
| | मत प्रतिशत | 27.5 | 34.1 | 20.9 | 16.3 | 17.4 |

*स्रोत : चुनाव आयोग एवं सीएसडीएस डाटा यूनिट*

## सारणी 9 : राजस्थान विधान सभा चुनाव (' 1977–1990 ) का सारांश

| वर्ष | | 1977 | 1980 | 1985 | 1990 |
|---|---|---|---|---|---|
| कुल सीटें | | 200 | 200 | 200 | 200 |
| कुल प्रतिशत | | 54.4 | 52.2 | 54.9 | 57.1 |
| कोंग्रेस | विजयी | 41 | 133 | 112 | 50 |
| | कुल उम्मीदवार | 186 | 199 | 199 | 200 |
| | मत प्रतिशत | 31.5 | 43.0 | 46.6 | 33.6 |
| भारतीय जनता पाटी जन संघ (52–77) | विजयी | --- | 32 | 59 | 85 |
| | कुल उम्मीदवार | --- | 123 | 118 | 128 |
| | मत प्रतिशत | --- | 18.6 | 21.2 | 25.3 |
| जनता पार्टी एल के डी/ एस ओ सी/ एस एस पी/ पी एस पी (57) | विजयी | 151 | 8 | 27 | 55 |
| | कुल उम्मीदवार | 200 | 76 | 60 | 120 |
| | मत प्रतिशत | 50.4 | 7.3 | 11.9 | 21.6 |
| भारतीय कम्यूनिस्ट पार्टी | विजयी | 1 | 1 | 1 | --- |
| | कुल उम्मीदवार | 10 | 25 | 47 | 41 |
| | मत प्रतिशत | 1.1 | 1.0 | 1.2 | 0.8 |

| | | | | | |
|---|---|---|---|---|---|
| अन्य मुख्य दल I | विजयी | 1 | 7 | 10 | 1 |
| | कुल उम्मीदवार | 14 | 104 | 31 | 22 |
| | मत प्रतिशत | 0.8 | 9.8 | 5.9 | 1.0 |
| अन्य मुख्य दल II | विजयी | --- | 6 | --- | --- |
| | कुल उम्मीदवार | 9 | 69 | 18 | 155 |
| | मत प्रतिशत | 0.3 | 5.6 | 0.6 | 0.5 |
| अन्य मुख्य दल | विजयी | --- | 1 | --- | --- |
| | कुल उम्मीदवार | 3 | 60 | 36 | 284 |
| | मत प्रतिशत | 0.1 | 1.6 | 0.7 | 2.3 |
| स्वतंत्र | विजयी | 6 | 12 | 10 | 9 |
| | कुल उम्मीदवार | 728 | 750 | 995 | 2138 |
| | मत प्रतिशत | 15.8 | 13.1 | 11.9 | 14.9 |

***स्रोत :*** *सीएसडीएस डाटा यूनिट शोध इकाई एवं चुनाव आयोग राजस्थान*

## सारणी 10 : राजस्थान के विधानसभा चुनाव 1993–2008 का सारांश

| दल | 1993 | | 1998 | | 2003 | | 2008 | |
|---|---|---|---|---|---|---|---|---|
| | **वोट** | **सीटे** | **वोट** | **सीटे** | **वोट** | **सीटे** | **वोट** | **सीटे** |
| भाजपा | 38.60 | 96 | 33.23 | 33 | 39.16 | 120 | 34.27 | 78 |
| कांग्रेस | 38.27 | 76 | 44.95 | 153 | 35.64 | 56 | 36.82 | 96 |
| बसपा | --- | --- | 2.16 | 2 | 3.97 | 2 | 7.60 | 6 |
| भाकपा | 0.33 | . | 0.21 | --- | 0.19 | --- | 0.29 | --- |
| माकपा | 0.91 | 1 | 0.82 | 1 | 0.77 | 1 | 1.62 | 3 |
| जनता दल (यू) | 6.87 | 6 | 1.97 | 3 | 0.90 | 2 | 0.45 | 1 |
| सपा | --- | --- | 0.20 | --- | 0.87 | --- | 0.76 | 1 |
| अन्य स्वतंत्र | 15.02 | 21 | 16.49 | 8 | 18.50 | 19 | 18.18 | 15 |

***स्रोत :*** *सीएसडीएस डाटा यूनिट, चुनाव विभाग राजस्थान।*

सारणी 11 : **राजस्थान राज्य विधानसभा चुनाव में मतदान, लिंग के आधार पर ( प्रतिशत में )**

| चुनाव एवं वर्ष | पुरूष | महिला | कुल | जेंडर गेप |
|---|---|---|---|---|
| X चुनाव 1993 | 65.3 | 53.6 | 60.2 | 11.7 |
| XI चुनाव 1998 | 67.6 | 58.9 | 63.5 | 8.7 |
| XII चुनाव 2003 | 69.9 | 64.2 | 67.2 | 5.7 |
| XIII चुनाव 2008 | 67.3 | 65.4 | 66.4 | 1.9 |

**नोट** : सभी आंकड़े कुल मतदाताओं के प्रतिशत में हैं। जेंडर गेप महिला और पुरुष मतदाता के अंतर को स्पष्ट करता है।

***स्रोत** : सांख्यिकीय संगणना विधानसभा सामान्य चुनाव 1993–2003, चुनाव विभाग, राजस्थान।*

## सारणी 12 : राजस्थान के लोकसभा सांसदों ( 1991–2004 ) की बदलती सामाजिक रूपरेखा

| वर्ष | 1991 | | | | 1996 | | | | 1998 | | | | 1999 | | | | 2004 | | | |
|---|---|---|---|---|---|---|---|---|---|---|---|---|---|---|---|---|---|---|---|---|
| जाति | भाजपा | कांग्रेस | अन्य | कुल योग | भाजपा | कांग्रेस | अन्य | कुल योग | भाजपा | कांग्रेस | अन्य | कुल योग | भाजपा | कांग्रेस | अन्य | कुल योग | भाजपा | कांग्रेस | अन्य | कुल योग |
| जाट | 3 | 4 | – | 7 | 1 | 4 | 1 | 6 | 1 | 5 | 1 | 7 | 3 | 4 | – | 7 | 6 | 1 | – | 7 |
| ब्राहमण | 2 | 1 | – | 3 | 2 | 2 | – | 7 | 1 | 1 | – | 2 | 2 | 1 | – | 3 | 2 | – | – | 2 |
| राजपूत | – | 2 | – | 2 | 3 | – | – | 3 | 1 | – | – | 1 | 2 | – | – | 2 | 2 | – | – | 2 |
| अपिव | 1 | 2 | – | 3 | 1 | 2 | – | 3 | . | 5 | – | 5 | 2 | 1 | – | 3 | 2 | 2 | – | 4 |
| अजा | 2 | 2 | – | 4 | 3 | 1 | – | 4 | 1 | 2 | 1 | 4 | 3 | 1 | – | 4 | 4 | – | – | 4 |
| अजजा | 1 | 2 | – | 3 | – | 3 | – | 3 | – | 4 | – | 4 | 1 | 2 | – | 3 | 2 | 1 | – | 3 |
| अन्य | 1 | 2 | – | 3 | 2 | – | – | 2 | 1 | 1 | – | 2 | 3 | – | – | 3 | 3 | – | – | 3 |

**स्रोत :** *आई एस सी आर रिसर्च यूनिट*

## सारणी 13 : राजस्थान के विधायकों की बदलती सामाजिक रूपरेखा ( 1990–2008 )

| वर्ष | 1990 | | | | 1993 | | | | 1998 | | | | 2003 | | | | 2008 | | | |
|---|---|---|---|---|---|---|---|---|---|---|---|---|---|---|---|---|---|---|---|---|
| जाति | भाजपा | कांग्रेस | अन्य | कुल योग | भाजपा | कांग्रेस | अन्य | कुल योग | भाजपा | कांग्रेस | अन्य | कुल योग | भाजपा | कांग्रेस | अन्य | कुल योग | भाजपा | कांग्रेस | अन्य | कुल योग |
| उच्च जातियां | 36 | 12 | 15 | 63 | 40 | 20 | 05 | 65 | 12 | 47 | . | 59 | 44 | 20 | 07 | 71 | 33 | 18 | 3 | 54 |
| अपिव | 13 | 09 | 08 | 30 | 10 | 12 | 05 | 27 | 08 | 16 | 03 | 27 | 15 | 06 | 01 | 22 | 12 | 15 | 5 | 32 |
| जाट | 02 | 08 | 21 | 31 | 07 | 17 | 12 | 36 | 05 | 28 | 05 | 38 | 14 | 13 | 07 | 34 | 11 | 16 | 5 | 32 |
| अजा | 16 | 05 | 12 | 33 | 22 | 07 | 04 | 33 | 03 | 30 | 01 | 34 | 26 | 06 | 02 | 34 | 14 | 18 | 2 | 34 |
| अजजा | 13 | 10 | 6 | 29 | 11 | 12 | 04 | 27 | 03 | 19 | 04 | 26 | 18 | 06 | 07 | 31 | 3 | 18 | 10 | 31 |
| अन्य जातियां | 06 | 04 | 4 | 14 | 03 | 08 | 1 | 12 | 02 | 13 | 01 | 16 | 03 | 05 | . | 08 | 5 | 11 | 1 | 17 |
| कुल | 86 | 48 | 66 | 200 | 93 | 76 | 31 | 200 | 33 | 153 | 14 | 200 | 120 | 56 | 24 | 200 | 78 | 96 | 26 | 200 |

**स्रोत :** *आई एस सी आर शोध ईकाई*

## सारणी 14 : लोकसभा चुनावों मे किसने कितना मत दिया (1999–2004)

| | 1999 | | 2004 | |
|---|---|---|---|---|
| सामाजिक पृष्ठभूमि | कांग्रेस | भाकपा | कांग्रेस | भाजपा |
| शिक्षा | | | | |
| निरक्षर | 47.0 | 44.4 | 44 | 45 |
| माध्यमिक | 38.2 | 55.9 | 44 | 46 |
| उच्च माध्यमिक | 42.9 | 50.6 | 42 | 53 |
| स्नातक व अधिक | 24.6 | 66.7 | 24 | 64 |
| क्षेत्र | | | | |
| ग्रामीण | 45.0 | 47.8 | 39 | 50 |
| शहरी | 22.2 | 66.7 | 50 | 43 |
| आर्थिक वर्ग | | | | |
| बहुत गरीब | 54.9 | 37.5 | 53 | 39 |
| गरीब | 57.1 | 36.8 | 42 | 49 |
| मध्यम | 30.4 | 65.1 | 39 | 48 |
| उच्च | 31.5 | 61.7 | 34 | 59 |
| जाति/समुदाय | | | | |
| उच्च जातियां | 21.2 | 69.0 | 18 | 77 |
| अपिव | 44.9 | 49.6 | 39 | 58 |
| अजा | 67.0 | 27.3 | 52 | 27 |
| अजजा | 75.6 | 36.1 | 47 | 38 |
| मुस्लिम | 35.0 | 6.3 | 86 | 12 |
| अन्य | 44.4 | 44.4 | 33 | 59 |

***स्रोत :*** *सीएसडीएस डाटा यूनिट*

### सारणी 15 : विधानसभा चुनावों में कांग्रेस, भाजपा को मुख्य जाति समूह के वोट ( 2003–2008 )

| जाति-समुदाय/दल | कांग्रेस | | भाजपा | | अन्तर भाकपा-कांग्रेस | |
|---|---|---|---|---|---|---|
| | 2003 | 2008 | 2003 | 2008 | 2003 | 2008 |
| उच्च जातियां | 29 | 27 | 48 | 52 | 19 | 25 |
| जाट | 31 | 36 | 44 | 35 | 13 | −1 |
| गुर्जर | 20 | 27 | 45 | 22 | 25 | −5 |
| अन्य प्रभावशाली जातियां | 26 | 26 | 56 | 58 | 30 | 32 |
| अन्य पिछड़ा वर्ग | 30 | 31 | 50 | 41 | 20 | 10 |
| अजा | 40 | 42 | 32 | 19 | −8 | −23 |
| अजजा | 44 | 49 | 36 | 33 | −8 | −16 |
| मुस्लिम | 67 | 82 | 14 | 11 | −53 | −71 |

*स्रोत : राजस्थान विधानसभा चुनाव अध्ययन 2003 एवं 2008, पोस्ट पॉल सर्वे*

### सारणी 16 : विधानसभा चुनावों ( 1998–2008 ) में किसने किससे कितना समर्थन पाया ( प्रतिशत में )

| वर्ष / राजनीतिक दल | 1998 | | 2003 | | 2008 | |
|---|---|---|---|---|---|---|
| **सामाजिक पृष्ठभूमि** | **कांग्रेस** | **बीजेपी** | **कांग्रेस** | **बीजेपी** | **कांग्रेस** | **बीजेपी** |
| **लिंग** | | | | | | |
| पुरूष | 78.6 | 78.3 | 56.8 | 55.3 | 54.4 | 59.1 |
| महिला | 21.4 | 21.7 | 43.2 | 44.7 | 45.6 | 40.9 |
| **शिक्षा** | | | | | | |
| निरक्षर | 26.9 | 20.9 | 45.8 | 36.6 | 42.6 | 37.9 |
| मिडिल | 39.0 | 39.7 | 27.1 | 26.0 | 25.9 | 25.7 |
| उ. माध्यमिक | 20.1 | 23.7 | 19.1 | 24.9 | 27.3 | 29.5 |
| स्नातक | 13.6 | 15.5 | 7.7 | 12.3 | 4.2 | 6.9 |

| | | | | | | |
|---|---|---|---|---|---|---|
| **क्षेत्र** | | | | | | |
| ग्रामीण | 68.6 | 69.6 | 79.6 | 78.6 | 87.0 | 81.4 |
| शहरी | 31.4 | 30.4 | 20.4 | 21.4 | 13.0 | 18.6 |
| **आर्थिक वर्ग** | | | | | | |
| बहुत गरीब | 19.8 | 14.2 | 14.1 | 10.2 | 31.6 | 22.8 |
| गरीब | 35.3 | 35.9 | 28.3 | 21.6 | 46.7 | 52.2 |
| मध्यम | 27.4 | 32.6 | 49.8 | 55.5 | 8.4 | 10.6 |
| अमीर | 17.5 | 17.3 | 7.8 | 13.7 | 13.3 | 14.4 |

*स्रोत : सीएसडीएस डाटा यूनिट*

**सारणी 17 : विधानसभा चुनावों ( 1998 – 2008 ) में किसने किस जाति समुदाय को कितना समर्थन दिया। ( प्रतिशत में )**

| | 1998 | | 2003 | | 2008 | |
|---|---|---|---|---|---|---|
| | **कांग्रेस** | **बीजेपी** | **कांग्रेस** | **बीजेपी** | **कांग्रेस** | **बीजेपी** |
| उच्च जातियां | 21.3 | 43.7 | 13.3 | 31.2 | 14.2 | 28.8 |
| जाट | 15.8 | 9.0 | 7.0 | 9.3 | 12.0 | 12.5 |
| गुर्जर/यादव | 4.7 | 5.0 | 9.5 | 8.7 | 5.5 | 4.8 |
| अन्य पिछडा वर्ग | 9.5 | 15.8 | 20.6 | 25.7 | 19.7 | 31.1 |
| अनुसूचित जातियां | 29.5 | 19.4 | 33.1 | 19.9 | 33.6 | 19.2 |
| मुस्लिम | 16.4 | 4.0 | 15.0 | 1.8 | 13.3 | 1.9 |

*स्रोत : सीएसडीएस शोध इकाई*

# राज्यों की चुनावी लड़ाई और राष्ट्रीय चुनाव के लिए उनके निहितार्थ

– योगेन्द्र यादव और सुहास पल्शीकर

नवम्बर-दिसम्बर 2008 में कई राज्यों की विधानसभाओं के चुनाव को 'सेमी फाइनल' कहना बहुत आम था- भले ही वह गलत हो, पर यह कहना ही राज्य और राष्ट्रीय स्तर के चुनाव नतीजों के बीच के रिश्तों के महत्त्व को बताता है। इस रूपक में भी पिछले दो दशकों के दौरान चुनावी राजनीति में आए बदलाव को स्वीकार करने वाली बात है- राज्य स्तरीय राजनैतिक चुनाव के आधार पर ही राष्ट्रीय चुनाव होने लगे हैं। पर नीचे से ऊपर की तरफ बढ़ते चुनाव का 'फाइनल' असली राष्ट्रीय विजेता का फैसला कर देगा यह भ्रम अगर किसी को हो जाए तो यह एकदम गलत है। 2004 में इसी भ्रम के चलते भाजपा बुरी तरह पिट चुकी है। और आज हम सब ऐसे भ्रम से दूर रहें, इतनी अकल सबको आ चुकी है। हमें मालूम है कि जिन छह राज्यों- छत्तीसगढ़, मध्य प्रदेश, दिल्ली, राजस्थान, मिजोरम और जम्मू-कश्मीर में पिछले दिनों चुनाव हुए हैं उनका आने वाले लोकसभा चुनावों पर जबरदस्त असर होने जा रहा है। पर इन विधानसभाओं के नतीजों का आने वाले लोकसभा चुनाव में अन्य राज्यों पर भी कोई खास असर होगा यह मानने के आधार नहीं हैं। अगर हमें राष्ट्रीय चुनाव में लोगों द्वारा किए जाने वाले राजनीतिक चुनाव की प्रकृति को समझना है तो हमें सिर्फ इन छह राज्यों के विधानसभा चुनावों की जगह 2004 के बाद हुए सभी विधानसभा चुनावों पर गौर करना होगा। इस चुनाव में यही करने का प्रयास किया गया है। पर जाहिर तौर पर एक छोटे आलेख में सारे विवरण नहीं दिए जा सकते। पर पुस्तक के दो खंडों में इस बीच के ही नहीं पिछले दो दशकों की राज्यों की राजनीति के काफी सारे ब्यौरे और प्रवृत्तियों का जिक्र विस्तार से हुआ है। अलग-अलग जगह इसे अंग्रेजी के कुछ आलेखों को भी देखा जा सकता है।

इस आलेख में हमने मुख्य रूप से दो सवालों पर गौर करने का प्रयास किया है। राज्य विधानसभा चुनावों के जनादेश और उसके बाद होने वाले लोकसभा चुनावों के बीच संबंधों की प्रकृति क्या है ? इसका राजनीतिक चुनावों की प्रकृति और लोकतंत्र की गुणवत्ता पर क्या असर पड़ता है ? और हमने बहुत पहले के चुनावों की तरह पिछले पांच साल के बीच हुए विधानसभा चुनावों के नतीजों को ही आधार बनाकर इन सवालों के जवाब ढूंढने की कोशिश की हैं।

हमारा अपना तर्क यहां तीन हिस्सों में दिया गया है। पहले हिस्से में भारत में राज्य और राष्ट्रीय राजनीति में रिश्तों के लिए एक मॉडल प्रस्तावित है और यह बताने की कोशिश की गई है कि यह यूरोप में होने वाले बहुस्तरीय चुनावों से किस तरह अलग है। यहां 'तीसरी चुनाव प्रणाली' नाम से जिस मॉडल को पेश किया गया है वह भारतीय संदर्भों के लिए खास है। दूसरे हिस्से में 2004 के बाद हुए विधानसभा चुनाव को पुस्तक के पहले खंड के शुरुआती आलेख में किए गए वर्गीकरण के आधार पर बांटने का प्रयास किया गया है। फिर हमने विधानसभा चुनावों का राष्ट्रीय चुनावी फैसलों पर पड़ने वाले प्रभाव की चर्चा की है। इस पर हमने आलेख के तीसरे हिस्से में चर्चा की है। पिछले दो लोकसभा चुनावों पर पड़ने वाले इसके विभिन्न तरह के प्रभावों की पहचान भी इस हिस्से में की गई है। भारतीय लोकतंत्र की बृहत्तर प्रवृत्तियों के हिसाब से इस विश्लेषण के निहितार्थों की चर्चा आखिर में की गई है।

इस आलेख में दो दशक के राजनीतिक चुनावी निर्णयों के संदर्भ में राष्ट्रीय और राज्य स्तरीय फैसलों के बारे में यह तर्क दिया गया है कि राजनीतिक चुनाव करने और सरकार चलाने संबंधी प्रभावी निर्णय लेने के बीच संबंध नहीं दिखता। हम मानते हैं कि जो लोकतांत्रिक उभार दिखता है, यह चीज उसकी धार को कुंद करती है। 1990 के दशक बाद राजनीतिक हलके में काफी ऊर्जा भरी दिखती है। पर शासकीय कामकाज पर उसका वैसा प्रभाव नहीं दिखता। इस प्रकार हमें राजनीतिक निर्णय लेने के राष्ट्रीय और राज्य स्तरीय फैसलों के बीच की संभावित प्रवृत्ति की समझ बनती दिखती है, पर हमारी यही कोशिश इस बात की ओर भी इशारा करती है कि तीसरी चुनावी प्रणाली भी व्यवस्थावादी बन गई है, चीजें घूम-फिर कर उसी पुराने ढर्रे पर चलती जा रही हैं।

## 1. बहुस्तरीय चुनाव का भारतीय मॉडल

बहुस्तरीय और स्पष्ट अलग होकर भी आपस में संबद्ध चुनावों का भारतीय अनुभव हमें बाकी दुनिया की बहुस्तरीय व्यवस्थाओं से तुलना करने का लोभ देता है : क्या कहीं और बहुस्तरीय चुनाव की व्यवस्था आपस में इतनी जुड़ी हुई है और एक-दूसरे को

प्रभावित करती है? अगर हां, तो उनके संबंधों की प्रकृति क्या है?

इस सवाल पर सबसे प्रचुर मात्रा में सैद्धांतिक झलकियां और अनुभवजन्य साक्ष्य हमें तब मिलते हैं जब हम यूरोपीय संसद के चुनावों की तुलना यूरोपीय संघ के देशों के राष्ट्रीय चुनावों से करते हैं। कार्लहींज रीफ और हरमैन स्मिट ने यूरोपीय संसद के प्रत्यक्ष चुनाव को द्वितीय श्रेणी के राष्ट्रीय चुनाव की संज्ञा देते हुए कुछ इस प्रकार के तर्क दिए

'सीधे चुनी गई यूरोपीय संसद की संरचना' इस प्रकार की है कि इससे यूरोपीय समुदाय की राजनीतिक शक्तियों के वास्तविक संतुलन का पता नहीं चलता। जब तक राष्ट्रीय राजनीतिक व्यवस्था ज्यादातर राजनीतिक और महत्त्वपूर्ण फैसले करती रहेगी तब तक यूरोपीय संघ का चुनाव द्वितीय श्रेणी अतिरिक्त राष्ट्रीय चुनाव ही रहेगा। इन चुनावों का निर्धारण घरेलू राजनीतिक विभाजनों के आधार पर होता है न कि इस आधार पर कि यूरोपीय संघ में कौन से मुद्दे उठ रहे हैं? लेकिन अगर पहली श्रेणी के नौ राष्ट्रीय चुनाव और यूरोपीय संघ के चुनाव एक साथ होते हैं तब उनका फैसला अलग तरह से होता है। पर होता यही है क्योंकि राष्ट्रीय राजनीतिक प्रणाली के अपने चुनाव चक्र के चलते यूरोपीय चुनाव अलग स्तरों पर होता है। किसी राजनीतिक प्रणाली की मुख्य स्थली और द्वितीय श्रेणी की राजनीतिक भूमि के बीच यह रिश्ता कोई असामान्य बात नहीं है। यहां नई बात यह है कि द्वितीय श्रेणी की एक राजनीतिक स्थली का संबंध प्रथम श्रेणी के नौ विभिन्न राजनीतिक क्षेत्रों से होता है। यूरोपीय चुनाव परिणामों का पहला विश्लेषण इस अवधारणा को संतोषजनक तरीके से सही साबित करता है कि यूरोपीय संसद के प्रत्यक्ष चुनाव को एक साथ होने वाले द्वितीय श्रेणी के नौ राष्ट्रीय चुनावों जैसा माना जाए।'

यूरोपीय संघ के बहुस्तरीय चुनावों पर बाद में किए विश्लेषण भी इस बात को विस्तारित करते हैं या परिष्कृत करते हैं पर वे उसे चुनौती नहीं देते। भारतीय राजनीति के छात्र को यहां कई तरह की समानताएं दिखाई पड़ती हैं। उदाहरण के लिए राजनीति का मुख्य क्षेत्र सबसे निचला स्तर है : उच्च स्तरीय चुनाव पर निचले स्तर के विभाजन असर डालते हैं : फिर प्रथम श्रेणी के हर चुनाव का स्वतंत्र चक्र द्वितीय श्रेणी के चुनाव परिणामों के निर्धारण में अहम भूमिका निभाते हैं। इसलिए हम इस माडल को भारत पर लागू करने के लोभ का संवरण नहीं कर सकते और कह सकते हैं कि भारत का लोकसभा का चुनाव यूरोपीय संसद के चुनाव जैसा और वहां का राष्ट्रीय चुनाव हमारे विधानसभा के चुनाव जैसा होता है। भारत के राजनीतिक टिप्पणीकार और किरदार जब यह कहते हैं कि लोकसभा

चुनाव एक साथ किंतु स्वतंत्र रूप से होने वाले 29 राज्यों का चुनाव है या लोकसभा चुनाव राज्य चुनाव के परिणामों का कुल योग है, तो वे सहज रूप से इसी बात को कहते हैं।

लेकिन यूरोपीय माडल को भारत के संदर्भ में सीधे लागू करने से असली बात खो जाएगी। यह तुलना हमें भारतीय अनुभव की विशिष्टता समझने का मौका देती है। बात सिर्फ इतनी नहीं है कि बहुस्तरीय किंतु एक दूसर से गुंथे होने का तर्क भारत के राष्ट्रीय चुनाव पर लागू होता है। दरअसल यहां एक दूसरे से गुंथे होना एक अलग तर्क से जुड़ा है। यूरोप और भारत के मामले में मूल फर्क यह है कि यहां के द्वितीय श्रेणी के चुनाव में वास्तविक और ठोस राजनीतिक महत्त्व के मुद्दे नदारद नहीं रहते। भारत में संसदीय चुनाव के माध्यम से ऐसे राजनीतिक प्रशासक का चयन होता है जिसके पास राज्य स्तरीय राजनीतिक प्रशासक के मुकाबले ज्यादा व्यापक दायरे वाली वास्तविक शक्ति होती है। इस प्रकार ऐसा नहीं है कि मतदाता राष्ट्रीय चुनाव को निस्सार पाते हैं लेकिन इतना जरूर है कि उन चुनावों के मुद्दे राज्य स्तरीय मुद्दों, सत्तारूढ़ दलों और रणनीतियों की छलनी से निर्धारित होते हैं। इसका मतलब यह नहीं है कि राष्ट्रीय सरकार दूसरे नंबर की भूमिका निभाती है या निभाती हुई दिखती है। संविधान ने जिस तरह की संस्थागत व्यवस्था की है उसके तहत सत्ता का विभाजन केंद्र सरकार की तरफ ही झुका हुआ है। तार्किक स्थिति तो यह है कि जिस दौरान राज्य की राजनीति ज्यादा स्वायत्त हुई है उसी दौरान केंद्र सरकार को ज्यादा राजनीतिक और आर्थिक सत्ता हासिल हुई है। फिर भी राजनीतिक चयन का प्रमुख क्षेत्र राष्ट्रीय राजनीति नहीं है। राष्ट्रीय स्तर की राजनीतिक प्राथमिकताएं और वफादारियां राज्य की राजनीति की प्राथमिक वफादारियों से निर्धारित होती हैं। उन अर्थों में यूरोप से अलग भारत के बहुस्तरीय और एक दूसरे से गुंथे हुए चुनाव प्रभावशाली राजनीतिक चयन और प्रभावशाली प्रशासन के स्तरों में अलगाव पैदा करते हैं।

समकालीन भारत में राजनीतिक मुकाबले का प्रमुख क्षेत्र राज्य के स्तर पर होता है। इसकी वजह सिर्फ इतनी नहीं है कि राज्य स्तरीय काम राष्ट्रीय स्तर के मुकाबले जनता के ज्यादा करीब होता है। लेकिन पंचायतों और नगरपालिकाओं के रूप में होने वाले लोकतांत्रिक प्रतिस्पर्धा की तीसरी श्रेणी के चुनाव, जो कि राज्य स्तरीय राजनीति के मुकाबले जनता के ज्यादा करीब होते हैं, न तो राज्य और न ही राष्ट्र के स्तर पर किसी राजनीतिक चयन को आकार देते हैं। जटिल ऐतिहासिक कारणों के चलते राज्य की राजनीति आज इस स्थिति में आ गई है जहां जमीनी स्तर से उठने वाली लघु आकांक्षाएं और गोलबंदियां व्यापक राजनीति की व्यवस्थागत आवश्यकताओं से जा कर मिलती हैं। एक प्रकार से राज्य स्तरीय राजनीति राष्ट्रीय

परिणामों को पूर्वनिर्धारित करने के बजाय उसे आकार देती है और छानती है। राष्ट्रीय चुनावों में राजनीतिक चयन प्रतिस्पर्धी ढांचे, चुनावी चक्र, राजनीतिक एजेंडा, भागीदारी के तरीके और सामाजिक विभाजन से निधारित होते हैं। इन अर्थों में राज्य के स्तर पर होने वाले ज्यादातर राजनीतिक चयन प्रमुख होते हैं और राष्ट्रीय स्तर के चयन लगातार उसके आधार पर होते जाते हैं।

राज्य स्तरीय चयन की जो प्रमुख प्रवृत्ति है उसके कई आयाम हैं। पहला आयाम यह है कि लोकसभा चुनाव में पार्टियों के मुकाबले का खाका और राजनीतिक चयन थोड़े बहुत हेर फेर के साथ राज्य स्तरीय पार्टी ढांचे से निर्धारित होता है। राष्ट्रीय चुनाव में छोटी पार्टियों को दरकिनार कर चयन को और सरलीकृत कर दिया जाता है क्योंकि माना जाता है कि छोटे दलों की राष्ट्रीय राजनीति में कोई भूमिका नहीं होगी। यह स्थिति यूरोप से अलग है क्योंकि वहां की यूरोपीय संसद के चुनाव में छोटे दलों का ज्यादा महत्त्व होता है। दूसरा आयाम यह है कि राज्य की राजनीति का कैलेंडर ही वह व्यापक परिप्रेक्ष्य प्रदान करता है जिसमें लोकसभा का चुनाव तय किया जाता है। हालांकि राज्य विधानसभा और लोकसभा के चुनावों का दो स्वतंत्र और एक दूसर से संगति न रखने वाला चुनावी चक्र चलता है, लेकिन राजनीतिक रूप से प्रासंगिक कैलेंडर राज्य विधानसभा के चुनावों और राज्य सरकारों के कार्यकाल से ही तय होता है।

तीसरी बात यह है कि लोकसभा चुनाव में राजनीतिक भागीदारी का स्तर और उसकी प्रकृति राज्य की राजनीति के बनाए गए ढर्रे का अनुकरण करती है हालांकि राष्ट्रीय चुनाव में मतदान का प्रतिशत विधानसभा चुनाव से थोड़ा कम ही होता है। चूंकि विधानसभा चुनावों में ज्यादा संख्या में किरदार होते हैं और उनके ज्यादा सीधे हित दांव पर लगे होते हैं इसलिए लोग अधिक संख्या में भागीदारी भी करते हैं। चौथी बात यह है कि राजनीतिक प्रासंगिकता वाले सामाजिक विभाजन भी राज्य की राजनीति के दायरे में परिभाषित होते हैं। जहां तक दलगत प्रणाली की बात है तो राष्ट्रीय चुनावों का व्यापक असर या तो सरलीकरण में होता है या फिर व्यापक गठजोड़ बनते हैं। लेकिन इस गठजोड़ का निर्माण करने वाले शिलाखंड राज्य की राजनीति से ही आते हैं। पांचवीं बात यह है कि हर राज्य का सांस्कृतिक वैचारिक परिप्रेक्ष्य राष्ट्रीय चुनावों का एजेंडा दो प्रकार से तय करता है –या तो वह राज्य के विभिन्न मुद्दों की प्रमुखता तय कर देता है या फिर वह यह तय करता है कि किस प्रकार राष्ट्रीय मुद्दे राज्य के भीतर ग्रहण किए जाएंगे।

अंतिम बात यह है कि राज्य की राजनीति के सारे मुद्दे राष्ट्रीय चुनाव में खत्म नहीं होते पर राष्ट्रीय चुनाव में राज्य सरकारों का कामकाज मतदाताओं को प्रभावित करने का एक प्रमुख मुद्दा बनता है। भारतीय मतदाता अक्सर लोकसभा चुनाव का

इस्तेमाल राज्य सरकार के कामकाज पर निर्णय देने में करते हैं। यूरोप की तरह हमारे यहां 'व्यक्त' मतदान नहीं होता। हमारे यहां के मतदाता उच्चस्तरीय चुनाव का रणनीतिक इस्तेमाल स्थानीय स्तर के उन शासक दलों को चेतावनी देने में करते हैं जिनके प्रति वैसे वे वफादार भी रह सकते हैं। यह सब आयाम राज्य स्तरीय चुनाव को चयन का असली मैदान बना देते हैं और संसदीय चुनाव में किया जाने वाला चयन एक डेरवेटिव यानी व्युत्पत्ति वाले चरित्र का होता है।

राष्ट्रीय चुनाव के दौरान होने वाले राजनीतिक चयन डेरवेटिव चरित्र के होते हैं पर वे न तो राज्य के राजनीतिक दायरे में होने वाले चयन का दोहराव होते हैं न ही उनका योग। राज्य की राजनीति मतदाताओं के लिए प्रमुख मुद्दा देती है पर उसके सामने सिर्फ वही राजनीतिक संदर्भ नहीं होता। राष्ट्रीय सरकार के कामकाज और दूसरे राष्ट्रीय मुद्दे मतदाताओं के लिए मायने तो रखते हैं पर वे राजनीति के प्रिज्म से छन कर आते हैं। हालांकि राजनीतिक प्रतिस्पर्धा का खांचा राज्य के दायरे से आता है पर राष्ट्रीय चुनावों की राजनीतिक प्रणाली में कुछ बारीक फर्क दिखाई पड़ते हैं। कई बार राष्ट्रीय मुद्दे राज्य की राजनीति में हस्तांतरित होते हैं पर विपरीत प्रक्रिया की तुलना में यह प्रक्रिया कमजोर ही है। कुछ मामलों में जहां राज्य का सत्तारूढ़ दल केंद्र की राजनीति में महत्त्वपूर्ण दावेदार नहीं है और राष्ट्रीय राजनीति का महत्त्वपूर्ण दावेदार राज्य की राजनीति में महत्त्वपूर्ण नहीं है वहां दोनों प्रकार के मतदान एक दूसर से अलग हो जाते हैं।

राजनीतिक प्रतिस्पर्धा के प्रमुख मैदान के रूप में राज्य का उदय गैर कांग्रेसवादी राजनीति से जुड़ा हुआ है या यूं कहें कि यह एक तरह से तीसरी चुनाव प्रणाली है। चुनावी लोकतंत्र के आरंभिक दो दशकों में राष्ट्रीय और राज्य स्तरीय चुनावों में ज्यादा फर्क नहीं था। कांग्रेस पार्टी दोनों चुनाव लगभग समान अंतर से जीतती थी। 1970 और 1980 के दशक में द्वितीय चुनाव प्रणाली और जनमतसंग्रह वाली राजनीति परवान चढ़ी और इसी दौरान राष्ट्रीय और राज्य स्तरीय राजनीति में अंतर आने लगा। तब राष्ट्रीय राजनीति मुख्य अखाड़ा थी और उसने राज्य की राजनीति को ढक रखा था । संविधान के अनुच्छेद का इतना ज्यादा इस्तेमाल किया गया कि उसमें राष्ट्रीय जनादेश की प्रतिध्वनि सुनाई पड़ती थी। 1990 के दशक में राज्य विधानसभाओं के चुनाव स्वायत्त हो गए और उन्होंने राष्ट्रीय चुनावों के परिणाम को आकार देने की क्षमता विकसित कर ली। राज्य स्तरीय चुनाव चक्र राष्ट्रीय राजनीति के चुनाव चक्र से अलग हो गया और देश के ज्यादातर हिस्सों में राज्य विशेष के चुनाव कैलेंडर कायम किए गए। राजनीतिक कैलेंडर से तात्पर्य उस समय सारणी से है जहां चुनाव का संभाव्य चक्र हो, उसके साथ चलने वाली राजनीतिक गतिविधियां हों और सत्ता

परिवर्तन की कोई पद्धति हो। पहले एक सरकारी चुनाव कैलेंडर हुआ करता था पर इससे एक सार्थक चुनावी कैलेंडर नहीं निकलता था। राज्य चुनावों का समय राष्ट्रीय राजनीतिक घटनाओं से जुड़ गया था। इनके चलते बड़े पैमाने पर राज्य सरकारों की बर्खास्तगी हुई नतीजतन 1972, 1977-78, 1980, 1984 और 1990 में कई विधानसभा चुनाव हुए। तब राज्य सरकारों का अस्तित्व राष्ट्रीय राजनीति की करवटों पर निर्भर था। 1990 के बाद हम एसे राज्य स्तरीय चुनाव चक्र का उभार देखते हैं जिस पर केंद्र की 1996-99 जैसी राजनीतिक उथल पुथल का कोई असर नहीं पड़ा था। कुछ राज्यों में 1990 के पहले ही राजनीतिक कैलेंडर अस्तित्व में आ गया था। जैसे - यह नया कैलेंडर केरल में 1980 से शुरू हो गया, आंध्र प्रदेश और कर्नाटक में 1983 में और असम में 1985 में। लेकिन हिंदी प्रदेशों सहित बाकी राज्यों में यह कैलेंडर तीसरी चुनाव प्रणाली के उदय के साथ ही दिखाई पड़े। हरियाणा में यह निर्धारण 1987 में, उत्तर प्रदेश और तमिलनाडु में 1989 में, हिमाचल प्रदेश, राजस्थान, दिल्ली, मध्य प्रदेश, बिहार, गुजरात और उड़ीसा में 1990 में, महाराष्ट्र में 1994-95 में और पंजाब में 1997 में शुरू हुआ। उनके अलावा पश्चिम बंगाल, त्रिपुरा, अरुणाचल प्रदेश और सिक्किम जैसे राज्यों में कोई निश्चित राजनीतिक कैलेंडर नहीं है क्योंकि वहां एक पार्टी का प्रभुत्व है जो जहां किसी प्रकार के राजनीतिक बदलाव का कैलेंडर नहीं दिखाई पड़ता। जबकि जम्मू-कश्मीर, मणिपुर, नगालैंड और मेघालय में राजनीतिक प्रतिस्पर्धा इतनी अनिश्चित है कि उसमें किसी प्रकार की राजनीतिक पद्धति नहीं दिखाई पड़ती।

भारत के मौजूदा राजनीतिक कैलेंडर की पद्धति के दूरगामी परिणाम हैं जिस पर अक्सर ध्यान नहीं दिया जाता। ज्यादातर राज्यों में राजनीतिक कैलेंडर ने अपना सुर-ताल और तर्क हासिल कर लिया है इस प्रकार वे राजनीतिक माहौल के अदृश्य हिस्से बन गए हैं। इसने राज्य के लिहाज से एक राजनीतिक चक्र तैयार किया है जिसमें सत्ता परिवर्तन की एक निर्धारित पद्धति है जिससे यह अनुमान लग सकता है कि कब किसकी सत्ता में आने की बारी है। चूंकि विभिन्न राज्यों के कैलेंडर एक दूसरे से नहीं मिलते इसलिए अब हमारे यहां हर साल एक दो विधानसभाओं के चुनाव होते ही रहते हैं। राज्य के राजनीतिक कैलेंडरों के इस जटिल और बेतरतीब कटान का अर्थ यह है कि कोई भी प्रमुख राजनीतिक दल या कोई राष्ट्रीय गठबंधन किसी निर्धारित समय पर ज्यादातर राज्यों को नियंत्रित नहीं करता। चूंकि राष्ट्रीय जनादेश अब व्युत्पत्ति का जनादेश है इसलिए आज कोई भी पार्टी या गठबंधन इस स्थिति में नहीं है कि वह राष्ट्रीय चुनावो में ज्यादातर राज्यों को जीत सके और सहज बहुमत हासिल कर सके। न ही कोई राष्ट्रीय गठबंधन पूर देश

में किसी को सूपड़ा साफ कर सकता है।

इन स्थितियों से राजनीतिक प्रतिस्पर्धा को विशिष्ट संघीय चरित्र हासिल होता है जिसमें राज्यों की स्वायत्तता का दावा पोषित होता है , क्षेत्रीय स्वाभिमान मजबूत होता है और इस प्रकार राष्ट्रीय एकीकरण की प्रक्रिया गहरी होती है। लेकिन इस दौरान राष्ट्रीय सरकार के कामकाज का आकलन करने की मतदाताओं की क्षमताओं का क्षरण होता है। राजनीतिक प्रतिस्पर्धा के लिए राज्यों के मैदान बनने से 1990 के दशक में लोकतांत्रिक अभ्युदय का रास्ता साफ हुआ। लेकिन उस दशक के खत्म होने के साथ इस अभ्युदय को प्रमुख और अमौलिक के द्वैध वाले दायरे में सिमटने की शुरुआत हुई। उस अर्थ में 2004 के लोकसभा चुनाव ने यह दिखा दिया कि इस तीसरी चुनाव प्रणाली की परिवर्तनकारी क्षमता खत्म हो चुकी है। लेकिन उसका व्यवस्थागत योगदान अभी भी जारी है और वह राज्य और राष्ट्रीय स्तर पर राजनीतिक प्रतिस्पर्धा को आकार दे रहा है। राज्य स्तर पर प्रमुख प्रतिस्पर्धा और राष्ट्रीय स्तर पर अमौलिक विकल्प उस तीसरी चुनाव प्रणाली का परिणाम है जिसमें बदलाव की क्षमता नहीं है।

## 2. प्रमुख राज्य स्तरीय मुकाबले, 2004-2008

आइए राज्य और राष्ट्रीय चुनाव के इन संबंधों पर सामान्य बयान से आगे बढ़कर पिछले चुनाव के बाद देखी गई पद्धति पर विचार करें। हम पहले, पिछले दशक में हुए प्रमुख राज्य स्तरीय मुकाबलों का प्रारूप बनाएंगे। प्रमुख मुकाबलों का विश्लेषण दो पैमानों पर किया जा सकता है। पहला, शासन कर रही पार्टी पर क्या असर पड़ा: क्या उसने सत्ता बरकरार रखी या हटना पड़ा। दूसरा, लोकप्रिय प्राथमिकताओं के मामले में दिशा या परिणाम क्या रहा ? क्या चुनाव में जबरदस्त सत्ता विरोधी जनमत था ? या विरोध का जनमत हल्का था या फिर इस दौरान सत्ताधारी दल मजबूत हुआ ? स्पष्ट तौर पर यही दो प्रमुख आयाम नहीं रहे हैं। इसके अलावा राज्य के स्तर पर पार्टी प्रणाली के संदर्भ में होने वाला एसा कोई मुकाबला चुनाव के मौके पर होने वाला गठजोड़ और मतदाताओं के समक्ष उपलब्ध राजनीतिक विकल्प भी अन्य आयाम हैं। लेकिन पहले बताए गए दो पैमाने संदर्भ की व्याख्या करते हैं जबकि बाकी कारक संदर्भ की रचना करते हैं। इन दो पैमानों से राज्य स्तरीय मुकाबलों का व्यापक प्रारूप तैयार होता है। राज्य के हर चुनाव को निरंतरता, परिवर्तन और पुनर्निरूपण के रूप में वर्गीकृत किया जा सकता है।

### 2.1 निरंतरता

जबरदस्त सत्ता विरोधी छवि के बावजूद हमने पिछले पांच सालों में कुछ सरकारों को दोबारा जनादेश पाते हुए देखा है। मध्य प्रदेश , छत्तीसगढ़ और दिल्ली में सत्ताधारी

पार्टियों द्वारा हाल के चुनावों में सत्ता बरकरार रखना महाराष्ट्र, असम, उड़ीसा, पश्चिम बंगाल और गुजरात जैसे राज्यों की सूची को बढ़ाता है। निश्चित तौर पर इन राज्य सरकारों की जीत में अंतर रहा है । कुछ जगहों पर अच्छे बहुमत से जीत हुई हैं पार्टियों ने राज्य में अपना आधार और मजबूत किया है। पर दूसरी सरकारों को घटे हुए बहुमत के साथ सेवा विस्तार मिला है। महाराष्ट्र के 2004 के और दिल्ली के हाल फिलहाल के उदाहरण ऐसे हैं कि जहां सत्तारूढ़ दल या गठबंधन के वोट तो घटे पर उनका नुकसान मुख्य विपक्ष के फायदे में नहीं बदल पाया। हम इसे अनमना सेवा विस्तार कह सकते हैं। जैसा कि हमने नीचे बताया है कि यह रुझान निश्चित तौर पर निरंतरता के पक्ष में है पर इससे यह संकेत नहीं मिलता कि एक अच्छी सरकार के युग का उभार हो रहा है। न ही हम इससे विभिन्न राज्य सरकारों द्वारा प्राप्त सेवा विस्तार के बार में कोई समरूपी व्याख्या कर सकते हैं। राज्यों में पार्टी प्रतिस्पर्धा के बदलते स्वरूप के अलावा सेवा विस्तार के पीछे विजय, योग्य सामाजिक गठजोड़ ( जैसा कि महाराष्ट्र ) की भूमिका है, इसमें दो या दो से ज्यादा दलों के अति औसत गठजोड़ का भी कमाल है (उड़ीसा और पश्चिम बंगाल), राज्य स्तरीय नेतृत्व की लोकप्रियता (गुजरात या दिल्ली) का असर है, या यह विपक्ष द्वारा अपना पक्ष प्रस्तुत न कर पाने की नाकामी है ( असम, छत्तीसगढ़, मध्य प्रदेश)। हालांकि निरंतरता की बढ़ती संभावना से सत्ताधारी दलों को राजनीतिक प्रोत्साहन मिलता है, पर इसके लंबे सेवा विस्तार का अर्थ है कि मतदाताओं के पास विकल्प की कमी है।

## 2.2 बदलाव के लिए मतदान

उम्मीद की जा सकती है कि प्रतिस्पर्धी राजनीतिक प्रणाली के भीतर व्यापक असंतोष दर्ज कराने या सत्ता में बदलाव करने का यह सर्वसुलभ विकल्प है। दरअसल पार्टी नेतृत्व या काम का विशेष ख्याल रखने के बजाय अब कई राज्य बदलाव के चक्र को स्वीकार कर चुके हैं। केरल इसका सबसे प्रमुख उदाहरण है। तमिलनाडु और राजस्थान दो अन्य उदाहरण हैं। सामान्य तौर पर जहां परिवर्तन का एक ढर्रा बन गया है वहां दो प्रमुख प्रतिस्पर्धियों के बीच वोट के प्रतिशत का अंतर बहुत मामूली होता है। लेकिन जैसाकि आंध्र प्रदेश में सन 2004 में हुआ उससे तो यही लगता है कि जनमानस का दोलन बहुत मजबूत हो सकता है। वह बिलकुल वैसे जैसे जनता कह रही हो कि राज्य की राजनीतिक प्रतिस्पर्धा की पुनर्रचना आवश्यक है। सामान्य राजनीतिक समझ इसे अकर्मण्य सरकार से जोड़ती है और ज्यादातर मामलों में यह सही है। लेकिन केरल, तमिलनाडु और राजस्थान के

उदाहरण यह दिखाते हैं कि एसा अच्छी तरह से काम करने वाली सरकारों के साथ भी हो सकता है। इन उदाहरणों में जो कुछ हुआ है वह दो संतुलित राजनीतिक विकल्पों की वजह से संभव होता है। कामकाज या नीति से पर जा कर होने वाले यह बदलाव दर्शाते हैं कि दोनों प्रतिस्पर्धियों के बीच मतभेद बहुत कम है।

## 2.3 पुनर्रचना

यह संसदीय बदलाव का सामान्य मामला नहीं है । इस मामले में राजनीतिक शक्तियों के सामाजिक आधार बदलते हैं जैसा कि सन 2007 में उत्तर प्रदेश में हुआ। या फिर पार्टी प्रणाली में भारी बदलाव भी इसमें शामिल किए जा सकते हैं जैसा कि हाल में कर्नाटक में हुआ। पुनर्रचना का एक और उदाहरण ऐसा हो सकता है जहां छोटे दलों को नुकसान पहुंचा कर बड़े दल मजबूत हो जाते हैं। ऐसी स्थिति में यह भी संभावना रहती है कि सत्तारूढ़ दल के वोट बढ़ने के बावजूद उसकी चुनाव में हार हो जाती है। ऐसा पंजाब और उत्तराखंड में 2007 में हुआ था। यहां यह उल्लेख किया जाना चाहिए कि इस दौरान ऐसी कोई विशिष्ट प्रकार की पुनर्रचना नहीं हुई (जैसी कि 1983 में आंध्र प्रदेश में, 1987 में हरियाणा में, 1993 में उत्तर प्रदेश में हुई) जिससे कि तीसरी चुनाव प्रणाली के लक्षण दिखाई पड़े। यहां जिस प्रकार के मामलों का उल्लेख किया गया है वहां ज्यादा से ज्यादा पुनर्रचना का एक तत्व दिखाई पड़ता है। जैसे कि उत्तर प्रदेश में बहुजन समाज पार्टी का सामाजिक आधार अचानक बढ़ गया , आंध्र प्रदेश में भाजपा का पूरे राज्य में विस्तार हुआ या फिर जम्मू-कश्मीर में स्थानीय और धार्मिक आधारों में बदलाव हुआ। इसलिए ऐसे कुछ उदाहरण पुनर्रचना से जुड़े चरित्र का प्रदर्शन नहीं करते जिसके लिए सामाजिक विभाजन में बदलाव नए सामाजिक गठजोड़ का निर्माण और राजनीतिक प्रणाली को खोलना ज़रूरी है।

अगर हम सन 2004 से 2009 के बीच हुए सारे प्रमुख राज्य स्तरीय मुकाबलों के परिणामों को इस प्रारूप में फिट करें तो हमें क्या मिलेगा? तालिका संख्या-1 से व्यापक पद्धति का पता चलता है। सन 2004-2009 के दौरान सबसे प्रमुख बात यह है कि वे दो श्रेणियां पूरी तरह से नदारद रही हैं जो तीसरी चुनाव प्रणाली के आरंभिक चरण में हुआ करती थीं। उसे अविश्वास या पुनर्रचना का मत कहा जा सकता है। लेकिन इस दौर में बहुत कम चुनावों में कोई लहर रही है। तीसरी चुनाव प्रणाली के मुकाबले इस दौर में अधूरा सेवा विस्तार या बदलाव के मतदान की दिशा में परिवर्तन हुआ है। तालिका संख्या-2 बताती है कि पिछले दो दशकों में राज्य के स्तर पर सरकार के खिलाफ जनमत में नाटकीय ह्रास हुआ है।

तीसरी चुनाव प्रणाली के आरंभिक काल में सरकारों के खिलाफ ज्यादा से ज्यादा मतदान करने की दरें ऊंची रही हैं।

## तालिका 1 : राज्य विधानसभा चुनावों ( 2004–2009 ) का वर्गीकरण

| तात्कालिक सरकारों का हश्र | लोकप्रिय प्राथमिकताओं में परिवर्तन | | |
|---|---|---|---|
| | सत्तारूढ़ पार्टी के लिए झुकाव | सत्तारूढ़ पार्टी के विरुद्ध हल्का झुकाव | सत्तारूढ़ पार्टी के खिलाफ जबरदस्त झुकाव |
| शासक दल या गठबंधन की निरंतरता | मजबूती मिलना : पश्चिम बंगाल 2006, नगालैंड 2008, सिक्किम 2004, त्रिपुरा 2008 पांडिचेरी, छत्तीसगढ़ 2008 | सशर्त सेवा विस्तार मध्य प्रदेश 2008, गुजरात 2007, ओडिसा 2004 | अनमना सेवा विस्तार असम 2006, अरुणाचल 2004, महाराष्ट्र 2004, दिल्ली 2008 |
| विपक्ष की तरफ सत्ता | व्यवस्थागत बदलाव: पंजाब 2007 उत्तराखंड 2007 | परिवर्तन के लिए वोट: राजस्थान 2008, गोवा 2007, हरियाणा 2005, हिमाचल 2008, मिजोरम 2008, तमिलनाडु 2006, झारखंड 2005 | अविश्वात का मत बिहार 2005, केरल 2006 |
| नई पार्टी या गठजोड़ का सत्ता में आगमन | | पुनर्रचना : आंध्र प्रदेश 2005, कर्नाटक 2008, जम्मू-कश्मीर 2008 | उत्तर प्रदेश 2007, |

स्विंग (झुकाव) का मतलब सत्तारूढ़ पार्टी के वोट में पांच प्रतिशत या उससे ज्यादा की की।

## तालिका 2 :विधानसभा चुनावों में शासक दल की उपलब्धियां ( 1989-2008 )

| | राज्यों के कुल चुनाव | उपलब्ध सूचना | सत्ताधारी की जीत | | सत्ताधारी की हार | |
|---|---|---|---|---|---|---|
| 1989-98 | 63 | 57 | 13 | 23 % | 44 | 77 % |
| 1999-2003 | 30 | 29 | 11 | 38 % | 18 | 62 % |
| 2004-08 | 30 | 28 | 15 | 54 % | 13 | 46 % |

## तालिका 3 : व्यवस्था विरोधी रुझान : राज्य विधानसभा चुनावों में ( 1999-2008 ) सत्ताधारी दल के मतों में परिवर्तन और दोबारा चयन

| | क्या सत्ताधारी पार्टी ने लोकसभा चुनाव हारा | | सत्ताधारी पार्टी के मतों में अंतर | |
|---|---|---|---|---|
| राज्य | 1999-2003 | 2004-08 | 1999-2003 | 2004-08 |
| आंध्र प्रदेश | ना (टीडीपी) | हां (टीडीपी) | -0.27 | -6.28 |
| अरुणाचल | ना (राकांपा) | हां (कांग्रेस) | 1.28 | -7.37 |
| असम | हां (अगप) | ना (कांग्रेस) | -10.06 | -8.67 |
| बिहार | ना (राजद) | हां (राजद अक्टूबर 2005 में) | 0.72 | -9.52 |
| गोवा | हां (कांग्रेस 2002 में) | हां (भाजपा) | -0.16 | -5.25 |
| गुजरात | ना (भाजपा) | ना (भाजपा) | 5.04 | -0.73 |
| हरियाणा | हां (हविपा) | हां (नेलोद) | -17.11 | -2.84 |
| हिमाचल | हां (भाजपा) | हां (कांग्रेस) | -3.64 | -2.1 |
| जम्मू-कश्मीर | हां (कांग्रेस) | हां (कांग्रेस+पीडीपी) | -6.54 | -6.49 |
| कर्नाटक | हां (कांग्रेस) | हां (जद-एस) | -5.57 | 1.65 |
| केरल | हां (एलडीएफ) | हां (यूडीएफ) | -2.4 | -6.4 |
| मध्य प्रदेश | हां (कांग्रेस) | ना (भाजपा) | -8.96 | -4.86 |
| महाराष्ट्र | हां (शिव सेना) | ना (कांग्रेस+राकांपा) | -2.68 | -9.99 |
| मणिपुर | अस्पष्ट | अस्पष्ट | | |
| मेघालय | ना (कांग्रेस) | अस्पष्ट | -5.07 | |
| मिजोरम | ना (एमएनएफ) | हां (एमएनएफ) | 24.00 | -1.04 |
| नगालैंड | ना (कांग्रेस) | ना (एनपीएफ) | -14.88 | 3.86 |

| | | | | |
|---|---|---|---|---|
| ओडिसा | हां (कांग्रेस) | ना (भाजपा) | −5.3 | −2.04 |
| पंजाब | हां (अकाली+भाजपा) | हां (कांग्रेस) | −9.22 | 4.74 |
| राजस्थान | हां (कांग्रेस) | हां (भाजपा) | −9.3 | −4.93 |
| सिक्किम | ना (एसडीएफ) | ना (एपडीएफ) | 10.32 | 18.77 |
| तमिलनाडु | हां (द्रमुक) | हां (अन्नाद्रमुक) | −11.15 | 1.2 |
| त्रिपुरा | ना (माकपा) | ना (माकपा) | 1.33 | 1.19 |
| उ.प्र. | हां (भाजपा) | हां (सपा) | −12.04 | 0.06 |
| प.बंगाल | ना (माकपा) | ना (माकपा) | −1.33 | 0.54 |
| दिल्ली | ना (कांग्रेस) | ना (कांग्रेस) | 0.37 | −7.82 |
| पांडिचेरी | ना (कांग्रेस) | ना (कांग्रेस) | −2.56 | 7.11 |
| झारखंड | हां (राजद+झामुमो) | हां (भाजपा) | – | −1.56 |
| छत्तीसगढ़ | हां (कांग्रेस) | ना (भाजपा) | – | 1.08 |
| उत्तराखंड | हां (भाजपा) | हां (कांग्रेस) | – | 2.68 |
| अखिल भारत | हां 18/29<br>ना 10/29 | हां 15/28<br>ना 13/28 | −3.03 | −1.73 |

## तालिका 4 : राज्यों के प्रमुख दलों द्वारा जीती गई लोकसभा सीटें या जिन पर बढ़त रही ( 1999–2008 )

### लोकसभा के 1999 के चुनावों का वास्तविक परिणाम ( जीती गई सीटें )

| | कुल सीटें | कांग्रेस गठबंधन | भाजपा गठबंधन | अन्य |
|---|---|---|---|---|
| मध्य प्रदेश | 42 | 5 | 36 | एमआईएम–1 |
| अरुणाचल प्रदेश | 2 | 2 | – | – |
| असम | 14 | 10 | 2 | आईपीएफ–1 निर्द.–1 |
| बिहार | 40 | 2 | 30 | 1राजद–6 निर्द.–1 |
| छत्तीसगढ़ | 11 | 3 | 8 | – |
| दिल्ली | 7 | – | 7 | – |
| गोवा | 2 | – | 2 | – |
| गुजरात | 26 | 6 | 20 | – |
| हरियाणा | 10 | – | 10भाजपा–5<br>इनेलोद–5 | – |

| | | | | |
|---|---|---|---|---|
| हिमाचल प्रदेश | 4 | – | 3 | हिविकां–1 |
| जम्मू–कश्मीर | 6 | – | 2 | जेकेएनसी–4 |
| झारखंड | 14 | 2 | 11 | राजद–1 |
| कर्नाटक | 28 | 18 | 10 | – |
| केरल | 20 | 11 | – | वाम मोर्चा–9 |
| मध्य प्रदेश | 29 | 8 | 21 | – |
| महाराष्ट्र | 48 | 11 | 28 | राकांपा–6 पीडब्ल्यूपी–1 अन्य–2 |
| मणिपुर | 2 | – | – | राकांपा–1 एमएससीपी–1 |
| मेघालय | 2 | 1 | – | राकांपा–1 |
| मिजोरम | 1 | – | – | निर्दलीय–1 |
| नगालैंड | 1 | 1 | – | – |
| ओडिसा | 21 | 2 | 18 | झामुमो–1 |
| राजस्थान | 25 | 9 | 16 | – |
| पंजाब | 13 | 8 | 3 | वाममोचा–1 अकाली दल (एम)–1 |
| सिक्किम | 1 | – | 1 (एसडीएफ) | – |
| तमिलनाडु | 39 | 12 | 26 | 1 |
| त्रिपुरा | 2 | – | – | 2 |
| उत्तराखंड | 5 | 1 | 4 | – |
| उत्तर प्रदेश | 80 | 9 | 25 | बीएसपी–14 सपा–26 रालोद–2 अन्य–4 |
| पश्चिम बंगाल | 42 | 3 | 10 | 29 |

## तालिका 5 : विधानसभा चुनावों के आधार पर परिणामों की गणना ( लोकसभा सीटों की बढ़त )

| राज्य | विधानसभा चुनाव | कांग्रेस+ गठबंधन | भाजपा+ गठबंधन | अन्य |
|---|---|---|---|---|
| आंध्र प्रदेश | 1999 | 5 | 37 | – |
| अरुणाचल प्रदेश | 1999 | 2 | – | – |
| असम | 2001 | 13 | – | निर्दलीय–1 |

| | | | | |
|---|---|---|---|---|
| बिहार | 2000 | 1 | 17 | राजद–22 |
| छत्तीसगढ़ | 2003 | 4 | 7 | – |
| दिल्ली | 2003 | 7 | – | – |
| गोवा | 2002 | 1 | 1 | – |
| गुजरात | 2002 | 2 | 24 | – |
| हरियाणा | 2000 | 6 (भाजपा-इनेलोद) | – | |
| हिमाचल प्रदेश | 2003 | 3 | 1 | – |
| जम्मू–कश्मीर | 2002 | 2 | – | जेकेएनसी–2 पीडीपी–1 निर्द.–1 |
| झारखंड | 200 | 1 | 9 | राजद–2 झामुमो–2 |
| कर्नाटक | 1999 | 26 | 2 | – |
| केरल | 2001 | 16 | – | वाम मोर्चा–4 |
| मध्य प्रदेश | 2003 | – | 29 | – |
| महाराष्ट्र | 1999 | 11 | 27 | राकांपा–10 |
| मणिपुर | 2002 | 2 | – | – |
| मेघालय | 2003 | 1 | – | राकांपा–1 |
| मिजोरम | 2003 | – | – | एमएनएफ–1 |
| नगालैंड | 2003 | 1 | – | – |
| ओडिसा | 2000 | 1 | 20 | – |
| राजस्थान | 2003 | 7 | 18 | – |
| पंजाब | 2002 | 8 | 5 | – |
| सिक्किम | 1999 | – | 1 (एसडीएफ) | – |
| तमिलनाडु | 2001 | 30 | 9 | – |
| त्रिपुरा | 2003 | – | – | – |
| उत्तराखंड | 2002 | 3 | 1 | बीएसपी–1 |
| उत्तर प्रदेश | 2002 | 3 | 10 | बीएसपी–23, सपा–26, आएलडी–2 अन्य–4 |
| पश्चिम बंगाल | 2001 | – | – | वाम मोर्चा–39 तृणमूल–3 |

## तालिका 6 : लोकसभा चुनाव 2004 का वास्तविक परिणाम ( जीती गई सीटें )

| | राज्य | कांग्रेस+ | भाजपा+ | अन्य |
|---|---|---|---|---|
| आंध्र प्रदेश | 34 | 5 वाम मोर्चा–2 | एमआईएम–1 | |
| अरुणाचल प्रदेश | – | 2 | – | |
| असम | 9 | 3 | अगप–2 | |
| बिहार | 29 | 11 | – | |
| छत्तीसगढ़ | 1 | 10 | – | |
| दिल्ली | 6 | 1 | – | |
| गोवा | 1 | 1 | – | |
| गुजरात | 12 | 14 | – | |
| हरियाणा | 9 | 1 | – | |
| हिमाचल प्रदेश | 3 | 1 | – | |
| जम्मू–कश्मीर | 4 | 1 | जेकेएनसी–2 | |
| झारखंड | 13 | 1 | – | |
| कर्नाटक | 8 | 18 | जद (एस)–2 | |
| केरल | 1 | 1 | वाम मोर्चा–18 | |
| मध्य प्रदेश | 4 | 25 | – | |
| महाराष्ट्र | 23 | 25 | – | |
| मणिपुर | 1 | – | निर्दलीय–1 | |
| मेघालय | 1 | 1 | – | |
| मिजोरम | – | एमएनएफ–1 | – | |
| नगालैंड | – | एनपीएफ–1 | – | |
| उड़ीसा | 2 | 18 | झामुमो–1 | |
| राजस्थान | 4 | 21 | – | |
| पंजाब | 2 | 11 | – | |
| सिक्किम | – | 1 | – | |
| तमिलनाडु | 35 | – | 4 | |
| त्रिपुरा | – | – | वाम मोर्चा–2 | |
| उत्तराखंड | 1 | 3 | सपा–1 | |
| उत्तर प्रदेश | 9 | 11 | बसपा–19, एपा+38, | अन्य–3 |
| पश्चिम बंगाल | 6 | 1 | वाम मोर्चा–35 | |

## तालिका 7 : विधानसभा के 2004-08 के चुनावों के आधार पर गणना ( जिन लोकसभा सीटों पर बढ़त रही )

| राज्य | विधानसभा चुनाव | कांग्रेस+ गठबंधन | भाजपा+ गठबंधन | अन्य |
|---|---|---|---|---|
| आंध्र प्रदेश | 2004 | 30 | 11 | एनआईएम-1 |
| अरुणाचल प्रदेश | 2004 | 2 | – | – |
| असम | 2006 | 9 | – | अगप+-3, एयूडीएफ-2 |
| बिहार | अक्टूबर 2005 | 9 | 30 | एलजेएनएसपी+-1 |
| छत्तीसगढ़ | 2008 | 4 | 7 | – |
| दिल्ली | 2008 | 7 | – | – |
| गोवा | 2007 | 1 | 1 | – |
| गुजरात | 2007 | 9 | 17 | – |
| हरियाणा | 2005 | 9 | – | इनेलोद (आर)-1 |
| हिमाचल प्रदेश | 2007 | 1 | 3 | – |
| जम्मू-कश्मीर | 2008 | 1 | 1 | जेकेएनसी-2, पीडीपी-1 अन्य-3 |
| झारखंड | 2005 | – | 8 | राजद-1, झामुमो-2, अन्य-3 |
| कर्नाटक | 2004 | 14 | 9 | जद (एस)-5 |
| केरल | 2006 | 4 | – | वाम मोर्चा-16 |
| मध्य प्रदेश | 2008 | 7 | 22 | – |
| महाराष्ट्र | 2004 | 33 | 15 | – |
| मणिपुर | 2007 | 2 | – | – |
| मेघालय | 2008 | 1 | – | राकांपा-1 |
| मिजोरम | 2008 | 1 | – | – |
| नगालैंड | 2008 | 1 | – | – |
| ओडिसा | 2004 | 3 | 18 | – |
| राजस्थान | 2008 | 13 | 11 | 1 |
| पंजाब | 2007 | 2 | 11 | – |
| सिक्किम | 2004 | – | – | एसडीएफ-1 |
| तमिलनाडु | 2006 | 27 | – | अन्नाद्रमुक+-12 |
| त्रिपुरा | 2008 | – | – | 2 |
| उत्तराखंड | 2007 | 1 | 3 | बसपा-1 |
| उत्तर प्रदेश | 2007 | 2 | 7 | बसपा-52, सपा-18 अन्य-16 |
| पश्चिम बंगाल | 2006 | 1 | 1 | वाम मोर्चा-40 |

सन् 1989 से 1999 के बीच 77 प्रतिशत सरकारें चुनाव हार गईं। उसके बाद की इन दरों में तेजी से गिरावट आई है। 1999 से 2003 के बीच यह दर 67 प्रतिशत हुई और पिछले पांच सालों में यह 46 प्रतिशत तक आ गई। तालिका संख्या-3 में 1999-2003 और 2004-08 में राज्य की विधानसभाओं के चुनाव का ब्यौरा है। यह व्यवस्था के ढर्रे पर आने के संकेत हैं।

तीसरी चुनाव प्रणाली के कायम होने के साथ राज्य स्तरीय चुनाव प्रणाली ने विभिन्न रूप अपनाए हैं। सर्वाधिक सामान्य ढर्रा यह बना है कि एक चुनाव से दूसरे चुनाव के बीच जनमत एक पार्टी से दूसरी पार्टी के बीच झूलता रहता है। इस झूलते ढर्रे का असर यह हुआ है कि हर चुनाव में सत्तारूढ़ पार्टी बाहर हो जाती है और प्रमुख विपक्षी दल उसकी जगह ले लेता है। आशीष नंदी जिसे भारतीय लोकतंत्र के इस्पाती नियम की संज्ञा देते थे उसका सूत्रीकरण 1970 और 1980 के दशक की राष्ट्रीय राजनीति के आधार पर हुआ था लेकिन यह राज्य के स्तर बनी पद्धति की भी व्याख्या कर सकता है। इसमें हाल में चुनी गई सरकार का अल्पकालिक मधुमास शामिल है, जिससे बाद में होने वाली निराशा के चलते गुस्सा पैदा होता है और सत्ता विरोधी मानस तैयार होता है जो अगले चुनाव में सत्ताधारी पार्टी को पराजित कर देता है। केरल में यह रवैया 1980 से चल रहा है। चूंकि 1990 के दशक में सत्तारूढ़ दलों की ताकत कम करने की दर ऊंची थीं इसलिए इस इस्पाती नियम के क्रियान्वयन की कई घटनाएं देखी जा सकती हैं, हैरानी नहीं होगी कि यह एक तरह से रट्टा ही हो चला था। लेकिन यह देखना भी चौंकाने वाली बात होगी कि किस तरह बहुत कम राज्यों ने वास्तव में इस पद्धति को अपनाया -केरल ने 1980 से, राजस्थान ने 1993 से, पंजाब ने 1992 से और हिमाचल ने 1985 से। लेकिन इस नियम का विचलन यानी 'अनियमित दोलन' ज्यादा होता रहा है और कई बार सत्ता परिवर्तन का विचार, जनता त्याग कर पुरानी पार्टी की ही वापसी कर देती है। इस श्रेणी में मध्य प्रदेश, आंध्र प्रदेश, असम, महाराष्ट्र और दिल्ली जैसे राज्य शामिल हैं। उसके बाद ऐसे राज्य भी हैं जहां एक पार्टी का इतना दबदबा रहा है कि वहां इस चक्र का प्रवेश नहीं हो सका (उदाहरण के लिए त्रिपुरा और पश्चिम बंगाल में वाममोर्चा, अरुणाचल में कांग्रेस सिक्किम डेमोक्रेटिक फ्रंट और गुजरात में भाजपा)। या फिर वहां भी इस चक्र का प्रवेश नहीं हो सका जहां पार्टी प्रणाली इतनी अनिश्चित है कि उससे ठोस परिणाम ही नहीं निकलता (जैसे मणिपुर, मेघालय,जम्मू और कश्मीर)।

## 3. बनाए हुए राष्ट्रीय विकल्प 2004-09

राज्य स्तरीय जनादेश किस प्रकार प्रमुख प्रतिस्पर्धी हैं और वे कैसे राष्ट्रीय संदर्भ में दूसरी श्रेणी या अमौलिक चयन उत्पन्न करते हैं इसका महत्त्व समझने के लिए अब हम राज्य केन्द्रित चुनाव चक्र के राष्ट्रीय चुनाव पर पड़ने वाले विभिन्न प्रभावों का

परीक्षण करेंगे। राष्ट्रीय चुनाव में या तो राज्य स्तरीय परिणामों का दोहराव होता है या फिर उसे उलट दिया जाता है। यह अनुमान तब लगाया जाता है जब राष्ट्रीय चुनाव राज्य के चुनाव के संदर्भ में होता है। राज्य के राजनीतिक कैलेंडर में हम तीन ऐसे चरण देख सकते हैं जब राष्ट्रीय स्तर के चयन किए जाते हैं: शासक दल का आरंभिक असर, उसका मध्यावधि या आखिरी चरण का मूल्यांकन। राष्ट्रीय चुनाव के अमौलिक चयन का वर्गीकरण इस प्रकार किया जा सकता है:

## आरंभिक आकलन

जब राज्य चुनाव के तुरंत बाद राष्ट्रीय चुनाव होता है तो राष्ट्रीय चुनाव में उस राज्य से राज्य के परिणामों पर ही मुहर लगाई जाती है। मतदाता उसी पार्टी को चुनने को तैयार रहते हैं जिसका चयन उन्होंने राज्य के स्तर पर किया था। मतदाता उन पार्टियों पर भरोसा करने को तैयार रहते हैं जिनको उन्होंने राज्य के स्तर पर जिताया था इस प्रकार लोकसभा चुनाव का इस्तेमाल वे 'राज्य सरकार' के प्रोबेशन (परिवीक्षा) को संतुष्ट (कन्फर्म) करने के लिए करते हैं। इस कन्फर्मेशन में एक तरह का 'इन्क्रीमेंट' भी जुड़ जाता है क्योंकि जो पार्टी राज्य विधानसभा का चुनाव जीतती है उसे विधानसभा में प्रतीत होने वाले समर्थन से ज्यादा सीटें लोकसभा में मिलती हैं। 2004 में राजस्थान में यही हुआ था। भाजपा को 2003 के विधानसभा चुनावों में जो समरूप जीत मिली थी संसद में उसमें इजाफा हो गया। हालांकि मध्य प्रदेश और दिल्ली में विजेता दल को लोकसभा चुनाव में सीटों के संदर्भ में नुकसान हुआ। यह संभावना हमें यह मानने को प्रोत्साहित करती है कि लोकसभा चुनाव के एक साल पहले तक जो पार्टियां विधानसभा चुनाव जीतती हैं उनकी उन राज्यों में अच्छा प्रदर्शन करने या प्रदर्शन और बेहतर करने की संभावना रहती है।

## मध्यावधि समीक्षा

ऊपर बताई गई संभावनाओं के विपरीत अगर कोई राष्ट्रीय चुनाव ऐसे समय होता है जब राज्य की किसी सरकार का मध्यकाल या उससे आगे का समय चल रहा है तो मतदाता राज्य के सत्तारूढ़ दल के प्रति आलोचनात्मक नजरिया अपनाता है। यानी मतदाता उस सरकार पर बेझिझक मुहर लगाने के बजाए उसे 'निलंबन का नोटिस' देता है। केरल, पंजाब और हरियाणा में 2004 के लोकसभा चुनावों के परिणाम इस तरह के जनमत के अच्छे उदाहरण रहे हैं। वहां सत्तारूढ़ दलों का प्रदर्शन बहुत खराब रहा और वे अगले विधानसभा चुनाव हार गए। इस प्रकार व्युत्पन्न (डेरेवेटिव) चयन सिर्फ विरोध का मत नहीं है। यह चुनाव लड़ने वाले दलों की संभावना न सिर्फ उस राज्य में घटा देता है बल्कि यह संकेत भी दे देता है कि बाद में होने वाले विधानसभा चुनावों में क्या होगा लेकिन मध्यावधि समीक्षा नकारात्मक ही होगी,

ऐसा भी नहीं है। जिन राज्य सरकारों को जनता सेवा विस्तार (एक्सटेंशन) देना चाहती है उन्हें राष्ट्रीय चुनाव में प्रोविजनल मंजूरी मिलने की उम्मीद रहती है। 2004 में असम, महाराष्ट्र और पश्चिम बंगाल के परिणाम इसी ढर्रे पर गए थे। लेकिन उत्तर प्रदेश में वैसा नहीं हुआ। वहां समाजवादी पार्टी को लोकसभा में जितनी सीटें मिलीं उससे सेवा विस्तार का संकेत मिलता था न कि इस बात का कि 2007 के विधानसभा चुनावों के परिणाम सपा के प्रतिकूल होंगे।

## अंतिम निर्णय

उसी तरह अगर कोई राष्ट्रीय चुनाव उस समय होता है जब विधानसभा चुनाव होने वाला हो या फिर दोनों चुनाव एक साथ हो रहे हों तो दोनों स्थितियों से दो विकल्प उभरने की संभावना रहती है। अगर राष्ट्रीय और राज्य स्तरीय चुनाव एक साथ या आसपास होते हैं तो भारतीय मतदाता शायद ही राज्य और राष्ट्र के चुनावों में अलग-अलग जनादेश सुनाते हैं। वह जनादेश अंतिम अनुमोदन हो या निरस्तीकरण का हो वे राष्ट्रीय स्तर पर उसी अनुपात में दिखाई पड़ते हैं। आंध्र प्रदेश और ओडिसा दोनों में 2004 के लोकसभा और विधानसभा के चुनाव एक साथ हुए थे। दोनों राज्यों के विधानसभा चुनावों का सामान्य योग लोकसभा के चुनावों का वास्तविक परिणाम है।

अब हम राज्य 2004 और 2008 के बीच हुए राज्य विधानसभा चुनावों और 2009 के लोकसभा चुनावों के संबंधों पर विचार करेंगे। अगर लोकसभा चुनाव विधानसभा के पहले के चुनाव परिणामों का महज दोहराव हैं तो हमें विधानसभा के चुनाव परिणामों को जोड़ कर लोकसभा सीटों की गणना कर लेनी चाहिए। ऐसा ही तालिका संख्या 4 में किया गया है। इस तालिका में सभी विधानसभा क्षेत्रों में राजनीतिक दलों को मिले वोटों को जोड़कर एक काल्पनिक लोकसभा चुनाव के लिए यह देखने की कोशिश की गई है कि कौन विजेता होगा। यह गणना परिसीमन के पहले वाले क्षेत्रों के लिए उन राज्यों में की गई है जहां नए परिसीमन से पहले चुनाव हुआ था। स्पष्टत: यह न तो लोकसभा चुनावों के लिए अच्छी निर्देशिका है न ही उसके लिए बनाई गई है। तालिका संख्या 4, सन 2004 के लोकसभा चुनावों के पुनर्योग और वास्तविक परिणाम के अंतर को प्रदर्शित करती है और यह बताती है कि राष्ट्रीय चुनाव व्युत्पन्न होते हैं पुनरावृत्ति नहीं। प्रमुख और व्युत्पन्न विकल्पों के संबंध काफी जटिल होते हैं। हालांकि राजनीतिक विकल्प राज्य से राष्ट्रीय स्तर पर हस्तांतरित होते हैं और यह कतई नहीं सोचा जा सकता कि राज्य के जो विकल्प हैं वे राष्ट्रीय स्तर पर दोहराए जाते हैं।

इस पृष्ठभूमि में आइए हम उस चुनाव चक्र का सरसरी तौर पर अवलोकन करें जिसके माध्यम से तमाम राज्य गुजर रहे हैं। संभवत: हमारे लिए सबसे आसान तरीका यह होगा कि हम उन राज्यों को सूचीबद्ध करें जहां पर पहले के चुनाव की

संपुष्टि होने वाली है। वे राज्य हैं– जम्मू और कश्मीर, राजस्थान, दिल्ली, मिजोरम, नगालैंड, पांडिचेरी, कर्नाटक, मध्य प्रदेश, छत्तीसगढ़ और संभवत: हिमाचल प्रदेश, त्रिपुरा और मेघालय। इस समूह में 116 लोकसभा सीटें हैं और यहां भाजपा हल्की बढ़त इसलिए है क्योंकि इनमें से 72 सीटों पर वह प्रोबेशन पर चल रही है।

असली रणभूमि वहां बनेगी जहां के राज्य समूह मध्यावधि समीक्षा का सामना कर रहे हैं। यह सबसे बड़ा समूह है जहां 281 सीटें यानी लोकसभा में बहुमत की आवश्यकता से थोड़ी ज्यादा हैं। इनमें 84 सीटें उन राज्यों में हैं जहां राष्ट्रीय जनतांत्रिक गठबंधन का शासन है (उत्तराखंड, बिहार, गुजरात, पंजाब), जबकि संयुक्त प्रगतिशील गठबंधन वाले राज्यों में 55 सीटें हैं (तमिलनाडु, असम, गोवा)। उसके बाद 142 सीटें उन राज्यों (उत्तर प्रदेश, केरल, पश्चिम बंगाल) में हैं जहां की सत्तारूढ़ पार्टियां न तो राजग के समूह में हैं न ही संप्रग में। जैसी कि चर्चा हम पहले कर चुके हैं कि इन राज्यों के समूह में चुनावी संभावनाएं व्यापक हैं। पहले यह अनुमान लगाया जा सकता था कि सत्तारूढ़ दल के खिलाफ मतदान होगा पर इस अनुमान पर टिके रहना कठिन है क्योंकि पिछले वर्षों में शासक दल होने के नुकसान कम हुए हैं।

जो राज्य अंतिम मंजूरी और नामंजूरी का इंतजार कर रहे हैं वे राज्य हैं–आंध्र प्रदेश, हरियाणा, सिक्किम, ओडिसा, झारखंड, महाराष्ट्र और अरुणाचल प्रदेश। इन राज्यों में लोकसभा की 137 सीटें पड़ती हैं। इस श्रेणी के सभी राज्यों के चुनाव लोकसभा के साथ नहीं होते। इनमें से कई राज्यों के चुनाव लोकसभा चुनावों के लिए साल के भीतर हुए हैं। इस राज्य समूह में संप्रग का बड़ा हित दांव पर लगा है। इसमें ओडिसा ही ऐसा राज्य है जहां राजग का शासन रहा है (हालांकि वहां का प्रमुख शासक दल बीजद अब राजग से अलग हो चुका है)। चूंकि इन राज्यों में शासक दल को बदलते रहने का नियम नहीं है इसलिए पिछले परिणामों के आधार पर परिणामों का अनुमान लगाना आसान नहीं है। इनमें से कम से कम तीन राज्यों में व्यापक अनिश्चितता है। आंध्र प्रदेश जहां चिरंजीवी की प्रजा राज्यम नामक दल और हरियाणा में भजनलाल की हरियाणा जनहित कांग्रेस जैसे नए महत्त्वपूर्ण राजनीतिक संगठन बने हैं वहां इनका परीक्षण चुनाव होगा तो झारखंड में हाल की राजनीतिक गड़बड़ियों के चलते अप्रत्याशित परिणाम उत्पन्न हो सकते हैं। महाराष्ट्र और ओडिसा में शासक दलों को लंबे कार्यकाल की हिफाजत करनी है पर यह नहीं सोचना चाहिए कि सिर्फ यही एक निर्णायक कारण बनेगा।

इस तरह की सूची बनाने का मकसद चुनाव के अंतिम परिणाम का दावा करना नहीं है। इसका मकसद राज्य और राष्ट्रीय स्तर के चुनावों के अंतरसंबंधों के सिलसिले में मुकाबले की प्रकृति समझना है। हर राज्य का चुनाव परिणाम राज्य चुनाव चक्र में उसकी स्थिति के अलावा इस बात पर निर्भर करगा कि वहां सत्तारूढ़

दल की लोकप्रियता की तीव्रता कितनी है, चुनाव पूर्व गठजोड़ किस प्रकार हुए हैं और अगले कुछ हफ्तों में किस प्रकार की राजनीतिक स्थितियां बनती हैं। अगर सत्तारूढ़ दल या गठबंधन चुनाव के परिणाम को तय करने में महत्त्वपूर्ण भूमिका निभाते हैं तो आगामी लोकसभा चुनाव राजग से ज्यादा संप्रग के लिए कसौटी होने जा रहे हैं। मनमोहन सिंह सरकार का काम भी इस चुनाव में मुद्दा होगा पर वह राज्य की राजनीति के चश्में से ही देखा जाएगा। मनमोहन सिंह के नेतृत्व में यूपीए सरकार एक स्पष्ट लोकप्रिय जनादेश के बिना शुरू हुई। सरकार के नेतृत्व के साथ भी वैधानिकता की कमी देखी जा रही थी। धीरे-धीरे संप्रग की स्वीकार्यता और लोकप्रियता बढ़ी। विकासशील समाज अध्ययन पीठ की तरफ से 2006 और 2007 में देश की स्थिति पर किए गए सर्वेक्षणों के अनुसार संप्रग सरकार की लोकप्रियता काफी गिरी है। संप्रग सरकार जब मतदाताओं का सामना करने की तैयारी कर रही है तब लग रहा है कि उसके प्रति असंतोष है। असली सवाल यह है कि क्या संप्रग सरकार की लोकप्रियता में यह उत्थान और पतन का सूचकांक सन 2004 के आरंभिक बिंदु से ज्यादा है।

प्रमुख परिणाम और राजनीतिक कैलेंडर के समय की जो जटिल पद्धति है उससे पता चलता है कि आगामी चुनावों में न तो इन दोनों में से किसी गठबंधन को विजय हासिल हो सकती है न ही इनमें से किसी का सूपड़ा साफ होगा। ज्यादा संभावना यही है कि हम एक और एसे चुनाव के साक्षी होने जा रहे हैं जहां किसी एक पार्टी या गठबंधन को लोकसभा में बहुमत नहीं मिलने वाला है। इससे चुनाव बाद सरकार निर्माण की व्यापक संभावना दिखाई पड़ती है जो संभावना 2004 से भी बड़ी है। एसी स्थिति में जब हर सीट का महत्त्व है छोटी सी हेरफेर भी बड़ा फर्क पैदा कर सकती है। तमिलनाडु, आंध्र प्रदेश, पश्चिम बंगाल और बिहार व उत्तर प्रदेश जैसे बड़े और अनिश्चित राज्यों में हेर फेर अंतिम परिणाम को तय करने में निर्णायक हो सकते हैं।

इस मौके पर चुनाव परिणामों का सटीक अनुमान न तो संभव है न ही यह मौजूदा लेख का दायरा है। यहां हम मुकाबले की उस संरचना को समझने की कोशिश कर रहे हैं जो अंतिम परिणामों को आकार देगी। राज्य स्तरीय मुकाबलों को आकार देने वाले विभिन्न राज्यों के लिए बने चुनाव चक्र, या फिर संसदीय विकल्पों के व्युत्पन्न चरित्र के साथ जनता के सतत पुर्नमूल्यांकन से गुजरने वाली केंद्र सरकार की स्थिति और संप्रग सरकार की लोक नामंजूरी के विशिष्ट पथ ने जो जटिल अल्पकालिकता थोपी है, उसी की पृष्ठभूमि में 15वीं लोकसभा के लोकप्रिय विकल्प प्रकट होंगे।

## निष्कर्ष

इस विविध, विभेदित किंतु अंतर्गुंफित विशिष्ट भारतीय चुनावों के माडल का राजनीतिक प्रभाव क्या है? इस व्यापक स्तर पर अप्रत्याशित, उद्देश्यहीन और सिद्धांत के दायरे में बहुत कम बंधी प्रक्रिया के व्यापक प्रभाव हैं जिसे हमने अभी महसूस करना शुरू किया है। दूसरी तरफ एक जटिल राजनीतिक कैलेंडर और राज्यों की तरफ से राष्ट्रीय स्तर पर राजनीतिक विकल्पों का हस्तांतरण सरकार के दोनों स्तरों पर ज्यादा जवाबदेही की जरूरत पैदा करता है। पिछले दशक में हम हर साल राज्य विधानसभा चुनावों के एक प्रमुख दौर के आदी हो चुके थे इस प्रकार केंद्र सरकार का लगातार आकलन होता रहता था। उसी तरह राज्य सरकारें अपनी जीत या हार के लिए पूरी तरह राष्ट्रीय सरकारों पर निर्भर नहीं हो सकतीं। इस प्रकार जब राष्ट्रव्यापी चुनावी लहर हुआ करती थीं उसके मुकाबले आज राज्य सरकारें ज्यादा असुरक्षित और जवाबदेह हैं। इसके चलते भारत की लोकतांत्रिक राजनीति के अब तक के इतिहास में अंतर्भागिता बढ़ी है। इस समय ऐसा कोई राजनीतिक दल नहीं है जो राष्ट्रीय या राज्य के स्तर पर किसी न किसी सरकार का हिस्सा नहीं है या निकट अतीत में किसी सरकार का हिस्सा नहीं रहा है। जैसा कि ऊपर उल्लेख किया गया है कि इससे ज्यादा क्षेत्रीय अखंडता कायम हुई है क्योंकि परिधि पर स्थित राज्य भी केंद्र सरकार के गठन में भूमिका और कभी महत्त्वपूर्ण भूमिका निभाने लगे हैं। सन् 1996 के बाद से द्रविड दलों का राष्ट्रीय सरकार के निर्माण में जिस तरह योगदान रहा है वह अपने में इसका प्रमाण है।

दूसरी तरफ राज्य और राष्ट्र के स्तर पर विभेदित चुनाव चक्र और राष्ट्रीय स्तर के विकल्पों के अमौलिक चरित्र का ऐसा परिणाम है जिसकी तरफ ध्यान नहीं दिया गया है। इसका असर यह हुआ है कि राज्य स्तर और राष्ट्रीय स्तर के वास्तविक सत्ता केंद्र की जवाबदेही और लोक मूल्यांकन में एक अलगाव हो गया है। इस अलगाव ने राष्ट्रीय सरकार को विशेष तरह का कवच या स्वायत्तता प्रदान की है, इसका भविष्य इसके कुछ काम करने या न करने पर निर्भर नहीं है बल्कि इस बात पर निर्भर है कि राज्य सरकारें कैसे काम कर रही हैं और उनका काम किस प्रकार राजनीतिक कैलेंडर में फिट बैठता है। लेकिन राजनीतिक अंतर्भागिता के इस चरित्र की कुछ दिक्कतें हैं: तीसरी चुनाव प्रणाली ने एक ऐसी राजनीतिक व्यवस्था उत्पन्न की है जिसमें वास्तविक विपक्ष के लिए जगह नहीं है। अन्य स्थानों पर हमने संकेंद्रण के आधार पर पार्टी की प्रतिस्पर्धा का वर्णन किया है। हमारा सुझाव है कि वह राजनीतिक प्रक्रिया जो संकेंद्रण पैदा करती है उसे अच्छी तरह से तभी समझा जा सकता है जब हम राजनीतिक विकल्पों के प्रमुख और व्युत्पन्न विकल्पों के संबंधों पर गौर करें।

अगर 1990 का दशक हमारा ध्यान इस तरफ दिलाता है कि बहुदलीय प्रणाली की प्रतिस्पर्धात्मक राजनीति में राजनीतिक पुनर्संरचना के माध्यम से सामाजिक बदलाव की क्या संभावना है, लेकिन मौजूदा दशक यह चेतावनी देता है कि इसी ढांचे के भीतर एसी प्रवृति है कि वह लोकतांत्रिक अभ्युदय को कमजोर कर सकती है और प्रतिस्पर्धात्मक राजनीति की परिवर्तनकारी क्षमता को रोक सकती है। यह स्थिति हमार सामने ढ़ेर सारे विरोधाभास पैदा करती है। जैसे जैसे जवाबदेही की आवृति बढ़ती है वैसे वैसे उसका दायरा पहले के मुकाबले कम होता जाता है। जैसे-जैसे एक स्थिर राजनैतिक बहुमत की संभावना कम होती है वैसे-वैसे वह राजनीति ज्यादा स्थिरता प्राप्त करती है जिसे लोकतांत्रिक दायरे से बाहर रखा जा सके। किसकी सरकार बनेगी इसकी अनिश्चितता जितनी बढ़ रही है उसका महत्त्व उतना ही कम हो रहा है।

## टिप्पणियां

1. चुनाव पूर्व सर्वेक्षण पर आधारित, लोकनीति की टीम ने राज्य स्तरीय चुनावों के बारे में इसके कई निष्कर्षों को रिपोर्ट किया है। उदाहरण के लिए 'असम ने किस प्रकार मतदान किया' द हिन्दू 18 मार्च 2006, बिहार ने किस प्रकार मतदान किया : विधानसभा चुनाव 2005, द हिंदू 10 मार्च 2005। वगैरह।
2. यह तर्क सबसे पहले योगेन्द्र यादव (1996) के लेख 'भारतीय राजनीति की पुनर्रचना : राज्य विधानसभा चुनाव 1993-95' इकॉनोमिक एंड पॉलिटिकल वीकली, 13-20 जनवरी, 95-104, अंक-31, संख्या 2 और 3।
3. योगेन्द्र यादव (1999), 'भारत की तीसरी चुनाव प्रणाली इकॉनोमिक एंड पॉलिटिकल वीकली', अंक-34, संख्या 34-35, 2393-99।
4. कार्ल हींगरीफ एंड हरमैन स्मिट (1980), 'दूसरी श्रेणी के नो राष्ट्रीय चुनाव : यूरोपीय चुनाव परिणामों के विश्लेषण का एक सैद्धांति ढांचा', यूरोपियन जरनल ऑफ पॉलिटिकल रिसर्च, 1980।
5. उदाहरण के लिए एल. के. आडवाणी का यह इंटरव्यू टाइम्स ऑफ इंडिया के साइट पर देखें।
6. मीडिया अक्सर पंचायत या नगरपालिका चुनावों के परिणामों के आधार पर आगामी विधानसभा चुनावों के परिणाम के संदर्भ में जनता का मूड पता लगाता है। पर यह बहुत कमजोर निर्देशिका साबित हुई है। हाल में दिल्ली के नगर निगम चुनावों में कांग्रेस का सूपड़ा साफ हो गया पर 2008 के चुनावों में वह वापस आ गई।
7. उत्तर प्रदेश के अपना दल, महाराष्ट्र के गोंडवाना गणतंत्र परिषद, कर्नाटक की महाराष्ट्र एकीकरण समिति और उड़ीसा की झारखंड पार्टी जैसी पार्टियां लोकसभा

चुनावों का पैमाना ऊपर चढ़ने के साथ मानचित्र से गायब हो गईं। इसी तरह केरल, पश्चिम बंगाल और तमिलनाडु के तमाम फ्रंट छोटी पार्टियों को छोड़ते जाते हैं।

8. पंजाब में वैश्विक मंदी के प्रभाव, गुजरात में वैश्विक आतंकवाद के असर और तमिलनाडु में श्रीलंका की विदेश नीति के असर यह बताते हैं कि किस प्रकार दूरस्थ मुद्दे भी राज्यों में असर डाल सकते हैं।
9. कई बार यह फर्क व्यवस्थागत होता है। उदाहरण के लिए कांग्रेस पार्टी ने उत्तर प्रदेश के लोकसभा चुनावों में विधानसभा चुनाव से बेहतर प्रदर्शन किया। ऐसा ही असम और कर्नाटक में भाजपा और केरल में यूडीएफ के साथ हुआ।
10. महाराष्ट्र में 2004 के विधानसभा चुनावों से यह लगता है कि सत्तारूढ़ कांग्रेस-एनसीपी गठंधन को केन्द्र के यूपीए गठबंधन के नाते फायदा हुआ। इसी तरह कुछ छोटे राज्यों जैसे कि पूर्वोत्तर में कुछ दलों को इस बात से फायदा होता है कि पार्टी केन्द्र में सरकार के साथ साझीदार है और इससे केन्द्रीय संरक्षण मिलेगा।
11. हमने अन्य स्थानों पर यह भी दलील दी है कि राजनीतिक प्रतिस्पर्धा के स्वरूप में विस्तार के साथ मतदाताओं की नीतिगत विकल्प की उपलब्धता कम हो गई है। योगेन्द्र यादव और सुभाष पल्शीकर (2003) फ्रॉम हेजमानी टू कनवर्जेस : पार्टी सिस्टम एंड इलेक्टोरल कंपटीशन इन इंडियन स्टेट्स. 1959-2003 जरनल ऑफ इंडियन स्कूल ऑफ पॉलिटिकल इकोनॉमी, अंक 15, सं. 1, 2।

# लेखक परिचय

**योगेन्द्र यादव**
सीनियर फेलो, **सीएसडीएस** और **लोकनीति** के निदेशक

**सुहास पल्शीकर**
लोकनीति के नेशनल कॉर्डिनेटर, पुणे विश्वविद्यालय के पोलिटिक्स एंड पब्लिक एडमिनिस्ट्रेशन विभाग में प्रोफेसर

**रेखा चौधरी**
**जम्मू विश्वविद्यालय** में राजनीतिक विज्ञान की प्रोफेसर

**वी. नागेन्द्र राव**
**जम्मू विश्वविद्यालय** में राजनीतिकशास्त्र के व्याख्याता

**प्रियवदन पटेल**
प्रोफेसर, राजनीति विज्ञान विभाग, बड़ोदरा

**यतीन्द्र सिंह सिसौदिया**
प्रोफेसर, मध्य प्रदेश सामाजिक विज्ञान शोध संस्थान, उज्जैन (म.प्र.)

**आशीष भट्ट**
एसोसिएट प्रोफेसर, मध्य प्रदेश सामाजिक विज्ञान शोध संस्थान, उज्जैन (म.प्र.)

**सुरिंदर एस. जोधका**
प्रोफेसर, जवाहर लाल नेहरू विश्वविद्यालय, नई दिल्ली

**बाबा मायाराम**
स्वतंत्र पत्रकार और सामाजिक कार्यकर्त्ता, लोकनीति, सीएसडीएस से जुड़े रहे हैं

**अरविन्द मोहन**
पत्रकार, लेखक और अनुवादक, संपादक, लोकनीति